남명의 학문과 남명학파

벽재 논문집 1

남명의 학문과 남명학파

이상필 지음

경인문화사

|서 문|

이 책은 필자가 1990년부터 2019년에 이르기까지 30년 동안 남명학에 대한 연구를 하고 정년퇴직하면서 그 동안의 연구를 한 권의 책으로 묶은 것이다.

남명학에 대한 연구는 남명에 대한 연구와 남명학파에 대한 연구로 나뉘는데, 남명에 대한 연구는 남명의 학문 및 문학에 대한 연구와 『남명집』 및 남명 유적에 대한 연구가 있고, 남명학파에 대한 연구는 남명학파에 대한 전반적인 연구와 남명의 문인 및 남명 사숙인에 대한 연구 등이 있다.

1권의 제1장은 남명의 학문과 문학 및 『남명집』에 관한 9편의 연구 논문이 실려 있고, 제2장은 남명학파 전반에 대한 10편의 연구 논문이 실려 있다. 2권의 제1장은 남명 문인들에 대한 11편의 연구 논문이 실려 있고, 제2장은 남명 사숙인에 대한 7편의 연구 논문이 실려 있고, 제3장에는 남명학파의 문집 해제 5편이 실려 있고, 「남명학파 연구의 현황과 과제」가 마지막에 실려 있다. 그 동안 쓴 글이 대체로 50여 편인데 남명과 남명학파 연구에 관한 글이 43편이니, 거의 대부분의 연구가 남명 및 남명학파에 집중되어 있음이 드러난 것이다. 43편 가운데 『남명학연구』에 실린 것이 28편이고 나머지는 12개의 학회지에 흩어져 실렸다.

30년 동안 대체로 한 해에 1.5편의 논문을 쓴 셈이니 그렇게 부지런히 쓴 것도 아니고, 회고해 보니 세상을 울릴 만한 좋은 논문을 쓴 것도 아니어서 부끄러울 뿐이다. 그러나 남명 및 남명학을 연구하는 사람들에게는 더러 필요로 하지만 찾기 어려운 곳에 실려 있는 경우도 있어서 이를 묶어 둘 필요성이 제기되었고, 마침 정년을 맞았으니 이를 정리한 다는 의미에서 이 책을 기획하게 된 것이다.

남명은 31세에 출세를 위한 공부를 접고 진정한 공부의 길로 들어섰 다. 그리하여 경과 의가 학자에게 중요한 것이 마치 하늘의 해와 달 같 다고 하였다. 타계하기 직전에, 침잠하여 이 경과 의를 깊이 공부하면 가슴에 사욕이 하나도 없게 되는데, 스스로는 아직 그 경계에 이르지 못 하고 죽는다고 하였다.

남명 같은 이도 그러하였으니 나 같은 범인이야 더 말할 나위가 있겠 는가? 30년 동안의 연구 결과를 돌아보건대, 거듭 말하거니와 참으로 부 끄러울 뿐이다. 이 부끄러움은 앞으로 올 연구자들에게는 연구의 의욕 과 용기를 불러일으키게 하는 좋은 계기가 될 수 있을 것이기에 꼭 부끄 럽지만은 않다. 스스로 깨닫지 못하면 앵무새 같은 말만 되풀이할 뿐이 니, 자신의 학문에도 도움이 되지 않고 연구에도 결코 도움이 되지 않을 것이다. 남의 말을 되풀이하지 않으려는 노력은 무던히 했으나, 진정한 깨달음이 없다면 그게 무슨 소용이겠는가!

2020년 2월 정년퇴직에 즈음하여
연묵서사(淵默書舍)에서
이상필이 쓰다.

|목 차|

제1장 남명 조식의 학문과 『남명집』

제2장 남명학파의 동향

제1장

남명 조식의 학문과 『남명집』

南冥의 「民巖賦」에 대하여

Ⅰ. 머리말

南冥 曺植(1501~1572)은 일생 동안 한 번도 벼슬길에 나가지 않고 산림에 묻혀 살면서 학문 연구에 전심함으로써 탁월한 학문적 업적을 남겼던 영남 사림의 대표적인 인물의 한 사람이었다. 그는 일반적으로 성리학자의 범주에 포함되지만 당대의 성리학자들이 보편적으로 지니고 있던 현실생활과 유리된 이론 위주의 학풍을 신랄하게 비판하면서 心性修養의 의의 못지않게 현실생활에서의 實踐的 價値를 더욱 중요시했으며, 그가 추구한 학문적 영역도 성리학은 물론이고 原始儒敎가 지향하는 바 民本主義를 위시한 실질적 학문 모두를 포괄하는 매우 광범위한 것이었다.

이처럼 남명은 일차적으로 文人이라기보다는 성리학을 포함한 광범위한 학문적 영역을 체계화하고 집대성한 學者였을 뿐만 아니라, 문학을 인간의 교만심을 조장하는 玩物喪志의 害道행위로 간주하는 문학관을 지녔기 때문에[1] 문예창작에는 특별한 관심을 가지지 않았으며,[2] 수십 년 동안 창작 행위를 중단하기도 했던 것이다.[3] 그러나 현전하는 200편에 가까운

---

1 曺植, 「答成聽松書」, 『南冥集』 권2, 亞細亞文化社, 1981, p.35上b, "嘗以哦詩 非但玩物喪志之尤物 於植每增無限驕傲之罪 用是廢閣諷詠 近出數十載."

2 鄭仁弘 撰, 「南冥先生集序」, 『南冥集』, 亞細亞文化社, 1981, p.3下d, "常持詩荒戒以爲詩人意致虛曠 大爲學者之病 故旣不喜述作."

詩와 3편의 賦는 그의 심오하고 폭넓은 학문과, 불의와는 결코 타협하지 않는 오연한 '선비의 救世精神'[4]을 질박하고 단순한 표현과 중후한 언어로 형상화함으로써 정서적 충격을 주기에 충분한 가작들로 생각된다. 요컨대 남명의 문학작품들은 그의 思想의 情緖的 等價物에 다름 아니므로 사상사와 문학사의 양 측면에서 모두 간과할 수 없는 중요한 의의를 지니고 있다고 할 수 있는 것이다.

이 논문은 바로 이와 같은 견지에서 남명이 남긴 3편의 賦 가운데 하나인 「民巖賦」를 보다 깊이 있게 해명하기 위한 노력의 일환인 것이다. 필자가 남명의 여러 작품 가운데 특히 「민암부」를 주목하게 된 것은, 이 작품이 백성과 임금과의 원초적인 관계를 작품 전개의 중심축으로 삼으면서 16세기 조선 사회가 안고 있던 갖가지 문제들을 구체적으로 보여주고 있을 뿐만 아니라, 조선 전기 도학파의 문학에서는 다루어진 적이 없었던 민중에 의한 易姓革命의 논리를 과감하게 수렴한, 현실에 대한 남명의 강렬한 비판의식의 총체적 구현으로 간주되기 때문이다.

따라서 이 논문은 작품 창작의 동인인 16세기의 시대적 상황 및 당대 현실에 대한 남명의 시각과 대응 자세를 작품과 관련시키면서 작품에 투영된 작가 의식의 사상적 근원을 찾아보는 한편, 작품의 주제를 뒷받침하는 구성의 원리와 표현상의 문제 등을 중심으로 하여 논의가 전개될 것이다.

이와 같은 연구는 그의 철학사상에 비하여 상대적으로 소홀히 다루어져 왔던 남명의 문학을 이해하는 데 얼마간의 기여를 할 수 있을 것으로 생각되며,[5] 그의 학문 전체를 포괄적으로 이해하는 데에도 어느 정도의

---

3 앞의 註(1) 참조.
4 許捲洙, 「南冥詩에 나타난 救世精神」, 『慶南文化研究』 第11號, 慶尙大學校 慶南文化研究所, 1988.
5 필자가 조사한 바 南冥의 文學을 다룬 논문은 다음과 같다.
　① 金麗石, 「南冥漢詩文學研究」, 慶北大學校 碩士學位論文, 1983.

기여를 할 수 있을 것으로 본다. 아울러 이러한 연구가 계속될 때 지금까지 일반적으로 관념적 사유에 입각한 靜的인 문학으로 간주되어 온 도학파의 문학에서 남명의 문학이 차지하는 독특한 성격이 선명히 드러날 수도 있을 것이다.

II. 「民巖賦」의 創作 動因

앞에서도 잠시 언급한 것처럼 남명의 「민암부」는 16세기의 조선 사회가 안고 있던 갖가지 문제점의 양상들을 구체적으로 보여주고 있을 뿐만 아니라 許筠(1569~1618)의 「豪民論」에서나 볼 수 있는 역성혁명의 논리를 과감하게 수렴하는 한편, 이를 문학적으로 형상화한 그의 사회비판의식의 한 정점을 이루는 작품으로 생각된다. 따라서 이 작품은 당대 사회의 역사적 조건이나 사회적 상황과 상당히 밀접한 상관관계를 지니고 있는 것으로 보인다. 그러나 남명이 같은 시대를 살았던 다른 시인들, 특히 도학파 시인들이 전혀 다루지 않았던 독특한 소재를 작품화하고 있다는

---

② 徐元燮·李鴻鎭, 「南冥 曺植의 生涯와 文學」, 『韓國의 哲學』 第11號, 慶北大學校 退溪研究所, 1983.

③ 金周漢, 「退溪와 南冥의 文學觀 小考」, 『民族文化論叢』 第5輯, 嶺南大學校 民族文化研究所, 1983.

④ 全炳允, 「南冥의 思想과 文學 研究」, 啓明大學校 碩士學位論文, 1984.

⑤ 許捲洙, 「南冥詩에 나타난 救世精神」, 『慶南文化研究』 第11號, 慶尙大學校 慶南文化研究所, 1988.

⑥ 楊熙喆, 「南冥 曺植의 民巖賦 研究」, 『加羅文化』 第7輯, 慶南大學校 加羅文化研究所, 1989.

이 가운데 양희철 교수의 논문은, 押韻을 분석하여 文賦的인 형식을 갖추고 있다고 하고 그 표현기교와 주제적 변용을 주로 다루었다.

점에서 이 작품의 출현 동인이 남명 개인의 의식의 지향과 깊은 관련이 있다는 것도 부정할 수 없는 사실이다. 요컨대 「민암부」는 당대의 역사적 조건과 사회적 상황, 그리고 당대 현실에 대한 남명의 시각과 행동방식 및 이를 뒷받침하는 사상적 근거인 남명학 자체의 독특한 학문적 성격이 총체적으로 결합되어 창작되었다고 할 수 있는 것이다. 그러므로 이 작품을 보다 깊이 있게 이해하기 위해서는 먼저 이들 제반 문제에 대한 얼마간의 예비적 고찰이 필수적으로 요구되는 바, 필자는 이를 역사적 배경 및 사상적 배경이라는 두 항목으로 나누어 「민암부」의 창작 동인을 찾아보고자 한다.

1. 역사적 배경

남명이 생존했던 16세기는 그동안 잠재해 있던 집권 관료체제의 모순이 역사의 표면에 대두됨으로써 정치적으로 사회적으로 극심한 혼란이 계속되던 시기에 해당된다. 거듭된 사화와 척신의 발호에 따라 관료사회의 기강이 현저하게 무너지고, 일반 백성들이 생존을 위한 최소한의 경제적 기반마저 상실한 채 유랑민으로 전락한 일들은 이 시대의 사회적 분위기를 잘 보여주는 구체적인 사례들이다.

기성 집권세력인 훈구파가 지배하고 있던 중앙 정계에 향촌 사회의 중소지주적 경제 기반과 성리학적 사유체계를 바탕으로 한 金宗直 등 士林派가 진출함으로써 야기된 네 차례에 걸친 사화는 사림파 관료들이 대규모로 희생되는 엄청난 결과를 초래하였다. 특히 유교적 도덕관에 입각한 지치주의를 추구하면서 급진적인 개혁을 주도하던 趙光祖, 金淨 등이 南袞, 沈貞 등의 훈구파에 의하여 제거된 사건인 己卯士禍는 사림 전체에 심각한 충격을 주었을 뿐만 아니라, 19세의 어린 나이로 학문 연구에 전심하던 南冥이 정치현실에 대응하는 자세를 결정하는 데도 깊은 영향력을 준 것으로 간주된다. 이 사화의 와중에서 수십 인이 처형, 찬축되는 가운데 남명의 숙부인 彦卿이 파직을 당하고 아버지인 彦亨도 찬축을 당함으로써 남명이 받은 충격은 매우 컸으리라 생각되는 것이다.[6]

己卯士禍로 엄청난 충격을 받은 사람들은 한동안 정계에 진출하기를 포기하고 향리로 돌아가 성리학 연구에 전심하는 한편 후진 양성에 전력을 다했으나, 그 동안에도 중앙 정계에서는 권력 다툼이 치열하게 전개되어 정국은 극도로 혼란하였다. 沈貞과 金安老의 권력 다툼, 大尹과 小尹간의 정쟁, 같은 소윤이자 형제간인 尹元老와 尹元衡의 갈등 등은 이 시대의 정치적 혼란상을 구체적으로 보여주는 사건들이다.

그동안 지방의 자연 속에서 은둔 생활을 하면서 성리학 연구에 전심하던 사람들이 중앙 정계에 다시 진출하기 시작한 것은 文定王后의 승하를 계기로 윤원형 일파가 완전히 몰락하였던 明宗 말년의 일이었다. 그러나 이들을 대신하여 정계를 주도한 사람들은 格物·致知·誠意·正心과 修身, 그리고 이에 입각한 齊家·治國·平天下를 이룩한다는 이상정치를 표방하면서도, 실제로는 격물·치지·성의·정심 등 수신의 측면에만 지나치게 치중하는 내면주의적이고 靜態的인 성향을 지님으로써 급변하는 현실상황에 능동적으로 대처할 수 없었고, 사림 내의 내부 분열인 당쟁이 일어나면서 혼란은 가중되었다.

이처럼 반세기에 걸쳐 일어난 사화와 20년에 걸친 외척의 횡포 등의 정치적 혼란으로 말미암아 조선왕조의 봉건적 지배체제는 와해의 위기에

---

6 이 사건은 남명이 벼슬을 단념하는데 심각하게 작용한 것으로 보이며, '人之愛正士 好虎皮相似 生則欲殺之 死後方稱美'(「偶吟」, 『南冥集』 권1, 亞細亞文化社, 1981, p.15上a)라 한 詩도 실상 이와 같은 당대의 현실을 뼈저리게 느끼고 형상화한 秀作이라 생각한다.

처하였고, 빈번한 왜구의 침입은 정치적 혼란과 서로 영향을 주고받으면서 백성들의 생존권에 커다란 위협을 가하였다. 특히 수취의 3대 영역인 租稅, 貢物, 力役과 관련된 비리는 더욱 혹심하여 농민들이 가혹한 수취를 벗어나기 위하여 점차 농촌을 떠나 유랑민으로 전락함으로써 농촌은 폐허로 변해갔으며, 이는 晦齋의 "지금 열 집중에 아홉 집이 비어 촌락은 폐허로 변하고 나라의 근본이 소연해졌으니 지탱할 수 없는 형세이다."[7]라는 언표에서도 확인된다. 조선왕조를 지탱하는 경제적 기반이었던 농촌 사회의 황폐화는 그 자체만으로도 국가 경제에 막대한 타격을 주었지만, 농촌을 떠난 유랑민의 일부가 群盜를 이루어 곳곳에서 출몰함으로써 국가적 혼란을 가속화시켰으며, 명종 연간에 황해도, 경기도, 강원도 일원에서 횡행하였던 임꺽정(林巨正)은 그 대표적인 인물의 하나이다.

요컨대 남명이 직접 목도했던 16세기의 조선 사회는 정치적 혼란이 왜변과 같은 외부적 요인과 서로 영향을 주고받으면서 기층 사회의 민중들의 삶을 처절할 정도로 황폐화시켰고, 이러한 민중들의 삶이 군도의 출현을 야기하면서 역으로 정치적 혼란을 야기하는 악순환을 되풀이하고 있었으며, 이와 같은 상황이 바로 「민암부」를 창작한 역사적 배경인 동시에 남명학 성립의 시대적 배경이라고 할 수도 있는 것이다.

2. 사상적 배경

앞에서도 이미 언급한 것처럼 남명은 일생 동안 한 번도 벼슬길에 나가지 않고 학문 연구에 전심한 성리학자이면서도 당대 성리학자들이 추구하고 있던 보편적 학풍과는 현저하게 다른 일면을 지니고 있었던 특이

---

7 李彦迪, 「弘文館上疏」, 『晦齋全書』 別集 권1, 大東文化研究院, 1982, p.190上a, "今也十室九空 村落爲墟 國本蕭然 勢不可支."

한 인물로 간주된다. 이를 분명히 하기 위해서는 먼저 조선 전기 성리학자들의 일반적 학풍을 간략하게 살펴볼 필요가 있다. 이미 학계에 보고된바 있듯이 조선 전기의 성리학은 생의 질서에 대한 극도로 심화된 존재론적 조망과 이의 도덕적 구현을 강조하는 내면 지향의 성격을 강하게 지니고 있었고,[8] 따라서 심성의 수양과 개인적 덕성의 함양에 치중하는 방향으로 전개되었다. 물론 성리학자들도 유학자이고 유학자들은 누구나 심성의 수양과 이에 입각한 개인적 덕성의 함양 곧 수신이 궁극적으로 제가·치국·평천하라는 유가적 이상을 달성하기 위한 필수적인 전제로 보았으므로, 이 시대 성리학의 학문적 영역이 심성 수양에 국한되어 있었다고할 수는 없다. 심성 수양이 간접적이나마 사회 현실에 영향을 미칠 뿐만아니라 이와 같은 영향은 궁극적으로 평천하의 이상과 무관하지 않다는논리가 성립될 수 있고, 성리학자들도 실제로 그렇게 말하곤 했던 것이다.[9] 그러나 이러한 주장이 논리적으로 합당한 것이라 하더라도 조선 전기의 역사적 상황 속에서 성리학이 평천하라는 궁극적인 목표를 지향하는 실천적인 힘을 발휘한 것은 아니었으며, 오히려 靜態的인 학문이 지닌속성 때문에 급변하는 현실에 능동적으로 대응하지 못함으로써 역사 현실과는 유리될 수밖에 없었다.

남명도 역시 성리학자였으므로 이 시대의 여타 성리학자들과 마찬가지로 심성 수양이 지닌 의의를 결코 부정하지 않았을 뿐만 아니라 오히려이 점을 누구이 강조했다. 그가 임금에게 올린 상소문에서 正心과 修身의중요성을 거듭하여 언급한 것이나[10] 敬以直內와 義以方外를 학문의 핵심

---

8 李東歡,「조선 후기 문학사상과 문제의 빈이」,『韓國文學研究入門』, 지식산업사, 1987, p.292.

9 金興圭,「丁若鏞의 文學理論」(『丁茶山 研究의 現況』, 민음사, pp.247~266) 및 金南馨,「朝鮮後期 近畿實學派의 藝術論 研究」(고려대학교, 박사학위논문, 1988, pp.31~32) 참조.

적인 명제로 삼은 것,[11] 그리고 聖學의 요체와 神明舍를 도표화하면서까지 성리학에 전심했던 것도 이와 같은 견지에서 이해할 수 있는 것이다.

그러나 이러한 공통점을 지니고 있음에도 불구하고 남명이 추구한 성리학은 조선 전기 성리학자들의 그것과 현저한 차이를 지니고 있다. 남명이 추구한 성리학은 심성 수양의 차원을 안으로 포용하면서도 실천력이 결여된 채 입으로만 고답적인 이론을 전개하는 당대의 성리학풍에 대해서는 날카로운 비판을 가하면서 심성 수양의 차원을 넘어서는 사회적 실천을 더욱 강조했던 바, 이 점은 다음과 같은 글에서 확인 된다.

> ① 대도시의 저자거리를 거니노라면 금은보배가 없는 것이 없으나, 종일 거리를 오르락내리락하며 그 가격만 흥정하다가 끝내 사지 못하면, 한 필의 베를 팔아 한 마리의 고기라도 사오는 것만 같지 못하다. 오늘날의 학자는 성리설을 高談하기만 하여 자신에게 아무런 이득도 없으니 이와 무엇이 다르겠는가?[12]

> ② 근래의 학자들을 보니, 손으로는 灑掃하는 범절도 실행할 줄 모르는 채 입으로만 天理를 이야기하면서 이름을 도둑질하고 남을 속이려고 하다가 도리어 남에게 中傷을 당하여 피해가 타인에게

....

10 曺植,「乙卯辭職疏」,『南冥集』권2, 亞細亞文化社, 1981, p.57下c, "伏願殿下 必以正心爲新民之主 修身爲取人之本."
　曺植,「戊辰封事」,『南冥集』권2, 亞細亞文化社, 1981, p.58上a, "爲治之道 不在他求 要在人主明善誠身而已."

11 曺植,「言行總錄」,『南冥集』別集 권2, 亞細亞文化社, 1981, p.179下d, "先生特提敬義字 大書窓壁間 嘗曰 吾家有此二字 如天之有日月 洞萬古而不易 聖賢千言萬語 要其歸 都不出二字外也."

12 曺植,「言行總錄」,『南冥集』別集 권2, 亞細亞文化社, 1981, p.185下c, "先生曰 遨遊於通都大市中 金銀珍玩 靡所不有 盡日上下街衢而談其價 終非自家家裏物 却不如用吾一匹布 買取一尾魚來也 今之學者 高談性理 而無得於己 何以異此"

까지 미치니, 先生이나 長老가 꾸짖어 만류하지 않은 까닭이 아니겠습니까? 저 같은 사람은 학문이 부족하여 찾는 이가 드물지만 선생 같은 분은 학문과 수양이 뛰어나서 진실로 瞻仰하는 사람이 많으니, 억제하고 규제하여 주심이 어떻겠습니까?[13]

③ 선생은 …… 격물·치지·성의·정심으로서 학문의 根本으로 삼으셨고, 수신·제가·치국·평천하로서 학문의 功用으로 삼으셨다.[14]

인용한 글 ①과 ②에서, 실천력이 결여된 채 입으로만 性理를 高談하는 당대 성리학자들의 학풍에 대한 남명의 날카로운 비판적 인식이 뚜렷이 드러난다. 금은보배를 흥정하다가 끝내 사지 못하기 보다는 한 마리의 고기라도 사는 것이 낫다는 비유적 표현에서 확인할 수 있듯이 실행이 수반되지 않는 성리학은 유해무익한 행위라고 본 것이다. 더구나 ②는 退溪의 편지에 대한 답장의 일부로서 이론적인 측면에 치중하고 있었던 퇴계의 학풍을 우회적이면서도 엄중하게 비판한 내용을 담고 있고, 이에 대하여 退溪도 또한 南冥의 견해를 수긍하지 않음으로써 두 학파 사이의 학문적 지향의 차이를 선명하게 보여주고 있다는 점에서 특히 주목된다. 요컨대 퇴계의 학풍이 격물·치지·성의·정심에 입각한 개인적 수양과 이론적 탐구에 치중했던 반면에, 남명의 그것은 글 ③이 잘 보여 주듯이 개인적 수양의 중요성을 인정하면서도 제가·치국·평천하라는 현실적 功用을 강조함으로써 매우 실천적 지향을 지니고 있었던 것이다.

....

13 曺植,「答退溪書」,『南冥集』別集 권2, 亞細亞文化社, 1981, p.30上b, "近見學者 手不知灑掃之節 而口談天理 計欲盜名 而用以欺人 反爲人所中傷 害及他人 豈先生 長老無有以呵止之故耶 如僕 則所存荒廢 罕有來見者 若先生 則身到上面 固多瞻仰 十分抑規之如何."

14 裵紳 撰,「行狀後」, 曺植,『南冥集』別集 권3, p.203上b, "先生 …… 以格致誠正 爲學問之根本 以修齊治平爲學問之功用."

남명이 이렇게 현실적 공용 내지는 실천을 중시했기 때문에 그의 학문은 성리학의 차원에서 머무르지 않고 현실적이고 실용적인 학문 전체를 광범위하게 포괄하고 있었으며, 이 점은 무엇보다도 다음 글에서 뚜렷이 드러난다.

① 천하의 일 중에 한 가지 일에만 집착해서 하면 끝내 아무 것도 이루지 못하니, 그것은 마치 莊子가 말한바 '바람이 두텁지 아니하면 거대한 붕새의 날개를 감당할 힘이 없다'는 것과 같다. 모름지기 다방면의 일을 알아야 비로소 확고하게 일어나게 된다. 또 邊豆에 관한 일은 有司가 해야 한다는 말도 변두에 관한 일을 도외시하고 몰라도 된다는 말이 아니니, 만약에 有司가 邊을 豆라고 불러도 모른다면 저들에게 속을 수밖에 없다.[15]

② 자고로 일의 상황을 모르는 성현은 없으며, 변통할 줄 모르는 성현도 없으며, 문을 닫고 혼자 앉아 있는 성현도 없다. 律曆과 刑法, 天文, 地理, 軍旅, 官職 등의 일도 모두 알아야만 장애가 없게 된다.[16]

위의 글들에서 볼 수 있듯이 남명은 천하의 모든 일 가운데 한 가지 일에만 집착하는 편향적인 태도를 止揚하고 천하의 모든 일을 학문의 대상으로 생각했으며, 이 점은 특히 '변두에 관한 일은 유사가 있다'는 공자

....

15 曺植, 「學記類篇」下 致知, 『南冥集』 권4, 亞細亞文化社, 1981, p.105上a, "天下事 硬就一箇做 終是做不成 如莊子說 風之積也不厚 則其負大翼也無力 須是理會多方 始襯簞得起 且如邊豆之事 各有司存 非是邊豆之事 置之度外不用理會 萬一彼有司 喚邊做豆 若不曾曉得 便被他瞞."

16 曺植, 「學記類篇」下 致知, 『南冥集』 권4, 亞細亞文化社, 1981, p.105上b, "自古無 不曉事情底聖賢 無不通變底聖賢 無關門獨坐底聖賢 至如律曆刑法天文地理軍旅官 職之類 都要理會 自無障礙."

의 말을 재해석하고, 변두의 일도 몰라서는 안 된다고 언표한 부분에서 분명하게 확인할 수 있다. 즉 그는 율력, 형법, 천문, 지리, 군사, 관직 등 당시 학계의 학문적 관심 대상에서 소외되어 있던 부분까지 성현이 해야 할 일로 간주하는 한편, 성현이 될 수 있는 필수불가결한 전제조건으로, 현실 세계와 고립된 폐쇄적인 공간에 안주하지 않으면서 객관적 상황을 정확하게 파악하고 아울러 객관적 상황의 변화에 능동적으로 대처할 수 있는 능력을 들고 있는 것이다.

남명의 이와 같은 현실적이고 포괄적인 학문자세와 객관적 상황의 변화에 능동적으로 대응하면서 역사의 흐름에 동참할 수 있어야 성현이라는 인식이야말로 山林處士로 일생을 보내면서도 그가 사회 현실에 대한 끊임없는 관심을 가지면서 민중의 고통에 동참하는 한편, 민중의 고통을 야기한 당대의 정치 현실에 대하여 강렬한 비판을 가할 수 있었던 원동력의 하나로 생각된다. 그의 민중에 대한 뜨거운 애정과 위정자에 대한 비판의 강도는 중세 사회의 지성인들 중에서는 그 유례를 찾기 어려울 정도라고 생각되는 바, 다음의 글들은 이러한 사정을 잘 보여주는 구체적인 사례에 해당된다.

① (선생께서는) 백성들의 고통을 마치 자신의 고통처럼 여겨서 마음 답답해 하셨다. 그리하여 백성들의 일을 말하다가 혹 목이 메어 흐느끼면서 눈물을 흘리셨고, 관리들과 만나 이야기할 때 조금이라도 백성에게 이로움을 줄 수 있는 일이 있으면 힘껏 말하여 혹시라도 시행되기를 바라셨다.[17]

② 殿下의 國事는 이미 그릇되었고 나라의 근본은 이미 망하였으

17 鄭仁弘 撰, 「行狀」, 『南冥集』(己酉本), "念生民困悴 若恫瘝在身 懷抱委褻 言之 或 至鳴喧 繼以涕下 與當官者言 有一分可以利民者 極力告語 覬其或施." ; 全炳允, 「南 冥의 思想과 文學 研究」, 啓明大學校 碩士學位論文, 1984, p.56 참조.

며, 하늘의 뜻도 이미 떠났고 民心도 이미 흩어졌습니다. … 조정에 있는 신하들이 충성스럽고 부지런하지 않음은 아니나 이미 그 형세가 다하여 지탱할 수 없고 사방을 둘러보아도 손을 쓸 여지도 없습니다.[18]

이상에서 인용한 글을 통해서 우리는 생존을 위한 최소한의 경제적 기반마저 상실한 채 황폐한 삶을 살았던 당대의 민중들에 대한 남명의 뜨거운 애정과 함께 위정자에 대한 엄중하고도 신랄한 비판의식의 일단을 분명하게 확인할 수 있다. 특히 당대의 역사적 상황을 天意가 이미 떠나버린 총체적 난국으로 파악하고 그 원인을 민심의 離叛에서 찾고 있는 글 ②는 백성이 나라의 근본이라는 민본사상과 함께 민중에 의한 역성혁명의 가능성까지 어느 정도 드러내고 있다는 점에서 남명의 비판의식의 신랄한 면모를 보여주는 동시에, 뒤에서 다룰 「민암부」의 주제와 직접적으로 관련된다는 점에서 특히 주목된다.

III. 「民巖賦」의 分析

1. 구성과 표현상의 특징

주지하다시피 賦는 屈原의 楚辭와 荀子의 賦篇을 바탕으로 漢나라 시대에 형성되었던 운문 장르의 하나로서 淸代에 이르기까지 광범위한 작

---

18 曺植, 「乙卯辭職疏」, 『南冥集』 권2, 亞細亞文化社, 1981, p.56下c, "殿下之國事已非 邦本已亡 天意已去 人心已離 …… 在廷之人 非無忠志之臣 夙夜之士也 已知其勢極而不可支 四顧無下手之地."

자층에 의하여 지속적으로 창작되었다. 그러나 賦라는 동일한 갈래에 포함된다고 하여 역대의 賦가 모두 동일한 형식을 지녔던 것은 아니며, 한나라 이후에 전개된 문학사적인 흐름과 밀접한 상관관계를 가지면서 다양한 역사적 변모를 겪었다. 즉 漢나라 시대의 古賦, 魏晉 南北朝 시대의 騈賦, 당나라 시대의 律賦는 모두 화려한 수사적 기교와 심미적 정서를 위주로 하고 있다는 공통점을 지니고 있으면서도, 騈賦는 騈四儷六의 정련된 구법과 얼마간의 성률에 대한 측면을, 律賦는 八字脚韻에 따르는 압운 및 聲律과 對偶 등의 형식적 측면을 더욱 강조했으며, 宋代의 文賦는 이와 같은 형식으로부터 비교적 해방된 산문적 성격을 강하게 지니고 있었던 것이다.[19]

우리나라의 賦에는 古賦로부터 騈賦, 律賦, 文賦 등이 혼재하고 있어서 시대별로 그 형식적 특징을 일괄적으로 논의하기 어려울 뿐만 아니라, 한 작품 내에서도 이들 중 두 가지 이상의 형식을 공유하고 있는 경우도 적지 않게 발견되며, 이 점에 있어서는 이 글에서 다루고자 하는 「民巖賦」의 경우도 예외는 아니다. 「민암부」는 엄격한 성률과 대우에 구애를 받고 4언구와 6언구를 철저히 준수하는 변부와 율부와는 달리 성률과 대우로부터 비교적 자유로울 뿐만 아니라 3언구, 7언구, 8언구, 9언구 등을 적지 않게 포함하고 있다는 점에서 古賦的 속성을 강하게 지니고 있는 동시에 압운을 하고 있으면서도 전체적으로 산문적인 분위기를 농후하게 지니고 있다는 점에서는 宋代의 文賦的인 性格을 강하게 지니고 있는 것이다.

「민암부」가 이처럼 송대 문부의 특징인 산문적인 성격을 강하게 지니고 있기 때문에 이 작품에는 한대의 고부나 그 이후에 나타난 율부, 변부 등이 공통적으로 지니고 있는 화려한 수사와 섬세한 조탁, 그리고 성률이

---

19 張正體, 張婷婷, 『賦學』, 臺灣學生書局, 1982, 참조.

나 대우에 집착한 흔적이 별로 보이지 않는다. 그러나 이 점이 바로 「민암부」가 문학적 형상화가 제대로 이루어지지 못했다거나 작품 전체의 문학적 가치가 저열함을 뜻하는 것은 결코 아니다. 요컨대 「민암부」는 화려한 수사적 기교에 입각한 형식적인 아름다움을 추구하는 대신에 단순하고 질박한 표현, 4언구와 6언구를 위주로 하면서도 간간히 3언구, 7언구, 8언구, 9언구 등을 삽입하는 데서 오는 육중하면서도 변화있는 리듬, 정서적 강도를 돌연히 상승시키는 감탄적 어법, 기승전결의 완벽한 구성 등을 통하여 당대의 현실적 상황에 대한 중후한 주제를 성공적으로 드러내고 있으며, 이 점은 우선 다음에 예시된 起에서 이미 그 윤곽이 드러난다.

유월 초순 장마철에	六月之交
灩澦堆가 말[馬]과 같아	灩澦如馬
올라갈 수도 없고	不可上也
내려갈 수도 없네.	不可下也
아아,	吁嘻哉
험함이 이보다 더한 데는 없으리니	險莫過焉
배가 이로 인해 가기도 하고	舟以是行
또한 이 때문에 엎어지기도 한다네.	亦以是覆
백성이 물과 같다는 말은	民猶水也
예부터 있어 왔으니	古有說也
백성은 임금을 받들기도 하지만	民則戴君
나라를 엎기도 한다네.	民則覆國

이 글에서 말하는 염예퇴는 중국 四川省을 흐르는 揚子江의 瞿塘峽口에 있는 거대한 바위로서, 이 바위의 주변은 맹렬하게 소용돌이치는 급한 물결 때문에 배가 지나가기가 매우 위험한 곳이다. 이 바위에 새겨져 있는 '對我來[나를 마주 보고 오라]'라는 글자를 마주하여 배가 나아가면 무

사히 지나갈 수 있으나 이 바위를 피하여 가려고 하면 급한 소용돌이에 말려 배가 파산된다고 한다. 작자는 먼저 염예퇴의 급한 소용돌이, 그것도 유월 장마철에 怒濤처럼 내달리는 염예퇴의 물결을 비유적 표현으로 제시하고, 이어서 『詩經』의 興法을 구사하여 물과 배의 관계를 백성과 나라의 관계로 환치함으로써 작품의 주제의 한 부면을 정면으로 제시한다. 요컨대 물이 배를 떠받드는 역할을 하는 동시에 경우에 따라서는 배를 전복시키는 역할을 하듯이 임금을 떠받드는 백성이 경우에 따라서는 나라를 전복하는 암험한 힘, 즉 민암의 역할을 할 수도 있다는 것이다. 앞에서도 이미 언급한 것처럼 이 시대 성리학자들의 작품에서는 좀처럼 찾아보기 힘든 역성혁명의 가능성을 암시한 이 부분은 대체로 4언구의 밋밋한 흐름으로 전개되는 가운데 돌연히 '吁嘻哉'라는 3언구의 급격한 리듬을 지닌 감탄적 어법을 구사하는 한편, 네 차례에 걸쳐서 단정적인 의미를 강하게 지니는 어조사 '也'자를 되풀이하여 사용하고 '覆, 說, 國' 등 비교적 촉급한 느낌을 주는 入聲 운으로 압운함으로써 강렬하고도 중후한 주제에 어울리는 정서적 충격을 준다.

내 진실로 알거니와 눈으로 볼 수 있는 것은 물이라
　　　　　　　　　　　　　　　　　　　吾固知可見者水也
(이처럼)험함이 밖에 나타난 것은 친압하기 어렵고 險在外者難狎
눈으로 볼 수 없는 것은 마음이라　　　　所不可見者心也
(이처럼)험함이 안에 감추어진 것은 만만히 보기 쉽다네.
　　　　　　　　　　　　　　　　　　　險在內者易褻

걸어 다니기에 평지보다 더 평평한 곳이 없지만　履莫夷於平地
맨발로 다니면서 살피지 않다가는 발을 다치고　跣不視而傷足
거처함이 이부자리보다 더 편안한 곳이 없지만　處莫安於衽席
바늘을 겁내지 않다가는 눈을 다친다.　　　尖不畏而觸目
재앙은 실로 소홀한 데서 생기나니　　　　禍實由於所忽

험한 바위가 계곡에만 있지는 않다네.	巖不作於谿谷
원한이 마음속에 있을 적엔	怨毒在中
한 사람의 생각이라 몹시 미세하고	一念甚銳
필부가 하늘에 호소해도	匹婦呼天
한 사람일 적엔 매우 보잘것없었다네.	一人甚細
그러나 저 밝은 감응은 다른 데 있는 것이 아니라	然昭格之無他
하늘의 보고 들으심이 바로 이 백성에게 있다네.	天視聽之在此
백성이 하고자 하는 것은 반드시 들어주니	民所欲而必從
정말 부모가 자식 돌보는 것과 같다네.	寔父母之於子
한 원한 한 아낙, 애초에야 비록 보잘것없었다지만	始雖微於一念一婦
끝내 거룩하신 상제께 갚아주기를 바란다네.	終責報於皇皇上帝
그 누가 감히 우리 상제를 대적하리오?	其誰敢敵我上帝
실로 하늘의 험함을 넘기가 어렵다네.	實天險之難濟
만고에 걸쳐 험함을 베풀어 두었으니	亘萬古而設險
얼마나 많은 제왕들이 예사로 보았던고?	幾帝王之泄泄
桀과 紂가 湯과 武에게 망한 것이 아니라	桀紂非亡於湯武
바로 보잘것없는 백성의 마음을 얻지 못했기 때문이지.	
	乃不得於丘民
漢의 劉邦은 보잘것없는 백성이었고	漢劉季爲小民
秦의 胡亥는 대단한 임금이었지만	秦二世爲大君
필부로서 만승의 천자를 바꾸었으니	以匹夫而易萬乘
이 커다란 권한은 어디에 있는가?	是大權之何在
다만 우리 백성의 손에 달려 있으니	只在乎吾民之手兮
겁내지 않아도 될 듯한 것, 몹시 겁낼만 하도다.	不可畏者甚可畏也

　전체적인 작품 구성상 기·승·전·결 중 承에 해당하는 인용문은 백성이 임금을 받드는 존재이면서도 역설적으로 그들의 마음속에 이미 역성혁명의 씨앗이 잠재적으로 존재하고 있다는 起의 내용을 이어받아 심화 확대하고 구체화하고 있는데, 이 부분은 특히 미약하기 그지없는 존재에

불과한 백성들의 힘이 총체적으로 결집될 때 어떠한 결과가 나타나게 되는지를 구체적인 사례를 통하여 뚜렷이 보여주고 있다. 작자는 먼저 위험한 요소는 염예퇴와 같은 급류속의 거대한 바위에만 있는 것이 아니라 실상 평평한 평지와 편안한 이부자리 속에 잠재하고 있다고 전제함으로써 국가적인 위기의 所從來가 백성들의 마음속에 잠재하고 있음을 분명히 하였다. 위기는 언제나 사소한 백성들의 원한이 쌓이고 쌓여서 마침내 상제의 마음을 움직이게 되고 일단 상제의 마음을 움직이게 되면 어느 누구도 거역할 수 없는 엄청난 결과를 초래하게 되며, 桀과 紂 그리고 秦二世 胡亥는 바로 이와 같은 사례의 대표적인 상징에 다름이 아니다. 따라서 桀紂나 秦二世는 湯武나 劉邦에 의해서 나라를 잃은 것이 아니라 上帝에 의해서 나라를 잃은 것인 동시에 백성에 의해서 나라를 잃었다는 원시유교의 民本主義에 입각한 天命思想이 여기서 강조된다. 작자는 여기서 可視的인 위험에 대해서는 두려워할 줄 알면서도 潛在的인 위험에 대해서는 일방적으로 무시하는 위정자들을 통렬하게 비판하고 있으며, 특히 필부도 천자를 몰아낼 수 있으므로 백성은 두려워하지 않으려고 해도 두려워하지 않을 수 없다는 내용을 담은 끝 부분은 7언구, 6언구, 8언구가 뒤섞인 역동적인 리듬을 통하여 주제의식의 일단을 매우 강렬하게 부각시키고 있다는 점에서 표현수법이 돋보이는 부분이다.

아아, 촉산의 험함이	噫噓哉 蜀山之險
어찌 임금을 넘어뜨리고 나라를 엎을 수 있으리오	安得以債君覆國也哉
그 암험함의 근원을 찾아보면	究厥巖之所自
진실로 한 사람에게서 벗어나지 않는다.	亶不外乎一人
한 사람의 불량함에 말미암아	由一人之不良
여기서 위험이 가장 크게 된다네.	危於是而甲因
궁실이 넓고 큰은	宮室廣大

암험함의 시작이요,	巖之興也
女謁이 성행함은	女謁盛行
암험의 계단이요,	巖之階也
無度한 세금의 착취는	稅斂無藝
암험을 쌓음이요,	巖之積也
법도 없는 사치는	奢侈無度
암험함을 일으켜 세움이요,	巖之立也
掊克이 자리를 차지함은	掊克在位
암험으로 치닫는 길이요,	巖之道也
형륙을 자행함은	刑戮恣行
암험을 돌이킬 수 없게 함이라.	巖之固也

전체적인 맥락에서 볼 때 轉에 해당하는 인용문은 작자가 당대의 부조리한 역사현실을 바라보는 인식의 투철함에 있어서나 중후하고 심각한 주제를 뒷받침하는 의식의 강렬함에 있어서 이 작품 전체의 절정을 이루는 부분이다. 특히 앞부분은 '嘻噓哉'라는 돌연한 감탄적 어법에 이어 매우 긴박하고 숨 가쁜 호흡을 요구하는 장장 13언구를 강렬한 수사적 의문문에 실음으로써, 그리고 압운을 할 만한 심리적 여유도 없이 이 긴 구절을 한꺼번에 쏟음으로써 承의 마지막에 이미 고조되어 있던 감정을 다시한번 증폭시킨 뒤, 백성이 암험하게 되는 원인이 다른 데 있는 것이 아니라 바로 군주에게 있다고 선언한다. 그리고 궁실의 광대함, 여알의 성행, 가혹한 세렴, 지나친 사치, 부극의 전횡, 형륙의 자행 등이 곧 암험함을 이루는 중요 요소인데, 작자는 이 요소들과 이에 상응하는 암험의 정도를 '興, 階, 積, 立, 道, 固'라는 단계적이고 점층적인 단어를 배열함으로써 감정을 고양시키는 한편, 어조사 '也'자를 되풀이하여 사용함으로써 주제의 무게를 뒷받침하는 장엄하고도 단호한 분위기를 조성한다.

비록 그 암험함이 백성에게 있다지만	縱厥巖之在民
어찌 임금의 덕에서 말미암지 않겠는가?	何莫由於君德
물은 하해보다 더 험한 것이 없지만	水莫險於河海
큰 바람이 아니면 고요하고	非大風則安帖
암험함이 민심보다 더 위태로운 것이 없지만	險莫危於民心
포악한 임금이 아니면 다 같은 동포라네.	非暴君則同胞
동포를 원수로 생각하니	以同胞爲敵讐
누가 그렇게 하도록 하는가?	庸誰使而然乎
남산이 저렇듯 우뚝하지만	南山節節
돌이 험하게 붙어 있고	唯石巖巖
태산이 저렇듯 험준하지만	泰山巖巖
노나라 사람이 우러러 본다네.	魯邦所瞻
그 험함은 한가지로되	其巖一也
안위는 다르다네.	安危則異
내 스스로 편안하게 하기도 하고	自我安之
위태롭게 하기도 하나니	自我危爾
백성을 암험타 말아라	莫曰民巖
백성이 암험한 것이 아니니라.	民不巖矣

결에 해당하는 이 부분은 역성혁명이라는 위기의 원인이 표면상으로는 백성에게 있음에도 불구하고 그 원인의 所從來가 궁극적으로 군주에게 있음을 강조하여 작품 전체를 마무리하고 있는 곳이다. 태산처럼 험한 물결도 큰 바람이 아니면 고요하듯이 더할 나위 없이 암험한 민심도 포악한 임금이 아니면 드러나지 않으므로, 백성이 군주를 원수처럼 여기는 것은 결국 그 군주에게 원인이 있다는 것이다. 이 점은 특히 남산의 바위와 태산의 바위가 가지는 고사와 관련된 이미지의 선명한 대비를 통해서 한결 구체적인 형태로 드러난다. 요컨대 작자는 다 같이 암험한 바위이면서도 때로는 원망과 풍자의 대상이 되기도 하고 때로는 칭송의 대상이 되기

도 하듯이, 편안함과 위기의 원인이 실상 모두 군주 스스로의 행위에 달려있음을 강조하면서, "백성을 암험타고 하지 말라, 백성이 암험한 것이 아니니라."라는 강렬하고도 단정적인 어조 속에 작품의 주제를 중후하게 실어 전체적인 내용을 집약적으로 수렴하고 있는 것이다.

2. 주제와 문학사적인 의의

이제까지의 논의에서 드러났듯이 남명이 「민암부」에서 힘주어 말하고자 한 것은 바로 백성의 암험한 힘이었다. 남명은 이 힘이 평상시에는 임금을 받들고 나라를 유지하게 해줌으로써 임금에게 마치 배의 항해를 가능케 하는 잔잔한 물의 역할을 하지만, 때로는 이 힘이 성난 파도가 배를 엎어버리듯 임금을 넘어뜨리는 암험한 힘으로 나타난다고 하였다. 그러면서 남명은 이 암험한 힘이 드러나게 하는 책임은 결코 백성에게 있는 것이 아니라 오로지 임금 한 사람에게 있으므로, 임금은 백성을 암험하다고 하지 말고 백성이 암험함을 드러내지 않도록 스스로 부단히 노력해야 하며, 역으로 백성은 군주의 失政으로 인해 삶을 유지하기 어려울 때 그 암험한 힘을 발휘할 수 있다는 논리를 제공함으로써 민중에 의한 역성혁명의 가능성을 정당화시키고 있다.

남명의 이러한 생각은 백성이 나라의 근본이라는 인식에서 출발된 것이며, 또한 산림처사로서 일생동안 벼슬길에 나가지 않으면서도 부단히 사회 현실에 깊은 관심을 가짐으로써 정치권에 대한 강렬한 비판의식을 가지고 있었기 때문에 가능한 것이기도 하다. 한편으로 남명학 자체가 심성 수양의 내면 지향적인 학문을 안으로 포괄하면서도 한 걸음 나아가 실천력이 결여된 채 성리설을 고담준론하는 당대의 학풍을 날카롭게 비판하고, 온축한 학문을 사회적 실천으로 옮겨야 한다는 강력한 실천의지에 있음을 생각한다면, 「민암부」의 주제는 바로 남명사상의 문학적인 발현으로 중요하게 인식되어질 수 있는 것이다.

문학 연구사적인 면에서 살펴보면 賦에 대한 연구는 매우 영성한 편인데, 근원적으로 중국문학의 범주를 크게 벗어나지 못하였다는 데에도 그 원인이 있겠지만,[20] 부가 일반적으로 형식과 수사에 지나치게 치중함으로써 내용 자체가 관심을 끌기에 미흡하다는 점도 간과할 수 없는 원인이 아닌가 한다. 이러한 관점에서 본다면 남명의 「민암부」는 그 내용에 있어서 조선시대 성리학자들이 일반적으로 언급하기를 꺼리는 혁명의 논리를 다루면서도 논리에서 끝나지 않고 당대의 현실을 바닥에 깊이 있게 깔고 있으며, 그 표현 방법에 있어서도 일반적인 부가 보여주는 화려한 수식이나 섬세한 조탁을 배제하고 담담하면서도 치밀한 구성, 중후한 느낌을 주는 단어의 선택과 구사 등으로 하여 묵직한 정서적 충격을 줌으로써 내용과 표현의 양 측면에서 모두 성공을 거두고 있는 것이다. 앞으로 조선 전기의 부 문학이 연구되면 당대 문학의 정신사적 흐름에서 차지하는 「민암부」의 의의가 더욱 분명하게 드러나겠지만, 우선 「민암부」가 남명학의 실천적 경향과 밀접한 관련을 가지고 있다는 점에서 그 독특한 의의는 잠정적으로나마 인정이 되는 것이다.

....

20 宋寯鎬, 「辭賦의 정착과 양상」, 『韓國文學研究入門』, 지식산업사, 1987, p.289 참조.

IV. 맺음말

이제까지 남명의 「민암부」에 대하여 창작의 동인과 작품의 분석을 시도하여 보았다. 만족할만한 성과가 나오지는 않았지만 나름대로 논의했던 것을 요약하여 맺음말로 삼는다.

「민암부」의 창작 동인으로 본 역사적 배경에서는, 남명이 살았던 16세기의 조선 사회는 정치적 혼란이 왜변과 같은 외부적 요인과 서로 맞물려 기층사회 민중들의 삶을 처절할 정도로 황폐화시켰고 이러한 민중의 삶은 군도를 출현케 하였고, 그것이 다시 정치적 혼란을 가중케 하는 악순환이 되풀이되었음을 살폈으며, 「민암부」는 이러한 역사적 배경 속에서 창작된 것으로 보인다. 또 다른 요인으로 본 사상적 배경에서는, 당대 성리학자들이 일반적으로 생의 질서에 대한 극도로 심화된 존재론적 조망과 이의 도덕적 구현을 강조하는 내면 지향의 성격을 강하게 지니고 있었던데 반하여, 남명은 심성 수양이 지니는 중요성을 깊이 인식하고 그에 따른 부단한 노력을 하였으면서도 실천력이 결여된 채 성리설을 고담준론하는 당대의 학풍을 날카롭게 비판하면서 온축한 학문의 사회적 실천을 더욱 강조하였음을 살폈으며, 이는 오히려 일생 벼슬길에 나가지 않고 산림처사로 일관하는 삶을 살았기에 더욱 강한 비판이 가능하였다고 보이거니와, 여하튼 이러한 의식이 「민암부」가 창작되는 중요한 사상적 배경이라고 생각된다.

「민암부」는 일견 古賦的 속성을 지니고 있으면서도 전체적으로 보여주는 산문적인 분위기는 文賦的 속성을 띠고 있음을 뜻하며, 화려한 수사적 기교에 입각한 형식적인 아름다움을 추구하는 대신에 단순하고 질박한 표현과 字句 배열에서 오는 육중하고 변화 있는 리듬, 정서적 강도를 돌연히 상승시키는 감탄적 어구의 적절한 사용, 기·승·전·결의 완벽한 구성, 주제에 어울리는 장엄하고 단호한 의미를 주는 어조사의 적절한 사용, 비교적 촉급한 의미를 주는 입성 운의 頻用 등으로 하여 주제가 매우 효과적으로 드러나고 있음을 살폈다.

또한 나라를 엎을 수도 있는 암험한 힘이 백성에게 있다고 하여 임금을 경계하면서 역성혁명의 논리까지 수렴한 「민암부」는, 조선 전기 도학파의 문학에서 일반적으로 논의되던 방향과는 다른 차원에서 그 독특한 의의를 찾을 수 있음도 논의하였다.

이 논문으로 하여 남명의 문학 나아가 남명학 전체를 포괄적으로 이해하는 데 얼마나 기여할 수 있을 지는 의문이다. 그러나 이런 식으로 남명의 작품이 구체화되고 그것이 계속해서 축적될 때에 남명의 문학은 물론 남명학 자체의 본모습이 더욱 선명하게 드러나리라고 생각하고 위안을 삼는다.

16세기 儒學思想의 展開와 南冥의 學問

I. 머리말

南冥(曹植, 1501~1572)에 관한 연구는 70년대 말부터 일기 시작하여 80년대에 들어서는 본격화되었으며, 이제는 각 분야에 걸쳐 고루 연구되어 그 성과 또한 주목할 만하다. 이들 연구 업적 가운데 가장 많은 관심을 보이고 있는 것이 사상 분야이다. 이들 사상에 관한 연구는 정치, 윤리, 교육 등 제 분야에서 고루 시도되어 심화 단계에 있다.[21] 그리고 여러 논

....

21 남명의 사상에 관한 연구 성과는 대체로 다음과 같다.

李樹健, 「南冥 曺植과 南冥學派」, 『民族文化論叢』 2·3집, 영남대 민족문화연구소, 1982.

金成龍, 「南冥 曺植의 倫理思想」, 韓國精神文化研究院 附屬大學院 碩士學位論文, 1984.

全炳允, 「南冥의 思想과 文學 研究」, 啓明大 敎育大學院 碩士學位論文, 1984.

李贊錫, 「退溪와 南冥의 敎學思想에 관한 比較研究」, 『蓮菴工專論文集』 3집, 1986.

崔海甲, 「南冥의 敎學思想」, 『南冥學研究論叢』 1집, 南冥學研究院, 1988.

曺准煥, 「南冥의 政治思想」, 『南冥學研究論叢』 1집, 南冥學研究院, 1988.

裵宗鎬, 「南冥思想에 있어서의 聖學十圖」, 『慶南文化研究』 11호, 1988.

三浦國雄, 「曹南冥과 老莊思想」, 『慶南文化研究』 11호, 1988.

鄔昆如, 「南冥社會哲學之研究」, 『慶南文化研究』 11호, 1988.

趙平來, 「南冥思想의 實踐的 性格」, 慶尙大 敎育大學院 碩士學位論文, 1989.

申炳周, 「南冥 曺植의 學問傾向과 現實認識」, 서울대 國史學科 碩士學位論文, 1989.

韓相奎, 「曺植의 敎育思想 研究」, 中央大 博士學位論文, 1990.

문에서 남명의 문학이나, 남명의 학문이 성립된 배경과 학문정신, 남명의 학문체계 등에 대하여 고찰하고 있으며, 이 방면의 연구 또한 상당히 심화되어 있다.

그러나 조선시대 전반적인 유학사상의 추이 속에서 남명의 학문이 어떻게 형성되고 전파되는지에 대한 관심은 의외로 지금까지 너무 미약했다고 할 수 있다. 이는 물론 조선시대 유학사를 서술하면서 이제까지 남명과 그의 학맥에 해당되는 학자들을 너무 미미하게 다루었던 것이 그 이유의 하나일 수 있겠는데, 이는 대체로 癸亥政變 때 來庵(鄭仁弘, 1536~1623)이 정치적으로 패퇴함에 따라 남명의 再傳門徒 이후로는 스스로 南冥學派로 자처하기가 어려웠던 조선시대의 사정과 깊은 관련이 있는 것으로 보인다.

남명 학문의 지리적 기반이었던 慶尙右道도 17세기 이후 거의 退溪學派 일색이 되었던 것이 사실이지만, 경상우도 지역의 학자들이 남긴 문집을 통해 보면 退溪와 아울러 南冥에 대한 敬慕의 마음 또한 끊임없이 이어져 왔다는 것도 부인할 수는 없다.[22] 이런 점에서 본다면 남명은 당대에만 퇴계와 아울러 영남의 두 거봉이었던 것이 아니고, 그 맥이 꾸준히 전승되어 왔음을 알 수 있다. 따라서 남명학파의 흐름에 대한 전반적인 조명을 위해서는 조선조 유학사에서 차지하는 남명의 위치를 상정해 두는 것이 선결과제라고 할 수 있다.

....

李東歡, 「曺南冥의 精神構圖」, 『南冥學硏究』 創刊號, 慶尙大學校 南冥學硏究所, 1991.
崔錫起, 「南冥의 成學過程과 學問精神」, 『南冥學硏究』 創刊號, 南冥學硏究所, 1991.
張源哲, 「南冥思想과 淵源(其一)」, 『南冥學硏究』 創刊號, 南冥學硏究所, 1991.
權仁浩, 「南冥의 經世思想에 관한 硏究」, 『南冥學硏究論叢』 2집, 南冥學硏究院, 1992.
22 后山 許愈(1833~1904) 같은 이가 남명 사상의 핵심이 응결되어 있는 「神明舍圖」와 「神明舍銘」에 대하여 상세한 주석을 가하고 있는 것이 그 일례가 될 것이다.

본고는 이 점에 착안하여 시도해 보는 것으로, 16세기 이전의 유학사의 흐름을 일별하고 이것이 16세기에 들어서는 어떤 방향으로 진행되는지를 살펴본 다음, 남명이 추구한 학문의 방향과 성격은 어떤 것이며 이것이 당대의 상황에서 어떠한 의미를 지니고 있는가에 대해서 대강이나마 더듬어 보고자 한다.

II. 예비적 고찰

고려 말기에 성리학이 수입된 이래 조선 왕조에서 유학을 국시로 정함으로부터 조선 왕조 전체에서 유학이 극성할 바탕이 마련되었다. 물론 불교의 말기적 현상으로 인한 麗末鮮初의 어지러운 사회를 수습할 수 있는 유일한 대안이 바로 성리학이었고, 당시 현실에 대한 개혁적인 의지를 갖고 있었던 계층이 바로 성리학을 공부한 사람들이었으므로, 조선 왕조에서 유학을 국시로 정한 것은 당연한 귀결이었다.

당시 새로운 왕조의 건국이념을 제공한 三峰 鄭道傳, 행정과 문한 등의 각 방면에서 새로운 왕조의 일익을 담당했던 浩亭 河崙·陽村 權近 등이나, 새로운 왕조의 참여에 반대하다가 살해당한 圃隱 鄭夢周, 물러나 끝까지 은둔한 冶隱 吉再 등은 애초에 牧隱 李穡의 문인으로서 모두 같은 성리학 계열의 유학자들이었다. 그러나 조선이 건국되어 기반이 잡히고 난 뒤에는 전자의 계열은 대체로 勳舊派가 되고 후자의 계열은 대체로 士林派가 되었는데, 佔畢齋 金宗直(1431~1492)을 중심으로 한 사림파가 成宗 때 대거 정계에 진출함으로써 커다란 갈등이 일어났고 이것이 급기야 士禍로 이어지게 되었다. 여러 차례의 사화로 인하여 많은 사림이 피해를 보았지만 결과적으로는 선조대에 이르러 훈구파 계열은 자취를 감추고 사림이 정치사회의 중심 세력이 되는, 사림정치의 시대가 열리게 되었다.

이와 같은 점에서 볼 때 조선조를 貫流하는 유학사상의 연원은 자연스럽게 사림파에서부터 찾을 수밖에 없다. 그러므로 여기서 15세기 사림파의 학문 경향을 一瞥해 봄으로써 16세기 유학사상의 근저를 짚어보고자 한다.

15세기 사림파에서 가장 핵심적인 인물은 역시 점필재라고 할 수 있는데, 그가 가진 학문에 대한 개방적이고도 폭이 넓은 경향 때문에, 당시에 대성황을 이루었던 그의 문인들은 매우 다양한 학문 경향을 보이고 있다. 이를 크게 나누어 보면, 성리학 쪽에 전념했던 一蠹 鄭汝昌(1450~1504)과 寒暄堂 金宏弼(1454~1504), 성리학적 기반을 가지고 있으면서 문학 쪽에 더 깊은 관심을 가졌던 濯纓 金馹孫(1464~1498)·秋江 南孝溫(1454~1492)·濡溪 兪好仁(1445~1494)·梅溪 曹偉(1454~1503)·藍溪 表沿沫(1449~1498)·慵齋 李宗準(?~1499)·愚齋 孫仲暾(1463~1529)·忘軒 李胄(1468~1504)·再思堂 李黿(?~1504) 등과 老莊 쪽에 심취했던 虛庵 鄭希良(1469~?) 등의 세 부류로 파악된다.

이들은 대체로 15세기 후반을 무대로 활동했고, 이들을 이어 靜菴 趙光祖(1482~1519)·慕齋 金安國(1478~1543)·花潭 徐敬德(1489~1546)·晦齋 李彦迪(1491~1553) 등이 16세기 전반기를 무대로 활동하면서, 성리학 쪽에 전념했던 일두와 한훤당이 끼쳤던 학문을 조정에서 직접 실현해 보려고도 하였고 한편으로는 은거와 유배기간을 통하여 학문을 더욱 심화시켜 나가기도 하였다. 그런데 점필재에서 정암에 이르는 이 과정에서 세 차례의 사화가 일어남으로써 신진 사림의 정치에 관한 氣銳는 꺾일 대로 꺾이었던 바, 이는 士林으로 하여금 정계를 떠나 학문에 심취하게 하는 주요인이 되었다. 이렇게 해서 16세기의 사림들은 앞 시대의 점필재 문하의 세 부류 가운데서 수적으로 열세였던 본격적인 성리학자들이 오히려

강세를 보이면서 당대를 주도하게 되었다. 이처럼 정계를 떠나 은둔할 수밖에 없는 당시의 상황이 대학자를 고향에 있게 하였고, 또 이들의 門下 중에서 뜻있는 사람들은 仕宦을 포기하고 학문에 전념하는 방향으로 분위기가 흘러가고 있었던 것이, 이 시대를 조선유학사상 가장 걸출한 인재들을 배출케 한 것이 아닌가 생각된다.

III. 16세기 儒學思想의 展開

1. 性理學的 世界觀의 確立

뒤에서도 언급되겠지만 성리학적 이론에 관한 탐색이 이 시대에 특히 대두되어서 활발하게 전개되었던 것은 무엇보다도 성리학적 세계관이 이 시대에 확립되었음을 의미하는 것이라고 할 수 있다. 이러한 토대는 이미 15세기 사림파의 활동에서 그 세력이 맹렬하게 팽창되고 있었다. 즉 점필재의 문인들이 이미 기성 훈구세력들의 기반을 잠식함으로부터 시작하여, 한훤당 김굉필과 일두 정여창 같은 대학자들이 수많은 문인을 통하여 성리학적 세계관에 입각한 삶을 강조하였고, 또 그들의 門人이 朝野의 곳곳에 포진하여 성대한 교육의 장을 열었기 때문에, 16세기에 들어오면 학자들의 대부분이 이 계열이거나 이 계열과 깊은 관련을 맺고 있는 사람들이었다. 따라서 성리학적 세계관은 이 시대의 흐름이었고, 여기서 주도적인 역할을 수행했던 인물이 바로 靜菴 趙光祖(1482~1519)와 聽松 成守琛(1493~1564)·晦齋 李彦迪(1491~1553)과 退溪 李滉(1501~1570)·慕齋 金安國(1478~1543)과 河西 金麟厚(1510~1560) 및 灘叟 李延慶(1488~1552)·花潭 徐敬德(1489~1546)·一齋 李恒(1499~1576), 大谷 成運(1497~1579)·南

冥 曺植(1501~1572) 등이었다.23

　그런데 이들은 다 같이 성리학적 세계관을 가지고 있다고 하더라도 관심의 방향은 실로 다양하였다. 그러나 이들을 程朱의 정통성리학만을 신봉하는 경우와 원시유학도 중시하면서 宋代의 程朱를 아울러 포괄하여 이를 주축으로 삼고 제가의 학문을 두루 포용하려는 경우로 크게 나누어 볼 수 있다. 退溪의 경우가 전자의 계열을 대표한다고 볼 수 있는데, 이 계열의 학맥이 정치적으로는 노론과 남인으로서 이후의 조선시대의 학계와 정계를 이끌어 가는 역할을 하였고, 南冥의 경우가 후자의 계열을24 대표하는데 이 계열은 癸亥政變 이후 몰락하여 명맥도 제대로 잇지 못하게 된다.

　退溪는 朱子의 학문이 가장 온당하므로 학문에 있어서 朱子學 이외의 요소는 완전히 배제해야 한다는 생각을 가지고 있었던 바,『退溪集』雜著의「白沙詩敎辯」・「傳習錄論辯」・「白沙詩敎傳習錄抄傳因書其後」・「抄醫閭先生集附白沙陽明抄後復書其末」 등에서 보이는 禪學 및 陽明學에 대한 비판의 글과『退溪集』곳곳에서 보이는 南冥의 老莊 趣向과 穌齋의 陸王學的 見解에 대한 批判25 및 西厓가 明京에서 보여준 異端의 학문에 대한 철저한 비판태도를

....

23 이 밖에도 西峰 柳藕의 門人인 東洲 成悌元・履素齋 李仲虎・林塘 鄭惟吉 등과 慕齋의 門人인 圭菴 宋麟壽・眉巖 柳希春 등과 灘叟의 門人인 東皐 李浚慶・穌齋 盧守愼 등과 退溪 및 南冥의 여러 門人들이 있지만, 師友淵源으로 보면 이들이 모두 본문에서 예시한 인물들과 유관하므로 일일이 거론하지 않았다.

24 灘叟와 花潭의 一部 門人이 이 계열에 속한다.

25 예컨대 다음과 같은 내용이 여기에 해당될 것이다.
　(1) 李滉,「答黃仲擧」,『退溪集』,『韓國文集叢刊』29, p.497上左, "雞伏堂銘, 深荷錄示. 但其說曠蕩玄邈, 雖於老莊書中, 亦所未見, 旣未嘗學, 焉敢議及. 其人固非尋常, 而其學又難學也.
　(2) 李德弘,「溪山記善錄」下,『艮齋集』,『韓國文集叢刊』51, p.97上: 問今世誰能學問, 先生曰, 未見其人. 曰, 如奇高峯李龜巖者, 何如. 曰, 此人厚重近仁, 而循塗守轍, 必終不回頭. 向別處去, 但所見猶未能透得大綱領, 這可惜耳. 大凡世無切己根本上做工夫底人. 只有曺南冥, 唱南華之學, 盧穌齋守象山之見, 甚爲懼也.

칭찬한 것[26] 등에서 '崇正學'의 의지를 뚜렷이 볼 수 있다.

2. 性理學的 理論의 擡頭와 展開

16세기 초반에 성리학에 몰두, 이론적 모색의 토대를 마련하였던 학자로는 花潭 徐敬德(1489~1546)과 晦齋 李彦迪(1491~1553)을 들 수 있다. 회재는 27세(1517)와 28세(1518) 때 동향의 선배 학자인 忘齋 孫叔暾 및 忘機堂 曺漢輔와 우리나라 성리학사상 초유의 대논쟁을 벌였던 바, 여기서 망재와 망기당이 陸象山과 老佛의 사상을 混入하여 무극과 태극을 설명하였음을 辨破하면서 "有理而後有氣"[27] 理先氣後의 견해를 피력함으로써 후세 主理論의 濫觴이 되었다. 또한 회재가 여기서 상산의 견해와 노불의 견해를 아울러 반박하고 있는데, 퇴계가 회재를 특히 尊慕하였던 것도 바로 異端에 대한 배척과 正學을 높이려는 이러한 노력을 높이 평가한 데서 나온 것이라고 생각된다.

화담이 만년에 찬술했다고 하는 「原理氣」·「理氣說」·「太虛說」·「鬼神死生論」 등 네 편의 글은 문인들에게 "이 논의는 글이 비록 졸렬하지만 지난날의 뭇 성인들이 다 전하지 못했던 경지를 본 것이니, 일실되지 않도록 하여 후학들에게 전해지도록 하고, 遠近의 華夷에까지 퍼져서 東方

---

26 李滉, 「答柳而見」 庚午, 『退溪集』, 『韓國文集叢刊』 30, p.297下: 今以辱示觀之, 京師四方之極, 聲名所萃, 士習學術, 汚舛如彼, 不知是天然耶. 抑人實爲之, 以今云云. 揆前日尹子固問答及魏時亮諸說, 陸禪懷襄於天下乃如是, 令人浩歎不已. 然入燕者數多, 能遇此等人, 作此等話頭者亦無幾. 公能遇數百諸生, 發此正論, 略點檢其迷, 不易得也.

27 李彦迪, 「答忘機堂第一書」, 『晦齋集』, 『韓國文集叢刊』 24, p.391, "至無之中, 至有存焉. 故曰, 無極而太極, 有理而後有氣. 故曰, 太極生兩儀. 然則理雖不離於氣, 而實亦不雜於氣.

에 학자가 나왔음을 알게 하라."[28]라고 말하였던, 자신의 득의의 논의이다. 화담은 여기서 氣一元論에 가까운 의견을 제시하였던 바, 理氣가 不相離라는 점은 철저하게 인식했지만 氣를 理로 오인한 부분이 있음을 후일 栗谷으로부터 지적당하였다. 이는 후세 주기론의 남상이라고 할 수 있다.

회재와 화담 이후에 慕齋와 思齋의 문인인 秋巒 鄭之雲이「天命圖說」을 가지고 퇴계에게 叱正한 것이 계기가 되어, 四端七情과 理氣가 어떻게 관련되느냐의 문제로부터 이와 관련한 선악의 문제 등이 연이어 관심의 표적이 되었다. 이때 高峰 奇大升이 중심이 되어 一齋 李恒 및 河西 金麟厚 등과 토론을 거치면서 퇴계와 심도 있는 서신 논쟁을 함으로써, 성리학에 대한 이론적 탐색이 꽃을 피우게 되었다. 이 논쟁에서의 가장 핵심적이었던 문제는 역시 理와 氣가 時空의 先後左右에 따라 互發하느냐 아니면 同時同所에서 共發하느냐의 관점의 차이에 있었던 것인데, 퇴계가 여러 차례 수정을 거치면서 최종적으로 "四端理發而氣隨之 七情氣發而理乘之"라고 함으로써 일단락되는 듯하였다.

그러나 이 문제는 퇴계 沒後에 栗谷과 牛溪가 논변하는 과정에서, 율곡이 퇴계의 理氣互發說에 의문을 제기하고 '氣發而理乘之'는 가능하지만 '理發而氣隨之'는 인정할 수 없다고 하였다. 즉 理와 氣는 서로 '不相離'의 관계에 있으며 또 '發하는 것은 氣이고 發하게 하는 것이 理'이기 때문에, 氣는 발할 수 있지만 理는 발할 수 없는 것이라고 단정하고, 인간만이 그런 것이 아니라 天地의 造化도 '氣化而理乘之'가 아님이 없다고 하였다.[29]

....

28 徐敬德,「鬼神死生論」,『花潭集』,『韓國文集叢刊』24, p.307, "此論雖辭拙, 然見到千聖不盡傳之地頭爾. 勿令中失, 可傳之後學, 遍諸華夷遠邇, 知東方有學者出焉."
29 李珥,「答成浩原」,『栗谷全書』,『韓國文集叢刊』44, pp.200~201, "大抵發之者 氣也 所以發者 理也 非氣則不能發 非理則無所發 …… 退溪因此而立論曰 四端理發而氣隨之 七情氣發而理乘之 所謂氣發而理乘之者 可也 非特七情爲然 四端亦是氣發而理乘之也 …… 非特人心爲然 天地之化 無非氣化而理乘之也."

율곡 이후에는 퇴계학파의 葛菴 李玄逸·密庵 李栽·大山 李象靖·定齋 柳致明·寒洲 李震相·俛宇 郭鍾錫 등이 율곡 및 이어지는 율곡학파의 학설을 대체로 主理의 입장에서 비판하였고, 율곡학파의 尤庵 宋時烈·遂庵 權尙夏·南塘 韓元震·鹿門 任聖周·鼓山 任憲晦 등이 퇴계 및 이어지는 퇴계학파의 학설을 대체로 主氣의 입장에서 비판하였으며, 이러한 가운데 旅軒 張顯光·愚伏 鄭經世·農巖 金昌協·陶庵 李縡·立齋 鄭宗魯·艮齋 田愚 등은 主理와 主氣를 折衷하는 새로운 학설을 수립하였다.[30]

IV. 南冥의 現實志向的 學問

16세기는 성리학적 세계관이 학문으로서 확립되었던 시기이며 또한 이것이 심화된 형태로 나타난 것이 성리학적 이론의 대두 및 그 전개라고 할 수 있는데, 그 연원과 과정을 이제까지 간략하게 살펴보았다.

이러한 사회 분위기 속에서 남명은 25세를 전후하여 科擧를 단념하고 세상이 진실로 필요로 하는 인물이 되기 위한 학문을 하기 시작하였다. 여기서 이루어진 것이 이른바 남명학의 특징이라 할 수 있는 '敬義之學'이다. 그런데 이 '敬義之學'이란 남명의 학문을 총체적으로 표현한 말로, 이를 다시 敬의 學問(자아의 완성)과 義의 學問(사회정의의 실현~현실지향)으로 나누어 봐야 그의 학문적 성격과 특징이 옳게 부각될 수 있다. 그러므로 여기서 남명의 이러한 학문적 성격과 특징을 동시대 다른 인물~퇴계~과 관련시켜 살펴봄으로써, 남명이 추구한 학문의 방향과 그 의미를 파악해 보고자 한다.

....

30 裵宗鎬, 『韓國儒學史』, pp.118~158 參照.

1. 性理學的 世界觀에 기초한 內敬外義의 學問

남명이 평소 공부를 하면서 중요하다고 생각되는 것을 뽑아서 기록해 둔 것이라고 하는 『學記』의 내용을 검토해 보면 그의 학문의 요체는 성리학이라는 사실이 적연히 드러난다. 물론 이 『學記』는 『近思錄』의 체재에 따라 분류하여 재편집하였기 때문에 현재 『學記類編』이라는 이름으로 전해지고 있지만, 『근사록』의 체재에 따라 분류할 수 있다는 것만으로도 그가 평소에 쌓은 공부의 내용과 성향을 충분히 알 수 있다. 또한 남명이 정신수양을 위하여, 여러 책의 중요한 구절을 인용하여 재구성한 「神明舍圖」와 「神明舍銘」을 검토해 보면, 남명 학문의 基底가 성리학이라는 사실이 확연히 드러나며, 특히 중시하였던 것이 '敬'과 '義'라는 사실도 자연스럽게 알 수 있다.

南冥의 학문은 '敬義之學'으로 통칭되는 바, 만년에 자신의 학문을 요약하여 말하였다는 다음의 표현이 이를 잘 뒷받침하고 있다.

> 만년에 특히 '敬義'라는 두 글자를 제시하여, 창문과 벽 사이에 크게 써 두셨다. 그리고는 일찍이, "우리 집에 이 두 글자가 있는 것은 마치 하늘에 해와 달이 있는 것과 같아서, 만고를 통하도록 바뀔 수 없는 것이다. 聖賢의 千言萬語가 결과적으로는 모두 이 두 글자를 벗어나지 않는다."라고 하셨다.[31]

그리고 이와 비슷한 표현이 東岡이 쓴 「南冥先生行狀」과 「行錄」에도 보이는 것으로 보아 문인들에게 널리 알려져 있었던 것으로 생각된다. 뿐

....

31 鄭仁弘, 「南冥先生行狀」, 『南冥集』, 『韓國文集叢刊』 31, p.458, "最後特提敬義字 大書窓壁間 嘗曰 吾家有此兩箇字 如天之有日月 洞萬古而不易 聖賢千言 萬語 要其 歸 都不出二字外也."

만 아니라 늘 차고 다니던 패검에 "內明者敬 外斷者義[안으로 마음을 밝히는 것은 경이요, 밖으로 행동을 결단하는 것은 의이다.]"라는 銘을 새겨둔 것으로 보아도 敬과 義는 남명 학문의 가장 중요한 두 축임을 알 수 있다. 敬의 축은 內的修養과 관계되는 것이고 義의 축은 外的行動~社會的 實踐과 관계되는 것이다.

그런데 남명의 이 패검명은 『周易』, 「坤卦」文言傳의 "君子는 敬으로써 안을 곧게 하며 義로써 바깥을 반듯하게 한다.[君子 敬以直內 義以方外]"라는 말을 응용한 것으로서, 여기에서 '곧게 한다[直]'라는 말과 '반듯하게 한다[方]'라는 말을 '밝힌다[明]'라는 말과 '결단한다[斷]'라는 말로 대치하고 있음은 간과해서는 안 될 중요한 의의가 있다고 생각된다. 즉, '直'과 '方'이라는 표현은 매우 담박하다고 할 수 있는데 이를 '明'과 '斷'으로 대치하고 보면, 여기에는 매우 강렬한 실천에의 의지가 실리고 있다는 점이 주목이 되는 것이다. '直'을 '明'으로 대치한 것에서도 남명의 '敬'에 대한 남다른 강렬한 의지를 볼 수 있거니와 특히 '方'을 '斷'으로 대치한 것에 이르러서는 과감하고 결단성 있는 실천에의 의지가 살아 움직이는 듯한 느낌까지 주고 있다는 점에서, 그가 주장하고 있는 '義'가 단순한 것이 아님을 분명히 알 수 있다. 남명에 있어서의 이 '義'는 문인들에게 이어져 임진왜란 때 수많은 의병장을 나오게 하였거니와 覺齋 河沆, 松亭 河受一, 謙齋 河弘度로 이어지는 학맥에서도 매우 중요하게 받아들여지고 있음으로[32] 보아서도, 이 '義'는 남명 학문의 특징으로서 더욱 강

....

32 河弘度, 「記松亭先生語」, 『謙齋先生文集』卷5 張33, 景仁文化社, 1990, p.370, "愚嘗拜松亭先生于水谷精舍 仍陪宿 鷄旣鳴 蹙諸子某某等起 諄諄敎諭曰 …… 我南冥先生 深得其旨 樂堯舜之道 非其義 一介 不以予人 而取於人 拔其利源而塞之 …… 我覺齋叔父 受業親炙 而聞其道 有所不知 知之 未嘗近利 …… 汝輩出於吾門 雖不得大任重責 亦可以箕裘承業 粗知善利 深致如登之力 愼勿陷於爲不義 以忝爾所生也."

한 의미를 지닌다고 하겠다.

그리고 敬의 방법으로는 程子의 '主一無適'과 '整齊嚴肅', 尹和靖의 '其心收斂 不容一物', 謝上蔡의 '常惺惺法' 등이 宋代에 이미 제시되었는데, 『學記類編』에 이들이 다 적시되어 있음으로 보아 남명이 이러한 방법을 다 원용했으리라 여겨진다. 다만 문인인 東岡에게 '惺惺子'라는, 당신이 평소에 차고 다니던 방울을 주면서 그 의미를 깨우쳐 주었다는 기록으로 보면 적어도 謝上蔡의 常惺惺法이라는 방법을 적용하였음은 알 수 있다.

南冥의 학문에 대하여 醇正하지 못하다고 비판하는 말이 많이 있어온 것은 사실이다. 그러나 이러한 비판으로 하여 남명의 학문이 바로 성리학적 세계관을 벗어난 것이라고 단정할 수는 없다. 남명의 학문이 기본적으로 성리학적 세계관에 근거하고 있다는 것은, 평소 문인들에게 '下學人事上達天理'를 강조한 것이라든지, 상소문에서 '나라를 다스리는 요점이 임금이 明善[窮理]·誠身[修身]하는 데 달려 있다고 하면서 主敬이 아니면 存心할 수 없고 存心하지 않으면 窮理할 수 없다.'고 한 것 등에서도 다시 확인할 수 있다.

2. 學問의 開放性

南冥이 이처럼 성리학적 세계관에 근거한 학문을 하였는데도 退溪가 老莊이 빌미[祟]가 된다고 한 것은 무슨 까닭이며, 이것은 어떤 의미를 지니고 있는가 하는 점을 살펴보겠다. 먼저 退溪가 南冥을 批判한 내용을 보자.

成健叔의 淸隱한 志趣는 사람으로 하여금 恭敬한 마음을 일으키게 합니다마는 사람들이 그 高尙함을 알아주지 못하고 있는 것이 可惜할 따름입니다. 그러나 알아주고 알아주지 않는 것이 隱者에게 무슨 관계가 있겠습니까. 생각건대 공은 그 문을 자주 지나다녔으니 소득이 많았으리라 생각됩니다. 曹楗仲의 사람됨을 논한 것은 그 실상을 정확히 파악한 것입니다. 그리고 그가 義理에 透徹하지 못하다는 것에 대해서는, 이런 류의 사람은 老莊의 빌미가 되는 경우가 많으므로 우리의 학문에 대한 공부는 으레 깊지 못하니 어찌 그 투철하지 못함을 괴이히 여기겠습니까. 요컨대 그 장점을 취하는 것이 마땅할 것입니다.[33]

大谷 成運에 대해서 크게 칭찬하는 말과 함께 등장하는, 남명에 대한 이러한 평가는, 錦溪 黃俊良이 어떤 내용으로 질문을 하여서 나온 것인지 확실치는 않으나, 老莊에 심취하고 있기 때문에 儒學에 대한 이해가 부족하다는 의미로 받아들일 수밖에 없다. 그러나 퇴계는 여기서 남명 개인을 폄하하려는 의도보다도 자신이 평소에 진력하였던 '崇正學'의 취지에 어긋나기 때문에 문인들에게 경계하는 의도에서 발언한 것으로 보인다. 앞의 '성리학적 세계관의 확립'이라는 부분에서 이미 언급한 것처럼 퇴계는 정통 성리학 이외의 학문에 대해서는 가차없이 비판하였던 바, 남명을 폄하하는 듯한 내용의 언급은 대체로 이러한 의미로 해석하는 것이 바람직하리라고 본다.

그렇다면 남명의 노장 취향에 대해서는 어떻게 설명하는 것이 바람직할까 하는 문제가 남는다. 필자는 이를 남명의 학문이 지니고 있는 開放性이라고 규정하고 싶다. 즉 성리학적인 세계관에 입각한 '敬義之學'이 남명 학문의 기반이라면, 老莊이나 佛敎나 陽明學 등은 세계를 바라보는 시

33 李滉,「答黃仲擧」,『退溪集』,『韓國文集叢刊』 29, p.473, "成健叔淸隱之致 令人起敬 可惜時人不甚知其高耳 然知不知 何關於隱者事 惟公屢過其門 所得想多也 其所論曹楗仲之爲人 亦正中其實矣 其於義理未透 此等人多是老莊爲崇 用工於吾學 例不深邃 何怪其未透耶 要當取所長耳."

각을 더욱 확대시키고 현실에 대처할 수 있는 다양한 방법을 제공한다는 점에서 부분적으로 그 장점을 취하는 형식으로 수용된 것이라고 생각한다. 성리학에만 집착하지 아니하고, 장점이 있다면 남들이 異端이라 배척하는 것도 유연하게 수용하는 이 점이 남명 학문의 중요한 특징 가운데 하나로, 陸象山의 견해를 고집한다고 해서 퇴계에게 비판을 받았던 穌齋 盧守愼도 이 점에서는 남명과 같지 않을까 생각한다. 특히 조선 중기 이후 학문의 폐쇄성이 가지고 온 여러 가지 문제점을 상기해 보면 남명이 지닌 학문에 대한 개방성은 더욱 의미가 깊다고 하겠다.

성리학적 수양의 방법 중 가장 중요한 것 가운데의 하나가 主敬공부이다. 그런데 남명은 이 主敬의 방법으로 제시된 主一無適·整齊嚴肅·常惺惺法에다 장자의 「逍遙遊」 등에서나 볼 수 있는 것과 같은 거대한 정신세계를 자기화함으로써, 우리나라 유학사 내지는 정신사에서 가장 높은 봉우리의 하나를 이루었던 것인 바, 이 역시 학문의 개방성으로부터 나온 결과라고 본다.

3. 現實世界 志向의 學問

남명은 엄청나게 많은 서적을 읽었다고 한다. 퇴계가 "이는 노장의 서적에서도 볼 수 없는 것이다."라고 한 것은 물론 노장에 심취한 것을 비판하는 의도이겠지만, 한편으로는 남명의 博覽을 간접적으로 인정하는 것으로 볼 수도 있다.

來庵이 남명을 '博求經傳 旁通百家'라고 표현한 것에서도 이를 확인할 수 있다. 그런데 남명이 이처럼 박람을 추구하였던 것은 단순히 지식을 쌓기 위해서라기보다는 그것을 '斂煩就簡 反躬造約'하여 실생활에 적용하기 위해서였다고 해야 할 것이다.

남명이 현실세계에 관심을 가지고 있었던 것은 성리학자들이 일반적으로 가진 것과는 질적인 면에서나 양적인 면에서 그 깊이와 무게가 남다르다고 할 수 있다. 다음은 남명과 퇴계가 64세 때 서로 주고받은 편지 내용의 일부분이다.

요즈음 보니, 배우는 자들이 손으로는 물 뿌리고 청소하는 절도도 모르면서 입으로는 하늘의 이치를 담론하여, 헛된 이름이나 훔쳐 그로써 남을 속이려고 하다가 도리어 상처를 입고 또 그 피해가 다른 사람에게까지 미치니, 이는 아마도 선생 같은 장로께서 꾸짖어 말리지 않은 까닭이 아니겠습니까? 저 같은 사람이야 간직한 것이 황폐하여 찾아오는 사람이 드물지만, 선생 같은 분은 몸소 상등의 경지에 도달하여 우러러보는 사람이 참으로 많으니, 十分 억제하고 規戒하심이 어떻겠습니까?[34]

공께서 지적하신 (欺世盜名한다는) 사람은 도대체 누구를 두고 하는 말씀입니까? 그 사람들이 비록 정당하지 못하더라도 만약 그 사람들의 결점이 공께서 말씀하신 바와 같은 정도일 뿐이라면, 마땅히 그와 같이 꾸짖고 억제하지는 않아야 할 것입니다. 혹 불행하게도 참으로 세상을 속이고 이름을 훔치려는 마음이 있는 사람이라면, 우리가 그들의 꾸짖음과 억제를 면할 수 있으면 다행인 것이니, 어찌 감히 우리가 억지로 기세를 부려 도리어 그들을 꾸짖고 억제하겠습니까?[35]

....

34 曹植, 「與退溪書」, 『南冥集』, 『韓國文集叢刊』 31, p.553, "近見學者 手不知灑掃之節 而口談天理 計欲盜名 而用以欺人 反爲人所中傷 害及他人 豈先生長老無有以呵止之 故耶 如僕則所存荒廢 罕有來見者 若先生則身到上面 固多瞻仰 十分規戒之如何."
35 李滉, 「答曹楗仲」 甲子, 『退溪集』, 『韓國文集叢刊』 29, p.286上左, "抑不知公所指者 是何等人耶 其人雖不正當 若其病只如前所云者 則其不當訶抑如彼 或不幸而眞有欺盜之心者 吾輩得免於彼所訶抑 幸矣 又豈敢强作氣勢 反加訶抑於彼耶."

앞의 편지는 남명이 퇴계를 중심으로 하는 많은 학자들이 실소득이 없는 성리학적 이론 탐구에 지나친 관심을 갖고 있음을 비판하고 학문의 방향을 실질적인 쪽으로 돌릴 것을 은근히 권한 것이며, 뒤의 편지는 이에 대한 정중한 거절의 표현이다. 이 두 편지는 남명과 퇴계가 갖고 있는 관심의 방향이 매우 다르다는 것을 잘 보여주는 것이라고 하겠다. 남명은 이처럼 이론 중심의 학문 경향에 반대하면서 여러 곳에서 실용성 있는 학문을 주장하였으며, 또한 당대에 그런 평가를 받기도 하였으니, 다음의 글들에서 이를 확인할 수 있다.

또 "넓은 도회지의 큰 시장 안을 구경해 보면 금은보배가 없는 것은 아니나 종일토록 거리를 오르내리면서 그 값을 흥정하기만 한다면 끝내 자신의 물건이 되지 않는다. 이는 도리어 나의 베 한 필로 한 마리의 생선을 사오는 것만 못하다. 요즈음 학자들이 고상하게 성리설을 말하면서도 자신에게는 實得이 없으니, 이와 무엇이 다르겠는가?"라고 하셨다.[36]

요즈음 사람들이 숭상하고 있는 것을 자세히 보니, 겉과 속이 다르게 헛된 이름을 추구하는 것이 고질이 되었습니다. 세상이 온통 그러하여 이미 惑世誣民을 걱정할 정도이며, 비록 크게 현명한 분이 있다 하더라도 이미 구제할 수 없을 지경입니다. 이는 실로 斯文의 宗匠인 사람이 오로지 上達만 주장하고 下學을 강구하지 않아 구제하기 어려운 습관이 되었기 때문입니다. 일찍이 그와 더불어 論難하는 편지를 주고받았지만 방향을 돌리려고 하지 않았습니다. 公은 지금 이러한 폐단은 회복하기 어렵다는 사실을 알지 않을 수 없을 것입니다.[37]

....

36 鄭仁弘, 「南冥先生行狀」, 『南冥集』, 『韓國文集叢刊』 31, p.458下右, "又曰 遨遊於通都大市中 金銀珍玩 靡所不有 盡日上下街衢而談其價 終非自家家裡物 却不如用吾一匹布 買取一尾魚來也 今之學者 高談性理 而無得於己 何以異此"

나라를 다스리는 도리는 다른 데 있는 것이 아니고 그 요점은 임금이 明善·誠身하는 데 달려 있을 뿐이옵니다. 이른바 明善이란 窮理를 이름이요 誠身이란 修身을 이름이옵니다. ……이치를 궁구하는[窮理] 이유는 實用을 극진히 하기[致用] 위함이요 몸을 수양하는[修身] 이유는 道를 실행하기[行道] 위함이옵니다.[38]

曹植의 학문은 마음으로 터득하는 것을 귀하게 여기고 致用과 實踐을 급하게 여기어, 講論하고 辨釋하는 말을 좋아하지 않았다.[39]

남명이 이처럼 門人들에게나 知舊에게나 임금에게나 할 것 없이 누구에게든지 강조했던 '致用' 내지 '實踐'에 관한 언급은, 문인들에게 일상생활에 필요한 모든 학문이 학자의 할일이라고 한 언표와 아울러 생각해 보면 남명의 현실세계 지향의 성격을 더욱 뚜렷이 보여주는 것이다. 그리고 남명의 이러한 현실세계 지향의 성격은, 앞에서 이미 언급한 것처럼, '敬'과 함께 하늘의 해와 달에 해당한다고 강조한 바 있는 '義'와 깊은 관련이 있다고 생각한다. 결국 南冥의 學問이 갖고 있는 開放性은 '敬'의 축과 맞물리고 있으며 現實世界 志向의 성격은 '義'의 축과 맞물리고 있음을 알 수 있다.

이미 앞의 장에서 언급한 것처럼 晦齋나 退溪, 栗谷 등이 이룩한 성리

. . . .

37 曹植, 「與吳子强書」, 『南冥集』, 『韓國文集叢刊』 31, p.488下右, "熟看時尙 痼成麟楦驢鞹 渾世皆然 已急於惑世誣民 雖有大賢 已不可救矣 此實斯文宗匠者 專主上達 不究下學 以成難救之習 曾與之往復論難 而不肯回頭 公今不可不知此弊之難收矣."

38 曹植, 「戊辰封事」, 『南冥集』, 『韓國文集叢刊』 31, p.521下, "爲治之道 不在他求 要在人主明善誠身而已 所謂明善者 窮理之謂也 誠身者 修身之謂也 …… 窮其理 將以致用也 修其身 將以行道也."

39 『宣祖修正實錄』, 5年 壬申 正月條(國史編纂委員會 發行本 25卷 p.429上右), "植之爲學 以得之於心爲貴 致用踐實爲急 而不喜爲講論辨釋之言."

학적 사유체계는 조선유학사상 가장 높은 봉우리라 할 수 있는데, 그럼에도 불구하고 동시대를 살면서 이에 대한 강한 비판의식을 가졌던 점이 바로 남명의 학문이 가진 철저한 현실지향적 성격이 아닌가 한다. 또한『南冥集』에는 민중세계에 대한 강렬한 관심과 애정 그리고 그 입장을 대변하고 나서는 적극성[40]을 보여주는 구체적인 자료들이 많이 있음을 참작해 보건대, 여기서 우리는 16세기 유학사상의 흐름 속에서 남명이 견지하였던 현실지향적 성격이, 조선 후기 실학의 등장 배경과 일정한 유사성이 있다는 점도 인식할 필요가 있다고 생각한다. 그리고 이 점이 16세기 유학사상사 속에서 남명의 학문이 지닌 중요한 의의 중에 하나가 아닌가 한다.

V. 맺음말

이제까지 거칠게나마 16세기 유학사상의 흐름 속에서 남명의 학문이 어떤 위치에 있으며 그 의미는 어떠한 것인가에 대해 살펴보았다. 이를 대충 요약해 본다면 다음과 같다.

첫째, 南冥이 살았던 16세기는 성리학적 세계관이 확립되었던 시기로, 남명도 이러한 시대 분위기에 따라 기본적으로는 性理學的 世界觀에 기초한 內敬外義의 학문태도를 견지하고 있다.

둘째, 남명의 敬義之學은 內的인 修養의 측면에서는 敬의 학문이라고 할 수 있는데, 성리학적 수양방법을 적용하는 위에다 특히 老莊의 수양방법도 도입하며 佛敎와 陸王學에 대해서도 유연한 수용의 자세를 가지고 있었던 바, 이는 남명 학문이 가지는 開放性으로서 16세기 이후에 전개되

....

40 李東歡,「曹南冥의 精神構圖」,『南冥學硏究』創刊號, p.13 참조.

는 학문의 경직성에 비추어 보면 특히 의미가 깊은 것이다.

셋째, 남명의 敬義之學은 外的인 行動의 측면에서는 義의 학문이라고 할 수 있는데, 성리학적 이론에 대한 탐구 자세를 적극 배제하고 '致用'과 '實踐'을 강조하는 現實志向的 성격이 매우 강하였던 바, 이는 16세기 이후 전개되는 지나친 이론에의 몰두로 인한 폐해를 상기해 보면 특히 그 의의가 크다.

요컨대, 남명이 가진 '學問의 開放性'은 남명으로 하여금 '敬'을 바탕으로 하여 우리나라 精神史에서 氣節을 중시하는 하나의 우뚝한 봉우리가 될 수 있게 하였던 것이고, '致用'과 '實踐'을 강조하는 '現實志向的 性格'은 그의 높은 氣節과 함께 '義'를 바탕으로 하여 현실에 깊은 관심을 가지면서 과감하게 행동할 수 있는 지성인이 되게 하였다고 생각한다.

南冥 敬義思想의 形成背景과 그 特色

Ⅰ. 南冥 敬義思想의 形成 背景

1. 家系的 背景

남명의 가계는 남명의 사상과 관련이 있을 것으로 짐작되는 여러 인물들과 혼인으로 얽혀 있음을 보여준다. 우선, 남명 자신이 지은 「先考通訓大夫承文院判校墓碣銘」에서 '우리 선조는 창산 사람, 九代에 걸쳐 平章事가 났다네.[我祖昌山 九世平章]'라 한 것은 자신의 가문에 대한 자긍심이 어떠한가를 잘 표현한 것이다. 그러나 九代 동안 平章事가 났다고 한 그 이후부터 祖父代에 이르는 13代 정도는 크게 드러났다고 할 수는 없다.

남명의 가계에서 주목되는 것 중의 하나는 증조부 曹安習이 성균관 학유 文可容의 딸 江城文氏와 혼인한 것이다. 문가용은 江城君 三憂堂 文益漸(1329~1398)의 조카이며, 태종 6년(1406)에 반역죄로 처형당한 文可學의 형이다. 문가용은 1393년에 문과에 급제한 것으로 『국조문과방목』에 실려 있으며, 그의 무남독녀가 바로 남명의 증조부와 혼인한 것이다.

삼우당 문익점에 대해서는 남명이 「三憂堂文公廟祠記」를 지어 현창한 바 있고, '백성에게 입고 덮을 면화를 들여왔으니 그 공이 后稷과도 같도다'라는 시로 찬양하기도 하였다.[41] 三憂堂의 인물됨과 功績에 대해서 南冥은 물론 退溪도 「前朝故左司議大夫文公孝子碑閣記」를 썼으며 후세에

拓菴 金道和도 「江城君忠宣文公實紀序」 및 「江城君文益漸木棉遺田碑」를 썼다.

한편 文可學에 대한 다음과 같은 일화가 『雲牕集』에 전해 온다.

第三坊 所耳谷은 江城君 文益漸의 아우 益夏가 새로 잡은 터이다. 익하에게는 두 아들이 있는데, 可庸과 可學이다. 모두 뛰어난 재주가 있었다. 형제가 함께 문과에 올라 가용은 學諭가 되었고 가학은 內翰이 되었다.

가학이 소시 적에 정취암에서 독서를 하였다. 정월 보름날 밤이 되자 모든 승려가 흩어져 떠났다. 그 까닭을 묻자 승려가 대답하였다. "매년 정월 보름날 밤이면 사악하고 요망한 것이 몰래 와서 상좌 가운데 나이가 젊고 얼굴이 아름다운 자를 골라서 잡아 갑니다. 이 때문에 피하는 것입니다." 가학이 말하였다. "너희들이 비록 간다 해도 장부가 어찌 사악하고 요망한 것을 두려워하리오? 다만 너희들은 방 가운데 크게 등촉을 벌여 놓고 또 좋은 술 한 동이와 좋은 안주 한 소반을 내 독서하는 책상 아래에 두고 떠나거라. 내 마땅히 시험해 보리라." 한밤이 되자 과연 분 바른 귀신이 붉은 가죽신을 신고 또박또박 걸어와 문밖에 이르렀다. 안을 엿보고 두세 번이나 문을 열고 들어오려다가 주저하고 있었다. 가학이 들어오기를 청하였다. 한 미인이 머리는 새까맣고 얼굴은 하얗게 분을 바른 채 가벼운 옷깃을 날리며 긴 소매를 끌면서 들어와 앉았다. 가학이 더불어 가까이 앉아 기꺼이 손을 잡으며 말하였다. "아름다운 여인을 만난데다 술도 있고

---

41 『木綿花記』(규장각 도서번호: 12076)의 끝부분에 '江城忠孝是文公 衣被生民后稷同 不免雲仍偏卒伍 東人無乃愧酬功'(이 시 轉句의 偏은 編의 오자로 보인다. : 筆者註)이 라는 시가 「목면화기」와 함께 남명의 작품으로 기록되어 전한다. 1900년 7월 丹城의 新安思齋에서 重刊한 『三憂堂實記』에는 「목면화기」가 秋江 南孝溫의 글로 실려 있고, 이 시는 남명의 작품으로 분리되어 실려 있다. 그런데 실기에는 시의 轉結句 부분이 '不見雲仍今顯祿 東人何以更酬功'으로 되어 있다. 前者가 오히려 남명의 詩다운 듯하다.

안주도 있으니 얼마나 즐거운가?" 하고 술을 권하였다. 잠시 동안에 한 동이 술을 다 비우자 미인이 술에 취해 잠이 들었고, 구름 같은 머리털이 땅에 떨어졌다. 귀신도 아니었고 사람도 아니었고 바로 여우였다. 이에 한 가닥 동아줄로 동그랗게 꽁꽁 묶어서 날이 새기를 기다렸다. 절의 승려를 불러 모아 죽이려고 하자, 여우가 통곡을 하면서 사정하였다. "나에게 青囊寶訣 한 부가 있는데, (이 책대로 하면) 천지에 몸을 숨겨서 어떤 문이라도 출입할 수 있으며, 천 가지 만 가지로 변화하여 뜻대로 할 수 없는 것이 없습니다. 공이 만약 나를 죽이지 않으면 이것으로 보답하겠습니다." 가학이 마음속으로 기뻐하였다. 그러나 속을까 두려워하여 긴 동아줄을 그 허리에 매고 여우가 가는 대로 따라갔다. 여우가 바위 벼랑 아래에 이르러 그 사이로 뛰어 오르더니, 입에 한 권의 青簡을 물고 나왔다. 바로 '三遁陰符'의 부류였다. 손으로 펼쳐 보았다. 절반도 보지 않았는데, 여우가 문득 슬쩍 잡고서 그 마지막 장을 찢어 입에 물고 바위 벼랑 위로 뛰어 들어갔다. 이것은 바로 종적을 감출 수 있는 부적이었다. 가학이 드디어 그 책대로 시험해 보니, 과연 날짐승도 될 수 있도 길짐승도 될 수 있으며 돌도 될 수 있고 나무도 될 수 있었다. 천지를 오르내리며 하고 싶은 대로 할 수 있었다. 그러나 마치 동아줄 하나가 아래로 늘어져 있는 것 같아서, 끝내 그 종적을 완전히 감출 수는 없었다. 내한에 있을 적에 나는 새로 변화하여 禁中에 들어갔다가 일이 발각되어 죽었다.[42]

雲牎 李時馪(1588~1663)의 이 기록은 전설의 차원에서 기록된 것이 아니라 사실의 차원에서 기록된 것이다. 왜냐하면 이 「단성지」의 다른 부분에는 모두 의심의 여지가 전혀 없는 사실만 객관적으로 기술하는 태도를 보이고 있기 때문이다. 그러므로 이 기록을 통하여 雲牎으로 대표되는 당

---

42 李時馪, 『雲牎集』 卷2, 「丹城誌」 '法勿禮里八坊考證' 第三坊 所耳谷 부분 : 원문 인용 생략.

시 단성 고을 지식인들이 문가학의 초일한 재주와 담대한 기상을 자랑으로 생각하고 있었다는 것을 알 수 있다. 그래서 운창은 문가학이 반역죄로 처형당했다고 기술하지 않고 단순히 대궐에서 자신의 도술을 시험하다가 발각되어 죽은 것으로 기술한 것이다.

남명의 가계에서 또 주목되는 것은 그의 조부 曺永(1428~1511)이 監察 趙瓚의 딸 林川趙氏(1444~1506)와 혼인한 것이다. 조찬은 단종 계유년(1453)에 문과에 급제하여 사헌부 감찰을 역임하였는데, 그 인물됨이 어떠한 지는 자세히 알 길이 없다. 그러나 知足堂 趙之瑞(1454~1504)가 그의 아들이라는 데서, 남명의 성격 형성에 조찬의 딸이요 조지서의 누이인 조모의 영향도 적지 않았을 것으로 짐작할 수 있다. 지족당에 대해서는 남명이 「유두류록」에서 "承宣(趙之瑞)은 義人이었다. 그 기상은 높은 바람이 불어오자 벽을 사이에 두고서도 몸이 떨리는 듯하다. …… 높은 산과 큰 내를 보면서 소득이 없는 것은 아니었으나, 韓惟漢·鄭汝昌·趙之瑞 등의 세 군자를 높은 산과 큰 내에 견주어 본다면, 십 층의 산봉우리 위에 다시 옥 하나를 더 얹어 놓은 격이요, 천 이랑 물결 위에 둥그런 달 하나가 비치는 격이라 하겠다."[43]라 하여 그의 의로운 기상에 대해서 높이 평가하고 있다.

또한 남명이 지족당의 묘갈명에서, "당시에는 蕭望之처럼 보필하였고 나중에는 伍子胥처럼 억울하게 죽었다. …… 子産이 죽자 孔子가 눈물을 흘리며 말하기를 '옛날의 곧은 유풍을 간직한 사람이다.'라고 하였는데, 나는 거기에 이어서 말하기를 '輔德 역시 옛날의 곧은 유풍을 간직한 사람이다.'라고 한다."[44] 하여 知足堂을 '옛날의 곧은 유풍을 간직한 사람[古

43 曺植, 『교감국역 南冥集』, p.289, 「遊頭流錄」.
44 曺植, 『교감국역 南冥集』, pp.203~205, 「中訓大夫侍講院輔德贈通政大夫承政院都承旨趙公墓銘」.

之遺直]'이라고 평가하고 있다. 지족당을 위하여 건립한 新塘書院의 문루인 水月樓 記文에는 '伯夷의 맑은 기풍과 比干의 곧은 기풍이 선생의 한 몸에 갖추어져 있다'[45]는 표현도 보인다. 남명의 季父 曺彦卿(1487~1521)이 지은 묘갈명에서도 임천조씨에 대하여 "유서 깊은 집안의 훈계가 있어 忠貞의 정신을 세습하였다."[46]라고 표현하고 있다.

다음은 연산군 2년(1496) 2월 18일(병인)에 지족당 조지서가 무고로 인해 옥중에 갇혀 있으면서 올린 상소문이다.

> 臣 之瑞는 간을 베어 종이로 삼고 피를 뿌려 글자를 써서 삼가 말씀 올립니다. 옛사람이 형이 없는데도 형수를 훔친 자와, 아비 없는 고녀에게 장가들었는데도 장인을 때린 자가 있었다고 하므로 신이 그 사람들을 의심하면서 천하에 어찌 이런 일이 있을까 하고 생각하였었는데, 이제 와서 承顔의 上書를 보고서야 확실히 그런 일도 있었으리라는 것을 믿었습니다.[47]

이 가운데 "간을 베어 종이로 삼고 피를 뿌려 글자를 써서[刳肝爲紙 瀝血以書]"라고 한 표현 방식은, 南冥이 「浴川」이란 시에서 "만약 티끌이 오장에서 생긴다면, 지금 당장 배를 갈라 흐르는 물에 띄워 보내리.[塵土倘能生五內 直今刳腹付歸流]"라 한 것과 흡사하게 격렬하기 짝이 없다.

남명의 가계에서 또 주목할 만한 것이 바로 남명의 아버지 曺彦亨

---

45 趙德常, 「水月樓重建記」(『知足堂趙先生內外忠烈記』 所載), "伯夷之淸 比干之直 得之於先生之一身焉."
46 曺彦卿, 「將仕郎公孺人趙氏雙墓碣銘」(『昌寧曺氏生員公派派譜』 所載), "世襲忠貞 家訓有自."
47 『朝鮮王朝實錄』, 燕山君 2년(1496) 2월 18일(병인), "臣之瑞 刳肝爲紙 瀝血以書 謹再拜上言 古人有無兄而盜嫂者 娶孤女而撾婦翁者 臣嘗疑其人焉 竊自以謂 天下 豈有如此事歟 及今承顔之上書 然後固知有是事也."

(1469~1526)이 忠順衛 李菊(1451~1519)의 딸 仁川李氏(1476~1545)와 혼인한 것이다. 남명의 외조부 이국은 佔畢齋 金宗直이 兵馬評事가 되어 지나다가 만나보고서 '氷雪襟期'라 허여했다고 하며, 이국의 아버지 李克誠(1426~1512)은 독서를 좋아했고 名利에 淡泊했다고 하며, 할아버지 李怤도 지조가 높고 생각이 皎潔하여 태종 정유년(1517)에 보은현감에 제수되자 도연명의 귀거래사를 읊고 돌아와 전원생활을 즐겼다고 한다.[48]

남명의 외조모 通川崔氏는 少尹 崔敬孫의 딸이요, 세종 때 대마도를 정벌하고 북변의 야인을 진압하는데 명성을 떨쳤던 무인으로서 좌의정에까지 오른 崔閏德(1376~1445)[49]의 손녀이다. 최윤덕은 무관으로서 재상의 직책에 있을 수 없다는 소를 올려 무관직에만 전념할 수 있도록 요청하기도 했다. 또한 성품이 순진하고 솔직하며, 간소하고 평이하며, 勇略이 많아서 一時의 名將이 되었다[50]고 한다. 그런데 세조가 어린 조카 단종을 몰아내고 임금이 되자 사육신 등이 이에 불복하였던 바, 최윤덕의 아들 崔淑孫 및 손자 崔孟漢, 崔季漢 등이 이와 연루되어 집안 전체가 거의 몰락하고 말았다.[51]

남명의 절친한 벗 황강 이희안의 어머니가 최계한의 딸이요, 최윤덕의

....

48 『仁川李氏大同譜』 참조.

49 崔閏德의 '閏'이 다른 여러 문헌에서 '潤'과 착종되어 나타나고 있다. 실록에도 착종되어 나타나는데, 그가 주로 활약한 세종 시대에는 대부분 '閏'으로 표기하고 있다.

50 『조선왕조실록』 세종 27년(1445) 12월 5일(갑진) 영중추원사 최윤덕의 졸기 참조

51 『조선왕조실록』 세조 2년(1456) 6월 26일, "李塏 등의 사건에 관련된 崔淑孫·洪貴同·崔孟漢·崔季漢과, 李瑜의 당파 高承厚·朴治·李繼姓·安祖述·朴同·朴去頑·朴好善·李錫哲·高承益 등도 역시 告身을 거두고, 먼 지방에 安置하라."라는 기록이 보인다. 이후 통천최씨는 창원을 떠나 전국에 흩어져서 한동안 정렬공 최윤덕의 묘소도 수호할 형편이 되지 못하였으며, 정렬공 자손의 계보조차 족보에 정확하게 기재되어 있지 못한 형편이었다.

증손녀이다. 남명이 황강의 어머니 통천최씨의 묘표를 지었는데, 다음과 같이 묘사하고 있다.

나는 高靈縣監 李希顔과 친하게 지냈다. 堂下에서 부인을 뵌 적이 있었는데 象牙 같은 면모를 보고 보통 사람이 아님을 알았다. 멀리서 바라보면 엄숙하면서도 공경스러운 것은 제사를 받들고 남편을 받드는 거동이었고, 온화하면서도 엄격한 것은 비첩을 어루만지고 자녀를 가르치는 법이었다. 同知公(부인의 남편 李允儉 : 필자주)이 나라를 걱정하여 집에는 신경을 쓰지 않고 평생토록 집을 돌보지 않았으나, 부인이 仁으로 집안일을 다스리고 田宅을 잘 경영하여, 엄연히 예의 있는 한 가문을 이루었다. …… 부인이 어찌 힘써 공부한 적이 있어 수신제가의 도리를 써서 다스린 사람이겠는가? 단지 아름다운 자질을 타고난 것이 많아, 자기가 지니고 있는 것을 잃지 않고 있었을 뿐이다. 금이 불로 인해 순수해진 것이 아니고, 옥이 사람으로 인해 따뜻해진 것이 아니다. 대개 그 타고난 성질이 그러한 것이다.[52]

남명은 이 묘표에서 정부인의 엄숙하면서도 공경스러운[肅而敬] 면모와 온화하면서도 엄격한[溫而厲] 면모를 강조하면서, 정부인의 아름다운 자질은 공부를 통해서 이루어진 것이 아니라 타고난 것이라고 하였다. 여기서 언급하고 있는 정부인 즉 황강 이희안의 어머니가 바로 남명 외조모의 종질녀이다. 그래서 이 묘표의 끝에다 자신을 族人이라고 표현한 것이다. 남명이 정부인의 타고난 아름다운 자질을 강조한 것은 바로 崔祿, 崔雲海, 崔閏德, 崔淑孫 등 四代에 걸쳐 국가에 혁혁한 공을 세운 집안의 피를 이어받았음을 드러내려고 한 것이다. 황강 이희안을 두고도 "활쏘기와 말 타기의 재주를 겸비하여 무인의 반열에서도 뛰어났다."[53]라고 남명이

52 曹植, 「貞夫人崔氏墓表」, 『교감국역 南冥集』, p.230.

언급한 바 있다.

이제까지 남명의 타고난 성품 및 총기와 관련이 될 법한 부분을 살펴보았다. 남명의 직계 조상으로는 크게 이름을 남긴 사람이 없지만, 외계로는 혁혁한 인물들이 있었다. 증조모 계열에 삼우당 문익점이 있고, 조모 계열에 지족당 조지서가 있고, 외조모 계열에 정렬공 최윤덕이 있어서, 남명의 타고난 성격이 이들과 일정 부분 관련 있다고 보는 것이 타당할 것이다.

즉 남명이 특히 삼우당 문익점의 목화 전래에 깊은 관심을 보인 것은 자신의 증조모와의 관련을 배제할 수 없었던 것으로 보이며, "理致를 窮究함은 致用을 위한 것이며, 몸을 修養함은 行道를 위한 것"[54]이라는 현실적인 학문 태도도 이와 무관하지는 않는 것으로 보인다. 「을묘사직소」의 "자전은 생각이 깊으시지만 깊숙한 궁중의 일개 과부에 불과하고, 전하께서는 유충하시니 다만 선왕의 한 아들일 뿐"이라는 표현에서 보여주는 무모하리만치 대쪽 같은 선비 기질은 연산군이 세자 시절에 지족당이 보여준 자세와 흡사하다. 그리고 흔히들 남명을 두고 義氣를 숭상한다고 하는데, 이는 四代에 걸쳐 뛰어난 무인 가문을 형성한 외족 崔閏德 家系의 영향으로 인한 무인 기질이 잠재해 있었기 때문이 아닌가 한다.

또한 주목할 만한 것은, 증조모 계열의 문가학이 반역죄로 처형당했고, 조모 계열의 지족당 조지서가 연산군이 동궁으로 있을 적에 성의를 다해 가르치려 한 것이 도리어 화근이 되어 연산군에게 죽어서 시신이 강물에 던져졌으며, 외조모 계열의 정렬공 최윤덕의 자손이 세조 2년 사육신 사건과 관련되어 몰락하였다는 점이다. 남명이 출처에 특별히 엄격하였던

---

53 曺植, 「軍資監判官李君墓碣」, 『교감국역 南冥集』, p.220.
54 曺植, 『교감국역 南冥集』, p.448, 「戊辰封事」, "窮其理 將以致用也 修其身 將以行道也."

점이나, 백성의 어려운 현실을 마음아파하면서 조정의 처사에 냉소적이었던 점도 이와 같은 가계적 배경과 결코 무관하지 않으리라고 생각된다.

이제까지 논의했던 남명의 가계를 도표화해 보면 다음과 같다.

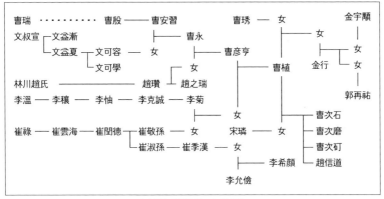

〈南冥 曺植의 家系圖〉

2. 地理的 背景

사람의 품성이 지리적 환경에 따라 천편일률적이진 않지만, 그렇다고 지리적 환경과 무관하다고는 할 수 없다. 그러므로 지리지마다 풍속조를 두었고, 고을의 수령으로 부임하는 이들이 이를 참고로 하였으며, 또한 좋지 못한 풍속이 있으면 이를 크게 변화시켜 보려고도 하였던 것이다.

남명은 경상도 삼가현에서 태어났는데, 이곳은 『新增東國輿地勝覽』, 「風俗」에 '俗尚强悍'이라 되어 있다. 成宗朝에 『東國輿地勝覽』이 일차로 편집된 다음 다시 中宗朝에 증보되어 『신증동국여지승람』이라는 이름으로 전해 온다. 「풍속」에 대한 기록은 경상도의 경우 주로 '觀風案'을 참고하였고 그

밖에 地志 및 諸賢의 詩를 인용한 경우 등이 있다. 경상도 67개 고을 가운데 풍속을 기록해 둔 고을이 43개 고을이며,[55] 이 가운데 '觀風案'을 인용한 것이 30개 고을로 대부분을 차지하고 있다. 그런데 이 '觀風案'이라는 책자가 지금은 전해지지 않는 것 같다. 관찰사가 여러 고을을 다니면서 고을의 풍속을 보고 수령을 평가하는 제도가 조선 후기까지 내려왔으니, 아마도 어느 관찰사가 경상도 각 고을을 다니면서 나름대로 평가한 기록이 아닌가 한다. 『동국여지승람』에서 30개나 되는 고을의 풍속을 기록하면서 이 기록을 인용한 것은 나름대로 객관성을 인정했기 때문으로 보인다.

『신증동국여지승람』의 이 관계 기록을 보면 대부분의 지역에 대해서는, 약간의 차이는 있으나 '俗尙儉率' 또는 '俗尙節儉' 등의 표현을 쓰고 있다. 그런데 이와 상당히 대비되는 표현을 보이고 있는 곳이 있으니, 蔚山의 尙武藝 好商賈, 豊基의 俗尙强狠, 密陽의 尙華侈, 星州의 俗尙華麗, 高靈의 俗尙强武, 晉州의 俗尙詩書尙富麗, 居昌의 俗尙强狠, 泗川의 俗尙武藝, 三嘉의 俗尙强悍, 宜寧의 俗尙强悍, 安陰의 强悍爭鬪, 金海의 俗尙强簡, 昌原의 俗尙驫暴健訟 등의 표현이 그것이다.

이 가운데 密陽·星州·晉州의 경우는 물산이 풍부해서인지 화려함을 숭상한다는 것이 그 특징으로 표현되어 있고, 나머지는 모두 강함·사나움·무예·싸움 등을 숭상한다는 것으로 표현되어 있다. 후자의 경우에 속하는 고을 가운데 蔚山·豊基가 좌도에 속하고 高靈·居昌·泗川·三嘉·宜寧·安陰·金海·昌原 등 8개 고을은 우도에 속한다. 그리고 화려함을 숭상

---

55 『신증동국여지승람』에는 전국 332개 고을 가운데 108개 고을의 풍속을 기록해 두었는데, 경상도가 67개 고을 가운데 43개 고을로 가장 많고, 다음이 전라도로 57개 고을 가운데 26개 고을이며, 그 다음이 강원도로 26개 고을 가운데 12개 고을이며 나머지는 30%도 되지 않는다. 이 가운데 유독 경상도의 경우에만 '觀風案'이 인용되고 있으며, 다른 도의 경우에는 地志와 先賢의 詩가 인용된 주자료이다.

하는 것이 절약하고 검소하다는 쪽보다는 강함·사나움 등의 쪽에 훨씬 가깝다고 볼 수 있다. 절약하고 검소하다는 쪽이 우도 지역에는 10개 고을에 불과하다. 그렇다면 결국 우도 지역의 절반이 强悍과 깊은 관련이 있다는 결론이 나온다.

남명은 증조부대로부터 자신에 이르기까지 4대 동안 삼가에 살았으며, 증조모가 단성 출신, 조모는 진주 출신, 어머니는 삼가 출신, 어머니의 외가는 창원 등으로 대부분이 이 强悍함과 직접적인 관련이 있는 곳이다.

II. 南冥 敬義思想의 特色

南冥의 학문은 '敬義之學'으로 통칭되는 바, 만년에 자신의 학문을 요약하여 말하였다는 다음의 표현이 이를 잘 뒷받침하고 있다.

> 만년에 특히 '敬義'라는 두 글자를 제시하여, 창문과 벽 사이에 크게 써 두셨다. 그리고는 일찍이, "우리 집에 이 두 글자가 있는 것은 마치 하늘에 해와 달이 있는 것과 같아서, 만고토록 바뀔 수 없는 것이다. 聖賢의 千言萬語가 결과적으로는 모두 이 두 글자를 벗어나지 않는다."라고 하셨다.[56]

이와 비슷한 표현이 東岡이 쓴 「南冥先生行狀」과 「行錄」에도 보이는 것으로 보아 남명의 문인들에게는 널리 알려져 있었던 것으로 생각된다. 뿐만 아니라 그 이후의 학자들도 대체로 남명 사상에 대하여 한 마디로

---

56 鄭仁弘, 「南冥先生行狀」, 『韓國文集叢刊』 31, p.458, "最後特提敬義字 大書窓壁間 嘗曰 吾家有此兩箇字 如天之有日月 洞萬古而不易 聖賢千言萬語 要其歸 都不出二字外也."

‘敬義’라고 요약하는데 주저하지 않았고, 지금도 진주를 중심으로 하는 지역의 재야 원로 학자들은 남명학을 ‘敬義之學’이라고 단언하고 있다. 그런데 아직도 학계에 ‘敬義之學’이 과연 구체적으로 어떤 것인지 그 실체를 분명히 제시한 논문은 보고되지 않았다. 그래서 경의에 대하여 남명 자신이 선유로부터 학습을 통하여 얻은 것을 어떻게 자기화하고 있는가를 살피되, 그의 문집에 보이는 글들을 통하여 이를 확인해 보려 한다.

‘敬義’의 사전적 의미와 그것이 성리학적 수양과 어떤 관련이 있는지에 대해서, 이 자리에서 다시 자세하게 논급하는 것은 지나치게 지리할 것 같다. 그러나 남명의 ‘敬’과 ‘義’가 본래의 의미와 어떻게 다르며, 남명이 이를 수양과 어떻게 관련시키고 있는가 하는 점을 이해하려면 이에 대하여 간단하게 언급하지 않을 수 없다.

『周易』, 「坤卦 文言傳」에 “敬으로써 안을 곧게 하고, 의로써 밖을 반듯하게 한다.[敬以直內 義以方外]”라는 말이 보인다. 이에 대하여 程子는 “군자는 敬을 주로 하여 그 안을 곧게 하고, 義를 지켜서 그 밖을 반듯하게 한다. 경이 확립됨으로써 안이 곧게 되고 의가 나타남으로써 밖이 반듯하게 된다.[君子主敬 以直其內 守義 以方其外 敬立而內直 義形而外方]”라는 주석을 붙였다. 여기서는 敬과 直·內, 義와 方·外의 관계 및 용어가 아무런 변화 없이 그대로 사용되었고, 의미만 좀더 자세하게 드러나 있다. 그런데 ‘敬以直內 義以方外’라는 말은 원래 坤卦 六二爻의 爻辭 ‘直方大 不習 无不利’에 보이는 ‘直方’의 의미를 부연한 것이다. ‘直’이란 마음을 곧게 하는 것인데, 이는 ‘敬’을 통해야 가능하며, ‘方’이란 外物과의 교섭 과정에서 일을 반듯하게 처리하는 것인데, 이는 ‘義’를 기준으로 해야 가능하다는 뜻이다. ‘敬義’가 이처럼 ‘直方’의 의미와 관련하여 쓰여진 것은 흔히 보이는 일이고, 한 사람의 사상을 논의하면서 그렇게 주목할 것은 아니었다.[57]

그런데 남명은 「佩劍銘」에서, 이 『주역』 곤괘의 '敬以直內 義以方外'라는 표현에 변화를 주어, '內明者敬 外斷者義'라고 표현하였다. 단순한 변화처럼 보이지만 사실 이 변화가 심상치 않은 것이다. 우선 '直' 즉 곧게 한다는 뜻의 글자를 '明' 즉 밝힌다는 뜻의 글자로 바꾸고, '方' 즉 반듯하게 한다는 뜻의 글자를 '斷' 즉 결단한다는 뜻의 글자로 바꾸었다는 점이 매우 심각한 변화이다. 마음을 곧게 한다는 의미의 '直' 만으로는 유학의 핵심 사상과 직선적으로 관련시키기 어려우므로, 남명은 고심 끝에 이를 '明'으로 대체한 것으로 생각된다. 여기서 남명이 대체한 이 '明'은 『大學』三綱領 가운데 첫번째인 '明明德'에서 '밝힌다'는 의미로 쓰인 앞의 '明'을 염두에 둔 것으로 보인다. 아울러 『中庸』 20장에 나오는 '明善'의 '明'과도 연결된다. '明善'은 至善이란 무엇이며 至善이 존재하는 곳은 어디인가 하는 것을 밝히는 것이고, '明明德'은 人欲에 의해 가리어진 마음을 원래의 상태로 환하게 밝혀내는 것이다. 결국 '明明德'이나 '明善'의 '明'은 학자가 마음을 수양하는 데 있어서 가장 기본적이고 가장 중요한 것이므로, '直'을 '明'으로 대체한 것이다. 이는 또한 南冥 學問의 立脚點이 『大學』과 『中庸』이라는 사실을 보여주는 것이기도 하다.

그리고 '方'과 '斷'의 변화도, '반듯하게 처리한다'는 의미의 '方'만으로는 표현방법이 너무 순순하므로, 강력하게 실천하려는 뜻을 돋보이게 하기 위하여 '결연히 잘라 버린다'는 의미의 '斷'으로 대체한 것이 아닌가 한다. 확실히 '방'보다는 '단'에 삼엄한 기운이 감도는 것은 부인하기 어려울 듯하다.

또 한 가지 이 변화에서 주목할 것은 문장의 구조가 바뀐 것이다. '敬

....

57 예컨대 西厓 柳成龍을 享祀하고 있는 河回 屛山書院의 敬義齋라든지, 여러 서원에서 흔히 볼 수 있는 東西齋의 명칭인 敬齋, 義齋 등이 여기에 해당된다고 하겠다.

以直內 義以方外'는 문장 구조가 지극히 정상적이어서 담담할 뿐 강조의
의미를 찾기는 어렵다. 그리고 여기서의 '敬'과 '義'는 直內와 方外를 위
한 단순한 수단의 의미로 쓰였다. '內明者敬 外斷者義'에서의 '敬'과 '義'
도 여전히 內明과 外斷을 위한 수단의 의미로 쓰였다. 그러나 문장 구조
가 强調構文으로 바뀌어 '경'과 '의'가 각각 문장의 술어가 되고 보니, 수
단의 의미가 한층 더 강화되어 보이는 것이다.

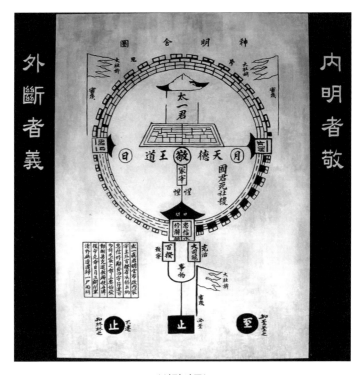

〈신명사도〉

요컨대, 『周易』에서는 '直'·'方'의 의미를 부연설명하기 위해 '敬'·'義'

를 사용하였던 것인데, 南冥은 이 '敬'··'義'라는 글자와 관련시켜 存養省察을 의미하는 '明'과, 處事接物時에 決斷을 의미하는 '斷'이란 두 글자를 그 자리에 대체시켜 넣음으로써, '敬義'가 『주역』이 담고 있는 의미를 넘어서, 남명의 독특한 사상을 설명할 수 있는 새로운 용어로 거듭 태어난 것이다. 그리고 문장 구조에 변화를 줌으로써 '경'과 '의'의 의미를 한층 더 강화시키고 있음도 볼 수 있다. 남명이 말하는 '敬義'에는 늘 '明'과 '斷'이 전제되어 있고, 이를 가장 분명하게 보여 주는 것이 「神明舍圖」와 「神明舍銘」이다.

1. 厮殺的 存養省察

「신명사도」는 크게 원곽의 안과 밖으로 나누어 볼 수 있다. 「신명사도」에서의 원곽은 太一君을 지키기 위한 성곽을 의미한다. 「신명사도」의 의미를 요약하면, 太一君이 추구하는 天德과 王道를 펴기 위하여 이 성곽 안에서는 敬이 冢宰가 되어 이를 주관하고, 이 성곽 밖에서는 百揆가 주관하여 외적의 침입을 직접 물리치는 역할을 담당한다는 것으로 도형화된 것이다. 「신명사도」 하단의 方圓에 들어 있는 '止·至'는 '存養·省察·克治·存養 ……'을 반복하여 '止於至善'에 이른다는 의미이다.

「신명사명」은 「신명사도」와 한 조가 되어 부족한 부분을 상호 보완하고 있다. 즉 말로 다 나타낼 수 없는 부분은 그림으로 표현함으로써 느끼어 깨닫게 하고, 그림으로 다 표현할 수 없는 부분은 銘으로써 보완하고 있다는 뜻이다.[58]

．．．．．．．．．．．．．．．．．．．．．．

58 이제까지의 연구에서 대체로 「신명사도」 및 「신명사명」이 남명 사상의 핵심을 드러내고 있는 글이라는 것에 대해서는 이의가 없다. 그러나 구체적인 설명 부분에 가서는 조선시대의 학자에서부터 현대의 학자에 이르기까지 각각 의견의

「신명사도」의 성곽에는 審幾라 이름 붙인 大壯旅가 삼엄한 모습으로 펄럭이고 있고, 그 아래 쪽에 百揆와 大司寇가 致察과 克治라는 이름과 함께 버티고 있는데, 이는 「신명사명」의 '動微勇克 進教廝殺'과 깊은 관련이 있다. 마음에 사욕이 일어나는 기미를 살피는 것이 審幾이고, 사욕이 일어났을 때 이를 이겨내는 것이 致察과 克治인데, 이를 「신명사명」에서 '낌새가 있자마자 용감하게 이겨내고, 나아가 반드시 섬멸토록 한다.' 즉 '動微勇克 進教廝殺'이라고 한 표현이 그것이다. '廝殺'이란 남김없이 모조리 죽여 없앤다는 말인데, 여기서 남명 수양론의 처절할 정도의 篤實性 내지 激烈性을 엿볼 수 있다.

남명은 「神明舍銘」 附註에서 廝殺이란 말의 의미를 좀더 분명하게 제시하고 있다.

> 밥해 먹던 솥도 깨부수고 주둔하던 막사도 불사르고 타고 왔던 배도 불지른 뒤, 사흘 먹을 식량만 가지고 사졸들에게 죽지 않고는 결코 돌아오지 않으리라는 의지를 보여 주어야 하는데, 이와 같아야 바야흐로 廝殺할 수 있다.[59]

....

차이가 있어 왔다. 많은 연구가 있어 왔지만 아직까지 남명 사상의 전반적인 면모와 관련시켜 설명한 경우는 별로 보이지 않는다. 그리고 경의사상이 이 그림과 이 명에 얼마나 명확하게 표출되어 있는지에 대해서도 아직 깊이 있는 연구가 이루어지지 않았다. 본고에서는 우선 경의사상과 연계시켜서 논의하는 것에 한정하기로 한다. 참고로 『남명학연구』 4집에서 최석기교수가 '남명의 「신명사도」·「신명사명」에 대하여'라는 논문을 발표하면서, 비로소 남명 사상의 전반적인 면모와 관련시켜 논의하는 방향으로 연구방향이 전환되었다.

59 『南冥集』(丙午本), 「神明舍銘」 附註, "破釜甑 燒廬舍 焚舟楫 持三日粮 示士卒必死無還心 如此 方會廝殺." 이 부분을 포함한 부주 15개 조항이 기유본(1609년 간본) 이후로는 삭제되는데, 이는 남명의 노장관계 문자를 없애고 순수한 유자로 드러내 보이려는 노력의 일환이었다.

이 글은 項羽가 전쟁하면서 쓴 死生決斷의 戰法인데, 이로 인해 항우는 일약 천하를 마음대로 할 수 있는 위치를 차지하였다. 항우는 눈에 보이는 적과 싸우면서 이런 전법을 사용하였지만, 남명은 눈에 보이지 않는 마음의 적과 싸우면서 사생을 결단하려고 했다.

眉叟 許穆(1595~1682)은 「德山碑」에서 「神明舍銘」을 소개하면서 '九竅之邪 三要始發 動微勇克 進教厮殺'만 인용하였고, 附註 가운데서도 '厮殺'을 설명한 부분만 인용하고 있다.[60] 이는 眉叟도 남명 사상 가운데 「신명사명」이 차지하는 비중이 특별하다는 것을 인식하고 있었다는 증거이며, 또한 남명의 「신명사명」 가운데서 마음의 적을 厮殺하려는 자세를 南冥 思想의 핵심으로 보았다는 증거이다.

尤庵 宋時烈(1607~1689)도 「南冥曺先生神道碑銘」에서 "그의 學問은 오로지 敬義를 요점으로 하고 있다. 左右의 什器에 새겨 스스로 경계를 삼은 것이 이 일[敬義] 아닌 것이 없다. 그러므로 선생의 神彩는 峻潔하고 容貌는 俊偉하였던 것이다. 자신의 사욕을 이겨낼[克己] 적에는 한 칼에 두 동강을 내듯이 하였으며, 일을 처리할[處事] 적에는 물이 만 길 절벽을 만난 것 같이 하였다."[61]라고 표현하였다.

또한 「신명사도」 성곽 안에 '國君死社稷'이란 말이 있는데, 이는 '임금은 사직과 그 운명을 같이한다'는 뜻으로, 임금이 사직과 그 운명을 같이할 뜻이 없으면 그 나라를 보전할 수 없듯이, 학자도 죽음으로써 도를 지킬 생각이 없으면 그 마음을 옳게 보전할 수 없다는 것을 말한 것이다.[62]

....

60 許穆, 「德山碑」, 『記言』 39권 1장(『韓國文集叢刊』 98卷 247쪽), "作神明舍銘 有曰 九竅之邪 三要始發 動微勇克 進教厮殺 又書之曰 沈船 破釜甑 燒廬舍 持三日 粮 以示必死無還心 如此 厮殺可言 於吾心 須有汗馬之功."

61 宋時烈, 「南冥曺先生神道碑銘」, 『宋子大全』 154권 13장(『韓國文集叢刊』 113권 313쪽), "其學專以敬義爲要 左右什物 所銘而自警者 無非此事 故先生神彩峻潔 容貌俊偉 其克己如一刀兩段 其處事如水臨萬仞."

이 표현이 바로 외적의 침입에 대하여 사생결단의 각오로 임한다는 앞의 부주의 의미와 상통하는 것이다.

또 「神明舍銘」 '太一眞君' 부분 아래에 "나라에는 두 임금이 없으며, 마음에는 두 주인이 없다. 삼천 명이 한 마음이 되면 억만의 군사도 쓰러뜨린다.[國無二君 心無二主 三千惟一 億萬則仆]"라는 細註가 丙午本에는 보인다.[63] 이는 '신명사도'의 '國君死社稷'이란 표현과 表裏 관계에 있는 말이다. 즉 '國君死社稷'은 임금의 처지에서 국가를 지키려는 마음 자세를 나타낸 것이고, 이 銘은 신하의 처지에서 옳은 임금을 보위하면서 나라를 지키려는 마음 자세를 드러낸 것이다.

요컨대, 「신명사도」와 「신명사명」에서 외적의 침입을 사생결단의 각오로 막으려는 것과 바로 앞의 이 두 가지 경우가 처지에 따른 표현을 달리 한 것일 뿐, 마음을 지키려고 할 적에는 오직 한 마음 사생결단의 각오로 임해야 한다는 의미를 지니고 있다는 점은 서로 같은 것이다.

남명은 시에서도 이러한 자세를 드러내었으니, 「浴川」이란 시가 그의 이러한 면모를 여실히 보여 준다.

사십 년 동안 온 몸에 찌든 때	全身四十年前累
천 섬 맑은 물로 깨끗이 씻는다.	千斛淸淵洗盡休
만약 五臟 안에 티끌이 생긴다면,	塵土倘能生五內
지금 당장 배를 갈라 흐르는 물에 부쳐 보내리.	直今刳腹付歸流

이 시는 남명이 49세 때인 1549년에 감악산 아래 가매못[鋪淵]에서 三嘉, 咸陽 등지의 선비들과 목욕하면서 읊은 시이다. 오장 안에 티끌이 생

---

62 남명학연구소, 『교감국역 남명집』 123쪽 참조.
63 병오본(1606) 이후로는 이 글이 제목 잃은 명으로 독립되어 「신명사명」 뒤에 붙어 있다.

긴다는 것은 마음에 사욕이 일어나는 것을 비유한 것이며, 배를 갈라 흐르는 물에 부쳐 보내겠다는 것은 목숨을 담보로 하여 私欲을 廝殺하겠다는 표현이다.

남명이 存養省察의 측면에서 이처럼 철두철미했던 점은 「신명사명」에 나오는 용어를 빌어 표현하자면 廝殺的이라 할 수 있거니와, 이 점이 바로 남명의 敬이 가지고 있는 독특한 점이라 할 수 있다. 흔히 敬의 방법으로 '主一無適', '收斂其心', '整齊嚴肅', '常惺惺' 등을 들고 있지만, 남명은 이들을 바탕으로 해서 '廝殺的 存養省察'이라는 독특한 방법을 찾아냄으로써, 매우 적극적으로 敬을 실천하는 방법을 제시할 수 있었다.

그런데 남명의 이 '廝殺的 存養省察'은 적어도 두 가지 측면에서 고찰될 필요가 있다. 하나는 지식을 축적하는 '明善'의 측면이고, 또 하나는 명선의 과정을 통해 안 지식을 실천하는 '誠身'의 측면이다.

남명은 「신명사명」에서 "안에서는 총재가 관장하고 밖에서는 백규가 살핀다.[內冢宰主 外百揆省]"라고 한 뒤, 이 부분의 주석에서 "學問思辨 卽事物上窮理 明明德第一工夫"라 표현하고 있다. '學問思辨'은 『중용』에 나오는 博學·審問·愼思·明辨을 가리키는 말로, 尊德性의 절목 즉 篤行에 대한 道問學의 절목이다. 책을 통해서 많은 지식을 습득하며 신중하게 사색하며 옳고 그름을 분명하게 가리는 일 등은 '명선'의 측면에 해당하는 공부이므로, 남명은 이를 '명덕을 밝히는 첫 번째 공부[明明德第一工夫]'라고 주석을 달았다. 앞에서 언급한 바 있는, 『周易』에서 표현한 '敬以直內'의 '直'을 「佩劍銘」에서 '內明者敬'의 '明'으로 바꾼 것이 「신명사명」의 이 부분과도 깊은 관련이 있다.

남명의 '시살적 존양성찰' 가운데 또 한 가시 측면인 '誠身'이야말로 바로 시살적 성찰을 통해 사욕을 이겨내는 공부로, 南冥의 南冥다운 所以가 바로 여기에 있다 해도 과언이 아닐 것이다. 「神明舍圖」나 「神明舍銘」

은 전체가 다 '誠身'의 의미를 지니는 것이지만, 그 중에서도 '백 가지 금지의 깃발을 세운다[建百勿旒]'는 것이나 '나아가 반드시 섬멸토록 한다[進教廝殺]'는 것 등은 바로 '誠身' 공부를 뜻하는 대표적 구절인 것이다.

남명이 말하는 誠身의 특징 가운데 주목할 만한 것은 자신의 精神世界를 엄청나게 확대시키려는 생각이 깊이 깔려 있다는 점이다. 이 점은 주자학 일색이던 조선시대 내내 남명이 純儒가 아니라는 증거로 작용하였다. 퇴계가 남명의 「鷄伏堂銘」을 보고 "이런 글은 老莊書에서도 못 본 것이다."라고 한 바 있는데,64 퇴계가 지적한 「계부당명」이 바로 「신명사명」이다.65 주자학적 세계관으로 학문적 독재가 이루어졌던 조선시대에는, 노장서에서도 볼 수 없는 후대 도가의 글을 읽고 그것을 자신의 문장에 도입하기가 쉽지 않았다. 그럼에도 불구하고 남명은 문장 곳곳에 이러한 글들을 넣었으며, 특히 「신명사명」과 같이 정신 수양과 관련되는 곳에는 더욱 많이 넣고 있음을 볼 수 있다.

예컨대 자신의 호 '南冥'도 『莊子』, 「逍遙遊」에 나오는 붕새의 최종 목적지를 뜻하는 남명에서 취한 것인데, 그 등의 길이가 수천 리나 되는 엄청나게 큰 붕새가 최종 목적지로 삼는 곳이니만큼, 남명이란 호에서도 정신세계를 엄청나게 확대하려는 의지가 깊이 깔려 있음을 볼 수 있다.

---

64 李滉, 「答黃仲擧」, 『退溪先生全書』 26권 19장(『陶山全書』 2권 150쪽), "鷄伏堂銘 深荷錄示 但其說 曠蕩玄邈 雖於老莊書中 亦所未見 旣未嘗學 焉敢議及 其人固非 尋常 而其學又難學也."

65 曹庸相(1870~1930), 「退溪先生論先子書辨」, 『弦齋集』 5권, "如神明舍銘 黃公錯認 鷄伏堂銘 而膽示退陶." 퇴계와 금계 사이에 왕복된 편지에서 「계부당명」으로 표현된 것을 보면, 「신명사명」을 「계부당명」으로 잘못 옮긴 것이라기보다 「신명사명」이란 이름을 붙이기 이전에 '계부당에 써 붙여둔 명'이라는 의미로 「계부당명」이라 하였던 듯하다. 여기서 말하는 계부당은 1548년부터 1560년 사이에 남명이 김해에서 삼가 토동으로 돌아와 살면서 거처하던 집 이름이므로, 이 명의 창작연대도 이 시기일 것으로 짐작된다.

이처럼 정신 수양과 관련되는 곳에 노장 관계 문자가 많은 것은 정신 세계를 엄청나게 확대하려는 생각과 연결되어 있다. 이동환 교수는 이를 '自我定立의 巨大志向'이라 표현하였는데, 이는 끊임없는 수양을 통해서 정신세계를 엄청나게 확대하려는 남명의 내면을 정확하게 적시한 것이라 생각된다.

문집에 나타난 남명 정신세계의 면모는, 자신을 철저히 수양하려는 경우와 세속에 초연하려는 경우 등 크게 두 가지로 나타난다. 이 두 가지가 모두 현실에 바탕을 두고 있음은 말할 것도 없다. 남명에 대하여 흔히 노장 취향을 말하기도 하지만 정신세계를 크게 가지려는 것 이외에 도가 쪽으로 몰입한 것으로 이해하기는 어렵다.

> 불 속에서 하얀 칼날 뽑아내니,   离宮抽太白
> 서리 같은 劍光 廣寒殿까지 닿아 흐르네.   霜拍廣寒流
> 牽牛星·北斗星 떠 있는 넓디넓은 하늘에,   牛斗恢恢地
> 정신은 놀아도 칼날은 놀지 않는다.   神游刃不游

「칼자루에 써서 壯元한 趙瑗에게 줌[書劍柄贈趙壯元瑗]」이란 제목의 시이다. 『莊子』, 「養生主」에 나오는 包丁은 칼날을 자유자재로 놀렸지만, 趙瑗에게는 정신을 자유자재로 놀릴 수 있기를 바라는 내용이다. 壯元한 趙瑗에게 현실과는 상관없는 도가적 정신세계를 지니라고 시를 써 주었다는 해석을 할 수는 없을 것이다. 이 시는 조원이 현실 생활 속에서 고도의 정신세계를 유지하기를 남명이 바라는 것인데, 우리는 이를 통하여 남명 자신이 그러한 정신세계를 추구하고 있다는 것을 알 수 있다. '모름지기 마음 안에서 汗馬의 공을 거두어야 한다.[須於心地 收汗馬之功]'는 표현이나, 양손에 물 사발을 받들고 밤을 지새우면서까지 정신을 수렴하려고 한 것 등도 철저한 수련을 통해 자신의 정신세계를 고양시키려는 것이다. 이 점이 남명의 '경'이 갖고 있는 또 다른 특징이다.

2. 方斷的 處事接物

앞 장에서는 「신명사도」·「신명사명」을 중심으로 '경'의 의미를 집중적으로 살펴보았다. 마치 이 두 작품은 '경'과 연계되기만 하고 '의'와는 상관없는 듯이 논의하였다. 사실 '경'만 다룬 것이라 할 수 있다. 그러나 남명의 경은 의와 연계되어 있음으로써 의미가 더욱 두드러진다. 의와 연계되지 않은 경이라면 적어도 남명에게 있어서는 그 의미가 반감된다. 왜냐하면 남명이야말로 義氣 내지는 기절을 숭상한 인물로 알려져 왔기 때문이다.

그런 생각을 가지고 다시 「신명사도」를 보면, 이 그림이 이중구조로 되어 있음을 알 수 있다. 즉 이 「신명사도」는 마음을 밝히는 '경'을 설명하는 그림도 되고, '경'을 통해 마음을 밝힌 뒤 '의'를 실천하는 그림도 된다는 것이다. 이처럼 '경'과 '의'를 동시에 설명할 수 있으므로 흔히 '경의지학'으로 대변되는 남명 사상의 핵심이 이 그림 속에 온전히 드러나 있다고 할 수 있는 것이다.

문제는 원곽 밖의 치찰과 극치를 담당하는 백규와 대사구의 역할을, '경'으로 볼 것이냐 '의'로 볼 것이냐에 있다. 앞 장에서 언급한 것처럼 「신명사명」의 '外百揆省' 부분 주석에서 '學問思辨이다. 사물에 나아가서 이치를 궁구하는 것이다. 명덕을 밝히는 첫 번째 공부이다.'라고 한 것으로 보아 치찰과 극치를 '경'으로 보는 데는 문제가 없다. 「신명사명」만으로 보면 '의'로 해석할 여지는 없어 보인다.[66] 그러나 「신명사도」를 보면,

....

66 최석기 교수는 전게 논문에서 「신명사도」와 「신명사명」을 존양·성찰·극치의 삼단계 수양론으로 보고, 존양은 경과 연결시키고 성찰은 의와 연결시키고 있

성곽 내외의 상황이 성곽에서 임금을 보위하면서 외적의 침입에 목숨을 걸고 싸우는 것을 연상하게 하므로, 치찰과 극치를 '의'로 해석할 수 있는 여지가 있다.

「패검명」의 '밖으로 결단하는 것은 의이다[外斷者義]'라는 언표는, 인간 세상에서 일어나는 모든 일을 결단하는 잣대가 '義'이며, 따라서 不義일 경우에는 목숨을 걸고 결단해야 한다는 의미를 함축하고 있다. 그리고 남명의 문인이요 外孫壻인 東岡 金宇顒이 남명의 命으로 지었다는 「天君傳」에는 百揆의 이름이 '義'로 되어 있다. 그러므로 '성곽 밖의 백규와 대사구는 실제로 외적을 물리치는 역할을 맡은 자로 비유되었으며, 이들이 국가를 위하여 외적을 물리치는 행위가 바로 '의'이다.'라는 해석을 할 수 있다.

그러고 보면 「신명사명」에 보이는 '國君死社稷, 大夫死官守'는 물론, 앞 장에서 인용한 '죽을 각오로 싸워야 섬멸할 수 있다'는 내용 등이 모두 '의'와 깊은 관련이 있음을 알 수 있다. 또한 남명이 임종 때 "우리 집에 이 '경의' 두 글자가 있는 것은 하늘에 해와 달이 있는 것과 같다."라고 한 말의 의미가 분명히 드러난다.

남명이 공부하면서 요점을 적어둔 것이 『학기』이다. 이를 『근사록』의 체제에 맞게 편집한 것이 『학기유편』이다. 이 속에는 성리학 관계 그림 24개가 들어 있다. 대체로 송대 학자들의 설을 요약 정리한 것인데, 이 24도 중 17도가 남명이 自作한 그림이다. 이 가운데 '경'의 의미를 이해할 수 있도록 한 그림은 여러 곳에 보이지만,[67] '경의'를 아울러 집중적으로

다. 그러나 필자는 그림 전체를 경으로 해석하고, 다시 이를 이중구조로 보아 성곽 바깥 부분을 의와 연결시킬 수 있는 것으로 해석했다.

67 「敬圖」가 따로 있으며, 「小學大學圖」, 「人心道心圖」, 「誠圖」 등에도 부분적으로 '敬'의 의미가 설명되어 있다.

부각시킨 그림은 없다. 다만 「성도」에 '경이직내'와 '의이방외'가 함께 보이지만, '성'을 설명하기 위한 방편으로 쓰인 것인데다 경이직내와 의이방외가 대등하게 취급된 것도 아니다. 따라서 남명의 '경의'는 선현의 학설을 답습하거나 부연한 것이 아닌, 매우 독창적인 것이라 할 수 있는 것이다.

다음으로 생각해 보아야 할 것은 이 '의'와 관련해서 현실 문제에 깊은 관심을 가진 것이다. 남명은 「戊辰封事」에서 '窮其理 將以致用也'라 하여, 궁리하는 목적이 치용 즉 현실 세계에서의 쓰임을 극진히 하는 것에 있음을 분명히 하였다. 이는 敬으로 마음을 밝히는 목적이 現實에서의 處事接物 時에 義로 이를 決斷하는 데 그 목적이 있다는 의미로 해석할 수 있게 한다.

남명은 『學記類編』에서 "佛教에는 '敬以直內'만 있고 '義以方外'는 없다."[68]는 말을 錄取해 두었다. 이는 현실과 무관하게 살아가려는 불교식 삶의 태도를 말한 것임과 동시에, 유가에서는 불교에서와 다르게 사회적 실천 의지가 그만큼 강하였다는 뜻이기도 하다.

현실 문제에 깊은 관심을 가지게 되면 지식인으로서의 책임을 통감하지 않을 수 없고, 따라서 나아가 벼슬함으로써 온축했던 뜻을 펼 것인지, 물러나 도를 지키고 있을 것인지를 결정해야 하며, 또 임금에게 말할 수 있는 기회가 오면 현실 상황을 분명하게 인식시키고 그 대안을 제시해야 한다. 결국 『남명집』 곳곳에 보이는 현실에 대한 깊은 애정, 엄정한 출처관, 상소문 등에서 나라의 현실 문제를 심각하게 비판한 것 등은, 方斷的

. . . .

68 『學記類編』下, "佛氏 敬以直內 則有之 義以方外 則未之有也." 이것은 정자의 말이다. 『二程全書』 권4, "二先生語 游定夫所錄: 彼釋氏之學 於敬以直內則有之矣 義以方外則未之有也 故滯固者入於枯槁 疏通者歸於肆恣 此佛之教所以爲隘也 吾道則不然 率性而已."

處事接物로 요약되는 '義'에 입각한 행위로 볼 수 있다.

3. '敬'과 '義'의 相互關聯性

남명의 「神明舍圖」는 '敬'이 총재로 있으면서 神明인 太一眞君을 보좌하는 그림으로, 그림 전체가 神明이 神明함을 유지하기 위해서는 '敬'의 역할이 절대적임을 잘 보여주고 있다. 그리고 이 그림은 二重構造로 되어 있어 '義'의 실현을 보여주는 것이기도 하다는 언급을 앞에서 한 바 있다.

'경'은 자신의 마음을 밝히기 위한 수단이고, '의'는 處事接物 時에 일을 반듯하게 처리할 수 있게 하는 잣대이다. '경'은 자신과 관계되는 일에 쓰이는 용어이고 '의'는 남과 관계되는 일에 쓰이는 용어이다. 그래서 이 둘의 관계는 상호배타적인 듯이 보일 수도 있다. 그러나 '경'에 의한 마음의 수양이 되어 있지 않으면, 즉 신명이 신명함을 유지하지 못하면 '의'의 실현은 불가능한 것이다. 요컨대, '경'은 '의'와 무관할 수도 있으나, '의'는 '경'이 아니면 발현될 수 없다.

그렇다면 '의'는 '경'에 종속되어 있어서 서로 대등하게 두고 논의할 수 없을 듯하다. 그러나 남명의 '경'과 '의'는 이런 식으로 해석될 것이 아니다. '경'이 아니면 '의'가 발현될 수 없는 것은 사실이지만, 남명의 경우에는 '의'가 이처럼 소극적 의미로 쓰인 것은 아니다. 남명에게 있어서의 '의'는 '경'과 '대등하다. 자신의 내적 수양과 관련된 '경'이 중요한 만큼, 사회적 실천을 의미하는 '의'도 그만큼 중요하게 생각했다는 뜻이다.

非理 내지는 惡이 귀, 눈, 입을 통해 들어오는 것을 막아내되, 목숨을 걸고 막아서 섬멸시켜야 한다는 것이 南冥의 厮殺的 存養省察이다. 그런데 外敵이 國境을 넘어 쳐들어 올 때, 임금은 社稷과 운명을 같이할 각오를 하고, 大夫는 자기 직분을 다하다가 죽을 각오를 하고, 장수와 군졸은

죽을 각오를 하여 대적한다면 외적을 섬멸할 수 있다. 이것이 이른바 개인 또는 단체가 국가 사회를 위해 실천할 수 있는 '의'이다. 그리고 개인적으로도 옳지 못한 제의를 받거나 악에의 유혹을 받았을 경우 목숨을 거는 각오로 이를 물리친다면, 이것은 이른바 개인이 자신과 사회를 위해 실천할 수 있는 '의'이다.

이처럼 개인 또는 단체가 국가 사회를 위해 실천할 수 있는 '의'이거나, 개인이 자신과 사회를 위해 실천할 수 있는 '의'이거나간에[69] 모두 원곽 안의 신명사를 보호하기 위해 목숨을 바친다는 내용과 분리하여 설명할 수 없을 만큼 밀접한 관련이 있다. 그리고 '의'에 의한 실천이 없으면 '경'에 의한 정신 수양 그 자체로는 유가적 의미가 별로 없게 된다. 이 점이 「신명사도」가 갖고 있는 이중구조의 정체이고, '경'과 '의'가 서로 대등한 의미를 지니는 까닭이다.

요컨대 '경'을 바탕으로 하여 사회적 실천을 이룩하게 하는 것이 '의'인데, 남명이 이처럼 '의'를 '경'과 대등하게 생각했기 때문에 사회적 실천 의지가 남다를 수 있었던 것이다. 남명 학문의 요체를 '경의' 사상이라고 하는 이유도 바로 여기에 있다.

Ⅲ. 맺음말

이제까지의 논의를 요약하고, 그 의미를 되짚어 봄으로써 맺음말을 삼는다.

남명의 사상이 형성된 배경에는 부계 혈통 외에 文益漸, 文可學 등과

....

69 이 두 가지가 다 이른바 '方斷的 處事接物'과 깊은 관련이 있는 것이다.

관련된 曾祖母 江城文氏, 知足堂 趙之瑞의 누이인 조모 林川趙氏, 崔閏德家系를 외족으로 하고 있는 어머니 仁川李氏 등의 혈통적 영향도 남명의 사상 형성과 일정한 관계가 있었으며, 三嘉·金海 등지를 중심으로 하는 地域的 風氣도 남명의 사상이나 성격 형성에 일정한 영향을 주었던 것으로 이해된다.

남명 사상에 대해서 논급한 글이 이제까지 적지 않게 나옴으로써 남명의 사상이 대체로 어떠하다는 정도는 상당히 밝혀졌다. 본고에서는 남명의 경의사상의 특색을 논의함으로써 자연스럽게 남명 사상의 다양한 측면이 경의사상과 어떻게 서로 밀접하게 관련될 수 있을지에 대해서 그 바탕을 마련하려 하였다.

「神明舍圖」와 「神明舍銘」을 통해 남명의 '敬'이 가진 厮殺的 存養省察의 면모를 살펴보았고, 남명의 巨大志向의 精神世界가 바로 이와 관련되며, 이 거대 지향의 정신세계가 가지고 있는 두 가지 측면, 즉 철두철미한 수련과 세속에의 초연성도 모두 시살적 존양성찰의 연장선상에 있음을 알 수 있었다.

그리고 「신명사도」가 겉으로는 '시살적 존양성찰'의 의미를 지닌 '경'만 드러내는 것으로 보이지만, 성곽 밖의 외적을 물리치는 것을 실제 전쟁의 상황과 관련시켜 보면, 이 그림은 '敬'과 함께 '方斷的 義氣'를 뜻하는 '義'도 아울러 비유적으로 설명하고 있음을 알 수 있다. 그리고 남명의 의는 현실과 직결되어 있으며, 엄정한 출처관이나 매서운 현실비판, 백성들의 삶에 대한 뜨거운 관심 등은 모두 이 '의'의 고리와 연결되어 있다.

아울러 「神明舍圖」가 보여주는 것처럼 '敬義' 가운데서도 敬이 義의 바탕이 되면서, 厮殺的 存養省察의 정신이 義에도 깊이 연결됨으로써, 남명의 학문이 '敬義之學' 또는 '居敬行義'로 표현될 수 있었던 것이다.

南冥의 理氣心性論

Ⅰ. 머리말

高麗末에 程朱의 성리학이 전래된 이래 麗末鮮初 사이에는, 陽村 權近 등에 의해 그 이론적 탐구가 깊이 있게 진행되는 한편, 圃隱 鄭夢周와 冶隱 吉再 등에 의해서는 성리학적 실천이 특별히 강조되었다. 특히 조선 초기의 학자들에게는 성리학적 실천이 그 이론적 탐구보다는 훨씬 중요하게 여겨질 수밖에 없는 정치적 상황에 놓여 있었다.

그러나 성종·중종을 거쳐 선조 대에 이르는 동안 왕조가 안정기에 접어들면서 학자들의 경향은 크게 네 가지 유형으로 나타난다. 仕宦에 적극적인 경우와 소극적인 경우 및 이론 탐구에 적극적 관심이 있는 경우와 이론 탐구보다 실천을 특히 중시하는 경우가 그것이다. 사환에 적극적이면서 이론 탐구에 관심이 깊었던 인물은 栗谷 李珥가 그 대표적 인물이라 할 만하고, 사환에 적극적이면서 성리학적 실천에 특히 관심이 있었던 인물은 東皐 李浚慶이 그 대표적 인물이라 할 만하다. 그리고 사환에 소극적이면서 이론 탐구에 관심이 깊었던 인물은 退溪 李滉이 그 대표적인 인물이라 할 만하고, 사환에 소극적이면서 성리학적 실천에 특별히 관심이 깊었던 인물은 南冥 曺植이라 할 만하다.

이처럼 남명은 이론적 탐구에 대한 관심보다도 현실에서의 실천에 보다 깊은 관심을 가지고 있는 것으로 알려져 있다. 남명의 문집에 이론과 관련이 될 만한 것으로는, 敬義의 학문으로 요약되는 자신의 학문체계를 요약한 그림 「神明舍圖」와, 그 의미를 글로 풀어쓴 「神明舍銘」이 전부라 해도 과언이 아니다. 그럼에도 불구하고 지금 그의 理氣心性論에 대하여 論及하려고 하는 까닭은, 비록 자신의 저술이라 할 수는 없지만 이론 탐구와 관련이 있는 讀書 箚記인 『學記類編』이 남아 전하기 때문이다.

이 연구는 『학기유편』 역주본 간행을 기념하기 위한 것이다. 우리는 적어도 이 『학기유편』을 통하여, 남명이 적극적으로 성리학적 이론을 전개하지는 않았다 하더라도, 성리학 이론을 전혀 모르고 있었다고 할 수는 없음을 알 수 있다. 이 연구에서는 남명이 이해하고 있는 이기심성론이 과연 어느 정도인지 밝혀지기를 기대한다. 남명이 단순하게 알고 있었다고 이해되는 이기심성론이, 어쩌면 그가 강력히 주장하고 있었던 것으로 이해할 수도 있지 않을까 생각해 본다.[70]

II. 南冥 理氣心性論 理解의 前提

1. 南冥의 學問 性向

남명의 학문 성향은 이미 알려져 있는 것처럼 이론적인 탐구보다는 현실에서의 실천을 강조하는 데 그 특징이 있다고 할 수 있다. 남명은 64세

....

[70] 남명의 學記圖를 정면으로 다루었거나 그의 性理說을 다룬 것으로는 裵宗鎬의 「南冥聖學圖」(『남명학연구논총』 1집), 琴章泰의 「南冥의 學記圖에 관한 연구」(『남명학연구논총』 2집), 鄭炳連의 「曹南冥의 理氣論 辨正」(『남명학연구논총』 3집) 등이 있다. 이 글들이 남명 성리설의 이해에 일정한 역할을 하였겠지만, 이 글들로는 남명 이기심성론의 특징을 이해할 수 없었다.

때 퇴계에게 보내는 편지에서 다음과 같이 말 한 적이 있다.

> 요즈음 공부하는 자들을 보건대, 손으로 물 뿌리고 비질하는 절도
> 도 모르면서 입으로는 天理를 담론하여 헛된 이름이나 훔쳐서 남을
> 속이려 하고 있습니다. 그러나 도리어 남에게서 상처를 입게 되고, 그
> 피해가 다른 사람에게까지 미치게 합니다. 이는 아마도 선생 같은 長
> 老께서 꾸짖어 그만두게 하지 않기 때문일 것입니다. 저 같은 사람은
> 마음을 보존한 것이 황폐하여 배우러 오는 사람이 드물지만, 선생 같
> 은 분은 上等의 경지에 도달하여 우러르는 사람이 참으로 많으니, 십
> 분 억제하고 타이르심이 어떻겠습니까? 삼가 헤아리기 바랍니다.[71]

이 글은 다음과 같이 단계적으로 요약해 볼 수 있다. 첫째, 배운 것을
실천하기에 여념이 없어야 할 젊은 사람들이 성리학적 이론 탐구에 매달
리고 있다. 둘째, 이러한 이론 탐구는 학문의 발전을 위함이기보다는 남의
눈을 속여 명예를 얻으려는[欺世盜名] 비천한 짓에 다름 아니다. 셋째, 欺
世盜名하려는 데서 사림에 피해가 오게 되었다. 넷째, 그러니 전국 선비의
尊慕를 한몸에 받고 있는 선생 같은 분이 이를 規戒하여야 한다.

요컨대, 이론에 대한 천착은 필경 기세도명과 연관될 수밖에 없으므로,
이를 止揚하고 실천에 힘쓰게 해야 한다는 것이 남명의 주장이다. 이에
대해 퇴계는 답장에서 다음과 같이 이론 탐구에 대한 자신의 견해를 분명
히 피력하고 있다.

> 편지에서 깨우쳐 주신 '배우는 사람들이 이름을 훔치고 세상을 기

---

71 曺植, 『南冥集』 2卷, 「與退溪書」, "近見學者手不知洒掃之節 而口談天理 計欲盜名
　　而用以欺人 反爲人所中傷 害及他人 豈先生長老 無有以呵止之故耶 如僕 則所存荒
　　廢 罕有來見者 若先生 則身到上面 固多瞻仰 十分抑規之 如何 伏惟量察."

만한다'는 의논은 비단 고명하신 그대가 걱정하고 있는 것일 뿐만 아니라 졸렬한 저 또한 걱정하고 있습니다. 그러나 꾸짖고 억제하고자 하는 것 또한 쉬운 일이 아닙니다. 그 이유는 다음과 같습니다. 품은 마음 자체가 본래 세상을 속이고 이름을 훔치고자 하는 사람들에 대해서는 아예 말하지 않겠습니다. 다만 홀로 생각하건대, 사람들은 中正과 常德을 타고나기에 누구나 善함을 좋아하니, 천하의 영재들 가운데 성심으로 배우기를 원하는 자가 어찌 한정이 있겠습니까? 그런데 만약 세상에 걱정을 끼칠까봐 이들까지 모두 꾸짖어 말린다면, 이는 하늘이 同類를 내려준 뜻에 위배되고 천하의 사람들이 道를 향해 나아가려는 길을 끊는 것이 되고 맙니다. (사정이 이렇고 보면) 내가 하늘과 성현에게 크게 죄를 짓는 것이 되니, 어느 겨를에 남이 세상을 속이고 이름을 훔치는 것에 대하여 걱정하겠습니까?

만약 학자들을 변별하여 (나쁜 자를) 꾸짖어 억제하고자 한다면, 사람들의 타고난 자질과 품성이 만 가지로 같지 않아서, 그들이 처음 배울 적에 예민한 자는 뛰어넘고 우둔한 자는 막히며, 옛사람을 좋아하는 자는 거만한 것 같고 뜻이 큰 사람은 미치광스러운 것 같으며, 아직 익숙하게 익히지 못한 자는 거짓 같고 넘겨졌다가 다시 분발하는 자는 속이는 것 같으며, 처음에는 간절하다가 나중에는 소홀히 하는 자가 있는가 하면 문득 그만두었다가 다시 돌아와 공부하는 자도 있으며, 결점이 겉에 있는 자도 있고 안에 있는 자도 있는 등등 무릇 이와 같은 경우는 이루 다 낱낱이 예를 들 수가 없습니다. (이들 가운데) 마음을 전일하게 하고 뜻을 다하여 성취함이 있기를 기약하지 않는 사람이야 진실로 죄가 없다고 할 수 없습니다. 그러나 그 학문을 하려는 마음만은 가상하니 그래도 우리와 가까운 사람 (이쪽 편의 사람)입니다. 그런데 이들을 뭉뚱그려 세상을 속이고 이름을 훔친다는 이유를 대어 배척할 수 있겠습니까? 그 또한 서로 어울리면서 함께 힘쓰도록 하기에 달려 있습니다.

비록 그렇기는 하나 이것은 다만 그 이치를 논해 본다면 이와 같다는 것일 따름입니다. 이러한 책임을 감당할 수 있는 사람은 세상에 따로 있을 것이니, 결코 저같이 病廢하여 존재도 없고 道와 學問에 어두운 사람에게 그 책임이 있지는 않을 것입니다. 公께서는 어찌 이처럼 저와 거리가 먼 말씀 (退溪가 欺世盜名하는 사람을 꾸짖어 말릴 '長老'의 위치에 있다고 南冥이 한 말)으로 저에게 책임을 덧씌우십니까? 또한 공께서 지적하신 (欺世盜名한다는) 사람은 도대체 누구를 두고 하는 말씀입니까? 그 사람들이 비록 정당하지 못하더라도 만약 그 사람들의 결점이 앞에서 열거한 정도라면, 마땅히 그와 같이 꾸짖고 억제하지는 않아야 할 것입니다. 혹 불행하게도 참으로 세상을 속이고 이름을 훔치려는 마음이 있는 사람이라면, 우리들이 그들의 꾸짖음과 억제를 면할 수 있으면 다행인 것이니, 어찌 감히 우리가 억지로 기세를 부려 도리어 그들을 꾸짖고 억제하겠습니까?[72]

여기서 퇴계가 '성심으로 배우기를 원하는 자는 그 정성을 가상히 여겨야 한다'는 견해를 피력함으로써, 실천이 중요하다 하더라도 실천을 하기 위한 지식 기반을 마련하는 것이 매우 중요하다는 생각을 분명히 하였다. 그리고 애초에 欺世盜名을 목적으로 이론 탐구에 관심을 가질 리가 없으므로, 남명이 걱정하고 있는 기세도명에 대해서 별로 문제삼을 필요

....

72 李滉,『退溪集』10卷,「答曺楗仲 甲子」, "示諭學者盜名欺世之論 此非獨高明憂之 拙者亦憂之 然而欲訶抑者 亦未易事 何者 彼其設心 本欲欺世而盜名者 姑置不言 獨念夫降衷秉彝 人同好善 天下英材 其誠心願學者 何限 若以犯世患之故 而一切訶止之 是違帝命錫類之意 絶天下向道之路 吾之得罪於天與聖門 已甚 何暇憂人之欺且盜乎 如欲辨別而訶抑之 人之資稟 有萬不同 其始學也 銳者凌躐 鈍者滯泥 慕古者似狂 志大者似狂 習未熟者如僞 躓復奮者如欺 有始懇而終忽者 有旋廢而頻復者 有病在表者 有病在裏者 凡若此者 不勝枚擧 其不能專心致志 以期於有成者 固不能無罪 然其心可尙 猶是此一邊人 其可槩以欺盜而麾斥之乎 其小在所相從而共勉也 雖然 此則論其理如此耳 其能任此責者 世自有人 決不在病廢絶迹昧道懷學之人 公何以是不近之言見加耶 抑不知公所指者 是何等人耶 其人雖不正當 若其病只如前所云者 則其不當訶抑如彼 或不幸而眞有欺盜之心者 吾輩得免於彼所訶抑 幸矣 又豈敢强作氣勢 反加訶抑於彼耶."

가 없다는 견해를 보이고 있다. 문제는 퇴계의 이런 생각이 남명으로부터 공감을 얻지 못했고, 남명의 생각 또한 퇴계로부터 공감을 얻지 못했다는 점이다.

단순히 이 왕복 서한만 보면 남명은 이론 탐구에 관심이 별로 없을 뿐만 아니라 성리학에 대한 기본 지식 또한 깊지 않은 것처럼 보인다. 그러나 그가 이 즈음에 문인인 德溪 吳健에게 보낸 편지에서 언급한 짤막한 다음의 표현은 그 자신 성리학적 지식에 대한 자부심이 굉장하여 결코 퇴계에게도 양보하지 않으려는 강한 의지가 보인다.

나는 평생 다른 기예를 배우지 않고 혼자 책만 보았을 뿐입니다. 입으로 性理를 말하고자 하면 어찌 남들보다 못하겠습니까마는, 그래도 그 점에 대해서는 기꺼이 말하고 싶지 않습니다.[73]

남명은 이미 성리학에 대한 이론은 깊이 있게 연구되었다고 보고 그 실천을 의미 있게 생각하였다. 그래서 자신이 실천에 남다른 관심을 가졌을 뿐만 아니라 문인들에게도 실천을 남달리 강조했던 것이다. 그러나 그렇다고 하여 성리학적 지식이 부족해서 그런 것은 아니라는 것을 분명히 밝히고 있는 글이 바로 이 인용문이다. 그의 『학기유편』에 보이는 성리학 관련 箚記가 이처럼 자신감 있는 그의 지식을 대변해 주고 있다.

이제 『학기유편』에 보이는 그의 성리학적 지식을 검토하기 전에 일반적 이기심성론의 이해를 위한 몇 가지 문제를 짚어 보려 한다.

....

73 曺植, 『南冥集』 2卷, 「與吳御使書」, "僕平生不執他技 只自觀書而已 口欲談理 豈下於衆人乎 猶不肯屑有辭焉."

2. 理氣心性論 理解의 問題點

우선 理氣心性論에서 理氣와 心性의 관계를 어떻게 이해할 것인지를 생각해 볼 필요가 있다. 그런데 이 이기는 자연 현상의 원리를 설명하는 데에도 쓰이고 인간생활의 원리를 설명하는 데에도 쓰인다. 자연 현상의 원리를 설명할 적에는 율곡이 우계에게 보낸 편지에서 말한 "發하는 것은 氣이고, 발하게 하는 것은 理이다.[發者氣也 所以發者理也]"라고 한 말이 가장 적합하다. 그러나 인간 생활의 원리를 설명할 적에는 퇴계가 「성학십도」의 제6도 '心統性情圖'에서 말한 "四端에 따른 행동은 理가 먼저 발한 뒤에 氣가 그 理를 수행하듯이 따르는 것이며[四端理發而氣隨之], 七情은 氣가 먼저 발한 뒤에 理가 그 氣 위에 올라타는 것이다.[七情氣發而理乘之]"라 한 말이 가장 적합하다. 그럼에도 불구하고 후세에 율곡학파의 학자들은 퇴계학파의 학설이 잘못되었다고 비난하고, 퇴계학파의 학자들은 율곡학파의 학설이 잘못되었다고 비난하였다.

논자는 성리설과 관련해서 이런 근본적인 대치 국면을 이해할 수 있는 두 가지 점을 지적하고자 한다. 이는 성리설 일반에 대한 이해는 물론 오늘의 발표 주제인 남명의 이기심성론을 논급하는 데에도 유용하기 때문이다. 그 하나는 孟子의 '性善說'을 역대로 조금의 의심 없이 받아들이고 있다는 점이며, 다른 하나는 중용에서 제기된 '사람은 마땅히 하늘의 도를 따르려고 해야 한다'는 天人合一說을 줄기차게 계승·발전시켜 왔다는 점이다.

성선설이란 人性은 본래 善하므로, 인간에게 간혹 보이는 선하지 못한 측면은 반성을 통하여 선한 쪽으로 돌려야 한다는 것이다. 이것은 사람이 선한 방향으로 가도록 하는 이론이라는 점에서 충분히 이해되는 것이지만, 사람이 악한 경우 또는 악한 생각이 일어나는 경우 왜 악하게 되는 것인가에 대해서는 충분히 설명해 주지 못한다. 애초에 인성을 선이니 악이니 하는 인간 사회의 도덕적 기준과 관계되는 용어로 이해하려 한 데서 그 원인이 있었던 것이다. 善은 인간이 사회를 유지하기 위하여 인간 사회에서 만들어낸 도덕적인 규범이지, 그 자체가 人性이 될 수는 없다. 자연 상태에서 선악은 존재하지 않기 때문이다. 그런데도 성선설이 지금까지 자연스럽게 계승된 것은 인성이 본래 선하다는 말을, 인간 사회가 유지되려면 마땅히 사람은 누구나 선한 행동을 하여야 한다는 말로 혼동한 데서 나온 결과라고 이해된다. 결국 당위론적인 것을 존재론적인 것으로 이해했다는 뜻이다.

하늘은 지극히 정성스러우므로 사람도 이를 본받아 정성스러우려고 노력해서 저절로 정성스러운 단계에 이르러야 한다는 것이 이른바 天人合一說이다. 『중용』에서 "하늘이 명령한 것을 性이라 이르고, 성에 입각하여 행동하는 것을 道라 이르고, 도를 닦는 것을 敎라 한다.[天命之謂性 率性之謂道 脩道之謂敎]", "저절로 정성스러운 것은 하늘의 도이고, 정성스러우려고 노력하는 것은 사람의 도이다.[誠者 天之道也 誠之者 人之道也]" 하였다. 사람이 하늘의 도 가운데 정성스러운 측면을 본받아야 한다는 것에 대해서는 누군든지 충분히 그 의미를 인정할 수 있겠지만, 하늘의 도가 선하고 사람의 도 또한 선하므로 사람은 하늘의 도를 따르려고 해야 하며, 그 정도에 따라 哲·賢·聖·神의 경지에 이르게 된다는 점에 대해서는 좀더 깊이 생각해 볼 필요가 있다.

왜냐하면 사람이 哲·賢·聖·神의 경지에 이르지 않아도 된다는 것은 결코 아니지만, 天道와 天命과 人性을 모두 한 덩어리로 보아 선하다고 보는 데서 성리학적 이론의 맹점이 드러나기 때문이다. 사실 하늘의 이치란 生滅의 이치일 따름이다. 그런데도, 人性이 선한 것은 天性이 선한 데서 온 것이고, 따라서 인간이 선한 天性을 본받으려는 노력을 끊임없이 할 수밖에 없다고 주장해 온 것이다. 이 논리는 인간이 선하게 되도록 한다는 점에서 일정한 역사적 역할을 하였으며 그래서 그에 따른 공적도 인정할 수 있다. 그러나 이기심성론에서는 이로 인해 엄청난 오해가 일어날 수밖에 없었으므로 이에 대해 재고하지 않을 수 없는 것이다.

人性과 物性을 구별할 수 있는 여러 가지 기준이 있겠지만, 善惡을 그 기준으로 삼는다면 사실과 어긋날 수밖에 없다. 호랑이나 사자 등이 자신보다 약한 짐승을 먹이로 잡아먹는 것을 두고, 약한 짐승의 입장에서 호랑이나 사자 등을 악한 존재로 규정할 수 없다. 소나 양이 봄철에 돋아나는 보드라운 풀을 맛있게 뜯어먹는 것을 두고, 풀의 입장에서 소나 양을 악한 존재로 규정할 수 없다. 이처럼 선악이 인간 사회를 유지하기 위한 도덕적 가치 기준을 넘어서 동물이나 식물 등 자연에게까지 확대·적용할 수는 없는 말이기 때문이다. 그런데도 선하지 않으면 짐승과 다름이 없다고들 말해 왔다. 인성이 선하다는 것은 사람이 사회생활을 하기 때문에 나온 주장이다. 그렇지 않다면 선이라는 도덕적 명제를 어찌 본성이라 하였겠는가? 도덕은 본성의 범주에서 이야기될 것은 아니고, 조직 사회 이론에서 이야기되어야 할 것이기 때문이다.

그렇다면 성선설을 어떻게 이해할 것인가? 존재론의 측면에서 볼 것이 아니라 당위론의 측면에서 이해하면 얼마든지 유효할 수 있다. 즉, '원래 인성이 선하므로 사람은 선을 회복해야 한다.'고 할 것이 아니라, '선하지 않으면 사회를 아름답게 유지하기 어려우므로 선해야만 한다.'고 말해야 한다는 것이다.

조선시대의 학자들 가운데 이기심성을 이렇게 이해한 사람이 있었는지는 미상이다. 그러나 남명은 『학기유편』에서, "선과 악이 모두 천리이다.[善惡皆天理]"라고 한 程明道의 말을 錄取해 두었다. 이는 선이 천리라면 악도 천리라 하지 않을 수 없다는 논리이다. 그래서 "선은 진실로 성이라 하겠지만, 그러나 악 또한 성이라 하지 않을 수 없다."74고 하였던 것이다. 그런데 이렇게 말한 程明道조차도 "악이라 말한 것은 원래 악하다는 것이 아니라, 단지 지나치거나 미치지 못하면 문득 이와 같이 되는 것이다."라 하여 주자와 퇴계를 약간은 안심시켰다.75

선악을 모두 성이라 하지 않을 수 없다는 생각을 가진 것은, 선을 성이라 한다면 자연스럽게 악도 성이라 하지 않을 수 없다는 생각에 이르렀기 때문이다. 성이란 타고난 것이니 선을 타고났다면 악을 행할 리가 없다는 논리적 근거가 여기에 있다. 이를 확신하면 인성을 선이나 악으로 규정할 수 없음이 자명해질 것이다.

그러면 이제 이기심성에 대한 남명의 견해는 어떠한지 살펴보기로 한다.

III. 『學記類編』을 통해 본 南冥의 理氣心性論

1. 理氣에 대한 인식

앞에서 이미 언급한 것처럼 남명의 시문에서 이기심성을 정면으로 다룬 것은 보이지 않는다. 이기심성과 관련 있는 글은 『학기유편』밖에 없다. 그러나 『학기유편』이 남명 자신의 저술이 아닌 바에야 이 글을 들먹일 필요가 없지 않은가? 그렇기는 하다. 『학기유편』이 독서하다가 중요하다고 생각되는 점을 발췌하여 기록한 것이니, 자신도 그러한 주장을 갖고 있었다고는 쉽게 단언하기는 어려울 것이다. 그러나 적어도 기록한 사람

---

74 李象靖, 『理氣彙編』, 「理有善惡」, "程子曰 善惡皆天理 …… 善固性也 然惡亦不可不謂之性也."
75 李象靖, 『理氣彙編』, 「理有善惡」 부분 참조.

이 그가 기록한 내용에 대하여 모르고 있었다고는 할 수 없을 것이다. 즉, 이 기록의 점검을 통하여 그가 무엇을 인식하고 있었던 것인가 하는 점을 어느 정도 파악할 수 있다는 말이다. 그리고 이『학기유편』에는 모두 24개의 그림이 있는데, 그 가운데 17개의 그림은 남명이 직접 그린 것이다. 그러므로 자신이 직접 그린 이 17개 그림의 분석을 통하여, 그 그림의 명제에 대하여 남명 자신이 어떻게 인식하고 있었던가 하는 점에 대한 파악도 가능한 것이다.

『학기유편』의 제8도가「理氣圖」이고, 제9도가「天理氣圖」이고, 제10도가「人理氣圖」이다. 남명이 理氣에 대한 그림을 이 세 가지로 나누어 그려둔 것은, 이기를 이 세 가지로 나누어 파악하였다는 뜻으로 이해할 수 있다.「天理氣圖」는 宇宙界, 즉 자연현상을 이기로 해석하려는 그림이라 할 수 있고,「人理氣圖」는 人生界, 즉 인간생활을 이기로 해석하려는 그림이라 할 수 있으며,「이기도」는 자연과 인간을 모두 포괄하는 그림이라 할 수 있다.

남명이 이처럼 天과 人을 분리하여 이해하려 한 것을 두고, 人이 天 속에 포함되는 존재가 아닌, 天과 人을 상대적 존재로 파악했다고 이해할 수는 없다. 오히려 인이 천 속에 포함되는 존재이면서도 천 가운데서 고도의 문화를 가지고 사는 특이한 존재라는 점을 인식하였다는 것으로 이해하여야 할 것이다. 그럼에도 불구하고 이처럼 인간을 천, 즉 자연과 분리하여 인식하려 한 것은 어떤 이유에서인가? 그리고 이 둘을 아우르는 논리는 무엇인가?

『학기유편』의 제9도「天理氣圖」에서 남명은 하늘의 理를 生殺로 표기해 두었고, 제10도「人理氣圖」에서 사람의 理를 仁義로 표기해 두었으며, 제8도「理氣圖」에서 天·人을 포괄하는 理를 健順으로 표기해 두었다. 여기서 남명이 이기를 어떻게 인식하고 있었는지 그 대략을 짐작할 수 있다. 『학기유편』에 가장 많이 녹취된 것은 『성리대전』의 글이다. 그런데 『성리대전』에서는 理氣가 『학기유편』에서처럼 天·人으로 구분되어 있지 않다.

정자가 '性卽理'라 설파한 이후, 주자는 이를 前賢未發의 탁견이라 하였는데, 이 '性卽理'라는 말은 대체로 정자가 人生界에 중점을 두어 해석한 것을 주자가 宇宙界에까지 확대 적용시켜 자신의 학문을 체계화하는 과정에서 나온 말이다. 즉, 정자의 경우에는 우주론과 인성론을 동일시하지는 않았으나, 주자는 인성론을 우주론에까지 확대하였다는 뜻이다.[76] 이렇게 하여 맹자의 성선설과 『중용』의 천인합일설이 엮어져서 우주론과 인성론이 결합된 것이다. 朱子의 天人合一은 人이 天 속에 포함되는 것으로 인식되는 천인합일이 아니다. 人性이 善하다는 맹자의 주장을 근거로, 하늘이 선하지 않으면 인성이 선할 수 없기 때문에, 천을 선하다고 하지 않을 수 없다는 논리이다.

그러나 앞에서 제시한 남명의 세 그림은 이기심성에 대한 남명의 인식이 주자와는 일정한 차이가 있음을 보여주고 있다. 이 세 그림을 종합해 보면, 남명도 여느 학자들처럼 천인합일설을 견지하였던 것으로 판단되지만, 天의 理와 人의 理를 다르게 본 것이 특이하게 주목되는 부분이다.

天의 理를 生殺이라 한 것은 살고자 하는 것이 바로 天理란 말에 다름 아니다. 세상에 있는 어느 생명체든지 살려고 하는 의지가 없는 것이 없

---

76 錢穆 著, 李完栽·白道根 譯, 『주자학의 세계』 (원제: 朱子學提綱), 이문출판사, 1994. 61쪽. : 이천이 '성은 바로 이이다.'라고 한 말의 주된 뜻은 맹자의 성선의 뜻을 밝히는 데 있었으므로 다만 인생계에 한정해서 말한 것이나 주자는 이 말을 위로 우주계에 통하는 의미로 사용했다. 또 주자는 그 자신이 창립한바 우주계의 이기론과 관련해서 이천의 이 말의 뜻을 풀이했다고 말할 수 있다. 요컨대 이천이 말한 성과 이는 인생계에 편중되어 있고 주자가 말한 성과 이는 직접 우주계에서 내려오니 이것이 두 사람의 차이이다.

다. 食·色도 바로 살려고 하는 이 의지와 바로 연결되어 있다. 삶이 있으면 죽음이 있을 수밖에 없다. 殺은 生의 다른 이름에 불과하다. 人의 理를 仁·義라 한 것은 天의 理를 生·殺이라 한 것과 깊은 관련이 있어 보인다. 인간 사회가 평화로운 쪽으로 가려면 그 사회 구성원들이 모두 어질지 않을 수 없으므로, 자연에서의 生의 이치는 인간에서의 仁의 이치와 통한다. 자연계에서의 죽음은 타자의 삶에 이바지하는 것임과 아울러 不義에 대해서 가차없는 단죄가 있어야 이상적인 사회가 될 수 있으므로, 자연에서의 殺의 이치는 인간에서의 義의 이치와 통한다. 가을을 의미하는 肅殺의 氣는, 인간 사회에서 不義한 자에게 내려지는 철퇴와 같은 의미가 분명히 있다.

여기서 남명이 인의 리를 주자처럼 천의 리로 확대하여 인식한 것으로 보이지는 않는다. 오히려 천의 리를 인의 리와 관련시키면서도 일정하게 구별하여 인식하려는 것으로 보인다. 天의 理에서는 四德을 元·亨·利·貞이라 하여 仁·義·禮·智와 짝을 지어 두고, 이를 다시 春·夏·秋·冬 사계절과 관련시켰다. 인의 理에서는 仁義를 健順과 짝지은 후, 이를 다시 仁義禮智信과 관련시켰다. 天의 理와 人의 理를 설명하는 데 공통으로 보이는 仁義禮智라는 표현은 적어도 天·人의 理가 모두 '선하지 아니함이 없다'[無不善]는 의식에서 우러나온 것으로 판단된다. 이것은 천이나 인의 리를 모두 도덕적으로 인식하려는 측면이라 할 수 있다. 이런 점에서 남명도 맹자의 性善說을 바탕으로 한 天人合一을 지지하는 쪽이라고 말할 수 있다.

그런데 천의 리에 들어 있는 仁義禮智는 인의 리에서 언급되는 것과는 상당히 다른 성격의 것이다. 즉 천의 리에서는 生殺의 理를 다시 元亨利貞으로 나누어 볼 수 있는데, 이 원형이정을 인의 리와 관련시킬 적에 인의예지와 짝이 된다는 의미인 것이다. 그렇다면 천의 리를 원형이정이라고는 할 수 있지만 인의예지라고는 할 수 없다는 뜻이 된다. 여기서 남명이 천의 리와 인의 리를 같이 보아야 한다는 전래의 학설을 따르는 한편, 천의 리를 바로 인의예지라고 할 수 없음을 깨달은 데서 오는 딜레마를 느낄 수 있다.

그리고, 남명이 인의 리에서 仁·義·禮·智·信을 제시한 뒤에 이를 각기 肝·心·脾·肺·腎과 視·言·思·聽·貌와 木·火·土·金·水에 연관을 지어둔 것은 현실을 중시하는 남명의 정신과 관련시켜 이해해야 할 것이다. 인의 기를 그린 곳에서 五臟을 각기 臭·色·形·味·聲과 木·火·土·金·水 및 筋·毛·肉·骨·皮 등에 연관을 지어둔 것도 역시 같은 맥락이다. 理氣를 五臟으로 대표되는 인간 몸의 기능과 관련시키고 있는 것을 통하여 우리는 남명이 구체적으로 일상생활에서 理氣가 어떻게 적용되어야 하는가에 대하여 깊은 관심을 가지고 있었다는 사실을 알 수 있다.

理氣는 '不相雜'이면서 '不相離'이므로 이처럼 서로 관련시켜 설명할 수밖에 없다. 그런데 남명이 인의 리에서는 肝心脾肺腎을 각기 視言思聽貌와 연결시켰으나, 인의 기에서는 이를 각기 視思貌聽言과 연결시키고 있다. 즉, 五臟의 경우는 理의 측면에서 연결된 것과 氣의 측면에서 연결된 것이 서로 다르다는 뜻이다. 인의 리에는 인의예지신이 있지만 인의 기에서는 이와 동등한 자리에 魂·神·意·魄·精이 자리하고 있으면서 視思貌聽言으로 肝心脾肺腎과 연결시켜주고 있다는 점에서도 다르다. 『학기유편』의 이 부분에 녹취되어 있는 邵康節의 글77이 이 圖를 작성하는 주요

....

77 『學記類編』 上卷, 「論道之統體」 '人理氣圖', "心膽脾腎之氣全謂之人 心之靈曰神 膽之靈曰魄 脾之靈曰魂 腎之靈曰精 神發乎目則視 精發乎耳則聽 魂發乎脾則臭 魄發乎口則言 人之生也氣行 死也形返 氣行則神魂交 形返則精魂存 氣行乎天則陽行 形返於地則陰返 陽行則晝見夜伏 陰返則夜見晝伏 故曰者月之形 月者日之影 陽者陰之形 陰者陽之影 人者鬼之形 鬼者人之影也 人謂鬼無形而無知 非也 人身與天地同." 소강절의 이 글과 남명 자작도인 '인이기도'의 각 부분에 나타나는 표현이 일치되지 않는 것이 많다. 이에 대해서는 별도의 연구가 필요할 것이다.

배경이 되었을 것으로 보인다. 그러나 이처럼 자세한 그림으로 그려지게 된 것은 현실에 깊은 관심을 갖고 있는 남명 자신의 특유한 감각과 고뇌의 산물로 보아야 할 것이다.

요컨대 이 세 그림에서 天의 理를 生殺로 표현한 것은 자연의 이치를 선악이라는 도덕적 명제로 풀려고 하지 않았다는 점에서 이해해야 할 것이고, 人의 理에서 仁義를 내세운 것은 인성이 선하다는 도덕적 명제에서 아직 벗어나지 않은 데서 온 것으로 생각된다. 이기도에서는 이 둘을 종합하여 간략하게 요점을 드러내었는데, 無迹인 理는 健과 順으로, 有形의 氣는 陰과 陽으로 파악하여 五常과 五行을 각기 理氣에 연결시켜 두었다. 이를 통하여 「理氣圖」에는 生殺을 천의 리로 본 天理氣의 면모보다는, 健順과 配合되는 仁義를 人의 理로 본 人理氣의 논리가 더 두드러지게 표현되어 있음을 알 수 있다.

요컨대 우리는 이 세 가지 이기도를 통하여 남명이 천의 리와 인의 리가 다름을 구별하려 하면서도 한편으로는 이를 아우르려고 하였다는 사실을 알 수 있다. 구별하려 하였다는 것은 존재론적인 측면에서의 천의 리와 당위론적인 측면에서의 성선이 구별된다는 점을 인식하고 있었다는 해석이 가능하게 한다. 이를 아우르려고 하였던 것은 '천의 리'라는 측면에서 인의 리를 아우르려고 한 것이 아니라, 성선의 관점을 천의 리에까지 확대시켜 천인합일에 이르려고 하는 주자의 관점과 같은 영역에 있다는 해석이 가능하게 한다.

2. 心性에 대한 인식

남명이 그려 둔 學記圖 24圖는 크게 우주론에 해당하는 그림과 인성론에 해당하는 그림으로 나누어 볼 수 있다. 제1도인 河圖에서부터 제10도인 人理氣圖까지가 宇宙論과 관계되는 그림이고, 제11도인 心統性情圖부터 제24도인 幾圖에 이르기까지는 心性論과 관계되는 그림이다. 제10도인 인이기도는 만물 가운데의 인간을 理氣로 설명하려는 그림이며, 제11도인 심통성정도는 사람의 마음을 이기로 설명하려는 그림이다. 인이기도가 五臟이 五行과 함께 五常·五官·五性·五味·五液 등과 어떻게 관련되는가를 해명하려는 그림이라면, 심통성정도는 앞 그림에서의 視·思·貌·聽·言 등 五官 가운데 생각[思]을 담당하는 마음[心]을 어떻게 이해할 것인가에 관한 그림이다.

앞에서도 언급한 것처럼 程伊川이 『중용』 첫머리의 글 '天命之謂性'에서의 '性'을 '理'로 푼 것[性卽理]에 대하여 주자가 극찬하였던 것은, 이 논리가 人의 性을 기준으로 天의 性을 규정한 뒤 다시 인간이 그 천의 성과 합일하여야 한다는 '天卽理'를 설명하는 밑바탕이 되기 때문이었다. 심성에 대한 남명의 인식 또한 이에서 크게 벗어나지 않는다. 우선 張子의 '心統性情' 이란 말이 지극히 적절한 말이라는 주자의 말을 인용하면서, 心을 未發의 性과 已發의 情으로 구분하였다. 그런데 성과 정을 다시 이와 기로 나누어 인식하고 있다는 점에서 매우 조직적이고 치밀한 생각을 하였음을 알 수 있다. 퇴계의 「聖學十圖」 가운데의 제6도 「心統性情圖」를 남명의 「심통성정도」와 비교해 볼 때 이 점이 더욱 분명히 이해된다.

퇴계는 '合理氣·統性情'이란 말을 心·性을 의미하는 원의 상단에 표기해 두었다. 그러나 심이 어떻게 이기와 합하는지에 대해서는 이 그림이 설명하지 못하고 있다. 남명의 「심통성정도」에서는 未發인 性도 이와 기로 나누어 설명되고 已發인 情도 이와 기로 나누어 설명된다. 이른바 本然之性은 未發인 性의 理이며, 氣質之性은 未發인 性의 氣이다. 본연지성은 인의예지신의 이치로, 모두 天理이기 때문에 선하지 않은 것이 없다. 그러나 기질지성은 純淸·雜淸濁·純濁 등의 등급으로 구분된다. 情의 경우 발하여 사단이 되는 것이 理이며, 발하여 칠정이 되는 것이 氣이다. 사단은 바른 정이기 때문에 선하지 않음이 없으나, 칠정은 절도에 맞느냐의 여부에 따라 선하기도 하고 악하기도 하다. 남명은 이처럼 이기와 심성정의 관계를 매우 분명하고 조리 있게 인식하고 있었던 것이다.

그런데 퇴계의 경우는 '四端 理之發, 七情 氣之發'이라 한 주자의 견해를 발전시켜, 정 가운데 사단은 '理發而氣隨之'라 하고 칠정은 '氣發而理乘之'라 하였다. 퇴계가 이처럼 理發과 氣隨, 氣發과 理乘을 연결시켜 사단과 칠정을 해명하려 한 것은 주자의 학문에서 진일보한 것으로 평가된다. 理發而氣隨之의 경우는 선하지 않음이 없고 氣發而理乘之의 경우는 선하기도 하고 악하기도 하므로, 퇴계는 기가 발하는 경우를 억제하고 이가 발하는 쪽으로 나아가야 함을 주장하는 것으로 되었다. 이로 인해 퇴계를 主理的 二元論者라고 해 왔던 것이다.

이런 점에서는 남명도 마찬가지인 셈이다. 즉 정이 발할 적에 이가 주도하게 되면 선하지 않음이 없고, 기가 주도하면 선할 수도 있지만 절도에 맞지 않으면 악하게 된다는 것을 남명 「심통성정도」의 情의 理氣가 보여주고 있기 때문이다. 그러나 이를 두고 남명을 主理的 二元論者라고 하기는 어렵다.[78] 심성론에 있어서는 사람의 삶이 선한 방향으로 가지 않으면 인류가 문화적 존재로 살아남기 곤란하기 때문에, 이런 논리를 적용하면 거의 모든 학자들이 주리적 이원론자로 분류될 것이기 때문이다.[79]

....

78 엄밀하게 말하면 퇴계의 경우도 주리적 이원론자라고 하기는 어렵다. 왜냐하면 심성론의 경우 성선을 전제하지 않는 경우가 없으므로 자연히 이원론자가 될 수밖에 없기 때문이다. 특히 성선이 존재론으로 이해되기보다는 당위론으로 이해된다면 더욱 더 이원론 쪽으로 갈 수밖에 없기 때문이기도 하다.

79 율곡의 氣發理乘一途說은 자연현상을 설명하는 것으로 매우 적합하다. 이를 인간 사회에 적용할 수도 있으나, 그럴 경우 도덕적이지 않으면 인간이 존재할 수 없기 때문에, 인간의 삶이 절도에 맞는[中節] 쪽으로 나아가야 함을 주장하는

이와 기가 서로 분리될 수도 없고 서로 섞일 수도 없다는 논리가 이미 전제되어 있으므로, 퇴계의 심통성정도에 보이는 理發氣隨와 氣發理乘의 표현은 어쩌면 당연한 것이다. 이발·기발의 표현은 어느 것이 주도하느냐의 문제이지, 이발은 이가 홀로 발한 것이고 기발은 기가 홀로 발한 것이라고는 할 수 없기 때문이다.

요컨대 퇴계의 경우는 發하여 情이 되는 것 가운데 四端에 의해 발하는 것과 七情에 의해 발하는 것에 대하여 각각의 경우 理와 氣가 어떻게 작용하는가를 명확하게 분석하여 前人未發의 학설을 내어놓았다. 그러나 心·性·情이 각각 理·氣와 어떤 관계에 놓여 있는지에 대해서는 체계적으로 정리하지 않았다. 이에 비하여 남명은 「심통성정도」를 통하여 心·性·情이 각각 理·氣와 어떤 관계에 놓여 있는지에 대해서 매우 체계적으로 정리해 두었다. 이를 통해 그가 '성리에 대해서 말하면 누구에게도 뒤지지 않을 것'이라고 말한 자신감을 이해할 수 있는 것이다.

그러나 남명이 心은 性과 情을 통괄하는 것이라 하고, 性을 다시 理와 氣로 나누어 本然之性을 理라 하고 氣質之性을 氣라 한 것에 대해서 혹자는 이를 체계적이라고 인정하면서도, 無迹을 理라 하고 有形을 氣라 한 정의와 과연 합치되느냐고 의문을 제기할지도 모른다. 남명이 규정한 것 가운데 性의 理 즉 本然之性은 인간 개인이 몸을 타고나기 전의 본성이라면, 性의 氣 즉 氣質之性은 개인이 부모로부터 몸을 타고나면서부터 가지게 되는 본성인 것이다. 그러므로 無迹을 理라 하고 有形을 氣라 한, 理氣에 대한 일반적 정의와 어긋나지 않는다.

이에 비해 퇴계는 性圈 안에 '本然'과 '氣質'을 특별한 구분 없이 표기해 두고, 그 바깥에서 "性은 본래 하나인데 氣 속에 있음으로 해서 本然之

....

수밖에 없다.

性과 氣質之性의 두 가지 이름이 있게 된 것이다."[性本一 因在氣中 有二名]라 언급해 두고 있다. 이를 남명이 규정한 것과 비교하면 본연지성과 기질지성이 성의 기에 속하는 것이 되고, 성의 리에 대해서는 언급하지 않은 셈이 된다. 그러므로 心을 두고 '合理氣'라 표현해 두었지만 어떻게 해서 合理氣가 되는지 그림만으로는 분명히 이해할 수 없다. 퇴계는 마음이 발하는 과정에서 理에 의해 주도되도록 하는 것이야말로 유학적 이상사회를 이루는 길이라고 믿었고, 이 점을 강조하여 드러내는 데 중점을 두었던 것이 아닌가 한다.

남명은 심성을 이기와 관련시켜 체계적으로 이해한 뒤, 이를 자신에게 적용시켜 실천하기 위하여 적극적인 관심을 가졌던 바, 특히 학기 24도 가운데 제12도 이하 모두 13개의 그림은 모두 자신에게 절실히 필요했던 存養省察을 위한 그림이라 할 수 있다. 「심통성정도」에서, 이가 발하는 경우나 기가 발하였다 해도 절도에 맞게 되면 모두 선하게 된다고 했는데, 제12도 이하의 그림들은 인간이 이처럼 끊임없이 인내하며 노력해야 至善에 이를 수 있음을 깊이 인식한 데서 그려진 그림이라 할 수 있다.

남명은 제18도인 誠圖에서 誠을 의미하는 원을 중앙에 위치시킨 채 다른 學記圖에 비하여 그 유례를 찾기 어려울 정도로 여러 경전의 중요한 구절을 많이 뽑아서 사방에 布置시켰다. 그리고 誠이야말로 天道의 實理이며 인간의 實心인 바 이를 유지하고 주재하는 것은 敬이라는 주자의 말[80]을 녹취해 두고 있다. '敬義'를 자신의 학문의 핵심으로 끌어올렸던 남명이, 「신명사명」의 附註에 실어둔 "밥해 먹던 솥도 깨부수고 잠자던 움막도 불태우고 결코 죽지 않고서는 돌아오지 않으려는 마음[破釜甑燒廬舍 必死無還心]"이라는 말을 이 誠圖에 실어둔 것으로 보아, 그가 厮殺的 存養省

....

80 "朱子曰 誠字在道 則爲實有之理 在人 則爲實然之心 其維持主宰 專在敬字."

察의 자세를 유지해 온 것이 비교적 젊은 시절부터였음을 짐작케 한다. 이 성도의 윗부분에 '物格知至意誠'이라 큰 글씨로 쓴 뒤에, 物格 앞에 '幾善惡'이라 써넣어 둔 것과, 知至 곁에 써 둔 '夢覺關'과 意誠 곁에 써 둔 '人鬼關'이란 글자 등도 모두 「神明舍圖」에 보이는 문자라는 점에서, 남명은 일찍부터 시살적 존양성찰의 자세를 유지해 왔던 것으로 보인다.

제20도인 博文約禮圖 또한 남명에게 자별한 의미가 있어 보인다. 「陋巷記」를 통해 보면 남명이 필생의 목표로 추구하려 하였던 것이 顏淵의 학문 자세였음을 알 수 있는데, 이 박문약례도의 전체가 바로 안연의 학문자세를 도표화한 것이기 때문이다. 23도 心爲嚴師圖와 24도 幾圖 또한 시살적 존양성찰을 위한 남명의 마음자세와 깊은 관련이 있다.

요컨대 남명은 일찍부터 여러 종류의 책을 통하여 우주론을 확립한 뒤에, 철두철미 현실적 실천을 위한 시살적 존양성찰의 자세로 심성론을 정립했음을 알 수 있다.

IV. 맺음말

남명은 「이기도」·「천이기도」·「인이기도」 등 세 가지 이기도를 남겼다. 여기서 남명이 천의 리와 인의 리가 다름을 구별하려 하면서도 한편으로는 이를 아우르려고 하였다는 사실을 알 수 있다. 구별하려 하였다는 것은 존재론적인 측면에서의 천의 리와 당위론적인 측면에서의 성선이 구별된다는 점을 인식하고 있었다는 해석이 가능하게 한다. 이를 아우르려고 하였던 것은 천의 리에서 인의 리를 아우르려고 한 것이 아니라, 성선의 관점을 천의 리에까지 확대시켜 천인합일에 이르려고 하는 주자의 관점과 같은 영역에 있다는 해석이 가능하게 한다.

남명은 「心統性情圖」에서 마음을 성과 정으로 구분한 뒤, 미발의 상태를 성이라 하고 이발을 정이라 하였다. 그리고 성과 정을 다시 각각 이와 기로 구분하였는데, 성의 리가 본연지성이며 성의 기가 기질지성이고, 정의 리가 발하여 사단이 되며 정의 기가 발하여 칠정이 되는 것으로 도표화하였다. 이처럼 남명은 理氣가 性情과 어떻게 관련되는지를 매우 체계적으로 인식하고 있었다.

또한 남명은 정의 리가 발하는 경우가 가장 바람직하다고 생각했으며, 정의 기가 발하는 경우에는 절도에 맞게 하려는 노력이 필요함을 드러내었다. 정의 리가 발하도록 끊임없이 노력함과, 정의 기가 발하는 경우에 절도에 맞도록 노력함은 모두 남명의 시살적 존양성찰의 자세와 깊은 관련이 있음을 알 수 있었다.

이처럼 남명의 이기심성론은 정치한 이론의 전개가 없으면서도, 송·원대까지의 우주론·심성론·수양론 관련 이론을 폭넓게 섭렵하여 자기화한 것임을 알 수 있다.

南冥 曹植 遺蹟 小考(Ⅰ)
- 山海亭과 新山書院을 중심으로 -

Ⅰ. 머리말

이 글은 漢文學의 創作 現場과 關聯 遺跡에 對한 深層的 探索이란 주제의 일환으로 집필된 것이다. 필자는 남명 조식의 유적에 대해 조사·보고하게 되었다. 남명의 작품에서 유적과 관련되는 것을 뽑아보니 대략 85편에 이르며, 이 가운데 시가 58편 비석이 22편 기문이 4편 유람록이 1편이다. 이 모든 곳을 정해진 기일 안에 다 조사하기 어려워서 처음에는 대표적 유적지 세 곳, 즉 산해정과 뇌룡사·계부당과 산천재만을 그 대상으로 삼았다. 그러나 이를 집필하는 과정에서 여러 자료를 만나게 되어 세 곳을 모두 다루는 것은 무리라는 판단을 하게 되었다.

그래서 남명이 위기지학으로 학문의 방향을 결정하고 난 뒤로부터 가장 오래 동안 머물렀던 산해정의 역사를 더듬으면서, 산해정의 후신이라할 신산서원의 역사까지 그야말로 심층적으로 탐색해 보려 하였다.

산해정이 언제 창건되어 언제까지 유지되었으며, 어떤 과정으로 중건되어 최근에까지 이르게 되었는가? 신산서원은 어디에 세워져 어떤 식으로 중수되어 오늘에 이르게 되었는가? 그 구체적 장소와 창건 및 중건 또는 보수의 시기, 일의 추진을 주도했던 사람과 기문 및 상량문의 존재여부 등을 찾을 수 있는 대로 찾아서 밝히려 하였다.

II. 山海亭의 創建과 重建

1. 山海亭의 創建 背景

남명 조식은 삼가현의 외토리에서 태어나 젊은 시절 서울에서 생활하면서 학업을 익혔다. 문장을 지을 적엔 『春秋左氏傳』과 柳宗元의 문체를 즐겨 썼다. 20세 이후 여러 차례 과거에 응시했으나 번번이 낙방하였다. 남명 자신이 『대학』의 책갑에 써두었다는 다음 글이 이러한 사실을 알게해 준다.

> 약관에 문과 한성시에 합격하고 다시 사마시 초시에도 합격하였으나 예조 관할의 복시에서는 모두 낙방하였다. 그 뒤 '문과 시험도 장부가 자신을 세상에 드러내는 방법이 되지 못하는데 하물며 소과임에랴!'라고 생각하고는, 드디어 사마시는 포기하고 동당시에만 나아가 (그 초시에서) 세 차례 일등에 합격하였다. 그 뒤 (동당시 초시에서) 합격하기도 하고 떨어지기도 하면서 나이 서른을 넘겼다.

위의 글은 남명이 20세에 문과 한성시와 사마시 초시에도 합격하였으나 복시에서는 모두 낙방하였다는 것과, 그 이후 동당시 초시에서 세 차례는 일등으로 합격하였으며 나머지는 일등 이외의 등수로 합격하기도 하고 떨어지기도 하면서 나이 서른을 넘기게 되었다는 말이다. 동당시는 생원이나 진사가 아닌 사람으로서 바로 문과에 응시하는 시험을 일컫는 말이니, 이 글에 의하면 남명은 20세부터 30세를 막 넘기는 시점에 이르기까지 여섯 차례 이상의 문과 시험에 응시했다가 모두 낙방하였다는 것이다.

남명은 낙방의 원인이 과문의 형식에 어긋난 '문체'임을 생각하고 평이·간실한 문체를 익히려는 생각에서 『성리대전』을 읽었다. 이 과정에서 원 나라 학자 魯齋 許衡(1209~1281)의 글을 접하고 크게 느낀 바가 있었다. 다음 글이 이러한 사실을 알게 해 준다.

또 문장이 과문의 형식에 맞지 않는다는 생각을 하여, 다시 평이하고 간실한 책을 구하여 보았다. 그래서 처음으로 『성리대전』을 가져다 읽게 되었다. 하루는 그 책을 보다가 원나라 학자 허형의 다음 글을 접하였다. "나아가 벼슬하면 나라를 위해 크게 하는 일이 있어야 하고, 물러나 은거해 있으면 스스로를 지킬 줄 알아야 한다. 대장부는 마땅히 이와 같이 하여야 한다. 나아가 벼슬해도 하는 일이 없고 물러나 은거하면서도 지키는 것이 없다면, 뜻하고 배운들 무엇 하겠는가?"
이 글을 보고서 흠칫 자신을 되돌아보니, 부끄럽고 위축되어 정신을 잃을 것 같았다. 배운 것이 형편없어 거의 일생을 그르칠 뻔한 것과, 애초에 인륜이나 일상생활에서의 일들이 모두 본분 속에서 나오는 것인 줄 몰랐던 것에 대하여 깊이 탄식하였다. 드디어 과거 공부에 싫증이 나서 이를 포기하고, 학문에 전념하여 점점 근본적인 곳으로 나아가게 되었다.

남명은 26세 되는 1526년 3월에 부친의 상을 당하여 28세 되는 1528년 6월에 상복을 벗었다. 『남명편년』과 「남명연보」에는 25세 때 산사에서 『성리대전』을 읽다가 허형의 글을 읽고 크게 느낀 바가 있었음이 상세하게 기록되어 있다. 그리고 29세 때에 자굴산 명경대에서 독서하였음도 기록해 두고 있다.

위의 두 인용문을 종합해 보면 『남명연보』의 연도 비정에 문제가 있음을 알 수 있다. 남명 자신이 쓴 글인 「書圭菴所贈大學冊衣下」에서는 서른이 넘은 시기에 『성리대전』을 보다가 허형의 글을 만나서 크게 느낀 바가 있었다고 했는데, 편년과 연보에서는 같은 일을 25세조에 기록하고

있는 것이다. 편년과 연보는 어디에 근거하여 이렇게 기록하였을까? 지금
으로서는 내암 정인홍과 동강 김우옹이 찬술한 행장을 근거로 이런 기록
을 하게 되었음을 짐작할 수 있을 뿐이다. 왜냐하면 상기 행장에서 정인
홍은 이를 26세 때의 일이라 하고, 김우옹은 이를 25세 때의 일이라 기록
하고 있기 때문이다.

29세 때 자굴산에서 독서했다고 한 것은 과거 시험 준비를 하던 그
당시의 일반적 관행을 표현한 것일 뿐이다. 자굴산 명경대 곁의 절에서
숙식을 하며 시험 준비를 했다는 것인데, 이 또한 정확히 29세라고 보기
는 어렵다. 「書圭菴所贈大學冊衣下」에 나오는 남명 자신의 표현을 근거로
하면 이 시기 또한 31세 때이다.

명경대 시를 보면서 이를 정리할 필요가 있다.

> 운근(雲根)에 도끼대어 산 북녘에 세워둠에, 斧下雲根山北立
> 소매로 하늘 치듯 붕새가 남으로 날아왔네. 袖麾天窟鳳南移
> 열자처럼 훌쩍 떠나 열흘 만에 돌아오리니, 冷然我欲經旬返
> 때문에 여기서 돌아감을 동행에게 알리노라. 爲報同行自岸歸

편년과 연보에서는 남명이 산사에서 『성리대전』을 읽다가 허형의 글
을 통해 과거 공부를 접었다고 하는데, 나는 이 산사가 바로 자굴산의 명
경대 옆에 있었던 암자고, 그 시기를 31세 때로 보는 것이다.

인용문에 보이는 남명의 「명경대」 시에서 "열자처럼 훌쩍 떠나 열흘
만에 돌아오리니"라는 표현을 어떻게 이해할 것인가 하는 점이 이 시의
의미를 이해하는 관건이다. 이 구절은 『莊子』, 「逍遙遊」에 보이는 列子의
이야기를 원용한 것이다.

> 저 열자라는 사람은 바람 타고 다니는 일을 경쾌히 잘 하여, 간 지

십오 일이 지난 뒤에 되돌아왔다. 그는 복을 얻는 일에 대해서는 미련이 없다. 비록 걸어다는 수고로움을 면하긴 했으나 그래도 의존할 대상이 있는 사람으로 완전히 자유롭지는 못한 사람이다.[81]

장자는 열자에 대해 언급하면서 세상의 화복은 잊었으나 세상사를 완전히 잊어 완벽하게 자유로운 경지에는 이르지 못한 사람으로 묘사하고 있다. 홀쩍 떠난다는 의미의 '冷然'은 바람을 타고 무궁한 세계로 가는 것을 의미하고, 돌아온다는 것은 세상 속으로 돌아온다는 의미다.

붕새가 남쪽으로 날아왔다는 것은 남쪽인 자굴산으로 와서 과거에 대비한 공부를 하여 과거에 급제하여 큰 뜻을 펼쳐보겠다는 의지다. 홀쩍 떠난다는 것은 과거 공부를 접는 마음의 자세를 말한 것이다. 열흘 만에 돌아온다는 것은 명경대로 돌아온다는 것이 아니고, 서울 살림을 정리하고 김해로 돌아오리라는 것이다.

남명의 이 시가 이러한 맥락을 가지고 있기 때문에 마지막 구절의 '自岸歸'는 남명이 동행에게 통보하는 내용이 되고, 그 의미는 '岸으로부터 돌아간다는 사실'이 되는 것이다. 그렇다면 '岸'은 자신이 그 동안 문과에 급제하기 위해 공부에 몰두하였던 '명경대'를 가리키는 것으로 보는 것이 순리다. 그러므로 이 명경대는 남명 학문의 전변처로서 그 의미가 매우 크다 할 수 있다.

그리고 「명경대」 제하의 다음 칠언율시 또한 출처에 대한 남명의 마음을 어느 정도 읽을 수 있게 한다.

이렇게 높은 대를 누가 허공에 솟게 했나?　　　　　高臺誰使蟄浮空

---

81 『莊子』, 「逍遙遊」, "夫列子御風而行 泠然善也 旬有五日而後反 彼於致福者 未數數然也 此雖免乎行 猶有所待者也."

당시 오주가 부러져 골짝에 박힌 것이리라.	鰲柱當年折壑中
푸른 하늘이 조금도 내려옴을 허락지 않고,	不許穹蒼聊自下
양곡(暘谷)을 비로소 끝까지 보도록 하였도다.	肯敎暘谷始能窮
속인이 올까 꺼려 문 앞에 구름을 드리웠고,	門嫌俗到雲猶鎖
마귀의 시기가 두려워 나무가 감싸게 했네.	巖怕魔猜樹亦籠
하늘에 빌어 주인 노릇 하려고도 했지만,	欲乞上皇堪作主
은혜 융성함을 세상에서 질투하니 어찌하나.	人間不奈妬恩隆

이 시의 마지막 연에서 남명은 명경대에서 주인 노릇하고 싶은 생각도 있었음을 말하면서, 세상의 질투 때문에 그 노릇도 할 수 없음을 토로하고 있다. 이는 그가 노장적 사고방식을 매우 선망하고 있으면서도 결코 거기에만 매몰되지는 않으리란 의지이며, 또한 세상 속에서 세상 사람들이 진정 필요로 하는 학문을 하겠다는 의지로도 읽히는 것이다.[82]

「명경대」제하의 이 두 수의 시는 결국 남명이 과거 공부를 포기하고 위기지학에 전념하기 위해 서울 생활을 끝내고 김해로 돌아가서 살겠다는 뜻을 드러낸 시라 할 수 있다. 그렇다면 이 시의 창작 시기 또한 31세 무렵이라고 봄이 타당할 것이다.

다만 「연보」나 「편년」 같은 2차 자료 이외에 산해정의 창건연대를 고증할 만한 1차 자료는 아직 발견되지 않았으므로, 「편년」의 기록에 따라 30세 때인 경인년(1530)에 산해정을 건축한 것으로 이해할 수밖에 없다. 그러나 상식적으로 보면 31세 때 과거 공부를 포기하고 위기지학에 전념할 결심을 하고 서울로 가서 서울 생활을 청산하고 내려온 것이 32세 때인 1532년이니, 이 무렵에 산해정이 창건되었다고 보는 것이 순리일 것이다.[83]

· · · · · · · · · · · · · · · · · · ·

82 이상필, 『남명의 삶과 그 자취1』, 남명학연구소, 2007. 42~45쪽 참조.
83 산해정에 걸려 있는 1890년 曹鍾應 所述 「山海亭重修韻并敍」에 "昔在庚寅 先生 築亭修養三十年于玆矣"란 기록이 있는 것으로 보아, 이미 연보의 기록 내용이

2. 山海亭 創建 이후 重建까지

산해정으로 남명을 찾아온 사람으로는 우선 大谷 成運의 형 成遇 (1495~1546)를 들 수 있을 것이다. 愼齋 周世鵬(1495~1554)의 연보에 의하면 주세붕 또한 경인년(1530) 9월에 산해정으로 남명을 방문하여『심경』과『중용』·『대학』등의 책을 강론하였다고 되어 있다.[84] 그리고 밀양에 살고 있던 松溪 申季誠(1499~1562)과 특히 가까이 지냈으며, 초계에 살던 黃江 李希顔(1504~1559)과도 친밀하게 지냈다.[85] 裵大維의 조부 裵鶴 (1498~1569)도 산해정에서 남명을 자주 만났던 것으로 기록되어 있다.[86] 편년에 의하면 37세 때 鄭之麟이 와서 배운 이후로 鄭復顯·李濟臣·權文任·盧欽·文益成[87] 등 산해정으로 집지하는 문인들이 계속 이어졌다.

남명은 1548년 이후 산해정을 떠나 삼가에 鷄伏堂과 雷龍舍를 지어두고 그곳에서 거처하였으며, 1561년 이후로는 진주 덕산에 들어가 山天齋를 지어두고 그곳에서 강학을 하였다. 그러나 남명은 1568년 김해에 있는

....

널리 일반화되었던 것으로 보인다.

84 신재 주세붕의 연보는 그 내용으로 보아 1905년 이후에 간행된 것이다. 당시의 상황을 구체적으로 기록해 두었던 자료에서 나온 것인지는 미상이다. 남명의 차운시를 보면 1541년 풍기군수에 취임한 이후의 일이다.

85 李希顔,『黃江實記』附錄「言行總論」, "庚戌四月 先生與申松溪成大谷諸賢 往山海亭 修山海淵源錄 同爲遊賞 時人謂之德星聚 先生語人曰 楗仲於其夫婦間 尤有人所難能者 人莫知也 申松溪曰 南冥有雪月底氣像 黃江有設施底手段 三足有軒豁不拘底氣宇 此我之益友也."

86 安鼎福,『順菴集』卷21,「英陵參奉林泉裵公墓碣銘 癸巳」, "南冥曺先生 亦邀公於山海亭 連床咬菜 談討義理."

87 문익성의 경우는『옥동집』부록 연보에 "임자년(1552)에 두 형과 함께 산해정으로 찾아가서『예기』와『춘추』를 배웠다."라고 기록되어 있다. 1568년 7월에 부인 조씨가 죽기 이전에는 뇌룡사나 산천재에 거처하면서도 때로는 산해정에 머무른 적이 있긴 하다.

부인 조씨가 죽기까지는 산해정을 완전히 떠난 것은 아니었다. 그래서 1548년 이후의 기록에도 산해정에서 남명을 만났다는 기록이 더러 보이는 것이다.

남명이 몰한 뒤에 산해정 인근에도 서원이 세워졌는데 이것이 新山書院이다. 서원이 세워질 적에도 산해정은 그대로 있었던 것으로 보이지만, 몇몇 기록에서 임진왜란 때 이 정자가 불탄 뒤 순조 때 비로소 중건된 것으로 증언하고 있다.

읍지에 실린 다음과 같은 내용이 이에 관한 대표적인 기록이라 할 수 있다.

> 山海亭 : 남명 조선생을 향사하는 곳이다. 이백년 뒤에 鄕儒 宋允增과 柳邦杙 등이 옛터에 중건하였다. 正言 金裕憲의 기문은 다음과 같다. …… 선생이 몰한 뒤로 그 정자 곁에 서원을 세워 향사하였다. 그러나 후생 말학으로서 선생의 풍모를 느끼려는 사람들은 지금도 산해정을 일컫는다. 임진년과 계사년의 전쟁 때 정자가 불에 탄 뒤 다시 세워지지 않았다. 그 230년 뒤에 府使 李錫夏가 山長이 되어 강개한 마음으로 복원을 꾀하였다. 院儒 宋允增이 재물을 모아서 도우고, 柳邦杙이 실로 일을 주도하였다. 그 다음 해에 낙성되었다. 낙성된 해에 내가 양산 군수로 부임하였다. 院儒 曹錫權이 와서 나에게 말하기를, "上樑文은 山長에게 요청하였으니, 사또께서 어찌 記文을 지어주시지 않겠습니까?" 하였다.[88]

....

88 『慶尙道邑誌』②, 「金海邑誌」, '壇廟' 山海亭, "南冥曺先生講學之所 後二百年 鄕儒宋允增柳邦杙 重建於舊址 正言金裕憲記 … 先生歿 卽其亭傍而俎豆之 後生未學彷彿乎先生之風者 至今稱山海亭焉 龍蛇之燹 亭燬而不復建 後二百三十年 府伯李侯錫夏爲山長 慨然而經營之 院儒宋君允增 鳩財贊成 柳君邦杙實左右之 明年亭告成 是年余宰于梁 梁與金隣 院儒曹君錫權來諭余曰 上樑文 已請於山長 子盍爲一言以記之."

위에 보이는 기문은 당시 양산 군수였던 金裕憲이 찬술한 「山海亭重修記」다. 이 기록을 통해서 우리는 중요한 사항 몇 가지를 확인할 수 있다. 첫째, 산해정은 임진왜란 때 불탄 뒤 중건된 적이 없다가 그 230년 뒤에 와서야 비로소 중건되었다. 둘째, 중건을 주창했던 인물은 당시 신산서원의 원장이면서 김해부사였던 李錫夏다. 그리고 원유 송윤중·유방식·조석권 등이 이 일을 실질적으로 추진하였다. 셋째, 상량문은 이석하가 짓고 기문은 김유헌이 지었다.[89]

그러나 김유헌이 찬술한 이 기문과 이석하가 찬술했다고 하는 상량문 모두 지금의 신산서원 강당인 산해정에는 걸려 있지 않다. 그래서 산해정에 가 보아도 거기에 걸린 현판만으로는, 임진왜란 때 불탄 산해정이 복원되지 못하고 있다가 김해부사 이석하가 원장을 하던 때에 비로소 중건되었다는 사실을 알기가 쉽지 않다.

그리고 이 기문만으로는 복원된 산해정의 위치와 구체적인 연도가 불분명하다. 이 기문과 지금 산해정에 걸려 있는 曹鍾應의 「山海亭重修韻幷序」를 비교해 보면 이러한 사실을 좀더 구체적으로 이해할 수 있다.

戊寅年에 우리 고을 先父老인 宋公 諱允增과 柳公 諱邦栻과 나의 증조부 諱錫權이 서원 곁에 정자를 세워 그리워하는 마음을 부칠 수 있게 하였다.[90]

....

89 그러나 상기 읍지에 상량문은 수습되어 있지 않다. 그러므로 현재로서는 이석하가 지었다고 하는 상량문의 구체적인 모습을 확인할 길이 없다. 상기 김유헌이나 이석하는 모두 문집이 전하시 않기 때문이다. 김유헌(1781~?)은 백곡 김득신의 후예로 1804년 문과에 급제하여 1818년에 양산군수로 재임하고 있으면서 이 기문을 찬술하였던 것이다.

90 曹鍾應, 「山海亭重修韻幷敍」, "戊寅先父老宋公諱允增柳公諱邦栻及吾曾大父諱錫權 立亭院傍 以寓慕

인용문에 보이는 무인년이 바로 이 앞의 기문에 보이는 '230년 뒤'에
해당하는 해로, 순조 무인년 즉 1818년인 것이다.[91] 그리고 장소 또한 서
원 곁이라고 하였다. 뒤에 보이는 「신산서원기」에 의하면 이 당시까지 있
었던 신산서원이 바로 산해정 유지에 세워진 것이므로, 엄격히 말하면 이
때 복원된 산해정은 남명이 거처하였던 산해정 곁에 세워진 것이다.

그 뒤 훼철된 산해정이 1890년에 다시 복원되었다. 舫山 許薰(1836~1907)
의 상량문이 지금도 산해정에 걸려 있으면서 이 사실을 알려준다. 이 상량문의
끝에는 "崇禎紀元後五庚寅仲春上澣後學金州許薰謹撰"이란 기록이 보이기
때문이다. 앞에서 언급한 曺鍾應의 「山海亭重修韻幷敍」를 비롯하여 河慶圖·
許燦 등 당시 유사 삼인의 중수운 또한 1890년에 산해정이 중수되고 난
뒤의 감회를 읊은 것이다.

....

91 이 해에 덕산에서는 산천재가 복원되었는데, 시대의 분위기와 관련하여 서로 무
관하지 않은 듯하다.

    1890년의 중수기에서 보이는 기록 가운데 기억해 둘 만한 것은 1871
년 서원훼철령에 의해 서원이 훼철되면서 산해정도 없어졌다는 기록이
다.[92] 이는 1818년의 산해정 복원이 비록 서원 곁에 세워졌다고는 하나,[93]
독립된 건물로서가 아니라 신산서원의 부속건물로 복원되었다는 의미인
듯하다. 그렇지 않다면 서원훼철령에 의해 어찌해서 정자까지 훼철되었겠
는가? 필시 산해정이 신산서원의 부속건물로 있었기 때문에 서원훼철의
대상 건물이어서 사우와 함께 훼철되지 않을 수 없는 운명에 있었던 것이
아닌가 한다. 그리고 1890년 당시까지는 훼철령이 유효하므로 서원을 복
원할 수는 없었던 것이고, 산해정을 복원한 것이 아니었겠는가?

    1890년에 찬술하였을 것으로 추정되는 晩醒 朴致馥(1824~1894)의 「山
海亭重建記」에는 신산서원과 산해정의 관계를 짐작케 하는 구절이 보인다.

---

92 曺鍾應, 「山海亭重修韻并序」, "去辛未 院毁而亭隨毁."
93 曺鍾應, 「山海亭重修韻并敍」, "戊寅先父老宋公諱允增柳公諱邦杖及吾曾大父諱錫
   權 立亭院傍 以寓慕."

선생이 돌아가신 뒤 사림이 산해정의 동쪽에 서원을 건립했으나, 임진·계사의 난리 때 병화를 당했다. 許 竹庵과 安 竹溪 제현이 난리를 겪은 뒤에 중창을 하였으나 산해정은 재력이 부족하여 중건하지 못했다. 그 편액을 서원의 누각에 걸어두어서 그리움을 부칠 수 있게 한 지 300년이 되었다. 금상 무진년(1868)의 조령에 따라 서원이 훼철됨[94]에 제사지내던 유허에 잡초가 무성하였다. 고을의 인사가 모두 탄식하며 이르기를, "서원의 훼철은 할 수 없지만 정자를 복원하지 못함은 그 책임이 우리에게 있지 않겠는가?" …… 강당의 옛터를 확장하여 새로 집을 지었으니, 그 규모가 길이는 기둥이 여섯 개요, 깊이는 한 간 반이다.[95]

1818년의 산해정 중건 사실을 거론하지는 않았지만, 산해정 현판이 신산서원의 누각에 약 300년 동안 걸려 있었다는 표현은 주목할 만하다. 즉, 1818년에 산해정이 처음으로 중건되기 이전까지는 산해정 현판이 서원의 누각에 걸려 있었던 것이고, 산해정이 서원 곁에 복원된 후로도 서원의 부속건물의 역할을 하였음을 알 수 있게 하는 것이다. 또한 인용문 끝부분에 밝혀둔 정자의 규모로 본다면, 1890년에 복원된 건물이 오늘날의 신산서원 강당으로 쓰이는 산해정과 그 규모가 같음도 아울러 알 수 있게 한다.

小訥 盧相稷(1855~1931)의 『소눌집』 44권 「晩翠盧公行狀」에는 1890

....

94 신산서원의 훼철은 조종응의 기록을 근거로 1871년에 이루어진 것으로 본다. 1868년 운운의 기록이 더러 보이는 것은 1868년에 처음으로 훼철령이 있었기 때문이다.

95 朴致馥, 『晚醒集』 卷12, 「山海亭重建記」, "先生歿後 士林建書院于亭之東 龍蛇之訌 厄於灰燹 許竹庵安竹溪諸賢 重刱於創痍之餘 而亭役則力紬未及擧 揭其扁於院樓 而寓存想者 垂三百年 今上戊辰 以朝令撤院 俎豆遺墟 鞠爲茂草 府之人士 咸咨嗟曰 院之廢天也 亭不復 其責不在吾輩乎 …… 拓講堂舊址而新之 其制 袤六楹 深一室半."

년에 중수한 산해정이 들어선 곳이 '新山書院 舊址'[96]라 밝히고 있다.
1618년에 慕亭 裵大維(1563~1632)가 찬술한 기문에 의하면 신산서원을
산해정 유지에 세웠다고 하였으니, 1890년에 산해정이 중건된 곳은 처음
남명이 거처하였던 바로 그곳인 것이다.

그 뒤 1924년에 쓴 김해군수 李章熙의 기문으로 보아 한 차례의 중수
가 있었던 것이고, 宋世貞과 安明彦의 기문으로 보아서 1949년과 1972년
에도 중수가 있었음을 확인할 수 있다. 그 뒤 1983년에도 중수된 적이 있
고, 1998년에는 山海亭을 보수하여 강당으로 하고 사우와 동·서재 및 장
서각 등을 갖추어 新山書院으로 복원되었다.

. . . .

96 盧相稷, 『小訥集』 44卷, 「晚翠盧公行狀」, "是歲 與妹壻曺博士泳煥及河慶圖許燦諸
公議 同志就新山書院舊址 重修山海亭."

산해정은 경상남도 문화재자료 125호로 1985년 1월 23일에 지정되었다. 주소지는 김해시 대동면 주동리 737번지다. 산해정은 남명에 의해 1530년 무렵 건축되어 임진왜란 때 불에 탔다가, 1818년에 김해부사 이석하의 제의로 송윤중·유방식·조석권 등에 의해 서원 곁에 중건되었다. 서원훼철령에 의해 1871년에 신산서원이 훼철되면서 산해정도 훼철되었으며, 1890년에 산해정만 복원되었다. 이 산해정 터는 바로 남명이 처음 세웠던 그 자리다.

III. 新山書院의 創建과 毀撤 및 復元

1. 創建과 賜額

신산서원의 창건에 관한 기록은 『古文書集成』 25권의 德川書院 원지에 기록된 것이 있다. 이는 산해정에 지금도 걸린 裵大維 所撰 「新山書院기」 현판의 글을 근거로 하고 있다. 이 현판의 글 가운데 창건 연대와 장소 및 창건 주체를 알 수 있는 부분을 인용하면 다음과 같다.

　　지난 무자년(1588)에 고을 사람들이 서원 창건을 요청하였다. 方伯
尹根壽와 邑宰 河晉寶가 의논이 합치되어 산해정의 동쪽 기슭 아래에
터를 잡았다. 正字 安憙가 그 일을 주도하였다. 일이 끝난 뒤 왜란에
불탔다. 무신년(1608) 봄에 安君과 黃世烈·許景胤 두 秀才가 산해정의
유지에 서원을 세울 계획을 하였다. 사림과 서민들이 힘을 합쳐서 이
년 뒤에 완성되었다. 상감께서 新山書院이라는 액호를 하사하셨다.[97]

　　이 글을 통해 우리는 다음과 같은 사실을 알 수 있다. 신산서원의 초창
이 1588년에 시작되었고, 그 장소는 산해정 동쪽 기슭 아래였다. 이 일을
주도했던 사람은 正字 安憙였다. 그러나 이 건물은 완공된 지 얼마 되지
않아 임진왜란을 만남으로 해서 인근에 있던 산해정과 함께 불에 타고 말

<hr>

97 裵大維, 「新山書院記」(山海亭 所懸), "往在戊子 鄕人請建書院 方伯尹根壽邑宰河
　　晉寶 議以克合 卜基于亭之東麓下 安正字憙 尸其事 事垂訖 燓于兇鋒 戊申春 安君
　　與黃世烈許景胤兩秀才 就亭之遺址 爲肯構計 士庶協力 越二年成 上命賜新山額."

았다. 난리가 수습되고 민심이 가라앉은 뒤인 1608년에 다시 안희와 황세열·허경윤 등의 주도로 산해정의 유지에 서원이 복원되었고, 조정에서는 신산서원이라는 액호를 하사하였다.

그런데 이 글에는 두 가지 의문점이 있다. 하나는 '방백 윤근수와 읍재 하진보'라는 구절이고, 하나는 신산서원에 사액한 해가 구체적으로 언제인지 분명하게 밝혀져 있지 않다는 점이다. 『경상도읍지』①·②의 「김해부읍지」에 보이는 '新山書院 萬曆己酉賜額'·'新山書院 萬曆己酉賜額號'이라든지, 『淸選考』에 보이는 '新山書院 光海己酉建同年賜額' 등의 기록을 보아, 신산서원의 건물이 완공되고 사액된 해가 1609년이라는 사실을 확인할 수 있다.

신산서원을 초창할 때의 방백과 읍재가 누구였느냐 하는 문제는, 윤근수와 하진보가 1588년 무렵에 관찰사와 부사로 재직하고 있지 않았기 때문에 제기되는 것이다. 다음 표는 『경상도선생안』과 『경상도읍지』②에 보이는 「김해부읍지」의 宦蹟條에 의거해서 이 무렵의 경상도 관찰사와 김해부사 명단을 작성해 본 것이다.

이 표에 의하면 윤근수의 관찰사 재임기간은 신산서원이 창건되는 1588년 무렵과는 13년이나 차이가 나고, 하진보는 남명이 살아 있었던 명종 조에 김해부사를 역임하였으므로, 이들이 협의하여 신산서원을 창건하였다는 것은 사실과 어긋난다. 그런데 1908년에 목활자본으로 간행된 배대유의 문집 『慕亭集』 권3에 실린 「新山書院記」에는 윤근수와 하진보가 원문이 아닌 주석으로 처리되어 있다. 그리고 산해정에 걸린 신산서원기의 현판 뒤쪽에는 "崇禎丙子後六十九年仲秋上浣南平曺爾樞書 院任趙時瑩 曺九齡 有司柳昌文"이란 글짜가 새겨져 있다. 이 두 자료를 아울러 보면서 경상도 관찰사와 김해부사의 재임기간을 대비해 보면 대강 오류의 단서를 짐작할 수 있다.

관찰사	재임기간	김해부사	재임기간	비 고
任 說	1572. 2~1572.12	河晉寶	明宗朝	移拜司諫南山下立善政碑
盧 禛	1573. 1~1573. 6	李彦華	明宗朝	孝子陞拜右道兵使
金繼輝	1573. 9~1574.10	金舜弼	宣祖朝	文
尹根壽	1574.10~1575.10	韓 謹		
朴謹元	1575.10~1576. 2	邊鳳祉		
朴素立	1576. 3~1577. ?	李湖秀		陞通政拜釜山僉使
李 遴	1577. 3~1577. 8	辛應基	1580 ~1581	移拜水使
俞 泓	1577. 8~1578. 1	李仁祚	1581冬~1582秋	以南海縣令移拜本任
崔 顒	1578. 3~1578.10	李敬元	1582秋~1583冬	以彌助項僉使移拜本任
鄭芝衍	1578.11~1579. 5	任伯英	1584 ~1585	
許 曄	1579. 6~1580. 1	金 溰	1586 ~1587	
鄭彦智	1580. 3~1580. 7	李慶祿	1587冬~1588	
洪聖民	1580. 8~1581. 9	梁思俊	1588 ~1589	移拜水使
尹卓然	1581.10~1582. 8	申尙節	1589 ~1590	
柳 塤	1582. 9~1583. 8	李麗元	1591冬	遭母喪卽遞歸
柳成龍	1583.12~1584. 7	趙守興	1591冬~1592春	
權克禮	1584. 9~1585. 8	徐禮元	1592.1~1592.4	
李山甫	1585. 8~1586. 8	金俊民	1592.6~	
柳永立	1586. 8~1587. 8	李宗仁	1593 ~1593.6	以熊川倅陞本任
權克智	1587. 8~1588. 7	白士霖	1593.7~1597.	以黃石被陷朝廷遣使斬之
金 睟	1588. 9~1590. 6	李汝恬	1597.9~1598.7	
洪聖民	1590. 6~1591. 7	金振先	1608.7~1610.12	新山書院創建
金 睟	1591. 7~1592. 9	曹繼明	1615.5~1618.9	涵虛亭重創

『모정집』 소재 「신산서원기」의 원문에 윤근수·하진보가 없이 그저 '方伯邑宰'라고만 기록되어 있었던 것은, 배대유가 당시의 방백과 읍재의 성명을 굳이 밝히지 않으려 했던 것으로 짐작해 볼 수 있다. 이 표를 보면 1588년 당시의 관찰사는 金睟(1537~1615)였고, 김해부사는 梁思俊이었음을 알 수 있다.

김수는 임진왜란이 발발하자 관찰사로서 지역을 방어할 생각을 하지 않고 군사를 데리고 임금을 호위한다는 명분으로 수원 쪽으로 달아났던 인물이고, 그가 다시 돌아왔을 때 망우당 곽재우가 그를 쳐 죽여야 한다고 해서 남명학파 사림으로부터 지탄을 받았던 인물이다. 양사준은 무인으로서 실록의 여러 곳에 탐학하였다고 기록되어 있다. 그러므로 배대유가 굳이 이들의 이름을 밝히지 않으려 했던 것이 아니겠는가?

배대유의 기문에 방백과 읍재의 구체적 성명이 기록되어 있지 않자 억측을 하여, 덕천서원 창건을 도와준 윤근수와, 남명문인으로서 명종 때 선정을 베푼 김해부사 하진보를 떠올리게 된 것으로 볼 수 있다. 그러나 배대유의 기문이 만력 46년(1618)에 그의 기록대로 쓰여 걸려 있었더라면 문제는 심각하지 않았을 것이다. 이 기문이 어떤 연유에선지 김해 유림 四友堂 曹爾樞(1661~1707)에 의해 숭정 병자후 69년(1705)에 다시 쓰이는 과정에서 '윤근수·하진보'가 원문의 '방백·읍재' 다음에 각각 첨입되었던 것이다.

그럼에도 불구하고 「김해읍지」에서는 초창 때의 부사가 양사준임을 밝혀두고 있다. 그렇지만 이 읍지보다도 일반 사람들에게 전파성이 강한 것은 산해정에 걸린 배대유의 「신산서원기」였던 것이고, 그래서 초창 때의 방백·읍재가 윤근수·하진보로 거의 굳어졌던 것이 아닌가 생각된다.[98]

결국 이런 사실들을 종합해 보면 1588년에 신산서원이 창건될 적에, 관에서는 관찰사 김수와 부사 양사준이 지원하였고, 사림에서는 안희가 주도했음을 알 수 있다. 또한 창건 당시의 서원은 산해정의 동쪽 산기슭 아래였음도 알 수 있다. 이렇게 해서 창건된 서원이 그 기능을 제대로 발휘하지도 못한 채 산해정과 함께 임진년에 시작된 왜란으로 인해 모두 불에 타고 말았다.

....

98 『모정집』의 「신산서원기」 주석에 '윤근수·하진보'가 주석으로 첨입된 것은 산해정에 걸린 「신산서원기」를 참조하였기 때문이다. 『盆城裵氏都泉寶鑑』 卷二에 수습된 『모정집』 앞부분에는 후손 배병기씨가 산해정에 걸린 「신산서원기」를 탁본해 실으면서 그 선조(배대유)의 생필이라 소개하고 있음에서 이를 짐작할 수 있다.

그래서 1608년에 안희와 황세열·허경윤 등이 주도하여 2년에 걸쳐 다시 세우게 되었다.[99] 신산서원이 새로 세워진 자리는 '산해정 유지'였으며, 「김해읍지」 '宦蹟'조에 '金振先 新山書院創建'이란 기록이 붙어 있음으로 보아 당시 부사인 김진선의 조력이 있었던 것으로 보인다. 그리고 이때 덕천서원 용암서원과 함께 사액되었던 것이며, 배대유가 이러한 여러 상황을 기문으로 기록해 둔 것이 지금 신산서원 강당, 즉 산해정 건물의 들보 아래 걸려 있다.

이 뒤로 산해정이 처음으로 복원되는 1818년에 이르기까지 약 200년 동안 신산서원의 중수 여부에 대한 기록은 보이지 않는다. 다만 1705년에 四友堂 曺爾樞(1661~1707)가 배대유의 「신산서원기」를 써서 새긴 것으로 보아, 그 무렵에 적어도 서원에 대한 일부 보수가 있었던 것이 아닌가 짐작되지만, 지금으로서는 더 이상 자세한 기록은 확인되지 않는다.

1818년에 산해정이 복원되고 약 10여 년 뒤에 신산서원 강당이 중수되었다는 기록이 남아 있다. 鶴棲 柳台佐(1763~1837)가 쓴 「新山書院講堂

....

99 安憙(1551~1613)의 『竹溪集』 권3, 「新山書院重建通文 戊申」은 이와 관련하여 정인홍의 영향력을 보여주는 주요한 자료라 할 수 있다. "將此文 先通于都約正面約正暨鄕中諸員 於開月初六日 除萬故齊會于校中 先達明府 分定有司 具由仰稟於缺先生 而後告諸方伯 謀語吾黨 庶不至虧簣 不勝幸甚."(이 글 뒤쪽에 '5월에 선조의 장례에 참석할 것'이라는 표현이 있는 것으로 보아, 1608년 3월이나 4월 경에 쓴 글인 듯하다.) 이 통문에 보이는 "具由仰稟於缺先生[사유를 갖추어 우러러 ○○선생께 여쭙고]"라는 표현으로 보아, ○○선생은 내암 정인홍을 지칭하는 것으로 판단된다. 왜냐하면 1608년 2월에 선조가 죽어 5월에 장례가 있다고 하였는데, 당시 내암이 귀양에서 돌아와 전국적으로 성가가 있었기 때문이다. 더구나 죽계가 당시에 학문적으로 가장 알려진 한강의 문인이라는 기록이 없을 뿐만 아니라, 달리 사승관계가 불분명한 상황에서 죽계가 자신이 지은 통문에서 '○○선생'이라 표현하였던 것을 후인이 결락시켰기 때문이다. 내암이 아니라면 결락시킬 만한 인물이 없음을 감안한다면, 결락된 곳에 들어가야 할 글자는 '내암' 두 글자로밖에 볼 수 없을 듯하다.

重修記」가 그것이다.

　내가 연전에 외람되이 이 고을을 지키면서 西郭 納陵을 알현하고 인하여 新山書院에 가서 선생의 사당에 절하였다. 서원의 여러 선비들을 초청하여 대현이 향기를 남긴 곳에서 아득히 우러르며 주선하였다. 어리석고 누추한 사람으로서는 행운이었으니, 이는 雁門의 隻足을 회복한 정도일 뿐만이 아니었다. 다만 그 堂室과 齋寮가 지은 지 오래되어 황폐하여 무너져 있었다. 기강을 유지하고 보수하는 일은 실로 당시 수령의 책임이다. 그래서 養士齋를 校宮 곁에 이건하였으나, 재력이 부족하여 일을 제대로 하지 못한 채 병으로 관직을 사퇴하고 돌아왔으니, 크게 자책하는 마음이 있었다. 그 10년 뒤에 院儒 盧以文이 고을 사림의 뜻이라며 나에게 기문을 부탁하였다. …… 중수하는 일에 儒生 宋允增·宋錫洵·許㵢·盧秉淵이 그 일을 주관했으며, 재정을 맡아서 일꾼의 노임과 음식 값을 치러준 사람은 曺重振인데, 이들은 모두 한 고을의 명망 있는 사람들이다.[100]

　앞에서 언급했던 것처럼 1818년 산해정을 복원할 때의 부사는 李錫夏였다. 그리고 그 다음의 부사가 柳相弼이고 그 다음의 부사가 柳台佐이다. 그러니 그가 병으로 벼슬을 그만둔 지 10년 만에 이 강당이 중수되었다는 위의 기록으로 보아, 강당 중수 시기는 대략 1830년대 초중반쯤일 것으로 생각된다.

· ·

100 柳台佐, 『鶴棲集』 卷10, 「新山書院講堂重修記」, "余於昔年 忝守是邦 謁西郭納陵 仍詣新山 拜先生廟 招攜院中多士 緬仰周旋於大賢遺馥之地 懵陋之幸 不啻復雁門之躋也 第其堂室齋寮 年久荒頹 綱紀修葺 實維當日官守者之責 而移建養士齋於校宮之傍 力有所詘 未克竣事 因病辭官歸 有餘訟 後十年 院儒盧斯文以文 以鄕土林之意 委訪謬囑曰 …… 重修之役 儒生宋允增宋錫洵許㵢盧秉淵 幹其事 掌金穀 以上下工食 曺重振也 皆一鄕之望云." 이것은 『慶尙道邑誌』② 662쪽에 「新山書院講堂重修禮曹參判柳台佐記」 아래 실려 있기도 하다.

2. 毀撤과 復元

유태좌에 의해 중수 논의가 제기되어 신산서원 강당이 중수된 지 40년
정도 지난 신미년(1871)에 대원군의 서원훼철령이 있었다. 이 해에 신산
서원은 산해정과 함께 훼철된 것으로 기록되어 전한다.[101] 앞에서 언급했
던 것처럼 산해정은 20년 뒤 1890년에 다시 복원되었으나, 신산서원은 약
130년간 복원되지 못하고 있다가 1998년에 와서야 비로소 복원이 되었다.
이때의 상량문은 金喆熙, 기문은 李佑成이 찬술하였다.

1998년에 신산서원이 복원되면서 기존에 있던 山海亭 건물이 바로 新
山書院의 講堂이 되었다. 이 당시 다시 지은 건물은 사당인 崇道祠와 내삼
문인 祗肅門, 동재인 喚醒齋와 서재인 有爲齋 및 외삼문인 進德門과 內外
垣墻이다. 그래서 신산서원 강당에는 지금 산해정과 관련되는 10개의 현
판과 신산서원과 관련되는 3개의 현판 및 명칭 현판 2개 등 모두 15개의
현판이 걸려 있다. 이를 정리한 것이 다음 표다.

....

101 曹鍾應, 「山海亭重修韻并序」, "去辛未 院毀而亭隨毀."

현판 제목	찬자	연대	비고
山海亭			書者許墉
新山書院		1998	
新山書院記	裵大維	1618	1705年曺爾樞書
山海亭重修上樑文	許薰	1890	
山海亭重修韻幷敍	曺鍾應	1890	
山海亭重修韻幷小序	許燦	1890	
山海亭重修韻	河慶圖		1890重修時有司
山海亭重修記	李章喜	1924	
山海亭重修記	宋世貞	1949	
山海亭重修記	安明彦	1972	
山海亭重修記		1983	宋世祐 등 有司記
山海亭補修顚末記	李宗林	1993	
新山書院復設上樑文	金喆熙	1998	
新山書院重建記	李佑成	1998	
山海亭重修記	李雨爕	1999	

다음 표는 『경상도읍지』② 「김해부읍지」와 『晩醒集』에서 그 기록이 확인되지만 아직 서원에 걸려 있지 않은 상량문이나 기문을 정리해 본 것이다. 1609년의 상량문은 누가 찬술하였는지, 아니면 원래 없었던 것인지 조차 지금으로서는 알지 못한다.

글 제목	찬자	찬술 연대	비고
山海亭重建上樑文	李錫夏	1818	原文未確認 當時府使山長
山海亭重建記	金裕憲	1818	當時梁山郡守
新山書院講堂重修記	柳台佐	1830년대	金海府使歷任後
山海亭重建記	朴致馥	1890	『晩醒集』 卷12, 24~25張

신산서원이나 산해정은 지금 '院誌' 또는 '亭誌'가 전하지 않아, 여러 차례의 중건에 대한 구체적인 기록을 갖고 있지 못하거니와, 역대 원장과 원임이 누구였는지도 자세히 알 수 없다. 몇몇 자료를 통해 발견한 것으로는 역양 문경호가 1609년에 원장으로서 신산서원에 와서 사당에 알현

했다는 기록[102]이 있고, 1636년 무렵에 간송 조임도가 원장이었다는 기록[103]이 보이고, 金裕憲의 「山海亭重修記」에 김해부사 李錫夏가 당시에 원장이었음을 언급하고[104] 있으며, 고종 초기에 김해부사를 역임한 性齋 許傳 또한 원장을 역임하였다는 기록[105]이 보인다.

원임·유사에 관한 기록도 배대유의 「신산서원기」 뒤에 새겨진 '院任 趙時瑩·曺九齡', '有司 柳昌文' 등 1705년 무렵의 기록과, 1818년의 「山海亭重建記」에 보이는 宋允增·柳邦栻·曺錫權 및 1890년의 「山海亭重修上樑文」 뒤에 기록된 河慶圖·曺鍾應·許燦, 1983년의 宋世祐·金應求·趙性出, 1993년의 許仲九 등만 알려져 있을 뿐이다.

<hr>

102 文景虎, 『嶧陽集』, 「年譜」, "三十七年己酉 謁新山書院 在金海地 卽南冥先生書院 時先生以洞主 往謁焉."
103 趙任道, 『澗松集』 卷3 「答金萬古 丙子」, "金海之東 有新山書院 地接東萊 而僕忝 爲山長 或時來往."
104 『慶尙道邑誌』② 「金海邑誌」 '壇廟' 山海亭, "正言金裕憲記 …… 龍蛇之燹 亭燬 而不復建 後二百三十年 府伯李侯錫夏爲山長 慨然而經營之."
105 盧相稷, 『小訥集』 卷47 「性齋先生年譜」, "丙寅先生七十歲 二月 與諸生 講學于山 海亭 時先生爲新山院長 亭在院傍 南冥先生藏修之所也."

Ⅳ. 名堂齋義

1. 山海亭

가. 山海亭

山海亭과 繼明室의 의미와 관련되는 기록으로는 『山海師友淵源錄』 소
재 「年譜」 30세조에 "金海 炭洞에 山海亭을 건축하였다."는 大綱 아래의
細目에 다음과 같은 글이 있다.

> 神魚山 아래에 山海亭을 건축하였다. 산을 베고 바다에 다다라[枕山
> 臨海], 그윽하면서도 널리 트였다. 거처하는 방을 '繼明室'이라 이름하
> 고 좌우에 도서를 갖추어 두고서, 학문을 강론하면서 덕성을 온축하
> 였다. 이 밖의 것은 바라지 않았다.106

남명 스스로 산해정의 의미를 분명히 밝히지 않았으므로, 「연보」의 편
찬을 주도한 无悶堂 朴絪(1583~1640)은 산해정이 신어산 아래에 위치하
면서 바다를 한눈에 볼 수 있다 하여 '枕山臨海'의 뜻으로 '산해정'이라
하였을 것으로 해석한 것이다.

만성 박치복은 「산해정중건기」에서 '산해'의 의미를 깊이 있게 논의하
고 있다.

> 그 정자에 '山海'라는 편액을 달았다. 이는 아마도 나지막한 언덕으
> 로 인해 태산의 높음을 생각하고, 작은 강물을 근거로 하늘에까지 이

....

106 『山海師友淵源錄』(朴絪所撰), 「年譜」 庚寅(先生三十歲)條, "築山海亭于神魚山下
枕山臨海 幽邃而宏豁 名其房曰 繼明 左右圖書 講學畜德 不願于外."

르는 큰물을 미루어 생각하면서도, 形而上의 道와 같은 경우는 사물 밖을 뛰어넘어 이름을 붙일 수 없었기 때문일 것이다. 선생이 이 정 자의 이름에 寓意한 뜻은 아마도 여기에 있지 않겠는가?[107]

산해정이 자리한 神魚山 자락은 낮은 곳이고 산해정에서 보이는 三叉 江은 작은 강에 불과하지만, 이를 泰山과 深海에 미루어 생각함으로써 形 而上의 의미를 寓意하였을 것이라는 말이다. 俛宇 郭鍾錫(1846~1919)도 남명의 묘지명에서 '태산에 올라 바다를 바라본다.'는 뜻을 寓意한 것으로 보았다.[108] 그러니 남명이 명명한 뜻도 결국 이에서 크게 벗어나지 않을 것이다. 산은 높고 바다는 넓으면서도 깊으므로, 산처럼 높은 기상과 바다 처럼 넓고 깊은 학문을 이루리라는 뜻이 들어있는 것이다.[109]

나. 繼明室

朴絪은 '繼明室'에 대해서 그저 그렇게 명명하였다는 말만 하고 그 의 미에 대해서는 달리 언급하지 않았다. 『周易』 離卦 象辭에 '明兩作離 大人 以 繼明 照于四方'이라는 말이 있고, '繼明'이란 단어는 원래 '밝음을 이어 가다.' 또는 '先聖賢을 이어서 道學을 밝히다.'라는 뜻을 가지고 있다. 그 러므로 남명이 그 방에서 정진하여 先聖賢의 心法을 계승하고 道學을 밝

---

107 朴致馥, 『晚醒集』 卷12, 「山海亭重建記」, "扁其亭 曰山海 蓋因培塿而想泰山之高 據一港而推稽天之浸 而若其形而上之道 則超乎有物之表 而無名狀可擬 先生之所 寓意者 其不在玆乎."

108 郭鍾錫, 『俛宇集』 卷149, 「南冥曺先生墓誌銘幷序」, "先生嘗自號 曰南冥 蓋志于 韜晦也 藏修之在金海 曰山海亭 有寓於登泰山而觀於海也."

109 金麟燮은 『端磎集』 卷10 「重建觀海亭記」에서 "余少日 東遊海上之盆城 登曺先 生山海亭 之合浦 登鄭先生觀海亭 二亭皆壓臨海澨山海 背負泰山 眼窮滄海 三叉 七點 分布排列 氣像意思 雄深軒豁 山海之勝 仁智之樂 可端拱揖遜而得焉 曺先生 命名 有以也."라 하여 '요산요수'의 즐거움을 취한다는 것으로 보았다.

혀 세상을 크게 교화하려는 뜻에서 명명한 것으로 보인다.[110]

2. 新山書院

신산서원의 각처에 대한 명명의 의미에 대해서는, 1609년 서원 중건을
주도한 사람 가운데 일인인 竹庵 許景胤(1573~1646)의 문집 『竹庵集』에
실려 있는 「新山書院堂齋名號小識」와 「名堂齋總說」에 자세히 밝혀져 있
다. 이를 요약 정리하면 대략 다음과 같다.

가. 新山書院

서원의 이름은 지명을 취하기도 하고 산명을 취하기도 하는 것이 상례
다. '酒府'라는 지명을 취하자니 이름이 우아하지 못하고 '神魚'라는 산명
을 취하자니 불교 냄새가 난다. 그래서 창건할 때 丈德이 의논하여 神魚山
의 이름을 '新山'으로 바꾸었으니, '神'과 '新'의 발음이 서로 비슷한데다,
『周易』大畜卦에 '나날이 새로워지는 것[日新]을 성대한 덕[盛德]'이라 하
였기 때문이다.

나. 崇道祠

창건 당시에는 사당 이름이 없었다. 「新山書院堂齋名號小識」 '神門曰
祗肅門' 條에는 "엄숙하고 그윽하며 거룩하고 청정한 사당은 마치 완연히

---

110 重峯 趙憲의 「請四賢從祀疏略」에서 언급된 '趙光祖 繼明斯道 而有拯世淑人之
功'이라 한 표현도 이와 같은 뜻이라 할 것이다. 茶山 丁若鏞도 『大學公議』에서
'於緝熙敬止'의 '緝熙'를 '繼明'이라 해석하였다. 그리고 『中庸自箴』의 '至誠無
息節'에서 '誠則明'과 『周易』離卦 象辭의 '大人以 繼明 照于四方'을 언급하면
서 그로써 천하를 교화하는 것으로 풀이하였다.

선사께서 자리에 앉아 계신 듯하니, 어찌 後生末學이 감히 가벼이 사당의 이름을 걸 수 있겠는가?"라면서, 사당의 이름을 붙일 수 없는 이유를 설명하고 있다. 사당의 이름을 따로 붙이지 않음이 오히려 선생을 더욱 공경한다는 뜻이 있다는 설명인데, 德川書院과 陶山書院에는 각각 '崇德祠'와 '尙德祠'란 사당 이름이 걸려 있고, 도동서원이나 남계서원에는 사당의 이름이 없으니 어느 것이 진정 높이는 것인지는 알 수 없다.

1998년 서원을 복원하면서 '崇道祠'라 하였는데, '崇道'는 '道學과 道德을 숭상한다.'는 의미에 다름 아닐 것이다.

다. 祗肅門

사당으로 들어가는 내삼문의 이름이 '祗肅' 즉, '공경하고 엄숙함'이란 뜻이니, 우러러보며 배알하는 사람들로 하여금 엄숙히 공경하는 마음을 가지게 하려는 뜻에서 붙인 이름이다.

라. 中正堂

고종 때 훼철되기 전까지의 강당에 붙어 있었던 이름이다. '中'은 無過不及이요, '正'은 不偏不倚를 의미하는 것으로, 『중용』의 이른바 明善과 誠身의 지극한 공을 가리킨다. 지금은 산해정을 서원 강당 건물로 쓰고 있기 때문에 이 현판은 걸려 있지 않다.

마. 敬齋·義齋

강당 건물의 동서쪽 방에 붙인 현판이 각각 敬齋·義齋다. '敬'은 主一의 뜻으로 『주역』坤卦에 보이는 '直內'의 공부요, '義'는 일 처리의 마땅함으로 『주역』곤괘에 보이는 '方外'의 공부다. 강당이 산해정 건물이어서 그런지는 몰라도 지금 이 현판들은 붙어 있지 않다.

바. 喚醒齋

東齋의 이름이다. ‘喚醒’은 ‘敬’을 유지하는 방법이다.

사. 有爲齋

西齋의 이름이다. ‘有爲’는 ‘集義’의 용기다. 남명이 『성리대전』에서 노재 허형의 글 "벼슬길에 나아가서는 크게 하는 일이 있어야 하고[出則 有爲], 물러나 은거할 적에는 지키는 것이 있어야 한다.[處則有守]"라는 말을 읽고 대오각성하여 위기지학에 전념하게 되었으니, ‘有爲’는 바로 여 기서 유래한 것으로 보아야 할 것이다. 그렇다면 ‘환성’ 또한 退處하고 있 는 사람의 마음 자세가 되어서 서로 짝이 된다.

아. 藏書閣

서원의 정문을 들어서자마자 오른쪽에 있는 것이 장서각이다. 지금은 현판도 없고 안에 책도 없으며 건물만 있으면서 옛 모습을 상상하게 하고 있다.

자. 進德門

정문 이름이다. 이 문을 통해 들어가서 덕에 나아가고 학업에 매진해 야 함을 알게 하려는 것이다.

V. 맺음말

이제까지 언급한 것에 대해 요점을 정리하면 대략 다음과 같다.

산해정의 창건은 1530년이라 알려 있으나 17세기 중반에 이루어진 「연보」 이외에는 1차적 근거 자료는 없다. 1531년에 위기지학으로 학문의 방향을 결정한 뒤 1532년에 서울 생활을 청산하고 김해로 왔으므로 1532년 무렵에 이루어진 것으로 봄이 온당하다.

1588년에 감사 김수와 부사 양사준의 협조로 죽계 안희가 일을 주도하여 산해정 동쪽 數弓의 아래쪽에 신산서원을 창건하였다. 신산서원과 산해정이 임진왜란 때 모두 불에 탔다.

안희와 황세열·허경윤 등이 주도하고 부사 김진선의 협조 아래 1608년에 착공하여 1609년에 신산서원이 산해정의 유지에 다시 세워졌다. 이해에 사액되었다. 이때의 원장은 역양 문경호였다. 창건 및 중건 사실을 모정 배대유가 1618년에 「신산서원기」라는 글로 남겼으며, 이를 1705년에 사우당 조이추가 글씨를 쓴 현판이 지금까지 걸려서 전해 오고 있다.

1818년에 신산서원 원장 김해부사 이석하의 제의로 원유 송윤중·유방식·조석권 등이 주도하여 신산서원 곁에 산해정을 복원하였다. 이때의 기문은 양산군수 김유헌이 지었고, 상량문은 이석하가 지었다. 이석하의 상량문은 아직까지 확인되지 않았고, 김유헌의 기문은 순조 때 편찬된 읍지에 실려 있으나, 산해정에는 걸려 있지 않다.

1830년대에 김해부사 유태좌의 제의로 院儒 宋允增·宋錫洵·許澐·盧秉淵·曺重振 등이 주관하여 신산서원 강당을 중수하였다. 이때의 기문은 유태좌가 찬술하였다. 이 기문 또한 서원에 걸려 있지 않다.

1871년에 국가의 서원훼철령에 의해 신산서원과 함께 산해정이 훼철되었다.

1890년에 원유 하경도·조종응·허찬 등에 의해 신산서원 터에 산해정이 중건 복원되었다. 이때의 상량문은 방산 허훈이 찬술하였고, 기문은 만성 박치복이 찬술하였다. 박치복의 기문은 현재 산해정에 걸려 있지 않다.

그 뒤 1924년과 1949년 및 1972년, 1983년에 각각 중수되었고, 1998년에는 신산서원이 복원되면서 산해정이 서원의 강당으로 되었다. 사우인 숭도사와 신문인 지숙문, 동서재인 환성재와 유위재, 장서각과 정문인 진덕문 등 옛 신산서원의 규모에 걸맞게 복원된 것이다. 이때의 상량문은 김철희가 찬술하였고, 기문은 이우성이 찬술하였다.

1530년대에 남명이 山海亭을 창건한 이후 이러한 변화를 거치고도 지금 그 자리에 산해정이 서 있으며, 그 산해정 뒤의 사우, 앞의 동서재, 내외삼문과 장서각 등을 완벽하게 갖춘 新山書院으로 되어 지금도 후학들이 춘추로 향사를 받들며 그 학덕을 기리고 있다.

郭鍾錫, 『俛宇集』

金麟燮, 『端磎集』

盧相稷, 『小訥集』

文景虎, 『嶧陽集』

文益成, 『玉洞集』

朴致馥, 『晚醒集』

裵大維, 『慕亭集』

安鼎福, 『順菴集』

安　憙, 『竹溪集』

柳台佐, 『鶴棲集』

李希顔, 『黃江實記』

莊　周, 『莊子』

趙任道, 『澗松集』

趙　憲, 『重峰集』

周世鵬, 『武陵雜稿』

許景胤, 『竹庵集』

『慶尙道邑誌』①, 아세아문화사, 1982.

『慶尙道邑誌』②, 아세아문화사, 1982.

李相弼, 『남명의 삶과 그 자취1』, 남명학연구소, 2007.

『南冥集』初刊年代 辨正

Ⅰ. 머리말

이 논문에서의 『南冥集』은 南冥 曺植(1501~1572)의 문집을 말한다. 『남명집』은 甲辰(1604) 8월에 처음 간행된 이후 여러 문제로 인해 다른 문집의 예에서는 찾아보기 힘들 정도로 여러 차례의 중간이 있었다. 그런데 己酉(1609) 정월에 간행된 『남명집』에는 「신명사명」에 間註만 있고 附註는 없는데, 계명대학교에 산질로 보관되어 있는 『남명집』에는 간주와 부주가 아울러 실려 있다. 그래서 이 간본을 다른 간본들과 구별할 필요성이 있게 되었다. 이 간본에 대한 명칭을 오이환은 갑진본이라 해야 한다고 하고, 김윤수는 병오본이라 해야 한다고 논문에서 각각 주장하였다. 오이환은 임인년에 초간되었고 서문이 이루어진 갑진년은 중간된 해라고 판단하였으며, 김윤수는 서문이 이루어진 갑진년에 초간되었고 이 간본은 관찰사 유영순(관찰사 재임기간: 1605년 9월~1607년 3월)의 후원에 의해 이루어진 것이므로 병오본이라 하였다. 그래서 필자는 이에 대해 金崙壽의 설이 近理하다고 판단하여 그의 설에 따라 계명대 소장 『남명집』을 1606년 무렵에 간행되었다는 의미의 '丙午本'이라는 용어로 줄곧 사용하여 왔다.

이에 대하여 吳二煥은 직접 필자를 찾아와 부당성을 항의하기도 하고 때로는 논문의 한 모퉁이에서 필자를 비난하기도 하였다. 그의 필자에 대한 항의란, 권위가 있는 교수의 명백한 설을 지지하지 않고, 권위도 자신만 못하고 남명에 대한 연구 경력도 일천한 같은 학과 강사의 설을 편파적으로 지지하였다는 데 대한 불만의 뜻이 담긴 항의였다. 이 面對에서 필자가 김윤수의 견해를 사실 관계도 파악하지 않고 단순히 지지한 것이 아니라며 그 자리에서 그의 논문에서 주장한 논리를 비판하였다.

그 이후 오이환이 논문에서 부분적으로 필자를 비판하기는 하였지만, 단순히 그 문제만으로는 반박의 논문을 낼 수 없었다. 다만 한두 차례 그런 언급이 필요하면 필자도 계속 그가 주장하는 임인년에 초간이 이루어졌다는 견해가 잘못되었음을 지적하여 왔다. 그러나 지난여름에 간행된 『남명학연구』29집 所載 「『南冥集』諸板本의 刊行年代」라는 논문에서 정면으로 필자의 이름을 거론하며 비판하고 있으므로, 이에 대해 반박하는 논문을 집필하지 않을 수 없게 되었다.

그가 거듭 주장하는 '임인년에 초간이 이루어졌다는 설'에 대해 필자가 여러 글에서 반박하였으나, 오이환은 논의가 거듭될수록 쟁점과는 직접적인 관계가 먼 일을 끌어와 쟁점을 흐리고 있으므로, 본고는 이 점을 분명히 하여 『南冥集』의 初刊年代에 대한 논의를 辨正하고자 한다.

II. 논의의 경과와 논쟁의 개요

1. 논의의 경과

『남명집』 초간본에 대해서 세인은 일반적인 관례에 따라 문집의 서문이 찬술된 갑진년(1604) 8월에 처음 간행된 것으로 이해해 왔다. 그러다가 경상대학교 철학과 교수 오이환이 1987년에 『한국사상사학』 1집 所載 「南冥集 板本考(I)-來庵刊本을 중심으로-」라는 논문을 통해, 『남명집』의 초간본은 서문이 이루어진 갑진년(1604)에 간행된 것이 아니라 이보다 먼저 임인년(1602)에 간행되었고, 갑진년에 이루어진 것은 중간본임을 주장한 바 있다.[111]

그 뒤 1992년 무렵 남명학연구소에서 『남명집』을 번역하는 일을 기획하여 추진하게 되면서, 번역 원전의 확정과 면밀한 주석을 위해서는 『남명집』에 대한 정밀한 교감 작업이 필요함을 인식하고, 이 일을 김윤수에게 위임하였던 것이다. 그리하여 1992년에 출판된 『남명학연구』 2집에 「『南冥集』의 冊板과 印本의 系統」이란 김윤수의 논문이 실리게 되었다. 여기서 김윤수는 오이환의 견해를 부정하여 기존에 알려진 대로 갑진년에 초간이 된 것으로 보고, 병오년에 중간되었다고 주장하였다.[112] 1995년에 경상대학교 한문학과 교수 6인의 공역 및 김윤수의 교감으로 『교감역주 남명집』이 간행되었는데, 여기서 필자는 「신명사명」을 번역하면서 「『남명집』의 책판과 인본의 계통」에서 주장한 '병오본'이라는 용어를 사용하였다. 그리고 1998년 박사학위 논문 「남명학파의 형성과 전개」에서도 '병오본'이란 용어를 여러 차례 쓴 적이 있다.

필자는 남명학파가 어떻게 형성되고 조선 후기에 이르기까지 어떻게 전개되는가에 관심을 집중하여 왔다. 『남명집』이 언제 누구에 의해 어떻게 중간이 되어 그것이 어떻게 변화되었는지 등의 사항에 대해서는 전심하여 연구하지는 않았으며, 이미 연구된 업적을 참고하였을 뿐이었다. 그런데 어느날 오이환이 찾아와 병오본이라는 용어를 필자의 박사학위 논문에서 사용한 것에 대해 항의하였다. 필자는 갑진년에 초간이 이루어졌

---

111 오이환, 「南冥集 板本考(Ⅰ) -來庵刊本을 중심으로-」, 『한국사상사학』 1집, 한국사상사학회, 1987. 173~184쪽을 참조하였다.
112 김윤수, 「『南冥集』의 冊板과 印本의 系統」, 『남명학연구』 2집, 경상대학교 남명학연구소, 1992. 205~215쪽을 참조하였다.

다는 것은 서문이 남아 있어서 명백하며, 중간이 병오년 무렵에 이루어진 것 또한 문경호의 발문에 근거하여 충분히 인정할 만하므로, 김윤수의 견해가 타당함을 그 자리에서 이야기하였다. 그리고 혹시라도 필자의 생각이 잘못되었다면 나중에 논문을 보는 이들이 필자에게 잘못 본 책임을 물을 것이므로, 그가 필자를 찾아와서 항의할 이유는 없는 것이라고 말해 준 적이 있다.

그러나 오이환은 처음 그 사실을 주장한 이후 자신의 견해를 뒷받침할 만한 객관적 증거자료가 새로이 나타나지 않았음에도, 말꼬리 무는 식의 논의를 전개하여 사람들로 하여금 이 문제가 굉장히 복잡하여 난해한 것처럼 느끼게 하고 있다. 그의 논문에 따라가기만 하면 왜 그런 논의를 하는지조차 알기 어려울 정도로 말이 늘어져 있기에, 이 문제를 사안에 따라 나누어 정리해야만 논의도 쉽고 이해도 쉬울 것이므로, 이제 다음 절에서 우선 연도별 주요 논문에서 주장한 내용을 정리한 뒤 장을 달리하여 쟁점 사안별로 변정하고자 한다.

2. 논쟁의 개요

이제까지『남명집』초간본 및 1차 중간의 간행 연도와 관련된 논의가 이루어진 주요 논문과 그 논문에서 주장된 초간 및 중간[113] 관련 핵심 논의 사항을 요약하여 정리하면 다음과 같다.

. . . .

113 본고에서는『남명집』의 복잡한 간본 모두를 대상으로 하지 않고, 오직 초간과 1차 중간에 한정해서 논의한다.

가. 오이환(1987)의 「南冥集 板本考(Ⅰ) -來庵刊本을 중심으로-」

이 논문에서 오이환이 처음으로 갑진년 초간설을 부정하고 임인년 초간설을 제기하면서 아울러 갑진년 재간설을 주장하였다. 갑진년(1604)에 찬술된 정인홍의 서문이 실려 있는 '기유(1609)본' 『남명집』의 말미에서 문경호가 발문 형식으로 쓴 글을 근거로 제시하였고, 정경운의 일기 『孤臺日錄』의 신축년(1601) 조에 보이는 이른바 '海印寺看役'이 바로 해인사에서 『남명집』 초간본을 간행하는 일을 보러간 것이라고 주장하였다. 그리고 '來庵 家狀'과 '嶧陽 年譜'를 증거로 들었다. 역양 연보 기유년 조의 주석에는 '壬寅開刊'이라는 명확한 문자가 있어서 이를 근거로 이런 주장을 한 것인가 추측이 되기도 한다.

나. 김윤수(1992)의 「『南冥集』의 冊板과 印本의 系統」

『남명집』 기유본 발문에서 문경호가 언급한 '壬寅年間'은 문집을 간행하기 위하여 자료를 수집하기 시작한 시기이고, 문집이 처음으로 간행된 때는 서문이 찬술된 갑진년으로 봄이 옳다는 주장이다. 계묘년(1603) 겨울에 鄭逑의 문인 李埈이 『남명집』 간행을 위한 편집 과정에서 어떤 글을 편입할 것이냐 삭제할 것이냐의 문제로 정인홍에게 가서 정구의 뜻을 전달하였다가 거절당한 사실을 그의 언행록에서 인용하여 1603년 겨울 이전에는 간행되지 않았다는 근거를 제시하였다.

그리고 1605년 9월에 부임하여 1607년 3월에 이임한 관찰사 유영순의 도움으로 중간본이 이루어졌다는 것으로 보면 중간된 해가 갑진년(1604)일 수가 없으므로, 갑진년에 초간이 이루어지고 병오년에 중간이 이루어졌다고 볼 수밖에 없다는 주장이다.

다. 오이환(1995)의 「『南冥集』釐正本의 成立」[114]

이 논문의 본론까지는 초간본과는 무관한 내용이고, 결론에서 초간본과 중간본에 대한 자신의 종전 견해를 매우 상세히 재론하고 있다. 즉, 문경호의 발문에 보이는 '壬寅年間'이라는 이른바 '明文'과 예의 『고대일록』의 기록 등을 다시 거론하였다. 그리고 문경호가 유영순의 지원하에 『남명집』 중간이 이루어졌다고 기록한 것은 신빙하기 어렵다며 문경호가 착각하여 잘못 기록한 것으로 보았다.

여기서 그가 '병오본'이라는 명칭에 대해 의문을 제기한 것은 경청할 만하다. 1605년 9월에 관찰사로 부임해서 1607년 3월에 이임한 유영순의 후원에 의해 간행되었다고 했는데, 그 해가 꼭 병오년(1606)이라 보아야 할 확실한 근거는 없기 때문이다. 그 사실은 경청할 만하지만, 이는 또한 자신의 주장을 철회하고 난 뒤에 다시 논쟁할 수 있는 사안이다. 그러나 책 이름을 일관되게 간지를 이용하여 붙이려 한다면, 병오년 무렵에 중간된 것이란 의미에서 '병오본'으로 쓸 수 있다고 본다.

라. 김윤수(1996)의 「南冥集 板本 硏究上의 爭點」[115]

1992년에 발표된 논문 「『南冥集』의 冊板과 印本의 系統」에서 주장한 내용을 확인하고 보충한 것이다. 갑진년 서문이 초간 때의 서문이 아니고 중간 때의 서문으로 볼 아무런 근거가 없다는 것과, 임인년에 초간이 된 뒤 갑진년에 중간이 되는 상황이라면 예의 李埈을 통해 鄭逑가 鄭仁弘에게 요구하는 내용 가운데 당연히 발문에서 鄭仁弘이 李滉을 비판한 글을

---

114 오이환, 「『南冥集』釐正本의 成立」, 『남명학연구논총』 3집, 사단법인남명학연구원, 1995.

115 김윤수, 「南冥集 板本 硏究上의 爭點」, 『남명학연구』 6집, 경상대학교 남명학연구소, 1996.

빼라고 요구하였을 것인데, 이런 언급이 전혀 없는 것으로 보아서 임인년 초간설은 착각에서 나온 근거없는 추측이라는 주장이다.

마. 오이환(1997)의 「실증과 진실-『南冥集』釐正本 계통 판본의 간행 연대-」[116]

이 논문에서의 논의는 모두 다른 판본과 관련된 것이다. 다만 결론 부분에서 '寫出刊本'의 해석을 두고, 간행될 책을 사출했다고 보아야 하는지 간행된 책을 사출했다고 보아야 하는지에 대하여 논쟁하고 있다. 그러나 이는 초간본의 간행 연대를 갑진년으로 볼 것인지 아닌지에 대한 근거로 쓰일 수 없는 것이다.

바. 오이환(1998)의 「실증과 진실 (2) -「쟁점」중 추가된 부분에 대하여-」[117]

이 논문에서도 새로운 증거의 제출 없이 같은 자료에 대한 해석을 통해 자신의 주장에 대한 정당성을 인정받으려 하고 있다. 다만 '수년 뒤에' 와 '일 년만에'라는 말을 갑진년과 병오년 사이에 적용할 수 없다는 논리로 김윤수의 견해를 반박하고 있음이 특이하다. 갑진년과 병오년도 2년 간격이고 임인년과 갑진년도 2년 간격이다. '수년 뒤에'와 '일 년만에'라는 말이 불합리하다고 하면 다 같이 불합리할 터인데, 어찌 갑진년과 병오년은 불합리하고 임인년과 갑진년은 불합리하지 않을까에 대한 생각은 하지 않은 듯하다.

....

116 오이환, 「실증과 진실 -『南冥集』釐正本 계통 판본의 간행 연대-」, 『남명학연구논총』 5집, 사단법인남명학연구원, 1997.
117 오이환, 「실증과 진실(2) -「쟁점」중 추가된 부분에 대하여-」, 『남명학연구논총』 6집, 사단법인남명학연구원, 1998.

그리고 이 논문에서 비로소 河憕의 「德川書院重建記」 및 裴大維의 「新山書院記」 등에 서원 건립을 후원한 관찰사에 대한 기록에 착각이 있다고 지적하면서, 『남명집』 중간을 유영순이 후원해 주었다는 문경호의 기록도 착각이라는 기이한 생각을 하게 된다. 1995년의 논문에서는 문경호의 이 기록을 신빙하기 어렵다고 했다가, 이 논문에 와서는 다른 유사한 예를 들면서 문경호와 하징 및 배대유가 함께 착각하기로 약속했다는 듯한 논지 전개를 하고 있다.

이 논문에서 특이한 점은 "그런 식으로 말하자면 초간본이 별로 보급되지 못한 채 목판이 소실되고 말았으니, 재간본의 경우 서문 자체는 초간본의 것을 그대로 사용하면서 年記 부분만 고쳤으리라고 추측하는 것은 왜 불가하겠으며, 현재의 갑진본(김 씨가 병오본이라고 호칭한 것)은 사실상 재간본임에도 불구하고 어찌하여 그러한 사실에 대한 아무런 설명이 없는가?"라는 언급을 함으로써, 갑진년 정인홍의 서문이 임인년에 써진 것으로 이해하려 하고 있다는 점이다.

사. 오이환(2000)의 「南冥集 四種」[118]

이 글은 논문이라기보다는 해제 성격의 글이다. 그러나 『남명집』의 초간본과 중간본에 대한 견해를 논리적으로 서술하려는 의지가 있는데다, 필자를 본문에서 집중적으로 거론하고 있으므로 언급해 본다. 이 글에서 오이환은 필자가 구두로 제시한 의견이라면서 3개 항을 소개하고 있다. 대화한 내용을 논문에 인용할 적에는 상대방의 동의를 얻음이 마땅할 것이다. 필자에게 동의를 구하지도 않고 필자의 견해를 자신의 마음대로 이해하여, "초간본의 간행이 임인년에 있었다는 필자의 의견은 의심할 수

118 오이환, 「南冥集 四種」, 『南冥集 四種』, 남명학연구원출판부, 2000.

없다."면서 자신의 임인년 초간본설을 필자가 인정했다고 하였다. 이런 황당한 경우가 어디 있는가? 임인년에 초간되었음은 명명백백하다고 스스로 자신하니 그러면 그렇게 믿으라고 하였을 뿐이었던 것이다. "무엇이 명명백백한가? 그렇게 명명백백하다면 나는 왜 이해가 되지 않는가?" 하였던 필자의 말은 기억나지 않는지? 여하튼 이런 식으로 주고받은 말은 논문 서술에 쓸 수 없음은 너무도 자명하다. 그럼에도 불구하고 당시에 나와 주고받았던 또 다른 말을 이 글에서 인용하면서 "그것이 諱字를 처리하는 한문의 관례임을 이 교수가 인식하지 못한다는 점이 오히려 뜻밖이며"라는 표현을 하여 의도적으로 감정을 실어 필자를 폄하하였다.

이 부분은 핵심 쟁점과도 상관이 없는 것이다. 그의 주장이 설사 맞아서 배대유가 착각한 것이라 가정해 볼 지라도, 이것이 근거가 되어 문경호가 발문에서 監司의 후원 사실을 착각했다고 보는 것은 누구도 인정하기 어려운 논리인 것이다. 이 점에 대해서는 장을 달리해서 상론할 것이다.

아. 이상필(2008)의 「滄洲 河憕의 生涯와 南冥學派 內에서의 役割」[119]

이 논문은 『남명집』 초간본의 간행 연대 고증과는 전혀 관련이 없는 논문이나, 앞의 (7)논문에서 오이환이 배대유의 기문에 보이는 監司와 府使에 대한 기록이 착각에 의한 것이라는 견해에 대해서 그것을 반박하는 내용이 짤막하게 주석으로 논의되어 있다.

---

119 이상필, 「滄洲 河憕의 生涯와 南冥學派 內에서의 役割」, 『남명학연구』 25집, 경상대학교남명학연구소, 2008.

자. 오이환(2010)의 「『南冥集』諸板本의 刊行年代」[120]

이 논문의 전반부는 앞의 (8) 논문에서 자신에 대해 언급한 필자의 견해를 반박하기 위해 필자의 이름을 논문의 머리말에서부터 거론하면서 공격적으로 쓰고 있다. 그러나 『남명집』의 초간본과 중간본에 대한 논의는 이제까지의 논의를 그대로 답습하고 있으며, 새로운 증거자료를 제시하지 못하고 있다.

차. 정리

이제까지 초간본 논쟁과 관련되는 논문 9편을 이와 관련된 주요 쟁점별로 요약해 보았다. 이를 다시 전체적으로 요점만 정리하면 대체로 다음과 같을 것이다.

① 우선 오이환이 1987년의 논문에서 언급한 것처럼 원래 『남명집』은 갑진년(1604) 8월에 초간된 것으로 알려졌다. 이것은 간행연도를 정확히 알 수 있는 자료가 없을 경우에는 서문이 찬술된 연대를 초간된 해로 본다는 관례에 따른 것이었다.

② 그러나 오이환은 1987년의 논문에서 『남명집』 기유본의 발문을 근거로 『남명집』이 임인년(1602)에 간행된 적이 있고, 갑진년(1604)은 중간된 해라고 주장하였다.

③ 이에 대해 김윤수는 1992년의 논문에서 임인년은 문집 편역이 시작된 때이고 문집의 간행은 서문이 찬술된 갑진년으로 보아야 한다고 하여, 오이환의 주장을 인정하지 않았다.

④ 김윤수는 또 예의 발문에서 관찰사 유영순의 후원에 의해 중간본이 완성되었다고 했는데, 유영순의 재임기간이 1605년 9월에

---

120 오이환, 「『南冥集』諸板本의 刊行年代」, 『남명학연구』 29집, 경상대학교남명학연구소, 2010.

서 1607년 3월이므로, 오이환이 갑진년(1604)에 중간본이 이루어졌다고 보는 것은 잘못이라고 주장하였다.

⑤ 오이환의 1995년 논문에서 새로 나온 주장은 ④에 대한 반론으로, 관찰사 유영순의 후원으로 중간되었다는 문경호의 기유본 발문 내용은 신빙하기 어렵다는 것이다. 그 이유는 문경호와 거의 동시대에 이루어진 하징의 「덕천서원중건기」나 배대유의 「신산서원기」 등에도 관찰사의 후원에 대한 기록에 착각이 있기 때문이라는 것이다.

⑥ 김윤수의 1996년 논문과 오이환의 1997년 및 1998년 논문은 자신들의 기존 논의를 강화하여 상대를 설득시키려는 것이고, 주목할 만한 특별한 증거자료는 없다.

⑦ 오이환의 2000년의 글은, 하징의 「덕천서원중건기」나 배대유의 「신산서원기」 등에도 관찰사의 후원에 대한 기록에 착각이 있다는 것을 논증하려는 것이다.

⑧ 이상필의 2008년의 글에는 ⑦을 반박하는 글이 들어 있다.

⑨ 오이환의 2010년 글은 ⑧을 반박하면서, 새로운 증거자료를 제시하지 않은 채 기존의 임인년 초간설과 갑진년 중간설을 반복하여 주장하고 있다.

결국 이 논의의 핵심은 『남명집』의 초간본이 언제 간행되었는가에 대한 것임을 알 수 있다. 문집의 서문이 가지는 의미를 과소평가한 채 발문에 나오는 글자를 단편적으로 해석하여 임인년 초간설을 제시한 오이환이, 갑진년 문집 서문을 덮을 만한 새로운 증거 자료를 제시하지 못한다면, 1987년 이전부터 이미 널리 알려져 있던 갑진년 초간설이 계속 유효할 수밖에 없을 것이다.

사실 이제 더 이상의 새로운 논의는 필요하지 않다. 다만 오이환이 논쟁의 핵심을 벗어난 사실 및 논쟁에서 긴요하지 않은 사실들을 무수히 제시함으로써 무리하게 자신의 견해를 정당하게 보이려 한 점에 대해서는 반박할 만하다. 그래서 이제 여기서 쟁점 내의 논의와 쟁점 외의 논의 등 두 가지로 나누어 서술함으로써 쟁점을 분명히 하여 논의하려 한다.

III. 쟁점 내 논의

이 논의의 핵심은 『남명집』 초간본의 간행이 임인년(1602)인가 갑진년(1604)인가 하는 문제로 집약된다. 다른 문제는 이 문제를 중심으로 논쟁하는 과정에서 논점을 흐리는 역할을 하였을 뿐이다. 그러므로 이번 논의에서는 이 점을 분명히 하여 논의하려 한다. 이것이 핵심으로 바로 들어가는 일일 뿐만 아니라, 이제까지 이 논의에 관심을 기울이고 보아왔던 학자들에게 분명한 해답을 보여줄 수 있기 때문이다.

그런데 이 논쟁이 조금 확대되어 중간본이 갑진년이나 병오년이냐로 비화되었다. 그러나 크게 보면 이것은 같은 문제다. 文景虎 所撰 南冥集跋에 근거할 경우, 초간년이 갑진년이면 처음으로 중간된 해는 자연히 병오년 무렵이 되는 것이고, 초간년이 임인년이면 자연히 갑진년이 처음 중간된 해가 되는 것이기 때문이다.

1. 鄭仁弘이 찬술한 甲辰(1604)年 序文의 의미

문집의 서문은, 문집의 간행이 준비된 후 문집 간행을 주도하는 사람들이 그 간행될 문집의 글을 보여주면서 서문을 부탁하고, 그 서문을 받으면 바로 간행하는 것이 일반적 관례다.[121] 그래서 특별한 근거가 없으면

....

121 대현의 문집에는 서문이 없는 경우도 있다. 이는 감히 대현의 글 앞에다 못난

서문이 이루어진 때를 그 책이 간행된 해로 보는 것이다. 『남명집』의 경우 임술년(1622) 이전에 간행된 모든 문집에 남명 문인 정인홍이 갑진년(1604) 8월에 찬술한 서문이 실려 있다. 그러므로 1604년을 『남명집』이 초간된 해로 보았던 것이다.

그런데 오이환은 1987년의 논문에서 『남명집』 기유(1609)본의 冊末에 문경호가 기록해 둔 발문을 근거로 갑진년(1604) 이전인 임인년(1602)에 문집이 초간되었다고 주장하였다. 이는 갑진년에 이루어진 서문의 의미를 깊이 이해하지 못하고 발문의 내용을 단순히 이해한 데서 온 실수다.

갑진년 8월에 이루어진 서문에서 정인홍은 '임인'이란 말은 물론 갑진년 이전에 문집이 간행된 적이 있다는 어떠한 언급이나 힌트도 남기지 않았다. 만약 그런 언급이나 힌트가 있다면 당연히 그 말을 신뢰해야 할 것이다. 발문에서 문경호가 언급한 임인년이 초간된 해라면 임인년 서문이 실려 있어야 할 것이다. 문경호가 발문을 지은 것은 정인홍의 명에 의한 것임은 충분히 짐작할 수 있는 일인 바, 간행하기 전에 그 발문을 정인홍이 보지 않았을 리가 없을 것이다. 그러므로 정인홍 또한 이 문경호의 발문에 '임인년간'이란 말이 초간된 해라는 의미로 쓰이지 않았음을 인정하였다고 이해해야 할 것이다. 왜냐하면 책의 서문에서 갑진년에 문집이 처음 간행되었다는 의미의 서문이 있는데, 그 문인이 그 일을 주도한 스승이 보는 앞에서 임인년에 처음 간행했다는 의미의 글을 썼다고 보는 것은 무리이기 때문이다. 어찌 같은 책에서 서문에서는 갑진년에 간행되었다고 하고 발문에서는 그 보다 2년 전인 임인년에 초간이 이루어졌다고 쓸 수 있겠는가? 이제까지 오이환은 초간본이 임인년에 이루어졌다고 주장했지

자신의 글을 먼저 올림으로써 대현의 문집을 더럽힌다는 이유에서 서문 부탁을 받은 이가 사양하기 때문이다. 이런 경우에는 대체로 발문이나 간기를 통해 문집의 간행 연도를 파악할 수 있다.

만, 『남명집』 간행본을 1604년 8월 이전에 보았다거나 또는 간행했다는 명확한 증거 자료는 제시하지 못하고 있다. 오로지 여러 가지 정황 증거를 제시하여 자신의 설을 입증하려고 하지만, 이제까지 제시한 것들만으로는 도저히 입증되었다고 보기 어렵다.

서문의 '갑진년'이란 年記가 일반적으로 초간연대를 의미하는 것임을 오이환은 알기에 "그런 식으로 말하자면 초간본이 별로 보급되지 못한 채 목판이 소실되고 말았으니, 재간본의 경우 서문 자체는 초간본의 것을 그대로 사용하면서 年記 부분만 고쳤으리라고 추측하는 것은 왜 불가하겠으며"[122]라고 하였다. 이처럼 문집을 중간하면서 초간본의 서문 찬술 연대를 중간한 연대로 바꾸어 쓸 수 있다는 주장을 하기에 이르렀다면, 더 이상의 논쟁은 사실상 의미 없는 것이라 해도 좋을 것이다.

오이환이 문경호가 찬술한 발문의 내용을 잘못 이해했다고 하면 모든 것은 아무런 문제없이 순조롭게 이해된다. 순조롭게 이해하면 아무런 문제가 없음에도, 발문의 내용을 잘못 이해한 뒤 그 잘못 이해한 내용에다 다른 일을 모두 맞추려 하다 보니 의아스러운 주장까지 하게 된 것이다. 발문의 내용을 합리적으로 이해하려는 의지가 있었다면 이런 추측은 있을 수가 없다. 그러면 다음에서 그가 잘못 이해한 발문의 주요 내용을 확인해 보자.

2. 『남명집』 기유본 발문에 보이는 '壬寅年間'의 의미

다음은 『南冥集』 己酉本(1609)의 冊末에 嶧陽 文景虎가 남긴 跋文이다.

---

122 오이환, 「실증과 진실 (2) -「쟁점」 중 추가된 부분에 대하여-」, 『남명학연구논총』 6집, 사단법인남명학연구원, 1998. 326~327쪽에서 인용하였음.

지난 壬寅(1602) 年間에 우리 來庵 선생이 한두 동지들과 함께 先師께서 남기신 글이 전해지지 않을까 염려하셔서 시문 약간 편을 수습하여 伽倻山 海印寺에서 간행하셨다. 인쇄하여 아직 널리 배포하지 못한 상태에서 藏板閣이 갑자기 불에 탔다. 아아, 불행함이 심하도다! 그 뒤 數年에 다시 문집 간행의 일을 일으켰다. 許從善이 刊本을 寫出하고 관찰사 柳永洵이 또 工役을 도와주어서, 일이 일 년 만에 끝났다. 이렇게 되자 종이를 가져와서 인쇄를 요구하는 자가 문득 백 명이나 되곤 하였다. 이 또한 크게 다행한 일이다.

　　다만 이 책이 선생의 手澤本을 바탕으로 한 것이 아니고, 후배들이 선생의 글을 수집한 것이 모두 전쟁으로 인한 병화 이후 외어 전하는 데서 나온 것이었기 때문에, 문자 사이에 어긋나거나 잘못됨을 면하지 못했고 시문 가운데 빠뜨린 것이 자못 많이 있게 된 것이다. 그래서 더욱 수집하고 취합하여 얻는 대로 기록하니, 그것이 또한 모두 수십 개의 板이다. 작년 10월부터 추가 간행을 시작하여 책 말미에 이어서 보충하고, 舊本 가운데 잘못된 글자나 빠진 글자는 또한 고찰하고 비교하여 고치고 바로잡았다. 비록 대강 완비를 기하려 하였지만 또한 정밀하고 마땅함을 극진히 얻어 그 본래의 참모습을 잃지 않았다고 어찌 장담할 수 있겠는가?

　　아! 우리 斯文의 흥망은 하늘의 뜻에 달려 있다. 진나라 때 불태워진 나머지에도 육경의 전적이 그래도 남아 있었으니, 선생의 시문이 또한 병화에 따라 없어지지 않은 것은 없어지지 않을 이유가 있었기 때문일 것이다. 이 어찌 하늘의 뜻이 아니겠는가?

　　경호는 태어난 시기가 늦어서 선생의 문하에서 灑掃應對할 기회를 얻지 못한 것을 한스럽게 여기다가, 선생의 글을 읽어 보니 高山景行의 생각을 이기지 못하겠다. 대략 刊本의 顚末을 기록하여 考閱에 대비한다.

　　己酉年 봄 正月에 후학 鳥山 文景虎가 삼가 기록한다.[123]

....

123 文景虎, 『南冥集』(己酉本) 跋文, "向在壬寅年間 我來庵先生與一二同志 慮先師遺
　　響無傳 收拾詩文若干篇 入梓于伽倻之海印寺 印布未廣 藏閣遽灰 吁不幸甚矣 後

이 발문의 원문은 모두 305자 분량이다. 그리 긴 글은 아니지만 발문으로서 갖출 만한 것은 모두 갖추었다고 할 수 있다. 그러나 이 전체 글 가운데서 오이환과 김윤수 등이 논쟁 때 문제로 삼는 것은 인용문의 첫째 단락 정도라 할 수 있다. 이 인용문의 첫째 단락에 보이는 "지난 壬寅(1602) 年間에 우리 來庵 선생이 한두 동지들과 함께 先師께서 남기신 글이 전해지지 않을까 염려하셔서 시문 약간 편을 수습하여 伽倻山 海印寺에서 간행하셨다."라는 글을, 오이환은 "임인년에 우리 내암 선생이 (남명 선생의) 시문을 수습하여 간행하셨다."로 요약하여 이해하였던 것이다.

그래서 "서문에 쓰인 연대가 꼭 초간된 해라고 볼 수 있는가? 임인년에 간행하셨다는 명문이 있지 않은가?"라는 생각을 가지고 임인년 초간설을 싹틔웠다가, 문경호의 『嶧陽集』, 「年譜」 기유년(1609)조 주석에 '壬寅開刊'이란 기록을 보고 확신하게 되었을 것으로 짐작된다.

그런데 '年間'이란 말은 이렇게 이해할 적에는 석연치 않은 표현이 된다. '그 해 무렵'의 의미로, '임인연간'은 신축년과 임인년 및 임인년과 계묘년의 즈음에 분명하게 꼭 집어서 말하기 어려울 때 쓰는 용어이기 때문이다. 더구나 이 발문이 실린 책의 첫머리에 자신의 스승 정인홍이 갑진년에 쓴 서문이 있기에, 이 글을 오이환처럼 이렇게 단순히 이해하면 글의 앞뒤가 순리적으로 이해되지 않게 된다. 여기서 갑진년 서문의 의미를

數年 更起刊役 許生從善 寫出刊本 柳巡察永洵 亦助工役 功一歲而告訖 於是乎賣紙求印者 動以百數 此亦幸之大者也 第此書非得於先生手本 後輩搜輯 皆出於兵燹之後 傳誦之餘 故文字之間 不免有舛謬者 詩文之中 亦頗有脫遺者 更加蒐聚 隨得隨錄 亦總數十板 自上年十月 始追刊 續補卷末 而舊本之訛字闕字 亦更考校而改正之 雖得粗完 然亦安保其盡得精當而不失其本眞也 噫斯文之興喪 天也 秦火之餘 六籍猶存 先生詩文 亦不隨火遂沒者 以不沒者存故也 庸非天乎 景虎生也後 常以未及灑掃於先生之門爲恨 伏讀先生之文 尤不任高山景行之思 略記刊本顚末 以備考閱云 歲己酉春正月 後學 烏山 文景虎 謹識."

생각하면 저절로 임인년 무렵부터 글을 수습하여 갑진년에 초간되었다는 말임을 이해할 수 있게 되고, 그렇게 보면 그 뒤의 문맥도 모두 맞아서 문제가 없게 된다.

그러나 오이환은 그렇게 이해하기에는 임인년이라는 말이 너무 의미 없는 말이 되는 듯 생각하여, 임인년에 무게를 두어 새로운 설을 발견하듯이 드러내고 싶었던 것으로 보인다. 이는 1813년 무렵『역양집』연보를 만들 때의 사람들도 그렇게 보았으니, 그렇게 이해할 수 있겠다는 생각이 들기도 한다. 그러나『역양집』을 만들 1813년 무렵에는 1622년 이전에 간행된『남명집』을 구해 보기는 어려웠을 것이다. 그렇다면 정인홍의 갑진년 서문을 볼 수 없게 된다. 家傳 原稿만 보았다면 그렇게 이해한 것도 무리가 아닐 것이다.

여하튼 임인년에 간행한 것으로 보면, 1602년 무렵에 남명의 시문을 수습하기 시작하여 그 해에 바로 해인사에서 간행까지 마쳤다는 뜻으로 이해해야 된다. 서문에 "선생이 이미 돌아가심에 수습하여 약간 편을 얻었다. 그러나 이 역시 후배들이 서로 전하며 외던 데서 나온 것이고, 들은 대로 기록하다 보니 자못 와전 또는 오전된 것이 있을 것이다. 이는 참으로 후학으로서는 하나의 大恨이다."라고 한 말과 관련시켜 생각하면, 남명의 시문을 수습하기 시작하여 간행할 수 있을 정도로 淨寫하는 일까지만 해도 1년만으로는 힘들 것이다. 더구나 그 해에 그것을 간행까지 끝내었다고 보는 것은 그 자체로 무리인 것이다.

이러한 사실 외에도 1601년과 1602년 무렵에 간행이 진행되고 있었다는 근거로 오이환이 제시한『고대일록』의 기록 또한 그와 관련되는 명확한 증거 자료로 이해되지 않는다. 이는 다음 절에서 살핀다.

3. 鄭慶雲의 일기 『孤臺日錄』에 보이는 '留寺看役'의 의미

정경운은 함양에 거주했던 정인홍의 문인이며 『고대일록』은 그가 남긴 일기다. 오이환은 『고대일록』에서 '看役'과 관련된 자료를 찾아내어, '看役'의 '役'이 바로 『남명집』의 간행을 가리키는 말이라고 주장하고 있다. 그 자신이 2010년의 논문에서 『고대일록』의 '간역'에 관한 사례를 뽑아 정리한 뒤, "여기서 보는 바와 같이, '看役' 외에도 '董役' '監役' 등의 표현이 사용되고 있지만 그 의미는 별로 다르지 않으며"라고 한 뒤, 논지와 무관한 남계서원 이야기를 길게 서술하고서는, "임인년에 『남명집』의 초간본이 간행되었음은 정경운이 그 전해인 신축년 5월에 합천을 방문했을 때 만났던 문경호가 쓴 발문에 명기되어져 있으며, 이 일 말고는 신축년에 정인홍의 문인들이 해인사에서 작업을 진행할 다른 어떠한 사유도 찾아낼 수 없다. …… 그러므로 이것이 편집 작업이 아니라 판각 작업과 관련된 것임은 의심할 여지가 없다."라고 하였다.[124]

이 얼마나 무리한 해석인가? 『고대일록』의 '간역' 관련 자료는 "일을 보았다."라고 번역할 수 있을 뿐, 그것이 구체적으로 무엇을 말하는지는 그저 짐작할 수 있을 뿐이다. '書院에 가서 일을 보았다.' 해도 院役인 것은 짐작되지만, 그래도 구체적으로 담을 쌓는 일인지 집을 짓는 일인지 마당을 고르는 일인지는 장담할 수 없는 것이다. 그런데 '해인사에 머물면서 일을 보았다.'는 기록을 두고서 이 일이 바로 『남명집』에 관한 일이라고 보고, 그것도 편집 작업이 아닌 간행 작업이라고 단정하는 것은 참으로 무리한 해석이라 하지 않을 수 없다. 다만 이를 두고 '『남명집』과 관련된 어떤 작업이 아니겠는가?'라는 정도의 가능성은 열려 있다고 할

----

124 오이환, 「『남명집』 제판본의 간행연대」, 『남명학연구』 29집, 2010. 310~313쪽을 참조하였다.

것이다. 그럼에도 만약 이를 구체적인 어떤 작업이라고 추측하여 단정한 뒤 구체적인 증거라며 제시한다면, 그것이 증거로 인정되기는 아무래도 어려울 것이다.

결국 이 증거 역시 『남명집』이 갑진년에 초간되었다는 기존의 설을 부정하고 임인년에 초간되었다는 증거로 쓰일 수 없음을 보여 줄 뿐이다.

4. 李堉의 「寒岡先生言行錄」에 보이는 '癸卯年' 의견 개진의 의미

오이환이 임인년에 초간본이 간행되었음을 주장한 데 대한 반박으로 김윤수가 제시한 다음 글은, 바로 계묘년(1603) 겨울 이전에는 『남명집』이 간행되지 않았음을 알게 해 주는 의미 있는 자료다.

> 계묘년(1603) 겨울에 堉이 凤夜齋에서 선생을 뫼시고 있었다. 선생이 조용히 육에게 다음과 같이 이르셨다. "들으니 정인홍이 남명 선생의 문집을 편집한다고 한다. 당시 문하에 출입하던 자는 오직 동강과 나만이 있을 뿐이다. 그러나 한 번도 논의를 주고받지 않은 채 재단하여 취사함을 한결같이 자기 생각대로만 한다. 그 가운데 吳 德溪와 鄭 藥圃에게 준 편지글은 李 龜巖이 淫婦를 몰래 두둔하여 뇌물을 받고 벗을 속였던 일을 극도로 힘들여 언급한 것이다. 그러나 남명 선생이 이 씨와 도의로 깊이 사귀었던 점이나 契誼가 두터웠던 점으로 본다면 평범한 관계가 아니다. 그러므로 그의 아버지 묘갈문을 찬술하면서 그 아들의 선한 점을 극도로 일컬어 驥驂의 새끼에 견주기까지 하였던 것이다. 그러다가 하루아침에 애매한 말 때문에 의심하여 편지를 보내 사절하기에 이르렀다. 이는 대체로 선생이 우연히 한 때의 일로 인하여 서로 절실한 사이에 붓 가는 대로 쓴 것일 뿐이지, 당시에 전파되고 후세에 전해져서 후인의 의혹을 일으키고자 하신 것은 아니다. 군이 이 뜻으로 그에게 말하라. 만약 삭제해 버린다면 선

생에게 어찌 빛나는 일이 되지 않겠는가?" …… 육이 즉시 선생의 말씀을 정인홍에게 전하니, 정인홍이 말없이 한참 있다가 천천히 다음과 같이 말하였다. "선생의 글을 片言隻字라 한들 내 어찌 감히 그 사이에서 가볍게 취하거나 버리겠는가? 그 의견을 받아들이지 못하겠다."125

　이 인용문은, 『남명집』 편찬이 진행되고 있을 때, 남명이 吳健과 鄭琢에게 준 편지 「與子强子精書」는 후세에 전해질 말이 아니므로 문집 간행 때 제외하는 것이 바람직하다는 정구의 견해를, 鄭逑의 문인 李堉이 『남명집』의 편집 작업을 주도하고 있던 정인홍에게 심부름 다녀온 사실을 기록해 둔 것이다. 이육이 이 글을 남긴 의도126는 여기서 중요하게 다룰 것은 아니거니와, 이 일이 계묘년(1603) 겨울에 있었던 일이고, 『남명집』의 편집 작업과 관련된 일이라는 점에서 이 기록은 중요한 증거자료가 되는 것이다.

　김윤수가 이를 1603년 겨울에 『남명집』의 편집 작업이 이루어지고 있었다는 증거로 제시하였는데,127 이 글을 두고 오이환은 달리 아무런 자료의 제시나 설명 없이 "이 역시 내암 서문의 경우와 마찬가지로 논리의

---

125 李堉, 『心遠堂集』 2卷, 「寒岡先生言行錄」, "癸卯冬 堉侍先生於夙夜齋 先生從容謂堉曰 聞仁弘編南冥先生文集 當時出入門下者 惟東岡與我在耳 而曾不往返論議 裁斷取舍 一任其意 其中如與吳德溪鄭藥圃書 極言李龜巖陰護汪婦受賂賣友事甚力 而嘗見南冥先生與李交道之深契誼之厚 非比尋常 故撰其先墓碣文 極稱其子之善 至比之騶虞之子 而一朝以暗昧之說疑之 至於騰賤謝絕 蓋先生偶因一時之事 於相切之間 信筆及之 非欲其播於當時 傳之來世 而起後人之惑也 君以此意言於彼 如或刪去 則於先生豈不有光乎哉 …… 堉卽以先生之言 傳于鄭 鄭默然良久 徐曰 先生片言隻字 吾安敢輕有取舍於其間哉 玆未獲命云."

126 이육이 이 글을 쓴 의도는 오이환이 자세히 언급한 바대로, 정인홍과 정구의 사이가 좋지 않았음을 드러내려는 것이라 보는 것이 타당할 것이다.

127 김윤수, 「『南冥集』의 冊板과 印本의 系統」, 『남명학연구』 2집, 경상대학교남명학연구소, 1992. 208~209쪽을 참조하였다.

비약이라고 하지 않을 수 없다." 하였으며, "더구나 이 기록 자체가 적지 않은 문제점을 내포하고 있는 것이다." 하며 이 기록 자체를 의심하는 태도까지 보이고 있다.[128]

인용문의 서두와 끝부분에서 언급한, "계묘년 겨울에 …… 들으니 정인홍이 남명 선생의 문집을 편집한다고 한다.[癸卯冬 …… 聞仁弘編南冥先生文集]"는 기록에서, 김윤수가 '편집한다'는 말을 아직 문집이 간행되지 않았다는 말로 이해한 것을 두고 오이환이 이를 비약으로 보는 이유를 이해하기 힘들다. 간행되었다면 어찌 편집을 하겠는가? 더구나 정인홍의 답변에서, "선생의 글을 片言隻字라 한들 내 어찌 감히 그 사이에서 가볍게 취하거나 버리겠는가? 그 의견을 받아들이지 못하겠다." 한 부분을 잘 음미하면 당시 문집의 편집 작업이 진행중이었음을 더 뚜렷이 이해할 수 있다. 간행된 문집이라면 '그 사이에서'라는 말이 불필요하다. '그 사이'란 '문집을 편집하는 사이'라고 보지 않을 수 없다. '가볍게 취하거나 버린다.'는 말도 편집할 때 쓰는 말이다.

요컨대 李埈의 이 기록은 1603년 겨울에도 아직 간행될 문집의 편집이 완결되지 않았음을 보여주고 있는 것이어서, 초간본이 갑진년(1604)이 아니라 임인년(1602)이라는 오이환의 가설이 잘못되었음을 입증하는 것이다.

5. 『남명집』 기유본 발문에 보이는 '柳巡察永洵'의 의미

앞에서 제시했던 문경호의 기유본 발문 첫머리 부분을 다시 살펴볼 필요가 있다. 이는 '순찰사 유영순'이 갑진년에 『남명집』을 중간하는 데 후원할 수 없다는 결정적인 증거가 되기 때문이다.

---

128 오이환, 「실증과 진실 (2) -「쟁점」 중 추가된 부분에 대하여-」, 『남명학연구논총』 6집, 사단법인남명학연구원, 1998. 328쪽을 참조하였다.

지난 壬寅(1602) 年間에 우리 來庵 선생이 한두 동지들과 함께 先師께서 남기신 글이 전해지지 않을까 염려하셔서 시문 약간 편을 수습하여 伽倻山 海印寺에서 간행하셨다. 인쇄하여 아직 널리 배포하지 못한 상태에서 藏板閣이 갑자기 불에 탔다. 아아, 불행함이 심하도다! 그 뒤 數年에 다시 문집 간행의 일을 일으켰다. 許從善이 刊本을 寫出하고 순찰사 柳永洵이 또 工役을 도와주어서, 일이 일 년 만에 끝났다. 이렇게 되자 종이를 가져와서 인쇄를 요구하는 자가 문득 백 명이나 되곤 하였다. 이 또한 크게 다행한 일이다.

오이환은 1987년의 논문에서 이 부분에 보이는 '그 뒤 數年에' 이후의 글을 인용한 후, "즉, 甲辰本은 壬寅本의 刊本을 가지고서 許從善의 筆을 빌어 다시 善寫해 내고, 이것을 목판에 새긴 것이다."라 하였다. 이 언급 이외에, 이후 5면에 걸쳐서 여러 가지 논의가 계속되지만, 이 글이 '甲辰本'이란 項目의 題下에서 쓰는 글임에도 이때 간행된『남명집』이 갑진본이 되는 이유에 대해서는 더 이상 언급이 없다.[129]

이에 대해 김윤수는 1992년의 논문에서 유영순의 경상도 관찰사 재임 기간을 근거로 제시하면서, 유영순의 후원으로 이루어진 1차 중간본이 병오(1606)본이라 밝히고 있다.[130]

경상도『도선생안』에 의하면 유영순이 1605년 9월에 경상도 관찰사로 부임하여 1607년 3월에 이임한 것으로 기록되어 있다. 유영순의 후원에 의해 중간본이 간행되었다면 적어도 1605년 이전인 갑진년에 중간이 이루어졌다는 가설은 성립될 수 없다. 재임 중에 지원한 것이라면 이임 이

. . . .

129 오이환,「南冥集 板本考(Ⅰ) ~來庵刊本을 중심으로~」,『한국사상사학』1집, 한국사상사학회, 1987. 178~184쪽을 참조하였다.
130 김윤수,「『南冥集』의 冊板과 印本의 系統」,『남명학연구』2집, 경상대학교남명학연구소, 1992. 210~213쪽을 참조하였다.

150   남명의 학문과 남명학파

후에 그 결과가 나타날 수 있으니, 1607년 이후에 유영순의 후원에 의한 간행이 있었다고 한다면 혹 그럴 수 있다고도 할 것이다. 그러나 관찰사로 부임하기도 전에 관찰사로서 후원을 했다는 말은 아무래도 통할 수 없는 주장이다.

그래서 오이환은 유영순의 후원에 의해 『남명집』이 중간되었다는 위 기록을 문경호가 착각하여 기록한 것으로 이해하기에 이른 것이다. 그러면서, 유영순에 관한 기록을 착각으로 판단한 것은 "발문의 전체 맥락에 비추어 볼 때 整合性을 가질 수 없는 것이기 때문이었다."[131]고 말하고 있다.

갑진년(1604)에 중간되었다고 가정하고 보니, 그것은 을미년(1605)에 부임한 사람의 후원에 의해 갑진년(1604)에 간행되었다는 말이 되므로, 정합성을 가질 수 없다고 본 것이다. 합리적으로 생각한다면 여기서 자신의 생각이 잘못 되었음을 인정해야 할 것이다. 갑진년에 초간이 되었고 병오년 무렵에 유영순의 후원에 의해 중간이 되었다고 보면, 문경호 발문 내의 정합성을 문제 삼을 일이 없을 것이다.

7. 소결

이제까지의 논의를 정리하면, 『남명집』 기유본에 실린 정인홍의 갑진년 서문이나 문경호의 기유년 발문의 내용은 하나도 문제가 될 것이 없고 그 자체로 완벽한 정합성을 가진다. 뚜렷한 근거 없이 선배 학자의 글을 착각에 의한 기술로 보거나, 전후 사정이나 논리와는 무관하게 자의적으로 해석하여 그것을 논증이라 밀어붙이는 태도에 문제가 있음을 논의하였다.

. . . .

131 오이환, 「실증과 진실 (2) -「쟁점」 중 추가된 부분에 대하여-」, 『남명학연구논총』 6집, 사단법인남명학연구원, 1998. 326쪽 인용하였다.

이제 문경호의 발문 첫째 단락을 서문을 참조하여 사정에 맞게 번역하면 다음과 같이 될 것이다.

　　지난 壬寅(1602) 年間에 우리 來庵 선생이 한두 동지들과 함께 先師께서 남기신 글이 전해지지 않을까 염려하셔서 시문 약간 편을 수습하여 伽倻山 海印寺에서 (갑진년 팔월에) 간행하셨다.

이렇게 되면 1차 중간이 유영순의 후원에 의해 병오년 무렵에 이루어졌음이 자연스럽게 이해되고, 그 뒤 다시 '보유'를 추각하여 기유년 정월에 기유본이 이루어지게 되었음도, 논리의 정합성을 문제 삼을 것 없이 순조롭게 모두 이해되는 것이다.

IV. 쟁점 외 논의

『남명집』 초간본이 임인년이냐 갑진년이냐 하는 문제와 직접적인 연관이 없으면서도 이 논의와 관련되어 파생된 논의가 무수히 많다. 그러나 그런 것을 다 따질 필요도 없거니와 필자와 무관한 것에 대해서는 더 이상 논급하고 싶지 않다.

여기서는 유영순의 후원에 의해 『남명집』 1차 중간본이 이루어지게 되었다는 문경호 발문의 기록을 착각으로 본 오이환이, 문경호 착각설을 논증하듯이 그와 유사한 예를 들었던 것에 대해서만 한정하여 간략히 사정을 밝히려 한다.

오이환은 1998년 논문에서 "『도선생안』의 기록이 남명학파에 관련된 여러 기록들과 일치하지 않는 사례가 많음을 지적하여 문헌비판의 필요성을 말한 바 있다."라고 하며,『남명집』에 대한 유영순 후원설이 착각일 수 있다는 한 가지 다른 사례로 裵大維가 찬술한「新山書院記」를 들었다.[132] 그리고 2000년에 간행된『南冥集 四種』의 해제에서『남명집』壬戌(1622)本을 설명하면서, 裵大維의「新山書院記」와 함께 河憕의「德川書院記」에 보이는 관찰사에 관한 기록도『도선생안』의 기록과 모순되는 예라고 하며 필자를 다음과 같이 指斥하고 있다.

① 유영순에 관한 발문의 기술이 사실이 아닐 것이라는 필자의 두 번째 근거는, 경상감사 월정 윤근수가 덕천서원의 창건을 도왔다는 하창주의「덕천서원중건기」나, 같은 월정이 감사 재임 중 신산서원을 창건했다고 설명하는 모정 배대유가 찬한「신산서원기」의 내용 등이 월정의 재임 기간을 기록한『도선생안』과 모순되는 他例가 있으며, 모정이나 창주는 역양 못지 않게 그 당시 남명학파에 관한 사실에 정통해 있었을 인물들일 뿐만 아니라 이러한 기문들은 해당 서원에 게시되어 衆人이 목도하는 가운데 오랜 세월을 전해 내려온 것이므로, 발문에 비해 그 신빙성의 정도에 있어서도 떨어지지 않는다는 것이었다. 이에 대해 이 교수는「신산서원기」중 윤근수나 하진보의 이름은 후세에 추기된 것이며, 필자가『도선생안』의 기록을 의심함은 타당치 못하다고 말한다.
② 우선 논점을 분명히 하자면, 필자는 이 교수 등이 근거로 삼고 있는『도선생안』의 기록이 아니라 문역양의 발문 내용을 의심한 것이다. 이 교수가 윤근수나 하진보의 이름이 원래의「신산서원기」에 없었다고 주장하는 유일한 근거는『모정집』에 그 이름들이 직한 아래에 주석처럼 세자로 처리되어 있다는 것인데,

132 오이환,「실증과 진실 (2) -「쟁점」중 추가된 부분에 대하여-」,『남명학연구논총』6집, 사단법인남명학연구원, 1998. 324쪽 인용하고 참조하였다.

그것이 휘자를 처리하는 한문의 관례임을 이 교수가 인식하지 못한다는 점이 오히려 뜻밖이며, 고인들이 그러한 용례를 몰라서 읍지나 원지 혹은 현판 등에 이 기록을 채택했을 리도 없는 것이다. 그리고 「신산서원기」의 기록이 후인의 가필이라고 설명한다면, 「덕천서원중건기」에 대해서는 또 어떻게 해명할 것인가?

오이환의 주장대로 하징이나 배대유가 서원 건축을 후원해준 관찰사에 대해 착각하여 기록했다고 보더라도, 그것을 근거로 문경호도 이들처럼 관찰사의 후원에 대해 착각했으리라 의심한 오이환의 주장을 합리적으로 볼 수 있는가? 같은 시대에 살면 착각이 이처럼 전염되는 것인가? 그래서 여기서는 이 문제는 놓아두고, 하징과 배대유의 기록에도 원래 아무런 문제가 없었음을 밝히고자 한다.

1. 河憕의 「德川書院重建記」에서 언급된 관찰사 尹根壽와 목사 具忭의 의미

하징이 찬술한 「덕천서원중건기」에서 오이환이 문제로 삼는 부분을 다시 인용하면 다음과 같다.

隆慶 임신년(1572) 봄에 남명 선생이 돌아가심에 여름 4월에 산천재 뒷산 언덕에 장례하였다. 崔 守愚堂과 河覺齋가 寧無成 河應圖, 撫松 孫天佑, 潮溪 柳宗智와 함께 처음으로 사당을 세우자는 논의를 내었다. 을해년(1575) 겨울에 목사 具忭과 함께 적당한 땅을 물색하다가 드디어 九曲峰 아래 薩川 가에 터를 결정하였다. 대체로 山天齋와는 서로 바라볼 수 있는 곳이다. 이곳은 이보다 앞서 영무성이 조그마한 띠집을 엮어두고서 때때로 선생을 모시고 소요하던 곳이다. 이때에 이르

러 [그 집을 철거하고 이곳에 서원 터를 잡은 것이다. 이때가 바로 병자년 봄이다. 이에] 수우당 등의 여러 분이 그 일을 주간하였으니, 供饋를 담당한 이는 孫承善이며 都料匠은 승려 智寬이며, 고을 아전 姜世堅은 장부를 관장하였다. 목사 구변과 감사 尹根壽가 함께 조력하여, 일 년도 안 되어서 사우와 강당 및 동서재가 완성되었다. 그 다음해에 꾸며서 단청하는 일까지 끝났다.133

여기서 경상도 관찰사 윤근수와 진주 목사 구변이 후원해서 남명을 위한 서원이 1576년에 세워졌으며 그 다음해인 1577년에 단청하는 일까지 완료되었음을 알 수 있다.134 그런데 이 부분과 관련하여 오이환은 『도선생안』의 '윤근수가 1575년 10월에 이임하였다'는 기록을 근거로 하면, 이 기록 역시 착각의 예에 해당된다고 주장하고 있다.135

1575년 겨울에 터를 잡아 1576년 봄부터 이루어진 일에 대해 1575년 겨울에 이임하는 관찰사가 지원하였다는 것을 사실이 아니라고 보는 이

....

133 河憕, 『滄洲集』 1卷, 「德川書院重建記」, "隆慶壬申春 南冥先生歿 夏四月 葬于山天齋後原 崔守愚堂河覺齋 與河無成應圖孫撫松天佑柳潮溪宗智 始倡立祠之議 乙亥冬 與牧使具忭 相地之宜 遂定址于九曲峰下薩川之上 蓋與山天齋相望地也 先是無成結數椽茅舍于此 時陪杖屨徜徉 至是乃撤其舍而卜之 時乃丙子春也 於是 守愚諸賢幹其事 主供饋孫承善也 都料匠僧智寬也 州吏姜世堅掌簿籍 而具牧使與尹監司根壽 幷助力焉 未一年 祠宇暨堂齋成 粵明年 粧修丹艧訖."

134 이 기록이 『古文書集成』 25의 「德川書院誌」에도 실려 있다. 다만 전문을 비교해 보니 서로 어긋나는 글자가 14자였다. 전체 문맥을 손상하는 것은 아니지만 『창주집』의 내용이 좀더 원형에 가깝다고 판단되었기 때문에 이를 인용한 것이다. 그러나 이 14자는 오이환이 문제 삼는 부분과는 상관이 없다.

135 오이환, 「『님명집』 재판본의 간행연대」, 『남명학연구』 29집, 2010. 299~306쪽을 참조하였다. 이 논문에서도 논지가 분명히 드러나 있지 않고 곳곳에 흠만 들추어내는 식으로 서술되어 있다. 어쨌든 흠을 들추어내었다면 그에 따른 자신의 주장이 있어야 논지가 드러날 것이다. 8쪽에 걸쳐 전개한 글과 이전의 주장을 종합하면 그의 주장이 이런 정도로 이해된다.

유는 무엇인가? 지원한 뒤 바로 이임하였다면, 그 일이 이임한 뒤에 이루어지기 마련이니, 이를 사실이 아니라고 볼 수는 없을 것이다. 창주가 이 일을 기록한 것은 전혀 착각도 아니고, 사실을 사실대로 기록한 것으로 보아야 할 것이다.

다만 위에서 인용한 글 가운데 [ ] 부분은 2008년 필자의 논문에서 번역은 빠져 있고 원문에는 그 부분이 온전히 실려 있다. 이 부분은 번역 도중에 빠진 것으로 필자의 실수이며, 오이환의 지적이 정당하다. 그렇다 해도 윤근수의 후원으로 덕천서원이 창건되었다고 한 하징의 기록을 사실이 아닌 것으로 볼 수는 없다.

갑진년(1604)과 을미년(1605)은 반대의 경우다. 임인년(1602)에 초간이 이루어지고 갑진년(1604)에 중간본이 간행되었다고 한다면, 문집이 간행되고 난 다음에 유영순이 부임하여 후원했다는 것이 되기 때문에 연대 고증이 잘못되었다는 것이다. 을미년(1605) 9월에 부임한 유영순이 후원하여, 목판이 불타버린 『남명집』을 바로 중간하였다고 문경호가 발문에서 언급하였으니, 이 시기는 적어도 1606년 무렵이라 보아야 한다는 것이, 김윤수의 논리요 필자가 인정한 것도 바로 이런 이유에서였다. 이렇게 보면 문경호의 발문에 아무 문제가 없음에도, "우선 논점을 분명히 하자면, 필자는 李 교수 등이 근거로 삼고 있는 『도선생안』의 기록이 아니라 文嶧陽의 발문 내용을 의심한 것이다."라고 하여, 의심하지 말아야 할 글을 의심한 것이다. 이 글을 의심한다면 자신이 유일하게 '明文'이라고 내세웠던 이 글 안의 '壬寅年間'이란 표현이 어떻게 자신의 말처럼 '명문'이 될 수 있겠는가.

요컨대 하징이 「덕천서원중건기」에서 윤근수에 대해서 착각했다는 이유로 문경호도 『남명집』 기유본 발문에서 관찰사 유영순이 후원했다는 사실을 착각할 수 있다는 논리를 내세웠으니, 이 논리는 어린 아이가 들어도 어리둥절할 논리이다. 더구나 하징의 윤근수에 대한 기록은 착각이라고 볼 수 없음에도 불구하고 착각한 예로 들었으니, 문경호·하징 등 선배 유자들이 공연히 그에게 욕을 당하게 된 셈이다.

2. 裵大維의 「新山書院記」에서 언급된 '方伯'과 '邑宰'의 의미

논의의 내용을 쉽게 이해하기 위해 우선 이 장의 첫머리에서 인용했던 오이환의 『南冥集 四種』 해제 가운데 일부를 다시 인용해 본다.

> 이 교수가 윤근수나 하진보의 이름이 원래의 「신산서원기」에 없었다고 주장하는 유일한 근거는 『모정집』에 그 이름들이 직함 아래에 주석처럼 세자로 처리되어 있다는 것인데, 그것이 휘자를 처리하는 한문의 관례임을 이 교수가 인식하지 못한다는 점이 오히려 뜻밖이며, 고인들이 그러한 용례를 몰라서 읍지나 원지 혹은 현판 등에 이 기록을 채택했을 리도 없는 것이다.

이 글은 앞에서도 언급한 것처럼 『남명집』 초간본이나 1차 중간본의 간행에 대한 직접적인 근거가 되지도 않는 것일 뿐만 아니라, 논박할 만한 적당한 자리도 없어서 그냥 두고만 보아왔다. 그러다가 필자가 2008년 하징에 대한 논문의 주석에서 이 문제에 대해 다음과 같이 언급하였다.

> 오이환은, 이취임 연도가 세밀히 적혀 있는 『道先生案』이라는 확실한 근거가 있음에도 불구하고, 文景虎가 『남명집』 기유본 발문에서 3년 전의 일을 확인도 하지 않고 잘못 기록하였다고 본 것이고, 나아가 관련시킬 수도 없는 河憕의 「덕천서원중건기」를 인용하면서 감사의 재임 연도에 대한 착각의 예로 들었다. 한 걸음 더 나아가 오이환은 裵大維의 『慕亭集』 3권 소재 「新山書院記」에 보이는 잘못된 주석

을 근거로 배대유조차 당대의 일을 착각하여 기록했으므로 문경호도 착각할 수 있다는 논리를 펼치고 있다. 더구나 「신산서원기」의 작은 글씨로 쓰인 姓名 3字는 식견 있는 사람이라면 누가 보아도 주석인 것을 알 수 있는 것임에도, 오이환은 '諱字를 처리하는 고인의 관례' 조차 모른다는 표현을 하면서까지 필자의 무식함을 드러내려 하였다. 그러나 이는 『맹자』, 「진심」하에 보이는 "諱名不諱姓"도 모르고 있음을 스스로 고백한 것에 불과하다.

이 글에서 필자가 오이환의 주장에 대해 반박한 것은, 하징이나 배대유가 설혹 서원 건축을 지원한 관찰사의 이름에 대해 착각했다 할지라도, 그것이 문경호도 발문에서 착각했으리라 추측하는 근거로 쓰일 수 없다는 것이다. 더구나 문제는 그들이 실상 착각한 적도 없다는 것이 필자가 오이환에게 말해줬던 내용인데, 그것을 『남명집 사종』의 해제에서 "휘자를 처리하는 한문의 관례임을 이 교수가 인식하지 못한다는 점이 오히려 뜻밖이며"라고 비난조의 글을 실었던 것이다. 필자의 위 인용문은 바로 오이환의 이 표현에 대한 반박이었다.

필자는 배대유의 문집을 통해서 배대유가 쓴 원래의 글에는 '方伯邑宰'라고 되어 있었던 것을, 그 후손들이 1907년 무렵에『모정집』을 간행하면서 방백과 읍재 아래에 각각 윤근수와 하진보라는 글자를 작은 글자로 써넣어 주석한 것으로 보았다. 작은 글씨의 姓名三字를 두고 오이환이 '휘자를 처리하는 한문의 관례'라고 보았던 주장에 대해, 필자는 '姓을 휘하는 법이 어디 있느냐'고 반박했던 것이다.

그러자 오이환은 다시 2010년의 논문에서 '주석이냐', '휘자 처리의 관례냐'의 문제는 더 이상 거론하지 않은 채, 필자가 논의의 초점에서 빗나간 주장을 하고 있다며, 쟁점은 "이 두 사람의 이름이 후대에 삽입된 것이냐 아니냐에 있는 것이지 주석 여부가 아닌 것이다." 하면서 장황하게 이

야기를 끌어가고 있다.[136]

이 또한 너무 간단한 이야기를 장황하게 언급하고 있는 것에 불과하다. 여기서 주석이라 한 필자의 주장은 당연히 후인이 삽입한 주석이라는 것이다. 오이환이 실로 이를 모르고 이런 언급을 한 것인지는 참으로 알 수 없다. 그렇다면 오이환은 배대유가 정말 당시 신산서원을 후원한 방백과 읍재가 누구인줄 모르고 착각하여 기록하였다고 본 것이다. 왜 근거도 없이 사람을 착각꾼으로 만드는 것일까. 아마 그렇게 이해해야 자신의 주장에 도움이 되기에 그런 생각을 한 것이 아닌가 여겨진다.

그러나 배대유가 방백과 읍재의 이름을 분명히 밝히고자 했을 경우에는 당연히 문경호의 『남명집』 기유본 발문의 '柳巡察永洵'처럼 썼을 것으로 보는 것이 순리다. 문과에 급제하여 승지를 역임한 裵大維(1563~1632)가 관찰사나 읍재보다 나이도 젊은 그 고을 사람 安熹(1551~1613)는 '安正字熹'라 표현하고, 그 바로 앞줄에서 경상도 관찰사를 역임한 尹根壽(1537~1616)와 김해부사를 역임한 남명 문인 河晉寶(1530~1585)에 대해서는 '方伯尹根壽邑宰河晉寶'라 표현했다고 보겠는가?

더구나 이를 변명하면서 "조정의 사명을 받은 관인의 권위를 높여 다른 사람들과 구별하기 위한 것으로서, 한문에서 흔히 볼 수 있는 형식이다."라고 한 언급은 참으로 엉뚱한 발상에서 나온 것이다. 서원의 기문은 실록이나 승정원일기 등의 역사서 등에서 표현하는 기록과는 다르다. 역사서의 기록이라면 당연히 그렇게 볼 수 있다. 역사서의 기록이라면 '安正字熹' 또한 '正字安熹' 정도로 기록하였을 것이다.

사실 『모정집』, 「신산서원기」의 주석에 보이는 윤근수와 하진보는 지금도 서원에 걸려 있는 「신산서원기」를 보고 기록해 넣은 것으로 보인다.

---

136 오이환, 「『南冥集』 諸板本의 刊行年代」, 『남명학연구』 29집, 경상대학교남명학연구소, 2010. 302~306쪽을 참조하였다.

그렇다면 지금도 신산서원에 걸려 있는 「신산서원기」에 '方伯尹根壽邑宰河晉寶'라 기록된 것을 어떻게 이해할 것인가 하는 것이 문제로 남는다.

서원에 걸려 있는 것이 만약 배대유가 처음 지은 것을 당시에 써서 새긴 것이라는 확증만 있다면, 어떻든 달리 해석할 여지가 있을 것이다. 그러나 지금 걸려 있는 기문은 1705년에 曹爾樞가 다시 쓴 것이다. 이는 이 현판의 뒷면에 "'崇禎丙子後六十九年仲秋上浣 南平曹爾樞書'라고 써져 있기 때문이다. 그러므로 이 기록을 근거로 하여 배대유가 착각하여 기록한 것으로 보는 것은 무리다.

그렇다면 어떻게 해서 신산서원을 후원한 방백과 읍재의 이름에 이런 오류가 있게 되었을까 하는 궁금증이 인다. 이는 오이환과의 논쟁과는 또한 다리 건넌 문제이므로 여기서 굳이 밝혀야만 하는 것은 아니다. 그러나 가장 근리하게 추측해 볼 수는 있다.

우선 배대유가 왜 방백과 읍재라고만 하고 그 이름을 밝히지 않았을까 하는 문제다. 신산서원이 건립되는 1588년 무렵의 관찰사는 『도선생안』에 의하면 權克智와 金睟로, 권극지는 1587년 8월에 부임하여 1588년 7월에 이임하고, 김수는 1588년 9월에 부임하여 1590년 6월에 이임해 가는 것으로 되어 있으며, 金睟[137]는 다시 1591년 7월에 부임하여 1592년 9월에 이임하는 것으로 되어 있다.

그런데 김수는 임진왜란 발발 초기 경상도 관찰사로서 군권을 장악하여 왜적을 방비해야 할 사람임에도 불구하고 숨어다니다가 나중에는 경상도 지역을 벗어나기도 하여 망우당 곽재우에게 성토 당했던 인물이다. 그래서 남명학파 인물들에게는 좋지 않은 인식이 심어져 있었을 것으로

---

137 김수의 이름은 실록 등 각종 기록에 晬와 睟로 착종되어 나타난다. 柳永詢을 柳永洵이라 기록했다고 해서 문경호 발문의 이 부분을 의심한다면 실록도 신빙할 수 없는 지경에 이를 것이다.

짐작된다. 김수의 후원에 의해 신산서원이 창건되었다면 남명학파 인물인 배대유로서는 굳이 그의 이름을 밝히고 싶지 않았을 것이라는 생각이 들기도 하는 것이다.

그리고 『慶尙南道輿地集成』 金海府 宦蹟 조에 의하면 1588년에 부임하여 1589년에 右水使로 移拜된 梁思俊이 당시의 김해부사였다. 양사준은 우수사로 간 것으로 보아 무인으로 짐작된다. 그리고 그는 여러 곳의 수령으로 있으면서 백성의 고혈을 긁어냈다는 기록이 실록에 보이는 것으로 보아, 배대유가 드러내 주고 싶지 않은 인물이었을 것으로 짐작된다.

또 한 가지 왜 하필 그 방백과 읍재가 윤근수와 하진보로 알려졌겠는가 하는 문제도 남아 있다. 물론 이것도 분명한 근거는 없다. 다만 許景胤(1573~1646)의 다음과 같은 기록이 유추의 근거는 될 것이다.

> 만력 무자년(1588)에 方伯 月汀 尹 相國 根壽와 知府 河 侯 晉寶가 향인들의 요청을 옳게 여겨 산해정 동쪽 기슭 아래 數弓의 곳에 터를 잡았다. 그 일을 감독한 사람은 安 竹溪 熹였다. 불행히도 일이 끝나자마자 龍蛇의 전쟁 때 불에 타버렸다. 무신년(1608) 봄에 일을 일으켜 기유년(1609) 봄에 일을 마쳤다.[138]

인용문은 신산서원의 창건과 중건을 언급한 것으로, 다른 기록과 비교해 보면 그 연대에 관한 것은 사실인 것으로 판단되지만, 특히 창건 때의 후원자가 윤근수와 하진보로 되어 있다는 점은 사실과 거리가 있다. 萬曆戊子年, 즉 1588년에 尹根壽는 경상도 관찰사가 아니었으며, 河晉寶는 명종 때 金海府使를 하고 이 당시는 이미 죽은 지 3년이 지난 뒤였다. 그럼

---

138 許景胤, 『竹庵集』 1卷, 「名堂齋總說」, "歲萬曆戊子 方伯月汀尹相國根壽 知府河侯晉寶 可其鄕人之請 卜基於亭之東麓下 數弓之地 董其事者 安竹溪熹也 不幸事遂訖 而燹于龍蛇之訌 …… 興事於戊申之春 訖工於己酉之春."

에도 김해의 士人 허경윤의 문집에 이러한 사실이 기록되어 있는 것으로 보면, 허경윤의 말년인 17세기 중반 무렵에 배대유가 쓴 기문에 '方伯邑宰'라고만 기록된 것을 두고 그들이 과연 누구였을까 추측하기 시작한 것이 아닐까 싶다. 왜냐하면 허경윤은 신산서원 창건 당시 나이가 16세에 불과하였기에 이 일에 관여할 수도 없었을 뿐만 아니라, 당시의 관찰사나 부사가 누구였는지 기억하기 어려웠다고 생각되기 때문이다.

그러나 이 두 가지 문제는 추측의 단초를 제공한다는 의미 이상의 다른 뜻은 없다. 있는 사실을 가장 합리적으로 이해하는 것이 바람직하며, 잘못 기록된 것을 확대 해석하여 선현들의 정상적인 기록조차 의심하려는 생각은 바람직하지 못하다고 할 것이다.

V. 맺음말

이 논문은 이제까지의 논의에서 알 수 있듯이 대부분 오이환과 김윤수의 논쟁을 정리한 것에 불과하다. 필자가 반박한 부분은 대체로 이 논쟁과는 직접 관련이 없는 것이다. 오이환이 문경호의 발문 가운데서 한 부분은 지나치게 앞뒤 돌아보지도 않고 넘겨짚어 해석하고, 한 부분은 신빙성이 없다며 정합성을 문제 삼는 데서부터 일이 커진 것이었다. 이제까지의 논의를 요약하면 다음과 같이 정리될 것이다.

첫째, 『남명집』 기유본 문경호 발문의 '임인(1602) 연간'은 문집의 편집 작업이 진행된 시점을 이야기 한 것이고, 초간된 것은 서문이 찬술된 갑진년(1604)이며, 장판각에 불이 난 뒤 순찰사 유영순의 후원에 의해 병오년(1606) 무렵에 1차 중간이 있었고, 다시 이를 부분적으로 수정하고 보유를 추가하여 간행한 것이 기유(1609)본이다.

둘째, '年間', 즉 '즈음'이란 용어가 간행연대를 적시한 용어로 보기에는 분명하지 않고 너무나 느슨하다. 간행한 것은 분명한 것이고, 문집 편찬을 의논한 것은 오늘날처럼 간행위원회를 만든 것이라기보다는, 1600년의 『퇴계집』 간행에 영향을 받은 것으로 보이기 때문에 그 시기가 불분명하였던 것이다.

셋째, 갑진년 8월에 정인홍이 찬술한 서문이, 문경호가 발문을 실은 그 책에 같이 실려 있다는 것은 문집의 초간이 갑진년에 있었다는 것을 가장 웅변적으로 말해주는 것이다.

넷째, 초간본의 장판각이 불타고 유영순에 의해 중간이 되었다면 이는 유영순의 관찰사 재임 기간[1605년 9월~1607년 3월]과 관련시키면 병오년(1606) 무렵이라 해야지, 오이환처럼 도저히 갑진년(1604)으로 볼 수는 없다.

다섯째, 오이환이 『고대일록』의 신축년(1601)과 임인년(1602) 등에 보이는 '看役'이 문집 간행의 일이라고 해석할 아무런 근거가 없다. 더구나 계묘년(1603) 겨울에 李埁이 鄭逑의 심부름으로 『남명집』의 편집 작업을 주도하던 鄭仁弘에게 특정한 글을 제외하기를 요구하였는데, 정인홍이 "선생의 문자라면 片言隻字라도 가볍게 취하거나 뺄 수 없다."며 거절하였으니, 이는 1603년 겨울 이전까지 문집의 편집 작업이 계속되고 있었다는 매우 중요한 자료다.

여섯째, 이상 네 가지 이유로 임인년(1602)에 『남명집』이 초간되었다고 주장한 오이환의 설이 설득력을 잃게 된다.

일곱째, 이에 오이환은 유영순에 관한 문경호의 기록이 신빙성이 없다며, 하징의 「덕천서원기」와 배대유의 「신산서원기」에서의 관찰사 기록 착각의 예를 들었다. 그러나 이는 논리가 닿지 않는다. 하징과 배대유가 설사 관찰사에 대하여 착각했다 해도, 그것이 문경호의 착각에 어떻게 작용했는지를 증명할 길이 없다. 그러나 필자는 그것조차 오이환이 사실이 아닌 주장을 한 것으로 논증하였다.

여덟째, 우선 하징의 「덕천서원중건기」에서 윤근수가 관찰사로서 재임 기간[1574년 10월~1575년 10월] 중에 덕천서원의 창건을 지원하였다는 것에 대해, 오이환은 하징이 착각하여 잘못 기록한 것이라 생각하고 있지만, 재임 중에 그가 지원한 뒤 1576년 봄부터 일을 시작했다고 보면 하징의 기록에 전연 무리가 없음을 알 수 있다.

아홉째, 배대유의 「신산서원기」는 『모정집』 기록을 보면 '방백읍재' 밑에 윤근수와 하진보가 각각 세주로 처리되어 있음을 알 수 있다. 이 세주를 후인이 추기한 것으로 보지 않으려는 것은, 오이환이 배대유가 착각했다고 보기 위함에 다름 아니다. 배대유는 당시의 관찰사 김수와 김해부사 양사준의 인품을 문제삼아 그들의 이름을 드러내지 않으려는 의도에서 애초에 '방백읍재'라고만 하고, '金方伯晬梁知府思俊'이라 표현하지 않았던 것으로 보인다.

추가로, 지금도 신산서원에 걸려 있는, 1705년에 曹爾樞가 글씨를 쓴 裵大維 所撰 「신산서원기」에 '方伯尹根壽邑宰河晉寶'라는 기록이 있게 된 분명한 이유는 알 수 없다. 그러나 이를 배대유가 착각하여 기록한 것이라고 볼 수 없음은 앞의 아홉째 이유에 있는 바와 같다. 이에 대해서는 金海 士人 許景胤(1573~1646)의 『竹庵集』에 "歲萬曆戊子 方伯月汀尹相國根壽 知府河侯晉寶 可其鄉人之請 卜基於亭之東麓下 數弓之地 董其事者 安竹溪憙也 不幸事遂訖 而燹于龍蛇之訌"라는 기록에서 연유되었을 가능성을 조심스럽게 제기해 본다.

許景胤, 『竹庵集』

裵大維, 『慕亭集』

河燈, 『滄洲集』

曺植, 『南冥集』 己酉本

曺植, 『南冥集』 丙午本

李堉, 『心遠堂集』

文景虎, 『嶧陽集』

鄭慶雲, 『孤臺日錄』

南冥學硏究院, 『南冥集四種』, 2000.

韓國精神文化硏究院, 『古文書集成 25』

『慶尙南道輿地集成』

『道先生案』(경상도)

오이환, 「南冥集 板本考(Ⅰ) -來庵刊本을 중심으로-」, 『한국사상사학』 1집, 한국사
    상사학회, 1987.

김윤수, 「『南冥集』의 冊板과 印本의 系統」, 『남명학연구』 2집, 경상대학교 남명학
    연구소, 1992.

오이환, 「『南冥集』 釐正本의 成立」, 『남명학연구논총』 3집, 사단법인남명학연구
    원, 1995.

김윤수, 「南冥集 板本 硏究上의 爭點」, 『남명학연구』 6집, 경상대학교 남명학연구
    소, 1996.

오이환, 「실증과 진실 ~『南冥集』 釐正本 계통 판본의 간행 연대~」, 『남명학연구
    논총』 5집, 사단법인남명학연구원, 1997.

오이환, 「실증과 진실 (2) -「쟁점」 중 추가된 부분에 대하여-」, 『남명학연구논총』
    6집, 사단법인남명학연구원, 1998.

오이환, 「南冥集 四種」, 『南冥集 四種』, 남명학연구원출판부, 2000.

이상필, 「滄洲 河燈의 生涯와 南冥學派 內에서의 役割」, 『남명학연구』 25집, 경상
    대학교남명학연구소, 2008.

오이환, 「『南冥集』 諸板本의 刊行年代」, 『남명학연구』 29집, 경상대학교남명학연
    구소, 2010.

『南冥集』丙午(1606)本의 발견과 그 의의

Ⅰ. 머리말

필자가 발견한 이『남명집』병오(1606)본은 2011년 1월 17일에 인터넷 경매회사인 주식회사 코베이에서 경매를 통해 구입한 것이다. 당시 구매할 적에는 정밀한 대조를 통해 병오본 여부를 확정했던 것도 아니고, 내용상 글자의 첨삭이 얼마나 많을지에 대해서도 알 수 없는 상황이었다. 그리고 그 글자의 첨삭이 갖는 의미에 대해서도 깊이 생각하지 못했다.

그동안 여러 가지 일에 매달려 있느라 이를 정밀히 분석할 기회를 가지지 못했는데, 더 늦출 수 없다는 생각에서 이번에 발표를 통해 이 책이 병오본임을 학계에 공개하여 검증을 받고, 간단하게나마 그 의의를 더듬어보고자 한다.

이 책과 관련한 선행 연구로는 전병윤(1986)과 오이환(1987, 2010), 김윤수(1992), 이상필(2010) 등 다섯 편의 논문이 있다. 이 가운데 전병윤의 논문은『남명집』에 관한 최초의 연구라는 점에서 의의가 있지만, 병오본을 갑진본으로 잘못 보았고 그것조차도 2권이 발견되지 않은 상태에서의 연구였다는 한계가 있다. 오이환(1987)은 초간본을 임인본이라고 하는 새로운 주장을 하였으며, 김윤수의 논문은 전병윤과 오이환의 전기 논문에서 미흡했던 것을 대거 보충하여『남명집』간행 연구에 하나의 틀을 제시하였다. 그러나 이 모두 본 병오본의 2권은 발견되지 않은 상태에서의 연구었다. 2010년의 오이환과 이상필의 논문은 초간본 간행 연대에 대한 논쟁이었고, 나아가 병오본 존재 유무에 대한 논쟁이었다.

이러한 연구를 바탕으로 하여 우선 저본의 간행 연도부터 확정한 뒤, 병오본 전체와 그에 해당하는 기유본을 면밀히 대조하여 첨삭의 구체적 상황을 확인하고, 그 의의를 어떻게 보아야 할 것인지에 대해 논의하고자 한다.

Ⅱ. 底本의 刊年 확정

『남명집』의 간행이 언제 처음 이루어졌느냐 하는 것은 이미 전병윤과 오이환, 김윤수의 논문139에서 1602년이냐 1604년이냐의 논란이 있어 왔다. 이에 대해 이상필이 『南冥學硏究』 30집(2010.12.31간행)의 「『南冥集』 初刊年代 辨證」이란 논문에서, 『남명집』의 초간은 남명의 문인 정인홍이 그 서문을 쓴 1604년 8월이라 볼 수밖에 없으며, 그 뒤 목판이 불타 관찰사 柳永詢의 도움으로 다시 판각되어 간행되었다는 그 판본을 병오본으로 명명하게 되었음을 밝힌 바 있다. 이는 다음에 제시된, 1609년에 간행된 문경호의 『남명집』 발문에 근거한 것이었다.

. . . .

139 ㉠ 全炳允, 「『南冥集』 諸本의 對比的 考察(1)」, 『國語學論叢』, 白旻 全在昊博士 華甲紀念 國語學論叢 刊行委員會, 1986.
　　㉡ 吳二煥, 「南冥集板本考(1)」, 『韓國思想史學』1, 韓國思想史學會, 思社硏, 1987.
　　㉢ 金侖壽, 「『南冥集』의 冊板과 印本의 系統」, 『南冥學硏究』 第2輯, 南冥學硏究所, 1992.
　　㉣ 吳二煥, 「『南冥集』 諸板本의 刊行年代」, 『南冥學硏究』 第29輯, 南冥學硏究所, 2010.6.

지난 壬寅(1602) 年間에 우리 來庵 선생이 한두 동지들과 함께 先師께서 남기신 글이 전해지지 않을까 염려하셔서 시문 약간 편을 수습하여 伽倻山 海印寺에서 간행하셨다. 인쇄하여 아직 널리 배포하지 못한 상태에서 藏板閣이 갑자기 불에 탔다. 아아, 불행함이 심하도다! 그 뒤 數年에 다시 문집 간행의 일을 일으켰다. 許從善이 刊本을 寫出하고 관찰사 柳永洵이 또 工役을 도와주어서, 일이 일 년 만에 끝났다. 이렇게 되자 종이를 가져와서 인쇄를 요구하는 자가 문득 백 명이나 되곤 하였다. 이 또한 크게 다행한 일이다.

다만 이 책이 선생의 手澤本을 바탕으로 한 것이 아니고, 후배들이 선생의 글을 수집한 것이 모두 전쟁으로 인한 병화 이후 외어 전하는 데서 나온 것이었기 때문에, 문자 사이에 어긋나거나 잘못됨을 면하지 못했고 시문 가운데 빠뜨린 것이 자못 많이 있게 된 것이다. 그래서 더욱 수집하고 취합하여 얻는 대로 기록하니, 그것이 또한 모두 수십 개의 板이다. 작년 10월부터 추가 간행을 시작하여 책 말미에 이어서 보충하고, 舊本 가운데 잘못된 글자나 빠진 글자는 또한 고찰하고 비교하여 고치고 바로잡았다. 비록 대강 완비를 기하려 하였지만 또한 정밀하고 마땅함을 극진히 얻어 그 본래의 참모습을 잃지 않았다고 어찌 장담할 수 있겠는가?

아! 우리 斯文의 흥망은 하늘의 뜻에 달려 있다. 진나라 때 불태워진 나머지에도 육경의 전적이 그래도 남아 있었으니, 선생의 시문이 또한 병화에 따라 없어지지 않은 것은 없어지지 않을 이유가 있었기 때문일 것이다. 이 어찌 하늘의 뜻이 아니겠는가?

경호는 태어난 시기가 늦어서 선생의 문하에서 灑掃應對할 기회를 얻지 못한 것을 한스럽게 여기다가, 선생의 글을 읽어 보니 高山景行의 생각을 이기지 못하겠다. 대략 刊本의 顚末을 기록하여 考閱에 대비한다.

己酉年 봄 正月에 후학 鳥山 文景虎가 삼가 기록한다.[140]

----

140 文景虎, 『南冥集』(己酉本) 跋文, "向在壬寅年間 我來庵先生與一二同志 慮先師遺響無傳 收拾詩文若干篇 入梓于伽倻之海印寺 印布未廣 藏閣遽灰 吁不幸甚矣 後

이 글은 『南冥集』己酉本(1609)의 冊末에 嶧陽 文景虎가 남긴 跋文이다. 이 발문의 원문은 모두 305자 분량이다. 그리 긴 글은 아니지만 발문으로서 갖출 만한 것은 모두 갖추었다고 할 수 있다. 이상필의 상기 논문은 『南冥學硏究』29집(2010.6.30.간행)에 실린 오이환의 「『南冥集』諸板本의 刊行年代」라는 논문을 반박하기 위한 것이었다. 이 논문에서는 초간본이 1604년에 이루어졌음을 변증하였고, 따라서 관찰사 유영순의 후원에 의해 이루어진 1차 중간본은 1606년 무렵에 이루어졌다고 보고, 이를 병오본이라 명명한 김윤수의 설에 동조하여 이후 줄곧 병오본이란 명칭을 사용하였다.

그러나 유영순이 1605년 9월에 부임하여 1607년 3월에 이임하였다면 1606년이나 1607년 또는 1608년에 이루어졌다고 하여도 큰 무리는 없을 것이다. 왜냐하면 유영순의 지원 하에 1년이 걸려 간행되었다고 하였기 때문이다. 그러나 다시 그 동안 빠진 것을 추가하기 위해 1608년 10월부터 간행을 준비하였다는 위의 인용문에 근거한다면, 1608년에 중간이 이루어졌다는 것은 무리일 듯하고, 그렇다면 1606년이나 1607년이 가장 근리하다고 판단이 된다. 그러나 1606년은 유영순이 경상도 관찰사로 있었던 온전한 해이고, 1605년이나 1607년은 유영순보다 다른 사람이 관찰사로 있었던 기간이 더 길다. 그러므로 1606년으로 보아 이를 병오본이라

···················

數年 更起刊役 許生從善 寫出刊本 柳巡察永洵 亦助工役 功一歲而告訖 於是乎賞紙求印者 動以百數 此亦幸之大者也 第此書非得於先生手本 後輩搜輯 皆出於兵燹之後 傳誦之餘 故文字之間 不免有舛謬者 詩文之中 亦頗有脫遺者 更加蒐聚 隨得隨錄 亦總數十板 自上年十月 始追刊 續補卷末 而舊本之訛字闕字 亦更考校而改正之 雖得粗完 然亦安保其盡得精當而不失其本眞也 噫斯文之興喪 天也 秦火之餘六籍猶存 先生詩文 亦不隨火逐沒者 以不沒者存故也 庸非天乎 景虎生也後 常以未及灑掃於先生之門爲恨 伏讀先生之文 尤不任高山景行之思 略記刊本顚末 以備考閱云 歲己酉春正月 後學 烏山 文景虎 謹識."

명명한 것은 크게 무리가 아니라고 본다.

그렇다면 여기서 언급하는 이 책이 그 병오본에 해당되는 책이라는 사실을 어떻게 입증할 것인가 하는 문제가 남았다. 2009년 2월에 계명대학교에서, 계명대 소장 『남명집』 1·3권과 경상대 소장 『남명집』 2·3권을 합쳐서 『남명선생집』을 영인하여 간행한 적이 있는데, 당시에 이를 이미 병오본이라 명명하여 이상필이 해제를 쓴 바 있다. 이 글은 주지하다시피 2권 1장부터 45장까지 모두 45장이 결락되어 있는 상태에서의 해제였다. 이번에 여기서 언급하는 이 책은 이것까지 다 있는 완본이다. 그 내용을 대조해 본 결과 계명대 영인간행본과 완벽하게 같으므로, 내용 대조는 기유본과의 결과만 표로 제시할 것이다.

1. 개관

이 책은 제1권이 한 책으로 장책되어 있고, 제2권과 제3권(부록)이 한 책으로 장책되어 있다. 제1책은 서문 3장, 남명행장 9장, 남명비문 6장, 제1권 37장 등 모두 55장으로 되어 있다. 제2책은 제2권 88장, 제3권 36장 등 모두 124장으로 되어 있다.

책의 크기와 장수를 비교하면 다음과 같다.

所藏別	세로	가로	卷別	板數
계명대본(1책 낙질)	32.3 cm	21.0 cm	1·3권	3+9+6+37+36=91
경상대본(1책 낙질)	32.2 cm	21.0 cm	2·3권	43+36=79
필자본 제1책	33.9 cm	21.3 cm	1권	3+9+6+37=55
필자본 제2책	33.8 cm	21.2 cm	2·3권	88+36=124

계명대본과 경상대본은 크기가 비슷하나 장책 방법이 달라 한 사람의

소장본이 아님을 쉽게 알 수 있다. 즉 계명대본은 1·3권 91장과 2권 88장을 각각 한 책씩 장책한 것 가운데 앞의 책이고, 경상대본은 1권과 2권의 45장까지 모두 100장과 2권 46장부터 3권까지 모두 79장을 각각 한 책으로 장책한 것 가운데 뒤의 한 책이며, 필자본은 1권 55장 한 책과, 2권 88장 및 3권 36장을 합친 124장을 한 책으로 장책한 3권2책본이다.[141]

이번에 발견된 이 책은 제1권의 제13장 뒷부분 약 1/4 가량이 떨어져 나가고 없는 상태며, 나머지는 글자를 알아보는데 아무 무리가 없을 정도로 깨끗하게 보존되어 있다.

약간 특이한 것은 두 책의 앞뒤 표지 안쪽 네 곳에 고문서로 배접을 해 두었다는 점이다. 제1책의 앞표지 안쪽에는 萬曆 34년(1606) 9월 초7일 行縣監 鄭某가 巡察使에게 올리는 牒呈이 배접되어 있고, 뒷표지 안쪽에는 陶山書院에서 禮安縣監에게 올리는 牒呈이 배접되어 있다. 제2책의 앞표지 안쪽에는 萬曆 33년(1605) 11월 20일 行縣監 金某가 巡察使에게 올리는 첩정이 배접되어 있고, 뒷표지 안쪽에는 萬曆 33년(1605) 11월 초5일 行縣監 鄭某가 聞慶縣監에게 보내는 行下가 배접되어 있다. 그 내용은 해체하여 면밀히 검토하지 않은 상태에서는 자세히 알 수 없는 형편이다.

2. 광곽과 어미 대조

광곽과 어미는 그 대체적인 모습이 서로 비슷하다 하더라도, 같은 판

---

141 이처럼 55장 한 책과 124장 한 책으로 장책하면 균형이라는 측면에서 너무 기울어진다고 생각하여 이를 균형 있게 하려는 의도에서 계명대본 형태와 경상대본 형태의 장책이 나오게 된 것이 아닌가 한다. 이러한 장책의 형태는 기유본에 와서 32판의 보유를 제4권으로 추가함에 따라 자연스레 해소되어, 서문·행장·묘갈명과 1권(36장) 54장을 제1책으로, 2권 88장을 제2책으로, 3권 36장과 4권 32장 등 68장을 제3책으로 장책하였던 것이다.

인 경우와 그렇지 않은 경우는 이를 면밀히 검토해 보면 특이한 부분에서 차이점이 드러나게 되어 있으므로, 판본 자체의 同異를 살피는 데에는 이 광곽과 어미의 면밀한 대조가 유력한 방법이라고 할 수 있다.

가. 광곽의 크기와 모양

1) 반곽의 크기

계명대학교에 본 판본과 같은 『남명집』이 제1권과 제3권 한 책으로 보존되어 있고, 경상대학교 남명학연구소에 본 판본과 같은 『남명집』 제2권 46판부터 끝까지와 제3권이 한 책으로 묶여 보존되어 있다. 그런데 반곽의 크기를 재어본 결과는 다음과 같이 조금씩 다르다. 단위는 cm다. 기유본은 경상대학교 남명학연구소 소장본이다.

	계명대본	경상대본	필자본	기유본	비고
제1권 1판 전반	22.5 × 16.1		22.2 × 16.3	22.5 × 16.3	
제1권 1판 후반	22.5 × 15.8		22.1 × 15.8	23.0 × 17.0	
제2권 1판 전반			22.1 × 16.1		
제2권 1판 후반			22.1 × 16.0		
제2권 46판 전반		22.2 × 16.1	21.9 × 16.1		
제2권 46판 후반		22.2 × 16.0	21.8 × 16.2		
제3권 1판 전반	22.0 × 15.7		21.7 × 15.9		
제3권 1판 후반	22.1 × 15.9		21.6 × 15.9		

이 표에서 확인되는 것처럼 대개 1~2mm 내지 3~4mm 정도의 차이가 있다. 같은 판본이 아니라고 볼 수도 있다. 그러나 이 정도의 차이를 가지고 확실히 다른 판이라고 속단하기는 어렵다. 한지는 그 자체로 늘어나거나 줄어들 수도 있기 때문이다.

그리고 재는 사람에 따라서도 약간의 차이가 있을 수도 있지 않을까 생각되기도 한다. 왜냐하면 계명대 소장본 병오본의 경우 22.3cm×16.1cm

로 보고되어 있는데, 영인하여 간행된 책을 재어 보니 위와 같이 나오니, 결국 2mm 정도의 오차가 있음을 인정하지 않을 수 없다. 그리고 보면 약간의 오차만으로 서로 다른 목판이라는 증거로 보기는 어렵다고 할 것이다.

2) 광곽과 계선의 모양

그렇다면 동일 목판의 판본인지 서로 다른 목판의 판본인지를 좀더 확실히 알기 위해서는 광곽과 계선의 특징을 살펴보아서 그 증거를 찾아내는 수밖에 없다.

제1권 제1판 후반의 반곽은 그 굵은 변의 모양이 반듯한 직선 모양이 아닌데, 계명대본과 필자본은 두 곳의 구부러진 모양이 꼭 같아서 다른 판이 아님을 확인할 수 있다.

제1책 서문 제3판 전반 1행의 오른쪽 계선이 많이 결락되어 있는데, 남아 있는 모양만 비교해 보면 이것이 같은 판본임을 알 수 있을 정도로 거의 꼭 같은 모양을 하고 있다. 제1책 행장 1판 후반 제1행 오른쪽 하단의 어미 부근에 결락되고 남은 계선의 모양이 완전히 같다. 제2권 46판 전반 제1행의 오른쪽 하반부의 계선이 꼭 같은 분량으로 결락되어 있다. 같은 줄의 상단부에도 계선의 결락된 부분이 꼭 같은 모양을 하고 있다. 제2권의 46판 후반 좌상 모서리 부분에 똑 같은 모양으로 광곽이 2mm 가량 결락되어 있다.

나. 어미의 형태

제1책 서문 제3판의 상하 어미는 여타 어미와 달리 꽃잎의 아래쪽이 두드러지게 많이 붙어 있어서 구별이 되는데, 이 점이 두 판본 공히 같다. 그리고 행장 1판의 위쪽 화문어미가 얌전하게 붙어 있지 않고 하나가 나머지 하나 위에 얹혀 있는 모양인데, 이 부분 역시 꼭 같다. 행장 3판의 어미 또한 모양이 약간 특이한데 이 역시 두 판본 공히 같은 모양을 하고 있다. 행장 9판 어미 주변의 계선과 어미 사이에 반달 모양으로 깎어 나간 모양이 꼭 같다.

이런 등속은 너무 많아 다 증거로 제시할 필요가 없을 정도다.

3. 내용 대조

『남명집』 병오본과 기유본 사이의 변화에 대해서는, 전병윤과 오이환이 앞에 제시된 1986년과 1987년의 논문에서 이미 대강 밝힌 적이 있지만, 이들 논문은 제2권의 1판부터 45판까지가 없는 상태에서의 대조였고, 그 나머지조차도 완벽을 기하지는 못하였다.

이번에 소개하는 이 『남명집』은 제2권 1판에서 45판까지를 제외하고는 그 내용이 계명대 소장본과 완전히 같다. 그러므로 제2권 1판에서 45판까지도 같은 판본으로 보는 것이다. 그리고 이것을 기유본과 면밀히 대조한 다음의 결과는, 앞으로 이와 유사한 판본이 발견될 경우 그 기준을 제시하는 의미가 될 것이며, 또 『남명집』의 원형을 찾아내어 더 정확한 남명의 생각을 읽을 수 있는 단초를 제공한다는 의의가 있을 것이다.

다음은 본 병오본과 기유본을 대조하여 정리한 것이다.

가. 제1책 대조 결과

	位置	丙午本 (1606)	己酉本 (1609)	備考
①	행장 1판 전2행	曺氏	曺氏	己酉本 縱割削除
②	행장 3판 전9행	爲斯文動	爲斯文慟	己酉本 '忄' 追刻
③	행장 4판 후1행	居十焉	居一焉	己酉本 縱割削除
④	묘비문 1판 전1행	大谷先生撰	成大谷撰	己酉本 4字改
⑤	1권 2판 후2행	多	瓦	己酉本 1字改
⑥	1권 2판 후6행	冬	冬	己酉本 改刻

⑦	1권 4판 후2행	河公名宗岳字君礪	河公名天瑞	己酉本 2字改3字削
⑧	1권 5판 전 8행	是東野	東野是	己酉本 3字改
⑨	1권 6판 후8행	與	與	己酉本 改刻
⑩	1권 6판 후8행	裝	藏	己酉本 1字改
⑪	1권 11판 전9행	妹兄	姊兄	己酉本 1字改
⑫	1권 11판 후3행	地籟	地雷	己酉本 1字改
⑬	1권 11판 후7행	江燕	飛燕	己酉本 1字改
⑭	1권 12판 전5행	不爲貪	不是貪	己酉本 1字改
⑮	1권 13판 전3행	徑句	經句	己酉本 1字改
⑯	1권 17판 후10행	先承霽日	先乘霽日	己酉本 1字改
⑰	1권 18판 전3행	五十年	四十年	己酉本 1字改
⑱	1권 18판 전6행	白首	白手	己酉本 1字改
⑲	1권 18판 전7행	喫有餘	喫猶餘	己酉本 1字改
⑳	1권 18판 후3행	劉郎	孫郎	己酉本 1字改
㉑	1권 19판 후6행	皮蟠	皮蟠蟠	己酉本 1字改 蟠蟠小字雙行
㉒	1권 19판 후8행	無題	和淸香堂詩	己酉本 5字改
㉓	1권 20판 후7행	號樹風	樹號風	己酉本 2字改
㉔	1권 21판 전6행	山納	山衲	己酉本 1字改
㉕	1권 21판 전6행	從泉出	從川出	己酉本 1字改
㉖	1권 21판 후2행	'一樣靑'下 註釋無	右一絶贈尹大連	己酉本 小字雙行 7字追刻
㉗	1권 21판 후9행	打麥聲	聞打麥聲	己酉本 4字改
㉘	1권 25판 후2행	客裡管歌咽王母池 邊河漢涼	舘裡笙歌咽王母池 邊河漢涼	己酉本 12字改 (內容2字改)
㉙	1권 25판 후6행	頭白	頭面	己酉本 1字改
㉚	1권 26판 전6행~9행			丙午本改刻, 己酉本同一
㉛	1권 26판 후2행	雞鳴	溪聞	己酉本 2字改
㉜	1권 26판 후5행	千年	萬年	己酉本 1字改
㉝	1권 26판 후6행	樹竹	水樹	己酉本 2字改
㉞	1권 27판 후1행	遍生絲	遍生孫	己酉本 1字改
㉟	1권 28판 전2행		鄭宗榮	己酉本 小字單行, 3字追刻
㊱	1권 28판 전4행	遺魂	餘魂	己酉本 1字改
㊲	1권 28판 전5행	一念留	一身留	己酉本 1字改
㊳	1권 35판 후10행	洞洞		己酉後板本 2字削去
㊴	1권 36판 전1행	流轉		己酉後板本 2字削去
㊵	1권 36판 전6행			己酉本 以下17行皆削除
㊶	1권 37판 전9행	南冥先生集卷之一	南冥先生集卷之一	己酉本 36판 전10행에 移刻

위의 대조표에서 보는 것처럼 ㊳과 ㊴를 제외하고 나면, 기유본은 병

오본의 39곳에 수정을 가하여 이루어진 것이다. 이 39곳 가운데 전병윤은 14곳(밑줄친 ④, ⑯, ⑳, ㉑, ㉒, ㉓, ㉔, ㉖, ㉗, ㉘, ㉙, ㉞, ㉟, ㉧)을 찾아 전게 논문에서 제시했으나, 이는 면밀히 대조하지 못한 결과이지 판본이 다르기 때문은 아니다.[142]

나. 제2책 제2권 대조 결과

	位置	丙午本 (1606)	己酉本 (1609)	備考
①	2권 1판 전4행	拔藥	撥藥	己酉本 1字改
②	2권 1판 전1행	獨立	懿文	己酉本 2字改
③	2권 1판 후2행	拔雲散	撥雲散	己酉本 1字改
④	2권 3판 전2행	睌	晩	己酉本 1字改
⑤	2권 3판 전8행	倉	倉	己酉本 改刻
⑥	2권 3판 후6행	碬	碬	己酉本 改刻
⑦	2권 4판 전3행	倉	倉	己酉本 改刻
⑧	2권 5판 후6행	永	未	己酉本 1字改
⑨	2권 6판 후4행	悥		己酉本 削去
⑩	2권 6판 후7행	植	植穩下有厥字	己酉本 5字雙行追刻
⑪	2권 7판 전6~후3행			己酉後本 8行147字削去
⑫	2권 7판 후2행	岨	阻	己酉本 1字改
⑬	2권 8판 전2행	有餘	猶餘	己酉本 1字改
⑭	2권 8판 후7행	說況	況我偏邦人心極巧前日寒暄孝直皆不足於先見之明	己酉本 說況之間22字小字雙行追刻
⑮	2권 18판 전4행	盖	益	己酉本 1字改
⑯	2권 20판 전6행	合數	數合	己酉本 2字改
⑰	2권 21판 전1행	雖	帷	己酉本 1字改
⑱	2권 23판 전10행	常入間黑口	出	己酉本 1字追刻
⑲	2권 24판 전5행	不能篤也	不　篤也	己酉本 1字削去
⑳	2권 24판 전7행	語勢且	語　且	己酉本 1字削去
㉑	2권 26판 전1행	咳笑	譜笑	己酉本 1字改
㉒	2권 33판 후7행	其	其肯	己酉本　削爲2字雙行小字

142 제1책 대조에서의 ⑥과 ⑨는 동일한 글자를 고쳐서 새로 새긴 것이다.

㉓	2권 34판 후5행	潤孫	胤孫	己酉本 1字改
㉔	2권 34판 후8행	潤孫	胤孫	己酉本 1字改
㉕	2권 34판 후10행	潤孫	胤孫	己酉本 1字改
㉖	2권 35판 전1행	潤孫	胤孫	己酉本 1字改
㉗	2권 35판 후1행	就	僦	己酉本 1字改
㉘	2권 43판 전3행	++下迓	逆	己酉本 1字改
㉙	2권 46판 전2행	晉牧	晉州	己酉本 1字改
㉚	2권 46판 후6행	妹夫	姊夫	己酉本 1字改
㉛	2권 47판 후4행	秩作	迭作	己酉本 1字改
㉜	2권 49판 전1행	移檄之事	移檄　事	己酉本 1字削去
㉝	2권 50판 전10행	貴川經去	貴千徑去	己酉本 2字改
㉞	2권 50판 후6행	獨隱	柿隱	己酉本 1字改
㉟	2권 55판 전4행	彌蔓	彌漫	己酉本 1字改
㊱	2권 55판 전10행	下瓢	瓢下	己酉本 2字改
㊲	2권 55판 후6行末	曾	玄	己酉本 1字改
㊳	2권 55판 후8행	城朝	城旦	己酉本 1字改
㊴	2권 57판 전1행	蓋簪	盍簪	己酉本 1字改
㊵	2권 58판 전3행	豊篰	豊蔀	己酉本 1字改
㊶	2권 58판 후6행	輔德之娣也	輔德之姊也	己酉本 1字改
㊷	2권 60판 전6행	歷年	歷	己酉本 1字削去
㊸	2권 60판 전10행	大畧	畧	己酉本 1字削去
㊹	2권 60판 후2행	使欺且愧	欺且使愧	己酉本 3字改
㊺	2권 60판 후8행	壽止	而只	己酉本 2字改
㊻	2권 60판 후10행	避亂	避難	己酉本 1字改
㊼	2권 61판 후2행	當雲谷門	當谷雲門	己酉本 2字改
㊽	2권 62판 전9행	仆病	仆地	己酉本 1字改
㊾	2권 62판 후3행	漫舞	慢舞	己酉本 1字改
㊿	2권 64판 후2행	陰	蔭	己酉本 1字改
(51)	2권 67판 전4행	養子前牧使李承 宗立石養孫錙書		己酉本 14字削去
(52)	2권 69판 전1행	半年	二年	己酉本 1字改
(53)	2권 69판 후10행	夢搏夢擇	夢雲夢澤	己酉本 2字改
(54)	2권 70판 후1행	姮茂	恒茂	己酉本 1字改
(55)	2권 71판 전2행	瑊曰瓘曰琪曰璘	瑊曰璘曰琪曰瓘	己酉本 2字改
(56)	2권 76판 전1행	漢生	季漢	己酉本 2字改
(57)	2권 76판 전2행	附于	祔于	己酉本 1字改
(58)	2권 76판 전8행	半年	二年	己酉本 1字改
(59)	2권 78판 후3행	盡裕	蠱裕	己酉本 1字改

	위치	丙午本 (1606)	己酉本 (1609)	비고
⑥⓪	2권 80판 전9행	十微身	一微身	己酉本 1字改
⑥①	2권 80판 후7행	對馬島倭奴	對馬 倭奴	己酉本 1字削去
⑥②	2권 85판 전4행	一甲	介甲	己酉本 1字改
⑥③	2권 85판 후5행	諸斧	齊斧	己酉本 1字改
⑥④	2권 87행 후8행	年及時制	今臣年及時制	3字削而臣年及時雙行小字
⑥⑤	2권 88행 전9행	虛實分揀	虛實更加分揀	削實分而刻爲雙行小字
⑥⑥	2권 88장 후10행	南冥集卷之二	南冥先生集卷之二	8字改刻
⑥⑦	2권 72장 후9~10행			丙午本2行改刻, 己酉本同一

제2권의 경우 위의 대조표에서 보는 것처럼 ⑪과 ⑥⑦을 제외하고 나면, 기유본은 병오본의 65곳에 수정을 가하여 이루어진 것이다. 그리고 이 가운데 이번에 이 책의 발견으로 세상에 처음 알려진 45판까지에서는 27곳에서 수정이 이루어졌음을 알 수 있다.[143]

전병윤의 상게 논문에서는 이 제2권이 발견되지 않아 이를 못 본 상황에서 논문을 집필하였고, 오이환은 46판 이후 끝까지 확인할 수 있는 상기 경상대본 한 책이 발견된 이후에 대조하였던바 모두 12곳(밑줄 친 ㉙, ㉚, ㉜, ㊺, ㊻, ㊼, ㊾, ㊿, ⑤⑤, ⑤⑥, ⑥①, ⑥④)에서 수정이 이루어진 것으로 보았다. 이번의 대조 결과가 오이환의 논문과 좀 다른 것은, 그가 면밀히 대조하지 못한 결과이지 판본이 다른 것은 아니다.[144]

다. 제2책 제3권 대조 결과

	위치	丙午本 (1606)	己酉本 (1609)	비고
①	3권 19판 전8행	洪水	洪流	己酉本 一字改

---

143 제2책 대소에서의 ⑤, ⑥, ⑦은 동일한 글자를 고쳐서 새로 새긴 것이다.
144 이번에 발견된 이 책의 2권 80판 전9행 '十微身'이 '一微身'으로 되어 있고, 3권 6판 전2행 '十片'이 '一片'으로 되어 있으나, 이는 이 책의 소장자가 주도면밀하게 세로획을 오려낸 뒤 글자 뒤쪽에 아주 얇은 종이를 붙이고 살짝 가필한 것이다.

②	3권 23판 전4행	受符	手符	己酉本 一字改
③	3권 27판 전2행	丹宵	丹霄	己酉本 一字改
④	3권 31판 후5행	但今	秖今	己酉本 一字改
⑤	3권 36판 후10행	南冥集卷之三	南冥先生集卷之三	己酉本 8字改刻

　제3권의 경우 위의 대조표에서 보는 것처럼 기유본은 병오본의 5곳에 수정을 가하여 이루어진 것이다. 이 5곳 가운데 전병윤은 2곳(밑줄친 ②, ⑤)을 찾아 전게 논문에서 제시한 적이 있다. 이 역시 세밀히 조사하지 못한 결과이지 판본이 다른 것은 아니다.

　이상의 대조 결과를 종합해 보면 다음과 같다.

4. 소결

　이상 크게 세 가지로 나누어서 이 판본에 대해 살펴보았다.

　책의 크기나 반곽의 크기만으로 본다면 계명대본과 이 판본은 서로 약간의 차이가 있어서 이 자체로는 동일 판본 여부를 결정하기가 어렵다. 책의 크기가 다른 것은 책을 찍으려고 종이를 준비해 온 사람에 따라서 그 크기가 다를 수 있으므로, 이것은 판본의 이본 여부를 판단하는 결정적 근거는 되지 않는다. 그러나 반곽의 크기가 서로 다른 것은 이본으로 볼 수 있는 여지가 있다. 그렇지만 이 또한 위의 비교에서처럼 대체로 비슷하고 종이 자체의 신축력과도 무관하지 않아 이 정도의 차이로는 결정적 증거가 되기는 어렵다. 무엇보다도 내용을 대조해 본 결과 서로 다른 부분이 없고, 광곽과 계선의 결락 부분의 모양에서 이들이 서로 동일 판본임을 알 수 있게 하는데다, 어미의 형태 가운데 특징적인 부분에서 완벽하게 서로 같으므로 이 두 책은 동일 판본의 인쇄물로 결론을 내릴 수 있다.

그렇다면 이제까지 알려지지 않은 제2권 1판에서 45판까지의 내용은 기유본과 어떻게 다른지를 살펴야 할 순서다. 그 나머지는 2009년에 계명대학교에서 영인 간행된 『남명선생집』의 해제에서 밝혔지만, 이를 논문으로 보고한 적은 없기에 여기서 아울러 거론하면서 전체적으로 그 가치와 의의를 생각해 보기로 한다.

특이한 것은 두 책의 앞뒤 표지 안쪽 네 곳에 배접되어 있는 牒呈과 行下가 만력 33년(1605) 11월 초5일, 33년(1605) 11월 20일, 만력 34년(1606) 9월 초7일 등에 발급된 것이어서, 이 책의 간행연도가 1606년 9월 이전은 아닐 것이라는 짐작을 할 수 있다는 점이다.

그리고 내용의 비교 과정에서 확인된 것으로 볼 때, 이 책이 병오본 가운데서도 초간본은 아닐 것으로 의심되는 점이 있다.

2권 20판 전8행의 첫부분 '已矣方' 세 글자는 좌우의 행과 비교해 보면 두 글자 자리에 세 글자를 쓴 것임을 알 수 있다. 또 2권 33판 후6행에 보이는 '兩漢'의 '兩'자는 아래 글자와의 간격이 비정상적으로 떠 있으면서 삐뚤게 새겨져 있다.

2권 64판의 후5행에 보이는 '瑀'와 '珹'와 '瑠'은 姜瑞의 형제인데, 세 글자 모두 개각한 것이다. 이 뒤로 바뀌지 않았는데, 다만 이 판본 이전에는 다르게 되어 있던 것을 이렇게 수정한 것으로 보인다. 묘갈에도 이 순서대로 되어 있으니, 이전 판본에 순서가 잘못 되었다고 하여 수정하였을 것이다. 2권 71판 전2행에 보이는 "珹曰瓚曰琪曰璘"은 宋世勳과 淸州郭氏 사이의 아들 네 명의 이름인데, 이들 이름자는 좌우·상하에 보이는 여타 글자에 비해 약간 커서 자세히 보면 개각된 것임을 충분히 알 수 있다. 1권 26판 전6행~9행과 2권 72판 후9행과 10행은 모두 개각된 것이다.

이러한 사례는 이 판본이 전체를 새로 써서 판각한 것의 초간본이 아니고, 원래 있던 각판의 글씨를 그대로 이용하고 수정해야 할 부분은 일부 수정하였기 때문에 생긴 것이다. 2권 3판 후6행에 보이는 '磭'과 2권 3판 전8행에 보이는 '會' 등은 이러한 판단을 더욱 뒷받침하는 것이다. 원래의 글씨를 최대한 살리면서 고치려다 보니 글자 모양이 이상하게 된 것이다.

앞의 문경호가 찬술한 기유본 발문에서, 장판각이 불에 탔다고 하였으니 이는 목판이 다 탔다는 뜻이고, 다시 刊役을 일으켰다고 하였으니 이는 목판을 새로 새겼다는 뜻이다. "許從善이 刊本을 寫出하였다."라고 하였으니 이는 병오판의 글씨를 허종선이 썼다는 뜻이다. 그런데 이 판본에서 개각한 곳이 이처럼 여러 군데 보이는 것은, 이 책이 최초의 병오판으로 인쇄된 것이 아니라고 의심할 만한 부분이다.

그러나 이러한 수정은 목판이 불에 탄 갑진본을 그대로 판각하여 초벌로 인쇄한 후 여럿이 돌려 보는 과정에서 수정했다고 보는 것이 좀더 합리적이다. 병오본의 판각을 완료하고 난 뒤에 다시 이러한 수정 간역을 일으켰다고 보기에는, 기유본의 간행 작업이 시작되는 1608년 10월과 시간적 여유가 너무 없다는 점에서 더욱 그러함이 인정된다. 그리고 이 책이 1606년에 간행되었다는 확정적 증거가 없으니 병오본이라는 용어 자체도 재고할 만하지 않겠는가 라는 생각도 할 수 있으나, 앞뒤 사정으로 보면 1606년이나 1607년 두 해 가운데 하나임은 분명하고, 목판이 불에 탄 이후 책을 빨리 인출해 내려는 열망과 관련시켜 본다면 기존에 써 왔던 병오본이라는 용어를 그대로 인정함이 바람직하다고 본다. 그래서 결론적으로 이 책은 『남명집』 병오본이라 할 것이며, 이제까지 알려진 『남명집』 가운데 가장 오래된 最古本으로서 결락된 곳이 없는 完整本이라 할 수 있다.

Ⅲ. 병오본의 의의

이 병오본이 발견됨으로 인해 위의 내용 대조에서 살펴본 바와 같이 기유본의 2권 1장에서부터 45장까지 사이에서 28곳의 수정이 이루어졌음을 알 수 있었다. 그리고 면밀히 대조해 본 결과로는 이미 전병윤과 오이환이 병오본으로 대조했던 것에 비해 훨씬 많은 곳에서 개각이 이루어진 것을 확인하였으므로, 여기서 이들 개각에 대한 의미를 다시 생각해 봄이 바람직할 것이다. 앞에서 살펴본 것처럼 병오본을 기유본과 비교하여 본 결과 원래의 글자가 어떤 글자였던가를 확인할 수 있는 곳이 112곳이었다.[145] 수정 이전의 글자로『남명집』을 이해할 경우와 수정 이후의 글자로 이해할 경우 사이에 어떤 차이가 있는지에 대해 그 의의를 살펴보자는 것이다.

이들은 대체로 誤字를 修正한 경우와 형식이나 문맥과 관련하여 고치는 것이 바람직하다고 판단되어 內容을 釐正한 경우로 나누어 볼 수 있다.

1. 誤字修正 관련 의의

가. 글자 모양 수정 관련

글자 모양이 이상한 것을 수정하여 개각한 것으로는 1책 대조에서의

---

145 전병윤은 1권에서 14곳을 발견하였으나, 이번에 41곳에서 개각이 이루어졌음을 확인했으며, 2권에서 오이환이 12곳을 발견했으나, 이번에는 그 부분에서 38곳이 추가로 더 발견되었고 45판까지에서 28곳에서 개각이 이루어졌음을 확인했으며, 3권에서 전병윤은 2곳을 발견했으나, 이번에 5곳을 발견했다. 전체적으로 보면 기존 논문에서 28곳을 발견했으나, 이번에 84곳을 추가로 더 발견하여 모두 112곳에 개각이 이루어졌음을 확인한 것이다.

①·⑥·⑨와 2권의 ⑥·⑦·㉘ 등 여섯 곳이 있다. 이 가운데 1책 ①은 '曺'를 '曹'로 고친 것인데, 세로획만 살짝 깎아낸 정도로 수정한 것이다. 이 글자는 고치지 않아도 아무런 문제가 없는 것이다. 이 부분 이외에도 이 문집의 곳곳에서 남명 스스로가 '曺'로도 쓰고 '曹'로도 썼음을 확인할 수 있기 때문이다.

나머지 다섯 곳의 글자도 같은 글자로 볼 수밖에 없지만 모양은 약간 다르게 바뀌어 있다.

이들은 내용의 이해에 있어서는 문제가 없으나 글자 모양이 약간 이상해서 수정한 것이다. 글자 모양이 이상한 이유는 이전의 판본에서 오자를 수정하면서 완벽을 기하지 못했기 때문이다. 이는 이 판본 이번의 갑진판이 있어야 무엇을 이렇게 수정했는지 알 수 있다. 앞으로 만약 이보다 앞선 판본이 나올 경우, 다른 곳은 다 이 판본과 같으면서 이 부분만 이 판본과 다르다면 그것을 갑진본이라 할 수 있을 것이다.

이와 관련하여 수정 부분을 이해하여야 할 곳 가운데 하나는 1책 대조에서의 ㉚ 역시 유념해야 할 곳이다. 이 부분의 4행은 개각이 된 것인데, 무엇을 삭거하였는지 알 수 없다. 이 역시 이보다 앞선 판본이 발견될 경우라야 확인 가능할 것이다.

나. 단순한 오자 수정 관련

단순한 오자란 앞뒤 문맥을 차분히 읽어보면 누가 보아도 오자임을 쉽게 알아볼 수 있는 부분을 수정하기 위해 개각한 것을 말한다. 1책 대조에서의 ②·③·⑫·⑱·㉔·㉞ 등 여섯 곳과, 2권 대조에서의 ①·③·④·⑤·⑧·⑫·⑰·㉗·㉛·㉜·㉝·㉞·㉟·㊱·㊲·㊳·㊵·㊶·㊾·㊿·52·53·54·55·56·57·58·59·60·62·63 등 31곳과, 3권 대조에서의 ①·②·③·④ 등 네 곳이 바로 여기에 해당된다.

이 경우는 '慟'이라 할 것을 잘못 써서 '動'이라 하였던 것을 바로 고쳤다든지, 復卦를 뜻하는 '地雷'를 '地籟'로 잘못 판각된 것을 고쳤다든지, '拔藥'·'拔雲散'을 '撥藥'·'撥雲散'으로 고친 것 등을 말한다. 이는 대체로 남명이 그렇게 쓰지 않았는데, 필사자가 오자를 내어서 이를 수정한 경우에 해당된다. 그러나 '拔藥'이나 '拔雲散'은 일반적으로 '撥藥'과 '撥雲散'으로 쓰지만, '拔藥'과 '拔雲散'이 완전히 잘못된 표기라고 할 수도 없다. 그렇다 하더라도 이 41곳에서의 수정은 대체로 단순한 오자의 수정이라고 인정할 만하다.

1책 대조에서의 ⑱ '白首'는 편지글에서 자신의 이 시구를 스스로 인용한 글이 있어, 이를 바탕으로 해서 '白手'로 수정한 것이다. 편지글은 받은 사람이 갖고 있었기에 『남명집』에 실었을 것이므로, 편지글을 바탕으로 수정한 것은 단순한 오자 수정이라 할 만하다. 그러나 당시 사람들이 이 시를 외면서 이 시구를 '白首'로 생각하고 있었기에 초간본에 이렇게 기록되었다는 점도 재미있는 사실이다.

다. 문맥상 오자 수정 관련

문맥상의 오자란 필사자가 단순히 잘못 써서 생긴 오자가 아니고, 필사자는 바르게 썼지만 문맥을 대조해 본 결과 수정하지 않을 수 없어서 수정한 경우가 이에 해당된다. 물론, 뒤에서 언급하는 문맥 관련 이정과는 다른 측면에서 분류된 것이다. 修正은 마땅히 고쳐야 할 곳이라고 생각하여 고친 것이고, 釐正은 남명의 명예에 흠이 될 만한 것을 의도적으로 고쳤다거나, 남명을 존숭하기 위하여 의도적으로 고친 것이라는 점에서 구분하여 다룬다.

여기에 해당되는 것으로는 1책 대조에서의 ⑤·⑦·⑩·⑮·⑯·㉑·㉗·㉘·㉜·㉝ 등 10곳과 2권 대조에서의 ⑨·⑩·⑮·⑯·㉑·㉓·㉔·㉕·㉖·

㊷·㊸·㊹·㊺·㊻·㊼·㊽ 등 15곳이 있다.

1책의 ⑤의 경우는 '病身多未合'을 '病身瓦未合'으로 수정한 것이다. 5언절구 첫째구의 세 번째 글자에는 평측을 심각하게 따질 필요가 없으나, '多未合'을 '瓦未合'으로 고치고 나면 모두 측성이 되어서 성운의 측면에서는 오히려 더 나을 것이 없다. 그렇지만 당시 사람들은 '와미합'을 남명의 원시로 판단하였던 듯하다. "병 든 몸이 세속 사람들의 뜻과 많이 합치되지 않는다."라고 한 것이 남명의 본래 뜻일지, "병 든 몸이 기와처럼 부서져 합쳐지지 않는다."라고 한 것이 남명의 본래 뜻일지는 후인으로서는 판단하기 어렵다.

1책 ⑦의 경우는 河天瑞를 河宗岳으로 잘못 알고 주석을 단 것에 대해 수정을 가한 것이다. ⑩의 경우 '行裝'이 '길가는 사람의 服裝'이라면 '行藏'은 '나아가서 행함과 숨어 지냄'의 뜻이 있으니, 문맥으로 보아 후자가 더 가깝다고 수정한 것이다. ⑮·㉑·㉗·㉘·㉜·㉝ 등과 2권 대조에서의 ⑨·⑩·⑮·⑯·㉑·㊻·㊼·㊽ 등도 모두 문맥상 그렇게 고치는 것이 바람직해 보인다.

1권 ⑯의 경우는 '先承霽日'을 '先乘霽日'로 수정하였으나, 의미로 보면 '承'이 더 무난한 듯한데, 이렇게 수정할 무슨 근거가 있었는지 알 수 없다. '구름이 갠 해를 떠받들 듯이 하다가, 문득 흐릴 때 북쪽으로 향하여 달려간다.'고 하는 것이, '갠 해를 타고 가다가…'라고 하는 것보다 아첨하는 느낌이 강하기 때문이다.

그리고 2권 ㉓·㉔·㉕·㉖은 '潤孫'을 '胤孫'으로 수정한 것이다. 그런데 이것은 이 판본 이전에서 이 판본으로 바뀌면서 '胤'을 '潤'으로 수정한 것인데, 이것이 다시 기유본에 와서 도리어 胤으로 모두 수정된 것으로 보인다. 이 병오본의 2권 34판 5행과 8행 10행 및 35판의 전1행의 '潤'자는 상하의 글자와 비교해 보면 개각된 것임이 분명한데, 그 사이 즉 2권

34판 6행에는 '胤孫'으로 그대로 남아 있다. 이는 이 병오판을 찍을 적에 '胤'을 '潤'으로 수정하면서 한 곳에서 빠뜨린 것인데, 기유본에서는 이를 바탕으로 나머지 네 글자를 다시 '胤'으로 수정한 것이다. 결과적으로 여기 네 곳의 '胤'이란 글자는 이 판본에서 한 차례 수정되었다가 기유본에서 다시 수정됨으로써 원위치된 것이다. 조윤손과 그 아버지 조숙기의 비석 글씨를 참조해 보면 '胤'은 '潤'의 잘못이다.

그리고 ㊷·㊸·㊹·㊺는 실제로 서 있는 남명의 선친 묘갈과 자필로 남아 전하는 묘갈명의 기록에 따라 수정한 것인데, 이는 역시 문맥을 바로잡은 것이었다.

2. 内容釐正 관련 의의

가. 形式 관련

글 형식 문제 때문에 내용을 의도적으로 수정한 것으로는, 1책 대조에서의 ④·⑧·⑭·⑰·⑲·㉕·㉙·㊲·㊶ 등 9곳과 2권 대조에서의 ⑬·㊳·㉛·㊻ 등 4곳과 3권 대조에서의 ⑤ 등 모두 14곳이 여기에 해당된다.

이 가운데 1권 ㊶, 2권 ㊻, 3권 ⑤는 모두 卷末題 부분인데 '南冥集'을 '南冥先生集'으로 개각한 것이다. 이에 반해 1책 대조에서의 ④는 '大谷先生撰'을 '成大谷撰'으로 개각한 것인데, 이는 일반적으로 해당 문집의 저자에게만 선생이라 칭하기 때문에 의도적으로 바꾼 것이라 할 것이다.

2권 대조에서의 ㉛은 '對馬島倭奴'에서 '島'를 의도적으로 삭거한 것이다. 이는 없는 것이 자연스럽다고 생각하여 고친 것으로 보인다. 2책 대조에서의 ㊳ '城朝'는 태조의 휘를 피해서 쓴 것인데, 이를 원래의 글자 '城旦'으로 되돌린 것이다. 이밖에는 모두 시의 형식과 관련하여 글자를 의도적으로 수정한 것이다.

1책 대조에서의 ⑧의 '是東野' ⑭의 '不爲貪' ㉕의 '從泉出' ㊲의 '一念留' 등 및 1책 대조에서의 ⑲와 2책 대조에서의 ⑬에 보이는 '喫有餘' 등 여섯 곳은 모두 한시 작법에서의 평측 규칙에 어긋난다고 판단하여, '東野是'·'不是貪'·'從川出'·'一身留'·'喫猶餘' 등으로 수정을 가한 것이다.

1책 ⑰의 '五十年'과 ㉙의 '頭白'은 한 편의 시에서 같은 글자가 두 번 나오는 것을 꺼려하여 의도적으로 바꾼 것이다. 남명은 시 작법에서의 이러한 틀에 굳이 얽매이려 하지 않았던 것이지만, 제자로서는 스승이 작시의 기본도 몰랐다는 구설이 있을까 하여 수정한 것이다. 그러나 49세 때의 시에서 '五十'을 '四十'으로 수정한 것은 지나친 느낌이 든다.

나. 문맥 관련

1책 대조에서의 ⑪·⑬·⑳·㉒·㉓·㉖·㉚·㉛·㉟·㊱·㊳·㊴·㊵ 등 13곳과, 2권 대조에서의 ②·⑪·⑭·⑱·⑲·⑳·㉒·㉙·㉚·㊽·(51)·(65) 등 12곳이 여기에 해당된다.

1) 單純 釐正 (12곳)

單純 釐正이란 남명이 그렇게 쓴 것인지의 여부는 불분명하지만 수정하지 않으면 남명에게 누가 된다고 보고 수정한 경우를 말한다. 1책 대조에서의 ⑪·㉒·㉖·㉟ 등 4곳과 2권 대조에서의 ⑱·⑲·⑳·㉒·㉙·㉚·㊽·(65) 등 8곳이 여기에 해당된다.

'妹兄'과 '妹夫'를 '姊兄'과 '姊夫'로 고친 것은 서울 사람들의 말을 경상도 사람들의 언어로 바꾼 것이다. 이는 굳이 고치지 않아도 될 것을 고친 것이라 할 수 있는데, 이를 통해 우리는 남명이 평소에 서울 사람들의 말을 사용하였음을 짐작할 수 있다.

'無題'를 '和淸香堂詩'로 고친 것과 '右一絶贈尹大連'이란 주석과 '方

伯' 아래에 '鄭宗榮'이라는 주석을 단 것 등은 초간 때 몰랐던 것을, 기유본을 준비하면서 새롭게 알았으므로 수정한 것이다.

'入'을 '出入'으로 고친 것, '不能篤也'를 '不篤也'로 고친 것, '語勢且'를 '語且'로 고친 것, '其'를 '其肯'으로 고친 것 등은 한 글자를 더하거나 뺀 것으로, 남명이 원래는 그렇게 썼던 것이겠지만 수정하는 것이 문맥의 흐름상 자연스럽다고 보아서 수정한 것이다.

'晉牧'을 '晉州'로 고친 것은 좀 더 자연스러운 표현이기 때문에 수정을 가한 것이고, 잘못 되어서 고친 것은 아니다. 남명은 진주목사를 줄여서 '晉牧'으로 표현한 것으로 보인다.

'仆病'을 '仆地'로 수정한 것과 '漫'을 '慢'으로 수정한 것은 그 이유를 정확히 알 수 없으나, 이 묘갈의 원본이 남아 있었다거나 묘소에 세워진 묘갈의 내용을 비교하여 수정하였을 가능성도 있다. 그러나 '仆病'이라는 말에서 '仆'에 '仆地'의 뜻이 있으니, '病'이란 글자가 삼족당의 아들 金成에 대한 정보를 한 가지 더 전해 준다는 의미가 있다.

'虛實'과 '分揀' 사이에 '更加' 두 글자를 추가한 것은 來庵 所撰 南冥行狀을 근거로 수정을 가한 것이다. 1608년과 1609년 당시의 남명학파 내부의 상황으로 보면 다른 부분의 수정에도 내암의 영향이 절대적이라고 생각할 수밖에 없지만, 이 부분의 수정만큼은 확실히 내암의 영향력이 절대적으로 작용한 것이라 하지 않을 수 없다. 동강 소찬 남명 행장에도 이와 같은 기록이 있으나, '更加' 두 글자는 없기 때문에 더욱 그렇게밖에 볼 수 없다.

2) 尊衛 釐正 (13곳)

尊衛 釐正이란 남명을 존숭하기 위해서는 남명에게 누가 될 만한 내용을 수정함으로써 口舌에 오르는 것을 막기 위함이라 할 수 있다. 여기에

해당하는 것으로는 1책 대조에서의 ⑬·⑳·㉓·㉚·㉛·㊱·㊳·㊴·㊵ 등 9곳과 2권 대조에서의 ②·⑪·⑭·(51) 등 4곳이다.

이 가운데 '江燕'을 '飛燕'으로 고친 것은 이와 비슷한 퇴계의 시 「野池」와 관련시키는 과정에서 수정된 것이 아닌가 생각된다. '江燕'이라고 하면 범범해 보이고, '飛燕'이라 할 경우 퇴계의 시 「野池」에서 언급한 '雲飛鳥過元相管 只怕時時燕蹴波'와 좀더 깊이 관련이 되기 때문이다. 李玄逸도 「愁州管窺錄」에서 退溪와 南冥의 이 두 시를 함께 인용하며 그 비슷함을 언급한 적이 있다.[146]

'劉郎'을 '孫郎'으로 수정한 것은, 제갈량이 무릎 꿇고 나아간 대상을 劉備로 볼 것이냐 孫權으로 볼 것이냐의 문제인데, 남명은 유비로 보았고 그 문인들은 손권으로 보았기에 수정한 것이 아닌가 한다.

'號樹風'을 '樹號風'으로 바꾼 것은 그 의도를 알기 어렵다. '樹風'은 '樹欲靜而風不止'를 줄여 쓴 것으로 보이며 따라서 '號樹風'은 '부모를 길이 그리워하다'라는 의미의 '永慕堂'이라는 당호를 붙인 뜻을 설명한 것으로 이해된다. 그런데 이것을 기유본에서 '樹號風'으로 바꾸었으니, '(유허가 적막하여) 나무도 바람에 號泣하다'라는 뜻일까? 한 가지 더 이상한 것은, 이 시가 李公亮의 아들 李俊民의 『新庵實記』와 『晉陽誌』에 모두 退溪의 시로 실려 있다는 점이다. 그리고 임술본 이후로는 『남명집』에서 아예 빠져 있다. 진주시 미천면 向陽 마을의 전의이씨 재실에는 남명이 찬술한 「永慕堂記」와 「永慕堂」 題下의 시 두 수가 걸려 있는데, 이 시를 退溪 李滉과 錦溪 黃俊良의 시로 기록해 두고 있다. 시에서 풍기는 느낌으로 보면 두 시 모두 남명의 시가 틀림없는 듯한데, 어떻게 이 시가 퇴계와 금계의 시로 탈바꿈하였는지 알 수 없다. 이는 앞으로의 연구를 기다릴

146 李玄逸, 「愁州管窺錄」, 『葛庵集』 19卷 25張 參照.

수밖에 없다.

1책 대조에서의 ㉛의 '雞鳴'은 '山帶'와 對句를 맞추기 위해 '溪聞'으로 고쳤으나, '山帶'는 산골의 개울물을 가리키는 것으로 '雞鳴'과 대구를 잘 맞추어 둔 것인데, '帶'를 동사로 보고 잘못 수정을 가한 것으로 보인다.

'草露遺魂'을 '草露餘魂'으로 수정한 것은 '遺魂'이 '餘魂'보다 죽은 사람의 느낌이 들기 때문인 것으로 보인다. 방백 정종영을 가리켜 '鼎臣高節'이라 하고 자신을 '草露遺魂'이라 하였으니, 남명은 자신을 '풀끝에 달린 이슬처럼 곧 사라질 사람'으로 쓴 것이 아닐까 생각된다.

다음으로 중요한 변화는 「神明舍銘」의 핵심만 남기고 附註는 모두 削去한 점이다. 즉, 본문의 주석에 나오는 '洞洞'과 '流轉'을 각기 삭거하고, '禾'이하 附註 17행을 모두 없앤 것이다. 제거된 17행은 남명이 정신 수련을 하기 위해서 얼마나 치열하게 고민했던가를 잘 보여주는 것으로, 남명의 남명다운 所以가 바로 여기에 있다고 해도 과언이 아니라 할 것이다. 이는 퇴계의 '老莊爲崇' 운운의 발언에 과잉 대응한 것이 아닌가 한다.

2권에서의 존위 이정은 편지글 4곳에 보인다.

첫째는 퇴계에게 보내는 편지글에서, 퇴계에 대해 '獨立之地'로 표현한 을 '懿文之地'으로 수정한 것이다. 독립해 있는 곳, 즉 '우뚝하게 확립함이 있는 그대'를 '점잖고 문채가 있는 그대'로 수정하였다가, 경술본 이후로는 아예 삭제해 버린 부분이다. 퇴계를 '獨立'이라 표현한 것이 남명의 본래 뜻이 아니었을까 생각해 본다.

둘째는 權應仁에게 보낸 편지의 뒷부분만 남기고 8행 147자를 삭거한 것이다. 이는 기유초판본까지는 그대로 유지되었으나 기유후판에 이르러서 일어난 일이다. 이 글은 당시 慶尙左水使에게 자신의 五柱를 보여주어 죽는 날을 알아봐 주었으면 하고 權應仁을 통해서 부탁한 내용이다. 나이 일흔을 넘겨 죽을 날이 가까워짐에 따라 뒷정리를 하고 가겠다는 뜻이라고 스스로 말하고 있으니, 남명의 인간적인 면모를 볼 수 있는 자료라고 생각된다. 당시 문인들은 성리학자로서 命理를 믿는 태도가 바람직하겠는가 하는 뜻에서 수정하였을 것이다.

「與吳御史書」에서 22자를 추각한 것은 '近世의 寒暄堂과 靜菴도 先見之明이 부족해서 재앙을 입었다'는 부분인데, 이는 이 두 분에 대한 표현이 지나치다고 생각하여 병오본에서는 삭제했다가 기유본에 와서 원래의 글을 추각한 것이었다고 생각된다.

文化縣令 文光瑞의 墓表에서 마지막 14자를 삭거한 것은, 남명의 글이 아니기 때문이다. 이 14자는, 비석을 세운 사람은 養子 李承宗이고 글씨를 쓴 사람은 養孫 李鏴임을 밝힌 것이다. 이성양자의 제도가 없어지면서 이를 밝히는 것이 문제의 소지가 될 듯하여 삭거한 것으로 보인다.

마지막으로 특이한 것은 이 병오본의 1권 26판에 보이는 '江樓' 詩가 補刻된 것이라는 점이다. 이 판본 이전의 판본이 아직 발견된 적이 없으므로 무슨 시를 지우고 이 시를 보각하였는지 지금으로서는 알 수 없다. 그리고 이 역시 앞의 '潤孫'·'胤孫'의 수정 과정에서 본 바와 같이, 이 판본이 병오초판본이 아니라는 증거의 하나라 할 수 있다.

3. 병오본 출현의 의의

이상에서 병오본과 기유본을 대조하여 병오본의 내용을 기유본에서 어떻게 고쳤던가 하는 점을 낱낱이 살펴보았다. 이 점을 여기서 요약하며 그 의의를 정리하고자 한다.

첫째는 병오본에서 기유본으로 바뀌면서 109곳에서 수정이 이루어졌다는 점이다. 전병윤과 오이환은 28곳에서 수정이 이루어졌다고 하였으나, 같은 곳에서 82곳이 더 발견되었고, 그들이 보지 못했던 2권 마흔다섯 장에서 27곳을 발견함으로써, 그 사이에 변화된 곳이 모두 109곳임이 드러난 것이다.

둘째는 단순한 오자 수정이 72곳에서 이루어졌고 이들은 대체로 수정될 만한 것을 수정했다고 하겠으나, '先乘霽日'의 경우는 재고의 여지가 있고, '胤孫'의 경우는 잘못 수정한 것이었다.

셋째로 시 형식과 관련하여 이정한 것 가운데 '全身五十年前累'의 '五十年'은 이 판본을 근거로 원전을 확정할 만한 것이다.

넷째로 문맥과 관련하여 이정한 것은 앞으로의 연구과제가 될 만하다. 이 가운데서 이미 잘 알려진 것이지만 특히 신명사명의 뒷부분을 완전히 삭거한 것은 退溪의 指斥을 염두에 둔 결과로 해석된다. 그리고 退溪에게 '獨立之地'라고 한 것이라든지, 權應仁에게 五柱를 보내어 자신의 임종 시기를 알아보게 한 편지라든지, 異姓養子를 분명히 기술한 것이라든지, '江樓' 시를 보각한 것 등은 앞으로 연구의 한 부분으로 인용될 만한 것이다.

IV. 맺음말

이제까지 『남명집』은 그 최고본인 갑진본은 발견되지 않았고, 그 다음 간본인 병오본도 완질이 발견되지 않은 상태였다. 이번에 병오본 완질이 세상에 알려진 것은 그 자체로 엄청난 의의가 있다고 할 것이다. 본고에서는 이것이 과연 병오본이라고 할 수 있는가 하는 점에 대해 근본적인 데서부터 의심한 뒤, 분석을 통해 병오본이 분명함을 밝혔다.

그리고 이 책의 앞뒤 표지 안쪽 네 곳에 배접되어 있는 牒呈과 行下가

만력 33년(1605) 11월 초5일, 33년(1605) 11월 20일, 만력 34년(1606) 9월 초7일 등에 발급된 것이어서, 이 책의 간행연도가 1606년 9월 이전은 아닐 것이라는 점과, 이 판본에 이미 여러 곳에 개보각이 있다고 하더라도 이를 인쇄 즉시 수정한 것이라고 보아 이 책을 병오본으로 명명하는 것이 온당하다는 점을 밝혔다.

그리고 이 병오본을 바탕으로 보유를 추가하여 새로 판을 짠 기유본과의 대조를 통해 그 변화를 확인한 결과 112곳에서 수정이 이루어졌음을 확인하였다. 이를 통해 병오본 출현의 의의를 바로 앞 단락에서 이미 네 가지로 정리하였다.

또한 1책 대조에서의 ㉚·㉙와 2책 대조에서의 ⑪은 남명학연구소 소장 기유본과 역시 남명학연구소 소장 기유수정본 사이에서의 차이를 아울러 보인 것인바, 앞으로의 연구에 참고가 될 것이다. 1책 대조에서의 ㉚과 2책 대조에서의 ㉗은 이 병오본에서 이미 여러 줄을 고친 부분으로 이 책보다 앞선 판본이 나올 경우 중요한 판단 근거가 된다는 점에서 주목할 필요가 있다.

여기서 그 의의에 대해 추가해 본다면, 이 병오본과 기유본 사이의 수정 과정을 통해 『남명집』의 간행이 처음부터 신중하게 이루어지지 않았음을 알 수 있다는 점이고, 그렇다 하더라도 초기 판본에서의 字句를 후기 판본에서 어떻게 수정했던가 하는 점은, 우리 정신사에서 특별한 지위를 점하고 있는 남명의 학문을 연구하는 데 있어서는 더 없이 소중한 자료가 된다는 점에서 그 의의가 크다 할 것이다.

1. 原典資料

金宇顒, 『東岡集』
李玄逸, 『葛庵集』
李滉, 『退溪集』
鄭仁弘, 『來庵集』
曹植, 『南冥集』(丙午本)
曹植, 『南冥集』(己酉本)

2. 研究論著

全炳允(1986), 「『南冥集』 諸本의 對比的 考察(1)」, 『國語學論叢』, 白旻 全在昊博士 華甲紀國語學論叢 刊行委員會.

金侖壽(1992), 「『南冥集』의 冊板과 印本의 系統」, 『南冥學研究』 第2輯, 南冥學研究所.

吳二煥(1987), 「南冥集板本考(1)」, 『韓國思想史學』 1, 韓國思想史學會, 思社研.

吳二煥(2010), 「『南冥集』 諸板本의 刊行年代」, 『南冥學研究』 第29輯, 南冥學研究所.

李相弼(2010), 「『南冥集』 初刊年代 辨證」, 『南冥學研究』 30輯, 南冥學研究所.

南冥 學問의 變轉時期와
「書圭菴所贈大學冊衣下」小考

Ⅰ. 문제의 제기

爲己之學이라는 용어는 爲人之學이라는 용어에 대하여 상대적으로 쓰인다. 위인지학은 출세가 목적인 반면 위기지학은 聖人이 되는 것을 목표로 한다. 『논어』,「헌문」에서 공자가 "예전에는 자기 자신의 발전을 위해 배웠지만, 오늘날은 남에게 보이기 위해 배운다.[古之學者爲己 今之學者爲人]"라고 언급한 이래, 후세의 대부분의 학자들은 이 말의 뜻을 모르는 것은 아니면서도 실상은 위인지학의 길로 평생을 내달렸던 것이 사실이다.

위기지학이 출사한 뒤에는 결코 이룰 수 없는 것이 아니기는 하다. 그렇지만 출사를 위해 과거 공부를 하고 그리하여 과거에 급제하여 출사한 뒤에, 자신이 위기지학을 했다고 자부할 수 있다면, 그는 聖人인 君主를 만난 聖人인 大臣이라 할 수 있다. 그러나 역사상 공자 이래 이런 인물이 있었다고 들은 바가 없다.

군주는 세습되는 것이 제도에 의해 보장되었으므로 이런 상황에서 군주가 성인이 된다는 것은 일반 학자가 성인이 되기보다 훨씬 어렵다고 봄이 순리일 것이다. 그러니 성인이 아닌 군주 아래서 성인이 신하 노릇한다는 것은 거의 불가능하다. 그러므로 대체로 성인이 되는 학문을 추구하는 사람이 출사할 만한 때는 역사상 없었다고밖에 볼 수 없는 것이다.

남명이 위기지학을 하겠다는 생각을 굳혔다면 이는 출사하지 않겠다는 생각을 굳혔다고 보는 것이 마땅할 것이다. 이는 그가 강조했던 엄정한 출처관과도 직결되는 것이다. 그런데 남명이 이처럼 중대한 의미가 있는 위기지학으로 학문의 방향을 전변한 시기가 과연 언제였던가 하는 점을 분명히 하고자 하는 것이 본 논문의 집필 의도다. 종래 알려져 온 설이 있었음에도, 이에 대해 이상필이 1998년에 종래의 설이 잘못 되었고 이를 31세로 수정해야 함을 박사학위 논문에서 언급했다. 그 후 이에 동조하는 사람도 많았으나 종래의 설이 옳다고 하는 사람도 있었다.

II. 조선시대 이래의 종래설

조선시대부터 근래에까지 알려져 온 남명의 위기지학 전변 시기는 25세설과 26세설이 있는데, 대체로 25세설에 무게가 좀 더 실려 있다. 이 25세설과 26세설은 1572년에 이루어진 金宇顯과 鄭仁弘이 찬술한 南冥行狀에 언급된 기록을 근거로 하고 있다.

남명의 門人이면서 外孫壻이기도 한 동강 김우옹은 「남명선생행장」에서 다음과 같이 기록하고 있다.

> 선생은 25세 때 친구들과 함께 산 속의 절에서 학업을 익혔다. 『性理大全』을 읽다가 魯齋 許氏의 다음 글을 접하였다. "伊尹의 經世之志를 자신의 뜻으로 삼고, 顔淵의 학문을 자신의 학문으로 삼아, 出仕해서는 세상을 위해 하는 일이 있고, 退處해서는 지키는 것이 있어야 한다. 丈夫는 마땅히 이와 같아야 한다." 선생이 이에 惕然히 경계하는 마음이 일어나고 惘然히 정신을 잃은 듯하였다. 비로소 이제까지 趣向했던 것이 그릇되었고, 古人의 이른바 爲己之學이 대체로 이와 같다는

것을 깨달았다. 드디어 위연히 발분하여 밤이 새도록 침석에 나아가지도 않고 새벽이 되어서 함께 공부하던 벗들과 읍을 하고 돌아왔다.[147]

남명이 25세 때 山寺에서 학업을 익히면서 『성리대전』을 보다가 魯齋 許衡의 글을 읽고 위기지학으로 학문의 방향을 틀었다는 증언이다. 그런데 김우옹이 찬술한 남명 행장과 같은 시기에 이루어진,[148] 문인 정인홍이 찬술한 남명의 「행장」에는 이를 26세 때의 일이라 하면서 다음과 같이 기록해 두고 있다.

선생은 나이 26세 때 친구들과 함께 산 속의 절에서 학업을 익혔다. 『性理大全』을 읽다가, "伊尹이 뜻을 두었던 經世에 뜻을 두고, 顏淵이 추구한 학문을 추구하여, 出仕해서는 이윤처럼 세상을 위해 하는 일이 있고, 退處해서는 안연처럼 지키는 것이 있어야 한다. 丈夫는 마땅히 이러해야 한다. 출사해서는 세상을 위해 하는 바가 없고 퇴처하면서 지키는 바가 없다면, 뜻을 두고 배운 것으로 장차 무엇을 하겠는가?"라는 魯齋 許衡의 말에 이르자, 예전부터 해 오던 자신의 학문이 옳지 않다는 것을 깨닫고는 마음속으로 부끄러운 생각이 들어 등줄기에 땀이 나고 정신이 멍하여 어찌할 바를 몰랐다. 밤새도록 잠자리에 들지 않고 있다가 동이 트려 하자 친구들에게 읍을 하고 집으

---

147 金宇顒, 『東岡集』 卷17, 「南冥先生行狀」, "年二十五 偕友人 肄學業於山寺 讀性理大全 至魯齋許氏語 有曰 志伊尹之志 學顏淵之學 出則有爲 處則有守 丈夫當如此 先生於是愓然警發 惘然自失 始寤從前所趣之非 而古人所謂爲己之學者 蓋如此也 遂喟然發憤 夜夜不就席 遲明 揖友人而歸 自是篤志實學 堅苦刻勵."

148 『동강집』에 실린 「남명선생행장」에는 찬술 연도가 실려 있지 않으나, 기유본(1609) 『남명집』 보유에 실린 「행장」에는 "隆慶六年閏二月日 門人從仕郞權知承文院副正字金宇顒 謹狀"이라 기록되어 있어 이것이 1572년 윤2월에 이루어진 것임을 알 수 있다. 같은 판본 『남명집』 앞부분에 실린 정인홍 소찬 남명 행장의 끝부분에 "隆慶六年壬申閏二月日 門人 生員 鄭仁弘 謹狀"이라 기록되어 있어서, 이 두 행장이 남명의 몰후 거의 동시에 지어진 것임을 알 수 있다.

로 돌아왔다.

　이로부터 성현의 학문에 뜻을 확실히 두고 용맹하게 앞으로 나아가, 다시는 속된 학문에 뜻이 꺾이지 않았다. 얽매이지 않고 날아오르려는 기질이 하루아침에 변하여, 움직이거나 가만히 있거나 말하거나 묵묵히 있을 때 다시는 옛날의 모습이 아니었지만, 스스로는 아직 옛날 것이 다 사라지지 않았다고 하였다.[149]

　이 두 글을 통하여 알 수 있는 것은, 첫째 김우옹과 정인홍의 행장에서 언급한 위기지학으로의 전변 계기가 『성리대전』의 허형의 언급 즉, "伊尹이 뜻을 두었던 經世에 뜻을 두고, 顔淵이 추구한 학문을 추구하여, 出仕해서는 이윤처럼 세상을 위해 하는 일이 있고, 退處해서는 안연처럼 지키는 것이 있어야 한다. 丈夫는 마땅히 이러해야 한다."라는 표현에 깊은 감명을 받았기 때문이라는 것이다. 둘째로는 그 시기가 김우옹은 25세 때라고 하였고, 정인홍은 26세 때라고 하여[150] 1년의 차이가 있다는 점이다.

　이보다 조금 뒤인 1576년 무렵에 세워진 남명의 묘갈명에서도 남명의 절친한 벗 大谷 成運 또한 이 점을 "공이 하루는 책을 읽다가 노재 허씨의 '이윤의 뜻을 뜻으로 삼고 안자의 학문을 배워야 한다'는 말을 보고 척연히 깨닫고는 발분하여 뜻을 단단히 하였다."[151]라고 표현하였다. 시기가

---

149 鄭仁弘, 『來庵集』, 「南冥先生行狀」, "先生 年二十六歲時 偕友人 肄業於山寺 讀性理大全 至許魯齋之言 曰志伊尹之所志 學顔淵之所學 出則有爲 處則有守 丈夫當如此 出無爲 處無守 所志所學 將何爲 於是 始悟舊學不是 心愧背汗 惘若自失終夜不就席 遲明 揖友人而歸 自是刻意聖賢之學 勇猛直前 不復爲俗學所撓 飛揚不羈之氣 一頓點化 動靜語默 非復舊時樣子 猶自以謂或未消了."

150 기유본(1609) 『남명집』에는 이처럼 26세 때라고 하였으나, 1611년에 간행된 『내암집』의 「남명조선생행장」에는 '25세 때'로 되어 있다. 『내암집』의 이 기록은 나중에 수정된 것으로 판단된다.

151 成運, 『大谷集』 下, 「南冥先生墓碣」, "公一日 讀書得魯齋許氏之言 曰志伊尹之志學顔淵之學 惕然覺悟 發憤勵志."

분명히 언급되어 있지 않다는 점만 위 두 기록과 다르다. 그렇지만 대곡의 글은 시기에 따라 기록하고 있고, 이 기록이 1525년 남명의 아버지 조언형의 상을 당한 이후에 서술되어 있다는 점을 눈여겨 볼 필요가 있다.

다음으로 오래 된 기록으로는 정인홍의 문인 无悶堂 朴絪(1583~1640)이 주도하여 찬술한 『남명선생연보』다. 여기에는 이 사실을 25세 조에 실어두고 있다.[152]

이후에도 眉叟 許穆(1595~1682)은 남명의 신도비 「德山碑」에서 이를 26세의 일로 기록하고 있고,[153] 尤庵 宋時烈(1607~1689)은 「南冥曺先生神道碑銘」에서 이 사실을 언급하고는 있으나 시기를 명시하지 않았다.[154] 또한 조선 말기에 이르러 俛宇 郭鍾錫(1846~1919)도 「南冥曺先生墓誌銘」에서 25세에 허형의 글을 읽었다는 것으로 기록하고 있다.[155]

이를 종합해 보면 남명 몰후 조선시대에는 남명이 위기지학으로 전변한 시기를 25세 또는 26세로 보아 왔음을 알 수 있다. 다만 정인홍의 문인

---

152 韓國精神文化研究院, 『古文書集成』 卷30, 247面, "四年乙酉 先生二十五歲 專意聖賢之學 先生偕友人 肄擧業於山中 始讀性理大全 至許魯齋之言曰 志伊尹之所志 學顔子之所學 出則有爲 處則有守 丈夫當如此 出無所爲 處無所守 則所志所學 將何爲 於是始悟舊學不是 心愧背汗 終夜不就席 遲明 揖友人而歸." 이후 이 연보가 『南冥編年』이라는 이름으로 간행되었다.

153 許穆, 『記言』 卷39, 「德山碑」, "二十六 見魯齋心法 志伊尹之志 學顔子之學 出則有爲 處則有守 惘然自失 喟然嘆息而言曰 古人爲己之學 蓋如此 刻意奮厲 勇往直前."

154 宋時烈, 『宋子大全』 卷145, 「南冥曺先生神道碑銘」, "甫成童 目見己卯士禍之慘 遂不赴擧 以親命嘗一就 爲文慕左柳 一日讀濂溪志伊學顔之語 慨然發憤 自山齋揖諸生歸." 이 글에 보이는 "기묘사화(1519)의 참혹함을 목도하고 드디어 과거에 나아가지 않았다." 함은 사실과 다르다. 남명 스스로 20세 이후에 처음으로 과거에 응시하여 여러 차례 낙방하였다고 술회하고 있기 때문이다.

155 郭鍾錫, 『俛宇集』 卷149, 「南冥曺先生墓誌銘」, "二十五歲 讀性理大全於山寺 至許魯齋言 志伊尹之志 學顔淵之學 出則有爲 處則有守 大丈夫當如此 出無所爲 處無所守 則所志所學 將何爲 遂脫然契悟 專意聖賢之學."

인 박인이 남명의 연보를 작성하면서 스승의 설인 26세설을 따르지 않고 25세설을 따른 것과 허목의 「덕산비」에서의 기록이 정인홍 소찬 남명 행장의 26세설을 따른 것은 좀 특이하다 할 것이다. 박인의 경우는 연보를 작성하다 보니, 남명이 26세 3월에 아버지의 상을 당했는데 26세에 과거에 합격하기 위해 공부를 했다고 한다면 실상에 어긋날 것 같아서 25세설에 동조할 수밖에 없었던 것이 아닌가 생각된다.

이처럼 남명 관련 기록 가운데 조선시대 이래로 25세설 또는 26세설 이외에 이를 의심한 기록을 필자는 본 적이 없는데, 앞에서 확인한 것처럼 이는 모두 남명의 고제로 알려진 김우옹과 정인홍의 행장에 근거한 것임을 알 수 있다.

Ⅲ. 31세설 주장의 과정과 근거

그런데 마침 필자가 이 25세설이나 26세설에 심각한 문제가 있다는 것을 알고 박사학위 논문에서 31세로 이를 수정하였다. 다음은 필자의 박사학위 논문 가운데 남명의 출처관을 논술한 부분에서 주석으로 언급한 내용이다.

남명이 魯齋 許衡의 글을 본 것을 두고, 東岡 所撰의 行狀과 『南冥編年』에는 25세 때의 일이라고 하고, 來庵 所撰 行狀에는 26세 때의 일이라고 하였다. 근자에 나오는 논문의 집필자들은 대체로 이 기록에 근거하여, 25세를 남명 생애의 큰 전변기로 보고 있다. 그러나 이 일이 일어난 시기는 남명 자신이 쓴 「書圭菴所贈大學冊衣下」의 기록에 근거하여 31세의 일로 보는 것이 옳을 듯하다. 「書圭菴所贈大學冊衣下」는 32세 때에 쓴 글인데, 이 글에서 남명은 '나이 서른을 넘긴 후[年已三

十餘矣]' 어느날 許魯齋의 글을 읽은 뒤 크게 깨닫고 과거공부를 포기, 진정한 공부에 나아갈 수 있었다고 했다. 그리고 또 자신의 이러한 태도를 보고 친구 李浚慶이 기뻐하여 『心經』을 선물했다고 했는데, 이때받은 『心經』에 발문을 쓴 해가 1531년 10월, 즉 남명의 나이 31세 때의 일이다. 그리고 「題成仲慮所贈東國史略後」는 32세 때 쓴 글인데, 이 글은 과거 공부를 포기하면서 서울 생활을 청산하고 김해로 내려올 적에 벗 成遇가 선물한 책에 쓴 발문이다. 이런 여러 가지 정황으로 보아, 허노재의 글을 본 때는 서른을 넘긴 시기이고 또 31세 10월 이전이니, 자연 31세로 귀착된다.[156]

필자 역시 1990년부터 남명의 학문과 문학으로부터 출발하여 남명학파의 전개 과정에까지 깊은 관심을 가지고 연구하면서 김우옹과 정인홍의 행장에서 제시된 25세설과 26세설에 대해 이미 숙지하고 있었다. 그런데 1992년부터 경상대학교 한문학과 교수 6인이 공동으로 『남명집』을 국역하게 되었는데, 거기서 필자는 賦·銘·記·跋을 맡아 번역하였다.[157] 이때 「書圭菴所贈大學冊衣下」를 정밀하게 보게 되었고, 그러면서 이 글이 남명 자신이 위기지학으로 전변하게 된 사실을 매우 자세하게 술회한 글임을 알게 되었다. 그리고 거기에 기록된 '年已三十餘矣'라는 표현과, 위기지학으로의 전변 이후 남명의 벗들이 남명에게 격려의 뜻으로 준 『心經』과 『大學』 및 『東國史略』에 남명 스스로 적어둔 기록 내용과 기록 시기를 보고, 25세설과 26세설이 잘못이라는 것을 알게 되었다.

앞에서 제시한 학위논문의 주석은 압축된 표현이어서 이것만으로는 신뢰하지 못하는 사람이 있는 듯하므로 이제 이를 좀 더 정밀하게 논증하

156 李相弼, 「南冥學派의 形成과 展開」, 고려대학교 박사학위논문, 1998. 51면, 주석 102번.
157 이 책은 1995년 2월 15일에 이론과실천에서 간행되었다.

고자 한다. 「書圭菴所贈大學冊衣下」를 아홉 단락으로 나누어 起承轉結의 전개방식에 따라 그 의미를 정리하면 다음과 같다.

① 나는 애초에 타고난 資質이 매우 鈍한데다 스승과 벗들의 規戒도 없어서, 오직 남에게 오만한 것으로 고상함을 삼았다. 사람에게만 오만하였을 뿐만 아니라 세상에 대해서도 오만한 마음이 있어서, 富貴와 財利를 보면 마치 지푸라기나 진흙처럼 멸시하였다. 사람됨이 가벼워 진실치 못하고, 호쾌히 휘파람을 불기도 하고 팔을 걷어 부치기도 하였으며, 항상 세상사를 잊고 살 듯한 기상이 있었다. 이 어찌 敦厚·周信·朴實한 기상이겠는가? 날마다 小人이 되는 쪽으로 달려가면서도 스스로 모르고 있었다.

이 부분은 글 전체를 일으키는 역할을 하고 있으니 이것이 이 글의 '起'에 해당된다. 자신은 타고난 자질도 형편없고 師友의 규계도 없으면서 인간과 세상에 대한 오만한 마음만 있었기 때문에 소인이 되는 길로만 달려가면서도 스스로 그것을 모르고 있었다는 것이다. 그런데 자신의 이 엄청난 약점을 보완해 줄 수 있는 계기를 만났다면서 그 과정을, 이어지는 다음 글에서 자세히 설명하고 있으니 이것이 이 글의 '承'에 해당된다.

② 弱冠에 文科 漢城試에 합격하고, 다시 司馬試 初試에도 합격하였으나 覆試에서는 다 낙방하였다. '科擧 시험이 애초에 丈夫가 자신을 세상에 드러내는 방법이 되지 못하는데 하물며 小科임에랴!'라고 생각하고는 드디어 司馬試는 포기하고, 東堂試에만 나아가 세 차례 일등에 합격하였다. 그 뒤 합격하기도 하고 떨어지기도 하면서 나이 서른을 넘겼다.

③ 또 문장이 科文의 형식에 맞지 않는다는 생각을 하여, 다시 平易하고 簡實한 책을 구하여 보았다. 그래서 처음으로 『性理大全』

을 가져다 읽었다.

하루는 그 책을 보다가 許氏가, "나아가 벼슬하면 나라를 위해 크게 하는 일이 있어야 하고, 물러나 은거해 있으면 스스로를 지킬 줄 알아야 한다. 대장부는 마땅히 이와 같이 하여야 한다. 나아가 벼슬해도 하는 일이 없고 물러나 은거하면서도 지키는 것이 없다면, 뜻하고 배운들 무슨 소용이겠는가?"라고 한 말을 보고서 흠칫 자신을 돌아보니, 부끄럽고 위축되어 정신을 잃을 것 같았다. 배운 것이 형편없어 거의 일생을 그르칠 뻔한 것과, 애초에 人倫이나 일상생활에서의 일들이 모두 본분 속에서 나오는 것인 줄 몰랐던 것에 대하여 깊이 탄식하였다.

위의 두 단락 가운데 ②번 단락은 과거 시험에 응시한 경력을 언급하면서 20세부터 서른을 넘는 시점까지 계속 낙방한 사실을 술회한 것인데, 20세에 문과 초시에는 합격하였으나 회시에서는 낙방하였고, 그 뒤 초시에 1등으로 3회 합격하였으나 회시에서는 모두 낙방하였고, 다시 또 초시에 합격하기도 하고 떨어지기도 하면서 나이 서른을 넘겼다는 것이다. 그렇다면 남명이 20세 이후 아무리 적게 잡아도 문과 시험에 여섯 차례 이상 응시하여 낙방하였다는 것이 된다.

『국조문과방목』을 근거로 남명의 나이에 따른 문과 시행 결과를 정리한 것이 다음의 표다.

나이	문과실시연도	종 류	선발인원	특기사항
20세	경진 9월	별 시	11인	(閔齊仁·郭之藩)
21세	신사 12월	별 시	18인	明世宗登極慶 (宋麟壽)
22세	임오 3월	식년시	33인	(沈連源)
22세	임오 11월	별 시	7인	封世子慶 (周世鵬)
23세	계미 3월	알성시	4인	謁聖
24세	갑신 2월	별 시	30인	世子入學 (李霖·郭之雲)
25세	을유 3월	식년시	33인	(林億齡)

26세	병술 9월	별 시	13인	初試三百講經取略以上
28세	무자 12월	식년시	33인	(郭珣·金泓·權應昌·李瀣)
28세	무자 9월	별 시	19인	(李文楗·權應挺)
28세	무자 10월	별 시	3인	上謁英陵親祭罷後
31세	신묘 10월	식년시	33인	(李浚慶)

이 표에 의하면 남명의 나이 20세 이후 30세까지 모두 11회의 문과
시험이 있었는데, 이 가운데 남명의 나이 26세 때는 상중이어서 응시할
수 없었으니 응시 가능한 경우는 10회였다고 할 수 있다. 그렇다면 ②번
단락에서 남명 자신이 언급한 응시·낙방 관련 술회와 거의 일치함을 알
수 있다.

③번 단락은 낙방의 원인이 과문의 형식에 맞지 않은 문체 때문이라
판단하고 『성리대전』을 통해 이를 보완하려고 하다가 거기서 허형의 글
을 읽고는 감동과 충격을 받고 위기지학의 의미를 깊이 깨달았다는 것이
다. 그러니 『성리대전』에 나오는 허형의 글을 읽고 위기지학의 의미를 깨
달은 시기가 서른을 넘긴 시점임이 저절로 드러난 것이다. 그런데 「書圭
菴所贈大學冊衣下」를 쓴 시기에 대해서 남명 자신이 '임진년'이라고 기록
해 두었으니 1532년 즉 그의 나이 32세 때인 것이다. 이로써 남명이 허형
의 글을 본 시기가 32세 이전임을 알 수 있다.

남명은 위의 글 다음에서 깨달은 이후의 상황에 대하여 자세히 언급하
고 있는데, 이는 이 글의 '轉'에 해당된다.

④ 드디어 과거 공부에 싫증이 나서 다시 이를 포기하고, 학문에
전념하여 점점 근본적인 곳으로 나아가게 되었다. 이는 꼭 어
린 나이에 부모를 잃고 어디로 가야 할지 몰라 하다가, 하루아
침에 문득 자애로운 어머니의 얼굴을 뵙고 자기도 모르게 손을
흔들고 발을 구르며 춤을 추는 것 같았다. 나의 벗 原吉은 이를
보고 기뻐하여 나에게 『心經』을 주었으며, 眉叟는 나에게 이 책

을 주었다. 이때를 당해서는 마치 저녁에 죽더라도 유감이 없을 듯하였다.

⑤ 아아, 사람이 타고난 자질은 일만 가지로 달라서, 어떤 사람은 팔구 할 또는 육칠 할을 얻어서 태어나고, 어떤 사람은 삼사 할을 얻어서 태어난다. 팔구 할 또는 육칠 할을 얻어서 태어나 배우지 못한 사람은, 비록 일이 또는 삼사 할 정도의 그릇된 점이 있더라도 오히려 흰 것 가운데의 검은 것이기에 군자가 못 되는 것은 아니다. 그렇지만 삼사 할을 얻어서 태어난 사람은 비록 삼사 할 정도의 착한 점이 있다 하더라도 오히려 검은 것 가운데의 흰 것이므로 마침내 육칠 할 정도의 나쁜 사람이 된다. 나 같은 사람은 겨우 삼사 할을 얻어서 태어난 사람인데다 기질적인 병통이 있어서 남과는 다른 점이 있다.

⑥ 당시에 뜻을 얻었더라면 자신을 그르쳤을 뿐만 아니라 응당 나라도 그르쳤을 것이니, 비록 나이 들어 뉘우침이 있은들 잘못을 만회할 수 있겠는가? 지금 와서 생각해 보니, 나도 모르게 혀가 내둘러진다. 비록 평범한 사람을 만나더라도 모두 나보다 나은 사람 같으니, 다시 남에게 오만하고자 해도 그럴 수가 없다. 앞의 사고방식으로 살면 小人이 되고, 뒤의 사고방식으로 살면 道를 들은 사람이 되니, 한 치 되는 機微를 옮김에 따라 천 리만큼 어긋나게 되는 것이다.

④번 단락은 과거공부를 포기하고 위기지학에 전념하면서 지내는 즐거움을 언급한 뒤, 이를 안 벗들이 기뻐하여 原吉, 즉 李浚慶(1499~1572)은 자신에게 『심경』을 주었고, 眉叟 즉 宋麟壽(1499~1547)는 자신에게 이 『대학』을 주었다고 하였다. 마침 이준경이 준 『심경』 뒤에도 남명이 기록을 남겨 두었는데, 그 글을 쓴 시점이 신묘년(1531) 10월이니 남명의 나이 31세 때인 것이다. 위의 글과 관련지어 정리하면 남명이 허형의 글을 본 시기는 서른을 넘긴 시점이며 31세 10월 이전으로 정리된다. 나이로만 말

하면 31세 때인 것이다.

⑤번과 ⑥번 단락은, 자신은 타고난 기질적 병통이 있는 사람이어서 만약 문과에 급제하여 사환했다면 자신도 그르치고 나라도 그르쳤을 것이라며, 학문의 측면에서 위기지학으로 전변하게 된 것을 매우 다행스럽게 여기고 있음을 술회하고 있다.

이어지는 단락은 '結'에 해당되는 부분이다.

> ⑦ 사실 부귀에 대하여 오만했던 한 가지 마음으로 말미암아 사사로운 욕심을 적게 하는 한 가닥 길을 열게 되었다. 그리하여 착한 일을 하는 것과 악한 일을 하는 것이 모두 반드시 터전이 있어서 마치 오늘 씨를 뿌리면 내일 돋아나는 것과 같다는 것을 그제야 알게 되었다. 사람들은 대체로 곤궁함을 걱정하지만, 나에게 있어서는 곤궁함이 바로 通達함이 되었다. 여러 번 科擧에 낙방하여, 곤궁함으로 인하여 형통해지기를 구하다가 가야할 길을 찾게 되었고, 그 길을 가다가 本地風光을 볼 수 있었고, 父兄의 기침 소리를 들을 수 있었다.
> ⑧ 굶주리다가 먹을 것을 얻고 근심하다가 즐거움을 얻게 되었으니, 나의 곤궁함을 세상 사람들의 통달함과 바꿀 수 있겠는가? 나는 바꾸지 않으리라. 다만 다리 힘이 없어서, 용감히 나아가고 힘껏 행하지 못할까 두려울 뿐이다. 자신을 잘 돌이켜 볼 수 있는 방법이 모두 이 책에 있으므로 나의 벗이 이로써 나에게 권면한 것이니, 남이 착하도록 도와주려는 그 뜻이 어찌 쇠를 끊을 수 있는 정도에서 그치겠는가? 힘쓰기를 게을리하느냐, 부지런히 하느냐는 전적으로 나에게 달려 있으니, 마땅히 단순한 책으로만 보지 않음이 옳으리라.
> ⑨ 嘉靖 壬辰年(1532)에 南冥 曺植이 쓰다.

'結'에서는 위기지학으로 학문의 방향을 결정한 것이야말로 本地風光

을 볼 수 있는 길임을 확신하고 결코 다른 마음을 먹지 않겠다는 각오를 밝히고 있다. 아울러 이 책을 준 벗의 권면에 보답할 수 있을 정도로 열심히 노력할 것임도 다짐하고 있다. 그리고 마지막에 글 쓴 시기를 적어두고 있다.

남명의 이 글은 송인수가 선물한 『대학』의 冊衣 아래에 기록해 두었기 때문에 문집을 편찬할 적에 쉽게 수습되었고, 그 글을 쓴 시기까지 남아 전하게 되었다. 요컨대 남명이 위기지학으로 학문의 방향을 전환한 시기가 31세 때였음을 스스로 이처럼 기록으로 남겨 두었으므로, 제자인 김우옹과 정인홍의 25세설이나 26세설을 버리고 31세로 정정하여 이해하지 않을 수 없는 것이다.

IV. 31세설에 대한 반론의 반론

남명의 위기지학으로의 전변시기에 대한 조선시대의 종래설은 25세설과 26세설이 착종되어 나타나지만 연보와 편년의 기록에 따라 대체로 25세설이 좀 더 널리 알려졌다고 할 수 있다. 필자가 31세라고 밝히기 이전까지는 대체로 조선시대의 주장을 그대로 답습하는 것이었다. 그런데 필자가 앞에서 언급한 것처럼 박사학위 논문에서 이것이 31세 때 이루어진 것임을 밝혔으나, 여러 가지 사정으로 쉽게 정리가 되지 않고 있다.

우선 그 상황을 『南冥學硏究』에 등재된 이 관계 논문을 대상으로 정리해 보니 그 주장의 다름이 다음 표와 같이 나타났다.

발행연월	남명학연구 집수	논 자	주장시기	비 고
2002. 6	13	琴章泰	31세	토론을 거쳐 수정함
2002. 6	13	洪性旭	25세	연보·행장

2002. 12	14	熊禮滙	31세	「書圭菴所贈大學册衣下」
2006. 12	22	崔錫起	25세	연보·행장
2007. 12	24	崔英成	25·31세	연보·「書圭菴所贈大學册衣下」
2007. 12	24	이영호	25세	행장
2007. 12	24	金鍾泰	31세	「書圭菴所贈大學册衣下」
2012. 12	36	崔錫起	25세	「書圭菴所贈大學册衣下」반박
2014. 12	44	姜東郁	25세	연보
2014. 12	44	許捲洙	25세	연보
2017. 3	53	崔錫起	25세	연보·행장
2017. 3	53	孫興徹	25세	연보
2017. 6	54	李相弼	31세	「書圭菴所贈大學册衣下」
2017. 9	55	崔錫起	25세	연보·행장
2017. 12	56	具珍成	31세	「書圭菴所贈大學册衣下」

이상 『남명학연구』에 실린 논문 16편을 대상으로 정리해 본 결과 25세설과 31세설로 양분된다. 이 가운데 홍성욱·이영호·강동욱·허권수·손홍철은 31세설에 대한 아무런 언급 없이 25세로 언급하고 있으므로 종래설을 따른 것으로 본다. 31세설을 시인한 금장태·김종태·구진성은 대체로 필자의 설명에 동조하는 사람들이고 중국인 熊禮滙는 필자의 견해를 보았다는 말이 없으나, 그 주장이 필자와 꼭 같다.158

필자의 31세설에 대한 반론을 제시한 논자는 두 사람인데, 최영성과 최석기이다. 이 두 논자의 반론 내용을 들어서 이를 반박하는 방식으로 31세설의 타당성을 증명하고자 한다.

....

158 熊禮滙, 「南冥의 文學 傾向論」, 『남명학연구』 14집, 2002. : "남명이 이학을 접촉한 시기는 31세 때였다. 그가 32세 때에 지은 「書圭庵所贈大學册衣下」에서 볼 수 있는 바와 같이 그는 청년 시절에 자부심이 매우 커서 이른바 '오로지 사물에 대한 오만한 태도를 갖는 것을 고상한 것으로 생각하였는데, 사람에 대해서만 오만했던 것이 아니고 세상에 대해서도 오만하였다.'는 것이다. 그의 '나이가 이미 30 남짓 되었을' 때에, '글이 정식에 맞지 않을까 걱정을 해서 더욱 평이하고 간결하면서도 내용이 있는 책들을 보면서, 비로소 『성리대전』을 처음으로 보았는데' 이 과정에서 허씨의 말을 읽게 되었다."

그리고 『남명학연구』에서 논급된 것 이외에 오이환이 2004년에 간행된 『철학논총』35집의 「남명의 생애에 관한 약간의 문제」에서 이 문제를 다룬 적이 있다. 비록 『남명학연구』에 실린 것은 아니지만 그가 남명을 거의 평생 연구하였으므로, 남명의 위기지학으로의 전변 시기와 관련한 그의 주장에 대하여도 함께 다루어 그 옳고 그름에 대하여 정리하고자 한다.

1. 최영성의 견해에 대한 반론

최영성은 『남명학연구』 24집에 「남명 조식의 정주학 수용양상」이란 제하의 논문을 발표하였고, 여기서 그는 다음과 같이 말하고 있다.

① 몇 차례 낙방을 거친 뒤 25세 때(1525) 『性理大全』을 처음 접하였는데, 어느 날 원유 許衡(魯齋, 1209~1281)의 이른바 "伊尹이 뜻한 바에 뜻을 두고 顏子가 배운 바를 배워, 나아감에 한 일이 있고 들어앉아서는 지킴이 있게 한다. 대장부는 마땅히 이와 같이 해야 할 것이다. 나아가 벼슬해서도 한 일이 없고, 들어와서도 지키는 바가 없다면, 뜻하고 배운들 장차 무엇 하리"라고 한 대목을 읽고는 惕然契悟한 끝에 진리 탐구에 뜻을 두어, 사서·오경을 정독하고 周·程·張·朱의 성리설을 탐독하였다고 한다.[159]

② 『성리대전』을 접한 뒤 남명은 학문의 방향을 놓고 상당히 고민하였던 것 같다. 그에 의하면 "글짓기[爲文]가 程式에 맞지 않을까 염려하면서도 다시 平易하고 簡實한 책을 구하여 보다가 처음으로 『성리대전』을 가져다 읽었다"라고 한다. 위에서 말한 '정식'은 과거 답안 작성법을 가리킬 것이다. 조선시대 과거의 답안 작성은 논술로 이루어졌는데 정해진 규칙이 퍽 까다로웠

---

159 최영성, 「남명 조식의 정주학 수용양상」, 『남명학연구』 24집, 4면.

다. 이런 까닭에 남명은 『성리대전』을 처음 접할 당시만 하더라도 거기에 실린 글들이 과거 시험에서 요구하는 문체들과 달라 지장이 있을까 걱정하였던 것이다. 이 말은 그가 『성리대전』을 접하고 나서 곧바로 과거 공부에 대한 미련을 버렸던 것이 아님을 증명한다.[160]

③ 학계에서는 남명이 25세 때 처음으로 『성리대전』을 접함으로써 인생의 일대 전환을 맞은 것으로 이해하는 이들이 많다. 그러나 남명은 '과거를 보다가 30세를 넘겼다'(或進或出 年已三十餘矣)고 분명히 밝힌 바 있다. 25세 때 『성리대전』을 접한 것과 30세 이후까지 과거를 본 것은 별개의 것이다.[161]

최영성은 이 글에서 25세 때 『성리대전』을 접하면서 노재 허형의 글을 통해 크게 깨달아 위기지학을 하게 되었다고 하면서도, 과거 시험은 25세 때 그만 둔 것이 아니고 서른이 넘어서까지도 보았다고 주장하고 있다. ②번 단락을 인용한 부분에서 서른이 넘은 시기에 처음으로 『성리대전』을 읽었다고 하였음에도, 그것은 과거 시험을 그 때까지 보았다는 뜻으로만 이해하고 『성리대전』을 본 시기는 행장과 연보의 주장을 그대로 받아들여 25세로 보고 있는 것이다. 같은 이야기를 후인이 쓴 행장과 연보에서는 25세라 하였고, 남명이 쓴 「書圭菴所贈大學冊衣下」에서는 31세 때라 하였는데, 이 사이에 기록의 오류가 있을 수 있다고는 보지 않고 두 글의 내용을 모두 수용하려 한 것이다.

그리하여 ③번 단락에서 25세 때 『성리대전』을 본 것과 30세 이후까지 과거를 본 것은 별개의 문제라는 논리를 제시하고 있는데, 행장이나 연보에서 25세 또는 26세에 『성리대전』 소재 허형의 글을 읽었다는 기록

....

160 최영성, 「남명 조식의 정주학 수용양상」, 『남명학연구』 24집, 5면.
161 최영성, 「남명 조식의 정주학 수용양상」, 『남명학연구』 24집, 6면.

과 「書圭菴所贈大學冊衣下」에서 31세 때 이를 처음으로 읽었다는 기록이 과연 양립할 수 있는 것인가?

「書圭菴所贈大學冊衣下」의 내용을 분석해 보면 서른 넘어서까지 과거에 응시하여 낙방하였고, 낙방의 근본 이유가 '문장이 科文의 형식에 맞지 않았기' 때문이라고 생각하였던 것이고 그래서 '다시 平易하고 簡實한 책을 구하여 보았고' 그래서 '처음으로 『性理大全』'을 가져다 읽게 되었다고 술회한 것이다. 「書圭菴所贈大學冊衣下」의 글 내용에서는 '25세'라는 말이 비집고 들어갈 자리가 없다.[162]

2. 최석기의 견해에 대한 반론

최석기는 줄곧 이 문제에 대해서 김우옹과 정인홍의 행장 및 연보·편년의 기록을 신빙하여 25세설을 견지해 왔고, 필자가 「書圭菴所贈大學冊衣下」를 근거로 31세설을 제시하자 근거가 미약하다며 다음과 같이 견해를 제시하고 있다.

> ① 남명 25세조에는 '벗과 함께 산사에서 『성리대전』을 읽었다'는 제목 하에 그에 관한 상세한 일화가 기록되어 있다. 「남명선생편년」 편찬자 조원순은 남명이 『성리대전』을 읽다가 크게 깨닫고 학문의 대전환을 이루게 된 시점을 25세 때인 1525년으로 본 것이다. 이에 대해 정인홍이 지은 「행장」과 곽종석이 지은 「묘지명」에는 26세 때의 일로 되어 있다. 그런데 이상필은 『남명집』에 실린 「서규암소증대학책의하(書圭菴所贈大學冊衣下)」에 '年己三十餘矣'라고 한 문구에 의거해, 남명이 『성리대전』의 허

---

162 주석 158에서 인용한 熊禮滙도 역시 이를 31세 때의 일로 보고 있음을 확인할 수 있다.

형의 글을 본 것은 31세 때의 일로 보는 것이 옳은 듯하다고 하였다. 허권수도 「서규암소증대학책의하」에 의거하여 남명이 처음으로 『성리대전』을 읽은 것은 30세 이후라고 하였다. 이 사안은 남명이 학문을 전환한 것이 25~26세경인가, 아니면 30세 이후인가 하는 매우 첨예한 문제이다. 기왕의 연구 성과가 나와 있고, 이에 대해 이견이 있을 수 있다.[163]

② 이에 대한 필자의 견해를 제시하면 다음과 같다. 첫째, 「행장」을 지은 김우옹·정인홍은 남명의 고제들로서 전해들은 바가 있어 그와 같이 기록했을 것이므로 그들의 말을 신뢰하는 것이 바람직할 듯하다. 둘째, 곽종석·조원순 등도 이와 유사한 견해를 펴고 있는 것을 보면, 이 설이 전래된 정설로 보인다. 셋째, 「서규암소증대학책의하」의 관련 부분은 번역상의 문제가 있다. 대체로 '年已三十餘矣' 1구를 뒤의 문장과 연결시켜 보기 때문에 30세가 넘어 『성리대전』을 본 것으로 이해하는데, 이 1구는 바로 앞의 '只就東堂 三居一等 或進或黜'과 한 문장으로 보아 "단지 동당시에 나아가 세 번 1등을 차지하였으며, 합격하기도 하고 떨어지기도 하면서 나이가 이미 30여 세가 지났다."로 해석하는 것이 더 좋을 듯하다. 그 뒤의 문장이 '又慮爲文不中程式'으로 되어 있는데, 이 구의 '又'자를 눈여겨보면 앞에서 과거시험에 응시한 것과 다른 내용으로 전환하는 의미가 있다. 즉 앞부분은 과거시험에 관한 언급이고, '又' 이하는 학문의 전환에 관한 언급이다. 이 문장은 '年已三十餘矣'와 '又慮爲文不中程式'을 분리해 보는 것이 바람직하다. 따라서 이 문구에 의거해 남명이 『성리대전』을 본 것이 30세 이후라고 주장하는 설은 논리적 근거가 미약하다고 할 수밖에 없다.[164]

---

163 최석기, 「남명학 관련 문헌 번역의 현황과 과제」, 『남명학연구』 36집, 185~186면.
164 최석기, 「남명학 관련 문헌 번역의 현황과 과제」, 『남명학연구』 36집, 185~186면 주석 부분.

위 최석기의 주장 가운데 ①번 단락 부분은 기존의 주장을 적어둔 것이고, ②번 단락은 그 주장에 대한 주석인데, 거기서 31세설이 근거가 미약하다고 반박한 것이다. 그러므로 자연 ②번 단락을 중심으로 하나하나 따져 보겠다.

"첫째, 「행장」을 지은 김우옹·정인홍은 남명의 고제들로서 전해들은 바가 있어 그와 같이 기록했을 것이므로 그들의 말을 신뢰하는 것이 바람직할 듯하다."는 언급에 대해, 필자 역시 신뢰하는 것이 바람직하다고 본다. 그러나 남명의 이야기를 들은 제자의 기록도 옳고 남명의 기록도 옳다고 보면 사실이 서로 달라 헷갈리게 된다. 이때 과연 어떻게 보아야 가장 바람직할까? 김우옹과 정인홍이 찬술한 남명 행장은 1572년 그들의 나이 33세 때와 37세 때 이루어진 것이다. 게다가 그들이 이를 들은 시기는 이보다 10년쯤이나 더 젊었을 때일 것이니 年富力强하여 聰明强記할 때 들은 것이어서 결코 잘못 들은 것이라고는 할 수 없을 것이다. 또 「書圭菴所贈大學冊衣下」는 1604년 문집을 처음 만들 때, 남명이 1532년 당시에 직접 쓴 글이 남아 있는 『대학』 책갑을 보고 써 넣은 것일 터이니, 거기 담긴 내용에 의문을 제기할 수도 없을 것이다. 결국 이는 남명이 그런 사실이 있은 지 30년 가까이 지난 뒤에 제자에게 말로 한 것과, 젊은 시절에 자신이 직접 기록해 둔 것 가운데 무엇을 더 신빙할 것인가의 문제로 귀착된다. 이것이 당시에 본인이 직접 기록해 둔 것을 근거로 해야 하는 까닭이다.

그 다음 "둘째, 곽종석·조원순 등도 이와 유사한 견해를 펴고 있는 것을 보면, 이 설이 전래된 정설로 보인다."는 언급에 대해서도 이미 이 글의 앞에서 인정한 바 있다. 종래의 설은 대체로 25세설이고 이에 대해서는 1998년까지 아무도 이의를 제기한 사람이 없었다. 그러나 朴絪이 주도하여 작성한 「남명선생연보」 25세조에는 종래의 『성리대전』을 읽었다는 기록을 해 두고, 31세조에 와서 「書圭菴所贈大學冊衣下」를 자세히 인용하고 있는 것을 보면, 박인은 이를 알고 있었을 것이라는 가능성을 완전히 배제하기는 어려울 것이라 생각되기도 한다. 또한 경술본 이후로 「書圭菴所贈大學冊衣下」의 "巳三十餘矣"라는 부분이 삭제된 것을 보면 이를 주도했던 인물들은 적어도 25세설이나 26세설이 문제가 있음을 알고 그처럼 삭제를 감행했던 것이 아닌가 생각되기도 한다. 그러나 그들도 25세설에 대해 정면으로 반박하지는 않았다.

요컨대 조선시대 사람들이 3백년 이상 25세설을 정설로 알고 있었다는 것만으로는 그것이 부동의 사실이라는 근거가 되기 어렵다. 「書圭菴所贈大學冊衣下」가 남명이 직접 쓴 것이라고 보기 어렵다는 근거를 찾아내지 않는 한, 이제까지 그렇게 알아 왔으니 그냥 25세설이나 26세설을 믿으라고 하는 것은 받아들일 수 없는 일이다.

마지막으로 번역상의 문제가 있다고 하는 점에 대한 반박이다. 이 주장은 번역상의 문제가 아니고 번역문의 이해에 관한 문제라는 것인데, '巳三十餘矣'가 앞 문장에 걸려 문과에 급제하지 못하고 서른이 넘었다는 말이 분명하다. 그렇게 보지 않았다는 것은 아니다. 그런데 과거에 급제하기 위해서는 과문 형식에 맞추기 위해서 『성리대전』을 보게 되었다는 것이니, 서른이 넘었다는 표현을 이것과 어찌 완전히 분리해서 볼 수 있겠는가? 서른이 넘도록 과거에 합격하지 못했다고 한 뒤, 과거에 급제하기 위해 과문 형식에 맞추려고 25세에 『성리대전』을 읽었다고 보는 것이 어찌 이 글을 순리적으로 이해하려는 것이겠는가? 서른이 넘도록 과거에 급제하지 못했기에 급제하기 위해서 그 뒤에 『성리대전』을 가져다 읽었다고 이해해야 앞뒤가 맞지 않겠는가?

3. 오이환의 견해에 대한 반론

오이환은 남명과 남명학파에 대한 연구에 일생을 바쳤기에 식견이 남다를 뿐만 아니라 사소한 것에 이르기까지 관련 자료를 많이 보아 아는 것 또한 적지 않다. 그런데 이 문제에서만큼은 종래 선유의 설에서 한 발짝도 움직이려 하지 않음을 볼 수 있다.

다음의 주장에서 이를 확인할 수 있다.

① 이상필은 남명이 과거 준비를 단념하고서 爲己之學으로 전회한 시기에 대해 기존의 모든 문헌이 25세 때로 기록하고 있는 것을 부정하고서 31세 설을 제기하였으며, 그 근거는 남명 자신이 쓴「書圭菴所贈大學冊衣下」에 보이는 '年已三十餘矣'라는 구절이었다. 그러나 이는 이동환이 근거로 삼은「跋南冥集說」의 29세 때 출사를 단념한 기록과 일치하지 않을 뿐 아니라, 남명은 30세에 이미 김해로 이주하여 산해정 시기에 들어가 있었으니, 31세 때 의령의 명경대에서 허노재의 글을 읽었다고 함은 모순이다.

② 이 구절의 의미는 남명 심경의 변화가 일어나기 직전 시기까지로 한정하기보다는 남명이 그 글을 쓴 32세 당시를 의미하는 것으로 해석하는 편이 보다 합리적이다. 남명이 마음속으로 과거를 단념하게 된 시기를 특정하기는 어려우나, 25세 때 노재의 말에 접한 것은 평소 출사에 대해 회의적인 생각을 지니고 있었던 남명이 순수한 학문의 길로 매진하게 된 계기 정도로 이해해야 할 것이며, 그가 확고하게 과거를 단념한 것은 37세 때이다.[165]

---

165 오이환,「남명의 생애에 관한 약간의 문제」,『철학논총』제35집, 새한철학회, 2004. 국문초록.

오이환이 ①번 단락에서 31세설의 소종래가 잘못 되었다거나 해석이 잘못되어서 인정할 수 없다고 하지 않고, 기존의 모든 문헌이 25세 때로 기록하고 있다는 것만 강조하는데 이는 필자도 이미 알고 31세라고 주장한 것이므로 오이환의 반박은 기존의 설이 그렇다는 것에 불과하다. 게다가 이동환이 근거로 삼은 '「발남명집설」의 29세 때 출사 단념' 운운은 『성리대전』에 나오는 허형의 글을 읽은 것과는 아무런 상관이 없는 말이므로 반박의 근거가 되지 못한다. 또한 "30세에 이미 김해로 이주하여 산해정 시기에 들어가 있었으니, 31세 때 의령의 명경대에서 허노재의 글을 읽었다고 함은 모순이다."라고 하였는데, 이는 근거가 확실하지 않은 것으로 확실한 근거가 있는 말을 부정한 것이 된다. 30세에 산해정 시기에 들어갔다고 하는 말은 朴絪이 주도하여 편찬한 『남명선생연보』의 기록을 근거로 한 말인데, 그것이 남명이 직접 쓴 글을 무시해도 될 정도의 근거가 되는가? 오히려 「書圭菴所贈大學冊衣下」를 근거로 해서 남명의 김해 이주 시기도 32세 이후라고 보아야 마땅하다. 행장이나 연보 같은 2차 자료를 근거로 「書圭菴所贈大學冊衣下」 같은 1차 자료의 내용을 부정하는 것은 원전비평의 측면에서 보면 語不成說에 해당된다.

②번 단락에서 25세 때 魯齋의 말에 접했다 함 또한 앞에서 이미 논의했던 것처럼 사실이 아니다. 다만 확고하게 과거를 단념한 것이 37세 때라 함은 부정하기 어려울 것이다. 이는 연보에 기록되어 있을 뿐만 아니라 남명 스스로 달리 기록해 둔 것이 없으므로 母夫人의 허락을 얻어서 37세 때에 그만 응시하게 되었다는 연보의 이 기록이 지금으로서는 가장 믿을 만하기 때문이다. 그러나 이 또한 남명이 31세 때 『성리대전』에 나오는 허형의 글을 보고 위기지학으로 학문의 방향을 전환했다는 것과는 다른 문제다.

V. 맺음말

이제까지의 논의를 요약하면 대체로 다음과 같이 정리될 수 있을 것이다.

첫째, 남명이 위기지학으로 학문의 방향을 전환한 것은 처음으로 『성리대전』을 읽으면서 허형의 언급을 접하고 크게 자극을 받은 것에 기인함은 남명 몰후 지금에 이르기까지 변함없는 사실이다.

둘째, 다만 이 시기가 25세냐, 26세냐, 31세냐의 문제인데, 이는 요컨대 행장과 연보의 말이 본인의 기록과 어긋날 때 어느 것을 근거로 삼을 것이냐의 문제라는 점에서, 행장을 바탕으로 제기된 25세설과 26세설은 남명이 기록한 「書圭菴所贈大學冊衣下」의 31세설에 대해 설득력을 잃는다.

셋째, 「書圭菴所贈大學冊衣下」의 '已三十餘矣'라는 말이 과거에 여러 번 낙방하고 난 뒤라는 곳에만 연결되고, 그 뒤 『성리대전』을 본 것과는 연결시켜 볼 수 없다는 견해는, 「書圭菴所贈大學冊衣下」라는 글을 남명이 왜 기록해 두었을 것이냐 하는 문제와 관련시켜 이해하면, 당연히 그 뒤에 『성리대전』을 가져다 읽었다고 함이 순리라는 점에서 역시 설득력을 잃는다.

이 문제와 관련한 논의를 통해서 원전비평의 중요성을 다시 한 번 실감하게 되었고, 특히 2차 자료에 근거한 기록이 아무리 오래 되었다고 하더라도 1차 자료의 기록과 어긋날 경우에는 1차 자료에 따라 마땅히 수정되어야 함을 확인하였다. 더구나 남명의 위기지학으로의 전변 시기에 대해서 필자의 견해를 참조한 것으로 보이지 않는 중국의 웅례회 교수가 필자와 같은 방법으로 같은 결론을 낸 것에서도 31세설의 정당함이 드러났다고 할 수 있다.

그렇다면 남명에 관해서는 「書圭菴所贈大學冊衣下」와 관련 자료를 정리해서 산해정 시대가 적어도 32세는 되어야 시작될 수 있다는 점을 알아야 하고, 후대에 간행된 周世鵬의 문집 편찬자들이 『남명연보』를 보고 남명 30세 때 산해정에서 주세붕이 남명을 만났다는 기록을 남기게 된 것과 같은 경우는 학계를 위해 심히 걱정되는 점이 아니라 할 수 없다.

이제 이를 근거로 앞으로는 남명의 생애를 언급하면서 31세 때까지를 과거 급제를 위해 공부하였던 시기로 보고, 32세 이후를 산해정으로 이거하여 위기지학에 몰두했던 시기로 이해해야 할 것이다.

曹植,『南冥集』

鄭仁弘,『來庵集』

金宇顒,『東岡集』

成運,『大谷集』

許穆,『記言』

宋時烈,『宋子大全』

郭鍾錫,『俛宇集』

『國朝文科榜目』, 太學社, 1984.

韓國精神文化研究院,『古文書集成』 卷30

南冥學研究所,『南冥學研究』 13집~56집

李相弼,「南冥學派의 形成과 展開」, 고려대학교 박사학위논문, 1998.

오이환

『南冥集』解題

Ⅰ. 서지 사항

曺植(1501~1572)의 문집으로, 1622년 仲秋(8월)에 간행된 所謂 壬戌本
이다. 4권 3책의 木板本이며, 內題는 『南冥先生集』이고, 表題와 版心題는
『南冥集』이다. 四周雙邊에 界線이 있으며, 版心에는 대체로 上下內向二葉
花紋魚尾가 있다. 半郭의 크기는 가로 17.5cm 세로 23cm이고, 책의 크기
는 가로 21cm 세로 31cm이다. 半郭은 10行으로 되어 있으며, 각행에는
20字씩 들어 있고, 주석은 小字單行과 小字雙行이 두루 나타나는데, 제목
아래의 주석이 대체로 소자단행이다. 서문 3판, 묘비문 6판, 행장 9판 등
책머리에 18판이 있고, 1권이 37판, 2권이 87판, 3권이 38판, 4권이 33판
이다. 책머리와 1권을 합친 55판이 제1책으로, 제2권 87판이 제2책으로,
3권과 4권을 합친 71판이 제3책으로 되어 있다.

Ⅱ. 간행 경위

『남명집』의 간행은 우리나라 문집 간행사에서 그 유래를 찾기 어려울
정도로 여러 차례 이루어졌다. 그 첫째 이유는, 퇴계의 경우처럼 글의 원
본을 잘 남겨둔 것과는 달리 남명의 경우는 글의 원본이 거의 남아 있지

않은 데 기인한다. 또 다른 이유는 남명의 글이 갖고 있는 노장적 측면으로 인한 수정 문제와 계해정변으로 인한 내암 정인홍의 정치적 패퇴로 인해 그 이름을 삭제하는 문제 등 문집 내용의 釐正 작업 때문이다. 이들을 큰 얼개 중심으로 정리하면 다음과 같다.

1. 『남명집』 초간본과 동일 계열의 판본들

우선 『남명집』의 初刊年度가 언제냐는 것이다. 이 문제는 吳二煥이 1602년이라 하였고, 그 뒤 金侖秀가 1604년이라 하였다. 이렇게 다른 주장을 하게 된 것은 다른 근거가 있어서가 아니라 같은 글을 달리 이해한 데서 온 것이다. 『南冥集』己酉本(1609)의 嶧陽 文景虎 跋文이 그것이다.

> 지난 壬寅年間에 우리 來庵 선생이 한두 동지들과 함께 先師께서 남기신 글이 전해지지 않을까 염려하셔서, 시문 약간 편을 수습하여 伽倻山 海印寺에서 간행하셨다. 인쇄하여 아직 널리 배포하지 못한 상태에서 藏板閣이 갑자기 불에 탔다. 아아, 불행함이 심하도다!
>
> 그 뒤 數年에 다시 문집 간행의 일을 일으켰다. 許從善이 刊本을 寫出하고 관찰사 柳永洵이 또 工役을 도와주어서, 일이 일 년 만에 끝났다. 이렇게 되자 종이를 가져와서 인쇄를 요구하는 자가 문득 백 명이나 되곤 하였다. 이 또한 크게 다행한 일이다.
>
> 다만 이 책이 선생의 手澤本을 바탕으로 한 것이 아니고, 후배들이 선생의 글을 搜輯한 것이 모두 전쟁으로 인한 병화 이후 외워 전하는 데서 나온 것이었기 때문에, 문자 사이에 어긋나거나 잘못됨을 면하지 못했고 시문가운데 빠뜨린 것이 자못 많이 있게 된 것이다.
>
> 그래서 더욱 蒐輯하고 聚合하여 얻는 대로 기록하니, 그것이 또한 모두 수십 개의 板이다. 작년 10월부터 추가 간행을 시작하여 책 말미에 이어서 보충하고, 舊本 가운데 잘못된 글자나 빠진 글자는 또한

고찰하고 비교하여 고치고 바로잡았다.

　己酉年 봄 正月에 후학 烏山 文景虎가 삼가 기록한다.[166]

　이 글에서 오이환은 임인년(1602)이 바로 문집이 처음 간행된 해라 하였고, 김윤수는 문집 서문을 쓴 시기가 갑진년(1604) 8월이므로 임인년부터 문집 간행을 준비하여 갑진년 8월에 문집 간행이 처음으로 이루어졌다고 보았다.

　인용문이 "지난 壬寅 연간에"로 시작하니 오이환은 이해를 문집이 처음 간행된 해로 보았던 것이니, 이는 갑진년 8월에 이루어진 문집 서문이 없다면 그렇게 볼 수 있는 것이다. 갑진년 8월에 이루어진 서문이 있더라도, 그 서문 내용 가운데 '이전에 문집이 간행되었다가 목판이 불탔기 때문에 다시 간행한다.'는 내용이 들어 있다면, 물론 임인년에 문집이 처음 간행된 것으로 볼 수 있다. 그러나 갑진년 8월의 서문에는 그 이전에 문집이 간행된 적이 있었다는 어떠한 힌트도 보이지 않는다. 刊記가 없을 경우 문집 서문을 쓴 해를 간행 연도로 보는 것이 일반적이므로, 서문을 쓴 갑진년 8월에 문집이 처음 간행되었다고 보는 것이 순리적이다.

　역양 문경호가 발문에서 "入梓于伽倻之海印寺" 앞에 '갑진년 8월'이란 말을 넣었다면 아무런 문제가 없을 것인데 이를 생략했으므로 오이환이 착각하였던 것이다. 『남명집』을 펼치자마자 갑진년 8월의 서문이 있으므

---

166 "向在壬寅年間 我來庵先生與一二同志 慮先師遺響無傳 收拾詩文若干篇 入梓于伽倻之海印寺 印布未廣 藏閣遽灰 吁不幸甚矣 後數年 更起刊役 許生從善 寫出刊本 柳巡察永洵亦助工役 功一歲而告訖 於是乎費紙求印者 動以百數 此亦幸之大者也 第此書非得於先生手本 後輩搜輯 皆出於兵燹之後 傳誦之餘 故文字之間 不免有舛謬者 詩文之中 亦頗有脫遺者 更加蒐聚 隨得隨錄 亦總數十板 自上年十月始追刊 續補卷末 而舊本之訛字闕字 亦更考校而改正之 …… 歲己酉春正月後學烏山文景虎謹識.

로, 역양 문경호는 발문에서 굳이 갑진년 8월이란 표현을 다시 쓰지 않았던 것이다. 선인들의 글 쓰는 법은 이처럼 생략할 수 있으면 생략하는 것이 상식이었던 것이다.

그 다음 문제는 문집 목판이 불탄 뒤 다시 간행한 시기에 대한 견해차다. 오이환은 서문을 쓴 갑진년에 재간되었다고 보고, 김윤수는 유영순이 관찰사를 역임한 을사년(1605) 9월에서 정미년(1607) 3월 사이인 병오년에 재간되었다고 본 것이다. 오이환은 유영순의 관찰사 재임 기간을 간과한 채 재간본이 1604년 8월이었다고 하였으나, 김윤수가 『慶尙道先生案』에서 관찰사 유영순의 재임 기간을 근거로 재간본이 병인년 무렵에 이루어졌다고 보는 것이 타당하다고 주장하자, 관찰사 유영순에 관한 역양 문경호의 기록은 착각일 것이라고 주장하기에 이르렀다.[167]

역양 문경호의 기록을 착각이라 보는 것은 慕亭 裵大維(1563~1632)가 쓴 신산서원 중 건기의 다음 부분이 착각인 것과 같은 부류라고 하였다.

지난 戊子年(1588)에 鄕人이 方伯[尹根壽]과 邑宰[河晉寶]에게 서원 건립을 요청하여 의논이 모아졌다. 山海亭 동쪽 기슭 아래에 터를 잡아 正字 安憙가 그 일을 주도하였다.[168]

이 글에서 오이환은, 1588년 당시에 윤근수는 경상 감사가 아니었고 하진보 또한 김해 부사가 아니었음에도, 모정 배대유가 그들의 前職을 現職으로 착각하여 기록한 것이라고 보았다. 이러한 기록은 이처럼 착각이 일어날 수 있으므로 역양 문경호의 기록도 착각일 것이고, 따라서 이 기

167 오이환, 『남명학파연구』 상, 483~484쪽.
168 裵大維, 『慕亭集』 卷3, 「新山書院記」, "往在戊子 鄕人請建書院方伯尹根壽邑宰河晉寶 議以克合 卜基于亭之東麓下 安正字憙 尸其事."

록이 자신의 갑진년 8월에 재간본이 이루어졌다는 것을 부정할 수 있는 근거가 되지 못한다고 한 것이다.

모정 배대유가 이렇게 착각했으므로 역양 문경호도 이런 부류에 대해 착각했으리라 판단하는 것은 좀처럼 누구에게도 인정받기 어려운 생각이다. 그렇다면 '임인 연간'이란 기록은 어찌 믿는가? 결국 오이환은 『남명집』 판본사에서 가장 중요한 근거로 생각하는 역양 문경호의 짧은 발문 안에서, 자신의 주장에 맞으면 옳은 기록이라 보고 자신의 주장에 맞지 않으면 착각이라고 의심하는 것이다.

요컨대 『남명집』은 임인년(1602)부터 수집과 편집이 시작되어 갑진년(1604)에 초간본이 간행되었으며, 책이 널리 배포되지 못한 상황에서 장판각에 불이 나서 관찰사 유영순의 협조로 병오년(1606) 무렵에 재간되었고, 기유년(1609) 정월 제4권에 해당하는 32판의 補遺를 追刻하여 다시 간행하게 되었던 것이다. 임술본(1622)은 기유본(1609)에다 남명의 작품 神明舍圖 및 書 2편과 墓碣 2편이 추가되었고, 卷末에 제문·상량문·신도비명 등 追錄이 7板 분량으로 추가되어 있다. 신해본(1671)은 임술본(1622)에서 내암 관련 문자를 삭제한 것이다.

2. 學記와 師友錄의 統合本

『남명집』 신해본(1671) 이후 1700년을 전후하여 『남명집』이 다시 새 판으로 간행되었다. 이 문집을 『南冥先生合集』이라 하는데, 이는 『南冥先生文集』과 『南冥先生別集』을 합친 것이기 때문이다. 『南冥先生文集』은 기존의 신해본(1671)에다 『學記類編』을 통합하여 간행한 것이고, 『남명선생별집』은 기존에 필사본으로 있던 『山海師友淵源錄』을 改題하여 처음으로 간행한 것이다. 이 합집의 『남명선생문집』에 실린 남명의 시문은 신해

본(1671)까지 수습된 모든 글을 다시 문집 목차에 맞추어, 보유·추록 등의 흔적이 보이지 않도록 새롭게 재정리하였다는 데 의의가 있다. 이후이 판본을 바탕으로 갑신본(1764)·무오본(1798)·기미본(1799)·을유본(1825) 등 다섯 차례의 교정본 간행이 있었다.

그러다가 1894년에 이르러 다시 완전히 새로운 판으로 문집을 간행하기 시작하여 1897년 무렵에 이를 완성하였는데, 이를 『南冥先生全集』 갑오본이라 한다. 이 책은 文集·續集·學記·附錄 등 4부로 이루어져 있다. 여기에는 이전까지 남명의 문집에 들지 못했던 남명의 시문이 상당히 수습되었으나, 노장관련 문자 등 남명에게 누가 되는 모든 문자가 삭제되거나 변조되어 있다.

그래서 1899년에 다시 문집을 편간하자는 논의가 일어나, 1910년에 이르러 다시 새로운 판으로 간행하게 되었으니, 이를 경술본이라 한다. 이후 1915년(을묘본)·1931년(신미본)·1967년(신활자본)에도 간행이 있었다.[169]

결론적으로 남명의 시문을 수집한 측면에서 보면, 갑진년(1604)에 초간된 이후 임술년(1622)에 크게 완비되었고, 그 이후 1894년(갑오본) 이전까지는 이를 바탕으로 수정 내지 삭제하기 위해 여러 차례 간행이 있었던 것이며, 1894년 이후 이전에 수습하지 못했던 글을 상당수 찾아내어 명실상부한 全集의 모습을 갖추려 하였던 것이다. 그러나 1894년 이후의 문집은 남명의 純儒的 면모를 드러낸다는 명분으로 임술본(1622)에 비해 변개된 내용이 너무 많게 되었다. 그래서 이번 해제에서는 임술본을 저본으로 하고, 여기에 수습되어 있지 않은 작품은 여러 판본을 참고하여 모두 해제하였으며 그 출전 또한 밝혀 두었다.

....

169 이상은 경상대학교 남명학연구소에서 간행된 『南冥學研究』 2집과 6집에 실린, 金侖秀의 「南冥集의 冊版과 印本의 系統」·「南冥集 板本 研究上의 爭點」 및 吳二煥의 『南冥學派研究』를 참조하여 쓴 것이다.

III. 저자 소개 : 曺植(1501~1572)

자는 楗仲, 호는 南冥·山海·方丈老子·方丈山人 등이며, 본관은 昌寧이다. 증조부는 생원 曺安習, 조부는 奉事 曺永(1428~1511), 아버지는 承文院 判校 曺彦亨(1469~1526)이다. 증조모 江城文氏는 三憂堂 文益漸(1329~1398)의 從孫女며, 조모 林川趙氏(1444~1506)는 知足堂 趙之瑞(1454~1504)의 누이다. 어머니 仁川李氏는 충순위 李菊(1451~1519)의 딸이며, 左議政 崔潤德의 外曾孫이다.

부인은 南平曺氏(1500~1568)로, 충순위 曺琇의 딸이며 直長 文璜의 외손이다. 슬하에 1남 1녀를 두었다. 아들 次山은 9세에 요절하였다. 딸은 萬戶 金行에게 출가하여 두 딸을 두었는데, 각각 金宇顒과 郭再祐에게 출가하였다.

소실은 恩津宋氏(1532~1610)로, 僉正 宋璘의 딸이며 忠愼衛 宋世勣의 손녀다. 슬하에 3남 1녀를 두었다. 아들은 宜寧 縣監 曺次石(1552~1616), 漆原 縣監 曺次磨(1557~1639), 萬戶 曺次矴(1560~1645)이며, 딸은 군수 趙信道에게 출가하였다.

1. 出生과 成學(0~31세)

남명은 연산군 7년 신유년(1501) 6월 26일 三嘉縣 兎洞에 있는 외조부 충순위 李菊의 집에서 태어났다. 남명의 증조부 생원 조안습이 창녕에서부터 삼가현 板峴으로 이주하여 비로소 삼가 사람이 되었고, 아버지 조언형은 같은 고을 토동에 사는 이국의 딸과 혼인함으로써 토동이 남명의 본거지가 될 수 있었다.

남명의 어릴 적 수학에 관한 것은 어디에도 뚜렷이 기록되어 전하지는 않는다. 다만 1504년 아버지가 문과에 급제하여 서울에서 관직 생활을 함으로부터 서울에서 생활하였던 것으로 알려져 있을 뿐이다. 연보와 편년 등에 의하면, 말을 하기 시작할 때부터 아버지가 글자를 가르쳐 주면 잊지 않았다고 하며, 7세부터 가정에서 글을 배우기 시작하였다고 한다.

9세 때 병에 걸려 몹시 위급한 적이 있었다. 어머니가 크게 걱정하자 남명이 문득 억지로 일어나 기운을 내어서, "하늘이 사람을 태어나게 한 것이 어찌 그저 그럴 뿐이겠습니까? 지금 제가 다행히 남자의 몸을 타고 났으니, 하늘이 반드시 맡겨서 여러 가지 일을 하도록 할 것입니다. 그러니 어찌 지금 갑자기 요절할까 걱정하십니까?"라고 하였다.

16세(1516) 때부터 서울에서 大谷 成運(1497~1579)을 알게 되어 함께 공부하였는데, 두 사람은 이때부터 지기가 되어, 남명이 죽은 뒤 대곡은 제문과 만장은 물론 묘갈명까지 지었다. 대곡이 지은 남명 제문에 다음과 같은 기록이 보인다.

> 내 나이 스무 살에, 그대와 서로 알게 되니, 明霜처럼 뜻이 맞고, 壎篪처럼 화합했네. 절차탁마 하였으니, 내용인즉 道德이네. 그대 利斧 휘둘러서, 나의 頑樸 깎아냈네. 부끄럽게도 못난 사람, 친구로서 허여 했네. 지난 날 서울에선, 처마 붙어 이웃했지. 아침나절 이야기가 저녁까지 이어졌고, 밤늦어 잠잘 때면 같은 이불 덮고 잤네.170

17~18세 사이에 아버지의 임소인 端川을 陪從하였는데, 그곳에서 각고의 노력으로 학업에 전념했다고 한다. 일찍이 깨끗한 술잔에 물을 담아 두 손으로 받들고 밤이 새도록 기울어지지 않도록 했다는데, 이는 意志를

....

170 『南冥集』卷3, 「祭文(成運 撰)」, "余始戴冠 與子相知 明霜契合 和如壎篪 琢之磨 之 惟道與德 揮君利斧 斲我頑樸 愧友不如 許以輔仁 昔在洛都 連棟爲隣 朝談侵 夕 夜眠同床."

堅持하기 위함이었다. 衣帶 사이에 惺惺子라는 방울을 차고 다녔는데, 이는 마음을 항상 깨어 있게 하기 위함이었다.

19세(1519) 때 기묘사화가 일어나 靜庵 趙光祖(1482~1519)가 賜死되는 것을 보고 현자의 길이 험난함을 알았다고 연보와 편년에 기록되어 있다. 그러나 다음 해에 바로 과거에 나아가 그때부터 10년 동안 여러 차례 과거에 응시한 사실을 보면, 절실하게 깨달은 것은 아닌 것으로 보인다.

20세(1520) 무렵부터 문과 한성시(초시)에도 합격하고 사마시의 초시에도 합격하였으나, 회시에서는 모두 떨어졌다. 그래서 남명은 "科擧가 애초에 장부가 拔身할 훌륭한 방법이 되지 못 하거늘 하물며 小科임에랴!" 하고서 사마시는 포기하고, 바로 문과 시험에만 응시하여 초시에서는 세 차례나 일등 하였으나, 회시에서는 번번이 떨어졌다.

22세 때 부인 남평조씨와 혼인하였다. 부인을 대할 때 마치 손님을 대하듯이 공경하였으므로, 집안이 엄숙하고 가지런하였다.

26세 되던 3월에 아버지의 상을 당하였다. 선영인 삼가현 板峴 안쪽 갓골에 장례하고, 산 아래에서 여막을 지어 시묘하였다. 28세 되던 6월에 삼년상을 마치고, 10월에는 자신이 지은 묘갈명을 姜麟瑞로 하여금 쓰게 하여 아버지의 묘소 앞에 세웠다. 그리고 아버지가 못다 한 外先祖 永慕齋 李楹의 행록을 완성하고 그 後識를 찬술하였다.

28세 때 成運의 仲兄 成遇(1495~1546)와 함께 두류산을 유람하였고, 29세 때는 의령의 자굴산 명경대 인근 암자에서 공부하였다. 30세 때 김해 신어산 아래 산해정을 건립하였다. 부인의 집이 이 산 아래 탄동에 있었기 때문이다.

31세(1531) 때 과거 시험을 위해 『性理大全』을 읽다가 元나라 학지 魯齋 許衡의 글을 보고 크게 깨달아 과거를 포기하고, 爲己之學으로 학문의 전환을 하게 되었다. 내암 정인홍과 동강 김우옹이 찬술한 「남명행장」 및

「편년」과 「연보」 등의 기록에서는, 모두 25세 또는 26세에 이러한 일이 있었다고 한다. 그러나 이는 남명 자신이 1531년 10월에 써둔 「書李君原吉所贈心經後」를 참조하고, 1532년에 써둔 「書圭菴所贈大學冊衣下」의 다음 기록을 근거로 수정하여야 할 것이다.

弱冠에 文科 漢城試에 합격하였고, 다시 司馬試 初試에도 합격하였으나 覆試에서는 다 낙방하였다. '科擧 시험이 애초에 丈夫가 자신을 세상에 드러내는 방법이 되지 못하는데 하물며 小科임에랴!'라 생각하고는, 드디어 사마시는 포기하고 東堂試에만 나아가 세 차례 일등으로 합격하였다. 그 뒤 합격하기도 하고 떨어지기도 하면서 나이 서른을 넘겼다. 또 문장이 科文의 형식에 맞지 않는다는 생각을 하여, 다시 평이하고 簡實한 책을 구하여 보았다. 그래서 처음으로 『性理大全』을 가져다 읽었다.

하루는 그 책을 보다가 許氏가, "나아가 벼슬하면 나라를 위해 크게 하는 일이 있어야 하고, 물러나 은거해 있으면 스스로를 지킬 줄 알아야 한다. 대장부는 마땅히 이와 같이 하여야 한다. 나아가 벼슬해도 하는 일이 없고 물러나 은거하면서도 지키는 것이 없다면, 뜻하고 배운들 무엇 하겠는가?"라고 한 말을 보고서 흠칫 자신을 돌아보니, 부끄럽고 위축되어 정신을 잃을 것 같았다. 배운 것이 형편없어 거의 일생을 그르칠 뻔한 것과 애초에 人倫이나 일상생활에서의 일들이 모두 본분 속에서 나오는 것인 줄 몰랐던 것에 대하여 깊이 탄식하였다.

드디어 과거 공부에 싫증이 나서 다시 이를 포기하고, 학문에 전념하여 점점 근본적인 곳으로 나아가게 되었다. 이는 꼭 어린 나이에 부모를 잃고 어디로 가야 할지 몰라 하다가, 하루아침에 문득 자애로운 어머니의 얼굴을 뵙고 자기도 모르게 손을 흔들고 발을 구르며 춤을 추는 것 같았다. 나의 벗 原吉은 이를 보고 기뻐하여 나에게 『心經』을 주었으며, 眉叟는 나에게 이 책을 주었다. 이때를 당해서는 마치 저녁에 죽더라도 유감이 없을 듯하였다.

즉 弱冠 때부터 과거에 응시하기 시작하여 여러 차례의 시험에서 급제하지 못하고 서른을 넘기자, 科文의 형식에 맞는 글을 쓰기 위해 『性理大全』을 읽게 되었으며, 그러다가 魯齋 許衡의 글을 읽고 크게 깨달아 과거를 포기하고 본원적인 공부를 하게 되었다는 것이다. 그런데 이때 李原吉즉, 東皐 李浚慶이 준 『心經』에 글을 써둔 시기가 1531년 10월이고, 圭菴宋麟壽가 준 『大學』의 책갑에 글을 쓴 시기가 1532년이며, 「題成中慮所贈東國史略後」에 의하면 서울 생활을 청산하고 내려오는 해가 1532년이었으므로, 남명이 『성리대전』에서 노재 허형의 글을 보고 깨달은 때가 1531년이라는 사실이 증명되는 것이다.

2. 山海亭 시대(32~47세)

32세 때 서울 집을 정리하고 김해의 山海亭에 머무르기 시작하여, 어머니의 侍墓가 끝나는 1548년에 본거지 兎洞으로 귀향하게 되는데, 그 사이의 기간이 山海亭 시대다. 남명은 비록 과거를 포기하였으나, 어머니의 명에 의해 계속 과거에 응시하였다가, 37세 때 드디어 어머니에게 청하여 과거에 응시하지 않게 되었다.

37세 때 생질인 棲巖 鄭之麟(1520~1600)이 와서 배웠다.

38세(1538) 때 처음으로 벼슬에 제수되었으니, 晦齋 李彦迪과 大司諫 李霖의 추천에 의해 獻陵 參奉에 임명된 것이다. 그러나 사양하고 나아가지 않았다.

39세 때 제생과 지리산 신응사에서 책을 읽었다.

42세 때 咸陽 사람 梅村 鄭復顯(1521~1591)이 와서 배웠다.

43세 때 회재 이언적이 편지를 보내와 만나기를 요구하였으나 거절하였으니, 그 내용은 다음과 같다.

어찌 擧子의 신분으로 監司를 찾아갈 수 있겠습니까? 다만 생각건
대 옛사람은 네 조정에 걸쳐 벼슬하면서도 조정에 있었던 것은 거의
40일이었습니다. 그래서 저는 상공께서 벼슬을 그만두고 고향으로 돌
아가실 날이 멀지 않을 것이라 생각합니다. 그때에 安康里 댁에서 서
로 角巾을 쓴 채 만나 뵙더라도 늦지 않을 것입니다.

44세 때인 1544년 6월에 아들 次山(1536~1544)이 요절하였다. 이해에
李霖이 준 『심경』 뒤에 글을 써 두었다. 이림은 대사간을 역임하고 병조
참의로 있다가 을사사화를 만나 의주에 장배되었다가 이듬해 사사된 인
물로, 남명과는 어릴 적부터의 친구다. 이림은 後嗣가 없으니 누가 '篤學
拳拳之像'을 기록해 주겠느냐고 탄식하면서, 자신도 아이를 잃어 '麗澤相
益之義'를 책속에 남길 수 없게 되었다며 탄식하고 있다. 이 해에 宜寧
사람 陶丘 李濟臣(1510~1582)이 문하로 찾아왔다.

45세(1545) 때 乙巳士禍가 일어났다. 남명과 친하게 지냈던 成遇(1495~
1546)·李霖(1495~1546)·宋麟壽(1499~1547)·郭珣(1502~1545) 등이 여기에
말려들었다. 이해 11월에 어머니의 상을 당했다. 김해로부터 삼가의 선영
아래 귀장하고, 산 아래에 여막을 지어 3년 동안 시묘하였다. 남명은 1546년
시묘 중에, 귀양 가 있는 규암 송인수에게 부탁하여 묘갈명을 찬술케 하여
묘 앞에 세웠다. 司憲府 大司憲을 역임했던 규암은 이 묘갈명에서, 자신보다
두 살 적은 46세의 白面書生인 南冥을 곳곳에서 '先生'이라 호칭하고 있다.
그리고 남명이 성인의 학문인 위기지학에 전념하여 이처럼 대단한 인물이
된 것은 부모의 가르침 때문이었다고 표현하고 있다.

남명은 이 기간에 학문에 침잠하여 자신을 수양하였고, 이로 인해 명
망이 전국에 알려지게 되었다. 남명의 「座右銘」인 "항상 미덥고 항상 삼
가며, 사악을 막고 정성을 두라. 산처럼 우뚝하고 못처럼 깊숙하면, 움돋
는 봄날처럼 빛나고 빛나리라.[庸信庸謹 閑邪存誠 岳立淵冲 燁燁春榮]"는

이 당시 스스로 경계하기 위하여 지은 것이며, 특히 格物·致知와 誠意·正心 공부에 진력하였던 것으로 보인다. 「연보」의 30세 조에 "格物·致知가 지극해지면 자연히 意誠·心正이 이루어질 것이다. 그러나 앎이 극진하지 않으면 마치 사람이 밤중에 길을 가는 것과 같아서 비록 이 길로 가면 된다는 것을 알면서도 어두워서 능히 가서 이를 수 없는 것과 같다.[格致至 則自然意誠心正 知不至 則如人夜行 雖知路從此去 黑暗不能行得到]"라는 남명의 말을 인용한 것에서 짐작할 수 있다.

3. 雷龍舍 시대(48~60세)

48세 때 典牲署 主簿에 제수되었으나 나아가지 않았다. 이해에 鷄伏堂과 雷龍舍가 이루어졌다. 계부당은 닭이 기를 끊지 않고 알을 품어 주어야 병아리를 부화할 수 있듯, 학문도 이처럼 꾸준히 기를 간직해야 뜻한 바를 이룰 수 있다는 의미가 들어 있다. 뇌룡사는 '淵默而雷聲[연못처럼 잠잠하다가 우레처럼 소리친다.]'에서의 '雷'와 '尸居而龍見[시동처럼 거처하다가 용처럼 나타난다.]'에서의 '龍'을 합친 뜻이 들어 있는 精舍다.

49세(1549) 때 삼가의 紺岳山 밑 鋪淵[鑪淵]에서 함양 선비들과 노닐었는데, 이때 「浴川」이란 제목의 시가 이루어졌다.

50세 때 丹城 사람 竹閣 李光友·松堂 李光坤 및 陜川 사람 玉洞 文益成이 와서 배웠다.

51세 때 宗簿寺 主簿에 제수되었으나 나아가지 않았다. 德溪 吳健(1521~1574)이 문하에 와서 배웠다. 玉溪 盧禛(1518~1578)과 介庵 姜翼(1523~1567) 및 德溪 吳健 등과 함께 安陰의 花林洞을 유람하였다. 七峯金希參(1507~1563)이 敬差官이 되어 江右의 여러 고을을 둘러보다가 남명을 방문하였다.

53세 때 退溪 李滉(1501~1570)으로부터 출사를 권유하는 편지가 왔다. 남명이 참으로 출사할 만한 때인지 모르겠다는 내용의 답장을 하자, 다시 퇴계가 남명의 출처를 인정하는 답장을 보내왔다.

54세 때 성주에 유배 와 있던 默齋 李文楗(1494~1567)의 默休唱酬詩에 和韻하였다. 『默齋日記』 1554년 10월 14일조에 "李愚翁이 종을 보내 나를 위문하였다. 나의 「묵휴음」에 和韻해 주니 기뻐할 만하다. 曹楗仲의 和韻도 이르렀으니 더욱 기뻐할 만하다.[李愚翁伻奴慰問和余默休吟詩韻 可喜 曹楗仲之和 亦致贈 尤可喜也]"라는 기록이 보인다.

55세(1555) 때 咸安 사람 松巖 朴齊賢(1521~1575)과 篁巖 朴齊仁(1536~1618)이 와서 배웠다. 이해에 丹城 縣監에 제수되었다. 이를 사직하면서 상소[乙卯辭職疏, 일명 丹城疏]를 올렸는데, 상소문 내용이 과격하고 표현이 무례하다는 이유로 朝野에 物議가 일었다. 이해를 전후하여 합천 사람 來庵 鄭仁弘(1536~1623)이 와서 배웠다. 내암 정인홍과 관련된 기록은 「편년」이나 「연보」등에 일체 보이지 않는다. 그가 쓴 남명 제문에 "약관에 제자가 되어 책을 잡고 가르침을 받았다네.[弱冠摳衣 執卷受讀]"라는 기록이 보인다.

56세 때 진주 사람 喚醒齋 河洛(1530~1592)과 覺齋 河沆(1538~1590)이 와서 배웠다.

57세(1557) 때 報恩 鍾谷으로 가서 大谷 成運을 방문하였다. 이 걸음에 당시 報恩 縣監이던 東洲 成悌元(1506~1559)도 만나고, 溪堂 崔興霖(1506~1581)의 金積精舍에서 '王覇取舍之辨'과 '精一中和之說'에 대해 강의하였다.

58세(1558) 때 4월 11일부터 25일까지 15일 동안 頭流山 遊覽을 하였다. 三嘉 雷龍舍에서 출발하여 晉州·泗川·河東·花開·雙溪寺·佛日瀑布·神凝寺·岳陽·三呵息峴·旌樹驛·七松亭을 경유하여 삼가로 되돌아오는 여정

이었다. 주요 참가자는 晉州 牧使 金泓·李公亮·黃江 李希顔·龜巖 李楨 등이었다. 이해 8월 15일에 가야산 해인사에서 東洲 成悌元과 회합하였다. 지난 해 헤어지면서 한 약속이었는데, 연일 퍼붓는 장마 비에도 불구하고 거의 동시에 도착하여 여러 날 동안 講討하였다. 이해에 竹牖 吳澐(1540~1617)이 산해정으로 찾아와 배웠다.

59세 때 造紙署 司紙에 제수되었으나 나아가지 않았다. 이해 5월에 草溪로 가서 黃江 李希顔을 哭送하고, 8월에는 星州로 七峯 金希參을 방문하였다. 이해에 大笑軒 趙宗道(1538~1597)가 執贄하였고, 茅村 李瀞(1541~1613)이 와서 배웠다.

60세(1560) 때 칠봉 김희삼을 哭送하였다. 이해에 단성 사람 日新堂 李天慶(1538~1610)과 고령 사람 松庵 金沔(1541~1593)이 와서 배웠다.

남명 학문의 결정판이라 할 「神明舍圖」와 「神明舍銘」이 적어도 이 무렵에는 이미 이루어진 것으로 보인다. 퇴계가 1561년 錦溪 黃俊良(1517~1563)의 편지에 답한 글에서 "계부당명을 베껴 보내주심에 깊이 감사합니다. 다만 그 내용이 曠蕩玄邈하여 비록 노장의 서적에서도 보지 못한 것입니다. 이미 배운 적이 없는 것이니 어찌 감히 의논하겠습니까? 그 사람은 진실로 평범하지 않고 그 학문 또한 배우기 어렵습니다.[雞伏堂銘 深荷錄示 但其說曠蕩玄邈 雖於老莊書中 亦所未見 旣未嘗學 焉致議及 其人固非尋常 而其學又難學也]"라는 언급이 있다. 그리고 이에 대해 弦齋 曺庸相(1870~1930)은 『현재집』 권5 「退溪先生論先子書辨」에서 「신명사명」이라 명명하기 이전에 「계부당명」이라 하였던 것으로 생각하였고, 이는 鷄伏堂에 거처하던 시절 남명이 자신의 거처에 붙여둔 銘이란 뜻이므로, 대개 이 시기에 지어진 것으로 볼 수 있다는 것이다.

4. 山天齋 시대(61~72세)

남명은 61세 되던 해에 두류산 천왕봉이 가장 아름답게 보이는 진주의 德山 絲綸洞으로 거처를 옮겼다. 거처하는 곳의 이름을 山天齋라 하였는데, 이는 『周易』 大畜卦를 뜻하는 말이다. 이곳에 거처를 옮기면서 남명은 스스로 그 이유를 「德山卜居」라는 시로 표현하였다.

봄 산 어딘들 芳草가 없으리오?	春山底處无芳草
上帝와 가까운 天王峯 때문이지.	只愛天王近帝居
白手로 들어와 무얼 먹고 살려오?	白手歸來何物食
십 리 銀河水 물, 마시고도 남으리.	銀河十里喫猶餘

그리고 산천재에서 아름답고 엄숙하게 바라보이는 두류산 천왕봉을 보면서 「題德山溪亭柱」라는 시를 남겼다. 덕산으로 옮긴 그의 포부와 축적한 학문적 역량이 잘 드러나 있다.

보소서, 저 천 석의 종을!	請看千石鍾
큰 종채 아니면 소리 없다오.	非大扣無聲
허나 어찌 두류산과 견주리오?	爭似頭流山
하늘이 울어도 울지 않으니.	天鳴猶不鳴

61세 때 晉州 敎授로 와 있던 醴泉 사람 藥圃 鄭琢(1526~1605)이 와서 배웠다. 돌아갈 적에 남명이 소 한 마리를 주어 타고 가게 했다는 일화로 유명하다. 약포가 그 뜻을 깨닫지 못하자 남명이 "그대는 辭氣가 너무 재바르므로 느릿함을 배워 멀리 가는 것이 더 나을 것이기 때문이다."라고 하였다 한다.

62세 때 벗 松溪 申季誠을 哭送하였다.

63세(1563) 때 3월에 함양의 藍溪書院으로 가서 一蠹 鄭汝昌의 사당을 배알하고 제생과 강학하였다. 그리고 안음으로 가서 葛川 林薰(1500~1584)의 廬所에서 그를 조문하였다. 이해에 星州 사람으로 자신의 외손서가 된 東岡 金宇顒이 와서 배웠다. 이때 惺惺子를 주면서 마음 수양에 진력하라고 가르쳤다. 이 해에 松巖 李魯(1544~1598)가 그 아우들과 함께 와서 배웠다.

64세 때 퇴계 이황에게 편지를 보내어, '口談天理'의 학문 태도를 지양하고 '下學人事'를 중시하는 학문 풍토의 조성을 勸告하였다. 퇴계는 이에 대해 정중히 거절하였다.

65세 때 서울 사람 守愚堂 崔永慶(1529~1590)이 집지하였다. 이해에 산음의 智谷寺에서 강회를 열었는데, 鄭復顯·吳健·都希齡 등이 참석하였다. 이해 겨울에 서울 사람 省庵 金孝元(1532~1590)이 와서 배웠다.

66세(1566) 때 정월에 玉溪 盧禛 등 제생과 함께 지곡사에서 강학하였다. 2월에는 龜巖 李楨과 斷俗寺에서 회합하였고, 3월에는 葛川 林薰·玉溪 盧禛·介庵 姜翼 등과 安陰의 玉山洞을 유람하였다. 이해에 星州 사람 寒岡 鄭逑(1543~1620)가 와서 배웠다. 이해 5월에 소명이 있었으나 나아가지 않았고, 8월에 尙瑞院 判官에 제수되자 10월에 思政殿에서 肅拜하고 入對한 뒤 11일 만에 그만두고 돌아왔다.

67세(1567) 때 6월에 명종이 승하하고 선조가 즉위하여, 11월에 교서를 내려 특별히 불렀으나, 상소하고 나아가지 않았다. 이해에 宜寧 사람 忘憂堂 郭再祐(1552~1617)가 와서 『논어』를 배웠다.

68세 때 5월에 전교를 내려 부르자, 봉사를 올렸다. 이것이 이른바 「戊辰封事」다. 퇴계의 「戊辰六條疏」와 함께 자신들의 학문적 성과를 집약한 것으로 유명하다. 이해 7월에 부인 남평조씨가 졸하였다. 이 해에 斷俗寺

에 居接하던 晉州 琴山 사람 浮査 成汝信(1546~1632)이 와서 배웠다.

69세 때 宗親府 典籤에 제수되었으나 병으로 사양하고 나아가지 않았다.

70세(1570) 때 두 차례 소명이 있었으나 모두 사양하였다.

71세 때 정월에 退溪의 訃音을 전해 듣고 "이 사람이 죽었다니, 나도 이 세상에 오래있지 않을 것이다." 하고는, 士喪禮를 節要하여 門人 河應圖 등에게 주면서 治喪을 부탁하였다. 이해에 寒暄堂 金宏弼의 손자 草溪郡守 金立(1497~1583)의 부탁으로 「寒暄堂畵屛跋」을 찬술하였다. 이해 12월 20일 비로소 병을 만났다. 옥계 노진이 소식을 듣고 사람을 보내 간호케 하였다.

72세(1572) 정월에 盧禛·鄭仁弘·金宇顒·鄭逑·河沆 등이 侍疾하였다. 김우옹이 "만약 돌아가신다면 마땅히 무엇으로 칭해야합니까?"라고 묻자, "處士라 하는 것이 옳다."라고 하였다.

2월 8일 아침에 문인들이 들어와 문병하자, 손으로 두 눈을 닦은 뒤 눈을 뜨니 눈동자가 맑고 밝기가 평소와 다름이 없었다. 다시 창문을 열게 하고는 "하늘이 저처럼 맑고 밝구나." 하였다. 그리고 벽에 써둔 '敬義' 두 글자를 가리키며, "이 두 글자는 학자에게 지극히 절실하고 중요하다. 요점은 이 공부를 익숙히 하는 데 있다. 익숙하면 흉중에 하나의 사물도 없게 된다. 나는 아직 이 경계에 이르지 못하고 죽는다." 하였다. 부음이 조정에 알려지자, 宣祖가 즉시 通政大夫 司諫院 大司諫에 증직한 뒤 賻儀를 내리고 致祭하였다. 4월 6일 산천재 뒷산 壬坐에 장례하였으며, 大谷 成運이 찬술하고 門人 全致遠이 글씨를 쓴 묘갈명을 묘 앞에 세웠다.

1576년에 산천재 서쪽 덕천 강변에 서원이 건립되었다. 처음에 德山書院이라 하였으나, 1609년 德川書院으로 사액되었다. 같은 해에 삼가의 晦峴 아래 晦山書院이 건립되었다. 임진왜란 때 불타고 삼가의 界山里 黃江[香江]가에 香川書院으로 중건되었다가, 1609년 龍巖書院으로 사액되었다.

1578년 김해의 산해정 동쪽 기슭에 新山書院이 건립되었으며, 1609년에 사액되었다.

1615년(광해군7)에 관학 유생들의 상소로 '大匡輔國崇祿大夫 議政府領議政 兼領經筵弘文館藝文館春秋館觀象監事 世子師'로 추증되고, '文貞'이란 시호가 내렸다.

1617년 진주 사람 생원 河仁尙 등이 상소하여 문묘에 종사해 주기를 요청하였으나 허락되지 않았다. 이후 嶺南에서 7회, 湖西에서 8회, 湖南에서 4회, 館·學이 합하여 12회, 開城府 1회, 玉堂 1회, 兩司 각 1회 등의 문묘종사 요청이 있었으나 끝내 허락되지 않았다. 그러나 星湖 李瀷(1681~1763)은 그의 『星湖僿說』에서 다음과 같이 언급하면서, 남명을 우리 문명사의 가장 우뚝한 봉우리의 하나라고 칭송하였다.

단군 시대는 아직 문명이 개척되지 못하였고, 천여 년을 지나 기자가 조선에 봉해지면서 비로소 암흑이 걷혀졌다. 그래도 한강 이남까지는 미치지 못하다가, 9백여 년이 지난 삼한시대에 경계가 개척되어 삼국의 영토가 정해졌다. 여기서 천여 년이 지나 우리 왕조가 일어나서 人文이 비로소 드러났다. 중세 이후로 退溪가 소백산 밑에서 태어났고, 南冥이 두류산 동쪽에서 태어났다. 이곳은 모두 경상도의 땅으로, 上道에서는 仁을 숭상하고 下道에서는 義를 주장함으로써, 儒者로서의 教化와 氣槪나 節義가 마치 바다가 넓은 듯 산이 높은 듯하였다. 우리 문화는 여기서 그 절정에 달하였다.[171]

....

171 李瀷, 『星湖僿說』第1卷, 天地門, 東方人文, "檀君之世 鴻濛未判 歷千有餘年 至箕子東封 天荒始破 不及於漢水以南歷九百餘年 至三韓 地紀盡闢 爲三國之幅員歷有千餘年 聖朝建極 人文始闢 中世以後退溪生於小白之下 南冥生於頭流之東 皆嶺南之地 上道尙仁 下道主義 儒化氣節 如海闊山高 於是乎文明之極矣."

Ⅳ. 내용 개요

南冥先生文序(6)

來庵 鄭仁弘(1536~1623)이 갑진년(1604) 8월에 지은 것이다.

정인홍은 이 글에서 "자신의 몸을 깨끗이 하기 위해 군신 사이의 의를 폐지하고 兀然히 떠나가 버리는 것도 道가 아니며, 시속의 흐름에 섞여 몸을 더럽히면서까지 나아갈 줄만 알고 물러날 줄 모르는 것 또한 道가 아니다. 오직 시대를 분명히 인식하고 행동이 義에 부합하며, 出處가 한결같이 正道에서 나와 千古의 선배들에게도 부끄럽지 않고, 百代 후의 사람에게도 의혹됨이 없는 분이야말로 군자의 도를 얻었다고 할 만하다.[潔身廢義 兀然而長往 非道也 同流合汚 知進而不知退 亦非道也 惟識時明 行合義 出處一出於正前千古而無愧 後百世而不惑者 方得爲君子之道也]"라고 전제한 뒤, 남명이야말로 "지위가 낮으면서도 덕은 오히려 더욱 높고, 자신은 否塞하였으나 도는 오히려 저절로 亨通하였던[居窮而德益尊 身否而道自亨]", 진정 여기에 해당하는 中庸의 君子임을 역설하고 있다.

行狀(24)

문인 來庵 鄭仁弘(1536~1623)이 1572년 윤2월에 지은 것이다.

墓碑文(16)

大谷 成運(1497~1579)이 지은 것이다.

이 비문은 '墓碣銘'으로 지은 것인데, 광해군 때 영의정에 추증된 이후에도 비문의 題額만 '徵士贈大匡輔國崇祿大夫議政府領議政文貞公南冥曺先生之墓'로 바뀌고 내용은 같다. 처음 세워질 때는 門人 濯溪 全致遠이 글씨를 썼으며, 1866년 다시 세워질 때에는 凝窩 李源祚가 글씨를 썼고,

그 뒤 1906년에 다시 深齋 曺兢燮이 글씨를 쓴 비석이 섰으며, 1956년에 다시 세울 적에는 心齋 權昌鉉이 글씨를 썼다.

[권 1]
詩(173제 200수)
五言絶句(45제 49수)
書釰柄贈趙壯元瑗, 織女巖, 次觀水樓韻, 贈吳學錄健上京, 別敬溫師, 漫成, 寄叔安, 漫興, 贈別, 山海亭偶吟, 偶吟, 題古屛贈子修姪(2수), 在山海亭次周景游韻, 答人, 種竹山海亭, 題龜巖寺, 題黃江亭舍, 梅下種牧丹, 題德山溪亭柱, 遊安陰玉山洞, 詠靑鶴洞瀑布, 涵碧樓, 贈太容, 寄子修姪, 孤舟晩泊, 辭三足堂遺命歲遺之粟, 奉和健叔因問金太容, 寄健叔(2수), 乙丑仲秋旣望 余夢見李大諫仲望於樹下 情話未畢 李君起去 余攬其袖 卽吟短絶以贈別 覺來益苦追感 今幸見河公 昨之夢遇李君 乃今見河公之兆也 尤用泣嘆精靈之未泯也 河公卽大諫之外孫 而余之姪女夫也 愛我 常自來訪 余亦以李君之故 又重姻恩之義 心事頗極繾綣因述夢中所辭 識與之 又示夢贈之詩, 無題(2수), 蝴蝶樓, 贈行脚僧, 贈鄭判書惟吉, 題姜郊多檜淵茅亭窓, 贈崔明遠追送蛇山別, 無題(疑贈吳學錄), 偶吟, 贈山人惟政, 偶吟, 寄三足堂, 贈成東洲, 謝僧送圓扇, 無題(2수), 贈金烈, 書張判官衣

五言四韻 (16제 17수)
贈吳學錄, 挽詞, 挽朴虞侯, 山寺偶吟, 詠獨樹, 贈崔賢佐, 奉三山卓爾丈, 寄大谷, 書李黃江亭楯, 和健叔 呈崔賢佐于金積山齋, 贈三足堂, 挽貞夫人崔氏, 挽河希瑞(2수), 寄子修姪, 姜參奉挽詞

五言古風 (5제 5수)

贈成仲慮, 奉上仲玉丈, 贈石川子, 題三足堂, 醉贈叔安

七言絕句(79제 100수)

斷俗寺政堂梅, 送寅叔, 題五臺寺, 山中卽事(2수), 鄭監司宗榮見過, 聞李愚翁還鄕, 庭梨, 靑鶴洞, 贈別姊兄寅叔(2수), 江亭偶吟, 有感, 春日則事, 遊安陰玉山洞(2수), 送李慶胤, 漫成, 次友人韻, 贈君浩, 明鏡臺, 菊花, 訪村老, 黃溪瀑布(2수), 德山偶吟, 詠蓮(2수), 鳳鳴樓, 讀項羽傳, 和健叔, 詠橘, 寄柳繼先魚士拱明月寺讀書, 和寄宋相, 漫成, 贈朴君思恭, 答贈張都事儀仲, 贈熙鑑師, 淸香堂八詠(竹風·松月·琴韻·雪梅·霜菊·盆蓮·經傳·碑砌 등 8수), 漫成, 讀書神疑寺, 遊白雲洞, 無名花, 贈別李學士增榮, 山海亭苦雨, 謾成, 浴川, 德山卜居, 喪子, 寄西舍翁, 和風月軒韻, 題黃江亭舍, 贈可遠, 次梁山雙碧樓韻, 題子修畵屛襄陽城, 鮑石亭, 贈成仲慮(2수), 和淸香堂詩, 贈五臺僧, 詠梨, 題聞見寺松亭(2수), 無題, 挽喪生, 無題, 兼贈太溫健叔, 次景游韻題僧軸, 野翁亭, 贈尹大連, 畵竹, 贈宜春倅, 在盆城聞打麥聲, 頭流作, 寄河君礪, 題永陽採蓮堂, 無題, 在山海亭 書大學八條歌後, 贈鄭君仁弘, 挽陳克仁, 和上賢佐(2수), 寄黃江, 遊黃溪贈金敬夫(2수), 竹淵亭次尹進士奎韻(4수), 川上吟, 挽姜進士瑞(2수), 無題(2수)

七言四韻(23제 24수)

挽河希瑞(2수), 涵虛亭, 挽貞夫人崔氏, 竹淵亭贈尹進士奎, 竹淵亭·次文老韻, 江樓, 題宋氏林亭, 題鄭思玄客廳, 題房應賢茅亭, 贈別大谷, 贈黃江, 寄大谷, 次湖陰題四美亭韻, 無題, 次方伯韻, 次默齋吟, 次休叟吟, 明鏡臺, 次湖陰題四美亭韻同題, 司馬所宴, 無題, 題玩龜亭, (題玩龜亭題詠後 : 李山海), 次徐花潭韻

七言長篇(3제 3수)

狐白裘詩, 蘇子卿詩, 六國平來兩鬢霜詩

拾遺 (권1 끝에 수습되어 있다 : 7언 절구 2제 2수)

地雷吟, 謝李元吉送曆

原泉賦(2)

'原泉'이란 근원이 있는 샘물이라는 말로, 학문을 하여 세상의 온갖 이치에 환하게 밝아 온 천하에 그 영향이 미치도록 하는 것을, 근원이 있는 샘물이야말로 끊임없이 흐를 수 있어 나아가 온 천지를 넉넉히 적시고도 남는다는 뜻으로 비유하여 쓴 글이다. 학문의 중요성과 평소 수양의 중요성을 강조하고 있다. 특히 마지막 부분의 戒辭에서, 학문[學]이야 말로 물욕의 감정[心]을 제어할 수 있는 가장 좋은 방법이고, 학문은 敬을 통하여 그 근원을 涵養하는 것임을 천명하고 있다.

民巖賦(3)

'民巖'은 '백성은 나라를 엎을 수도 있는 위험한 존재'라는 말로, 통치자인 임금이 백성을 진심으로 사랑하여 그들이 편안히 살도록 해야 하는데, 그렇지 않으면 자신을 늘 떠받들던 백성에 의해 오히려 나라가 엎어질 수도 있음을 경계하는 내용이다. 한 사람의 백성은 보잘것없으나 임금의 失德에 의해 민심이 한 방향으로 결집되면 걷잡을 수 없게 되어 결국 나라가 엎어진다고 경계하고 있다. 그러나 근본을 돌이켜 보면 백성이 원래 巖險한 존재가 아니라, 임금의 실덕 여부에 의해 백성의 암험 여부가 결정된다고 함으로써, 임금을 정점으로 하는 치자의 수양과 자애로운 다스림을 종용하고 있다.

1533년 식년 문과 시험에서 '민암부'를 賦題로 제시한 적이 있으므로, 이 글은 남명이 이 무렵에 이 試題를 전해 듣고 지은 것으로 보인다.

軍法行酒賦(3)

漢 高祖의 손자 劉章이, 呂太后의 위세를 등에 업은 呂氏들이 나라를 어지럽히는 것을 보고, 주연 석상에서 군법을 적용하여 義氣를 떨침으로써 漢이 망하지 않게 되었다는 사실을 언급하고 있다. 아울러 이처럼 나라가 어려울 때 의기 있는 인물이 당연히 있어야 하며, 나라를 어지럽지 않게 하는 근본은 '예의로 나라를 다스림[禮治]'에 있음을 역설하고 있다.

座右銘(1)

閑邪와 存省을 목표로 항상 信義와 謹愼에 바탕을 둔 행동을 하여야 하며, 이것이 쌓여 산처럼 우뚝하고 못처럼 깊으면, 자연의 조화를 인간 사회에서도 이룰 수 있음을 강조하고 있다.

佩劍銘(1)

늘 차고 다니던 短劍에 새겨 두고 자신을 돌아보았던 글이다. 남명 자신이 평생의 공부를 敬과 義로 요약한 뒤, 『周易』 坤卦에 보이는 "敬以直內 義以方外"를 끌어와 자기화한 글이다.

革帶銘(1)

늘 차고 다니던 혁대에 새겨 두고 자신을 돌아보았던 글이다. 혁대는 가죽으로 만들어져 있어 단단히 묶는 역할을 하는 것이니, 허리 묶는 것을 연상하여 입조심을 하여 말을 묶어 두라고 한 것이다.

金人銘(1)

金人은 周 太祖 后稷의 사당 오른쪽 계단 앞에 있었다는 쇠로 만든 사람이다. 공자가 周나라의 太廟에 가서 이 금인을 보았는데, 그 입은 세 번 봉하여져 있고 그 등에는 "옛날에 말을 삼갔던 사람이다."라는 글이 새겨져 있었다고 한다. 남명은 이 금인을 통해 誠敬과 謹獨을 추구하는 매개로 삼아 이 글을 지은 것이다.

神明舍圖(1)

남명이 자신의 평생 공부를 敬과 義로 요약하여, 이를 통한 수양의 양상을 그림으로 그린 것이다. 크게 보면 상단의 垣郭과 하단의 方形止圈圖 등 두 부분으로 구성되어 있다. 원곽에는 口關·耳關·目關의 세 관문이 있고, 원곽의 중앙 북단에 太一君의 거처인 神明舍가 위치해 있다. 태일군의 앞에는 天德과 王道를 표방하여 정사를 펼치는 丹墀가 있으며, 그 앞에 冢宰인 '敬'이 惺惺한 채 자리 잡고 있다. 耳關과 目關 옆에는 각각 月과 日을 써넣어 왕도정치가 제대로 이루어지는 것이 바로 요순의 시절임을 드러내고 있으며, 원곽 한 쪽에 '國君死社稷'이라는 구절을 써넣어, 원곽을 넘어오는 외적을 막아내지 못하면 임금은 거기서 죽어야 한다는 점을 밝힘으로써, 목숨을 담보로 수양하려는 남명의 학문 자세를 읽을 수 있다. 그리고 원곽 밖 口關 쪽에 致察과 克治를 담당하는 百揆와 大司寇가 자리하고 있음으로써, 외적의 침입을 직접 살펴 이겨내는 것을 담당하는 것이 '義'임을 보여주고 있다.

하단의 方形止圈圖는 중앙 부분의 '止'가 원곽 안의 경 및 원곽 밖의 사물과 이어져 있어서, '止'야말로 修己와 治人의 극치에 도달함이며 이의 성취는 敬과 義에 의해서만 가능하다는 것을 보여주고 있다. 그리고 좌우에 위치한 '至'와 '止'는 始條理와 終條理 및 必至와 不遷을 뜻하는 것으로서, 중앙 부분의 '止'의 의미를 부연 설명해 주는 것임과 동시에 그림의 균형을 잡아 신명사도가 전체적으로 사람의 형상이 느껴지도록 하는 것이다.

銘(3)

「神明舍圖銘」이다. 「神明舍圖」의 의미를 銘의 형식으로 표현한 것이다. '太一眞君'부터 '尸而淵'까지가 원문이며 그 이하는 附註이다. 초간본에는 부주의 분량이 아주 많고 그 내용 또한 노장의 서책에서도 찾아보기 힘든 鍊丹術과 관련되는 글도 상당히 있다. 이는 어디까지나 정신을 수련하기 위하여 필요한 방법을 여러 곳에서 찾아본 것에 다름 아니다. 그러나 퇴계의 문인 琴蘭秀와 黃俊良이 이를 보고 퇴계에게 알려 줌으로써, 퇴계가 남명을 두고 정통 유학자로 보기 어렵다는 언급을 하게 되었던 것이다.

愼言銘(1)

「神明舍圖」의 三關 가운데 口關이 정면에 가장 크게 그려져 있듯이, 남명은 말을 삼가는 것이 수양의 요체임을 인식하고, 한편으로는 자신을 살피면서 한편으로는 내적 역량을 끊임없이 끌어올려 성인의 경지에 이르려 노력하였던 바, 이 글은 이러한 상황을 잘 보여주고 있다.

[권 2]
書
答退溪書(1)

1553년(53세) 退溪 李滉(1501~1570)이 '不仕無義'라는 말로 남명에게 출사하기를 권유하며 보낸 편지에 답한 글이다. 남명은 이 글에서, 퇴계가

燃犀의 시력을 가지고 있다고 칭송하면서 자신의 흐릿한 눈을 밝힐 수 있는 撥雲散을 요구함으로써, 지금이 과연 출사할 만한 때인지 아닌지를 가르쳐 달라 표현하고 있다.

與全州府尹書(1)

전주 부윤 李潤慶(1498~1562)에게 보낸 편지글이다.

이윤경이 전주 부윤에 제수된 해가 1554년이므로, 이 편지글 또한 이 무렵에 보낸 것으로 보인다. 안부와 함께, 이웃에 사는 朴悅의 도망간 노복이 전주 부내에 살고 있는데, 이의 포박에 협조해 주기를 당부하는 편지글이다.

與李陝川書(1)

합천 군수 李增榮(?~1563)에게 보낸 편지글이다.

三嘉 陸洞에 와서 妹夫의 喪事를 돌보고 있다가, 그 마을에 사는 鄭舜卿이란 사람이 모친상을 당하여 운구해 오기 어렵다는 이야기를 듣고, 정순경의 어머니와 이증영의 어머니가 再從間이란 사실을 알려 주면서, 운구에 협조를 요구하는 내용이다.

答李相國原吉書(1)

東皐 李浚慶(1499~1572)에게 답한 편지글이다.

동고가 약재와 책력을 부치면서 안부를 물은 데 대해 답례의 뜻을 전한 것이다. 남명은 이 글에서 동고에게 "소나무처럼 위로 우뚝하게 솟아서, 등나무 같은 존재가 아래에서 감지 못하게 하기를 바랍니다.[僕亦請公上竦如松 毋使下援如藤]"라는 의미 있는 충고를 하고 있다.

與淸道倅書(3)

隆慶 2년(1568) 9월 18일에 청도 군수로 있던 李有慶(1497~?)에게 보낸 편지글이다.

당시 청도의 유림들이 사당을 세워 고을의 선현을 추모하려 하였는데, 濯纓 金馹孫(1464~1498)을 주향으로 하고 그 조카인 三足堂 金大有(1479~1552)를 배향으로 함이 마땅하며, 다른 인물은 결코 祭享할 만한 인물이 아님을 밝히고 있다. 당시 청도에 私心으로 배향하려는 인물이 있었던 것에 대해 남명이 이를 듣고서 청도 군수에게 잘 살피기를 요구한 것이다. 李有慶은 李延慶의 아우이고 李餘慶의 형인데, 원문 주석에는 李延慶의 형이라 하였다.

答慶安令守夫書(1)

1571년 11월 25일에 慶安令 李瑤(1537~?)에게 답한 편지글이다. 宗室 인물 중에 기대할만하다는 언급을 한 뒤, 그러나 열심히 하던 공부를 중도에 그만둘까 걱정이 된다면서 '汗血馬' 같은 노력을 주문하고 있다.

與申松溪書(4)

松溪 申季誠(1499~1562)에게 보낸 5편의 안부 편지다. 첫 번째 편지에는 약재를 구해주기를 부탁하고 있고, 다음 편지에서도 어머니와 아내, 아들의 병을 언급하고 있는 것으로 보아, 대체로 次山이 요절한 1544년을 전후한 시기의 편지로 보인다. 송계에게 준 마지막 편지는 그 끝부분이 기유본의 原板과 교체되면서 한 줄이 줄어들었으며, 權應仁에게 준 편지는 산삭되었고, 권응인에게 답한 편지는 '書'의 끝부분, 즉 '雜著' 앞부분으로 옮겨졌다. 산삭된 편지는 ≪補遺≫에 해제되어 있다.

與吳御史書(3)

병인년(1566)에 德溪 吳健(1521~1574)에게 보낸 편지글이다. 당시 성리설을 즐겨 토론하던 학문적 분위기를 심각하게 비판하고, 한편으로 빨리 벼슬을 그만두는 것이 출처의 바른 도리일 것이라 충고하는 내용이다. 그리고 얼마 전에 임금과의 대면에서 있었던 일과 一齋 李恒과의 酒席에서 있었던 일, 그리고 당대 사류 사이에서 누가 周公보다 낫다고 한 傳言이 사실인지 등을 언급하고 있다.

與子强子精書(7)

德溪 吳健과 藥圃 鄭㙉(1526~1605)에게 보낸 편지글이다. 이 편지는 10월 27일에 쓴 것인데, 최석기 교수는 이 글을 번역하면서 이해가 1568년이라 고증하였다. 河宗岳의 후처 음행 사건의 실상을 알려주는 중요한 자료다. 하종악은 남명에게는 姪壻가 되고, 龜巖 李楨에게는 처남이 된다. 즉, 이정의 小室이 하종악의 庶妹인 것이다. 그러다 보니 하종악 집안의 사정을 남명과 귀암 모두 정확하게 알고 있었던 것이다. 음행 사건이 크게 문제되자 남명은 귀암이 중간에서 음부를 위한 발언을 하여 사실을 은폐함으로써 이미 죽은 친구인 하종악을 저버렸다고 생각하였는데, 이 글은 남명의 이러한 면모를 잘 보여주고 있다. 내암 정인홍은 이 글의 주석 형식으로 장편의 글을 실어, 음부 사건의 전말과 함께 귀암 이정의 처신이 바르지 못하였음을 상술하고 있다.

答成聽松書(3)

聽松 成守琛(1493~1564)에게 답한 3편의 편지글이다.

첫 번째 편지는 임자년(1552) 11월에 聽松이 써 보낸 편지에 대해 그 달 바로 답장을 쓴 것이다. 청송이 편지에서 자신이 지은 四言詩에 남명이 화답해 주기를 요구하였으므로, 남명은 이 편지에서 근 수십 년 동안 시를 읊조리지 않은 경계를 깼다는 언급을 하고 있다. 이 편지는 남명이 문인들에게 시가 사람의 정신을 황폐하게 한다고 경계하였던 내용을 자신이 몸소 절실하게 실천하고 있었음을 알게 하는 자료이다.

두 번째 편지는 임○년 3월 그믐에 보낸 안부 편지이다.

세 번째 편지는 을묘년(1555) 봄에 보냈다고 되어 있다. 그러나 최근 이 편지의 실물이 발견되어 『남명학연구』 10호의 속표지에 실려 있는 것처럼, '乙卯春'은 '己仲春'을 잘못 탈초한 것으로 보아야 할 것이다. 그렇다면 이 편지는 기미년(1559) 중춘(2월)에 보낸 편지라 하겠다. 화답시의 요구에 대해 지난번에 올린 시를 고쳐서 보낸다는 내용이다

與盧公信書(1)

문인 立齋 盧欽(1527~1602)에게 보낸 편지이다.

「남명편년」에 의하면 1545년 11월에 모친상을 당하여 1548년 2월에 상복을 벗었고, 1548년 그해에 兎洞으로 환거하였다고 기록되어 있다. 그러나 이 편지에 보이는 "몇 달 사이에 기년복과 공복을 입을 사람이 네 사람이나 죽었으니, 내가 세상에 살아 있을 날도 얼마나 되겠는가? 지금 남의 집에 우거하고 있어 날마다 더욱 불편하므로, 선친께서 사시던 옛터로 돌아가 향리의 친구들과 함께 지내고 싶다네. 지난 50년 세월은 벼슬길에 나가는 데 모두 허비해 버렸으니 …… [數月來 期功化者 四人 身亦在世 能幾時耶 方且寓居人家 日復生梗 思欲投骨於先人舊土 以與鄉里執要相隨 從前五十年日月 盡沒於官 ……]" 및 "매양 본거지에 이르는 것이 계수나무나 옥을 구하기보다 더 어려운데도 도리어 자리가 따뜻해질 겨를이 없었네. …… 새해가 되면 나가서 누이동생의 장례에 참석할 것이고 ……. [每到本居 難於桂玉 還不席暖 …… 歲後出向葬妹 ……]" 등을 참고

하면, 50세가 다 되어서도 토동으로 환거하지 않았음을 알 수 있다. 남명의 어느 한 여동생 및 功服을 입을 친척의 죽은 해와 관련시켜 보면, 이 글이 남명의 居住 장소와 그 시기에 대한 새로운 사실을 알려주는 자료가될 수 있다. 남명은 이 글에서 盧欽에게 물을 거슬러 올라가는 배는 寸刻을 방심하는 사이에 10丈이나 밀려내려 간다는 말을 하면서 힘써 공부하기를 간절히 당부하고 있다.

與江原監司書(1)

강원도 관찰사에게 보낸 편지이다. 연대미상.

문하생 柳宗智(1546~1589) 일행이 기상을 넓히고자 楓嶽山으로 유람을 가는데, 강원 감사에게 이들을 여러 모로 지원해 주기를 바라는 내용의 부탁 편지이다. 풍악산을 여행하려면 유종지의 나이가 당시 20세는 넘었을 것이니, 그렇다면 이 글은 남명 말년의 편지라 할 것이다.

與吳子强書(2)

문인 德溪 吳健(1521~1574)에게 보낸 편지이다. 연대 미상.

조용히 물러나기를 권하면서, 당시 지식인들의 고질이 下學에는 힘쓰지 않고 上達에만 힘쓰는 것이라 지적하고, 오건으로 하여금 이를 분명히 인식하라 당부하고 있다. 특히 이러한 시대 상황을 '麟楦驢鞁'이라는 표현을 하면서까지 심각하게 인식하고 있음을 볼 수 있다.

答吳子强裵景餘書(1)

문인 德溪 吳健과 洛川 裵紳(1520~1589)에게 답장으로 보낸 편지이다. 연대 미상.

출처의 도리에 대해 두 사람의 다른 점을 들어서, 배신에게는 祿仕의 뜻으로 出仕하기를 권유하고, 오건에게는 인망이 더 무거워지기 전에 退處하기를 권유하고 있다.

與成大谷書(8)

벗 大谷 成運(1497~1579)에게 보낸 5편의 편지글이다.

첫 번째 편지는 "일찍이 중옥의 서거 소식을 듣고, 올해 또 매형의 별세를 만났다.[曾聞仲玉之逝 今年又値妹兄之去]"라는 표현으로 보아, 1565년에 쓴 것임을 짐작할 수 있다. 안부 편지인데, 명년에 李公亮의 무덤을 찾은 뒤 대곡을 찾겠다는 약속을 담고 있다.

두 번째 편지 역시 안부 편지이며 구체적 연대는 미상이다. 남명이나 대곡이 벼슬길에 나아가지 않는 것은 출처의 대의를 따른 것인데, 사람들이 그렇게 보지 않고 당시 재상이던 동고 이준경의 부당한 행위에 대해 남명이 일찍이 매도한 적이 있어서 출사하지 않는다는 말을 끌어와 그렇지 않음을 언급하고 있다. 그리고 자신의 문하생이 평소 대곡을 보고 싶어 하였기 때문에 보내니, 학문의 실마리를 찾을 수 있는 말을 해 주기를 바라고 있다.

세 번째 편지는 첫 번째 편지에 대한 답장을 받아 본 뒤 보낸 편지이다. 연대는 미상이나, 내용으로 보아 1566년 무렵으로 보인다. 진주 음부옥사와 관련해 자신이 비방을 당하고 있음을 탄식하면서, 대곡은 어떻게 처신하였기에 아무에게서도 평생 비방을 받지 않았는지 칭송하고 있다. 퇴계를 도학의 종사라고 일컬으면서, 그가 귀암의 처지를 두둔한 것에 대해 불만의 뜻을 드러내고 있다.

네 번째 편지는 세 번째 편지보다 먼저 보낸 편지인 듯하다. 왜냐하면 이 두 편지가 모두 李仲宣이 가지고 온 편지에 대한 답장인데, 이 편지에는 "지난달에 다행히 공의 초여름 편지를 받았습니다.[前月中 幸獲公初夏

書]"라 하였는데, 앞에 보이는 세 번째 편지에는 "어찌 천 리 먼 곳의 서신이 한 달에 두 번이나 이를 줄 알았겠습니까?[寧知千里書信彌月再到耶]"라 하고 있기 때문이다. 이중선에 대한 칭찬과 아울러 대곡의 깨끗한 처신에 대하여 현재 자신의 비방 받음과 견주면서 더욱 감복하고 있다.

다섯 번째 편지는 3편의 편지를 1편처럼 편집한 것이다. 첫째 것은 "去年見鄭君仁弘"부터 "目見新化 固難矣"까지이다. 중간에 "方聞國有大恤"이란 표현이 있는 것으로 보아 명종이 승하한 1567년 6월 직후에 쓴 편지로 보인다. 안부 편지이다. 둘째 것은 "自春徂夏"부터 "他無所聞"까지이다. 내용 가운데 "明月思向金海 欲成孫兒醮事" 및 "前月張僉使弼武到我"란 표현이 있는데, 張弼武가 1564년 釜山 僉使에 부임하였으므로, 이 혼사는 자신의 외손녀와 곽재우의 혼사일 것이다. 그리고 『망우당집』 소재 곽재우의 연보에 의하면 1567년에 金行의 딸과 혼인한 것으로 되어 있으므로, 이 편지 또한 1567년에 쓴 것으로 볼 수 있다. 안부 편지이다. 셋째 것 또한 안부 편지이다. 음부 옥사로 인해 늘그막에 비방을 받고 있음을 탄식하고 있다.

又答子强書(1)

1566년 7월 15일 김해의 山海亭에 머물면서 문인 덕계 오건에게 보낸 편지글이다. 이 글에 의하면 남명이 덕산의 山天齋에 卜居한 이후에도 안음에 터를 잡아 거처할 생각도 하였음을 알 수 있다. 吳健이 승정원 관리가 되었다는 소문을 듣고서는 특별히 신중하고 깊이 스스로를 돌아보아야 할 것이라 충고하고 있다.

示松坡子(2)

송파자가 누구인지 미상이나 그가 남명에게 가르침을 청하였고, 남명이 그 요청의 대답으로 이 편지를 보낸 듯하다. 四書가 다른 책을 보는데 가장 기본이 되며, 그 가운데서도 『大學』이 가장 기본이 된다고 하였다. 그리고 '敬'이 聖學의 成始成終이라고 말하면서, 『맹자』에 나오는 "求其放心" 또한 主敬공부에 다름 아니라고 하였다.

答仲輔等書(1)

문인 介庵 姜翼(1523~1567) 등에게 답장으로 보낸 편지글이다. 조만간 화란이 자신에게 닥칠 것임을 언급하며 걱정하는 내용인데, 그 화란이 구체적으로 무엇인지는 불분명하다.

答仁伯書(1)

문인 省庵 金孝元(1532~1590)에게 답장으로 보낸 편지글이다. "去年住節窮山"이란 표현은 1565년 경차관으로 영남에 왔을 때를 가리키는 것으로 보인다. 그렇다면 이 편지를 쓴 시기는 1566년이라 할 수 있을 것이다. 여기서 남명은 宋의 여러 현인이 이미 깊이 연구해 두어서 학자는 이를 분명히 이해하고 실천하는 것이 중요하다는 말을 함으로써, 이른바 '程朱後不必著述'의 논리를 역설하고 있다. 그리고 마지막 부분에서, '壁立千仞'과 '頭分支解'의 기상 및 마음 자세를 견지하고 시속에 물들지 않아야 吉人이 될 수 있을 것이라며, 자신의 평소 지론을 頂門一鍼 격으로 표현하고 있음이 주목된다.

奉謝金進士肅夫(8)

外孫壻면서 문인인 東岡 金宇顒에게 보낸 편지글이다. 앞의 4편은 답장으로 보낸 것이고, 뒤의 6편은 남명이 먼저 보낸 편지이다.

답장의 제1서는 濂洛諸賢이 이미 階梯와 路脈을 별처럼 밝혔으므로 학자들은 정성스럽게 이를 구하면 된다는 견해를 피력하고, 겨울에 한번 만나 함께 지내면서 서로 도움이 되기를 기대하는 내용이다. 마지막에 妻外祖父라 하여 祖孫으로 호칭하는 것은 마땅하지 않다는 내용이 있는데, 이를 통해 같이 학문하는 사람으로서 언제나 서로에게 도움을 주는 관계가 되기를 기대하고 있음을 알 수 있다.

답장의 제2서는 貧寒을 면하기 위해 살림이 넉넉한 여인으로 첩을 들이려 하는 동강에게, 학문에 뜻을 두고서 의식 문제를 먼저 도모하려는 것은 바람직하지 않다고 충고를 한 것이다. 독실히 공부하여 성취한 것을 자신에게도 나누어달라는 말을 해 둠으로써, 정녕하게 위기지학을 독려하고 있음을 볼 수 있다.

답장의 제3서는 신년 안부 편지이다. 해가 바뀔수록 날로 새로워져야 하는데 그렇지 못하여 부끄럽다는 말을 함으로써, '덕이 더욱 높아진다.'는 말을 한 동강에게 겸양하면서, 한편으로는 서로 여기에 힘써야 할 것임을 말하였다.

답장의 제4서는 종이와 오미자를 보내준데 대한 사례의 편지이다.

여신의 제1서는 山海亭에 보관되어 있는 『近思錄』을 가져다가 깊이 사색해 보라는 말과 함께, 혹 과거시험에 떨어지게 되면 한 달 정도 함께 지내면서 학문에 대해 토론하는 시간을 가졌으면 좋겠다는 내용이다. 김우옹은 1563년에 결혼하였고 1567년 식년 문과에 급제하였으므로, 이 편지는 1564년 또는 1567년의 봄이나 여름에 쓴 것임을 알 수 있다.

여신의 제2서는 동강의 단점을 적시하여 스스로를 돌아보게 함과 동시에, 자신의 능력을 최대한 발휘하여 큰일을 이루기를 바라는 남명의 기대가 담겨 있다.

여신의 제3서는 1565년에 있었던 金宇宏 등의 普雨 탄핵 상소와 관련이 있는 편지이다.

여신의 제4서는 尙瑞院 判官에 제수되어 사은하러 갈 계획임을 동강에게 알리는 내용이다. 『編年』에 의하면 병인년(1566) 8월 상서원 판관에 제수되었고 10월 3일에 예궐하여 사은숙배한 것으로 되어 있으니, 이 글의 '來十八戒行欲發'이란 표현과 관련시켜 보면 이 편지는 1566년 9월에 쓴 것임을 알 수 있다. 이 글에서도 역시 '身作名賊' 또는 '盜天之名' 등의 표현이 보이는데, 이는 그가 평소 선비의 '盜名欺世'하는 태도를 극도로 경계하고 있었던 것과 무관하지 않은 것이다.

여신의 제5서도 앞의 편지와 유관한 듯하다. '欺我欺人 終至於罔上'이라 하며 자신이 지은 '盜名之罪'를 자책하고, 除拜된 관직을 이미 병으로 사직하였음을 동강에게 알리는 글이다.

여신의 제6서는 동강의 급제 소식을 궁금해 하는 편지이다. 이 편지는 오언절구의 시로 시작이 된다. 그러나 이 시는 문집에 시로 기록되어 있지 않다. 마땅히 '贈金肅夫字顒'이란 제목으로 추가해야 할 것이다. 시험에 떨어진 사람들은 모두 돌아왔는데 유독 동강만 아직 돌아오지 않았다고 하며, 동강의 급제를 기대하는 마음을 은근히 드러내고 있다.

答權學官應仁書(1)

漢吏學官을 역임한 松溪 權應仁(1517~?)에게 답장으로 보낸 편지이다. 元戎이 '오래 살겠다.'고 자신의 운명을 직접 써 보내준 것에 대해 감사해하며, 이를 주선한 권응인에게 보낸 사례의 편지이다. 그 전에 이름을 훔쳐 國門의 도적이 되었는데, 이제 앞으로는 造化의 도적이 되겠고, 또한 山水의 도적까지 되겠다는 언급이 있다.

雜著

杏壇記(4)

남명이 공자의 제자 顔回의 처지가 되어, 공자가 거닐며 강론하였던 杏壇의 의미를 기록한 글이다. 이 기문은 남명 자신이 안회의 처지가 되어 공자의 학문을 이해하고 이어받으려는 의지가 잘 드러난 글이다. 남명은 이 글에서, 행단을 처음 쌓은 사람은 臧文仲이지만 그는 패도정치를 했던 齊桓公만큼의 공도 이루지 못했고, 행단에서 쉬면서 강론했던 사람은 공자이지만 그는 道學과 義理를 창도하고 天理의 공명정대함을 밝힘으로써 천추만대에 큰 공을 이루었다고 하였다. 이글은 「陋巷記」와 함께 남명 학문의 지향점 가운데 하나인 출처관을 명확히 보여 주면서, 남명이 「神明舍圖」에서 天德과 王道를 神明舍의 丹墀 앞에 錄示한 이유를 알 수 있게 하는 작품이다.

陋巷記(2)

남명이 공자의 제자 曾參의 처지가 되어, 공자의 명에 의해 顔回가 살던 陋巷의 의미를 기록한 글이다. 이 기문에서 남명은 안회의 학문을 "極於物初 冥於化始 天地之大 無以爲量 日月之光 無以爲明也 樂以天也 憂以天也"로 표현하고, 안회가 벼슬하지 않고 누항에 살았던 것에 대하여 "天子以天下爲土 而顔子以萬古爲土 陋巷非其土也 天子以萬乘爲位 而顔子以道德爲位 曲肱非其位也 其爲土不亦廣乎 其爲位不亦大乎"라 하면서, 안회야말로 만고토록 없어지지 않을 위대한 학문을 이루었다고 극찬하였다. 이 기문은 「杏壇記」와 함께 남명 학문의 지향점 가운데 하나인 출처관을 명확히 보여주면서, 남명이 안회와 같은 삶을 추구하였던 이유를 알 수 있게 하는 글이기도 하다.

永慕堂記(3)

남명의 자형 李公亮이 자신의 아버지 진사 李貞胤을 위하여 지은 영모당의 기문이다.

영모당은 지금의 진주시 금산면 가방초등학교 정문 앞에 있었던 집으로, 이정윤이 살던 당시에는 挹碧堂이란 편액을 걸어두었으며, 臨川書院이 설립된 뒤로는 서원의 강당이 되었던 곳이다. 고종 때 서원이 훼철되면서 영모당도 없어지고, 이 기문은 진주시 美川面 東向마을 전의이씨 선산 아래 재사에 걸려 있다.

이 기문의 처음부터 남명은 두류산과 그 산 아래로 흐르는 남강을 끌어서 영모당의 위치를 설명하고, 끝나는 부분에서 남강의 상하에 위치한 冥鴻亭·釣月臺·十玩堂 등 이름난 臺榭를 거론함으로써, 李公亮·李俊民 부자를 포함한 영모당의 후손들이 이들 대사의 주인공 曹潤孫·河演·鄭士龍 등의 명망에 조금도 손색이 없음을 드러내고 있다.

嚴光論(3)

後漢 光武帝의 어릴 적 친구였던 嚴光이 광무제의 徵辟에 응하지 않고 富春山에서 낚시질 하며 일생을 마친 데 대하여, 남명이 그 의미를 분석하고 자신의 견해를 제시한 논의이다.

남명은, 광무제가 엄광을 諫議大夫라는 벼슬로 불렀으나 엄광이 벼슬길에 나아가지 않았던 것은, 엄광이 광무제를 왕도정치를 할 만한 인물로 보지 않았기 때문이라 하였다. 남명은, 엄광이 伊尹이나 傅說과 같은 왕도정치를 이룬 인물과 같은 부류인데 다만 때를 만나지 못한 것이라 판단하고 있었다. 그래서 남명은 이 글에서 엄광을 '聖人之徒', 즉 '성인의 도를 추구하는 사람'이라 표현하고 있다.

문인 裵紳이 남긴 남명의 「行錄」에 "어떤 사람이 질문하기를, '선생은 엄자릉과 비교하여 누가 더 낫다고 보십니까?' 하였다. 선생은 이에 대해, '아, 이 무슨 말씀을! 자릉의 기절을 어찌 넘보겠습니까? 그러나 자릉은 저와 길이 같지 않습니다. 저는 아직 세상을 잊지 못하고 있는 사람이며, 소원은 공자를 배우는 것입니다.'라고 대답하셨다.[有問者曰 先生孰與嚴子 陵 曰惡 子陵氣節 其可跂歟 然子陵與吾不同道 余未忘斯世者也 所願學孔子 也]"라는 표현이 보인다. 이를 이 글과 관련시켜보면, 남명은 엄광의 기절을 고상하게 생각하여 우러러 보면서도, 현실에 대해 언제나 깊은 관심을 가지고 있었던 공자의 도를 추구하려 했음을 알 수 있다.

解關西問答(9)

남명이, 晦齋 李彦迪(1491~1553)의 孼子 潛溪 李全仁(1516~1568)이 관서에 귀양가 있던 자신의 生父를 모시고 있으면서 묻고 답한 것을 정리한 「關西問答錄」의 내용을 보고, 이를 못마땅하게 생각한 나머지 이전인의 출생과 관련된 사정과 회재·잠계 사이의 문답 내용에 대한 문제점 및 회재의 出處·居官에 대한 비판 등을 해명 형식으로 서술한 글이다. 모두 22 개 조항인데, 요약하면 대체로 다음과 같은 내용이다.

> (1) 曹潤孫·曹玉剛 및 李彦迪·李全仁의 관계와 혈통
> ① 잠계 이전인은 회재 이언적이 경주 훈도로 있을 적에 관기와의 사이에서 생긴 인물인데, 水使로 부임한 조윤손(1469~1548)이 그 관기를 자신의 첩실로 삼아 일곱 달만에 낳은 아기를 자신의 아이라 생각하고 玉剛이라 이름한 뒤, 키워서 자신의 제사를 받들게 하였다.
> ② 남명의 장인 曹琇에게 庶妹가 있었는데, 그가 조윤손의 서자 曹義山의 처였으므로, 남명이 그 집안일을 잘 알고 있었다. 조씨 집안에서 옥강에게 생부를 찾아가라 하여도 재산을 탐

내어 가지 않으려 하였다.

③ 옥강의 혈통에 관한 문제가 조정에까지 알려져 이언적의 아들로 밝혀지고 난 뒤에도 옥강은 가지 않았는데, 조윤손이 죽은 뒤 조씨 집안에서 내치자 조윤손을 위한 상복을 입은 채 경주로 갔다.

④ 옥강이 나이 마흔이 다 되도록 생부를 알지 못하였던 것은, 회재가 그 아들을 권세가인 조윤손에게 빼앗겼기 때문이다. 회재는 옥강이 자신에게 돌아왔을 적에도 아비를 무시한 죄를 다스리지 못하고 몹시 총애하였다.

⑤ 옥강이 회재에게 가서 이름을 전인으로 고친 것이며, 남명이 아비도 몰라보는 간사한 인간이라고 꾸짖었기 때문에 떠날 적에 남명을 만나지 않고 간 것이다.

(2) 회재가 남명을 천거한 일 : 회재가 밀양 부사와 경상 감사로 있을 적에 남명을 조정에 천거한 일이 있는데, 남명은 이때 "남의 이야기만 듣고서 나를 칭찬하였으니 훗날 반드시 남의 이야기만 듣고 나를 비난할 것이다."라고 생각하였음을 언급하고 있다.

(3) 회재가 경상 감사로 와서 만나기를 요청한 일 : 회재의 요청에 남명이, 회재가 벼슬을 그만두면 자신이 직접 고향 安康으로 찾아가 만나겠다는 말로 거절하였다. 회재도 이 일을 두고 남명이 자신을 기롱한 것으로 이해하였다.

(4) 회재의 선경지명과 유배 : 회재가 선견지명이 부족하여 을사사화 이전에 진작 벼슬을 그만두지 못함으로써 유배지에서 죽게 되었다.

(5) 회재의 十條封事와 이로 인한 승진 : 신하가 임금에게 좋은 계책을 올리는 것은 마땅한 직분이고 그에 대해 상을 받는 것은 고인이 부끄럽게 여겼던 것이므로, 당시에 회재가 사양하였더라면 사람들에게 염치를 일깨우고 임금의 마음을 바로잡을 수 있었을 것이다.

(6) 『관서문답록』 내용의 오류에 대한 언급 : 전인이 武家에서 성

장하여 학문에 대하여 들은 것이 없다가 회재에게 간 뒤에 비로소 향학할 바를 알 게 되었다. 그래서 그의 기록에 오류가 있는 것이지, 회재가 원래 그렇게 말한 것은 아닐 것이다.

① 張儀의 일이라 한 것은 잘못이니, 이는 張詠에 관한 일이다.

② 王安石에 관한 기록 가운데, 검게 물들였다고 한 것은 그을음 덩어리를 넣었다는 것을 잘못 표현한 것이다.

③ 『大學』에서 存養의 문제를 언급하지 않았다고 한 것은 전인이 잘못 들은 것이다.

④ 雍姬에 대한 논의가 미진하다. 雍姬가 雍糾에게 간청을 하여 말리는 것으로는 그 일을 멈추게 할 수 없으므로, 두 사람에게다 말하여 두 사람이 각자 대처하는 것을 보고 자신이 결정하는 것이 옳을 듯하다.

⑤ 士族의 딸이 再嫁하는 것에 대해, 스스로 守節할 의사가 없으면 재가해도 무방하다는 것은 晦齋의 견해가 아니다. 결코 재가해서는 안 된다는 程子의 定論을 근거로 들었다.

⑥ 耳目口鼻의 욕망을 私欲이라 한 것도 잘못이다. 이 욕망은 聖人도 갖고 있으므로 天理인 것이며, 다만 그 욕망이 不善쪽으로 기울어져야 사욕이라 할 수 있다.

⑦ 겨울철 우레에 대한 설명 또한 자세치 않다. 겨울에는 陽이 땅속에 있어야 하는데, 陽이 바깥에 나오게 되면 健順의 조화를 잃게 되어 때로 우레가 발생하는 것이다.

⑧ 靜庵 趙光祖가 젊은 시절 객점에서 여자의 추파를 피한 것을, 자신이 춘정을 못 이길까 하여 피했다고 하는 것은 사실이 아니다.

⑨ '과거에 급제하여 자신을 그르친 것을 종신토록 후회했다.'는 말은 회재의 뜻이 아니다. 평생 뉘우쳤다면 어찌 일품 관직에까지 이르도록 물러나지 않았겠는가? 전인이 잘못 들은 것이다.

⑩ 회재가 선물로 준 꿩과 생선을 물리친 것은 필시 이조 판서

직에 있을 때의 일일 것이다. 그렇지 않으면 편협하여 인정
없는 사람이 될 것이다.

⑪ 남명이 어머니의 장례 때, 『家禮』를 좇아 外槨을 사용하지
않은 것과 石灰를 사용하지 않고 蜃灰를 쓴 것에 대한 회재
의 批判을 辨斥하였다.

⑫ 회재가 경상감사가 되어 경상우병사와 한 배를 탄 것에 대해,
남명이 비난했다는 것은 잘못 들은 것이다. 오히려 병사와
수사가 감사를 찾아뵙도록 하여 도주로서의 체통과 기율을
세움으로써 바람직한 전례가 생기게 되었다고 생각했었다.

書圭菴所贈大學册衣下(3)

남명은 31세 때 과거 공부를 포기하고 학문의 방향을 위기지학으로 전
환하였다. 남명의 벗 圭菴 宋麟壽(1499~1547)가 이를 기뻐하여 남명에게
『大學』을 선물하였다. 이 글은 남명이 이때 받은 『대학』의 책갑에 써둔
글이다. 이 글에서 남명은 크게 두 가지 측면에서 자신을 반성하고 있다.
하나는 '傲物'을 고상하게 생각하여 '傲人'을 넘어 '傲世'에까지 이르게
되었으니 이는 敦厚·周信·朴實한 기상이 아니었다는 점이며, 또 하나는
과거시험을 쉽게 생각하다가 10년이 넘도록 급제하지 못하였으니 이는
자신의 문장이 科文의 程式에 맞지 않았기 때문이라는 점이다.

그래서 나이가 서른이 넘어[年已三十餘矣] 비로소 평이하고 간실한 문
장을 익히기 위해 『性理大全』을 읽어 보게 되었고, 거기서 元나라 학자
魯齋 許衡의 "나아가 벼슬하면 성과가 뚜렷하고 물러나 은거해도 지키는
것이 있어야 한다. 대장부는 마땅히 이와 같이 해야 한다. 나아가 벼슬해
도 아무런 성과가 없고 물러나 은거하면서도 지키는 것이 없다면, 뜻을
두었거나 배웠다고 한들 그것이 장차 무슨 소용이 있겠는가?[出則有爲 處
則有守 大丈夫當如此 出無所爲 處無所守 所志所學 將何爲]"라는 기록을

보고 깜짝 놀라 위기지학으로 학문의 방향을 바꾸었다.

그러자 친구인 동고 이준경은 『心經』을 선물하고 규암 송인수는 이 『大學』을 선물하였다. 이때의 심정을 남명은 이 글에서 "저녁에 죽더라도 유감이 없을 듯하였다.[有若夕死而無憾焉者]"라고 표현하였다. 남명의 이 글은 불교 승려의 悟道頌에 비견될 만하다.

남명은 서른이 넘어서 비로소 『성리대전』에 실린 허형의 글을 읽었고, 허형의 글을 보고 위기지학으로 학문의 방향을 돌리자, 이준경과 송인수가 기뻐하여 『심경』과 『대학』을 선물하였다. 그런데 이 두 책을 받고 남명이 발문을 써둔 시기가 하나는 1531년 10월이고 하나는 1532년이니, 남명이 『성리대전』에 실린 허형의 글을 본 시기는 1531년이며, 좀 더 구체적으로는 1531년 1월에서 10월 사이라는 사실을 확인할 수 있는 것이다. 그러므로 鄭仁弘 所撰 「南冥行狀」의 "나이 26세 때 친구와 함께 산사에서 科業을 익히면서 『성리대전』을 읽다가 허노재의 말에 이르러서 …… [年二十六歲時 偕友人 肄業於山寺 讀性理大全 至許魯齋之言]"라는 기록이나, 金宇顒 所撰 「南冥行狀」의 "나이 25세 때 벗과 함께 산사에서 과업을 익히면서 『성리대전』을 읽다가 노재 허씨의 말에 이르러서 …… [年二十五 偕友人 肄業於山寺 讀性理大全 至魯齋許氏語]"라는 기록은, 남명 자신의 이 글을 준거로 '31세 때'로 정정되어야 할 것이다.

남명은 이 글 말미에서 "사람들은 대체로 곤궁함을 걱정하지만 나로서는 곤궁함이 바로 형통함이 되었다. 여러 번 과거에 낙방하여, 그 곤궁함으로 인해 형통하기를 구하다가 길을 찾았고, 그 길을 따라 가다가 본지풍광을 볼 수 있었고 부형의 기침 소리를 들을 수 있었다. 굶주리다가 먹을 것을 얻고 근심하다가 즐거움을 인게 되었으니, 나의 이 곤궁함을 세상 사람들의 통달함과 바꾸겠는가? 나는 바꾸지 않으리라.[人多以困窮爲憫 於余則困是爲通 屢屈科第 因困求亨 而尋得路 向這邊去 見得本地風光

聞得父兄聲咳 飢而食 憂而樂 吾窮有可以換做世人之通乎 吾不換也]"라 하여, 결과적으로 과거의 낙방이 가져다준 위기지학에의 길을 즐기며 결코 바꾸지 않으리라 다짐하고 있다. 더구나 "자신을 잘 돌이켜 볼 수 있는 도구가 모두 이『대학』에 있다.[善反之具 都在是書]"며 위기지학으로서의 학문 연구에 『대학』이 차지하는 비중을 분명히 밝히고 있다.

題李君所贈心經後(2)

남명의 벗 李霖(1495~1546)이 남명에게 선물한『심경』뒤에 써둔 글이다. 이 글 가운데 "안타깝다, 仲望은 後嗣가 없어서 …… 나도 아이를 잃어서 …… [惜乎仲望無嗣 …… 余亦喪兒 ……]"라는 표현이 있는 것으로 보아, 이 글은 남명이 아들을 잃은 1544년 6월 이후 을사사화가 일어난 1545년 10월 이전에 이루어진 글이라 판단된다.

남명은, 李霖이 자신에게 이 책을 부쳐준 것은, "천하에는 버릴 재목이 없다."라는 평소의 생각에 따라, 못난 자신도 훌륭한 사람이 되도록 도와주려는 뜻이라 보았다. 그래서 남명은 이 글에서 "사람이 자신의 '마음[心]'을 제대로 지니지 못하면, 비록 그의 말이 온 세상에 가득하다 해도 그것은 원숭이가 태어났다가 죽은 것에 지나지 않으며, 멍하니 부모의 상을 당하고도 슬퍼할 줄 모르는 것이니, 어찌 세상을 위해 통곡하며 눈물을 흘리지 않겠는가?"라는 말로 '마음[心]'의 중요성을 설파하고 있다. 그리고 현실은 이 책을 한낮 큰 시장에서 파는 平天冠처럼 생각하여 불온서적으로 여기고 있음을 언급하였다. 남명은 그래서 만고의 역사가 캄캄한 밤이 되고 인류가 짐승처럼 되었음에도 묵묵히 세월만 보내고 있음을 탄식하고 있다.

書李君原吉所贈心經後(1)

　남명의 벗 東皐 李浚慶(1499~1572)이 선물한 『心經』의 끝에, 남명이 그 고마움을 표현하면서 자신의 느낌을 적어둔 글로, 남명의 나이 31세 때인 1531년 10월에 기록한 것이다. 이 글의 남명 육필이 현재 동아대학교 박물관에 소장되어 있다.

　동고는 남명에게 이 책을 주면서 "나는 비록 착하지 못하지만 남이 착하도록 도와주려는 생각은 얕지 않다."라고 하였다. 남명은 이 책을 받고 산을 짊어진 듯 부담을 느끼면서 스스로를 반성하고 다음과 같이 다짐하였다. "마음은 죽고 육체만 걸어 다닌다면 금수가 아니고 무엇이겠는가? …… 마음이 죽지 않을 약을 구했으면 먹는 것이 급한 일인데, 이 책이야말로 바로 마음을 죽지 않게 하는 약이리라. …… 朝夕으로 日用하여 마지않으리라." 그리고 '안자와 같이 되는 길이 이 책에 있다.[希顔在是]'는 말로 끝을 맺고 있다.

寒暄堂畫屏跋(3)

　寒暄堂 金宏弼(1454~1504)이 소장하고 있던, 조선 초기의 대표적 화가 안견이 그린 병풍이 갑자사화 이후 없어졌다가 許元輔·吳溍의 손을 거쳐 한훤당의 손자 金立(1497~1583)에게 돌아오게 되었는데, 이 글은 김립이 남명에게 這間의 顚末을 글로 기록해 주기를 요청해서 이루어진 것이다. 남명의 나이 71세 때인 1571년 11월, 별세 3개월 전의 글로, 현전 남명의 최후 작품이다.

　이 글에는 남명의 노장적 면모가 두드러지게 나타난다. 시작부터 "잘 갈무리하는 사람은 허늘에 갈무리한다. …… 반드시 사물은 각기 사물에게 맡겨서 자연에 갈무리되도록 한 뒤에 하늘에 책임을 맡겨야 한다."라고 하고, 뒷부분에서 "이로써 이치의 자연스러움에 맡기면 實하면서도 자취가 없고, 사물의 자연스러운 변화에 맡겨 두면 慮하면서도 기대할 수 있다는 것을 알게 되었다. 갈무리하지 않았으므로 갈무리가 된 것이며 뜻함이 없었기 때문에 잘 갈무리된 것이니, 하늘에 갈무리하면 사물이 숨을 데도 없고 사람이 빼앗을 수도 없음을 알 수 있다.”라고 하면서, 개인 집에 갈무리하지 말고 서원에 갈무리하기를 권하고 있다.

한훤당화병은 언제 없어졌는지 지금은 전하지 않으나, 이 글로 인하여 한훤당의 이러한 유품과 안견의 이러한 작품이 있었다는 점, 남명이 한훤당을 존모하였다는 점 및 남명의 문화유산에 대한 초월적 인식 등을 이해할 수 있다.

策問題(2)

남명이 문인들에게 왜적의 발호에 대한 대책을 물어 답변을 요구하는 내용이다. 조선왕조실록의 명종 22년(1567) 5월 16일 조에 일본이 요구하는 다섯 가지 사항에 대하여 조정 대신들이 의견을 개진하는 것이 보이는데, 그 가운데 제포 개방 요구에 대한 이야기도 들어 있다. 이 글의 내용 중에 일본의 요구에 대해 ‘喪不議政’이란 핑계로 적절한 대처를 하지 못함을 비판하고 있는 것이 보이는데, 이것은 그해 6월에 명종의 상을 당한 것을 두고 말한 것으로 보인다. 그렇다면 이 글은 대체로 1567년 이후에 이루어진 것으로 볼 수 있다.

남명은 이 글에서, 왜적이 우리의 卵育之恩에도 불구하고 까닭 없이 쳐들어와 난리를 피우거나 터무니없는 요구를 함에도 조정에서 이에 대한 엄정한 대처를 하지 못함은 우리나라에 인재가 없다는 뜻이니, 그렇다면 저들이 이러한 무인지경의 우리나라를 침범한다 해도 늦은 것이 아니거늘 이처럼 능욕을 당하는 것은 오히려 당연한 일이라 전제하면서, 과연 이러한 왜적의 능욕과 침범에 대처할 적합한 대안이 없는지 이에 대한 대책을 내어 놓으라 요구하고 있다.

남명의 이 글은 임진왜란이 일어나기 약 25년 전에 이루어진 것이나, 이미 이때남명은 왜적의 간교함에 대해 직시하고 이에 대처할 방안을 문인들과 글을 지어가면서 심도 있게 논의했음을 짐작케 한다. 또한 임진왜란 때 남명학파의 지역적 기반인 경상우도 지역에서 조직적으로 대규모 의병이 일어나 왜적의 발호를 가장 강력하게 저지하였던 이유를 이해할 수 있게 한다.

題成中慮所贈東國史略後(1)

남명의 벗 成遇(?~1546)가 선물한 『東國史略』의 끝에, 선물한 의미와 고마움을 간략하게 기록해 둔 것이다. 이 글은 기유본에는 없던 것인데, 임술본에 와서 비로소 수습된 것이다. 『동국사략』은 남명이 1532년 서울 생활을 완전히 청산하고 김해로 내려올 적에, 시골에 가면 국사에 대한 참고 자료가 없을까 염려해서 벗 成遇가 전별 선물로 준 것이다.

남명이 이 글에서 언급한 "嘉靖 壬辰年(1532)에 내가 서울로부터 가솔을 데리고 영원히 金海의 舊庄으로 돌아올 때 …… "라는 표현과 앞의 「書圭菴所贈大學冊衣下」 및 「題李君原吉所贈心經後」에서 언급한 내용을 종합해 보면, 1531년 처음으로 『性理大全』을 읽다가 許衡의 글을 보고 크게 깨달아 과거공부를 그만두고 위기지학에 전념할 것을 결심하여, 서울 생활을 청산하고 1532년에 金海의 山海亭으로 定居하였음을 알 수 있다.

涵虛亭記(1)

김해 관아 부속 건물인 涵虛亭의 重修記이다. 중수는 嘉靖 丁未年(1547)에 이루어진 것이고, 중수의 주체는 당시의 김해 부사 金秀文(1506~1568)이다. 이 정자는 김해 부사 崔潤身이 1498년에 창건하였고, 魚世謙이 명명하였고,

김일손이 「涵虛亭記」를 찬술하였다.

『김해읍지』에 의하면 함허정은 虎溪의 물을 끌어와 蓮塘을 만든 후 그 가운데 건축한 정자라 한다. 김수문이 군이 이 정자를 중수한 것은, 정신을 한 곳으로 모으는 느낌을 주는 함허정의 분위기를 좋아하였기 때문이고, 남명은 이를 부귀영달보다는 초야에 묻혀 살고 싶어하는 마음이라 보았다. 이 글의 "그 사람이 떠나고 그 정치 역시 없어졌으나, 오직 그 마음에 품었던 생각의 자취만은 그래도 여기에 남아 있다.[其人去 而其政亦去之 獨心跡之所留者 猶在是也]"라는 말로 보아, 이 글은 1555년 김수문이 을묘왜변 때 제주 목사로서 왜구를 대파하기 전 잠시 벼슬하지 않았을 때의 기록으로 보인다.

이 글은 임술본에 와서 처음으로 수습되었다.

遊頭流錄(24)

남명이 金泓·李公亮·李希顔·李楨 등과 함께 1558년 4월 11일부터 4월 25일까지 15일 동안, 三嘉 雷龍舍에서부터 晉州·泗川을 거쳐 雙谿寺·佛日瀑布·神凝寺 등을 두루 둘러보고 岳陽·三呵息峴을 넘어 旌樹驛·七松亭·多會灘을 지나 다시 三嘉로 돌아오는 과정을 상세히 기술한 두류산 유람록이다.

4월 10일 : 李希顔이 초계로부터 뇌룡사에 와 함께 묵었다.
4월 11일 : 계부당에서 식사를 한 뒤 출발하였는데, 아우 曹桓과 元右釋도 동참하였다. 출발한 지 얼마 되지 않아 李希顔이 지휘하여, 도망간 노비를 잡아주었다. 이 일을 두고 남명은 "같은 일을 했는데 한쪽은 고마워하고 한쪽은 원망하니 이 무슨 조화속이란 말이냐"며 탄식하였다. 사천에서 배를 타고 섬진강을 거슬러 올라가 쌍계사로

들어가기로 진주 목사 김홍과 일찍이 약속하였다. 晉
州 琴山 嘉坊에 있던 이공량의 집에서 묵었다.

4월 12일 : 큰 비가 내려 하루 더 묵었다.

4월 13일 : 진주 목사 김홍이 소를 잡고 주악을 베풀어주었다.

4월 14일 : 이공량 등과 함께 사천 귀암에 있던 이정의 집에서 묵
었다.

4월 15일 : 이정 등과 함께 장암으로 향하였다. 이정의 庶弟 李栢도
동참하였다. 고려 때 장군 李珣의 快哉亭에 올랐다가,
배를 탔다. 김홍의 중형 金涇(1482~?)과 김홍의 아들 金
思誠이 이르렀고, 김홍이 가장 마지막으로 이르러 배에
올랐다.

4월 16일 : 새벽에 섬진에 다다랐고, 韓惟漢의 옛집이 있던 鍤巖을
지나 한낮쯤에 陶灘에 배를 대었다. 도탄에서 1리 정도
에 天嶺 儒宗 鄭汝昌의 故居가 있다. 한유한과 정여창의
고거는 10리 정도밖에 떨어져 있지 않지만, 한 사람은
숨어서 벼슬길에 나가지 않았고, 한 사람은 벼슬길에
나갔다가 죽임을 당하였다. 그러니 明哲의 幸·不幸은
운명이 아니겠는가? 쌍계석문·진감선사비·팔영루를
보고 이희안과 西廂室에서 묵었다. 남명이 구토와 설사
를 만났다.

4월 17일 : 종일 큰비가 내렸다. 호남 선비 김득리·허계·조수기·최
연 등과 만났다. 李楨이 吐瀉癨亂을 만났다.

4월 18일 : 길이 비에 젖어 움직이지 못하고 절에 머물렀다.

4월 19일 : 청학동으로 들어갔다. 호남의 네 유생과 白惟良 등이 동
행하였다. 바위에 이름을 새겨둔 것을 보고, "대장부의
이름은 마땅히 청천백일과 같이 책에 기록되고 사람의
입에 새겨져야 한다. 구구하게 숲속 잡초더미 사이에
원숭이와 이리가 사는 곳에다 새겨 영원히 썩지 않기
를 구하려 하는가? 이는 아득히 날아가 버린 새의 그

림자만도 못한 것으로, 훗날 그것이 무슨 새인 줄 어떻게 알 수 있겠는가?"라고 하였다. 불일암·불일폭포·지장암을 보고 내려오는데, 올라가기에 비해 내려오기가 워낙 쉬운 사실을 두고 "이것이 어찌 從善如登 從惡如崩이 아니겠는가?" 하였다.

4월 20일 : 신응사에 들어갔다. 칠불계 근처에서 물 구경을 하며 시를 지었다. 저녁에 서승당에 묵으면서 사람들에게 다음과 같이 말하였다. "명산에 들어온 자가 누군들 그 마음을 씻지 않고 스스로 소인이라 하기를 달가워 하겠는가마는, 필경에는 군자는 군자고 소인은 소인이니, 열흘을 춥게 지내다가 하루 볕 쬐는 정도로는 아무런 유익함이 없음을 알 수 있다."

4월 21일 : 큰비가 종일 내리므로 절의 누각에서 물 구경을 하였다.

4월 22일 : 돌다리가 물에 잠겨 계속 신응사에 머물렀다. 호남 선비 기대승 등 11인이 상봉에 올랐다가 비에 막혀 아직 내려오지 못하고 있다는 소식을 들었다. 寺僧이 牧使에게 세금과 부역을 완화해 주기를 청하는 편지를 부탁하므로, 남명이 써 주었다. 인하여 다음과 같이 기록하였다. "山僧의 형편이 이러하니 村氓의 사정은 알 만하다. 행정은 번거롭고 세금은 과중하여 백성과 군졸이 流亡하여 아버지와 자식이 서로를 돌보지 못하고 있다. 조정에서 바야흐로 이를 크게 염려하고 있는데, 우리가 그들의 등 뒤에서 여유롭게 한가히 노닐고 있으니, 이것이 어찌 참다운 즐거움이겠는가?" 이공량의 硯袱에 남명과 귀암이 시 한 수씩 지어 써주었다.

4월 23일 : 예전 成遇와 함께 상봉에서부터 이곳을 다녀간 지 거의 30년이 되었고, 河天瑞와 함께 한 여름을 이곳에서 머문 지도 또한 20년이 넘는다며 이들을 회상하였다. 칠불계를 건너 10리 남짓 가서 배를 타고 岳陽縣에 이르러 縣邑에서 묵었다.

4월 24일 : 三呵息嶺을 넘어 橫浦驛을 거쳐 頭理嶺을 지나 저녁에 旌樹驛에 이르러 묵었다. 삼가식현의 산마루에서 멀리 산과 바다를 돌아보며 다음과 같이 말하였다. "우리나라 산하의 견고함이 위나라 무제가 보배로 여기던 것 이상이어서, 만경 넓은 바다와 백치 높은 성곽을 가지고 있음에도 오히려 섬 오랑캐에게 곤란을 겪고 있으니, 어찌 분수에 넘치는 걱정을 하지 않을 수 있겠는가?" 정수역 앞에는 조지서의 부인 정씨의 정문이 있다. 조지서는 의기를 지닌 인물로 연산군에게 무고히 죽고, 그 아내 정씨는 적몰이 된 채 젖먹이 두 아이를 안고 신주를 지고 다니면서 조석의 상식을 거르지 않았다고 한다. 이에 남명은 다음과 같이 기록하고 있다. "高山과 大川을 보면서 소득이 없는 것은 아니었으나, 韓惟漢·鄭汝昌·趙之瑞 세 군자를 高山·大川과 견주어 본다면 10층 산봉우리 위에 다시 옥 하나를 더 얹어 놓은 격이요, 천경 수면에 둥근 달이 돋은 격이라 하겠다. 바다와 산을 거치는 300리 여정 동안 세 군자의 자취를 하루 사이에 볼 수 있다. 물을 보고 산을 보면서, 그 속에 살던 사람을 보고 그 시대의 역사를 보게 된다. 후세의 재상이 된 자가 이 길로 산수 구경을 온다면 과연 어떤 마음이겠는가?"

4월 25일 : 역관에서 아침을 먹고 헤어졌다. 七松亭·多會灘을 지나 三嘉의 雷龍舍로 돌아왔다. 마지막에, "일찍이 두류산을 덕산동으로 들어간 것이 3번, 청학동과 신응동으로 들어간 것이 3번, 용유동으로 들어간 것이 3번, 백운동으로 들어간 것이 1번, 장항동으로 들어간 것이 1번이니, 어찌 단지 산수만을 탐하여 왕래함을 번거로워 하지 않은 것이겠는가? 오직 화산 한 모퉁이를 빌어 일생을 마칠 장소로 삼을 생각이 있었기 때문이다.”라고 하였다. 이로 보아 남명이 3년 뒤 61세 때 두류산 아래 덕산에 터를 잡은 것이 하루아침의 결정이 아니었음을 알 수 있다.

墓誌

進士 金公 宜人 安氏 雙墓誌銘(1)

진사 金錫良과 부인 安氏의 쌍묘지명이다. 김석량의 본관은 扶安이다. 寶文閣 直學士 文貞公 金坵(1211~1278)의 8세손이며, 처사 金後孫의 아들이다. 1516년 진사에 입격한 뒤로 벼슬을 원치 않았으며, 47세로 일생을 마쳤다. 부인 안씨는 縣令 安恒의 딸로 향년이 71세이다. 안씨는 1남 1녀를 두었는데, 아들 제용감직장 金光은 남명의 벗 李若海(1498~1546)의 딸에게 장가를 들어 金承福·金衍福·金益福을 낳았고, 딸은 진사 安彦鎔에게 출가하였다. 김광의 손자 김익복(1551~?)은 노진의 문인으로, 1580년 문과에 급제하여 영광 군수로 있으면서 임계영과 함께 창의하여 군중에서 죽었으며, 이조 판서에 추증되고 忠景이란 시호를 받았다.

이 글은 김석량의 아들 金光이 昌樂 察訪이 되었을 때 지어준 것이라 하니, 「昌樂驛先生案」에 의하면 그의 재임 기간이 1569년 8월에서 1571년 10월 사이이므로 이즈음에 이루어진 것이라 하겠다.

中訓大夫 侍講院 輔德 贈通政大夫 承政院都承旨 趙公 墓銘 并序(3)

知足堂 趙之瑞(1454~1504)의 衣履葬 墓所 묘갈명이다. 묘소는 지금의 하동군 옥종면 桐谷 마을 뒷산에 있다. 조지서의 자는 百符, 본관은 林川이다. 아버지는 1453년 문과에 급제하여 사헌부 감찰을 역임한 趙瓚이며, 어머니는 鄭參의 딸 晉州鄭氏이다. 조지서는 1474년 생원·진사에 입격한 뒤 그 해 문과에 급제하였으며, 시강원 필선과 보덕으로 연산군의 스승이

되었다. 이때 연산군을 강직하게 輔導하였으나 오히려 연산군의 미움을 사서, 갑자사화 때 시신이 저자거리에 내걸리고 살던 집은 연못이 되고 시체는 강물에 던져졌다. 중종반정 뒤에 도승지로 추증되었다.

후취 부인은 圃隱 鄭夢周의 증손 鄭允寬의 딸이다. 갑자사화 때 부인은 籍沒이 되어 초야를 떠돌게 되었다. 당시 아들 趙琛은 강보에 있었고 趙理는 뱃속에 있었는데, 손수 나무열매를 주워 오지사발에 삶아 朝夕으로 上食하였다. 중종 때 旌閭되었다. 이 글을 쓸 당시 조지서의 아들은 다 일찍 죽었고, 오직 庶子 趙孫만이 살아 있었으며, 趙孫의 아들은 趙光海·趙光富라 하였다.

남명은 이 글에서 조지서가 연산군 당시에 蕭望之처럼 보필하다가 나중에 伍子胥처럼 죽었다며, 한 마디로 '옛날 直諫의 유풍을 간직한 인물[古之遺直]'이라 讚評하였다.

通訓大夫 承文院 判校 曹公 墓碣銘(3)

남명의 아버지 曹彦亨(1469~1526)의 묘갈명이다. 조언형의 자는 亨之다. 아버지는 曹永이며, 어머니는 監察 趙瓚의 딸 林川趙氏이다. 윗글에 보이는 趙之瑞의 생질이다. 묘소는 합천군 삼가면 冠洞에 있으며, 경상남도 유형문화재로 지정되어 있다. 1504년 문과에 급제하여 1526년까지 23년 동안 벼슬길에 있으면서 벼슬이 삼품에 지나지 않았으니, 구차하게 아첨하여 영화를 취하지 않았음을 알 수 있다면서, 자손에게 남긴 것은 분수를 편안히 여기라는 것뿐이라 하였다.

부인은 李菊(1451~1519)의 딸 仁川李氏로, 현령 李恦의 증손이며 좌의정 崔潤德(1376~1445)의 외증손이다. 아들 일곱을 낳았으나 모두 일찍 죽고 남명 자신과 아우 曹桓만 남아 있고, 딸은 넷인데 鄭雲·李公亮·鄭白氷·鄭師賢이 그들의 남편이다. 이 글은 1528년 10월에 이루어졌다.

宣務郞 戶曹佐郞 金公 墓碣(3)

남명의 忘年友 三足堂 金大有(1479~1552)의 묘갈명이다. 묘소는 청도의 운문산 아래 牛淵에 있던 三足堂의 북쪽 金谷에 있다. 김대유의 자는 天祐, 본관은 金海다. 節孝先生 金克一의 증손이고, 執義 金孟의 손자이며, 提學 金駿孫의 아들이다. 濯纓 金馹孫은 그의 숙부이다. 어머니는 사도시 정 高台翼의 딸이다. 1507년 진사시에 입격하고 1519년 현량과에 올라 호조 좌랑을 역임하였다. 기묘사화로 官爵과 科第가 還收되었다가 1545년에 다시 還授되었다. 漆原 縣監으로 있을 때 석 달 만에 교화가 크게 이루어져, 사람들이 神明처럼 여긴 일이 있었다. 부인은 현감 李樑의 딸로, 자녀가 없다. 방실에서 두 아들을 두었으니, 金成과 金生이다.

남명은 이 글의 첫머리에서 김대유를 '蓋世之雄'이라 일컫고, 뒷부분에서 "辦局宏深 勿勿乎其仁也 言論激昂 侃侃乎其義也 好善而獨善 弘濟而自濟"라 하여, 仁義를 겸비한 인물로 극찬하였다.

處士 申君 墓表(2)

남명의 벗 松溪 申季誠(1499~1562)의 묘갈명이다. 1564년에 지은 글이다. 묘소는 밀양 東村 長善里에 있다. 신계성의 자는 子誠, 본관은 평산이다. 아버지는 申倬이며, 어머니는 孫筍茂의 딸이다. 부인은 이철수의 딸이며, 2남 1녀를 낳았다. 딸은 士人 曺夢吉에게 출가하였는데, 조몽길의 아들은 曺應仁이고 사위는 金聃壽·尹湯臣이다. 아들은 申有定과 申有安이다.

남명은 이 글의 뒷부분에서 "公以學問操身 終始不渝 而無競惟人 繩墨齊家 表儀一鄕 而人莫敢間焉"이라 하여, 修身·齊家에 성공한 인물로 찬양하고 있다.

進士 姜君 墓表(3)

진사 姜瑞(1510~1540)의 묘표다. 묘소는 의령 井谷에 있다. 그의 자는 叔圭, 본관은 晉陽이다. 아버지는 姜世應(1475~1540)이며, 어머니는 義泉君 李承恩의 딸 全州李氏이다. 조부는 감찰 姜孝貞(1439~1513), 증조부는 군수 姜俊(1424~1485)이다. 鳳山君 姜君寶가 그 시조라 했는데, 봉산군은 殿中監察御史 姜師瞻의 손자다. 그 맏형 姜琦(1495~1517)는 그 어머니 상을 당한 지 1년 되는 날 죽었고, 姜瑞는 아버지 상을 당하여 廬幕에서 죽었다. 중종 갑진년(1544)에 정려가 내렸다. 부인은 대사헌 成世純의 손녀요 참봉 成守瑾의 딸인 昌寧成氏로, 자식이 없다. 부인 또한 남편의 상을 당하여 여러 번 자결을 시도하였다.

中直大夫 行文化縣令 淑人 玄氏 雙墓表(3)

文化 縣令을 역임한 文光瑞와 그 부인 八莒玄氏의 雙墳에 세운 묘갈명이다. 묘소는 산청군 신안면 多佛洞에 있으며, 嘉靖 庚申年(1560)에 이루어졌다. 문광서의 자는 伯符, 관향은 江城이다. 고조부는 江城君 文益漸(1329~1398), 증조부는 헌납 文中庸, 조부는 무과에 급제한 文承魯며, 아버지는 韓山 郡守 文善소이다. 어머니는 星州李氏인데, 그 아버지는 通贊 李壽山이고, 고조부가 陶隱 李崇仁(1349~1392)이다. 문광서는 1496년 무과에 급제하여 문화 현령을 지낸 뒤 18년 동안 문밖출입을 못하다가 별세하였는데, 향년이 63세다.

부인의 증조부는 군자감정 玄珪, 조부는 문과에 급제하여 判官을 역임한 玄得利, 아버지는 松禾 縣監 玄賁이다. 어머니는 판서 李克堪의 딸 廣州李氏이다. 부인의 향년은 76세며, 슬하에 자식이 없다. 그래서 문광서의 매부 李鶴의 아들 李承宗(1510~?)을 데려다 키워서, 팔거현씨의 친정 동생 玄允明의 딸과 혼인시켰다. 이승종은 무과에 급제하여 당시 관직이 목사에 이르렀는데, 남명은 이승종으로 하여금 문광서의 뒤를 잇게 하는 것이 좋겠다고 생각하였다. 이승종은 5남 1녀를 두었다. 문광서에게는 첩의 몸에서 태어난 남매가 있는데, 부인 현씨가 이들을 속량시켰다. 세워져 있는 비문에는 養子 李承宗이 세우고 養孫 李鏪가 글씨를 쓴 것으로 되어 있다.

李陜川 遺愛碑文(2)

1554년에서 1559년 사이에 합천군 수를 역임한 李增榮(?~1563)이 떠난 뒤, 그가 재임기간 동안 특별히 백성을 사랑했던 점을 그리워하여, 1559년 11월에 남명이 짓고 합천 군민이 세운 것이다. 글씨는 黃耆老(1521~1567)가 썼다. 합천군 합천리 蓮湖寺 입구에 세워져 있고, 경상남도 유형문화재로 지정되어 있다.

남명이 언급한 이증영의 덕은 대체로 다음과 같이 요약된다. "나라에서 무거운 요구가 있으면 관아에서 스스로 대응하고, 백성들에게 굶주린 기색이 있으면 자기 음식을 미루어 주었다. 윤리를 돈독하게 하기 위해 향약을 일으켰고, 백성들의 노역을 덜어주려고 周布를 불렀다. 의지할 데 없는 백성들이 외로운 송아지가 젖을 들이받는 것처럼 덤벼도 노하지 않고 타일렀으며, 권문세가에서 뇌물을 요구할 때는 매번 빈 봉투를 내밀었다."

이증영은 1534년 사마시에 입격하였으며, 학문과 조행이 조정에 알려져 명종이 대군으로 있을 때 師傅였으며, 합천 군수를 마치고 승진하여 淸州 牧使로 재직 중에 죽은 인물이다.

軍資監 判官 李君 墓碣(2)

남명의 벗 黃江 李希顔(1504~1559)의 묘표다. 묘소는 합천군 쌍책면 烏棲里에 있다. 1561년에 지은 것이다. 이희안의 자는 愚翁, 본관은 江陽

이다. 시조는 李景芬, 증조부는 李智老, 조부는 李順生이며, 아버지는 무과에 급제하여 忠淸 兵使를 역임한 李允儉(1451~1520)이다. 어머니는 崔季漢의 딸 通川崔氏니, 좌의정 貞烈公 崔潤德의 증손녀. 부인은 龜城 府使 權仲愼의 딸 安東權氏니, 좌의정 權軫의 증손녀. 딸 하나를 두었는데, 士人 李得蕡에게 출가하여 아들 李大期·李大約을 낳고 曺應仁·李維城에게 출가한 딸을 낳았다. 후취 부인은 李漢禎의 딸인데 자녀가 없다. 서자 李彭考가 있다.

이희안은 유일로 천거되어 고령 현감과 군자감 판관 등을 역임하였다. 도를 지키려는 뜻을 가지고 있으면서 도를 보고도 보지 못한 듯이 여긴 사람이다. 弓馬의 재주도 겸비하여 무인으로서도 뛰어났다. 끝내 세상에 쓰이지 못하고 이름만 남겼으니, 사람들이 아까워한다.

魚執義夫人 白氏 碑文(3)

執義 魚泳濬(1483~1529)의 부인 夫餘白氏(1480~1551)의 묘표다. 묘소는 金海의 先塋 靈原에 있으며, 이 글은 1552년에 지은 것이다. 부인의 증조부는 감찰 白之溫, 조부는 생원 白琦이며, 아버지는 참봉 白子精이다. 어머니는 江界府使 李恒茂의 딸 陽山李氏다. 아들은 魚應星과 魚應辰(1510~1572)인데, 어응신이 남명의 벗이어서 남명은 일찍이 백씨 부인을 당하에서 배알한 적이 있다. 麗水에서 眞珠가 나듯이 부인이 훌륭한 아들을 낳음은 마땅한 일이라 하였다.

宜人 郭氏 墓表(2)

宋世勣의 부인 淸州郭氏의 묘갈명이다. 묘소는 합천군 대병면 幷木 安峰에 있다. 부인의 증조부는 參贊 郭樞, 조부는 直長 郭永이며, 아버지는 通贊 郭繼儀다. 어머니는 軍器寺正 李聞의 딸 江陽李氏이다. 아들은 宋珩

(1504~1565)·宋城·宋璘(1509~1573)·宋琪·宋瓘이다. 宋璘은 남명의 소실
은진송씨(1532~1610)의 아버지다. 남명은 이 글에서 처음부터 "깊은 산
큰 못에는 반드시 용과 범이 사는데, 곽씨 가문은 훌륭한 인물이 나오는
큰 못"이라며 찬양하였다.

宜人 李氏 墓表(1)

郭繼儀의 부인 江陽李氏의 묘표다. 1556년에 지은 것이다. 부인의 조
부는 奉常寺正 李伴, 아버지는 直長 李聞이다. 어머니는 平壤君 朴居蘇의
딸이다. 곽계의의 부인이 되어 삼가현에서 살았다. 향년이 62세다. 딸 둘
을 낳았는데, 愼汝修와 宋世勛에게 출가하였다.

淑人 南氏 墓表(3)

牧使 辛崙(1504~1565)의 부인 宜寧南氏의 묘갈명이다. 신륜은 남명의
벗이다. 부인의 증조부는 南致和, 조부는 南琦, 아버지는 南廷召다. 어머니
는 安璋의 딸 竹溪節婦 順興安氏로, 文成公 安珦의 10세손이다. 參議를 역
임한 辛弼周의 아들 辛崙에게 출가하였다. 신륜의 본관은 靈山이며, 증조
부는 節度使 辛淑晴, 조부는 黃州 判官 辛秀武다. 2남 1녀를 두었는데, 아
들은 辛汝謹·辛汝誠이고 딸은 陳裕慶에게 출가하였다.

恭人 牟氏之墓(1)

崔潤屋의 부인 晉州牟氏의 묘갈명이다. 1537년에 지은 것이다. 부인의
증조부는 孝子인 左司諫 牟恂이고, 아버지는 진사 牟秀㪑이다. 어머니는
三軍都總制 金宗行의 딸이다. 남편 최윤옥은 군수 崔以湜의 아들이다. 딸
하나만 두었는데, 그가 진사 鄭瑞鵬에게 출가하였다. 정서붕의 아들이 鄭
白氷과 鄭白渠다. 정백빙은 남명의 妹夫다.

義城金氏 墓誌(2)

李應命의 부인 義城金氏의 묘표다. 남명의 外孫壻 東岡 金宇顒(1543 ~1603)의 요청에 의해 1570년 10월에 지어준 것이다. 부인은 三陟 府使 金希參(1507~1560)의 딸이며, 김우옹의 누이다. 친정어머니 청주곽씨 (1501~1568)의 상을 당하여 애통해 하다가 쓰러져, 상을 마치지도 못하고 죽었다. 향년이 27세다. 딸 하나를 두었다.

貞夫人 崔氏 墓表(4)

忠淸 兵使를 역임한 李允儉(1451~1520)의 부인이요, 남명의 벗 李希顔 (1504~1559)의 어머니 通川崔氏(1464~1545)의 묘표다. 묘소는 합천군 靑 溪山 鳳原에 있다. 1556년에 지은 것이다. 부인의 5대조는 大將軍 崔錄, 고조부는 판서 崔雲海, 증조부는 좌의정 崔潤德, 조부는 전라 병사 崔叔 孫, 아버지는 參軍 崔季漢이다. 어머니는 金晨의 딸이요, 현감 金振의 손 녀다. 슬하에 3남 2녀를 두었다. 아들은 홍문관 수찬 李希曾, 홍문관 교리 李希閔, 고령 현감 李希顔이고, 딸은 禹希舜·申湜에게 출가하였다. 남명은 부인을 당하에서 만나본 적이 있었는데, 부인은 엄숙하면서도 공경스러웠 고, 온화하면서도 엄격하였다고 회상하였다.

盧君 墓銘(4)

남명의 벗 盧秀民의 묘갈명이다. 묘소는 합천군 대병면 金城山에 있다. 노수민의 자는 俊翁, 본관은 光州다. 고조부는 생원 盧繼宗, 증조부는 都 染署丞 盧甲生, 조부는 군자감 僉正 盧善卿, 아버지는 盧璃이다. 어머니는 선전관 李承元의 딸 碧珍李氏로, 平靖公 李約東의 손녀다. 부인은 一直孫 氏다. 아버지는 생원 孫世紀, 조부는 교수 孫荀茂, 증조부는 廣興倉丞 孫 胤河, 고조부는 鳳山 郡守 格齋 孫肇瑞다. 어머니는 생원 李績의 딸 仁川

李氏다.

노수민은 향년이 59세, 부인은 향년이 69세로 公보다 15년 뒤에 일생을 마쳤다. 아들 盧欽(1527~1602)은 1564년 생원이 되었고 敬義를 궁구하여 도를 깨쳤다. 노흠은 참봉 林珏의 딸에게 장가들어 아들 盧賀亂과, 朴繼祖의 손자 朴廷璧에게 출가한 딸을 두었다. 맏딸은 도승지 趙之瑞의 손자 趙得瑠에게 출가하였고, 둘째딸은 군수 許珣의 아들 許彭齡에게 출가하였다. 노수민은 벼슬을 하지는 못했으나, 고을의 善士로서 언제 어디서나 존경을 받을 만한 인물이라 하면서, 마치 면류관을 쓴 사람처럼 훌륭하게 보였다고 하였다.

疏類

乙卯辭職疏(7)

단성 현감을 사직하면서 명종 임금에게 올린 상소문이다. 『명종실록』을묘년(1555) 11월 19일 조에도 실려 있다. 사직 이유는 두 가지다. 하나는 나이는 예순에 가까우나 학문은 어둡고 문장도 부족하며 더구나 이름을 훔치기만 하였고 도는 지니고 있지 못한 사람이기 때문이라는 것이다. 헛된 이름을 바쳐 몸을 파느니 알찬 곡식을 바쳐 벼슬을 사는 것이 더 나을 것이므로, 자신의 출사는 전하를 저버리는 행위이므로 벼슬길에 나갈 수 없다는 것이다. 둘째 이유는 다음과 같다. 나라의 근본은 이미 망했고 하늘의 뜻은 이미 떠나버렸으며 민심도 이반되었다. 百千 가지의 재앙과 億萬 가지의 민심을 어떻게 감당하며 무엇으로 수습하겠는가? 이런 때는 周公·召公 같은 인물도 손을 쓸 수 없다. 이런 때 녹만 먹고 그 녹에 맞는 일을 하지 못하는 것은 차마 할 수 없는 일이므로 벼슬길에 나갈 수 없다.

남명은 이 글에서 "慈殿께서는 생각이 깊으시나 깊은 궁중의 한 寡婦

에 불과하고, 전하께서는 어리시니 다만 선왕의 한 외로운 아들일 뿐입니다."라는 말을 하여, 조야에 큰 파문을 일으킨 바 있다.

戊辰封事(2)

선조가 즉위하여 여러 차례 남명을 불렀으므로, 이 글을 올려 은혜에 감사하며 아울러 聖學의 기본을 밝히고 國事에 대한 평소의 생각을 개진하였다. 『선조실록』 무진년(1568) 5월 26일 조에도 실려 있다.

나라를 잘 다스리는 도리는 그 핵심이 임금 자신의 明善[窮理]과 誠身[修身]에 달려 있다. 窮理의 목적은 致用에 있으며, 修身의 목적은 行道에 있다. 안으로 存心하여 謹獨함이 天德이요, 밖으로 省察하여 力行함이 王道다. 궁리·수신·존심·성찰의 공부 효과를 극대화하는 방법은 오직 '敬'을 위주로 하는 길 뿐이다. 修身은 좋은 다스림이 나오게 되는 근본이요, 用賢은 좋은 다스림을 이루는 근본이며, 수신이 또한 인재를 발탁하는 근본이다. 서리가 나라 일을 망치고 있다. 이는 중국에서도 없었던 일이고, 우리나라에도 일찍이 없었던 일이다. 이들을 뒤에서 보아주는, '三窟'과 '介甲'의 역할을 하는 자에 대해 왜 처벌하지 못하는가?

謝宣賜食物疏(2)

1571년 4월에 선조가 음식물을 내려 준 데 대해 감사하여 올린 상소문으로, 『선조실록』 1571년 5월 15일 조에도 실려 있다. 이 글에서 남명은 나라일이 이미 글러 한 가닥도 손댈 곳이 없다고 하면서, 이미 두 차례에 걸쳐서 '헤아릴 수 없이 커다란 임금의 위엄으로 진작시키지 않으면 이를 구제할 방법이 없다.'는 뜻을 개진하였는데, 아직 아무런 조치를 취했다는 소리를 듣지 못했다며, '君義'라는 두 글자를 바치니 이로써 修身과 整國의 기본으로 삼기를 바란다고 하였다.

辛未辭職承政院狀(2)

『선조실록』 1571년 5월 15일 조에도 실려 있는 것으로, 벼슬을 사직하며 올린 글이다. 임금이 자신을 부르는 뜻은 나라를 일으킬만한 좋은 말을 얻으려는 것이니, '救急'이란 두 글자를 몸 대신 바친다고 하였다. 위급한 상황으로 '紀綱蕩盡 元氣蕭盡 禮義掃盡 刑政亂盡 士習毁盡 公道喪盡 用捨混盡 飢饉荐盡 府庫竭盡 饗祀瀆盡 徵貢橫盡 邊圉虛盡 賄賂極盡 掊克極盡 冤痛極盡 奢侈極盡 飮食極盡' 등 17盡을 나열하며, 이와 같은 상황을 건지기 위해서는 이름만으로는 불가하다며, 임금 스스로의 강력한 결단에 의한 개혁을 요구하고 있다.

[권 3]

부록

敎旨(6)

모두 6편인데, 첫 번째 것은 敎書이고, 나머지 5편은 모두 傳敎로 보인다.

첫 번째 것은 융경 원년(선조 즉위년, 1567) 11월에 栢潭 具鳳齡 (1526~1586)이 應製한 것으로 기록되어 있다. "善人은 天地의 紀綱이며, 君子는 국가의 기틀이다. …… 高風이 우뚝함에 그로써 世俗의 師範이 되게 할 수 있다."며 출사하여 도와주기를 간절히 바라는 내용이다.

나머지 5편의 전교는 각각 嘉靖 45년(명종 21년, 1566) 7월과 8월, 융경 원년(선조 즉위년, 1567) 11월, 융경 2년(선조 원년, 1568) 5월, 융경 5년(선조 4년, 1571) 6월에 내린 것이다. 출사를 종용하는 것이 2편, 음식을 내린다는 것이 2편이고, 나머지 1편은 무진봉사에 대하여 고마움을 표시한 글이다.

祭文 : 모두 19편이 실려 있다.

1. 宣祖 賜祭文(3) : 宣祖의 명에 의하여 沈義謙이 應製한 것을, 예조 좌랑 金瓚으로 하여금 致祭케 한 것이다. 『선조실록』 5년(1572) 2월 8일 조에도 실려 있다. 이 글 가운데의 "큰 뜻으로 공자·안 자를 일컬으며, 이들을 기약하고 이들에게 나아갔네.[嘐嘐孔顔 是期是造] …… 한 세상을 촛불처럼 밝히니, 공이 백세토록 영원 하도다.[光燭一代 功存百世] …… 이제 선비는 어디에 의지하며, 백성은 누구를 바라겠는가?[士子疇依 生民誰望]" 등의 표현은 대 체로 당시의 공론에 따른 언급이라 할 수 있을 것이다.

2. 成大谷 제문(4) : 융경 6년(1572) 4월에 남명의 벗 大谷 成運 (1497~1579)이, 妻姪이며 養子인 金可幾(1537~1597)를 보내어 제사케 한 글이다.

3. 盧禛 제문(2) : 남명을 종유하였던 玉溪 盧禛(1518~1578)이 지은 제문이다.

4. 吳健 제문(3) : 남명의 문인 德溪 吳健(1521~1574)이 지은 제문이다.

5. 鄭仁弘 제문(2) : 남명 문인 來庵 鄭仁弘(1536~1623)이 지은 제문 이다.

6. 金宇顒 제문(2) : 남명 문인 東岡 金宇顒(1540~1603)이 지은 제문 이다.

7. 鄭逑 제문(9) : 남명 문인 寒岡 鄭逑(1543~1620)가 지은 제문이다.

8. 崔永慶 제문(1) : 남명 문인 守愚堂 崔永慶(1529~1590)이 지은 제 문이다.

9. 河沆 제문(4) : 남명 문인 覺齋 河沆(1538~1590)이 지은 제문이다.

10. 任說 제문(1) : 1572년 당시 경상도 관찰사 竹崖 任說(1510~1591)이 지은 제문이다.

11. 李長榮 제문(1) : 함양 군수 竹谷 李長榮(1521~?)이 지은 제문이다.

12. 李魯 제문(2) : 남명 문인 松巖 李魯(1544~1598)가 지은 제문이다.

13. 裵紳 제문(1) : 남명 문인 洛川 裵紳(1520~1573)이 지은 제문이다.

14. 李濟臣 제문(1) : 남명 문인 陶丘 李濟臣(1510~1582)이 지은 祭

墓文이다. "홀로 선생을 산 중에서 모신 지 13년이 넘었네.[獨
侍山中 餘十三載也]"라는 표현은, 남명이 덕산으로 들어가 卜居
한 해가 1560년임을 뜻하는 것으로 보인다.

15. 柳宗智 제문(2) : 남명 문인 潮溪 柳宗智(1546~1589)가 지은 제
    문이다.
16. 李濟臣 제문(1) : 晉州 牧使로 온 淸江 李濟臣(1536~1583)이 1578
    년 11월 20일에 남명 묘소를 찾아 제사한 글이다.『淸江集』권
    4에 보인다.
17. 郭赿 제문(4) : 남명 문인 禮谷 郭赿(1531~1593)이 지은 제문이다.
18. 權愉 제문(2) : 丹城 縣監 權愉가 지은제문이다.
19. 趙瑗 제문(2) : 남명 문인 雲岡 趙瑗(1544~1595)이 지은 제문이다.

挽章(14)

남명의 從遊人·知舊 및 門人 26인의 만시 33편이 실려 있다. 이들 26
인을 실린 순서대로 정리하면 다음과 같다.

- 成運(1497~1579)의 만장 : 7언 절구 1편
- 盧守愼(1515~1590)의 만장 : 7언 율시 1편
- 鄭惟吉(1515~1588)의 만장 : 5언 율시 1편
- 朴淳(1523~1589)의 만장 : 5언 배율(10韻 20句 100字) 1편
- 李純仁(1533~1592)의 만장 : 5언 율시 3편
- 梁應鼎(1519~1581)의 만장 : 5언 율시 1편
- 金宇宏(1524~1590)의 만장 : 7언 율시 1편
- 金宇顒(1540~1603)의 만장 : 5언 율시 2편
- 盧禛(1518~1578)의 만장 : 5언 율시 2편
- 吳健(1521~1574)의 만장 : 5언 율시 1편
- 鄭琢(1526~1605)의 만장 : 5언 율시 1편
- 金孝元(1532~1590)의 만장 : 5언 율시 1편

- 金僖年의 만장 : 7언 율시 1편, 7언 절구 1편
- 金克一(1522~?)의 만장 : 5언 율시 1편
- 李山海(1539~1609)의 만장 : 7언·5언 율시 2편
- 鄭逑(1543~1620)의 만장 : 誄詞 20운 180자 1편
- 裵三益(1534~1588)의 만장 : 7언 율시 1편
- 兪大脩(1546~1586)의 만장 : 5언 율시 1편
- 林薰(1500~1584)의 만장 : 7언 절구 1편
- 朴啓賢(1524~1580) 의 만장 : 5언 율시 2편
- 金彦麟의 만장 : 5언 율시 1편
- 許曄(1517~1580)의 만장 : 5언 율시 1편
- 許筣(1551~1588)의 만장 : 5언 율시 1편
- 許篈(1548~1612)의 만장 : 7언 율시 1편
- 尹根壽(1537~1616)의 만장 : 5언 율시 1편
- 李忠綽(1521~1577)의 만장 : 7언 율시 1편

跋南冥集說(10)

내암 정인홍이 쓴 글이다. 남명은 龜巖 李楨(1512~1571)과 두터운 교분으로 종유하다가 河宗岳 후처의 淫行 문제로 절교하게 되었다. 이때 귀암이 퇴계와 편지를 주고받으면서 어떻게 대처할 것인지에 대해 상의한 적이 있었는데, 그때 주고받은 편지의 내용을 문제 삼아 퇴계와 귀암을 함께 비판하였다. 이 글에는 자신의 논의에 대한 증거로 퇴계가 귀암에게 주는 편지글을 전재하였다.

이 글은 본문에 보이는 「與子强子精書」의 정인홍 주석과 함께 다른 문집에서는 그 유래를 찾기 힘든 글이다. 사실 이 글은 내암 정인홍의 「辭職箚」[『來庵集』 卷7 및 『光海君日記』 3년(1611) 3월 26일 조에도 보임]에서 언급된 "신이 일찍이 원통하고 분하여 한번 변론하여 밝히려고 마음먹은 지 여러 해입니다.[臣心嘗憤鬱 思一辨明者 許多年矣]"란 표현과 직접 관련

이 된다. 즉, 이 글에서도 남명을 비판했던 퇴계에 대해 하고 싶은 말을 다 못하였다고 생각하여, 마음속에 넣어 두고 있다가 1611년 찬성 벼슬을 사양하면서 극언하였다는 말이 된다.

이 글에 대해서는 서애 유성룡의 비판[「書南冥集後」]이 있었고, 1611년의 「辭職箚」에 대한 비판은 전국적으로 거세게 일어났다. 계해정변 이후 내암 정인홍이 賊臣으로 처형된 것은, 결국 이러한 글들로 인한 반대 세력의 분개가 쌓인 데서 온 결과라 할 것이다.

[권 4]
補遺
與退溪書(1)

1564년 9월 18일에 퇴계에게 보낸 편지다. 남명은 퇴계로부터 1553년에 편지를 받은 후 답장을 하고, 다시 그에 대한 답장을 받은 적이 있다. 그로부터 11년이 지나 다시 남명이 먼저 퇴계에게 편지를 보낸 것이다. 그간 만날 수 있었음에도 만나지 못한 것은 운명이라 하고, 上達天理보다 下學人事를 우선시하는 학문풍토를 열어주기를 勸告하였다. 퇴계는 이에 대한 답장에서 하학인사도 중요하지만 상달천리 문제도 학자로서는 빠뜨릴 수 없는 공부라 하며, 남명의 견해에 수긍하지 않았다.

與柳海龍書(1)

방문해 주고 편지까지 보내 준 데 대하여 柳海龍에게 보낸 사례의 편지다. 文理가 없어 문장이 성립되지 않음을 지적하면서 『古文眞寶』 후집을 읽을 것을 권하고 있다. 그리고 자신의 門人 潮溪 柳宗智(1546~1589)를 소개하며 그와 함께 어울리면 유익할 것이라 하였다.

答慶安令書(1)

慶安令 李瑤(1537~?)에게 답한 안부 편지다. "세상 사람들의 의논이 더욱 무거워져 조석으로 재앙이 살갗에 닿을 듯합니다.[時議更重 朝夕剝膚]"라는 표현으로 보아, 하종악 후처 음행 사건으로 인한 난처함이 아직 해결되지 않을 때의 편지인 듯하다.

答子强子精書(2)

문인인 德溪 吳健과 藥圃 鄭琢에게 답한 두 편의 편지다. 첫 번째 편지는 경오년(1570) 2월 15일에 쓴 것이다. 출처 문제에 대해 언급하고, 70세에 출사하라는 교지가 내린 것은 두 사람이 侍從臣으로 있으면서 말리지 못하여 그리 된 것이라 질책하고 있다.

두 번째 편지는 ○○년 정월 5일에 쓴 것이다. 덕계 오건이 전라도 재상경차관으로 나갔다 온 뒤 건의한 것이야말로 백성의 현실 문제를 깊이 직시한 데서 나온 견해라 칭찬하면서, 녹봉만 타면서 제대로 하는 일이 없는 벼슬살이에 대해 경계하고 있다. 덕계 오건의 「연보」에 의하면, 그가 1570년 8월에 재상경차관으로 전라도를 다녀와 포조와 포졸 등의 폐막에 대해 논한 사실이 있으므로, 이 글을 쓴 '정월 5일'은 1571년의 정월 5일이라 하겠다.

書景賢錄後(3)

龜巖 李楨(1512~1571)이 順天 府使로 있으면서, 순천에 유배되었다가 죽은 寒暄堂 金宏弼(1454~1504)을 위해 景賢堂을 세우는 한편, 그 사적을 엮은 『景賢錄』을 편찬한 적이 있다. 이 글은 남명이 한훤당 김굉필에 대한 자신의 견문과 식견을 7개 조로 정리하여 이 책 뒤에 싣게 할 목적으로 쓴 것이다.

① 선생은 數息을 행하였다. 李長坤(1474~?)으로부터 들었다고 한다.
② 선생은 南部 參奉이 되었을 때 回刺를 하였다. 이는 자신을 평범한 사람과 구별하지 않으려는 태도로, 뛰어난 현인이 아니면 이런 경지에 이를 수 없다.
③ 선생이 '큰 비를 만나도 겉은 젖으나 속은 젖지 않는다.'는 의미로 '簑翁'이란 호를 사용하다가, 名號를 지어서 자신을 드러내는 것이 처세의 도리가 아니라며 이를 고쳤다. 이로써 선생 德器의 謹厚함은 天性에서 나온 것임을 알 수 있다.
④ 선생이 진사 辛永禧(1442~1511)와 절교를 선언하여 화란을 피하게 한 것으로 보아, 갑자사화의 기미를 미리 알아차리고 있었음을 알 수 있다.
⑤ 선생이 스승인 점필재 김종직과 어긋난 점은 후일의 의논이 있겠지만, 이는 어쩔 수 없는 경우라 할 것이다.
⑥ 선생이 추강을 문병하였을 때 추강이 거부한 것은 선생이 신영희와 절교한 것과 같은 이치로, 당시의 험난한 세상사는 철인도 벗어나기 힘든 것이었음을 알게 하는 것이다.
⑦ 李長坤의 백형 李長吉은 나중에 나쁜 짓을 하여 남에게 비난을 받았으나, 한훤당의 문인 가운데 재주와 덕망이 스승과 가장 닮은 사람이라고 추강 남효온이 논한 적이 있다고 하였다.

通訓大夫 光州牧使 辛公 墓銘(3)

남명의 벗 辛崙(1504~1565)의 묘갈명이다. 1567년 12월 17일에 지은 것이다. 신륜의 자는 景立, 관향은 靈山이다. 아버지는 參議 辛弼周, 어머니는 昌原黃氏다. 1546년 문과에 급제하여 光州 牧使에 이르렀다. 부인은 선무랑 南廷召의 딸이다. 아들은 辛汝謹·辛汝誠이며, 딸은 陳裕慶에게 출가하였다.

孝子 鄭白氷 墓碣銘(1)

남명의 매부 鄭白氷의 묘갈명이다. 1558년에 지은 것이다. 정백영의 관향은 草溪다. 아버지는 진사 鄭瑞鵬, 어머니는 士人 崔潤屋의 딸이다. 그는 사람됨이 신중하고 주밀하며 학문을 좋아하였다. 모친상을 당해 애통해 하다가 죽었다. 부인은 南冥의 여동생이다. 소생이 없어서, 시동생 鄭白渠의 아들 鄭以謙을 후사로 삼는 한편, 친정 언니의 아들 李俊民을 데려다 길러 정백거의 딸과 혼인케 하였다.

宜人 崔氏 墓碣(1)

진사 鄭瑞鵬의 부인 全州崔氏의 묘표다. 부인은 향년이 64세. 1558년에 지은 것이다. 부인의 아버지는 士人 崔潤屋이다. 어머니는 진사 車秀阡의 딸이며, 孝子 舍人 車恂의 손녀다. 남편은 진사 鄭瑞鵬이다. 정서봉은 부친의 상을 당해 애통해 하다가 몸을 상해 생을 마쳤다. 아들이 둘이니 鄭白氷과 鄭白渠다. 부인은 성품이 착하고 형제간에 우애가 있었으며, 어려운 사람을 도와주었다.

附錄

行狀(17)

外孫壻며 門人인 東岡 金宇顒(1540~1603)이 융경 6년(1572) 윤2월에 찬술한 것이다.

行錄(15)

문인인 東岡 金宇顒과 洛川 裵紳과 栢谷 陳克敬이 기록한 것이다. 동강의 기록은 26조로 나누어 11면에 걸쳐서 남명의 언행을 상세히 기록한 것이며, 낙천의 기록은 世系와 子孫錄이 없는 行狀 형식이며, 백곡의 기록은 남명의 考終이 天文에도 나타나 小微星이 빛을 잃었다는 짤막한 내용이다.

護喪所弔狀(1)

남명의 벗 대곡 성운이 남명의 부음을 듣자마자 임신년(1572) 2월에 賻儀와 함께 護喪所에 보낸 조문 편지다. 여기서 대곡은, "이 사람은 내가 감히 더불어 벗할 수 없어서, 喬嶽처럼 우러러 보고 嚴師처럼 공경하였다."면서, "나도 빨리 죽어서 지하에서 만나고 싶다."는 말을 남기고 있다.

德山書院重修奉安告文(1)

덕산서원은 1609년 덕천서원으로 사액되기 이전의 서원 명칭이다. 「德川書院誌」에 의하면, 임진년(1592)과 정유년(1597)에 덕산서원이 병화로 燒失되었다가, 1601년에 중건을 시작하여 1602년에 祠宇가 완성되고, 1603년에 位版을 봉안하여 釋菜禮를 행하였다고 한다. 이 글은 내암 정인홍이 1603년 중수한 덕산서원 사우에 남명과 수우당의 위패를 봉안하면서 고한 奉安告由文이다. 이 글에 "從配有人 永保不孤"란 표현이 있는 것으로 보아, 수우당 최영경이 이때 이미 배향되어 있었음을 알 수 있다.

龍巖書院重修奉安告文(1)

龍巖書院은 香川書院이 1609년에 사액되면서 바뀐 이름이다. 향천서원은 三嘉 晦峴 아래 세워진 晦山書院이 임진왜란 때 불탄 이후, 삼가의 香川 江邊 界山里에 중건되면서 바뀐 이름이다. 이 글은 내암 정인홍이, 중수한 향천서원 사우에 위패를 봉안하면서 고한 奉安告由文이다. 병오본에는 실려 있지 않고 기유본에 처음 실렸는데, 거기에는 「香川書院重修奉安告文」으로 되어 있다.

龍巖享祀祝文(1)

용암서원에서 춘추 향사를 치를 때의 상향축문이다. 내암 정인홍이 지은 것이다. 기유본에는 「春秋享祀祝文」이라 하였는데, 임술본에서 이것이 용암서원의 상향 축문임을 밝힌 것이다.

追錄

祭文(4)

원집의 부록에 실리지 못한 4편의 제문이다.

첫 번째 것은 萬曆 乙卯(1615) 7월에 광해군의 명으로 朴鼎吉이 應製하여, 예조 좌랑 安璥으로 하여금 致祭케 한 제문이다. 전년(1614) 12월 15일에 영의정으로 증직되고 文貞이란 시호가 내려진 이후의 致祭文이다. 이 글의 "의리에 부합되는 正氣, 천지간에 가득하였네. 마음은 곧고 언행은 방정하니, 내외가 충실하여 절로 빛을 발하네. 수신·제가의 도리를 극진히 하였고, 학문은 精微의 경지에 이르렀네.[配義正氣 塞于穹壤 直內方外 充實有輝 道盡修齊 學造精微]"라는 부분은 남명 학문의 핵심을 드러낸 것이다.

두 번째와 세 번째 것은 문인인 寒岡 鄭逑가 병자년(1576) 7월과 병오년(1606) 11월 묘소를 찾아가 올린 祭墓文이다. 1606년의 제문에 보이는 "성대한 덕망과 고상한 풍모는 세월이 흐를수록 더욱더 드러납니다.[盛德高風 愈久彌彰]"라는 표현은, 1603년 동강의 만시에 '正脈高風'을 언급하여 내암 정인홍으로부터 불만을 받은 이후에 다시 쓴 것이란 점에서, 한강의 의지가 드러난 부분이라 할 만하다.

마지막 것은 관찰사 柳永詢(1552~1632)이 병오년(1606) 9월에 남명의 사당에 제사한 글이다. 이 글은 당시 尙州教授 兼提督校官이던 松亭 河受一(1553~1612)이 대신 지은 글로, 『松亭集』 권5에 「祭南冥先生祠文代柳巡

相永詢作」으로 실려 있다.

德川書院上樑文(4)

임진왜란 이후 덕산서원을 중수하면서 사우의 상량문으로 지어진 것이다. 덕계 오건의 아들 思湖 吳長(1565~1617)이 신축년(1601) 11월에 쓴 것이다. 『思湖集』 권6에는 「德山書院祠宇上樑文 辛丑十一月」이라 되어 있다. 1609년에 덕천서원으로 사액되었기 때문에 1622년 간행본에서 덕산서원을 덕천서원이라 고쳐 기록한 것이다. 6행 끝부분의 '敬以內'는 '敬以直內'로, 마지막의 '求勿替……'는 '永勿替……'로 고쳐야 한다.

神道碑銘 幷序(5)

門人인 來庵 鄭仁弘이 찬술한 것으로, 남명 神道碑文으로서는 최초의 것이다. 대곡 성운이 찬술한 묘비의 석질이 좋지 않아 이를 교체하려다가 마침 1614년 12월 15일에 영의정 증직과 文貞公 시호가 내리자, 새로 마련한 돌로 신도비를 세우기로 하고 그 글을 내암에게 받은 것이다. 『來庵集』 권13에도 이글이 실렸으나, 여기에 실린 글이 더욱 옛 모습에 가깝다.

* 『南冥集』 壬戌本 이외의 책에 실린 남명의 작품

> 『남명집』 여러 판본 사이의 출입에 대해서는 1995년 경상대학교 남명학연구소에서 간행한 『교감국역 남명집』에 자세히 언급되어 있으며, 따라서 『남명집』 임술본에 실리지 않은 남명의 작품 또한 이 책의 補遺를 중심으로 해제한다.

詩

- 次四美亭韻 : 5언 절구 1수. 『南冥集』 갑오본(1894) 속집에 처음으로 실렸다가 경술본(1910) 이후로 삭제되었다.
- 失題 : 5언 절구 1수. 七峯 金希參의 만시로, 『七峯逸集』에 실려 있다.
- 失題 : 5언 절구 1수. 『南冥集』 書簡 「與肅夫書」에 보인다.
- 失題 : 5언 절구 2수. 『南冥集』 雜著 「遊頭流錄」에 보인다.
- 無題 : 5언 율시 1수. 『南冥集』 己酉本(1609) 補遺에 처음으로 실렸다가 壬戌本(1622) 이후로 삭제되었다.
- 挽金七峯 : 5언 율시 1수. 『남명집』 갑오본(1894) 속집에 처음 실렸다가 경술본(1910) 이후로 삭제되었다. 『칠봉일집』에 실려 있다.
- 失題 : 5언 율시 1수. 林希茂의 『藍溪集』, 「襄烈公柏冶張公行狀」에 보인다.
- 贈金七峯 幷序 : 5언시 일부분. 『남명집』 갑오본(1894) 속집에 실렸다가 경술본(1910) 이후로 삭제되었다. 『東岡集』, 「先君子七峯先生遺事」에 보인다.
- 失題 : 5언시 일부분. 『東岡集』, 「先君子七峯先生遺事」에 보인다.
- 永慕堂 : 7언 절구 2수. 『남명집』 기유본(1609)까지 실렸다가 임술본(1622) 이후 삭제되었다. 『진양지』와 『신암실기』에는 退溪 李滉과 錦溪 黃俊良의 시라 하였다.
- 贈朴逍遙堂河淡甁齋河澄 : 7언 율시 1수. 『남명집』 갑오본(1894) 속집에 실렸다가 경술본(1910) 이후로 삭제되었다.

- 失題 : 7언 율시 1수. 『칠봉일집』에 실려 있다.
- 失題 : 7언시 일부분 4수. 2수는 『남명집』 잡저 「유두류록」에 보이고, 1수는 동강 김우옹이 지은 「남명선생행록」에 보이며, 1수는 權鼈의 『海東雜錄』 曹植 條에 보인다.

銘

銅雀硯銘

『남명집』 기유본(1609)까지 실렸다가 임술본(1622) 이후로 삭제되었다.

失題

동강 김우옹이 지은 「남명선생행록」에 보인다.

書

答李晦齋

『남명집』 갑오본(1894) 속집에 처음 실렸다. 회재 이언적에게 보낸 편지로, 『남명집』, 「해관서문답」에 보인다.

答盧子膺

『남명집』 갑오본(1894) 속집에 처음 실렸다. 옥계 노진에게 보낸 편지로, 동강 김우옹이 지은 「남명선생행록」에 보인다.

答李苢

『남명집』 갑오본(1894) 속집에 처음 실렸다. 원래 내암 정인홍이 지은 「남명선생행장」에 들어 있는 것이다.

答李剛而

龜巖 李楨에게 답한 편지로,『남명집』갑오본(1894) 속집에 처음 실렸다.

答鄭天賚

『남명집』갑오본(1894) 속집에 처음 실렸다.

失題

동강 김우옹이 지은「남명선생행록」에 보이는데, 정인홍에게 답한 것이다.

答鄭道可寒岡

鄭逑에게 답한 편지로,『남명집』갑오본(1894) 속집에 처음 실렸다.

與權學官應仁書

松溪 權應仁에게 보낸 편지로,『남명집』기유본(1609)에 실렸다가 임술본(1622) 이후로 삭제되었다.

答人書贈

책을 선물한 사람에게 답한 편지로,『남명집』기유본(1609) 보유에 실렸다가 임술본(1622) 이후로 삭제되었다.

記

三憂堂文公墓祠記

『남명집』갑오본(1894) 속집에 실렸다. 삼우당 문익점의 묘소와 사당에 대한 기록이다. 묘소는 산청군 신안면 갈로개산에 있으며, 묘소 밑 도천서원에 삼우당의 사당이 있다. 지금 묘소 밑 서원 입구에 神道碑閣이 있으니, 애초에 이 글은 이쯤에 세워져 있었을 것이다. 이 글에서 남명은 삼우당의 백성을 향한 강한 애정을 크게 드러내고, 아울러 효성과 충성을 현창하였다. 元나라에서 강남으로 유배되었다가 돌아올 적에 면화씨를 감추어 갖고 와서 퍼뜨림으로써 백성들에게 만세토록 혜택을 입도록 한 것을 두고, 남명은 "오직 나라를 보위하고 백성을 윤택하게 하는 일만 생각한 사람을 나는 공에게서 보았다."며 칭송하였다.

碑誌

贈嘉善大夫 戶曹參判 兼同知義禁府事 李公 神道碑銘 并序

龜巖 李楨의 아버지 李湛의 신도비명이다. 향년은 63세, 묘소는 泗川의 龜巖 선영 밑에 있다. 그의 자는 彦淑, 관향은 泗水縣이다. 고조는 潭陽敎授 李蓯, 증조는 진사 李彛倫, 조부는 李孟柱, 아버지는 李以蕃이다. 어머니는 參軍 曹慶武의 딸이다. 부인은 谷山訓導 鄭賢孫의 딸이며, 左贊成 鄭臣重의 증손녀다. 아들은 慶州府尹 李楨(1512~1571), 손자는 李應寅, 증손자는 李虎變(1549~?)과 李鯤變(1551~?)이다. 이 글은 『남명집』 갑오본(1894) 속집에 비로소 실렸다.

題月潭鄭思賢墓碣

남명의 매부 鄭思賢의 묘갈명이다. 이는 『남명집』 갑오본(1894) 속집에 실렸다.

疏

失題

내암 정인홍이 지은 「남명선생행장」에 보인다. 1567년 선조가 즉위한 뒤 교서를 내려 불렀을 때 올린 상소문의 일부이다. 재상의 직분 가운데 用人이 가장 중요한 일인데, 지금 재상은 善惡과 邪正을 분간하지 않고 用人한다며 비판하고 있다.

雜著

知足堂 趙公 遺事

남명의 조모 林川趙氏의 친정 동생 知足堂 趙之瑞(1454~1504)의 遺事다. 모두 다섯 조목이니, 공이 8세 때 방백으로 온 아버지의 동년 앞에서 '呼韻立對'함으로써 칭찬을 들었다는 것, 생원·진사시와 문과 重試에서 모두 장원을 했으므로 그가 살던 곳을 三壯元洞이라 하게 되었다는 것, 같은 고을의 정성근과 함께 청백리로 크게 알려졌다는 것, 조상의 忌祭 때는 前夕에 신주를 모셔내어 와 陳設한 뒤 공손히 있다가 닭이 울면 제사를 지냈다는 것, '扶世道 立人紀'를 독서의 목표로 하였는데 출사한 뒤 보덕으로서 동궁 연산군을 적극 보필하다가 나중에 도리어 그에게 살해되었다는 것 등이다.

『남명집』 갑오본(1894) 속집에 실렸다.

永慕齋 李公 行錄 後識

남명의 외조부 李菊의 고조부 효자 李楹에 대한 기록이다. 1529년 3월에 지은 것이다. 남명의 아버지 曺彦亨이 영모재의 연보와 행장 초고를 완성하지 못하고 죽었는데, 남명이 아버지의 뜻을 이어 이 글을 쓰게 된 것이다.

『남명집』 갑오본(1894) 속집에 실렸다. 『三嘉縣邑誌』에도 「李永慕齋 楹實記」로 실려 있다.

冶隱 吉先生 傳

冶隱 吉再(1353~1419)의 傳이다. 길재의 자는 再父, 관향은 善山 海平이다. 어려서 상주 사람 박분에게 배웠고, 아버지 길원진을 따라 서울로 가서 이색·정몽주·권근 등으로부터 성리학을 배웠다. 과거에 올라 문하성 주서가 되었으나, 1390년 공양왕이 즉위하자 벼슬을 버리고 고향인 鳳溪 里로 물러나 살았다. 조선 건국 후에도 여러 차례 벼슬이 내렸으나 不事二 君의 절의를 지켰다. 불교의식을 따르지 않고『朱子家禮』를 실천하였다. 강학에 힘써 중들도 느끼고 깨달아 환속한 자가 수십 명이었다고 한다.

1615년에 중간된『冶隱先生言行拾遺』에도 이 글은 수습되지 않았다. 『남명집』 갑오본(1894) 속집에 실렸다.

제2장

남명학파의 동향

南冥學派의 南冥思想 繼承樣相

Ⅰ. 머리말

南冥 曺植(1501~1572)은 바로 앞 시대의 일두 정여창과 한훤당 김굉필, 정암 조광조 등과 긴밀한 사상적 연관을 가지면서, 老莊과 佛敎 및 陽明學 등도 일정하게 수용하여, 한편으로는 매우 폭이 넓으면서도 한편으로는 千仞壁立의 우뚝한 경지를 이룩한 사상가이다.

그의 사상이 폭 넓은 것은 어릴 적부터 다양한 서적을 깊이 탐독한 데서 연유한 것이려니와, 그가 천인벽립의 기상을 갖게 된 것은 폭넓은 사상을 바탕으로 하여 자신만의 특이한 인식론과 수양론을 가지고 있었기 때문이다.

남명은 인식론의 측면에서는 『學記類編』이 단적으로 보여주는 것처럼 정주의 성리학적 세계관을 바탕으로 하고 있으면서도, 인식 세계의 범위를 확대해 보려는 의도에서 장자의 세계관도 적극적으로 수용하였다.[1] 그리고 수양론의 측면에서는 存養·省察·克治의 과정[2]을 통해 生死를 거는 철두철미한 수양론을 견지하였다. 나아가 남명은 현실 인식의 측면에서도 철저한 개인적 실천을 바탕으로 사회적 실천을 적극적으로 지향하였다.

....

1 李東歡, 「曺南冥의 精神構圖」, 『南冥學硏究』 創刊號, 8~10쪽 參照.
2 崔錫起, 「南冥의 神明舍圖·神明舍銘에 대하여」, 『南冥學硏究』 제4집, 188쪽 참조.

요컨대, 그의 『神明舍圖』가 요약적으로 보여 주고 있는 '廝殺的 存養省察', '方斷的 處事接物' 및 '嚴正한 出處觀'과 동시에 나타나는 '積極的인 社會的 實踐指向性', '冷嚴한 現實批判 精神' 등이 그의 사상의 특색이며, 아울러 현실을 상대적으로 경시하는 듯한 당시의 이론 중심의 학문 태도에 대한 반성에서 제기한 '程朱後不必著述'의 태도 및 '開悟式敎學方法' 등이 그의 학문에서 나타나는 특색이라고 할 수 있다.[3]

남명에 관한 연구가 118편에 이르고 그 가운데 학문·사상에 관한 연구가 62편에 이르고 있지만, 남명학파의 사상을 전체적으로 조망한 연구 논문은 아직 나온 적이 없다. 그러나 남명학파에 해당하는 인물들에 대한 개별적인 연구는 상당히 진척되어 있다. 즉 郭再祐에 관한 연구가 29편, 鄭仁弘에 대한 연구가 15편, 鄭逑에 대한 연구가 11편, 金宇顒에 대한 연구가 5편, 吳健에 대한 연구가 4편 발표되었으며, 이밖에 崔永慶, 趙宗道, 金沔, 成汝信, 李晁, 郭赾, 朴齊仁, 吳澐, 河受一, 鄭慶雲, 鄭蘊, 河弘度, 金麟燮, 河謙鎭, 曹兢燮 등에 대한 연구도 각각 한두 편씩 발표 된 바 있다.

그러나 이들 연구의 대부분을 차지하고 있는 것이 남명의 문인들에 대한 것이고, 한두 편씩 발표된 남명의 私淑人들에 대한 연구는 모두 단편적 작가론에 해당하는 연구이다. 물론 남명 문인들에 대한 연구도 개별적인 주제 중심의 연구가 대부분이며, 남명사상의 계승 양상에 대한 종합적인 연구는 졸고 「남명학파의 형성과 전개」에서 비로소 개략적으로 검토된 정도이다.

「남명학파의 형성과 전개」에서는 남명의 문인들과 再傳 문인들에게 있어서 남명의 사상이 어떻게 수용·계승되고 있는가를 사안별로 살핀 뒤, 그 나머지 私淑人들에 대해서는 인물별로 그 계승 양상을 개략적으로 살

....

3 李相弼, 「南冥學派의 形成과 展開」, 고려대 박사학위논문(1998), 28~67쪽 참조.

피는 정도에서 그쳤다. 본고에서는 남명학파의 형성 이후 한말에 이르기까지 시대를 구분하여, 그 시기별로 남명사상의 계승 양상이 어떠한가를 살펴봄으로써 남명학파 내의 정신사적 흐름을 통시적으로 개괄해 보려 한다.

남명의 사상은 남명 당대에 남명의 문인들을 중심으로 계승되기 시작함으로써 남명학파의 형성을 보게 되었다. 남명사상의 주된 계승자는 물론 남명의 문인들이지만 그 영향은 남명의 문인에서 그치지는 않았다. 그러나 여기서는 남명의 문인들이 남명의 사상을 계승하는 양상을 고찰하고, 나아가 그 사숙인들의 계승 양상은 어떠한가를 살핀 뒤, 癸亥政變 이후 戊申亂을 거쳐 조선 말기에 이르기까지 어떤 양상으로 계승되고 있는가를 구명해 보려 한다.

II. 明宗代에서 癸亥政變까지의 南冥思想 繼承樣相

남명은 10대와 20대의 시기에는 주로 서울에서 공부하였고, 30세 이후 金海의 山海亭에서 은거하면서부터 請學하는 이들이 불어나기 시작했으며, 48세 이후 三嘉의 태생지 근처에 鷄伏堂과 雷龍舍를 지어 두고 학문 연구와 강학에 매진하고 있으면서 전국적으로 크게 명성을 얻음으로써 경상우도의 인물들이 대거 及門하였으며, 61세 이후 두류산 아래 德山으로 들어가 山天齋를 卜築하고부터는 及門者가 전국적으로 확대되었다.

『南冥編年』에는 벗들과의 交遊 상황 및 來學者들에 대한 기록이 연도별로 정리되어 있다. 이 자료에 의하면 산해정 시대의 주요 교유 인물로는 김대유·권규·신계성·이원·이희안·곽순 등의 경상도 인물과 성수침·이문건·성우·성운·이준경·송인수 등 서울 인물들이 있다. 이들과 교유가 있음으로 해서 남명의 학문과 사상이 영남은 물론 기호지역에도 널리 알려지게 되었다. 이때 문인으로 급문한 이들은 정지린·정복현·이제신·권문임·노흠 등이었으며, 이들은 대개 초계·거창·의령·단성·삼가 등지의 인물들인데, 이들과의 강학에 대한 기록은 남아 있지 않아 그 구체적인 실상을 알기는 어렵다.

그러나 雷龍舍 시대에 오면 來學者들의 숫자도 많이 늘어나고 지역적 범위도 크게 확산되면서 강학이 많이 이루어졌던 것으로 보인다. 이때 급문한 이로는 임희무·박승원·이광우·이광곤·문익성·오건·강익·박제현·박제인·하응도·하락·하항·정인홍·오운·조종도·이천경·김면·김우굉 등이 있으며, 이들은 함양·단성·합천·산음·함안·진주·고령·성주 등지의 인물들이다.

그리고 남명이 61세 이후 산천재로 거처를 옮긴 뒤로는 來學者들의 범위가 전국적으로 확산되었다. 이때 급문한 이로는 정탁·조원·이조·류종지·진극경·정유명·김우옹·이로·이보·이지·최영경·도희령·김효원·노관·임운·정구·최황·유대수·곽재우·성여신·손천우·박찬·구변 등이 있으며, 이 당시 남명 문인의 지역적 범위는 서부 경남을 중심으로 하여 전국적으로 확대되었다고 할 수 있다. 그리고 이때는 산천재에서 이루어진 강학활동 이외에도 매우 빈번하게 강학 모임이 이루어 졌던 바, 이들 모임의 성격은 물론 강학이 위주이었겠지만, 이러한 강학 모임을 통해서 남명의 사상이 문인들에게는 물론 많은 지식인들에게 전파될 수 있었음은 어렵지 않게 생각해 볼 수 있다.

1. 德溪 吳健(1521~1574)

남명 문인 가운데 座長이었던 덕계는 굉장한 剛斷이 있었던 인물로 보인다. 집 근처 淨水寺에 들어가 10년 정도 글을 읽었는데, 문을 닫고 똑바로 앉아서 凝然히 움직이지 않았으며, 낮에는 무릎 모양을 바꾸지 않았고 밤에는 눈을 붙이지 않았으며, 때로는 낮은 소리로 글을 읽기도 하고 때로는 조용히 서안을 마주하고 있기도 하되, 절의 중들과는 한 마디 말도 나누지 않았다고 한다.[4]

덕계는 과감하여 일을 만나면 곧바로 앞으로 나아가고 흔들리지 않는 측면이 있다. 특히 '義'라고 판단되면 조금도 흔들림 없이 과감하게 실천하는 것이 남명의 정신이거니와, 덕계에게서도 이런 면모가 두드러지게 나타난다. 선조 원년(1568) 司諫院 正言으로 있을 때 올린 「請罪申士楨不孝啓」와 「請黜石尙宮啓」는 같은 사안에 대하여 각각 7차와 3차의 啓聞을 통하여 자신의 뜻을 관철한 것이다. 또 「請改正楊仁壽司直啓」와 「請改正林晉賞加啓」 등의 경우는 각각 3차와 6차에 걸쳐서 끈질기게 아뢰고 있음을 볼 수 있다. 이처럼 옳다고 생각되면 벼슬을 걸고 끝까지 관철시키려고 하였던 것이, 出仕했을 경우 남명의 敬義思想의 顯現 모습이 아닐까 한다.

덕계가 이조정랑 자리를 버리고 고향으로 돌아간 것에 대하여 栗谷 李珥가 「經筵日記」에서, "吏曹正郎 吳健이 벼슬을 버리고 고향으로 돌아갔다. <중략> 이조정랑이 되어서는 公道를 넓히기에 힘썼으며, 사람됨이 순박하고 진실하고 과감하여 일을 만나면 바로 앞으로 나아가고 흔들리는 바가 없었으므로 원망하는 자가 많았다. 盧禛이 오건과 舊分이 있었는데, '그대가 시골 출신으로 과거에 급제하여 청현직에 올랐으니 그대에게는 과분하다. 마땅히 현명함을 숨기고 조심스럽게 행동하여 인심에 부응하여야 할 것이거늘, 무슨 까닭으로 망녕되이 자기 견해를 고집하여 스스로 원망을 사는가?'라고 꾸짖었으나, 오건은 그래도 고치지 않았다. 뭇사람

---

4 吳健, 『德溪集』 7卷 13張, 「行錄」, "先生入淨水寺 讀書 前後十餘年 閉門危坐 凝然不動 晝不變膝 夜不交睫 或低聲讀誦 或靜嘿對案 未嘗與寺僧交一言."

들의 원망이 더욱 심해지고 또 임금의 뜻이 사류를 싫어하여 세속으로 흐르는 형세가 날로 심하므로, 오건이 유학의 도를 펼 수 없다고 생각하여 벼슬을 버리고 돌아간 것이다."[5]라는 기록이 있다.

여기서 우리는, 덕계가 벼슬하는 과정에서 公道를 넓히는 일에 힘쓰면서 '遇事直前 無所回撓'하는 자세를 보였고, 결코 관망하면서 은근히 높은 자리에 오르기를 기대하는 류의 인물이 아니었음을 알 수 있다. 그래서 덕계는 유학의 도를 옳게 펼 수 없다고 판단되면 벼슬을 버리고 돌아갈 수밖에 없었다.

덕계의 이러한 출처관은 평소 남명의 편지를 받고, "의리를 보는 눈이 높지 못하다고 꾸짖으셨다. …… 비록 천 리 먼 곳에 있으나 마치 '秋霜烈日'을 마주한 듯하다. 늠연히 머리털이 일어나니, 게으른 생각을 일깨우고 움튼 鄙吝의 마음을 태워 버리기에 충분하다."[6]라는 데서도 볼 수 있듯이, 남명과의 깊은 정신적 교감에서 이루어진 것으로 보인다.

德溪 吳健이 전라도 지방의 災傷敬差官으로 나갔다 와서, 민생을 위하여 邦禁을 解除해 주기를 요청한 것[7]이라든지, 漕租와 漣卒의 문제를 현실적으

5　李珥,「經筵日記」(壬申 閏二月條),『栗谷全書』29卷 3張(『韓國文集叢刊』45卷 130쪽),　"吏曹正郎吳健 棄官歸鄕 健少好學 從曺植遊 晚以科第發身 非門閥 故仕不顯 名士多知其賢 薦以史官 史官例試才 健不就試 人問其故 健曰 我何故自入千古 是非叢中乎 旣陞六品 乃踐淸要 作銓郞 務恢公道 爲人淳實果敢 遇事直前 無所回撓 人多怨者 盧禛與健有舊 訶之曰 汝從草茅發迹 致身淸顯 於汝過分 當韜晦小心 以副人心 何故妄執所見 自取怨怒乎 健猶不改 衆怨益甚 且上意厭士類 而流俗之勢 日盛 健度不能有爲 乃棄官而歸."

6　吳健,『歷年日記』乙丑年(1565) 4月 16日條,　"南冥先生回報鄙書 責以見義不高 其警發昏惰 至矣 雖在千里 如對秋霜烈日 凜然竪髮 足以起懦 寤寐思想 令人吝萌稍煎 非砥柱奔波氣象 何以打疊了庸陋 此心少懈 虛負警責之敎 他日桃川 無以爲咏歸之資."

7　吳健,「敬差官時啓」,『德溪集』4卷 5~7張(『韓國文集叢刊』38卷 108쪽),　"使牧子 不得自養其生 而責之以養馬 寧有是理哉 當初設禁之意 只爲其有害於牧場也 其禁

로 해결해 주기를 요청한 것[8] 등에서 덕계 학문의 현실지향적 성향을 볼 수 있으며, 남명도 이 소식을 듣고 '不負所學'이라고 칭찬하였던 것이다.[9]

2. 守愚堂 崔永慶(1529~1590)

수우당 최영경은 서울에서 태어나 젊은 시절부터 뜻이 높고 깨끗한 선비로 알려졌다. 牛溪 成渾이 安敏學의 소개로 효성이 지극하다고 알려진 수우당을 만나보았다. 이로부터 수우당이 士林에 크게 알려졌다고 한다.[10] 『守愚堂實記』의 「事實」에 보이는 수우당의 孤高卓節[11]함은 진실로 타고난 것이라 하겠거니와, 서울에서 소문을 듣고 진주 덕산까지 남명을 찾아

閑場開墾 或他民竊耕則固也 而幷與牧子而無生生之資 此則非臣所敢知也 …… 不制常産 而生理切迫 不得不犯其禁 又從而罪之 無乃或近於罔民乎."

8 吳健, 「論漕租漕卒弊瘼啓」, 『德溪集』 4卷 7~9張(『韓國文集業刊』 38卷 109쪽), "蓋貢賦徭役 雖有定規 而因循弊生 沈痼亦多 以此規模 責任守令 則守令雖不自爲 儻竊 而以有防碍處 不得如意而行之矣 或者曰 祖宗以來 因循之事 不可輕改 臣意以謂 此則泥於常道 而非權時處中之道也 …… 今則閭閻虛蕩 財用耗竭 若一遵前例 而不知所以通變 則凡諸應費 非神運鬼輸 必至剝民膏血矣 …… 軍籍待八月改修 已下教矣 然以絶戶之故 一族切隣之被侵 已到極地 一日之害 甚於一年 遲待數月 則見存之軍卒 尤爲消縮 旅外之額 卽令毀之 可也 …… 今則軍民之苦 莫甚於此時 尤不可不送御史 以救侵毒之害."

9 曺植, 「與子强子精書」, 『교감국역 南冥集』(慶尙大學校 南冥學硏究所 編譯) 385쪽, "曾見朝報 認子强多所建明 國之大事 不過兵食 漕租漕卒 方通積百年咽塞 如公可謂不負所學矣."

10 成渾, 『牛溪集』, 「年譜」 丁丑年(1577)條(『韓國文集業刊』 43卷 252쪽), "崔永慶在京城 安敏學稱其孝 先生造焉 永慶自此見重於士林."

11 崔永慶, 『守愚堂實紀』(1700年 刊本) 上卷 8張, 「事實」, "先生見識甚高 城府甚嚴 不妄言笑 謹於取與 非其義也 一芥不以取諸人 非其人也 雖貴游 不屑就也 於俗習蛻如也 於聲利超如也 囂囂然自樂其道義之妙 而翛然獨立於埃壒之外 眞有遯世無悶 確乎不拔之志 而亦有鳳翔千仞底氣象焉."

간 것은 서로 기미가 통하는 점이 있기 때문에 가능했던 것이다. 그래서 남명 생전에 사는 곳이 너무 멀어 자주 만날 수 없는 것을 한탄하다가, 사후에나마 그 遺芬을 잃지 않으려고 진주로 이사와 학문에 전심하면서 고고하게 살았던 것이다.

특히 마음을 단속함이 매우 엄했다고 하는 것이나, 주고받음을 엄격히 하였다고 하는 것이나, 名利에 超然하였다고 하는 것 등은, 남명의 斬殺的 存養省察 및 方斷的 處事接物의 정신을 이어받은 결과라 할 만하다. 그리고 '봉황이 천 길 하늘을 나는 듯한 기상'이란 표현은, 그의 인품에 대한 총체적인 評言이며, 남명에 대하여 '천 길 절벽이 우뚝 선 듯한 기상'이라 하는 것과 기실 비슷한 표현인 것이다.

수우당이 평소에 수양으로 쌓아 올린 고도의 정신경계가 어느 정도인가를 느끼게 하는 獄中에서의 다음 卒記는, 남명의 敬義思想을 수용하여 체득한 守正의 정신을 선명히 보여준다.

> 하루는 식사를 하고는 神氣가 不平하여서 한 士人의 무릎을 베고 누웠다. 곁의 사람들이 모두 이상하게 생각하였다. 집안사람 가운데 감옥 바깥에 있던 사람이 시험해 보고자 공에게 글자 한 자 써주기를 간절히 요청하였다. 공이 천천히 일어나 크게 '正'字 한 글자를 썼다. 글자의 획이 이미 이지러졌다. 士人을 둘러보면서, "그대가 이 글자를 알아보겠는가?"라 하고는 이윽고 졸하였다.[12]

덕계가 이조정랑으로 있으면서 省庵 金孝元(1542~1590)에게 훌륭한 인물을 얻었다고 하자, "그 분이 필시 우리 崔丈이겠지요. 산을 흔들기는

....

12 崔永慶, 『守愚堂實紀』上卷 27張, "一日 食罷 神氣不平 就枕士人膝 傍人皆怪之 家人之在外者 欲試之 請公寫一字 甚懇 公徐起 大書一正字 字劃已訛 顧士人曰 君 可識此字否 有頃而卒."

쉬워도 우리 崔丈의 마음을 움직이기는 어려울 텐데, 공이 출사시킬 수 있겠습니까?" 했다고 한다.[13] 崔丈은 守愚堂 崔永慶을 가리키는데, 수우당이 벼슬길에 나아가기 어려워한 것은 남명과 흡사하다고 할 만하다. 이는, 1572년에 慶州 參奉, 1573년에 主簿, 1575년에 司畜, 1581년에 司憲府 持平 등에 제수된 일이 있었으나,[14] 모두 사직하고 한 번도 벼슬자리에 나아가지 않았다는데서 확인된다.

3. 來庵 鄭仁弘(1536~1623)

내암 정인홍은 광해군 때 대사헌에서부터 영의정에 이르기까지 줄곧 직함을 띠고 있었다. 行公한 적은 없으나 광해군이 직첩을 거두지 않았기 때문이다. 그리고 계해정변 때 광해군 秕政의 책임을 뒤집어쓰고 처형당했다. 이후 조선시대 내내 내암에게 유리한 정치적 반전은 없었으므로 伸寃이 되지 않다가 1908년에 와서야 비로소 신원되었다.

내암에 대하여 선조는, "그의 勁節은 백단으로 꺾으려 해도 꺾을 수 없다."[15] 했고, 광해군은, "孤忠·勁節은 우뚝하여 미치기 어렵다."[16]라고 인정하였으며, 그의 문인 吳汝檼은 方正·高峻하다[17]고 표현하였다.

....

13 崔永慶, 『守愚堂實紀』(庚辰板) 15張, 「敍述」, "吳德溪爲銓郎時 謂金公孝元曰 某在吏部數年 不得人 迺今始得間世人豪 金遽曰 必吾崔丈也 撼山易 撼吾崔丈難 公能起之耶."

14 『守愚堂實紀』, 「事實」의 기록에 의한 것이다. 『宣祖實錄』에는 1573년 6월 3일에 六品職에 제수되고, 1583년 1월 2일에 司憲府 持平에 제수되었다는 기록이 있다.

15 『朝鮮王朝實錄』, 宣祖 35年 7月 辛酉條, "上曰 …… 其頸節 百折不能折."

16 鄭仁弘, 『來庵集』 附錄, 「禮曹佐郞尹銑齎來諭旨(戊申八月十三日)」 14卷 2張(『韓國文集業刊』 43卷 470쪽), "孤忠勁節 卓爾難及."

17 『朝鮮王朝實錄』, 宣祖 35年 9月 甲申條, "慶尙道宜寧進士吳汝檼 上疏曰 …… 仁弘方峻之性 逈出流俗 疾惡之腸 不容苟合."

내암은 20세를 전후한 시기 이후 남명에게 가르침을 받았는데, 남명은 내암의 생각이 凡人과 다름을 알고 持敬工夫로 가르쳤고, 내암은 굳센 마음으로 어려움을 무릅쓰고 밤낮으로 공부를 게을리하지 않았다. 남명은 만년에 혼미한 정신을 일깨우는 의미를 지닌 敬義劍을 내암에게 내려주었다고 하며, 내암은 이를 턱 밑에 대고 수련을 하였다고 한다.[18] 내암의 勁節·方峻한 면모는 이러한 수련과 무관하지 않았던 것으로 보인다.

'義'에 의한 현실 판단과 그 실천을, '敬'에 의한 내적 수양과 동일한 가치로 보는 것이 남명학의 특징적인 면모인 바, 내암에게서 이러한 점이 두드러지게 나타난다. 己丑獄事와 연루되어 동문인 守愚堂 崔永慶이 억울하게 죽은 것과 관련하여 牛溪 成渾과 松江 鄭澈을 심하게 비판한 것도, 단순히 미워하기를 좋아하는 마음이 있었기 때문이라고 하기보다는, 현실 판단의 기준을 '義'에 두고 그 실천을 위해 끊임없이 노력하는 과정으로 이해할 만하다.[19]

광해군 즉위 이후 내암과 관련 있는 사건으로는 臨海君 逆獄事件, 永昌大君 逆獄事件, 仁穆大妃 廢妃 문제 및 晦退辨斥事件 등이 있었다.

임해군 역옥사건에 대해서 내암은 討逆의 논리를 갖고 있었고 同門인 한강은 全恩의 논리를 갖고 있었다. 이 사건에 대한 일반적 견해는 시각의 차이 정도로 인식하여 어느 한 견해를 완전히 그르다고까지 보지는 않는 경향이지만, 영창대군 역옥사건과 인목대비 폐비 문제에 대해서는, '내암이 영창대군에 대해서는 토역의 논리를 갖고 있었고 인목대비에 대해서는 폐비를 주장하였다.[廢母殺弟]' 하여 계해정변 이후 이 죄목으로 내

<hr />

18 『宣祖修正實錄』6年 5月 庚申條, "鄭仁弘 陜川人也 童時從曺植學 植奇其志操異 凡兒 誨以持敬 自是堅苦用功 晨夜不懈 植常佩鈴喚醒 拄劍警昏 末年 以鈴與金宇 顒 以劍與仁弘曰 以此傳心 仁弘以劍拄頷下警踞 終身如一日."

19 李相弼, 「來庵 鄭仁弘의 學問性向과 政治的 役割」, 『南冥學研究』6輯, 慶尙大學 校 南冥學研究所, 1996, 86~90쪽 參照.

암이 처형당했다.

계해정변 이후 내암이 처형당한 죄목은 사실과 거리가 멀다. 먼저 黨
與를 완전히 토벌하고 나면 어리고 약한 영창은 우리 속의 猶豕일 뿐이라
하였고,[20] 또 여덟 살 어린아이가 역모에 참여했을 리가 없는 것은 자명하
니 始終保全해야 한다고 했다.[21] 그리고 인목대비에 대해서는, 君臣·子母
의 名義는 하늘로부터 나오는 것이어서 바꿀 수 없다고 했다.[22]

요컨대 내암은 역적 주모자는 단호히 처리해야 하되, 영창은 어려서
아무 것도 모르므로 죽일 이유가 없다는 것이고, 인목대비는 광해군과 母
子의 名義가 있으므로 廢할 수 없다는 것이다.[23] 이러한 사고방식은 바로
'義'에 입각한 현실문제 처리라는, 남명 이래의 경의사상에서 근원한 것
으로 보인다.

내암의 출처관 역시 남명의 출처관에 깊은 영향을 받은 것이다. 내암
은 수우당과 함께 1573년에 천거된 후, 1577년 2월 15일에는 사헌부 지평
에 취임, 1578년 11월 18일에는 영천군수에 제수되었으나 사직, 1580년

---

20 『光海君日記』 5年 6月 丙午條, "瑞寧府院君前右議政鄭仁弘上疏 …… 擧春秋先治
黨與之法 首謀布置者 剿減略盡 羽毛凋落 則稚弱之瓔 特圈中之一猶豕耳." 이 기
록이 『來庵集』에는 보이지 않으나, 家藏 筆寫本 文書에는 보인다.

21 鄭仁弘, 「再箚」, 『來庵集』 10卷 1~3張(『韓國文集叢刊』 43卷 420~421쪽), "試以瓔
之事言之 八歲稚童 不知利害趨舍之所在 其不參逆謀 不獨聖敎丁寧 而凡有血氣者
孰不知其必不然也 …… 今瓔 稚少之子 無子糾之爭 子推之過 特制匐入井之一赤子
也 殿下推先王顧托之意 爲終始保全之慮." 이 기록이 實錄에는 실려 있지 않다.

22 『光海君日記』, 9年 11月 乙酉條, "左議政鄭仁弘送議于議政府曰 …… 臣者有不共
之義 母子有不易之名 二者各盡其道 然後可無後悔 …… 又以書抵爾瞻曰 讐不共
天 臣子之大義也 …… 君臣母子之名義 出於天而不可易."
鄭仁弘, 「答覩堂」, 『來庵集』 11卷 5張(『韓國文集叢刊』 43卷 431쪽), "君臣子母
之名義 出於天而不可易."

23 여기서 보듯이 내암이 계해정변 이후 폐모의 주모자로 몰려 죽은 것은 실정과
어긋난다.

12월 5일에 사헌부 장령에는 취임, 1582년부터 1586년까지 부모의 상복을 입은 뒤, 1586년 7월에 益山郡守에 제수되었으나 사직하는 등 사직과 취임을 반복하였다.

1592년 임진왜란에 同門인 松庵 金沔, 忘憂堂 郭再祐와 함께 倡義하였고, 1602년 대사헌에 제배되었다가 李貴의 탄핵을 받은 뒤 사직하였다. 1608년 영의정 유영경을 공격하며 선조의 광해군에로의 선위가 마땅하다는 상소를 했다가 귀양을 갔다. 광해군이 즉위한 뒤 풀려났다. 그리고 곧바로 漢城判尹, 大司憲에 제배되면서부터 右議政, 左議政, 領議政에 이르기까지 줄곧 벼슬을 받고 그때마다 사직하였으나, 광해군이 이를 거두어들이지 않음으로써, 行公은 하지 않았으나 현직은 띠고 있었다.

내암의 宦歷을 유심히 검토해 보면 1602년에 대사헌을 사직한 뒤로는 계해정변으로 처형될 때까지 21년 동안 실직에 취임한 적이 없음을 알 수 있다. 1580년에 사헌부 장령으로 있으면서 명성을 얻은 이후로 벼슬에 제수될 때마다 거의 대부분 사직 상소로 일관하고 있음은 그의 출처관이 매우 엄정한 것이었음을 대변하는 것이다.24

내암이 백성의 현실적인 삶에 깊은 관심을 표명하고 있다는 점, 즉 민본정신에 입각한 爲民政治를 역설한 것에서 그의 학문 성향을 짐작할 수 있다.25 保民이니 愛民·爲民·生民·恤民 등의 용어는 내암의 疏箚에서 흔

....

24 來庵이 光海君에게 영향력 있는 발언을 한 것과 관련하여, 光海君代에 내암이 현직에 있으면서 일을 처리한 것으로 이해하는 것은 사실과 거리가 멀다. 내암이 광해군에게 정치적 영향을 준 것이 있다면, 이것은 山林으로서 왕에게 건의하는 형식이었다는 것으로 이해함이 정당할 것이다.

25 ① 鄭仁弘,「辭貳相箚」,『來庵集』5卷 29張(『韓國文集叢刊』43卷 367쪽), "易以損下益上爲損 以損上益下爲益 其義甚明 爲萬世不易之象 孟子之以保民制産之說 眷眷於齊梁者 誠以救時之務 莫急於此也 若以孟子爲不識時務迂儒則已 不然 爲治者 舍保民何先 臣又聞 書曰可畏非民 日用顧畏于民喦 臣嘗推明古人之意 竊以爲國以民存 以民亡 自人君言 則固是可顧畏之一喦也 民安國固 賊不敢乘

히 볼 수 있는 것이다. 이는 내암의 학문성향이 현실에 밀착해 있으며, 특권 계층이 아닌 일반 백성의 삶에 깊은 관심이 있음을 보여주는 것이다.

'保民'은 『맹자』에 나오는 말로 왕도정치의 기본이다. 내암은 임금에게 이 보민과 함께 백성이 암험한 존재임도 아울러 역설함으로써, 현실에 대해 심각한 경계를 하고 있다. 백성이 암험한 존재라는 인식은 남명이 「民巖賦」에서 엄중하게 제기하였던 내용임을 감안한다면, 내암의 이러한 언표는 남명의 현실인식에 깊이 동감한 데서 우러나온 것으로 이해된다. 남명의 「민암부」에서는 『서경』의 "民巖을 돌아보고 두려워하소서.[用顧畏于民嵒]"란 말을 援用하여 글을 전개하고 있는데, 여기에 인용한 내암의 글을 보면 마치 「민암부」에 주석을 붙인 것으로 착각이 들 정도로 그 의미를 부연설명하고 있음을 알 수 있다. 이는 현실인식에 대한 남명의 영향이 내암에게 어떻게 연계되느냐는 것을 비교적 분명하게 보여주는 자료라고 생각된다.

현실인식과 관련되는 것으로 현실에 대처하는 방식 즉 처세방식이 학자나 학풍에 따라 매우 특징적으로 나타날 수 있는데, 남명의 문인 또는 재전 문인들의 처세 방식을 보면 이들이 매우 깊이 서로 연계되어 있음을 알 수 있다. 이 부분은 남명의 학문의 가장 큰 특징이라 할 수 있는 '경의'

....

自隣敵言 則爲不可升之天險也 易益之九二曰 有孚惠心 有孚惠我德 人君以誠愛民 民以誠愛君 可與冒白刃 可與入水火 終如歸市 效死不去 以戰則勝 以守則固 然則人心者 莫險之險 莫固之固 以此而言 保民 不獨爲致治之先務 亦自爲制敵之要術 內治外攘 初非兩項事 孟子所謂發政施仁之餘 可制梃 撻秦楚堅利之甲兵者 蓋以此也 今者賦役煩重 民苦倒懸 防納之害 人情之弊 愈久愈甚 而民不堪命."
② 鄭仁弘, 「引見草」, 『來庵集』 下(亞細亞文化社, 1983.) 5쪽, 1615년 10월 1일, "上畏天 下恤民 乃人君之策也 若上不畏天 下不恤民 則民心安可以收 天意安可回乎 易曰 厚下安宅 損上益下 書曰 民惟邦本 本固邦寧 又曰 德義(筆者註: 義는 威의 誤字)惟畏 德明惟明 實相表裏之言也 今則百姓離散 若無藩籬 保民之道 上宜務行."

와 깊은 관련이 있으며, 남명 문인 가운데 남명의 학문에 가깝다고 하는 학자일수록 이 부분에 대한 깊은 공감이 있다는 것도 알 수 있다. '경의'는 기본적으로 사회적 실천의지와 맞물려 있는 것으로, '경'은 위기지학을 하는 학자의 내적 수양을 위한 필수적인 것이며 '의'는 이를 현실 세계에 구현하는 데 기준이 되는 것이다. 남명이 '경'과 함께 '의'를 중시하여 강조한 것은 蘊蓄한 학문을 현실 세계에 구현하는 방법에 대해서 남다른 관심을 가졌다는 증거라고 할 수 있다.[26]

來庵 鄭仁弘의 경우 15권의 문집 가운데 9권이 疏箚인데, 소차의 내용 가운데 대부분이 벼슬을 그만두면서 현실을 비판하는 내용이다. 1594년에 올린 「辭尙州牧使疏」 및 「大司憲時五不仕辭職箚子」에서 왜란의 발발이 우리 조정 내부의 衣冠之盜가 불러들인 것이라고 냉철히 비판하고 있는 것[27]이 그 예이다.

4. 覺齋 河沆(1538~1590)

각재 하항은 그 아버지 河麟瑞가 남명과 친구였으므로 일찍 남명에게 執贄하였던 것으로 보인다. 『編年』에는 1556년 각재의 나이 19세 때 그의 형 喚醒齋 河洛(1530~1592)과 함께 집지한 것으로 되어 있다. 남명에게 『소학』과 『근사록』을 배웠는데 배운 대로 잘 실천하였으므로 당시 사람

---

26 李相弼, 「來庵 鄭仁弘의 學問性向과 政治的 役割」, 『南冥學硏究』 6輯, 慶尙大學校 南冥學硏究所, 1996, 75~84쪽 參照.

27 鄭仁弘, 「辭尙州牧使疏」, 『來庵集』 2卷 31張(『韓國文集業刊』 43卷 326쪽), "然則海寇非自至也 我有以速之也 秀吉非莫强也 我有以自伐也 行長淸正 非善用兵也 我無以禦之也 …… 殿下誠欲收討賊復讐之功 則必先以衣冠之盜爲慮."
鄭仁弘, 「大司憲時五不仕辭職箚子」, 『來庵集』 3卷 4張(『韓國文集業刊』 43卷 329쪽), "君子曰 內有衣冠之盜 然後外有干戈之盜 則壬辰海賊之患 實是內寇之召也."

들이, "'닭이 울면 일어나 세수하고 머리 빗으며 ······ ' 등의 말은 책 속에서나 보이는 말이고 실제 행하는 사람을 보지는 못했더니, 각재는 이를 모두 실천하니 각재는 참으로 小學君子다."라[28] 하였다고 한다.

뿐만 아니라 남명의 함양하는 방법을 본떠서 집에 '雷龍' 그림을 걸어 두고 마음을 수양하였으며,[29] 벽에다 '百勿旗', '三字符'라는 雙額을 써두고 수양하였다고 하며, "책 속에 엄한 스승과 두려운 벗이 있다. 글 읽는 사람들이 진부한 말로 보기 때문에 마침내 힘을 얻을 곳이 없는 것이다. 만약 예전의 생각을 깨끗이 씻고 새 마음으로 조용히 보면 곳곳에 넘실거리는 성현의 말씀이 질병을 치료하는 靈丹이 아닌 것이 없다."[30] 하였다.

남명도 생전에 각재를 가리켜 '雪中梅'라고 그 인품을 칭송하였고, 수우당은 '沙上白鷺'라 하였다고 한다. 또한 思湖 吳長(1565~1617)은 大覺書院 奉安文에서 "학문은 '敬義'를 추구하였으며 행실은 孝悌를 온전히 하였다." 하여, 각재가 남명사상을 깊이 추구하였던 것으로 이해하였다.

다음은 각재가 지은 「南冥曺先生銘」의 일부이다.

> 道 있는 이가 두류산에서 일생을 마치시니,　　　道死頭流
> 보이는 것이 까마귀 아닌 것이 없구나!　　　　莫黑匪烏
> 의문스러운 것을 물어 보려 해도 큰 거북이 없으니,　稽疑無龜

---

28 金㙔, 「覺齋河公行狀」, 『龜窩集』 916쪽, "當時諸斯文以爲 鷄初鳴 咸盥櫛等語 只於黃卷中見之 未見有行之者 今於覺齋而見之 若覺齋眞小學君子也."
河沆, 『覺齋集』, 「行錄」(栢谷 陳克敬 所錄), "當時諸斯文曰 小學中 鷄初鳴 咸盥櫛等語 只見於黃卷上 未見行之者 覺齋則一切行之 是乃眞一小學也."

29 河沆, 『覺齋集』 附錄 「遺事」(松亭 河受一 所撰), "嘗得雷龍眞於京師 掛諸堂壁 以朝夕萬目焉."

30 金㙔, 「覺齋河公行狀」, 『龜窩集』 917~919쪽, "大書百勿旗三字符六字 揭于壁 ······ 黃卷中自有嚴師畏友 而讀者以陳言看了 故竟無得力處 若濯去舊見 以新心靜看 則洋洋聖謨 無非却疾之靈丹."

슬프다, 만사가 그만이로구나!	萬事嗚呼
태어난 때를 옳게 타고나지 못하니,	生際不辰
물고기 눈이 眞珠 노릇을 하는구나!	魚目爲珠
……	
한결같이 古道를 짚어가니	一筇古道
따르는 사람 없어 쓸쓸하네.	踽踽無徒
손안의 明月珠는,	手中明月
堯舜으로부터 전해진 것.	傳自唐虞
明月珠는 공허하게 빛나고,	明月空輝
行人은 요행을 바라고 있네.	行人守株
……	
대롱으로 북두성을 보니,	管中窺斗
어찌 하늘 거리를 엿보겠는가?	寧覦天衢
다만 내 눈의 한계일 뿐,	但限吾目
영원히 맑게 빛나리!31	永言淸曜

손안의 明月珠는 堯舜으로부터 전해 내려오는 道學의 傳統을 의미하며, 각재는 이 글을 통하여 남명이 그 道統을 이어받은 것으로 표현한 것이다. 그 도통은 남명에게 온 뒤로 공허하게 빛난다고 말함으로써, 경의사상을 핵심으로 하는 남명의 학문을 유학의 정통으로 인식하고 있음을 알 수 있다.32

....

31 河沆, 「南冥曺先生銘」, 『覺齋集』 卷中 7張(『韓國文集業刊』 48권 513쪽).

32 星湖 李瀷의 『星湖僿說』, 人事門 「河松亭」 부분에 이 내용이 일부 인용되면서 謙齋가 松亭의 說을 부연한 것으로 표현되어 있는데, 『覺齋集』이 1813년에 初刊되었으므로 이는 성호가 당시에 『각재집』을 구해보지 못한 데서 온 오류인 것으로 보인다.

5. 東岡 金宇顒(1540~1603)

　　東岡은 남명의 친구 七峰 金希參(1507~1560)의 아들이다. 1551년에 칠봉이 三嘉로 남명을 방문한 적이 있고, 남명은 1559년 성주로 칠봉을 방문한 적이 있는 것으로 보아 친분이 매우 두터웠음을 알 수 있다.[33]

　　1563년 동강은 남명의 外孫壻가 되고 이후 자주 남명을 배알하여 남명의 기대를 크게 받았다. 동강이 편지에서 호칭을 祖孫 관계로 쓰자 남명이 이를 지적하면서, 붕우 사이의 의리로 契合하여, 성취한 것을 서로 나누어 주는 관계가 되기를 원하였다.[34]

　　동강은 1563년에 처음 남명에게 執贄했는데, 이때 남명으로부터 '惺惺子'라는 喚醒用 도구를 받고,[35] 1566년에 「神明舍圖」와 「神明舍銘」을 참고로 「天君傳」을 짓기를 命받았다.[36] 「천군전」은 학계에 心性假傳小說로 알려져 있지만, 小說이라기보다는 敬義의 의미가 어떤 것인지 깊이 깨닫게 하기 위하여 남명이 낸 과제에 대한 보고서이다. 동강은 이 「천군전」

....

33　七峰은 宇弘(1522~1590), 宇宏(1524~1590), 宇容(1538~1608) 및 宇顒 등 아들이 넷인데, 둘째인 우굉과 넷째인 우옹이 남명에게 급문한 것으로 되어 있다.

34　曹植,「奉謝金進士肅夫」,『南冥集』2卷 24張(『韓國文集業刊』31卷 492쪽), "請加數月之功 冬間投我 聯經一旬 非我有得於君 則君或有取於我矣 山中詞亦未穩 君只以長老期我 何可作爲浮詞耶 且稱孫稱祖不當 古人不如是也."

35　金宇顒,「南冥先生言行錄」,『東岡集』17卷 20張(『韓國文集業刊』50卷 420쪽), "癸亥歲 宇顒初拜門下 先生出所佩囊中鈴子 以贈曰 此物惺惺子 淸響解警省人 佩之覺甚佳 吾以重寶與汝 汝其堪保此否."
　　『宣祖修正實錄』, 6年 5月 庚辰條, "(鄭仁弘 陜川人也 童時從曹植學 植奇其志操異几兒 誨以持敬 自是堅苦用功 晨夜不懈 植常佩鈴喚醒 挂劍警昏) 末年 以鈴與金宇顒 以劍與仁弘曰 以此傳心."

36　金宇顒,「天君傳」,『東岡集』16卷 15張(『韓國文集業刊』50卷 403쪽) 제목 아래에 "南冥先生作神明舍圖 命先生作傳 蓋先生年少時也"라는 주석이 보이며, 동강연보 27세조(1566)에 '作天君傳'이라 하였다.

에서, 敬과 義가 제 역할을 다하지 않음으로 해서 천군이 나라를 잃었다가, 다시 敬과 義가 합심하여 적들을 廝殺함으로 해서 나라가 태평하게 된다고 하였다. 이는 「신명사명」을 문장으로 부연 설명한 것이라 할 수 있다. 동강은 조정에 있으면서 왜란이라는 국가의 위기를 당하여 여러 차례에 걸쳐서 疏箚를 올렸다. 중요한 것만 들어보면 1592년 11월에 올린 「備禦機務七條」, 12월에 올린 「備邊司獻議」, 1594년 6월에 올린 「憲府七條箚」, 7월에 올린 「陳時務四條箚」, 12월에 올린 「中興時務箚」, 1596년 2월에 올린 「陳時務十六條箚」, 11월에 올린 「請堅守都城箚」, 1597년 2월에 올린 「進言疏」 및 8월에 올린 「中興要務私議」 등이 있다.

이들은 크게 두 가지로 나누어지는데, 하나는 戰時와 상관없이 언제나 필요한 것을 진술한 것이고, 다른 하나는 전시이기에 긴급히 필요하다고 생각하여 진술한 것이다. 전자에 해당되는 것은 평소 경연에서 누차 임금에게 강조한 것들로, 군주의 수양이 나라의 운명과 직결되어 있으므로 임금은 꾸준히 마음을 닦기에 부지런하여야 한다는 것이다. 전시임에도 불구하고 이러한 문제에 대해서 이처럼 집념을 가지고 추구했던 것은 「천군전」의 현실 정치에서의 실현과 관련이 있는 것으로 판단된다. 문신임에도 불구하고 구체적인 군사 작전에 관한 것과 전시 체제의 운용에 관한 방안을 적극적으로 개진하고 있는 것도 남명의 경의사상을 이어받은 「천군전」과 무관하지 않다. 그리고 이들 疏箚를 전개하면서 보여주는 의지의 단호성은, 그가 남명의 제문이나 행장·행록 등에서 남명을 '烈日秋霜之氣', '炯炯之心 烈烈之氣' 등으로 묘사한 기상이 다시 顯現한 것처럼 보인다.

師友나 門人들의 東岡에 대한 제문이나 만사에서도 '水月襟懷 氷雪風致'[鄭逑], '敬義功深 明誠積學'[徐思遠], '堂堂正論 凜凜高義'[朴延璠], '松柏之姿雪月襟'[鄭逑], '約以惺惺法'[張顯光], '雪月精神永玉心'[呂大老], '橫流砥柱'[趙靖] 등으로 표현되어 있는바, 남명의 경의사상이 동강에 수용된

면모가 여실히 드러난다.

동강 김우옹은 1567년 문과에 급제하였으나, 벼슬은 사양하였다. 남명이 일찍이 동강에게, "내 평생 하나의 장점이 있으니 죽는 한이 있더라도 구차하게 남을 따르지 않았다는 점이다."[37] 하였다. 鄭仁弘, 金宇顒, 鄭逑 등에게, "그대들이 출처에 대해서 조금은 본데가 있으니 내가 마음으로 허여한다. 사군자의 큰 절개는 오직 출처 하나에 달려 있을 뿐이다." 하였다.[38]

동강은 1573년 비로소 弘文館 正字로 벼슬길에 나아갔다. 5년 동안 경연에 참여하였다. 1577년에 사직하고 星州의 修道山 아래 考槃洞에 칩거하다가 1579년 다시 경연에 참여하였다. 그동안 부응교, 사인, 응교, 대사성, 우부승지, 대사간, 이조참의, 전라도 관찰사, 부제학, 이조참판, 형조참판, 안동부사 등의 벼슬에 제수되었다. 내직에 있을 때는 늘 경연에 참여하였다. 1589년 기축옥사에 연루되어 會寧으로 귀양을 갔다. 1592년 왜란이 발발하자 사면을 받아 벼슬에 임명된 뒤 1599년 질병으로 사직하기까지, 上疏와 啓聞, 箚子 등의 여러 가지 방법으로 宣祖에게 국난을 수습하기 위하여 최선을 다하여 건의를 하였다.

동강은 黨人으로 지목되면서까지 자신의 견해를 당당히 밝히었으며, 구차히 남을 따르려 하지 않았다. 그리고 경연에서 해박한 학문과 당당한 논의로 선조의 총애를 받았으나, 언제든지 벼슬을 그만 둘 각오로 임하였다. 벼슬이 바뀔 때마다 거의 대부분 상소하여 사직을 요청한 것에서 이를 확인할 수 있다. 적어도 출처 문제에 있어서만큼은 한 점 의혹도 남기지 않으려 하였던 점을 볼 수 있다.

....

37　金宇顒, 「南冥先生言行錄」, 『東岡集』 17卷 21張(『韓國文集叢刊』 50卷 421쪽),
　　"謂宇顒曰 吾平生有一長處 抵死不肯苟從."
38　曹植, 『南冥集』 4卷, 補遺 「行錄」(『韓國文集叢刊』 31卷 549쪽), "又語仁弘及顒逑曰 汝等於出處 粗有見處 吾心許也 士君子大節 唯在出處一事而已."

6. 寒岡 鄭逑(1543~1620)

　　寒岡의 祖父 鄭應祥은 서울 사람으로 寒暄堂 金宏弼의 女壻이며, 아버지 鄭思中은 碧珍人 李煥의 딸을 아내로 맞아 鄭适, 鄭崑壽, 鄭逑 등 삼형제를 낳았다. 寒岡이 태어난 곳은 성주의 沙月里로 동강이 살던 사도실[思道谷] 마을과 바로 이웃한 柳村 마을이다. 한강은 어릴 적부터 동강과 친하게 지내었으며, 17세 때(1559) 星州 訓導로 온 從姨母夫 德溪 吳健에게 執經師事하였다. 덕계는 1551년 이후 줄곧 남명을 사사하였고, 성주 목사로 있었던 錦溪 黃俊良(1517~1563)의 영향으로 1563년에 퇴계를 배알하였는데, 한강도 이 해에 퇴계를 배알하였다. 한강은 그 뒤 1566년 德山의 山天齋로 남명을 찾아보고 남명의 학문을 접함으로써, 평생 학문에 盡力하여 퇴계와 남명의 학문을 集成할 수 있었다.[39] 한강은 퇴계와 남명의 학문을 집성한 이답게 퇴계의 溫柔敦厚한 측면과 남명의 直截果剛한 측면이 언행록에 조화롭게 나타나 보인다.[40] 학문의 내용에 있어서도, 퇴계의 崇正學에의 意志와 남명의 높은 정신적 경계를 조화롭게 수용하였다. 한

---

39 李相弼, 「寒岡의 學問性向과 文學」, 『南冥學硏究』 創刊號, 慶尙大學校 南冥學硏究所, 1991, 187~196쪽 參照.

40 ① 鄭逑, 『寒岡全集』 下(驪江出版社, 4쪽), 『寒岡先生言行錄』 1卷, 「學問」, "先生束脩往拜于南冥先生之門 佩服敬義之訓 益篤踐履之工."

　② 鄭逑, 『寒岡全集』 下(驪江出版社, 7쪽), 『寒岡先生言行錄』 1卷, 「持敬」, "時或閉目危坐 凝然不動 望之若泥塑人 若不可親者 而卽之 則溫溫如在春風中矣."

　③ 鄭逑, 『寒岡全集』 下(驪江出版社, 10쪽), 『寒岡先生言行錄』 1卷, 「成德」, "先生每於答問論事之時 則和緩中自有嚴厲 人莫不心醉誠服."

　④ 鄭逑, 『寒岡全集』 下(驪江出版社, 16쪽), 『寒岡先生言行錄』 1卷, 「教人」, "先生教學者曰 敬以直內 義以方外 此學者喫緊用工處也."

　⑤ 鄭逑, 『寒岡全集』 下(驪江出版社, 20쪽), 『寒岡先生言行錄』 2卷, 「尊賢」, "一邊人(指仁弘)訾先生以不尊尙南冥 至以背師目之 先生聞之曰 莫如我敬先生."

322　남명의 학문과 남명학파

강의 경우는 남명사상의 계승이라는 측면에서는 경의사상의 수용보다 현실주의적 성향을 학문적으로 계승한 측면이 돋보인다.

寒岡도 출처에 있어서 매우 신중하였다. 1573년 동강의 추천으로 禮賓寺 參奉에 除拜된 뒤로, 1575년 健元陵 參奉에 제배되었고, 1578년에 司圃署 司圃, 義興 縣監, 宗簿寺 主簿, 三嘉 縣監 등에 제배되었고, 1579년 知禮 縣監에 제배되었으나, 모두 사직하고 나아가지 않았다.

1580년 昌寧 縣監에 제배되자 비로소 출사하였다.[41] 이 뒤로 끊임없이 벼슬이 내렸는데, 內職은 한사코 사양하였고, 外職은 마지못해 부임하였다. 同福 縣監(1584), 咸安 郡守(1586), 通川 郡守(1591), 江陵 府使(1593), 江原道 觀察使(1596), 成川 府使(1597), 忠州 牧使(1602), 安東 府使(1607) 등이 그가 맡은 외직이다. 내직은 1594년과 1595년 사이에 주로 承旨로 활동한 것이 대부분이고, 이 기간 외에도 내직에 제배된 적이 많긴 하지만 실제 출사한 경우는 별로 없다. 당시 내직은 시비의 소굴이라 할 정도로 당파간의 은밀한 문제들이 얽혀 있었으므로 의도적으로 이를 피한 것처럼 보인다.

寒岡 鄭逑의 경우에도 현실지향적 학문성향이 뚜렷이 보인다. 누차 언급했듯이 한강은 퇴계와 남명을 함께 사사하여 양현의 장점을 집성한 인물이다. 이는 양현 문하에서 독보적이라 할 만한 그의 방대한 저술에서도 확인된다.

문집의 글 이외에 한강의 저술은 모두 32종인데, 이 가운데 禮書가 7종, 地志가 7종, 歷史書가 5종, 醫書가 2종이다.[42] 禮學은 당시 사회에서

---

41 이때 상소하여 사양하였으나 허락을 얻지 못하고 사은하였는데, 이 자리에서 선조에게 '퇴계와 남명의 학문과 기상이 어떠한가'라는 질문을 받고 대답한 바, 이때의 답변에서 양현의 학문과 기상을 잘 표현했다고 전해진다.

42 李相弼,「寒岡의 學問性向과 文學」,『南冥學硏究』創刊號, 慶尙大學校 南冥學硏究所, 1991, 191~196쪽 參照.

가장 현실적인 학문이라 할 수 있으며, 歷史認識 또한 당시 사회에서 선비가 처신할 수 있는 기준을 제시해 주는 현실적인 학문이라 할 수 있다. 한강이 예학과 역사 방면에 많은 저술을 남긴 것은 퇴계의 학문과도 깊은 관련이 있지만, 남명의 현실지향적 학문성향과 더욱 밀접한 관련이 있는 것으로 보인다. 현실지향적 학문 성향이 아니면 저작되기 어려울 것으로 짐작되는 地志나 醫書 등에 寒岡이 깊은 관심을 기울였던 점에서도 한강 학문의 현실지향적 성향이 뚜렷이 드러난다.

7. 忘憂堂 郭再祐(1552~1617)

'敬'과 '義'의 관계는 대등한 듯하면서도 '경' 쪽에 더 비중이 두어져 있지만, 남명의 경우에는 '의'를 '경'과 엄밀한 의미에서 대등하게 보려 하였기 때문에, '경'보다 '의' 쪽에 더 비중이 두어진 것처럼 보인다. 이런 관점에서 남명의 '의'를 가장 적극적으로 수용한 이가 바로 망우당 곽재우이다.

망우당은 宜寧 世干里의 외조부 姜應斗의 집에서 태어났다. 14세 때부터 『春秋』에 잠심함으로써, 『춘추』가 그의 학문의 근본이 되었다. 『춘추』의 주제를 한 글자로 표현하면 '義'이다.[43]

16세(1567) 때는 남명의 외손녀를 아내로 맞음으로써, 남명의 학문을 바로 접할 수 있었다. 20세(1571) 때부터 글공부의 여가에 활쏘기, 말 타기, 글씨 쓰기, 셈하기 등을 익히고, 兵書도 두루 보았다. 여기서 망우당의 독서 성향이 남명과 일정한 관련이 있음을 엿볼 수 있다.

34세(1585) 때 進士 會試에 入格하였으나 답안 내용이 忌諱를 抵觸하

---

43 崔錫起, 「忘憂堂 郭再祐의 節義精神」, 『南冥學硏究』6輯, 慶尙大學校 南冥學硏究所, 1996, 110쪽 參照.

였기 때문에 罷榜당하였다. 다음 해 父親喪을 당하고 服이 끝난 1589년부터 임진왜란 전까지 宜寧 岐江 가 遯地精舍에서 漁釣로 自樂하였다. 나아가 벼슬할 때가 아니라고 판단하여 칩거한 것은 남명의 출처관과 유관한 것으로 보인다.

1592년 4월 13일 왜적이 대거 침략해 들어옴에 列郡이 瓦解되자, 망우당이 4월 22일 전국에서 가장 먼저 창의하였다. 그리고 한편으로 亂初에 慶尙監司 金晬가 한번 싸워 보지도 않고 도망친 것을 檄文으로 격렬하게 성토하였다. 宜寧의 鼎巖津을 중심으로 낙동강과 남강 사이에서 많지 않은 병사로 여기저기 출몰하면서 많은 전과를 올렸다. 남명이 '경'과 대등하게 '의'를 강조했던 점이, 결과적으로 망우당과 같은 문인들로 하여금 임진왜란이라는 미증유의 국난에 자연스럽게 목숨을 걸고 싸우게 하였다.

忘憂堂 郭再祐의 경우, 그 道學的 精神構造의 現實主義的 性向에 대해서 李東歡은 그 특징을 두 가지로 導出하여 제시하고 있다. 즉, 하나는 道學의 二大 道德範疇인 '仁義' 가운데 '義'에 편중되어 있으며 그것이 특히 강한 嚴肅性과 動的 에네르기를 띠고 있다는 것이다. 그리고 나머지 하나는 행위의 규범적 的確性의 획득 방향이 다각화되어 있음으로써 보다 現實性을 띠었다는 것이다. 그리고 忘憂堂의 道學的 精神構造는 客觀的 名보다는 主觀的 實에 치중하는, 따라서 現實主義的인, 民衆 志向의 性向을 가진 것으로 결론을 내렸다.[44]

忘憂堂 郭再祐는 새로 등극한 광해군이 여러 차례 벼슬로 불렀으나 끝내 사양하였다. 1608년 11월에 부호군을 사직하면서 상소를 올린 적이 있다. 거기서 당시 현안이던 臨海君 逆獄事件에 대해 언급하면서, 全恩說의 부당함을 극력하게 攻斥하였다.[45] 벼슬을 그만두는 마당에 그렇게까지 시

---

44 李東歡, 「郭忘憂堂의 道學的 精神構造와 그 現實主義的 性向」, 『伏賢漢文學』 9 輯, 慶北大學校 伏賢漢文學硏究會, 35~36쪽 參照.

사에 민감한 일을 논의할 필요가 없을 법한데도, 한 치의 양보도 없이 격렬하게 논급하고 있다. 남명이 단성현감을 그만두면서 올린 상소에서 시사에 대해 그렇게까지 격렬할 필요가 없었을 법한데도 가차 없이 비판하였던 바, 망우당에게서도 이러한 정신이 그대로 보인다.

8. 桐溪 鄭蘊(1569~1641)

桐溪 鄭蘊은 草溪鄭氏로, 선대 이래 초계에서 살다가 증조부 鄭玉堅이 宜寧으로 옮겨 살았고, 조부 鄭淑이 加祚를 거쳐 安陰 嶧洞에 정착하게 되었다. 이버지 嶧陽 鄭惟明(1539~1596)은 葛州 林薰의 문인으로 남명 문하에도 출입하였던 인물이며, 임진왜란 때는 石谷 成彭年(1540~1594)과 함께 안음 지역의 起兵有司로 倡義하였던 인물이다.

동계는 어릴 적에 아버지와 同門인 石谷 成彭年에게 배웠고,[46] 장성하여서는 月川 趙穆, 來庵 鄭仁弘, 寒岡 鄭逑, 梧里 李元翼 등을 사사하였다.[47] 이들 가운데 동계에게 가장 영향을 많이 준 인물은 來庵과 寒岡이며, 동계는 이들을 통하여 남명의 사상을 체득하였다.

동계가 쓴 『학기유편』의 발문에 보이는, "선생은 깊이 산중에 은둔해 있으면서 남이 알아주지 않아도 섭섭해 하지 않았다. 오로지 경의의 학문을 정밀하게 연구하여, 이미 성현의 경지에 이르렀다. …… 이것[學記]은

<hr>

45 『光海君日記』, 卽位年(戊申) 11月 戊戌, "副護軍郭再祐上疏辭職 …… 逆律全恩之說誰作俑者 其將以喪邦乎 此之爲說 似是而非 近理而曲 臣竊惡其亂法而亂義 亂法之弊將至於無法 亂義之患 必至於滅義 無法滅義 國能存乎."
46 鄭蘊, 「成石谷傳」, 『桐溪續集』 2卷 1~3張(『韓國文集業刊』 75卷 322~323쪽), "石谷者 成上舍彭年之號 而頤翁其字也 …… 親炙於葛川林先生之門 …… 蘊年未弱冠出入門庭 親承擊蒙之誨 …… 蘊之得有今日 公之力蓋多焉 ……."
47 鄭蘊, 『桐溪集』, 「年譜」(『韓國文集業刊』 75卷 401~402쪽) 參照.

모두 선생이 실제로 몸소 실천하고 마음으로 터득한 것이요, 空言은 아니다."48라는 표현에서, 동계의 남명에 대한 평소의 認識과 景慕가 얼마나 분명하며 얼마나 절실한가를 잘 이해할 수 있으며, 『학기』의 내용이 선현의 요어를 그냥 베껴 둔 것이 아니라 모두 남명 스스로 실천했던 것이라고 인식한 데서, 그의 실천에의 의지를 읽을 수 있다.49

동계는 仕宦하여서도 옳다고 믿는 것은 목숨을 돌보지 않고 불같은 직언을 펴곤 하였다. 사간원 정언으로 있으면서 광해군의 행차를 가로막고 극언한 적이 있다.50 당시 국왕이 貞陵洞 行宮인 慶運宮에 임시로 있다가 한 달 전에 昌德宮이 완성되어 移御하였는데, 광해군이 妖言에 혹하여 경운궁으로 다시 거처를 옮기려고 하였다. 사헌부와 사간원이 함께 만류하다가 듣지 않자 모두 포기하였는데, 동계 혼자서 길을 막고 격렬하게 만류하였다. 결국 이 일로 인하여 咸鏡道 鏡城의 判官으로 左遷되었다.

1613년 癸丑獄事가 일어났다. 동계는 永昌大君을 죽이려는 신료들의 견해에 반대하다가 낙향하였다. 스승인 내암에게 편지를 통해 討逆의 논리를 8세 어린이인 영창대군에게 적용하는 것은 바람직하지 못하다는 의견을 개진하였다.51 내암이 동계의 편지에 영향을 받은 것인지는 알 수 없으

---

48 鄭蘊, 「南冥曺先生學記類編後跋」, 『桐溪集』 2卷 24~25張(『韓國文集叢刊』 75卷 184~185쪽), "嘉遯山中 不見是而無悶 專精敬義之學 已至聖賢之域 …… 此皆先生 所躬行心得之實 而非空言也."

49 鄭蘊, 「李子章所書己卯諸賢書帖跋」, 『桐溪集』 4卷 73~74張(『韓國文集叢刊』 75卷 282~283쪽), "雖於顚沛困厄之中 書尺往復 若履平地 所立之正 所養之深 可見於斯 帖中矣 …… 不徒慕其人而常慕其道 不徒誦慕而必躬行而心得之 然後可以不負其 慕尙之心矣."

50 『朝鮮王朝實錄』, 光海 3年(1611) 11月 26日(辛酉), "正言鄭蘊啓曰 …… 臣之愚意 以爲 舍橋乘船 似不是固爭之事 而古人猶欲勁血濺地 況今玆之擧 關國家盛衰 係民 心離合 官以諫爲名者 其可不爭之以死 而苟焉塞責而已乎 設或不幸 今日仍留慶運 之說 果符於下民之臆度 則臣當攀轝血頭 牽裾泣諫 死於國門之外 是臣之意也."

나, 내암 역시 '영창을 죽일 필요는 없다'는 요지의 의견을 피력하였다.[52]

그런데 1614년 1월 13일에 부임한 江華府使 鄭沆이 圍籬安置된 영창대군을 2월 10일에 살해하고 말았다. 이에 동계는 2월 21일 '정항의 목을 베고 영창대군의 位號를 追復하기'를 요청하는 封事를 올렸다가[53] 護逆으로 論罪당해 濟州 大靜에 위리안치되었다. 당시 兩司가 함께 동계를 논죄하였던 것을 보면 영창대군을 죽이는 것이 북인의 당론이었음을 알 수 있는데, 동계는 목숨을 걸고 이에 정면으로 대응했던 것이다.

1623년에 동계는 계해정변이 일어남으로써 유배생활 10년 만에 풀려날 수 있었다. 인조가 被罪人 가운데 동계를 가장 먼저 불러 사간원 헌납으로 삼았다. 그 후 1624년 대사간으로 있을 때 역옥사건이 발생하여 仁城君(1588~1628)이 이에 연루되자 "殷鑑이 멀리 있지 않고 바로 廢朝에 있습니다. 폐조에서 비록 昏亂한 政事가 있었더라도 만약 同氣를 죽이지 않고 母妃를 폐하지 않았더라면, 전하처럼 지극히 어진 마음과 성대한 덕을 지니신 분이라 할지라도 하루아침에 임금의 자리를 차지할 수는 없었을 것입니다."[54]라고 하면서 全恩을 주장했다. 동계의 주장은, 계해정변이 일어나

....

51 鄭蘊, 『桐溪集』, 「年譜」, 癸丑(1613)條, '與鄭仁弘書論永昌事', "略曰 八歲童子 萬無謀逆之理 …… 上批有曰 先王托孤之意 正謂今日慮 在天之靈 陟降在玆 予何忍加法云 則上意所在 的然可知."

52 鄭仁弘, 「再箚」, 『來庵集』 10卷 2張(『韓國文集業刊』 43卷 420쪽), "試以㼁之事論之 八歲稚童 不知利害趨舍之所在 其不參逆謀 不獨聖敎丁寧 而凡有血氣者 孰不知其必不然也 …… 今㼁 稚少之子 初無子糾之爭子推之過 特軸匐入井之一赤子也 殿下推先王顧托之意 爲終始保全之慮."

53 鄭蘊, 「甲寅封事」, 『桐溪集』 3卷 1~5張(『韓國文集業刊』 75卷 203~205쪽) 參照.

54 鄭蘊, 「甲子啓辭」, 『桐溪集』 3卷 10張(『韓國文集業刊』 75卷 207쪽), "囊時之請殺永昌今日之請罪仁城 果孰是孰非乎 若不問義理之當否 形迹之虛實 而一以賊招而已乎 則逆獄之興 殆無虛歲 仁城雖除 豈無仁城 先王之子 噎盡之矣 …… 殷鑑不遠 只在廢朝 若使廢朝雖有昏亂之政 而不殺同氣 不廢母妃 則雖以殿下之至仁盛德 不能一朝居此位也."

게 된 것은 광해군의 昏政 때문이 아니라 그가 동기를 죽이고 모비를 폐했기 때문이라는 것이며, 이는 다른 말로 보면 정변을 한 인조도 동기인 인성군을 죽이면 廢黜을 당할 수도 있다는 무서운 直言이었던 것이다.

1627년 정묘호란이 일어났을 때는 벼슬을 그만두고 시골에 거처하고 있었는데, 전쟁이 일어나자 바로 행재소로 달려갔다. 그리고 인조에게 죽을 각오로 싸워서 종묘사직을 지킬 것을 내용으로 하는 상소문[55]을 올렸다.

1636년 12월 또 淸人이 대거 來侵하자, 仁祖와 함께 남한산성에 있으면서 죽을 각오로 성을 지킬 것을 역설하고, 강화를 주장하는 崔鳴吉을 賣國의 죄로 다스릴 것을 요청하였다.[56] 1637년 1월 왕이 항복하러 나간다는 소식을 접하고 할복자살을 기도하였다. 말하자면 동계는 끝까지 '義'의 정신으로 임금에게 차자를 올렸고, 임금이 치욕을 당하자 자결함으로써 '義'를 실천하려고 했던 것이다.

桐溪의 일생은 그 아버지 嶧陽 鄭惟明이 起兵有司로 倡義함으로부터 선조 말기와 광해군 시기의 論執, 인성군 역옥사건에서의 강력한 논의, 정묘호란과 병자호란 때 '國君死社稷'의 정신을 인조에게 끝까지 강조하면서, '大夫死官守'의 정신으로 자결을 시도한 일까지 한결같이 '義'로 일관한 삶이었다.

. . . .

55 鄭蘊, 「斥和疏」, 『桐溪集』 3卷 20張(『韓國文集業刊』 75卷 212쪽).

56 鄭蘊, 「山城箚子」, 『桐溪集』 3卷 68~69張(『韓國文集業刊』 75卷 236~237쪽), "與其屈膝而亡 曷若守正而死社稷乎 況君臣父子背城一戰 則不無完城之理乎 …… 伏願殿下痛斥鳴吉之言 以正賣國之罪."

Ⅲ. 癸亥政變 이후 英正祖까지의 南冥思想 繼承樣相

앞에서 잠깐 본 것처럼, 桐溪 鄭蘊이 영창대군 옥사와 관련하여 1614년에 올린 甲寅封事가 중요한 정치적 쟁점이 되어, 남명학파의 學派內的 葛藤이 심화된다.

주지하다시피 來庵의 門人들이 주류를 이루고 있던 북인들 가운데 갑인봉사 이후 동계의 견해에 동조하는 일파가 中北이라는 또 하나의 집단을 이루게 되자 내암 문인들이 葛藤과 分裂을 보이기 시작했다. 동계와 견해를 같이 하였다고 해서 처벌을 받은 내암의 문인들로는 雪壑 李大期(1551~1628)·茅谿 文緯(1554~1632)·思湖 吳長(1565~1617) 등이 그 대표적인 인물이다. 그리고 이들에 동조하였던 이들로는 文景虎·李彦英·裵大維 등이 있으며, 이들은 대체로 내암의 문인 가운데 重鎭에 해당된다.

思湖나 雪壑은 계해정변 이전에 죽었거나 직후에 죽었지만 동계를 중심으로 하는 중북 계열은 광해조 때 핍박당하였다고 해서 계해정변 이후 그래도 출사할 수 있었다. 그러나 내암의 문인들 가운데 대북이었던 인물들은 모두 정치적으로 몰락하였으며, 중북이었던 사람들도 대부분 내암과의 관계를 부정하거나, 나아가서는 남명과의 연원 관계는 언급을 회피한 채 퇴계와의 연원 관계를 강조하려는 움직임이 강하게 나타났다. 결국 내암이 영도하던 남명학파가 내암의 정치적 패퇴로 말미암아 이처럼 몰락하게 되면서부터 남명학문의 지역적 기반이었던 강우의 학자들은 기세가 꺾일 대로 꺾이게 된 것이다.

좌도에 갈암 이현일, 밀암 이재, 제산 김성탁, 대산 이상정 등이 퇴계의 학맥을 성대히 이어가던 것과 비추어 보면, 남명학파를 자처해야 할 우도의 학자들은 이렇다 할 학문적 성과를 드러내지 못하고 있었던 것이 사실이다. 다만 겸재 하홍도와 설창 하철, 양정재 하덕망, 한계 하대명,

괴와 하대관 등 안계의 진주하씨와 능허 박민, 서계 박태무, 눌은 박정신, 눌암 박지서 등 나동의 태안박씨와 석계 하세희, 태와 하필청, 동와 조휘진, 국담 하진백 등 수곡과 단목의 진양하씨 및 소남의 함안조씨와 남계 이갑룡, 남고 이지용 등 사월의 성주이씨 등이 남명학파의 터전에서 명맥을 이어오고 있었다.

이들 가운데 겸재 하홍도와 서계 박태무, 남고 이지용의 학문을 살펴봄으로써 계해정변 이후 영정조대까지의 남명사상의 계승 양상을 일별하고자 한다.

1. 謙齋 河弘度(1593~1666)

謙齋 河弘度는 남명의 문인들, 예컨대 來庵 鄭仁弘, 寒岡 鄭逑 같은 이들이 經論과 學問을 크게 떨칠 시기에 젊은 시절을 보내었고, 癸亥政變으로 인하여 南冥學派가 허물어지려 할 즈음에, 벼슬에 유혹되지 않고 진주지역을 지키면서, 남명 학문의 精髓를 깨우쳐 후학들에게 전수해 주었던 인물이다.

겸재는 어릴 적부터 남명의 문인인 외조부 竹閣 李光友(1529~1619)의 영향을 받았고, 자라서는 松亭 河受一(1553~1612)을 師事하였다. 겸재가 송정을 사사한 기간은 2년 정도밖에 되지 않았지만, 그의 「記松亭先生語」라는 글을 통해서 볼 때 송정으로부터 받은 감명은 남달랐던 것으로 보인다.[57] 이 글은 송정과 각재를 통해 거슬러 올라가서 남명과 접속하려는

----

57 河弘度, 「記松亭先生語」, 『謙齋集』 9卷 27~28張(『韓國文集業刊』 97卷 164쪽), "愚嘗拜松亭公鄕先生水谷精舍 仍陪宿 鷄旣鳴 蹙諸子某某等起 諄諄敎誘曰 孟子曰 鷄鳴而起 孶孶爲善者 舜之徒也 爲利者 蹠之徒也 我南冥先生深得其旨 樂堯舜之道 非其義 一介不以與人而取於人 拔其利源而塞之 …… 我覺齋叔父 受業親炙而聞其

의식이 드러난 글이다. 이 글 가운데의 '袖中明月 傳自唐虞'는 앞에서 인용한 바 있는 각재의 「南冥曺先生銘」[58]에 나오는 글이다. 이 글은 결국 堯舜으로부터 내려오는 道統이 南冥에게 전수되었다는 의식이, 覺齋로부터 松亭을 거쳐 謙齋에까지 이어져 있음을 보여준다.

겸재는 50세 이후 약 20년간 이 지역 유림의 宗匠이었을 뿐만 아니라, 조정에서 심각하게 논란하던 服制 문제를 임금이 직접 사람을 보내 자문할 정도로 조정에까지 알려진 학자였는데, 그는 남명의 핵심사상인 '敬義'에 대하여 다음과 같이 말한바 있다.

> 대개 들으니 '義'는 '敬'이 아니면 나오지 못한다고 한다. 비유하자면 '敬'은 거울과 같고, '義'는 바로 (이 거울로) 비추는 것이다. 『丹書』에 '敬義'를 말했고, 坤卦 六二爻에서는 '直方大'를 말했다. 공자께서 이를 서로 관련시켜, "敬으로써 안을 곧게 하고 義로써 밖을 반듯하게 한다."라고 말씀하셨다. 그러니 이 두 글자는 伏羲氏의 卦에서 근본하고 黃帝에게서 비롯되어 孔子에 의해 그 뜻이 드러났다. 程子에 이르러 처음으로 '敬'을 말하여 『小學』의 부족한 부분을 보충하고, 天德과 王道의 요점을 밝혔다. 程子는 또 "涵養은 敬으로 해야 하며, 進學은 致知에 달려 있다."라고 하였다. 朱子는 "敬은 성학의 시작이요, 끝이다."라고 하였다. …… 근세에 文貞公 曺先生이 이 두 글자를 斷然히 벽에 걸려 있는 日月로 삼았다. 그러므로 佩劍에 "內明者敬 外斷者義"라는 명을 새겼던 것이다. 이를 날마다 차고 다닌 것은, 여기서 터득한 것이 있었기 때문이었다.[59]

....

道 有所不知知之未嘗近利 …… 古嘗曰 袖中明月 傳自唐虞 如我不肖 自少撝染 雖未能私淑 銘心傳得 至死不忘 汝輩出於吾門 雖不得大任重責 亦可以箕裘承業 粗知善利 深致如登之力 愼勿陷於爲不義 以忝爾所生也."

58 河沆, 「南冥曺先生銘」, 『謙齋集』 卷中 7張(『韓國文集叢刊』 48卷 513쪽).

59 河弘度, 「敬義說贈李義仲」, 『謙齋集』 9卷 29~30張(『韓國文集叢刊』 97卷 165쪽), "蓋聞義非敬不出 敬比如鏡 義是能照也 丹書言敬義 坤六二言直方大 吾夫子係之曰

‘義’는 ‘敬’이 아니면 나오지 못한다는 표현은, ‘敬’이 ‘義’의 바탕이 된다는 뜻이다. 그리고 선현들이 말했던 ‘敬·義’의 뜻을 남명이 체득하여 벽에 걸려 있는 일월로 삼았다고 표현하였다. 이것은 ‘義’의 바탕이 ‘敬’이지만 남명이 ‘義’를 ‘敬’과 대등하게 중시하였음을 겸재가 분명히 인식하고 있었음을 의미한다.

겸재는 ‘의’가 ‘경’에서 나온 것이라는 인식에서 출발하여, ‘경’을 특히 강조하였다. 그는 음식물을 하사한 임금에게 君道九事를 진술하는 상소문을 올리면서 다음과 같은 내용을 陳達하였다. 즉, 임금이 해낼 萬事·萬化의 근본은 마음이고, 이 마음을 밝히려면 공부를 해야 하는데, 이 공부가 明善·誠身인바 이는 ‘敬’을 위주로 해야 가능하다고 하면서, ‘敬’이야말로 大人의 학문인 大學의 시작이요 끝이라 하였다.[60]

또한 秋潭 鄭頠(1599~1657)에게 답한 편지에서, “學問의 始終은 ‘敬’한 글자를 벗어나지 않습니다. 그리고 그 순서는 『近思錄』으로부터 시작하여 四書를 배우고 다시 五經을 배우는 것입니다. 그리고 「涵養은 모름지기 ‘敬’으로 해야 하며 進學은 致知에 달려 있다.[涵養須用敬 進學在致知]」는 말은 程朱의 학문이 孔孟의 학문에 이르는 방법입니다.”[61] 하였다.

敬以直內 義以方外 然則此二字 本於羲畫 始於黃帝 發於夫子也 至程子首言敬 補小學之闕 明天德王道之要 且曰 涵養須用敬 進學在致知 朱子曰 敬者聖學之成始成終者 …… 近世曹文貞公 以此二字 斷然爲壁棲之日月 故銘其佩劍曰 內明者敬 外斷者義 日日佩服者 有見於此也.”

60 河弘度, 「謝恩兼陳君道九事」, 『謙齋集』 7卷 31~32張(『韓國文集叢刊』 97卷 128쪽), “臣聞萬事萬化之本 在於人主之一心 此心之明暗邪正 而治亂興亡繫焉 …… 故文貞公臣曺植曰 爲治之道 要在人主明善誠身 而明善誠身 以敬爲主 敬者大學之徹頭徹尾者也 …… 於是聖心無所虛假 而主敬之功自密 克治之效日新.”

61 河弘度, 「答鄭子儀」, 『謙齋集』 3卷 6張(『韓國文集叢刊』 97卷 66쪽), “學之始終不出一敬字 而階梯 則自近思而四子而五經 而涵養須用敬 進學在致知 十字 是伊洛之達於洙泗者也.”

여기서 겸재가 얼마나 깊이 '敬'에 경도되어 있었는지를 살필 수 있다.

이제까지 겸재의 경의사상에 대한 관심과 실천 의지 등을 살펴보았다. 남명의 경의사상을 이어 '경' 쪽으로 좀더 발전시키려는 면모가 어느 정도 드러났다. 이 밖에도 언행록을 보면, 백성을 위한 정성이나 출처의 엄정함 등에서도 남명의 정신을 철저히 계승하고 있음을 볼 수 있다. 예컨대, "무릇 고을 수령이 올 때마다 정성스럽게 건의하는 것은 백성을 구휼하는 방도에 관한 것이었다."[62]라고 하는 표현이나, "선생은 출처를 군자의 큰 절개로 생각하여, 일찍이 '출처가 바르지 않으면 나머지는 볼 것이 없다.'고 하였다."[63]라는 표현 등에서 이를 확인할 수 있다.

또한 선현들이 다방면으로 깊이 있게 연구한 저술이 많으므로 무엇보다도 실천이 중요하다고 생각하였으며, 저술하여 남이 알아주기를 구하는 따위의 행동은 좋아하지 않았다.[64]

겸재는 출처의 엄정함이나 기미를 알아차리는 명철함의 측면에서 남명을 우리나라 최고의 학자로 평가하였는데,[65] 西溪 朴泰茂(1677~1756)는 진주 지역에 남명과 겸재가 있는 것은 하늘에 해와 달이 있는 것과 같다고 말함으로써,[66] 사실상 남명 이후 겸재를 최고의 인물로 꼽고 있다. 이

- - - - - - - - - - - - - - - - - - -

62 河弘度,『謙齋集』12卷 47張, 附錄「行錄」, "凡地主之來 所懇懇者 恤民之方也." 河弘度,『謙齋集』12卷 56張, 附錄「行錄」, "見官人 則必極陣救民之道."

63 河弘度,『謙齋集』12卷 47張, 附錄「行錄」, "先生以出處爲君子大節 嘗曰 出處不正 餘無可觀."

64 河弘度,『謙齋集』12卷 53張, 附錄「行錄」, "先生以踐實爲主 不喜著述 以求人知曰 古聖闡奧 宋朝儒賢 相繼闡明 我東先儒 又從而發揮 爲學次第 入道路脈 極其分明 今之學者 不患難知 特患其不行."

65 河弘度,「再題南冥先生文集後」,『謙齋集』9卷 22張(『韓國文集叢刊』97卷 161쪽), "南冥先生 出處之正 見幾之明 東方一人而已."

66 朴泰茂,「西溪集」8卷 8張「年譜」, "操文謁南冥謙齋兩先生墓 先生於兩先生 甚尊信之 每曰 吾鄕之有此兩先生 如天之有日月也."

는 경의사상의 실현, 嚴正한 출처관, 현실에 대한 걱정, 실천을 특히 중시
한 점 등 여러 가지 측면에서 겸재가 남명사상을 실질적으로 繼承·發展시
킨 인물이기 때문일 것이다.

2. 西溪 朴泰茂(1677~1756)

西溪는 진주의 奈洞에 세거하던 泰安朴氏로 한강의 문인 凌虛 朴敏의
증손이다. 어려서는 丹牧 外家의 戚叔인 處士 河瀞에게서 배웠고, 아버지
의 친구인 水谷의 처사 河楷의 女壻가 되면서 石溪 河世熙, 知命堂 河世應,
台窩 河必淸, 珠潭 金聖運, 養正齋 河德望, 寒溪 河大明 등과 친분을 맺게
된다. 이들은 각각 松亭 河受一, 白巖 金大鳴, 謙齋 河弘度의 후예들로 강
우 남명학파의 명맥을 이어온 인물들이다. 외조부 역시 남명 문인 河魏寶
의 후손이며 來庵과도 관련이 깊은 집안의 인물이다.

22세에 蒼雪 權斗經이 내방한 것을 계기로 密庵 李栽, 息山 李萬敷, 霽
山 金聖鐸, 塤叟 鄭萬陽, 簾叟 鄭葵陽 등과 교제하게 되고 나아가 近畿地
域의 星湖 李瀷과도 서신 왕래를 하게 되었는데, 이들은 대체로 퇴계를
사숙한 인물들이다.

서계는 이처럼 남명학파의 본거지를 지역적 기반으로 하고 있으면서
도, 퇴계 사숙인들과의 교제를 통해 퇴계학파의 영향을 적지 않게 받게
되었다. 이것은 겸재가 몰한 뒤로 이미 이 진주 지역에는 안동 지역에 필
적할 만한 큰 학자가 없었다는 의미이기도 하다.

그가 남긴 96편의 書簡은 이들과의 교제와 爲己의 학문을 탐색하는 과
정을 보여주며, 40편의 祭文, 18편의 謁墓文, 20편의 祝文 등은 그가 남명
학파와 퇴계학파의 핵심 인물들에 대한 깊은 추모의 念을 보여주고 있으
며, 또 41편의 序跋과 19편의 記와 22편의 傳과 遺事는 그가 이 지역의

秉筆家였음을 극명하게 보여주는 것이기도 하다.

그는 명을 19편이나 남겼는데 대부분 爲己之學에의 意志가 뚜렷이 드러나는 것이다. 그 가운데 「劍銘」은 다음과 같다.

안으로 마음을 밝히는 것은 경이요	內明者敬
밖으로 행동을 결단하는 것은 의이다.	外斷者義
훌륭하신 南冥선생은	猗歟南冥
이 검에서 남 먼저 깨달았도다.	先獲於此
헐지도 말고 상하게 하지도 말며	勿毁勿傷
褻慢하지도 말며 변하지도 말라	勿褻勿渝
내 장차 이를 쓰리라,	將我用之
義理와 利益의 關頭에서.67	於義利關頭

西溪는 泗川 해변의 雲興寺 老僧으로부터 松雲大師 惟政이 쓰던 검 한 자루를 傳受하였다고 「劍說」68에서 언급하고 있는데, 이 글은 이 검의 명일 듯도 하다. 앞부분에서 남명의 「패검명」을 그대로 인용한 뒤, 의리와 이익이 갈라지는 곳에서 이 검을 쓰겠다는 의지를 분명히 하였다. 그리고 그때 쓰기 위해서는 평소에 검을 훼상치 말아야 하며 아무렇게나 대하거나 검에 대한 마음이 변해서도 안 된다고 강조하고 있다. 이 검은 언젠가의 쓰임에 대비하여 평소에 열심히 마음을 수양하는 것에 다름 아닐 것이다.

그러나 그의 「座右戒銘」에 보이는 다음의 항목들은 서계가 살았던 계해정변 이후 무신란을 거치는 과정에서 남명학파 인물들의 처신에 대해 시사하는 것이 적지 않다.

· · · · · · · · · · · · · · · · · ·

67 朴泰茂, 『西溪集』 5卷 48~49장, 「劍銘」.
68 朴泰茂, 『西溪集』 6卷 37~38장.

朝廷의 利害得失이나 지방 관리의 任免에 대해 말하지 않는다.

不言朝廷利害邊報差除

고을 관리들의 장단과 득실을 말하지 않는다.

不言州縣官員長短得失

다른 사람이 지은 과실이나 악행을 말하지 않는다.

不言衆人所作過惡

관직에 나아가거나 시세에 아부하는 데 대해 말하지 않는다.

不言仕進官職趨時附勢

남에게 부치는 편지를 열어 보거나 지체시켜서는 안 된다.

附人書信不可開坼沈滯

남과 같이 앉아서 남의 私信을 엿보아서는 안 된다.

與人幷坐不可窺人私書

무릇 남의 집에 들어가 남의 글을 훔쳐보아서는 안 된다.

凡入人家不可看人文字

서계는 이미 14개조에 달하는 좌우명을 지어 두고, 다시 모두 14개 조로 되어 있는 이 「좌우계명」을 지었다. 이는 기실 范益謙의 「座右戒」에 銘을 붙인 것에 불과하지만, 당시 남명학파의 인물들로서는 특히 이와 같이 조심하지 않으면 언제 화가 닥칠지 모르는 상황에 처해 있었던 것으로 짐작되기도 한다.

『西溪潗』의 雜著에는 「鼎岡書院箴規」, 「親訓」, 「洞約」, 「龜溪書院講規」, 「遺訓」 등의 글이 실려 있다. 이 가운데 「친훈」과 「유훈」은 부모와 스승의 훈계를 정리한 것이고, 「유훈」은 자신이 후손들에게 훈계로 남기는 글이다. 이 밖의 3편의 儒林들에게 강학과 돈목을 강조하기 위한 것이다. 이런 글들이 글 읽는 선비로서 마땅히 해야 할 일반적 도리를 담고 있는 것이긴 하지만, 西溪에게서 이러한 내용이 두드러지게 강조되어 나타나는 것은 위에서 언급한 시대상황과 무관하지는 않다고 보아야 할 것이다.

3. 南皐 李志容(1753~1831)

謙齋 河弘度(1593~1666), 雪牕 河澈(1635~1704), 三緘齋 金命兼(1635~1689) 이후로, 知命堂 河世應(1671~1727), 台窩 河必淸(1701~1758), 南溪 李甲龍(1734~1799) 등이 水谷과 沙月에서 학문을 接受해 왔는데, 南皐 李志容은 남계의 從叔이면서 門人이 된 인물이다.

단성의 성주이씨는 桐谷 李晁가 南冥의 문인이고, 梅月堂 李賀生은 德溪의 문인이고, 梧月堂 李惟誠은 覺齋의 문인이었으므로, 일찍부터 남명학파에 속하는 가문이었다. 18세기 중엽 이래로 근처에 있었던 水谷, 安溪의 진양하씨와 함께 이 지역 학계를 주도했던 바, 南溪 李甲龍과 南皐 李志容 및 南川 李道默 같은 이가 대표적인 인물이다. 南溪 李甲龍은 台窩 河必淸의 문인으로 자신의 문하에서 문과 급제자가 아홉 명이나 나왔을 정도로 門下가 성대하였다.

남고 이지용은 「山天齋齋案序」에서 "우리가 여기서 수백 년 동안 살면서 집집마다 孝悌하고 사람마다 忠信하여 詩書禮樂의 글을 외면서 태평하게 오늘날에 이른 것은 모두 선생께서 내려주신 것이다. 그러니 우리가 선생을 尊慕하고 선생을 愛悅함에 있어서 마땅히 무슨 일이든지 하지 못할 일이 없어야 할 것이다."[69] 하여 남명의 정신이 지역사회에 끼친 영향이 지대하였음을 언급하고 남명을 尊慕愛悅할 것을 역설하였다.

南皐는 남명이 직접 강학하던 곳이 200년 넘도록 복원되지 못한 것을 오래도록 안타까워하던 지역적 분위기가 있었음을 분명히 언급하고 있어서,[70] 강우 지역의 학자들에게 퇴계학파의 영향이 이미 뿌리 깊이 내려

---

69 李志容, 「山天齋齋案序」, 『南皐集』 3卷 14張, "吾輩食玆土數百年 家孝弟人忠信 誦詩書禮樂 太平以至于今日者 秋毫皆先生賜也 然則吾輩所以尊慕先生愛悅先生者 宜無所不至."

있었음에도, 이와는 별도로 남명의 정신을 이으려는 강한 의지가 맥맥히 흐르고 있음을 느끼게 한다.

IV. 純祖 이후 韓末까지의 南冥思想 繼承樣相

1. 晩醒 朴致馥(1824~1894)

晩醒 朴致馥은 한강 문인이었던 匡西 朴震英의 후손으로, 咸安에서 태어나 남명의 고향 三嘉에서 일생을 거의 보냈으므로 남명에 대한 생각이 각별한 인물이었다. 우리는 이 점을 그가 지은 「少微星」이라는 시를 통하여 살펴볼 수 있다.

> 선생이 남녘땅에서 일어나   先生起南服
> 우리 東國에 豪氣를 떨쳤네.   豪氣振扶桑
> 敬義의 학문이 우뚝하여   嚴嚴敬義學
> 두류산은 울지 않는다.[71]   頭流山不鳴

少微星은 처사를 상징하는 별이다. 남명이 몰할 적에 소미성이 떨어졌

---

70 李志容, 「山天齋齋案序」, 『南皐集』 3卷 15張, "夫先生之堂舍 不爲不多 而聖教所以獨及於是齋者 特以是齋之與他逈別 則後學尊仰之誠 益復與學校而無間矣 宜其糾護奉衛百世以俟 而不幸煨燼於龍蛇 邱墟於滄桑 至于今 行人過客 指點其遺址 其聖賢遺像 則方島夷搶攘也 移奉于德院 雖幸得免於兵燹 而久處塵壁 極其難安 此吾鄉先父老 所以益復齋咨 有以思復乎是齋 而因循未遑者也 豈事之成毁屈伸 卽莫不有時與命存焉歟."

71 朴致馥, 「少微星」, 『晩醒集』 3卷 18張, "先生起南服 豪氣振扶桑 嚴嚴敬義學 頭流山不鳴(先生之學 以敬義爲主)."

다는 이야기가 전해짐으로 인하여 소미성은 남명을 상징적으로 표현한 말로 쓰인다. 그 소미성을 제목으로 하면서 남명의 학문이 敬義를 爲主로 한다는 주석과 함께 敬義의 學問이 嚴嚴하다고 표현하였다. 그리고 하늘이 울어도 울지 않는 두류산의 기상을 남명이 닮으려고 한 점을 염두에 두고 晚醒은 두류산은 하늘이 울어도 울지 않는다고 표현한 것이다.

晚醒 朴致馥은 定齋 柳致明의 문인인 동시에 性齋 許傳의 문인이기도 하다. 당대에 定齋는 嶺南南人 學派의 宗匠이었고 性齋는 畿湖南人 學派의 宗匠이었다. 性齋 許傳은 岳麓 許筬의 후손인데, 악록이 남명의 문인으로 알려져 있을 뿐만 아니라 악록과 그 아우 교산 허균이 모두 북인이었다. 性齋는 남명을 두고, "공간적으로 하늘과 땅을 다 하고 시간적으로 만세의 세월이 흐르더라도, 우뚝하게 버티고 서서 자신의 뜻을 홀로 실천한 사람은 동방에 오직 선생 한 분 뿐이다."[72]라고 격찬한 바 있다. 晚醒도 性齋의 이러한 생각을 이어 山天齋에서 다음과 같은 시를 남겼다.

> 난리 뒤 허물어진 담장을 차마 보리오?   忍見頹垣留劫後
> 비단에 표구된 遺像을 공손히 바라본다.   恭瞻遺像揭綃中
> 우리 집이 日月이 머리 위에 있으니,   吾家日月臨頭上
> 어두운 거리에 길 막힐까 걱정 말라.[73]   莫恨昏衢路不通

주지하다시피 '우리 집의 일월'은 바로 '경의'를 뜻하는 말이다. 남명이 산천재에서 우리 집의 日月과 같다고 하면서 窓壁 사이에 써 두면서까지 강조하였던 '敬義' 思想이 지금도 전해오고 있어 路脈이 분명하다고

....

72 許傳, 「山天齋講會詩軸序」, 『許傳全書』 2卷 386쪽, "窮天地亘萬世 卓然特立 而獨行己志者 東方惟先生一人耳."

73 朴致馥, 「丁丑八月 與李上舍汝震相·金持平聖夫 作頭流行 共宿山天齋」, 晚醒集』 1卷 26張.

함으로써, 남명의 사상이 강우 지역 남명연원 학자들의 정신적 지표가 되고 있음을 드러내고 있다.

만성은 남명이, 적극적으로 나아가 벼슬한 대표적 인물인 伊尹의 뜻을 가지고 있으면서, 물러나 은거한 대표적 인물인 顏子의 학문을 하였으며, 정자와 주자의 학통을 이은 것으로 평가하였다.[74] 그래서 "頑惡한 사람과 懦弱한 사람이 그 기풍을 듣게 하였고 '敬義'로써 학문의 문을 여는 열쇠로 삼게 하였다."[75]라고 남명의 학문이 지닌 사회 교육적 의의를 천명하였다. 그리고 결국에는 남명의 학문이 태산보다 높고 바다보다 넓다고 극찬하였던 것이다.[76]

晩醒이 이처럼 南冥을 尊慕했다는 것은 『學記類編』의 내용에 대한 崔東翼의 질문에 조목조목 답변한[77] 데서도 확인할 수 있으며, 남명을 文廟에 從祀하기를 요청하는 상소문에서도 드러난다.[78] 만성은 이처럼 남명에 대한 존모의 생각을 갖고 있었으므로 미수 허목의 저술인 『記言』의 刊所에 편지를 보내어 「答學者」라는 편지글을 刪削해 버릴 것을 간절히 요구하였다.[79] 미수의 이 편지에는 '남명은 高士이므로 만약 지금 살아있다면

74 朴致馥,「雷龍亭釋菜常享文」,『晩醒集』 13卷 19張, "伊顏志學 洛婆統緒."

75 朴致馥,「南冥曹先生雷龍亭釋菜告由文」,『晩醒集』 13卷 19張, "頑懦聞風 敬義啓鑰."

76 朴致馥,「山海亭重建記」,『晩醒集』 12卷 24張, "余謂先生之道 泰山不足高也 瀛海不足大也."

77 朴致馥,「答崔汝敬東翼學記類編別紙」,『晩醒集』 7卷 10~12張 參照.

78 朴致馥,「請南冥曹先生從祀文廟疏」,『晩醒集』 4卷 8~10張, "見賢而至於國人曰可則其論公矣 公論而至於百年不改 則其天定矣 舉國臣民 以文貞公曺植蹟應事 陳章叫閤已至四十五度 白年者已三之 其論之公而天之定 闕惟久矣 …… 文貞之學 若有一毫疵類 不合從祀 則已 不然 則今其時矣 更待何日 章至於四十五上 不爲不多矣 年至於三百有餘 不爲不久矣 …… 其學 則敬義夾持 誠明兩到 勉庸學而立的 紹洛婆而作程."

79 朴致馥,「山天齋抵京中記言補刊所文」,『晩醒集』 9卷 26~28張 參照.

만나보고 그 사람됨을 알고 싶지만, 그와 벗으로 사귀지는 않겠다.'[80]는 내용 등 남명을 貶下하는 투의 문장이 있어 문제가 되었다. 만성은 이 글이 이 지역사회에 몰고 올 파란을 예견한 듯 간절하게 산삭하기를 요청하였지만 만성의 뜻이 이루어지지 않았고, 결국 미수의 이 편지가 결정적인 계기가 되어 그가 지은 南冥神道碑인 '德山碑'가 무너지게 된다.

만성이 보여준 이러한 제반 행동을 통해서, 그리고 그가 지은 시들을 통해서, 그가 남명의 경의사상을 매우 의미 있게 생각하여 계승하고 있다는 것은 규지할 수 있다.

2. 端磎 金麟燮(1827~1903)

단계의 문집인 『端磎集』 目錄 끝 부분에 端磎의 아들 金壽老의 다음과 같은 발문이 있다.

> 18세에 「天君之誓」를 지으시고는 뜻을 돈독하게 가지고 힘써 행하셨다. …… 일찍이, "선비가 이 세상에 살아가는 데에는 두 가지 道 즉, '出·處' 뿐이다. 出仕하면 무언가 해냄이 있어야 하고 隱處하면 지키는 것이 있어야 하나니, 선왕의 도를 지키다가 지하에서 선왕을 만나 뵈면 그것으로 족하다."라고 말씀하셨다. 이 때문에 문을 닫고 사람을 물리쳐 세상일에 상관하지 않으셨지만, 忠君愛國의 마음은 일찍이 시골에 묻혀 사는 사람 같지 않으셨다. …… 성품이 著述을 좋아하지 않으셨다. 부득이 남의 집 글을 써 주어야 할 적에는 반드시 사실에 입각해서 쓰고 잘 보이려고 하지 않으셨다. …… "性과 天道는 공자께서도 드물게 말씀하신 것인데, 오늘날은 입만 열면 '理'니, '氣'

---

80 許穆, 「答學者」, 『記言』別集, 6卷 9~11張(『韓國文集業刊』99卷 25쪽), "南冥者 古之所謂高士 若其人在世 吾亦顧見而一識其爲人也 然與之友 則吾不爲也."

니, '主理之學'이니 한다. 그러나 그 실제는 바람이나 그림자를 잡는
것과 같아 잡아낼 수가 없음은 물론, 처음 글 배우는 은이로 하여
금 志向할 곳을 迷惑하게 하니 매우 두려워할 만하다." 하셨다.[81]

이 글에 의하면 端磎는 첫째, 출처를 분명히 하되, 隱處하여서도 忠君
愛國의 마음을 갖고 있었다. 둘째, 저술을 좋아하지 않았지만 부득이한 경
우 사실에 입각해서 썼다. 셋째, 理氣說 등 理論에의 偏向을 매우 부정적
으로 보았다. 이 세 가지는 남명이 평소에 가졌던 정신자세 그대로이다.

이는 단계가 평소에 남명의 사상을 계승하려는 의지가 강하였기 때문
에 가능했던 것으로 보인다. 그가 쓴 「南冥先生文集跋」에서 이러한 의지
를 엿볼 수 있다.

出處의 嚴正함과 先見之明은 당연히 우리 동방에서 첫째라 하겠다.
胸襟이 灑落함은 가을달이 하늘을 지남에 먼지 하나 일지 않는 것과
같으며, 氣象이 尊儼함은 태산에서 아래를 내려다봄에 만물이 모두 나
지막하게 있는 것과 같아서, 위로는 君父와 公卿, 搢紳, 士大夫로부터
아래로는 閭巷의 匹夫와 깊은 산골짝의 愚夫愚婦들에 이르기까지 모
두 선생이 계시다는 것을 알았다. …… 망녕되이 찬을 지어 보았다.

만길 절벽처럼 우뚝한 氣象,　　　　　　　　壁立萬仞
그 氣風 百世토록 떨치리.　　　　　　　　　風振百代

....

81　金麟燮, 『端磎集』(釜山大 韓國文化研究所 刊本) 50쪽, 「端磎集目錄跋」(金壽老 所
述), "十八作天君之誓 以勵志而篤行焉 …… 嘗曰 士生於世 有二道 出與處而已 出
則有爲 處則有守 守先王之道 以見先王於地下 足矣 是以杜門劫掃 與世不相干涉
而忠君愛國之心 則未嘗以山野自居 …… 性不喜著述 不得已副人家文字 則必從實
書之 不爲求媚 …… 誠不肖曰 東人文集 爲弊滋甚 近日則可謂家家爲之 汝等切勿
效也 …… 又曰 性與天道 夫子之所罕言 而今日開口 曰理曰氣曰主理之學 而其實
如捕風捉影 無所摸提 使新學小生 迷於所向 甚可畏也."

'敬義'의 공부가 깊으셔서,	敬義工深
밖을 반듯하게 하고 안을 곧게 하셨네.	方外直內
人倫을 실천하심은 바르시고,	人倫之正
王道를 주장하심은 중용의 도리에 마땅하도다.	王道之中
『學記』를 편집한 것이 있어서,	學記有編
영원히 학자들에게 길을 열어 주시네.[82]	開示無窮

　端磎가 出處와 先見之明의 측면에서 남명이 역대 최고의 인물이라는 점과, 흉금의 쇄락함과 기상의 존엄함으로 해서 上下尊卑間에 남명을 모르는 사람이 없었다고 찬양한 것은, 자신이 남명의 사상에 경도되어 있으면서 그 사상을 계승하려는 의지가 강했다는 증좌이다. 「贊」에서 壁立萬仞의 氣象과 敬義思想을 특히 내세운 점도 찬양의 의미와 함께 계승의 의지로 받아들여진다.

　端磎가 산천재에서 지은 시 가운데, "전례 없이 후학의 느꺼움을 이기지 못하게 하시거늘, 지금 누가 선생의 풍모를 계승할고?"[83]라는 구절이 있는데, 이는 바로 단계 자신이 남명의 사상을 계승하겠다는 의지에 다름 아닐 것이다. 단계는 또 「山天齋置田瞻學記」에서도 남명의 出處大節과 盛德氣象을 언급했으며,[84] 백운동 계곡이 남명의 杖屨之所인 점을 들어 修契를 하고 記文을 남겼는데, 단계는 여기서도, "지금은 풍속이 너무 허물

82　金麟燮, 「改刊南冥先生文集跋」, 『端磎集』 440~441쪽, "出處之正 先見之明 當爲吾東方第一人 胸襟灑落 如秋月行天 一塵不動 氣象尊儼 如東垈視下 萬品俱低 上自君父公卿搢紳士大夫 下至閭巷匹庶 深山窮谷愚夫愚婦 皆知有先生 …… 妄爲之贊曰 壁立萬仞 風振百代 敬義工深 直內方外 人倫之正 王道之中 學記有編 開示無窮."

83　金麟燮, 「謁南冥先生祠退山天齋有感」, 『端磎集』 91쪽, "曠古不勝後學感 至今誰繼先生風."

84　金麟燮, 「山天齋置田瞻學記」, 『端磎集』 400쪽, "先生之大節出處 盛德氣像 壁立萬仞 風振百代 遊於斯者 愰然如接乎目 優然若在乎耳."

어져 있으므로, 모름지기 벽립천인의 기상을 가지고서 머리가 쪼개지고 사지가 분해되더라도 시속에 따라 변하지 않은 뒤에야 길인이 될 수 있을 것입니다."[85]라 한 남명의 언급을 떠올리고 있다. 이러한 기록은 단계 자신이야말로 남명사상의 계승을 역사적 책무로 깊이 자각한 데서 나온 것이라고 할 수 있을 것이다.

3. 后山 許愈(1833~1904)

后山 許愈는 내암 정인홍과 한강 정구를 사사했던 滄洲 許燉의 후손이다. 后山은 寒洲 李震相의 문인으로 자신이 비록 퇴계의 학맥이라 하더라도 내면에 남명에 대한 존모의 생각이 매우 깊었던 인물이다. 후산이 남명 학문의 핵심이라 할 수 있는 「神明舍圖」와 「神明舍銘」에 대하여 「神明舍圖銘或問」이란 글을 통해서 註釋을 낱낱이 달아 면밀히 분석한 것은, 단순한 학문적 관심의 차원을 넘어 내면적으로 남명을 깊이 계승하려는 의지의 발로라 해석된다. 다음 글에서 이 점을 살펴볼 수 있다.

선생의 이 그림은 本集에 실려 있으나 세상의 학자 가운데 이를 능히 해석하는 이가 드물다. 심하게는 혹 이에 대해 헐뜯는 경우도 있다. 내가 망녕되이 나의 뜻으로 或問을 만든 것은, 작으나마 그 단서를 드러내려는 것이고, 감히 견득한 것이 있어서 진리를 말할 수 있다는 뜻에서 한 일은 아니다. 만약 뜻을 같이하는 이가 있다면 나의 僭濫한 점은 이해해 주고, 잘못된 것은 고쳐 주어서, 선생의 心學이 세상에 크게 밝혀지면 어찌 사문의 다행이 아니겠는가?[86]

---

85 金麟燮, 「白雲洞修楔記」, 『端磎集』 418쪽, "先生之言曰 如今時俗汚毁已甚 要須壁立千仞 頭分支解 不爲時俗所移 然後方做成吉人." 여기서 인용한 선생의 말은 남명이 金孝元에게 답한 편지인 「答仁伯書」의 말미에 나온다.

이 글의 앞부분 두 줄은 남명의 학문을 잘 모르면서 남명을 노장이라 헐뜯는 자들이 있었음을 말한 것이다. 그리고 그 뒤에서 후산은 자신에게 꿰뚫어보는 눈이 있기 때문이 아니라, 남명의 학문적 처지를 변호하여 남명사상을 후학들에게 알리려는 마음에서 이러한 작업을 하였다고 말하고 있다. 여하튼 「신명사도」와 「신명사명」에 대하여 모두 5,000자가 넘는 분량의 글로 세밀하게 분석한 것은, 남명에 대한 존모와 남명사상에 대한 계승 의지에서 나왔음은 물론이다.

후산은 老栢軒 鄭載圭와 함께 당시 삼가 지역의 학계를 주도하며 남명을 위한 사업을 공동으로 추진하였다. 그는 노백헌과 함께 삼가에 뇌룡정을 중건한 뒤 상량문을 지었고 노백헌은 시를 지었던 바, 지금도 이 두 글이 뇌룡정에 나란히 걸려 있다. 다음은 후산이 지은 「雷龍亭上樑文」의 일부이다.

　　완악한 이가 청렴해지고 나약한 이가 우뚝 서게 되니, 유림에서 영원한 스승으로 존모하였고, 고요한 연못처럼 시동처럼 거처하면서 공부와 수양을 하였으니, 뇌룡정이 사방의 건물 가운데 우뚝하다. 階庭과 礎石은 예전대로이고, 건물은 거듭 새롭게 되었도다. 우리 남명선생께서는 실로 東方의 間氣로, 山寺에서 科文 공부하다가 벗들과 헤어져 左傳과 柳宗元의 문장을 익혔네. 병풍에 그려진 先師에게 인사를 드리면서 程朱의 학문에 노력을 경주했네. 敬義는 우리 집의 日月이라 하면서 昏暗을 깨어 깨우치게 하였으며, 出處는 君子의 中庸이라 하여 때에 따라 알맞게 하였네. 氣象은 태산이 절벽처럼 우뚝 선 듯하고, 志趣는 상서로운 봉황이 높이 나는 듯하다.[87]

---

86 許愈, 「神明舍圖銘或問」, 『后山集』 12卷 12~13張, "先生此圖 載在本集 而世之學者鮮能言之 甚者 或加訾議焉 愈妄以己意 設爲或問 蓋微發其端 非敢謂見得到說得眞也 如有同志者 恕其僭而訂其誤 因而發撝之張皇之 使先生之心學 大明於世 則豈非斯文之幸哉."

남명 학문의 영향력과 남명 학문의 형성 과정을 차례로 언급한 뒤, 남명 학문의 중추인 경의사상, 출처관, 기상 등을 차례로 거론하였다. 이 글에서 우리는 후산이 남명에게 깊은 관심을 가지고 남명의 사상을 추향하려 했음을 다시 한 번 확인할 수 있다.

4. 老栢軒 鄭載圭(1843~1911)

老栢軒은 三嘉 陸洞 출신으로, 남명의 妹夫 鄭白氷과는 同宗이다. 그래서 동향의 선현인 남명에 관해 더욱 관심을 가질 수 있었다. 노백헌은 앞에서 언급한 후산 허유와 매우 긴밀하게 교제하면서 「신명사명」 및 「신명사도」에 대해 서로 의견을 교환하였으며, 鄕內의 儒生들이 남명사상을 계승하려는 의지가 부족한 것에 대하여 다음과 같이 언급하고 있다.

저는 항상 오늘날 학자는 마땅히 남명을 으뜸가는 스승으로 삼아야 한다고 말합니다. 그러면 많은 사람들이 눈을 반짝이면서 듣습니다. 그렇게 말하는 데는 대체로 이유가 있습니다. 배우지 않으면 그만이거니와, 배우면서도 忠信과 마음을 수양하는 실상에는 어둡고 길이 예전 사람이 하던 겉모습만 따르고 있으며, 마음 안에서 汗馬의 공을 거두어야 함을 잊고, 입가에 침을 튀겨 가며 이야기하는 것을 숭상하고 있기 때문입니다. 또 자질이 순근함에 가까운 자들도 거의 모두가 눈썹을 내리깔고 눈을 지그시 감아서 閨門의 법도를 실천하고, 밥해 먹던 솥도 깨부수고 타고 온 배와 노도 불 지르는 大勇氣를 진작하지

---

87 許愈, 「雷龍亭上樑文」, 『后山集』15卷 9~10張, "頑廉而懦立 儒林尊百世之師 淵默而尸居 亭扁聳四方之觀 階礎仍舊 簾宇重新 恭惟南冥先生 實是東方間氣 損諸生於山寺 割戀左柳之文 拜先師於屛風 刻意程朱之學 敬義吾家之日月 破昏爲醒 出處君子之中庸 隨時以措 氣像則泰山壁立 識趣則瑞鳳高翔."

못하고 있습니다. 이와 같이 하면서도 성공을 바라는 것은 제가 들은 바가 아닙니다. 요즈음 학자들은 대체로 병이 고황에 들어서, 다른 사람을 논하면서 자신을 돌이켜 스스로 돌아보지는 않고, 다만 앉은 곳에서 이러한 병통을 고치려 하니, 이것이 남명을 스승으로 본받는 것이겠습니까? 이것이 남명을 스승으로 본받는 것이겠습니까?

그러니 이 풀이(許愈의 「神明舍圖銘或問」을 말함: 필자주)가 오늘날 이루어진 것은 어찌 斯文에 유관한 것이 아니겠으며 後生의 큰 행복이 아니겠습니까? 남명선생의 입장에서 말한다면 후세의 子雲을 만났다고 하지 않을 수 없습니다.[88]

이 글은 후산이 자신의 「신명사도명혹문」을 노백헌에게 보내 의견을 물은 데 대하여 노백헌이 답한 편지글이다. 노백헌은 여기서 학자들에게 남명을 본받아야 함을 역설하고 남명이 공부하던 厮殺的 자세로 공부할 것을 주장하면서, 그렇지 않으면 남명을 스승으로 본받는 것이 아니라고 단정하고 있다.

노백헌은 이 편지의 말미에서 후산의 풀이 가운데 문제가 되는 점을 낱낱이 지적하였고, 남명의 후손 復菴 曹垣淳(1850~1903)에게도 이 문제를 진지하게 논의하였다.[89] 그리고 그의 「偶記」라는 글에서 그가 남명을 지극하게 존모하는 모습을 볼 수 있다.

....

88 鄭載圭, 「答許后山」, 『老栢軒集』 5卷 12~14張, "愚常言今之學者 當宗師南冥 人多聽瑩然 其意則蓋有以也 不學則已 學而昧忠信內修之實 而長依樣畫葫之習 忘心地汗馬之功 而尙口角天花之墜 又資近淳謹者 率皆低眉闔眼 做得閨門撿押 而不能破釜焚楫 鼓作大勇 若是而望其有成 非余攸聞 今之學者 大抵病入膏盲 未論他人 反身自顧 只是坐在裏許 欲醫此病 其惟師法南冥歟 其性師法南冥歟."

89 鄭載圭, 「答曺衡七庚寅」, 『老栢軒集』 8卷 27~28張, "耳目日月陰陽左右之易置 愚妄嘗疑之 而言於南黎 黎時亦頷可 及其爲或問也 引先天太極圖之陰陽左右 而謂不必疑者 愚見終有可疑 故略爲辨說 以告之 則黎又欣然從而改之矣 猶疑先生作圖之時 左右方位 初不屑屑置意也."

우리 교남에서 학문을 창도한 이는 한훤당과 일두 양 선생인데, 불행히도 혹독한 사화를 만났다. 이로부터 선비는 참벌을 두려워하여 배우기를 꺼려함으로써 거의 전해짐이 없었다. 남명선생이 계셔서 伊尹의 뜻과 顔子의 학문을 추구한 바, 敬義思想과 出處大節로 우뚝하게 百世의 스승이 되었다. 그리고 江右 지역이 文獻의 지방이 되어 온 나라 사람들이 다 함께 그의 높은 행실을 우러러보고 있다. 학업을 강의하고 기풍을 보는 것도 마땅히 江右에 있으니, 江右의 선비가 선생의 덕을 존모하고 선생의 도를 밝히려는 데 더욱 자별해야만 하는 까닭이 여기에 있다.[90]

노백헌은 자신이 생장한 三嘉에서 남명이 태어나 백세의 스승이 된 것을 긍지로 생각하고, 남명의 정신을 본받아야 하는 이유를 명확히 제시하고 있다. 또한 남명사상의 핵심이 경의사상과 출처관임을 분명히 하고 있다. 그런데 이 글 뒤에, 眉叟 許穆이 지은「德山碑」의 내용이 남명의 형상화에 극진하지 못한 점이 있음을 말하고, 尤庵 宋時烈이 지음 南冥神道碑의 내용이 남명을 극진하게 잘 드러내고 있음을 언급하였다. 이로 인해 나중에「덕산비」가 뽑히고 우암이 지은 신도비가 들어서게 된다. 뿐만 아니라 남명을 추모하고 남명사상을 본받는 데 남인 중심이었던 데서, 노백헌이 중요한 역할을 함으로써 노론 계열의 학자들이 여기에 적극적으로 참여할 수 있는 기반이 마련되었다.[91]

....

90 鄭載圭,「偶記」,『老栢軒集』32卷 16~21張, "吾嶠南倡學 自暄囊兩先生 而不幸遭士禍之酷 自是士懲斬伐 以學爲諱 幾乎無傳焉 有南冥先生者 作志伊學顔 敬義之工 出處之節 卓然爲百世之師 而江右爲文獻之邦 高山景行 通國所同 講業觀風 宜在江右 則江右之士 所以尊慕先生之德 發明先生之道者 尤有別焉."

91 崔益鉉,「次艾山鄭載圭見贈」(金南馨所藏), "幾人能學穌齋老 十駕難追後栗翁 大道分明知不遠 蘆雲驀水鎭吾東." 이 시는 면암이 1902년 노백헌의 집에 들러 차운한 시이다. 結句에서 蘆沙의 嫡傳인 老栢軒과 華西의 門人인 자신이 우리나라에서 최고의 학자임을 비유적 표현으로 자부하고 있는 바, 노백헌의 학문적 위상

5. 俛宇 郭鍾錫(1846~1919)

면우 곽종석은 스승인 한주 이진상의 主理說을 이어서 역시 주리설을 펼쳤던 학자이다. 남명의 학문에 대해서는 퇴계나 퇴계 계열의 학자들의 학문 내용에 비해 상대적으로 관심도가 매우 얕은 편이다. 그러나 그가 丹城에서 태어났고 강우 지역을 기반으로 살았기 때문에 남명에 관한 관심이 내부적 또는 잠재적으로 있었던 것이 분명하다. 예컨대 다음의 편지글에서도 이런 점을 충분히 살필 수 있다.

> 우리 江右 지역은 우리 老先生이 倡道한 이래 보는 자는 感化가 되고 듣는 자는 發奮하여, 지금에 이르도록 집안마다 그 가르침을 服膺하고 사람마다 그 뜻을 崇尙함으로써, 滔滔한 흐름에 말려들지 않게 되었으니, 이는 모두 선생이 당일 우리에게 남겨 주신 학문과 사상 덕분입니다. …… 해마다 한두 번 산천재에서 모여 敬義 두 글자의 뜻을 강의하고 『學記類編』의 뜻을 강구하며, 先哲의 遺像을 펼쳐 절하고 퇴계와의 깊은 우정을 생각해 보며, 잠깐 보는 사이에 만에 하나 비슷한 것을 얻어서, 선생의 도로 하여금 땅에 떨어지지 않게 한다면 또한 유감이 없을 것입니다.[92]

이 글은 면우가 남명의 후손 曺鎔에게 보낸 편지인데, 산천재에서 일 년에 한두 차례 모여서 남명의 학문을 강구하고 그 정신을 이어받도록 하

이 면암에 의해 인정받고 있음이 주목된다.

92 郭鍾錫, 「與曺仲昭」, 『俛宇集』 壹 389쪽, "吾江右 自吾老先生倡道之後 見之者感化 聞之者奮興 以至于今 家服其教 人尙其志 粗免爲滔滔之歸者 莫非先生當日賜也 …… 歲一再會于山天齋 講敬義二字之旨 究類編學記之義 展拜先哲之遺眞 想像陶山之密契 瞻忽之間 有以得其萬一之髣髴者 而俾先生之道 庶幾不墮於地 則亦可以無憾矣."

자는 내용이다. 강우 지역은 남명이 있어서 커다란 덕화를 남겼으므로 지금도 그 영향이 확인된다는 의미의 이 발언은, 江右라는 지역에서 남명의 존재가 어떠한가를 잘 보여주는 표현이다. 이러한 점은 앞의 노백헌의 글에서도 확인된 것으로, 당시 강우 지역에 남명에 관심이 상당히 고조되어 있었음을 느끼게 한다.

다음 글은 「神明舍圖」에 관한 의견으로, 남명에 관한 관심과 함께 당시에 가장 많이 언급되든 주제이다.

> 선생 문집의 중간이 이미 끝났으니 斯道의 다행입니다. ……「신명사도」에 대해서는 제가 어리석으니 어찌 감히 논의하겠습니까? 적이 생각건대 …… 선생이 당일 원곽 안에 집을 그려둔 것은 마음의 집을 의미한 것이고, 집 바깥에 원곽을 쳐둔 것은 신체의 주요한 관문을 의미한 것이었습니다. 지금 만약 집을 철거한다면 關門만 있고 집은 없는 형태가 됩니다. 만약 원곽으로 집을 삼는다면 귀와 눈과 입의 세 관문이 어찌 마음에 구멍으로 붙을 수 있겠습니까? 본래의 그림대로 두는 것이 온당할 듯합니다. '國君死社稷' 다섯 자는 '太一君' 아래 橫註로 처리하고 三關의 勿旂는 모두 눕히지 말아야 할 것입니다. 이는 이미 衡七[曺垣淳]과 만나 다 이야기 하였으니, 모름지기 앞뒤를 잘 돌아보고 생각하여 처리하십시오.[93]

「신명사도」 안에 있는 집을 제거하자는 의견에 대해 반대하면서 '國君死社稷'도 그대로 두자는 견해를 제시한 것이다. 이처럼 남명의 구체적인

---

93 郭鍾錫, 「與曺仲昭」, 『俛宇集』壹 390쪽, "先先生文集重刊已了 斯道之慶 …… 神明舍圖 鍾愚馼 尤何敢容議 竊以爲 …… 先生當日 爲屋于內者 方寸之舍也 爲垣于外者 軀殼之關也 今若撤去屋子 則是有關而無舍也 如又以垣而做屋 則耳目口三關 豈穊着于方寸者也 恐不若依本圖之爲穩當 而國君死社稷五字 橫注於太一君之下 三關勿旂 俱不可偃 已與衡七面罄 望須叩竭而更商焉."

작품을 두고 문집을 重刊하면서 어떻게 처리해야 할 것이며, 왜 그렇게 해야 하는가 하는 등의 논의가 당대의 유림 종장이던 면우를 중심으로 일어나는 것은 어쩌면 너무나 당연한 것인지도 모른다. 당시까지 남명의 墓誌銘이 없었으므로 면우가 이 글을 맡게 되었는데, 다음이 그 일부이다.

> 선생께서 일찍이, "우리 집에 '敬'과 '義'가 있는 것은 하늘에 해와 달이 있는 것과 같아서, 만고토록 바뀔 수 없다." 하셨다. 아, 선생께서 살아계실 적에는 곧 당일 모습을 갖춘 敬義 그 자체이셨고, 선생께서 돌아가신 후에도 그 마음이 민멸되지 않았으니, (민멸되지 않은 것은) 곧 만고토록 바뀔 수 없는 敬義인 것이다. 그러니 선생은 바로 日月이시다. 일월이 어찌 그림으로 그려서 傳授할 수 있겠는가?[94]

남명의 경의사상이 하늘의 일월처럼 만고토록 민멸되지 않고 전수되어 오고 있음을 언급한 뒤, 묘지명에서 남명을 형상화하면서 겉모습은 그려낼 수 있겠지만 정신까지 그려내는 일이 쉽지 않음을 토로한 것이다. 여기 이 짧은 글에서 우리는 면우가 남명의 정신세계를 정확히 파악하고 있음과, 자신도 이를 계승하려는 의식이 있었음을 알 수 있다.

6. 晦峰 河謙鎭(1870～1946)

晦峰 河謙鎭은 松亭 河受一의 후손이다. 松亭은 覺齋 河沆의 문인이고 覺齋가 南冥의 문인이다. 晦峰은 寒洲 李震相의 학문을 이은 俛宇 郭鍾錫의 문인이지만, 가정적으로 보면 南冥과 學脈이 닿아 있다. 『晦峰集』의 내

----

94 郭鍾錫, 「南冥曹先生墓誌銘」, 『俛宇集』 四 191쪽, "先生嘗曰 吾家之有敬義 如天之有日月 亘萬古 不可易 嗚呼先生之存 卽當日有象之敬義也 先生之沒 其心猶不泯 卽萬古不可易之敬義也 先生卽日月也 日月可繪而傳耶."

용으로 보면, 대체로 퇴계 계열의 학문을 숭상하면서도 한편으로는 남명에 대하여 숭앙하는 마음 또는 남명의 사상을 계승하려 하는 점에 看取할 수 있다.

農巖 金昌協이 "남명은 실로 학문을 모른다. 다만 처사 가운데 기절이 있는 사람일 따름이다."[95] 하여, 남명을 심하게 貶下하였는데, 이에 대해서 晦峰 河謙鎭은 "무릇 敬으로 마음을 곧게 하고 義로 일을 반듯하게 처리한다는 말은 『周易』文言에 비로소 보이고, 정자와 주자가 일생 종사한 것이 바로 이것이다. 이러함에도 학문을 모른다고 한다면 농암의 이른바 학문이란 과연 어떤 학문인가?"[96]라는 말로 통렬히 반박하였다. 회봉의 이러한 태도는 敬義를 宗主로 하는 남명의 학문에 대한 무한한 신뢰와 함께 자신이 남명학파의 일원임을 간접적으로 보여주는 것으로 해석된다. 아울러 회봉이 남명의 경의사상에 대하여 자신감을 가지고 체득하려 했음을 느끼게도 한다.

회봉은 또 『東儒學案』의 「德山學案」에서 다음과 같이 말함으로써 남명과 퇴계를 학문적으로 완전히 대등하게 파악하고 있음을 보여준다.

國朝의 유학은 명종·선조 시절에 가장 성대하였다. 그리고 퇴계와 남명 두 선생님 영남에서 나란히 우뚝하였다. 퇴계는 嶺左인 禮安의 陶山에 살았으며, 남명은 嶺右인 晉州의 德山에 살면서 蔚然히 百世의 道學宗師가 되었다. 두 선생의 天品의 측면에서 보면, 퇴계는 渾厚天成하며 남명은 高明剛大하다. 出處의 측면에서 보면, 퇴계는 일찍이 宦籍에 올라 벼슬이 貳相에 이르렀으며, 남명은 은거하면서 뜻을 숭상하여 조정에서 여러 차례 불렀으나 宦路에 나아가지 않았다. 學問의

<hr />

95 金昌協, 「雜識」, 『農巖集』 32卷 32張, "南冥實不知學 只是處士之有氣節者耳."
96 河謙鎭, 「讀農巖集」, 『晦峰集』 24卷 12張, "夫敬直義方 始見於文言 而程朱夫子一生所從事者 此也 以此而謂不知學 農巖之所謂學者 果何學歟."

측면에서 보면 퇴계는 天人性命의 이치를 정밀하게 연구하고 힘써 분석하여 더 이상 남은 것이 없었으며, 남명은 敬義 夾持의 공부로 反躬實踐함으로써 저절로 이룬 법이 있었다. 이것이 이 두 선생의 기상과 규모가 조금 다르지 않을 수 없는 점이다. 그러므로 후세의 논자들이 왕왕 그 본말은 탐구하지도 않고 망령되이 고하를 평가함으로써 紛然히 논의해 마지않게 되었던 것이다. 그러나 이는 퇴계가 높은 벼슬에 이른 것이 자신이 구하고자 한 것이 아니었으며, 남명이 뜻을 숭상한 것이 세상을 완전히 잊으려 한 것이 아니었다는 사실을 모른 데서 나온 말이다. 퇴계는 도를 밝히는 데 급급하였으며, 남명은 당대의 현실을 구하는 데 돈독하였다. 그러니 이 두 선생의 마음이 한가지이며 이 두 선생의 도가 한결같은 것이다.[97]

晦峰이 俛宇의 문인이고 면우는 寒洲의 문인이고 한주는 陶山의 정맥을 이은 定齋 柳致明의 문인이므로, 단순히 학맥의 차원에서 보면 회봉이 남명을 퇴계와 이처럼 대등하게 논의하기 어려울 것이다.[98] 그러나 남명이 '雪中寒梅'라고 그 기상을 격찬했던 覺齋 河沆이 회봉 자신의 家學淵源이었다는 점을 이해하고 나면 어느 정도 수긍이 가게 된다. 회봉이 이런 언급을 한 배경은 그렇다 하더라도, 이 인용문은 이미 星湖 李瀷의 언급[99]

. . . .

97 河謙鎭,「德山學案」,『東儒學案』中篇 10卷 1張, "國朝儒學 最盛於明宣之際 而退溪南冥二先生 幷峙于嶺中 退溪居嶺左禮安之陶山 南冥居嶺右晉州之德山 蔚然爲百世道學之宗師 二先生以天品 則退溪渾厚天成 南冥高明剛大 以出處 則退溪早通仕籍 位至貳相 南冥隱居尚志 屢徵不起 以學問 則退溪精研力索天人性命之理 無有餘蘊 南冥反躬實踐敬義夾持之功 自有成法 此其爲氣象規模 不能無少異 故後之論者 往往不究其本末 或妄加軒輊 紛然置議之不已 然殊不知退溪之通顯非求進 而南冥之尚志非果忘也 退溪急於明道 南冥篤於救時 其爲心同 而爲道一也."

98 일반적으로 퇴계 계열의 학자들이 남명을 퇴계와 대등하게 논의하는 것을 못마땅하게 여기고 있음은 주지의 사실이다.

99 ① 李瀷,「東方人文」,『星湖僿說』天地門, "歷千有餘年 聖朝建極 人文始闢 中世以後 退溪生於小白之下 南冥生於頭流之東 皆嶺南之地 上道尚仁 下道主義 儒

과 宣祖實錄[100] 등에 바탕한 말이며 퇴계와 남명을 그런 대로 객관적으로
이해하려 한 모습으로 판단된다.

V. 맺음말

이제까지 남명의 문인들과 사숙인들의 남명사상 계승 양상을 살펴보
았다. 남명의 문인들에게 공통적으로 나타나는 특징적인 면모를 정리해
보면 다음과 같다.

첫째, 敬義사상을 南冥의 핵심 사상으로 이해하고 이를 이어받으려
는 자세를 가지고 있다.

둘째, 남명의 '程朱後不必著述'의 태도와 '詩荒戒'의 영향으로 문집
의 분량이 적으며 특히 시의 분량이 적다.

셋째, 성리학적 이론 탐구와 유관한 글이 거의 없다. 이는 남명이
사회적 실천을 강조하면서 이론적 탐구를 경계했기 때문인 것으로 보
인다.

넷째, 현실비판 정신이 강하며, 그런 만큼 현실의 어려운 상황에
민감하게 반응한다. 이는 남명의 현실지향적 성향과 현실비판 정신에

....

化氣節 如海濶山高 於是乎文明之極矣."
② 李瀷,「白頭正幹」,『星湖僿說』天地門, "退溪生於大小白之下 爲東方之儒宗 其
流深涵濃郁 撝遜退讓 文彩彪暎 有洙泗之風焉 南冥生於頭流之下 爲東方氣節之
最 其流苦心力行 樂義輕生 利不能屈 害不能移 有特立之操焉 此嶺南上下道之
有別也."
100 『朝鮮王朝實錄』, 宣祖 38年(1605年) 7月 24日 (丙申), "嶺南人才之府庫 士論之
根柢 自新羅至于高麗 自高麗迄于聖朝 名儒碩士 彬彬輩出 以扶國家之元氣者 斑
斑可考曩在先朝 退溪南冥兩夫子者 竝生於一道 倡明道學 開示義理 以淑人心扶世
敎爲己任 士子之薰陶漸染觀感興起者 不知其幾人矣."

게 영향을 받은 것으로 보인다. 예컨대 긍정적인 측면에서는 임진왜란 때의 창의를 들 수 있고, 부정적인 측면에서는 己丑獄事(1589), 癸丑獄事(1613) 등을 겪으면서 반대당과의 격심한 갈등이 일어난 것 등을 들 수 있다.

남명 사숙인들의 남명사상 계승 양상에서는 남명 사숙인들 가운데 대표적 인물 몇 명만을 대상으로 하여 살펴보았다. 아직 개별 인물에 대한 연구가 부족하고 자료가 너무 많아 단정하긴 어렵지만, 대표적인 인물들을 통해서 미약하나마 남명의 정신이 連綿히 이어져 내려왔음을 볼 수 있었으며, 남인 계열의 학자들이나 노론 계열의 학자들이거나 간에 강우 지역을 생활 거점으로 삼고 있는 인물들은 남명사상의 계승이란 측면에서는 긍정적으로 검토될 만하였다. 이 시기에 오면 남명학파의 네 가지 특징 가운데 경의사상의 계승 및 현실지향적 성향과 비판정신 등은 어느 정도 변모된 채 계승되고 있었으며, 문집의 분량이 적었던 점 및 성리학적 이론 탐구와 유관한 글이 없었던 점은 상당히 퇴색해지고 말았다.

이제 지금까지의 논의를 마무리하면서 남명사상의 계승이 지니는 역사적 의의를 제시하고자 한다.

南冥이 살았던 16세기 직전까지의 유학의 흐름은, 一蠹 鄭汝昌, 寒暄堂 金宏弼, 靜菴 趙光祖 등에 의하여 小學을 중심으로 현실에서 '堯舜君民'의 道學政治를 실현하려는, 즉 다분히 現實志向의 實踐的 性向을 띠는 것이다. 그러나 여러 차례의 사화로 인하여 현실에서 이들이 참담한 좌절을 겪음에 따라, 이들 이후의 학자들은 도학정치의 실현을 전제로 하는 심성수양과 이론의 정비에 학문의 역량을 집중시키게 되었다. 학문의 방향이 이렇게 정립된 데에는 晦齋 李彦迪, 退溪 李滉 등의 역할이 결정적이었다.

南冥은 바로 이러한 思想史的 轉變의 시기에 태어나 생장하면서 전래의 도학정치를 정치적 이상으로 삼고 '敬義'를 바탕으로 하는 철저한 개인의 수양과 함께 사회적 실천을 강력히 지향하는 쪽으로 학문의 방향을 설정하였다. 특히 남명은 전투에서 죽을 각오로 적을 물리치려는 厮殺的 자세를 '敬'의 구체적인 방법으로 제시함으로써, 당시까지 여타의 학자들에게서 볼 수 없었던 精神修鍊의 치열함을 보여 주었다. 나아가 '敬'을 통한 수양을 바탕으로 하면서 '義'를 행동의 표준으로 삼아 方斷的 자세로 사회적 실천을 지향함으로써 '義'의 중요성을 '敬'의 중요성과 대등한 정도로 끌어올려, 이전의 선현에게서 볼 수 없었던 독창적인 '敬義思想'을 제시하였던 것이다.

南冥이 평소 견지하였던 嚴正한 出處觀이나 백성에 대한 강렬한 애정과 함께 社會的 實踐을 지향하는 학문의 성향이, 한편으로는 그의 경의사상에 收斂이 되면서 한편으로는 경의사상을 통해 擴散됨으로써, 남명사상의 다양한 국면이 입체적 모습을 띠게 되었다. 남명이 '一家의 學問을 이루었다.'고 하는 언표도 이러한 점에서 이해되는 것이다.

남명사상의 이러한 면모는 문인들 전반에게 계승되어 이른바 남명학파를 형성하게 되었는데, 이들 남명의 문인들 가운데서 東岡 金宇顒은 임금의 측근에서 心性修養을 통한 聖學의 완성으로 도학정치의 이상을 실현하려 하였고, 來庵 鄭仁弘은 司憲府 掌令으로 있을 때 강력한 비판 정신으로 官人들의 의식을 바로잡으려 하였고, 寒岡 鄭逑는 주로 지방 수령직을 통하여 蘊蓄한 학문을 백성에게 직접 실현시키려 하는 등, 정치 현실에서 두루 그 역량을 발휘하였다.

남명의 문인들은 정계에서의 이러한 활약 못지않게 자신들의 생활 근거지를 중심으로 문인 집단을 형성하였다. 守愚堂 崔永慶과 覺齋 河沆은 晉州·丹城·山陰 등지를 중심으로, 來庵 鄭仁弘은 陜川·三嘉·草溪·咸陽·安陰·居昌 등지를 중심으로, 寒岡 鄭逑는 星州·高靈·漆谷·大邱 등지를 중심으로 각각 講學活動을 통하여 문인 집단을 형성해 나갔다. 남명의 문인들에 의해 형성된 이들 재전 문인들은 모두 남명의 사상을 계승하고 있었으므로 서로 간에 문인들이 겹치는 경우가 많았으며, 이런 현상은 남명학파 구성원 상호간에 일체감을 형성하게 하였다.

이러한 일체감은 宣祖 25년(1592)에 일어난 壬辰倭亂 때 여실히 드러나, '義'에 입각한 사회적 실천을 중시하던 남명의 정신이 유감없이 발휘되었다. 이때 남명의 문인들 및 내암 정인홍의 문인들이 주축이 된 남명학파가 대대적으로 창의활동을 전개하였던 바, 개인적·산발적으로 창의활동이 이루어졌던 여타 지역에 비해, 강우 지역에서의 집단적·조직적 창의활동은, 남명이 특히 '의'를 '경'과 대등하게 중시하면서 사회적 실천을 강조하였던 면모가 그 문인과 재전 문인들에 의해 선명하게 드러난 결과라고 그 의의를 규정할 수 있다.

壬亂時의 이러한 대대적인 창의활동으로 인하여 남명학파 전체의 위상이 제고되었음은 말할 것도 없거니와, 이에 따라 남명학파를 주도하던 내암 정인홍의 정치적 위상도 높아졌다. 광해군의 즉위에 적극적 지지 의사를 표명했던 내암은 광해군이 즉위한 뒤 그의 정신적 지주 역할을 하였고, 내암은 이에 부응하여 광해군을 만날 때마다 民本精神에 입각한 爲民政治를 할 것을 역설하였으며, 역시 광해군의 존경을 한몸에 받았던 한강 정구는 향리에서 엄청난 문인 집단을 형성하면서 강학활동에 전념하였다. 따라서 이 시기는 대거 정계에 진출한 내암의 문인 집단과 향리에서 학문에 몰두한 한강의 문인 집단이 朝野에서 남명학파의 역량을 보여준, 남명학파의 전성기였다고 할 수 있다.

그러나 계해정변 이전에 寒岡이 沒하고 계해정변으로 來庵이 처형당함으로써 남명학파는 엄청난 위축의 시대를 맞이하였다. 즉, 정변이 일어나자마자 내암이 88세의 노구로 끌려와 처형당하고 내암의 문인들이 대거 처형당한 것과 관련하여, 살아남은 일부 내암 문인들의 세력이 여타 북인 잔여 세력과 결탁하여, 여러 차례의 반란을 시도하였으나 그 때마다 실패함으로써, 남명학파가 정치적으로는 물론 학문적으로도 몰락하게 되었다는 것이다.

이러한 정치적·학문적 위축은 來庵 및 그의 문인 일부로부터 발단되어 남명학파 전체에 그 영향이 파급된 것으로, 이후 이 지역 학자들이 여러 차례에 걸쳐 『南冥集』을 釐正하였던 것도 이러한 몰락에서 벗어나려는 노력의 일환이었던 것이다.

영조 4년(1728)에 일어난 戊申亂 또한 남명학파와 무관하지는 않다. 무신란은 景宗을 지지하던 南人과 小論의 일부 세력이 英祖를 축출하고 老論을 제거하기 위하여 일으킨 반란이므로, 기본적으로는 남명학파와는 무관한 사건이었다. 그러나 安陰을 중심으로 일어나 鄭希亮과 陜川을 중심으로 정희량에 동조하여 일어나 曹聖佐는, 각각 來庵의 門人이었던 桐溪 鄭蘊과 陶村 曹應仁의 후손이므로, 이후 남명학파의 근거지인 강우 지역이 반역향으로 지목됨으로써 남명학파는 정치적·학문적으로 더욱 위축을 겪게 되었던 것이다.

이러한 상황에서도 남명학파 학자들의 남명을 추숭하는 사업은 끊이지 않고 계속되었다. 이 일은 주로 尊衛釐正 내지는 時諱釐正의 차원에서 『남명집』을 중간하는 일과 남명을 문묘에 종사하기 위한 일들이었다. 이런 일들의 진행은 남명학파가 정치적·학문적으로 엄청난 위축을 겪고 있으면서도, '敬義思想을 중심으로 一家를 이루었던' 남명의 학문 정신이 후대에 면면히 살아있음을 보여주는 것이라 할 수 있다.

19세기 이후 기호남인의 영수 性齋 許傳과 영남남인의 영수 定齋 柳致明 및 그의 문인 寒洲 李震相, 노론 계열의 蘆沙 奇正鎭 등의 분하에 강우 지역 학자들이 대거 급문하여 성황을 이루었는데, 이들의 학문 연원이 위로 退溪와 栗谷 등에 닿아 있음으로 인하여 남명학파의 학풍이 크게 변모하게 되었던 바, 이 시기 강우 지역 학자들의 문집에 나타나는 외견상의 모습만으로는 남명학파의 풍모가 거의 드러나지 않게 되었다.

그러나 이런 가운데서도 일부 문집에는 남명에 대한 존모의 생각이 편린으로 남아 있어 남명사상이 어느 정도 계승되어 왔던가 하는 점을 살펴볼 수 있었다. 특히 조선 말기에 이르면 남명의 경의사상이 집약된 것으로 알려진 「神明舍圖」와 「神明舍銘」에 대하여 精緻하게 해석하는 작업이 后山 許愈, 老柏軒 鄭載圭, 俛宇 郭鍾錫, 復菴 曺垣淳 등 몇몇 학자들에 의해서 이루어지는데, 이 과정에서 남명의 노장적 면모에 대한 해석은 제외된 채 논의되고 있음으로 보아 이들에게 퇴계학파적 시각이 깊이 침투되어 있음을 보여준다.

남명의 작품에 대한 이론적 탐구 이외에 남명의 정신을 실천하려는 학자들도 상당히 존재하였음을 짐작케 하는 인물로 端磎 金麟燮 같은 이가 있다. 그는 평소에 남명의 사상을 자신의 생활 속에서 구현하려 하였으며, 이 점은 특히 丹城民亂 때 그가 정신적 지주 역할을 하였던 것에서 확인된다. 또 1894년과 1910년 등에도 『남명집』이 중간되었는데, 이때 간행된 문집에는 노장과 관련될 법한 구절이 모두 삭제됨으로써, 이 문집으로는 남명을 바로 이해하기 어렵다는 문제점이 남아 있기는 하지만, 이러한 활동을 통하여 강우 지역에서 여전히 남명의 정신을 이으려는 학자들이 광범위하게 존재하였음을 짐작케 한다.

요컨대 남명은 그의 敬義思想 및 엄청나게 거대하고 웅장한 精神世界의 크기로 인해 16세기 유학사에서 일단 주목을 받은 인물이었으나, 계해정변 이후 내암의 패퇴와 함께 남명학파가 정치적·학문적으로 위축됨으로써, 남명의 학문과 사상을 계승하는 인물들이 江右地域에 한정되었다. 그러나 20세기에 들어오기까지 남명의 직계 학맥은 거의 없어진 상황에서도 남명의 사상은 강우 지역에서 끊임없이 이어져 왔다. 앞으로 더욱 연구되어야 분명해지겠지만, 한 지역에서 이처럼 한 인물의 사상이 정치적 패퇴에도 불구하고 끊임없이 존숭되고 계승된 경우는 그 유례를 찾기 어려울 것으로 생각된다.

壬亂時 在朝 南冥 門人의 活動
- 藥圃·東岡·寒岡을 중심으로 -

Ⅰ. 머리말

南冥(1501~1572)의 門人 가운데 壬辰倭亂 당시에 義兵으로 활동했던 분에 대하여는 이제까지 많은 발표가 있었지만, 사실 이들은 민족사에 있어서 未曾有의 이 변란에 대하여 당시의 어떤 學脈보다도 적극적이고도 실질적으로 대처하여, 전쟁을 승리로 이끄는데 결정적인 역할을 하였다.

물론 南冥 門徒의 이와 같은 활동은 역시 南冥의 現實에 대한 積極的인 態度와 學問에 대한 實質的인 姿勢에 기인하는 것으로 보이며, 南冥의 이와 같은 現實 認識 態度와 學問 姿勢는 朝廷에 出仕한 門人들이라 하여 예외적으로 수용되었다고 할 수는 없을 것이다.

그러므로 의병 활동과 연계시켜 在朝 門人들의 활동에 대하여 검토해 보는 작업은 남명의 학풍과 임진왜란에 對處한 南冥 門徒 일반에 대한 이해를 위해서 필수불가결한 것임은 물론, 당시 사회와 후세에 끼친 南冥學의 영향 관계를 이해하는 데 있어서도 빼놓을 수 없는 것이라 할 수 있다. 그럼에도 불구하고 이제까지 여기에 관한 연구가 疎漏한 것은, 아마도 현재의 시각으로는 在朝 門人의 활동보다는 의병 활동에 焦點을 맞추는 것이 더 큰 의미가 있기 때문이었을 것이다.

그러나 비록 여기에 전적으로 동의한다 하더라도 위에서 말한 것과 같은 의의마저 부정할 수는 없는 것이며, 더욱이 당시의 사회는 군왕 중심의 體制였으므로 현재의 시각으로만 보아서는 당시의 복잡했던 실정을 온전하게 이해하기 어렵다는 사실도 생각해 보아야 할 것이다. 그래서 本稿에서는 당시 조정에 있었던 문인들을 一瞥해 보고 그들의 구체적인 활동을 중심으로 논의를 전개하되, 南冥學의 총체성을 파악하는 쪽으로 초점을 맞추려 한다.

그렇다 하더라도 이 문제는 생각처럼 만만하지는 않으리라고 여겨진다. 왜냐하면 南冥은 '士君子의 大節은 오직 出處에 있다'[101]고 할 만큼 출처를 엄히 하였고 결과적으로 門人 가운데 다수가 벼슬길에 나가지 않았으며 이후로도 出仕한 사람이 적으므로, 仕宦 門人의 활동은 남명학의 총체성 파악이라는 측면에 있어서는 보조적인 역할 밖에 할 수 없으리라고 생각되기 때문이다.

이러한 한계가 있긴 하지만 이 연구가 결과적으로는 임진왜란 당시의 남명 문도의 의병 활동을 이해하는 데 작으나마 도움이 되리라 생각하며, 나아가 남명학의 성격을 파악하는 데 있어서도 일정한 도움이 되리라고 생각한다.

II. 在朝 南冥 門人 槪觀

南冥의 門人으로서 당시 조정에 있었던 대표적인 인물은 藥圃 鄭琢(1526~1605), 東岡 金宇顒(1540~1603), 寒岡 鄭逑(1543~1620) 및 梧陰 尹斗壽(1533~1601), 月汀 尹根壽(1537~1616), 栢谷 鄭崑壽(1538~1602) 등이

---

101 曹植, 『南冥集(己酉本)』 卷4 張13, 金宇顒 所撰 「行錄」, "又語仁弘及顒逑曰 汝等 於出處 粗有見處 吾心許也 士君子大節 唯在出處一事而已."

있다. 이 가운데 梧陰과 月汀·栢谷은 임란시 조정에서의 활동은 비록 두드러지지만 남명의 門人으로 摘示하여 다루는 데는 문인으로서의 성격상 무리가 있다고 보인다. 그러므로 여기서는 주로 藥圃와 東岡·寒岡을 중심으로 하여 논의를 전개하고자 한다.

藥圃는 中宗 11년(1526) 慶北 醴泉에서 출생했다. 17세 때 退溪에게 執贄하였으며, 33세 때(1558) 文科에 급제하여 36세 때(1561) 晉州의 敎授로 있으면서 南冥에게 執贄하였다.[102]

주지하다시피 退溪는 溫柔敦厚한 인품의 소유자였고, 南冥은 直截果剛한 인품의 소유자였다. 그리고 이들 두 선생의 문인들의 전체 성향을 보더라도 대체로 스승의 인품을 추구하고 있다는 것 또한 주지의 사실이다. 藥圃는 이처럼 당대의 두 명현을 스승으로 하여, 안으로는 굳건한 心地를 지니고 밖으로는 溫雅한 기상을 견지하여 外柔內剛한 인품을 얻었던 것이며, 仕宦時의 활동도 대개 이러한 범위에서 파악된다. 藥圃는 淸要職을 두루 거쳐 1592년(67세)에는 議政府 右贊成 兼知經筵春秋館事內醫院副提調로 있으면서, 播遷時 임금과 세자를 扈從하고 還都 이후로는 세자를 따라 撫軍司에서 활동하기도 하였으며, 1595년(70세) 2월에는 議政府 右議政에 올랐다가 6월에 遞職되어 知中樞府事가 되었다.

東岡은 中宗 35년(1540)에 慶北 星州에서, 南冥과 일찍이 從遊한 바 있

---

102 鄭琢, 『藥圃集』, 「年譜」 張3, "先生在晉日 從南冥曺先生游 深被推許 見得壁立千仞氣像 故先生之始終全節 蓋有得於此云." 藥圃가 南冥을 師事하게 된 것을 晉州의 敎授로 왔기 때문이라고만 하는 것은 너무 단순한 해석으로 보인다. 1561년은 南冥이 山天齋에서 講席을 열어놓고 있을 때였으며, 이때는 南冥의 聲價가 이미 전국적으로 알려진 때였고, 藥圃 또한 南冥의 學問性向에 대하여 나름대로의 관심이 있었으므로 執贄하였던 것이 아닌가 한다. 특히 桐溪 鄭蘊이 撰한 藥圃의 墓誌銘에 보이는 '篤信小學書', '至於天文地理象數兵家之流 無不旁通涉獵 得其歸趣 以爲士不知兵 不足以當大任 故於八陣六花等法 尤加意焉'이라는 표현은 南冥의 學問精神과 밀접한 관련이 있는 것으로 생각된다.

고 文科를 통하여 三陟 府使까지 역임한 七峰 金希參의 아들로 출생했다. 20세 때(1559) 星州 敎授로 온 南冥의 高足 德溪 吳健에게 배웠으며, 24세 때(1563) 南冥을 찾아뵈었고 心法 傳授의 의미로 알려진 醒醒子를 받기에 이른다. 27세 때(1566) 과거에 응시하러 서울에 갔다가 退溪를 배알하였다. 28세에 科擧에 급제하여 벼슬이 제수되었으나 나아가지 않다가 34세 (1573)에 비로소 出仕하여 주로 經筵의 講官으로서 명성을 얻었다. 조정의 의논이 東西로 나누어짐에 東岡은 東人의 편에서 적극적으로 활동하였다. 1589년(50세) 鄭汝立의 獄事에 연루되어 會寧으로 유배되었다가 왜란이 발발한 뒤에 特赦되어 義州 行在所에서 謝恩한 뒤로 전란 기간 동안 副護軍, 承文院 提調, 兵曹參判, 同知中樞府事, 同知義禁府事, 漢城府 左尹, 成均館 大司成, 司憲府 大司憲, 弘文館 副提學, 吏曹參判, 禮曹參判 등을 역임하였다.

寒岡은 中宗 38년(1543)에 慶北 星州에서 출생했다. 17세 때(1559) 東岡과 마찬가지로 星州 敎授로 온 德溪 吳健에게 배웠으며, 21세 때(1563) 安東으로 가서 退溪에게 執贄하였고 24세 때(1566)는 晉州로 와서 南冥에게 執贄하였다. 科場에 갔다가 들어가지 않고 돌아온 뒤로, 과거를 단념하고 古人의 爲己之學에 전념하였다. 東岡의 추천으로 누차 벼슬이 내렸으나 나아가지 않다가 38세 때(1580) 처음으로 벼슬한 것이 昌寧 縣監이었다. 이후 同福 縣監(1584), 咸安 郡守(1586)를 맡고 나서 隱居하다가 49세 때(1591) 江原道의 通川 郡守로 부임하였다. 1593년에는 江陵 府使로 부임하였다가 1594년에는 承旨 등으로 2년 정도 內職에서 활동하였으나, 1596년에는 江原道 觀察使, 1597년에는 成川 府使로 나가는 등 寒岡은 仕宦의 대부분을 外職에서 보냈다.

요컨대 藥圃와 東岡은 왜란 기간 중 계속 內職을 맡아 임금의 측근에 있었고 寒岡은 2년을 제외하고는 거의 外職에서 활동하였는데, 이 기간

중에 대체로 藥圃는 鶴駕를 扈從하고 軍務에 諮問하고 임금을 輔導하는 역할을 하였으며, 東岡은 大駕를 扈從하고 임금을 輔導하고 朝廷의 紀綱을 세우는 역할을 하였으며, 寒岡은 난리로 殘敗된 고을에서 직접 兵卒을 召募하면서 전란에 적극적으로 대처하는 면모를 보였던 것이다.

III. 扈從과 輔導

播遷한 임금을 扈從하여 輔弼하는 것은 군왕 중심의 체제에서는 특히 국가 전체의 운명과 직결되므로 出仕한 사람으로서는 이것이 지극히 당연한 급선무이다. 그러나 실제로 임란시 宣祖가 都城을 빠져나갈 때 호종한 조정의 관료는 절반도 되지 않았다고 한다.[103]

열흘 남짓 만에 東萊에서 京畿道까지 밀어닥친 倭賊의 기세에 大小 臣僚들이 모두 기겁을 하고 각자 一身과 가족을 돌보기에 여념이 없었기 때문이었다. 이때 藥圃는 內醫院 副提調를 겸하고 있었기 때문에 67세의 老軀를 이끌고 藥만을 꾸린 채 호종하였다. 그는 '임금이 욕을 당하면 신하는 마땅히 죽어야 한다'는 각오로 호종에 임하였던 것이다.[104] 6월 14일 寧邊에서 宣祖는 渡遼內附할 뜻을 갖고 義州로 향하는[105] 한편, 朝廷을 나누어 세자가 있는 곳을 分朝로 하고 거기서 殘敗한 나머지를 수습, 討賊興復을 꾀하게 하였다. 이에 藥圃는 世子貳師로서 分朝에 소속되어, 분조가

---

103 (가) 鄭琢, 『藥圃集』卷1 張23, 「亂後紀行」, "…… 遂於念八日 中夜乘輿發 臣僚
　　　　半未從 何況備衛卒 ……."
　　(나) 『宣祖實錄』卷27, 25년 6월 己酉(21일)條, "是時扈從 通文武 不滿數十人 從
　　　　世子者 亦不滿十餘人云."
104 鄭琢, 『藥圃集』卷1 張23, 亂後紀行, "…… 我生丁此辰 臣當死主辱 ……."
105 李炯錫, 『壬辰戰亂史 上』, 신현실사, 1976, p.229 참조.

駐次하는 주변의 비어 있는 守令 자리에 적당한 인물을 뽑아 임시 벼슬을 주어 지키게 하면서 募兵을 하게 하였으니 다음의 기록에서 이를 확인할 수 있다.

요즈음 各道의 형세를 보니 각 고을의 수령이 혹은 싸움터에서 죽고, 혹은 고을을 버리고 달아나기도 하고, 혹은 사망하기도 하여, 비록 수령이 없는 고을이 없지는 않으나 백성이 모두 흩어지고 어지러워, 죽이고 노략질하고 쳐서 겁탈하고 있사옵니다. 지금의 급무는 각 고을의 수령을 비는 대로 채워 넣어서 그들로 하여금 고을의 일을 다스리도록 하고 民兵을 불러 모으게 하는 것이옵니다. 그러나 행재소가 멀어 통하기 어려우므로 동궁의 행차가 지나는 가까운 고을의 수령 이외에는 감히 제수하지 못했사옵니다. 이 때문에 텅 비어 있는 고을이 지극히 많아 적을 토벌하는 데 두서가 없으니 참으로 작은 걱정이 아니옵니다.[106]

당시 世子가 軍國의 大權을 權攝하였으므로 이러한 조처가 가능하였지만, 강원도를 통해서 함경도로 올라간 왜적과 평안도 쪽의 왜적들 틈에 끼어서 敵情에 따라 鶴駕도 수시로 옮겨야 했으며 이에 따르는 호위 문제도 심각한 것이었다. 그러나 또한 백성을 끌어 모으고 병사를 수탐해도 응하는 사람이 없었으므로, 이에 임시 武科를 보일 것을 다음과 같이 건의하였던 것이다.

. . . .

106 鄭琢, 『藥圃集』 卷4 張22, 「避亂行錄」, "近觀各道形勢 列邑守令 或陣亡 或棄邑 或身死 無非無守之邑 民皆散亂 殺掠攻劫 當今急務 莫如各邑守令 隨闕塡差 使之 經理邑務 召聚民兵 而行在遙遠 聲聞難通 東宮行次傍近守令外 其他諸邑 不敢除 差 以此空曠之邑極多 討賊了無端緖 誠非細慮."(壬辰年 7월 23일 分朝에서 行在 所로 올린 狀啓)

東宮의 將士 가운데는 활을 쏘는 군사가 매우 적어 생각건대 호위하는 외로운 군사들이 의지할 만한 데가 없는 형세이옵니다. 백성을 모집하고 병사를 수탐해도 한 사람도 응하는 자가 없사옵니다. 비록 한두 사람을 얻는 경우가 있다고 하더라도 모두 殘弱한 부류들이고 精銳兵을 모으는 일은 아무리 해도 계책이 없사옵니다. 신 등이 적이 생각건대 무사가 즐거이 나아가는 것은 科擧만한 것이 없는데, 사람을 뽑는 중대한 일은 형세상 가볍게 거행하기 어렵사옵니다. 그러나 만약 머물고 있는 가까운 고을에 공문을 보내 알도록 하고 규칙을 정하여 활 쏘는 것을 보아, 가장 뛰어난 자는 바로 展試에 나아가게 하고, 그 다음의 사람은 바로 會試에 나아가게 하고, 그 다음 사람은 바로 禁軍에 除授한다면, 사람들이 반드시 앞을 다투게 되어 모이는 병사 또한 많은 것이니 진실로 편리하고 마땅할 것이옵니다.[107]

이러한 건의에 한 걸음 더 나아가 宣祖의 「備忘記」에 '적의 목 一級을 베면 과거 급제로 한다'는 條目이 있었는데, 이것이 너무 지나치다 하여 시행되지 않고 있었다. 그러나 藥圃는 적의 목 하나로 급제를 인정하는 것은 진실로 시행할 수 없는 일이나, 신분과 首級의 多寡에 따라 일정하게 규정하기만 한다면, 軍功으로 과거에 급제시켜 주는 것이 불가하지 않으며 이것이 오히려 武科를 설치한 본래의 의도에 맞는 일이라고 주장하였다.[108] 藥圃의 이러한 주장은 결국 전국적으로 실시되었지만, 애초에는

---

107 鄭琢, 『藥圃集』 卷4 張33, 「避亂行錄」, "東宮將士 絶少控弦之卒 侍衛孤軍 料無可倚之勢 募民搜兵 無一應者 雖有一二之得 皆是殘弱之類 聚集精銳 百計無策 臣等竊念 武士之樂赴 莫如科擧 而取人重事 勢難擧行 若所住近邑 行移知會 定規觀射 居首者直赴殿試 次者直赴會試 又次者禁軍除授 則人必爭先 聚兵亦多 允爲便當."(壬辰年 8월 14일 分朝에서 行在所로 올린 狀啓)

108 (가) 鄭琢, 『藥圃集』 卷5 張5, 「避亂行錄」, "備忘記立條目 而一級許科 近於過濫 遂不得行 今若分等級 隨人之高下 定首級多寡 而賊皆就捕矣 或云以軍功得科 古無此例 不可爲也 議者言 凡武擧之藝 皆爲殺賊而設 今之親自殺賊者 得

東宮의 호위가 너무나 급하였기 때문에 나온 것으로 보이며, 여기서 積極的으로 現實에 對處하려 했던 그의 現實認識態度를 뚜렷이 볼 수 있다.

壬辰年(1592) 4월 30일 都城을 출발하면서부터 달포간 宣祖를 扈從하였고, 그 이후 癸巳年(1593) 正月 下旬, 定州에 있던 大駕와 합치기까지 7개월여에 걸쳐서 분조에서 東宮을 扈從하였다. 이 기간 중에 동궁이 경유했던 곳을 대략 살펴보면, 熙川, 寧邊, 孟山, 陽德, 谷山. 伊川, 平康, 谷山, 成川, 慈山, 肅川, 安州, 永柔, 咸從, 龍岡, 咸從, 嘉山 등지로 成川에서 석 달 가량 머문 것을 제외하면 거의 쉬는 날이 없었던 강행군이었다.

동궁 호가의 임무를 마치고 三京이 수복된 뒤 명나라 將官의 餞慰使로 의주에 다녀왔고, 還都 後 귀경 도중에 동궁을 따라 남하하여 撫軍司에서 활동하라는 명을 받았다. 이 임무를 마친 뒤로는 계속 備邊司의 堂上으로서 軍務에 策應하면서 임금의 諮問에 응하였다.

한편 東岡은 임진년 5월, 會寧의 謫所에서 왜란의 발발과 임금의 파천에 대한 소식을 들은 후 特赦의 教旨를 받고 즉시 義州의 行在所로 달려갔다. 그러나 함경도 쪽으로 올라오는 왜적들 때문에 길이 막혀 5개월여의 艱苦 끝에 11월 3일 義州의 行在所에 도착하였다.

여기서 副護軍 承文院提調 등으로 있으면서 「備禦機務七條」를 올려 播遷 중의 要務를 진술한 바 있으며, 12월에는 兵曹參判에 제수되어 있으면서 癸巳年 1월에서 4월까지는 明의 贊畫使인 袁黃의 接伴使로 활약하였고, 이어서 5월에는 明의 經略 宋應昌의 問慰使로 黃州에 가서 활동하다가 7월에 江西의 行在所로 돌아왔으며, 이 일을 마치자마자 또 宣祖의 御

....

　　第何妨 此言亦得 亦望商議如何."(壬辰年 9월 8일, 分朝에서 行在所에 올린
　　狀啓)
　(나) 같은 책 권5 장8, 「避亂行錄」, "一級許科 固不可施行 今宜以諸邑之人 分爲
　　四等 禁軍士族 三級及第 …… 以定級數許科 則一國之人 皆起而捕賊."(壬辰
　　年 9월 15일, 分朝에서 行在所에 올린 狀啓)

札을 가지고 수복된 京城에 머물고 있었던 明의 提督 李如松에게 갔다가 8월에 海州의 行在所로 復命하였고, 9월에는 大駕를 扈從하여 京城으로 돌아왔다.

IV. 時務策과 戰亂收拾

朝廷에 있는 文官이 전란 때 직접적으로 軍務에 응하는 경우는 드물겠지만, 地勢나 대처한 형편에 밝을 경우 計策을 낼 수 있고 이것이 때로는 전쟁에서 결정적인 역할을 하는 수도 있다. 그리고 戰亂中 朝廷에 있는 文臣들이 올린 時務策이 반드시 실현되는 것은 아니라 하더라도 전란수습에 일정한 역할을 하였던 것이며, 이 時務策에서 그들이 당대의 현실을 어떻게 보고 있는가 하는 것과 그에 대처하는 자세는 어떠한가 하는 등의 사실을 파악할 수 있다. 또 將帥의 賞罰 문제도 士氣와 직접 관련이 있으므로 이제 여기서 전쟁 중의 조정에서의 의논이 어떠한 방향으로 흘러가며 在朝 南冥 門人이 여기에 어떻게 대처하고 있는가를 살피려 한다.

藥圃가 임진년 12월 4일 동궁과 함께 龍岡에 있으면서 올린 계책은 상당히 의미있는 것으로 생각된다. 즉, 명나라 군사가 대거 평양을 공격하려 함에 京城에 주둔한 왜적들이 평양을 구원하느라 경성의 방비가 허술한 틈을 타서 我軍이 경성을 侵搖한다면 왜적이 크게 혼란할 것이라는 내용이다.[109] 이 계책은 이후에 동궁이 강화도로 들어가서 경기도의 백성을 撫慰하면서 湖西와 湖南을 통제하려 했던 계책[110]과 맥을 같이 하지만 실전

---

109 鄭琢『藥圃集』卷5 張22,「避亂行錄」, "聞京城及畿甸之賊 皆恣意西下 以敵唐兵云 蓋以京師爲無足可慮 欲專力於西京 今若侵搖京城 以分其勢 則雖未能刻期掃盪 亦可爲攻平壤之一助."

에서 이 두 계책이 적극적으로 받아들여지지는 않았다.

藥圃는 또 盧守愼과 鄭彦信, 李山海에 대한 赦免을 건의하였는데,[111] 특히 이 가운데 鄭彦信은 1582년 尼湯介가 처들어 왔을 때 함경도 都巡察使로서 幕下에 李舜臣, 申砬, 金時敏, 李億祺 등의 名將을 거느리고 적을 격퇴시켜 右議政에 올랐으나 己丑獄事 때 鄭汝立과 9촌이었던 관계로 松江 鄭澈에 의해 귀양 가서 죽었던 인물이다. 국란을 극복했던 인물의 원혼을 달래 주는 일은, 당시의 국란 극복에 적극적으로 참여하고 있었던 이들에 대한 장려의 뜻이 매우 깊다고 할 수 있다.

東岡은 전쟁 기간 중 문집에 보이는 것만으로도 아홉 차례에 걸쳐 時務策을 올렸는데, 모두가 學問에 근거한 현실 판단과 처방이란 측면에서 중시 되는 것으로, 이것을 요약하면 아래와 같다.

① 壬辰年(1592) 11월에 올린 「備禦機務七條」

(1) 行朝에 정예부대를 배치하여 근본을 강하게 할 것, (2) 임금이 일선에 위치해서 士氣를 진작시킬 것, (3) 柳成龍같은 重臣에게 討賊의 일을 위임할 것, (4) 지금 날씨가 춥고 왜적의 기운이 위축되어 있으므로 시기를 놓치지 말고 一戰을 결할 것, (5) 해당되는 병사에게 嚴刑과 重賞으로 勸戒하여 힘껏 싸울 수 있는 바탕을 마련할 것, (6) 함경도의 적은 그 수가 많지 않는데도 토벌하지 못하고 있는데 관군을 보내고 檄文을 통해 義兵을 일어나게 하면 쉽게 토벌할 수 있을 것임, (7) 오늘날 恢復하는 근본은 임금의 마음 하나에 달려 있으므로 마음을 굳게 가질 것.

....

110 鄭琢, 『藥圃集』 卷5 張23, 「避亂行錄」, "頃日鶴駕 自安州回駕 不入鐵甕 而來此者 蓋以直向江都 撫綏畿甸 控制兩湖之計也."

111 『宣祖實錄』 卷59, 28년 1월 癸未(10일)條 參照.

② 甲午年(1594) 6월에 올린 「憲府七條箚」

(1) 허물을 고치기에 인색하지 말 것[改過不吝], (2) 私欲을 克服하고 백성을 보호할 것[克己保民], (3) 자주 經筵에 참석할 것[頻御經筵], (4) 대신을 신임하여 일을 위임할 것[委任大臣], (5) 인재를 두루 등용할 것[延攬人材], (6) 장수를 잘 선발하고 군사를 훈련시킬 것[選將鍊兵], (7) 감사나 수령을 인물 본위로 선정할 것[擇監司守令 勿論出身未出身].

③ 甲午年(1594) 7월에 올린 「陳時務四條箚」

(1) 經筵을 열 것[開經筵], (2) 東宮을 輔養할 것[輔儲貳], (3) 人心을 結集시킬 것[結人心], (4) 言路를 넓힐 것[廣言路].

④ 甲午年(1594) 12월에 올린 「中興時務箚」

大本과 急務가 있는데, 대본은 임금의 마음이요, 급무는 (1) 대신을 뽑아 일을 위임하는 것[選任大臣], (2) 동궁을 輔導하는 일[輔養東宮], (3) 원통한 일과 잘못되었던 일을 바로잡는 것[伸冤枉], (4) 국법을 바로잡는 것[正王法], (5) 널리 인재를 거두어들이는 일[廣收人才], (6) 遺民을 보호하여 뜻을 모우는 일[保合遺民], (7) 軍政을 분명히 하는 일[修明軍政]이라고 함.

⑤ 乙未年(1595) 6월 乞退時 진술한 「時務四條」

(1) 대신에게 위임하여 조정의 紀綱을 정리할 것[任大臣以整朝綱], (2) 체찰사에게 변방의 임무를 맡길 것[委體察以飭邊務], (3) 和議를 끊고 大防을 둘 것[絶和議以存大防], (4) 임금이 학문에 힘써서 뜻을 輔養할 것[勤學問以輔聖志], 겸하여 冤枉을 伸雪에 줄 것[伸雪冤枉] 등을 강력히 주장함.

⑥ 丙申年(1596) 2월에 올린 「進時務十六條箚」

(1) 監司와 守令들에게 敎諭하여 각기 妻子를 거느리고 山城에 들어가서 지키게 하는 일, (2) 監司와 守令이 民心을 얻는데 誠心으로 힘을 쓰도록 曉諭케 하는 일, (3) 국방상 중요지역에는 문무의 재략이 있는 자를 수령으로 삼는 일, (4) 監司와 守令 중 도망갈 궁리만 하고 將令을 따르지 않는 자에게 軍律을 엄히 시행하도록 하는 일, (5) 각각의 衛將끼리 서로 救援할 수 있는 연합작전 체계를 유지하도록 하는 일, (6) 민심을 감동시키기 위해서 임금 스스로 검소하게 생활하도록 하는 일, (7) 말 타기와 활쏘기가 우리 군사의 장기이므로 이를 더욱 발전시키는 일, (8) 哀痛하다는 敎諭를 내려 잘못이 임금에게 있음을 말하여 인심을 수습하는 일, (9) 金誠一은 일본에 사신으로 가서 큰 절개를 보여주었으므로 贈職을 내려야 한다는 것, (10) 郭再祐는 이미 충의가 크게 드러났으므로 重用하여 인심이 흡족케 하는 일, (11) 백성의 구휼에 힘을 먼저 쓰도록 하는 일, (12) 훌륭한 장수를 뽑아 군사를 잘 운용하도록 하는 일, (13) 임금이 뜻을 굳게 세우고 있어야 하는 일, (14) 신하의 忠諫하는 말을 잘 들어 정치가 올바로 되도록 하는 일, (15) 官吏를 임용함에 愼重을 기하는 일, (16) 인재 등용에 있어서 출신에 구애받지 않고 適材適所에 임용하도록 하는 일 등이다.112

⑦ 丙申年(1596) 11월에 올린 「請堅守都城箚」

중국의 援兵만 믿어서는 안 되며, 또한 임금이 도성을 떠나면, 民心이 離叛되고 일이 틀어질 것이므로 과감히 뜻을 세워 도성을 지킬 계책을 굳게 세울 것.

⑧ 丁酉年(1597) 2월에 올린 「進言疏」

(1) 임금이 친히 征伐하겠다는 敎旨를 내려 忠臣과 義士의 士氣를

---

112 (가) 金宇顒, 『東岡集』 卷9 張2~15, 「陳時務十六條箚」.
　　(나) 『宣祖實錄』 卷72, 2월 癸丑(16일)條.

진작시킬 것, (2) 변방을 지키는 것이 급하므로 釜山에 군사를 더 보내고 각각의 衛將들이 협조하여 應援토록 할 것, (3) 復讐軍의 義氣가 적을 부수기에 충분하나 軍勢가 孤單하므로 金時獻, 鄭經世, 金順命 등에게 奮義復讐將軍이란 칭호를 주어 이들과 합세해서 작전토록 할 것.

⑨ 丁酉年(1597) 8월에 올린 「中興要務私議」

(1) 굳건한 뜻을 견지하는 일[勵志], (2) 정승을 잘 선택하는 일[擇相], (3) 官吏에게 임무를 위임하는 일[任官], (4) 군사를 조련하는 일[鍊兵], (5) 군량미를 비축하는 일[積糧], (6) 공이 있을 경우에 반드시 상을 주는 일[信賞], (7) 죄가 있을 경우 반드시 벌을 주는 일[必罰].

이 아홉 차례에 걸쳐서 올린 동강의 시무책을 크게 분류해 보면 두 가지로 나누어 볼 수 있다. 하나는 戰時와는 상관없이 언제나 필요한 것을 진술한 것이고, 다른 하나는 戰時이기에 긴급히 필요하다고 생각하여 진술한 것이다. 前者에 해당되는 것은 평소 經筵에서 누차 임금에게 강조한 것들로, 君主의 修養이 나라의 운명과 직결되어 있으므로 임금은 꾸준히 마음을 닦기에 부지런하여야 한다는 것이다. 이는 退溪나 南冥과 같은 性理學者들이 평소에 주장하던 것이고 士林政治期에 있어서 선비정신을 가진 정치인이라면 자주 주장하기 마련인 내용이다. 그러면서 이와 관련되는 것으로, 언로를 넓히는 일이라든지 훌륭한 大臣을 選任하여 그 大臣에게 政事를 委任하는 일이라든지 冤枉을 伸雪하는 문제 등도 역시 前者에 해당되는 것이다. 그런데 유독 전시에 이러한 문제들을 중시하여 옳게 시행하기를 주장한 것에서 聖人의 學問을 평소에 집념어리게 추구하였던 東岡의 意識이 뚜렷이 드러나는 것이다. 東岡이 戰時임에도 불구하고 이러한 문제에 대해서 이처럼 집념을 가지고 추구했던 것은 南冥이 평소에 강조하였던 出處觀과도 깊은 연관이 있는 것으로 보인다. 앞에서 인용한

南冥의 '士君子의 大節은 出處에 있다.'고 한 언급은, 出仕할 만할 때에만 出仕해야 한다는 의미이지 결코 出仕하지 말아야 한다는 의미는 아니며, 出仕할 만할 때 出仕한다는 것이 바로 그 임금을 堯舜같은 聖君이 되게 하고 그 백성을 堯舜時代의 백성들처럼 넉넉하고 평화롭게 살도록 하는 것일진대, 東岡의 進言은 모두 이와 같은 맥락에서 나온 것으로 이해되며 이러한 점에서 南冥이 東岡의 出處에 대한 인식을 許與하였던 것으로 보인다.

그리고 後者에 해당되는 주장들은 國難을 당한 朝廷의 文臣으로서 마땅히 훌륭한 계책을 내어 그 어려움을 극복해야 한다는 생각에서 우러나온 것으로 보인다. 東岡의 주장을 요약해 보면 그는 항상 구체적인 軍事作戰에 관한 것과 戰時體裁의 運用이라는 두 가지 측면에서 자신의 주장을 전개하고 있음을 볼 수 있는데, 여기서 東岡의 현실에 대한 積極的인 觀心과 實質的인 姿勢가 뚜렷이 드러난다.

구체적인 군사작전에 관한 것 가운데 우선 '연합작전 체계를 유지하도록 하라'는 건의가 주목된다. 제1차 晉州城 전투에서 응원 체계가 성공을 거둠으로써 성공적으로 진주성을 지킬 수 있었음에 반하여, 제2차 진주성 전투에서는 응원 체계가 원활하지 못함으로써 진주성이 함락되었다는 사실을 두고 보더라도 연합작전 체계를 유지하는 일이 전쟁의 성패에 얼마나 중요한 역할을 하는지 짐작할 수 있다. 그 다음으로 그가 중요하게 제시한 것은 '監司와 守令 등이 妻子를 거느리고 山城에 들어가서 死守하겠다는 각오로 성을 지켜야 한다'는 것이다. 이는 목숨을 내걸고 백성을 지키려는 생각이 있을 때에 진실로 백성이 따른다는 의미를 내포하고 있는 것으로 해석된다. 또한 감사나 수령 등 전시에 특히 더욱 그 비중이 큰 지방관의 발탁에는 과거 출신 여부를 가리지 말아야 함을 역설한 대목이 주목되는데, 이 역시 실질을 숭상하는 자세에서 나온 주장으로 보아야 할 것이다.

전시체재의 운용이라는 측면에서 동강이 주장한 것들도 사실상 같은 맥락으로 파악된다. 예컨대 토적의 일을 중신에게 위임하라는 것이라든지, 임금이 직접 일선에 나아가 사기를 진작시켜야 한다는 것이라든지, 전쟁 임무 수행에 따른 신상필벌의 자세를 견지해야 한다는 것들이 그것이다. 중신을 신임하여 체찰사의 임무를 띠고 직접 현장에 나아가 국가 전체의 안위를 조감하면서 일선의 장군을 지휘하게 함으로써 효율을 극대화하자는 것이 동강의 '委任重臣'의 의미이고, 이는 임금에게 보고하고 지시를 받는 사이에 기회를 일실할 가능성을 배제하면서 임금이 번거롭게 백사를 다 관장할 때의 행정의 비효율성을 은연중에 지적한 것으로 보인다. 임금이 직접 일선에 나아가 군대의 사기를 진작시켜야한다는 것은 감사나 수령이 처자를 거느리고 산성에 들어가 사수하는 각오로 성을 지키게 해야 한다는 주장과 그 근본적인 맥락이 같은 것이며, 상벌을 엄정히 시행해야 한다는 것은 평시에도 마찬가지이겠지만 특히 전시에는 더 말할 필요가 없을 정도로 사기 진작에 중요한 구실을 하는 것이므로 빠뜨리지 않고 헌책한 것으로 보인다.

동강이 이처럼 구체적인 시무에 대해서 꾸준히 글을 올렸던 것은 만에 하나라도 시행되어 國家와 生民에 조금이라도 도움이 되기를 바라는 지극한 정성과 현실에 대한 적극적인 태도에서 나온 것이라고 생각되며, 이는 앞에서도 언급한 것과 같이 남명이 평소에 갖고 있었던 현실인식 태도 및 그 대처방법과 깊은 연관이 있는 것으로 판단된다.

寒岡은 임진년에 강원도의 通川 郡守로 있었다. 왜란이 일어난 후 감사와 수령들이 대부분 山谷으로 달아나 숨었는데, 寒岡은 이때 적병을 토벌하기 위하여 列邑에 檄文을 돌려 血誠으로 開諭하였으며, 精銳兵을 召集하여 적군의 무리에 출입하면서 어려움을 피하지 않았다.[113] 또한 河陵

君이 金剛山 골짜기에서 난을 피하다가 土賊이 倭賊을 引導해 온다는 소식을 듣고 자결을 하였는데, 寒岡이 나중에 이를 알고 土賊을 사로잡아서 河陵君의 시신을 찾아 염습해 주기도 하였다.

뿐만 아니라 임란 전에도 부임하는 고을마다 邑志를 남겨 새로 오는 수령의 참고가 되도록 하였었는데, 임란 중에도 이 작업을 중지하지 않고 『通川志』와 『臨瀛志』, 『關東志』 등을 엮어 내었다. 읍지의 편찬에 대하여, 門人 訒齋 崔晛이 전란 중에 이에 열중하는 것이 바람직하지 못한 듯하다고 하자, 寒岡은 "緩急은 비록 다르겠지만 마땅히 해야 할 일을 겨를이 없다고 버려둘 수는 없다. 하물며 지금은 서적이 쓸린 듯 없어졌으니 만약 지금 견문한 것을 수습하지 않는다면 장차 후세에 보여줄 것이 없음에랴."라고 대답하였다.[114] 읍지는 평시에는 安民善俗의 바탕이 되겠지만 난시에는 고을의 수령으로서 軍務에 積極的으로 대처하게 하는 중요한 의미를 지니고 있음을 생각한다면, 寒岡의 이와 같은 행위는 바로 軍務에 策應하는 한 가지 방법이었던 것임을 알 수 있다.

그리고 1596년 강원도 觀察使로 재임할 적에 鵠原山城을 쌓고 고려 때의 장수 元沖甲의 사당을 세워 致祭함으로써 국란의 극복에 한마음이 되도록 하였으며, 전몰 장병의 屍身을 거두고 致祭하도록 列邑에 명령하고 또 자신이 직접 이를 실천함으로써 민심의 수습에 盡力하였다.[115]

그의 이와 같은 정신 자세는 다음의 시에서도 어느 정도 엿볼 수 있다.

내직 관원 삼백 명과 외직 관원 삼천 명 중,   內官三百外三千

113 鄭述, 『寒岡全集 上』, p.491上左, 「寒岡先生行狀」, "壬辰夏 倭亂孔棘 監司守令 皆竄伏山谷 先生倡義討賊 移檄列邑 血誠開諭 召集精銳 出入賊藪 不避艱險."
114 鄭述, 『寒岡集』 卷6 張42右, "緩急則固異矣 惟所當爲 不可以未遑而放過 況今書 籍蕩然散失 若不收拾見聞 將無以示後."
115 鄭述, 『寒岡全集 上』 p.476 및 p.492, 「年譜」 및 「行狀」 參照.

나라 일에 마음 둔 이 몇 명이나 있는고.	王事留心有幾人
聖上은 근심 걱정 밤낮으로 애쓰는데,	聖上憂勤勞夙夕
신하들은 희희낙락 종일토록 취해있네.[116]	群臣嬉戱醉昏晨

戰亂으로 나라 안이 임금부터 백성에 이르기까지 모두 근심과 걱정에 휩싸여 있는데 內外職에 있는 文武 官員들은 제정신을 차리지 못하고 희희낙락 술에 취해서 나날을 보내고 있다는 표현에서, 진실로 그가 戰亂의 收拾과 民心의 慰撫에 얼마나 깊은 관심을 쏟고 있었던가 하는 점을 여실히 볼 수 있다.

임란 당시에는 將卒의 賞罰 문제가 조정에서 많이 논의되었고, 특히 賞 주는 일보다 罰 주는 일에 있어서 의견의 대립이 많았으며, 이것이 東西의 당파와 관련되어 있음으로 하여 戰亂의 수습에 어려움이 있었던 것이다. 그런데 당시 在朝 南冥 門人 가운데 대표적이라 할 수 있는 藥圃와 東岡, 寒岡이 이러한 문제에 대한 의견이 조금씩 달랐다. 藥圃와 寒岡은 당파에 엄정 중립의 자세였고 東岡은 東人이었으며, 寒岡과 東岡은 是是非非를 엄격히 가려 問責해야 할 경우에는 엄하게 다스려야 한다는 생각을 가지고 있음에 반하여, 藥圃는 시비는 인정하더라도 시국의 상황에 따라 벌을 줄 수 없는 경우도 있다는 생각을 가지고 있었다.

한 예로 1595년 2월에 都元帥(權慄)를 遞差해야 한다는 寒岡과 東岡의 의논이 經筵席上에서 있었으나 右議政이었던 藥圃는 이에 반대한 일이 있었다.[117] 寒岡과 東岡은 都元帥가 크게 民心을 잃었고 軍官을 統攝하지 못하므로 장수를 바꾸는 것이 비록 어려운 일이라 할지라도 바꾸지 않을 수 없다고 하였고, 藥圃는 그 職任을 대신할 자가 前任者보다 약간 낫더라도

116 鄭逑, 『寒岡集』 卷1 張3左, 「歎時」
117 『宣祖實錄』 卷60, 28년 2월 癸亥(20일)條 參照.

우열의 차이가 크지 않다면 이러한 때에 가볍게 교체할 수 없다고 하였다.

寒岡과 東岡의 생각은 후임자 문제도 중요하지만 그보다도 조정의 紀綱이 확립되어야 한다는 측면을 중시한 것이고, 藥圃의 생각은 그보다도 왜적과 대치하고 있는 현실적인 문제가 더욱 심각하다는 측면을 중시한 것이다. 누가 옳고 누가 그르다고 할 수 없는 상황에서 결과적으로 宣祖는 都元帥의 留任을 결정하였고, 석 달 후 藥圃는 司諫院과 司憲府의 집중적인 彈劾을 받고 자신 또한 辭職을 거듭 청하여 遞職되었다.[118]

또한 藥圃는 같은 해 2월 30일에 守令의 罷職이나 遞差가 너무 잦으므로 이를 신중히 하기를 건의하였고,[119] 4월 11일에는 왜적에게 포로가 되었다가 돌아온 黃廷彧에 대하여 죄악은 크지만 본의가 아니었고 또한 늙고 병들었으므로 너그럽게 처리할 것을 건의하였다.[120] 이것이 東人의 의견과 크게 어긋났으므로 탄핵을 받았다고 생각되는 한편, 西人의 처지로서는 己丑獄事와 관련된 東人의 伸冤에 藥圃가 적극적이었으므로 결과적으로는 東西人에게 다 배척을 받을 이유가 있었기 때문에 司諫院과 司憲府의 공동 탄핵을 받았다고 생각된다.

그러나 藥圃는 이에 개의치 않고 知中樞府事라는 명예직에 있으면서 소신대로 자신의 의견을 개진하였다. 즉 金德齡이 叛逆을 도모했다는 告變이 있은 뒤로 宣祖의 뜻과 朝廷의 의논이 모두 빨리 推鞫하려는 것이었으나, 西厓와 藥圃는 이에 반대하고 다른 죄인이 도착하기를 기다렸다가 신중히 처리하는 것이 마땅하다고 하였다.[121] 이 의견도 받아들여지지 않아 金德齡은 옥중에서 冤死하고 말았다.

. . . .

118 『宣祖實錄』 卷63, 28년 5월 13일~25일 參照.
119 『宣祖實錄』 卷60, 28년 2월 癸酉(30일)條 參照.
120 『宣祖實錄』 卷62, 28년 4월 癸丑(11일)條 參照.
121 『宣祖實錄』 卷78, 29년 8월 癸卯(8일)條 參照.

또 1597년 정월에 忠武公 李舜臣에 대하여, 조정의 명령을 듣지 않고 전쟁에 나가기를 싫어했다는 명목으로, 宣祖가 먼저 용서할 수 없음을 말하고 梧陰 尹斗壽를 비롯한 여러 신하들도 대체로 이에 동조했으나, 西厓와 藥圃가 이를 강력하게 반대하였다.[122]

왜적이 대거 재침해 온다는 정보를 입수하여 李舜臣으로 하여금 巨濟島에 들어가 지키기를 명하였는데 李舜臣이 閑山島에서 움직이지 않았다는 것이 문책의 이유였으나, '閑山島는 선박을 감출 수 있는데다가 적들이 물의 깊이를 알 수 없고, 巨濟島는 그 안이 비록 넓기는 하나 선박을 감출 곳이 없을 뿐더러 또 건너편 安骨의 賊과 相對하고 있어 들어가 지키기에는 어렵다.'[123]는 말을 참고로 해 보면, 조정의 이 처사는 현지 실정을 잘 모르고 명령불복종의 건만 가지고 문책한 것이라고 할 수 있다.

藥圃나 西厓도 이러한 실정을 전혀 몰랐으므로 朝命을 어겼다는 점에서 그 죄를 인정하면서도, 李舜臣만한 將才가 없을 뿐만 아니라 이런 위급한 때에 將帥를 쉽게 遞差할 수 없다는 이유로 반대를 한 것이다.[124] 당시 宣祖는 추호도 용서할 수 없다는 말을 누차 하였는데도 불구하고 忠武公이 減死된 것은 藥圃의 忠義와 知人之感에서 나온 변론의 결과라고

....

122 『宣祖實錄』 卷84, 30년 정월 戊午(27일)條 參照.

123 『宣祖實錄』 卷84, 위와 같은 곳, 李廷馨의 말, "舜臣以爲 入守巨濟 則固知好矣 閑山島則藏船而賊不知深淺 巨濟則其中雖廣 藏船無所 且與安骨之賊相對 越邊入守似難云云."

124 (가) 『宣祖實錄』 卷84, 30년 정월 戊午(27일)條 參照.

　　(나) 鄭琢, 『藥圃集』 卷2 張36, 「論救李舜臣箚」, "舜臣實有將才 才兼水陸 無或不可 如此之人 未易多得 邊民之所屬望 賊人之所嚴憚 若以律名之甚嚴 而不可容貸 不問功罪之相準 不念功能之有無 不爲徐究其情勢 而終致大譴 則有功者無以自勸 有能者無以自勵 雖至挾憾如元均者 恐亦不能自安 中外人心 一幷解體 此實憂虞之象 而徒爲賊人之幸 一舜臣之死 固不足惜 於國家所關非輕 豈不重可爲之慮乎."

생각된다.

V. 맺음말

이제까지 壬亂時 在朝 南冥 門人의 활동에 대해여 一瞥해 보았다. 지금까지의 논의를 요약하고 의미를 부여하는 것으로 이 논의를 끝낼까 한다.

藥圃와 東岡은 온갖 어려움을 무릅쓰고 전란 중에 大駕와 鶴駕를 扈從하면서 여러 가지 계책을 바치기도 하였고 接伴使, 餞慰使, 問慰使 등의 역할도 수행하였다. 寒岡은 전란 초기에 郡守로 있으면서 檄文을 돌려 義兵을 불러 모아서 賊藪에 출입하는 등 艱險함을 피하지 않고 積極的으로 현실에 대처하였다.

또한 東岡은 전란 기간 중에 꾸준히 시무책을 올려 전란의 수습에 진력하는 한편 朝廷의 紀綱을 확립하는 일에도 깊은 관심과 노력을 기울였다. 아홉 차례에 걸쳐서 時務策을 올리고 임금을 대할 때마다 대쪽 같은 어조의 발언을 한 것 등에서 이를 확인할 수 있다. 己丑獄事와 관련된 주장은 특히 그를 黨人으로 평가하게 하는 바탕이 되기도 하지만, 出仕의 근본 의미가 그 임금을 堯舜같은 聖君이 되게 하고 그 백성을 堯舜시대의 백성처럼 살도록 하는 데 있는 것이라면, 그것은 이러한 의의를 실천하려고 적극적으로 노력한 결과라고 보는 것이 타당할 것이다. 그리고 이것이 바로 出處의 의미를 엄격히 실천하려는 자세가 아닐까 한다.

이에 비해 藥圃는 東西人에 관계없이 소신껏 판단하여 일을 처리함으로써 전란의 위기를 슬기롭게 극복할 수 있도록 하였으니, 都元帥 權慄의 遞差 문제와 統制使 李舜臣의 定罪 문제에 대하여 적극적으로 救濟하였던 것에서 확인되는 것이다. 그리고 寒岡은 外職에 있으면서 殘敗된 나머지를 수습하고 民心을 慰撫하는 데 盡力하였음도 살펴보았다.

부모와 처자를 돌보기 위해 또는 일신의 안위 때문에 내외직에 있던 많은 수의 臣僚들이 현직을 이탈하고 관인으로서의 생활 자세가 흐트러진 경우가 허다하였다는 점을 감안한다면 이들은 활동 내용을 차치하더라도 그 나름대로의 의미를 획득한다고도 하겠다. 그런데다 맡은 임무마다에 최선을 다하여 積極的으로 대처하였던 점은, 이들이 모두 南冥의 門人으로서 南冥의 現實에 대한 積極的인 態度와 學問에 대한 實質的인 姿勢에 깊은 영향을 받은 것으로 생각된다.

壬亂 倡義人脈 小考
- 『茅谿日錄』을 중심으로 -

Ⅰ. 머리말

임진왜란 당시에 경상우도에서 의병을 일으킨 사람들은 대부분 南冥 曺植(1501~1572)의 문인이거나 來庵 鄭仁弘(1536~1623)의 문인이라고 대체로 알려져 있다. 남명의 문인에 대해서는 남명 몰후 즉시 사우연원록이 편찬되었으므로, 오늘에 와서는 혹 빠진 부분을 보충할 수 있을지는 몰라도 문인인지 아닌지의 여부를 가려야 할 정도는 아니다. 그러나 내암의 문인에 대해서는 이를 단순히 처리할 수 없는 측면이 있다. 즉 내암이 계해정변에 의해 처형되고부터, 화란을 염려한 후손들이 내암의 문인들을 대개 내암과 가까이 살았던 寒岡 鄭逑(1543~1620)의 문인으로 기록하고 있는 경우가 대부분이기 때문이다.

내암과 한강은 지리적으로도 서로 가까이 살았고, 또 동문이라는 인연으로 인해 서로 가까이 지내면서, 둘 다 같이 명망이 있었으므로, 지금에 와서 이들에게 종유한 사람들이 과연 누구의 문인인가를 구별하는 것은 사실 지극히 어려운 작업이다. 그러나 이를 구별하지 않고 한강의 문인록을 그대로 인용하는 것도 문제가 있거니와, 구체적인 증거도 없이 그저 심정적으로 '창의에 참여한 사람은 모두 남명의 문인이거나 내암의 문인이거니' 하는 식의 태도도 바람직하지 못하다.

본고는 이 점을 염두에 두고 창의 당시의 인맥을 재구하려는 것이 그 목적이다. 마침 이 지역의 조사과정에서 발견된 『茅谿日錄』[125]이 있어서, 당시의 상황을 비교적 실감나게 이해할 수 있었다. 그래서 이 자료를 중심으로 해서 각지에 산재하는 그 후손들의 족보를 통해 혼인관계를 파악하고, 이를 종합하여 인맥을 분석해 보려고 한다.

Ⅱ. 倡義人脈과 『茅谿日錄』

『모계일록』은 茅谿 文緯(1554~1632)가 쓴 일기체 기록이다. 모계가 태어난 곳은 거창 가조현인데, 지금의 거창군 가북면 용산리이다. 용산리는 원천 마을과 이웃해 있는데, 원천 마을에는 南冥과 德溪 吳健(1521~1574)의 문인으로 알려진 原泉 全八顧(1540~1612)과 原溪 全八及(1542~1613)이 살고 있었다. 전해오는 말로는, 모계가 어려서는 원천에게 글을 배웠다고 한다. 원천은 1589년 정여립의 옥사-세칭 기축옥사에 최영경과 함께 잡혀 갔다가 경상우도 선비들의 연명상소에 힘입어 풀려났다. 이 사건은 원천·원계의 학식과 명망이 상당했음을 충분히 짐작케 하는 것이다. 『모계일록』에 모계가 원천·원계 등과 이웃에서 늘상 만나 經史의 내용에 대해서 토론하고 있는 것을 보아서도 이를 짐작할 수 있다.

『내암집』 부록의 「문인록」에는 원천과 원계가 내암의 문인으로 올라있는데, 나이로 보아서도 그렇거니와 모계가 만나는 사람과의 관계를 통해서 보더라도 내암의 문인으로 보기는 어렵다. 『모계일록』에 원천이 한강과 자주 만나는 기록이 보이는 것으로 보아, 일단 한강과는 매우 가까

---

125 『茅谿日錄』은 필사본으로 전하고 있으며, 모계와 가까이 지냈던 인물들의 여러 문집에서 이 기록을 인용하고 있다. 그러나 온전한 모습이 공개된 적은 없었다.

윘던 것으로 판단된다.

『모계집』의 「연보」에는 21세 때인 갑술년(1574) '여름에 德溪로부터 주역을 배웠고, 이 해 가을에 덕계가 몰하자 寒岡을 따라 講業하였다.'고 기록되어 있다. 그리고 그 주석에 '선생은 정선생과 동문의 의가 있다. 좇아서 어려운 것을 물어 성현의 旨訣을 깊이 체득하였고 薰炙를 통해 서로 발전된 것이 매우 많았다. 부지런히 배우고 힘써 행하였으며, 깊이 연구하여 自得하기를 기약하였다. 정선생이 매우 공경하고 중히 여겨, 당대의 여러 사람 가운데 어질고 배우기 좋아하는 사람을 논할 적에 반드시 선생을 먼저 들었다.'[126]고 표현하고 있다.

그러나 모계가 내암을 師事했다는 기록은 문집의 어느 곳에도 보이지 않고,『모계일록』에도 표면적으로는 분명히 드러나지 않는다.『모계일록』은 현재 1589년부터 시작되기 때문에, 이것으로는 그 이전의 상황을 파악할 수 없다. 그러나 1589년 1월 1일부터 1593년 3월 26일까지 기록된 이 『모계일록』에는 주로 모계가 어떤 사람과 만나고 있는지를 매우 충실하게 보여 주고 있기 때문에, 이를 통하여 모계 및 그가 자주 만나고 있는 사람들의 학맥을 추정해 볼 수 있다.

그런데『모계일록』을 보는 데에는 상당한 조심성이 요구된다. 비판적으로 보지 않고 표면적 기록에만 의지하면 사실을 왜곡할 가능성이 있다. 『모계일록』은 분명히 모계가 기록한 것이지만, 현전하고 있는 것은 모계 몰후에 다시 필사된 것이다. 이 과정에서 모계를 한강과는 사생관계로, 내암과는 무관한 관계로 드러내려고 무척 많은 노력을 기울였으며, 따라서

---

126 『茅谿集』,「茅谿先生年譜」張2, "先生與鄭先生有同門之義 從而問難 得聞聖賢之旨 薰炙相長者 益親且切 勤苦力行 以深造自得爲期 鄭先生甚重敬焉 論一時諸子中賢而好學 必以先生爲首. 이와 거의 같은 내용이 『畏齋集』,「年譜」에도 보인다.(『韓國文集叢刊』63 p.236上左)

모계와 교제하고 있는 많은 사람들이 내암과는 대체로 무관하고 한강과는 밀접한 관계가 있는 것으로 이해되도록 하였다.

한강이 1579년에 「유가야산록」에서 이미 내암의 문인이라고 지적했던 文勉, 周國新, 文弘道, 曹應仁, 河渾, 文景虎 등[127]이 『모계일록』에 매우 자주 등장하며, 모계가 靈山의 처가를 왕래하면서 이들을 자주 만나는데도 불구하고, 내암을 만났다는 기록은 단 한 번만 있을 뿐 내암과 직접 관계되는 이야기는 보이지 않는다. 이는 다시 필사하는 과정에서 내암 관련 기사를 산삭했다는 증거가 된다.

그렇다고 그가 교제한 많은 사람들이 모두 내암의 문인이기만 한 것은 아니다. 많은 사람들이 내암과 한강 兩門下에 동시에 출입했기 때문에, 내암의 문인이라고 판단되는 사람들이 『檜淵及門諸賢錄』에 이름이 오를 수 있었던 것이다. 내암과 한강은 伽倻山 東麓을 사이에 두고 산길로 30리 정도의 거리에 각각 살고 있었고, 서로 친하게 지냈기 때문에 문인들이 서로 겹칠 수밖에 없었다. 그러나 모계가 일록을 남기던 시점에는 여러 모로 보아 내암의 聲價가 더 알려졌다고 보는 것이 공정할 것이고, 그렇다면 모계를 비롯한 『모계일록』에 등장하는 많은 사람들을 대부분 내암의 문인으로 판단할 수 있다.

그런데 모계가 내암의 문인이라는 것은 아직까지 아무도 언급한 적이 없다. 모계는 임진왜란 때 송암의 幕下에서 기록을 담당했고, 그와 자주 만났던 사람 가운데 의병활동에 참여하였던 사람들이 상당히 많다. 임진왜란 당시에 寒岡은 강원도 통천군수로 재임하고 있었기 때문에, 경상우

---

127 鄭逑, 『寒岡集』 卷9 張41左 및 張42右, "至知足菴 鄭德遠李季郁金志海金渾源 相聚以待矣 …… 向夕 文勉周國新文弘道曹應仁諸秀才俱來 爲拜其師也 …… 河性源文君燮 來拜其師 德遠與其門徒 分作一隊." *文勉은 文弘道(1553~1603)의 아버지이므로 나이로 보아 來庵의 門人이라고 하기 어렵다. 文勉의 아우에 愚谷 文勀(1550~1593)이 있는데, 『寒岡集』의 '勉'은 '勀'의 誤字가 아닌가 한다.

도 지역의 의병활동은 남명문인 가운데 당시 그 지역에 있으면서 정신적 지주 역할을 담당하였던 來庵에 의해 주도될 수밖에 없었다. 이때 내암의 문인이거나 양 문하에 동시에 출입했던 사람은 쉽게 동참할 수 있었겠지만 한강의 문인이기만 한 사람들은 동참하기가 어려웠을 것이다. 이런 상황으로 본다면 모계가 한강의 문인이기도 하지만 내암의 문인이기도 하다는 것을 알 수 있고, 그와 교제하던 많은 사람들이 내암과 깊은 관련이 있다는 것을 알 수 있다.

이에 『모계일록』을 중심으로 임란 창의인물을 분석하되, 지금까지 내암 문인으로 알려진 인물에 대하여는 혼맥을 통하여 그 관계를 점검해 보고, 이를 통하여 지금까지 내암의 문인으로 알려지지 않았던 인물에 대하여까지 확대하여 그 인맥을 밝혀 보려 한다.

Ⅲ. 倡義人脈 分析

기축년(1589) 1월부터 임진년(1592) 5월까지 『모계일록』에 기재된 인물을 빈도별로 정리한 것이 다음의 표이다. 모두 146명인데, 부모·형제 등과 같은 가까운 가족은 제외되었다.

〈『모계일록』에 등장하는 인물들〉

인명	횟수	생몰년	인명	횟수	생몰년	인명	횟수	생몰년
全八顧	48	1540~1612	愼弘彦	03		李孝叔	01	
鄭逑	32	1543~1620	姜翼文	03	1568~1648	盧戒後	01	
李大一	31		李大期	03	1551~1628	河衛國	01	
裵大維	21	1563~1632	郭䞭	03	1551~1597	文昱	01	
李善胤	19	1558~1630	朴惺	03	1549~1606	李東勳	01	
李道孜	17	1559~1642	崔永慶	03	1529~1590	章應河	01	
愼之彦	15		金得秋	02		愼宏	01	

盧勝	15	1572~1607	朴纉叔	02		辛明濟	01	
愼審	14		鄭仁洽	02	1545~1608	全夢龍	01	
安德甫	12		李서	02	1566~1651	愼宣	01	
文景虎	11	1556~1619	羅勿堅	02		全寅仲	01	
河渾	11	1548~1620	李弘量	02		鄭公叔	01	
尹景男	10	1556~?	李崇慶	02		鄭訥	01	
曺應仁	10	1556~1624	姜繗	02	1568~	李大新	01	
朴而章	09	1547~1622	尹大衡	02		鄭善叔	01	
全八及	09	1542~1613	李天封	02	1567~1634	鄭承魯	01	
李宜潤	08	1564~1597	吳長	02	1565~1617	鄭履謙	01	
卞汝潤	08		李屹	02	1557~1627	鄭師哲	01	
安善繼	08		李惟諴	02	1557~1609	鄭光天	01	1553~1594
李承	08	1552~1598	文勵	02	1553~1605	金時見	01	
梁克實	07		鄭仁濬	02	1551~1625	貞晦	01	
朴仝	07	~1597	文劼	02	1550~1593	趙幹甫	01	
朴廷璠	07	1550~1611	李魯	02	1544~1598	曺次矴	01	1560~1645
李義植	06		河應圖	02	1540~1610	愼元益	01	
强之	06		張應麟	01		周善叔	01	
李道由	06	1566~1649	李鏴	01	1552~	仲修	01	
全汝栗	06	1561~1595	姜允化	01		崔景雲	01	
和彦	05		离伯	01		愼定	01	
鄭樺	05	1569~1614	裵大復	01		愼宗紀	01	
金弘彦	05		李碩慶	01	1543~1628	金慶佑	01	
金景謹	05	1559~1597	盧毅夫	01		李東紀	01	
金沔	05	1541~1593	德久	01		河夢介	01	
周國新	04		强而	01		金子修	01	
權瀁	04		卞渾	01		姜台化	01	
崔德鵬	04		李洋	01		子擧	01	
辛礎	04	1549~1618	魚雲起	01		李亨	01	
崔君達	04		尹起男	01		文士英	01	1568~
辛邦楫	04	1556~?	李墒	01		金應成	01	1566~1614
兪諧	04	1565~1612	馬大日	01		柳仲龍	01	1558~1635
裵大綸	04	1569~1605	李應奎	01		李天培	01	1558~1604
文弘道	04	1553~1603	李應期	01		裵亨遠	01	1552~
宋遠器	04	1548~1617	李仁岐	01		裵明遠	01	1542~1593
表海宗	03		士孝	01		李瀞	01	1541~1613
子貞	03		李子實	01		李起春	01	1541~1597
金得男	03		徐惠仲	01		鄭仁弘	01	1536~1623

吳繼天	03		孫承義	01		朴齊仁	01	1536~1618
卞希琛	03		李宜澄	01	1568~1596	金大鳴	01	1536~1603
裵大行	03		魚澤普	01				

　모계는 그 동안 한강과 32차에 걸쳐 만나거나 편지를 주고받는데, 이 것은 물론 한강과의 관계가 범상하지 않음을 대변하는 것이기는 하다. 그 렇다고 해서 앞에서 언급한 것처럼 모계가 한 번 밖에 만났다는 기록이 없는 내암과 무관하다고 해서는 안 된다.[128] 도표에서 보다시피『한강집』, 「유가야산록」에서 한강이 내암의 문인이라고 지적한 문경호, 하혼, 조응 인 등을 모계가 그 동안 모두 10회 이상 만나고 있는 것으로 보아 상당히 친한 사이라는 것을 알 수 있거니와, 그밖에 모계가 자주 만나고 있는 인 물들이 대체로 내암의 문인임을 감안하면, 앞에서도 언급하였듯이 모계는 한강의 문인이기도 하지만 내암의 문인이기도 하며, 오히려 내암 쪽에 더 가까운 문인이라고 판단되는 것이다.

　모계는 31세 때(1584)에 상처하고, 그 뒤 밀양박씨와 혼인하여 1588년 7월에 아들 성후를 낳는다. 그리고 그 부인이 1591년 2월에 신행을 한다. 이 기간 동안 모계는 밀양박씨의 친정인 영산에 자주 출입을 하는데,『모 계일록』이 시작되는 1589년부터의 기록에서 이를 충분히 알 수 있다. 그 런데 영산에서 가장 자주 만나는 사람이 慕亭 裵大維(1563~1632)와 畏齋

---

128 江皐(柳尋春, 1762~1830)가 찬한「茅谿集序」에는 모계와 내암의 관계에 대하여 다음과 같이 언급하고 있다. "혼암한 조정에 정치가 어지러워 간사한 무리들이 모두 모여들어 윤리를 막고 어진 이를 죽이는 것을 일삼는 지경에 이름에, 선 생의 거처는 합천과 일사 정도밖에 떨어져 있지 않고 또 그와 舊分이 있었지만, 이에 의연히 그와 절교하고 서로 알리지 않았다.[逮夫昏朝政亂 群壬駢集 以斁倫 戕賢爲事 則先生居近江陽一舍 且與之有舊 而乃毅然絶之不相聞]" 여기서 내암과 舊分이 있었다고 한 것은 당시 형편으로 보아 '師生關係'라고 표현할 수 없어서 그저 '舊分' 정도로 표현한 것이라고 판단된다.

李厚慶(1558~1630)이고, 慕亭은 茅谿의 부인 밀양박씨와 內外從間이다.[129]

　모정은 1608년 문과에 급제하여 광해군 때 줄곧 벼슬길에 있었으며, 1623년 계해정변 당시에 병조 참지였다. 그리고 산해정 자리에 세운 신산서원의 기문을 지었으며, 내암이 지은 남명선생신도비의 비문 글씨를 쓰기도 했던 인물이다.[130] 이런 점으로 미루어 보아 모정은 내암의 문인임이 틀림없다. 또한 모정은 玉洞 文益成(1526~1584)의 女婿이고, 앞서 언급한 바 있는 내암 문인 愚谷 文勏(1550~1593), 泰巖 文弘道(1553~1603)이 옥동의 조카이며, 옥동의 아들인 雪溪 文勵(1553~1605)도 내암 문인이다.[131]

　내암의 문인으로 알려지지 않은 사람 가운데 모계가 자주 만나고 있는 瀯湖 尹景男(1556~?)은 내암의 문인으로 보는 것이 마땅하다. 왜냐하면 영호는 모계와 자주 만났고 임란 때 의병활동에 참여하였을 뿐만 아니라, 내암의 문인인 道溪 盧士尙(1559~1598)가 그의 매부이고 자신의 손자 瑛이 내암의 손자 鄭棱의 딸과 혼인을 하였던 것[132] 등을 보아서 이를 짐작할 수 있다.

　또 내암의 문인으로 들 수 있는 사람이 바로 鶴巖 朴廷璠(1550~1611)이다. 학암은 『來庵集』의 문인록에는 '朴君信'으로 올라 있어 字를 이름으로 오인케 할 뿐만 아니라 나머지 다른 사항은 전혀 기록하지 않고 있어서 그 자체만으로는 문인으로 판단하기 어렵다. 게다가 『학암집』에서는 한강 문인으로 부각시켜 서술하고 있다. 그런데 최근 필자가 입수한 『傳家規範』[133]의 「季父主行錄」이란 글을 통하여 학암이 내암의 문인이고

---

129 <부록> 자료18 참조.

130 『慕亭集』卷3 張25~26,「新山書院記」,“戊申春 …… 就亭之遺址 爲肯構計 士庶協力 越二年成 上命賜新山額 …… 小子生晚 長以未及門爲恨 去歲忝寫先生神道碑 祗謁德川廟庭.”

131 <부록> 자료8 참조.

132 <부록> 자료14 참조.

학암의 조카와 종손자들이 모두 내암의 문인이라는 사실이 드러났다.

　　일찍이 궁마를 일삼았으며 재예가 절륜하였다. 중부에게 출계한 뒤로 서울을 왕래하면서 몸에 걸치는 여러 가지 물건을 화려하게 하기에 힘을 쓰니, 당시 고향 사람들이 사치하는 사람으로 일컬었다. 그러나 한 번 선생을 배알한 뒤로는 옛 습관을 다 버리고 한결같이 선을 향하는 마음을 가졌으며, 교유도 반드시 가려서 하였던 바 곽 존재, 박대암과 가장 친하였다. …… 본디 산수를 좋아하여 집의 동쪽과 북쪽에 정사를 지었으니, 하나는 鶴巖亭이요 하나는 浮來亭이다. 좌우에 도서를 벌여 놓고 날마다 그 사이에서 嘯詠하였다. 앞뒤로 소인과 묵객 가운데 그 정자에 올라 풍월을 읊조린 이가 한둘이 아니었다. 그러나 다만 선생께서 지어서 내려 주신 절구시를 학암정의 문미에 걸어 두고 조석으로 마주 하였으니, 그 우아한 생각을 여기서 알 수 있다. …… 수년 이래 선생의 명령에 따라 더욱 『근사록』을 보기를 마지않았다. 향리의 어리석은 사람들과 몇몇 동지들을 위하여 文淵 위에 서실을 지어 초하루와 보름에 강학을 하여 학업에 힘쓰기를 권하며, 거듭 부모를 섬기고 어른을 공경하는 의리를 강조하였다. 이로부터 사람들이 昇降의 절도를 알아 유익한 바가 많았다. …… 대체로 그 학문이 어느 정도인지 나로서는 알지 못하겠으나, 평생 마음을 제어하되, 한결같이 선생의 뜻을 저버리지 말아야 한다는 것으로써 위주를 삼았다.
　　의인 곽씨 ……
　　이상은 내가 起草하여 宗胄로 하여금 來庵선생께 바쳐서 誌文을 청한 것이다.[134]

----

133 『傳家規範』이라는 책자는 효성여대 국문과를 정년퇴임한 朴恩用 교수로부터 입수한 자료로, 학암의 조카 笑皐 朴光先(1569~1631)이 비망록 형식으로 기록해 둔 것으로 보이며, 필사본이다. 원래 이 책자는 고령군 우곡면 桃津 마을의 고령박씨 竹淵(朴潤, 1517~1572) 종택에 있던 것이라고 한다.

134 『傳家規範』, 「季父主行錄」, "早事弓馬 才藝絶倫 出繼仲父之後 往來京洛 奉身諸

이 글은, 학암이 내암을 높이 존경하였다는 것은 물론 이 글을 쓴 笑皐 朴光先(1569~1631)도 내암을 매우 존경하고 있음을 보여준다. 또한 이 인용문을 통해서 지금 유통되고 있는 『학암집』의 학암 관계 기록이 얼마나 변질된 것인가 하는 점도 충분히 알 수 있다. 계해정변 이후에 위와 같은 글로는 아무에게도 글을 받을 수 없게 되었고, 그 과정에서 친하게 지내면서 모르는 것을 묻기도 하였던 畏友로서의 한강을 스승으로 대체하였던 것이다.

이 기록은 내암을 스승으로 생각하고 있으면서 한편으로 한강을 스승으로 생각하고 있는 笑皐의 기록이기 때문에 더욱 신빙할 수밖에 없다. 즉 『가전규범』에는 소고가 1615년 5월 자신의 두 아들이 문과에 급제한 것을 사당에 고하는 예에 대해 내암에게 올린 問目이 있고, 같은 해 10월 자신의 아버지 養竹堂 朴廷琬(1543~1613)의 大祥 때 한강에게 올린 문목이 남아 있다. 그리고 여기에는 출계한 자신의 아들 종윤이 養母의 상복을 입는 문제로 1613년 2월 15일에 내암에게 올린 문목이 있고, 1608년 12월 29일에는 한강에게 올린 문목이 있고, 1613년 4월 4일에는 내암에게 올린 문목이 있다. 이 정도의 글만으로도 소고가 내암과 한강을 동시에 사사하였음을 알 수 있고, 위의 인용문과 관련지어 볼 때 그가 내암에게 더 경도되어 있음을 알 수 있다.

소고의 두 아들 宗胄(1591~1623), 宗胤(1594~1645) 및 생질 吳益煥

具 務極繁華 一時鄕里 以奢侈稱 一拜先生之後 盡棄舊習 一以向善爲心 交遊必擇 與郭存齋朴大庵最善 …… 素愛山水 構精舍於家之東北 一曰鶴巖 一曰浮來 左圖 右書 日以嘯咏於其間 前後騷人墨客 登其亭而咏風月者 固非一二 而只以先生所題 賜字絶句 揭於鶴亭之楣間 朝夕相對 其雅想於此可知 …… 數年來承先生命 尤於 近思錄 披閱不釋 爲鄕里蒙輩與若干同志 建書室於文淵之上 朔望講學 以責其勤慢 申之以事親敬長之義 自此之後 庶知升降之節 人多所益 …… 蓋爲學則未知其如 何 而平生制心 一以勿負先生爲主. 已上吾起草使宗胄進呈來庵先生前請誌文."

(1594~1645)135이 1615년 문과에 同榜及第하였다. 오익환의 아버지인 洛厓 吳汝橃(1561~1633)은 1613년에 문과에 급제하고 笑皐도 1618년에 문과에 급제하였다. 급제후 이들은 계해정변 때까지 淸要職을 두루 역임하였다.136 이런 정황으로 보아 이들이 大北 세력과 밀접한 관련이 있는, 내암의 핵심 측근이라는 것을 알 수 있고, 따라서 이들을 내암의 문인으로 분류하는 데에는 아무런 문제가 없을 것이다.

앞에서 언급한 것처럼 陶村 曺應仁(1556~1624)은 한강이 인정한 내암의 문인이므로 『檜淵及門諸賢錄』에 이름이 올라 있는 것은 큰 의미가 없다. 특히 그 아들인 曺挺立(1583~1660)과 曺挺生(1589~?)이 1609년과 1613년의 문과에 급제하여 계해정변 때까지 청요직을 두루 역임하는 것으로 보아 내암의 문인으로 인정할 수밖에 없는데다, 『光海君日記』에 직접 내암의 문인으로 지적하고 있으므로 두말 할 필요가 없다.

도촌과 그 아들들, 낙애와 그 아들들 및 소고와 그 아들들은 조정에서 같은 시기에 청요직을 번갈아가며 맡는데, 이들은 내암의 문인이면서 서로 인척관계로 맺어져 있다.137 艶菴(姜翼文, 1568~1648)은 도촌의 姉夫 이득남의 孫女壻인데, 이들과 비슷하게 벼슬살이를 하고 있다.138

....

135 오익환은 내암 손자 稜(1590~1619)의 처남이다. <부록> 자료29 참조.

136 朴光先은 1620.12.27 司諫院正言, 1621.윤2.23 侍講院司書, 1621.8.7 司憲府掌令, 1622.4.6 兼侍講院弼善 등을 역임하였으며, 朴宗胄는 1618.5.11 弘文館副校理, 1618.7.18 吏曹佐郞, 1623.3.12 分承旨 등을 역임하였으며, 朴宗胤은 1620.9.16 藝文館奉敎, 1621.4.2 弘文館副修撰, 1621.12.15 弘文館修撰, 1622.12.28 吏曹佐郞을 역임하였으며, 吳汝橃은 1622.10.20 弘文館副應敎를 역임하였고, 吳益煥은 1620.12.1 弘文館副修撰을 역임하였으며, 曺挺立은 1620.11.5에, 曺挺生은 1621. 윤2.23에 각각 司諫院正言을 제수받았다.

137 <부록> 자료35 참조.

138 『光海君日記』卷43 張1(光海君3年辛亥七月庚子), " …… 柳潚副校理曺挺立兼說書 …… 姜翼文持平."이라 하고 주석에서, "柳潚曺挺立姜翼文 皆爾瞻之徒黨 凡

그런데 1613년 癸丑獄事 때 永昌大君에 대하여 討逆의 논리를 편 大北의 주장에 반대하여 全恩說을 편 中北 세력이 탄생하게 된다. 영남의 인물로 중북을 대표하는 이가 桐溪 鄭蘊(1569~1641)이었고, 이를 지지하는 사람들이 雪壑 李大期(1551~1628), 嶧陽 文景虎(1556~1619), 思湖 吳長(1565~1617), 寒沙 姜大遂(1591~1658) 등이었다. 중북의 논리는 바로 한강의 논리이기도 하므로, 대체로 중북의 논리에 찬동하는 이들이 『회연급문제현록』에 많이 올라 있다. 그러나 이는 어디까지나 결과론적으로 본 것이고, 실제로 이들은 당시에 내암 문인으로서 자처하고 있었던 것이 분명하다.

동계가 이미 제주도의 대정에 위리안치된 후 宋興周·吳長 등이 동계의 의견에 동조하였고, 이에 대하여 鄭潔, 韓會, 閔潔 등이 강력한 처벌을 요구하였는데, 李大期·文景虎 등이 道內에 通文을 보내 정결, 한회 등에 대하여 停擧하도록 하였다. 이때 정결, 한회 쪽에서 올린 상소문 가운데 文景虎·李大期·姜大遂 등을 가리켜 "위로는 군부를 저버리고 아래로는 그 스승을 배반했다.[上負君父 下背其師]"139라 표현한 것이 있다. 여기서는 이 논의의 잘잘못에 대해서는 논급할 겨를이 없다.140 이 표현을 통해서 雪壑·思湖 등이 내암의 문인이었음을 확인할 수 있다는 점이 중요하다.

『모계일록』에 보이는 姜綖(1568~?)은 한강의 長女婿이다. 1603년에는 내암의 편에 서서 梁弘澍를 탄핵하는 상소를 올렸고, 1608년에는 내암이

．．．．．．．．．．．．．．．．．．．．

所援引 各有其類 稱爲大北小北 而是時爲盛."이라 하였다. 이이첨이 내암의 문인으로 자처하였으므로, 여기서 이들을 지칭하면서 '이첨의 도당'이라고 표현한 것은 이들이 내암의 문인이란 표현에 다름 아니다.

139 國史編纂委員會, 『朝鮮王朝實錄』 卷32 P.355 (광해군7년 을묘정월17일) 참조.
140 물론 이 논의는 내암과 한강의 관계를 정리할 때 매우 중요한 역할을 하리라고 본다. 그러나 여기서는 인맥을 찾는 데 주안점을 두었으므로, 이 점은 다른 기회로 미루고자 한다.

宣祖의 노여움을 받아 귀양간 후 광해군이 즉위하자 그가 곧바로 상소하여 당시 영의정이던 유영경을 공격하면서 내암을 伸救하였다.[141] 이로 보아 그가 내암의 문인임을 알 수 있거니와, 그렇다고 한강의 문인이 아니라고 할 수도 없을 것이다. 그러나 1613년 문과에 급제하여 正言·持平·掌令·校理·副修撰 등 淸職을 두루 역임하였고, 실록 주석에 그가 내암의 문인으로 표기되어 있는 것으로 보면,[142] 그는 내암과 더 가까웠던 것이다.

蘆坡 李屹[143](1557~1627)도 내암 문인으로 알려져 있지 않은 인물이다. 행장이나 연보에는 남명 문인인 伯父 李喜生에게 배운 것으로 되어있다. 그러나 그가 11세 때 山齋에서 周國新[144]과 함께 글을 읽었다고 하는 연보의 기록,「陜川郡人伸救姜翼文疏」, 鄭仁濬·文緯·鄭蘊·鄭暄 등과의 교제[145] 및 집안의 혼인 관계[146] 등을 감안하면 내암의 문인일 가능성이크다. 특히 노파는 합천과 가까운 삼가에 있으면서 남명을 제향하고 있는 龍巖書院 원장을 지내는 등 상당한 명망이 있었고, 내암의 문인들이나 그 측근 인사를 잘 알고 지내는 것 등이 그 증거라 할 수 있다.

....

141 국사편찬위원회,『조선왕조실록』권31 p.262, 光海卽位年 戊申 2月 丙寅, "慶尙道儒生姜繗等上疏曰 臣等伏見鄭仁弘之疏 言雖觸忌 心則盡忠 而柳永慶 一則曰挾心不少 二則曰必有所以然 醞釀禍胎 萋萋成文 …… 伏願殿下曲察仁弘憂國之懇洞燭奸黨欺罔之狀 亟寢竄逐之命."

142 국사편찬위원회,『조선왕조실록』권33 p. 228上右, 光海君 11년 己未 4월 甲子에 "姜繗을 副修撰으로 삼았다.[姜繗副修撰]"라고 하고, 그 주석에 "繗은 仁弘의 門徒이다.[繗仁弘門徒也]"라 하였다.

143 『조선왕조실록』색인편의 蘆坡 李屹에 관한 기록은 梧溪 李忔(1568~1630)의 기록과 많이 착종되어 나타나므로 조심해서 보아야 할 것이다. 즉, 龜城府使·宗簿寺正이 되었다는 기록이나 金悌男과 관련되었다는 기록은 모두 梧溪에 관한 기록이다.

144 내암의 문인이다. 주석 3) 참조.

145 姜翼文, 鄭暄, 鄭仁濬, 文緯, 鄭蘊 등은 모두 來庵의 門人이다.

146 <부록> 자료4 참조

이밖에도 『모계일록』에 나오는 인물 가운데 내암의 문인일 가능성이 높은 인물들이 적지 않다. 예를 들면 龍潭(朴而章, 1547~1622), 大庵(朴惺, 1549~1606), 存齋(郭越, 1551~1597), 汀谷(裵亨遠, 1552~?), 漁適(柳仲龍, 1558~1635) 형제 등이 이에 해당한다.

Ⅳ. 맺음말

임진왜란을 당해서 창의했던 인물에 대하여 지금까지 학계에서 적지 않게 연구해 왔다. 특히 개별인물의 활동을 중심으로 많이 연구했고, 묶어서 포괄적으로 연구한 것은 별로 없는 형편이다. 특히 창의 인물의 인맥을 따지는 작업은 이제까지 없었던 것으로 안다. 다만 이수건 교수가 『남명학연구』 2집의 「남명학과 의병활동의 역사적 의의」에서 발표한 것에 이 관계 기록이 조금 있기는 하지만 이 방면에 대한 본격적인 연구라고 하기는 어려운 것으로 판단된다.

2책의 단행본(양장본)으로 간행된 『내암집』 말미에 부록으로 「문인록」이 수록되어 있다. 여기에는 내암 문인으로 인정되는 인물이라 할지라도 성과 자로 쓰여져 있고 다른 기록은 전혀 없는 경우도 있는데, 鄭士古(鄭淳)·河性源(河渾)·朴君信(朴廷璠)·李仲發(李天培)·鄭德美(來庵의 從弟 鄭仁徽)·鄭雲叟(鄭仁榮의 아들 鄭溶) 등이 그 예이다. 그리고 문인으로 볼 수 없는 사람이 등재되어 있는데, 裵明遠(1542~1593)·全八顧(1540~1612)·全八及(1542~1613)·李瀞(1541~1613) 등이 그 예이다.

그리고 『모계일록』에 등장하는 많은 인물들이 이제까지 언급한 것처럼 내암의 문인으로 파악되는 바, 이들 및 이제까지 알려진 내암 문인을 지역별로 구분하면 다음 표와 같다.

〈지역별 來庵의 師友 및 門人〉

지역	來庵의 門人	來庵의 師友	비고
陜川	朴而立·朴而章·鄭深·鄭瀁	朴而絢·裵明遠	서산정씨·순천박씨
	裵亨遠·許從善·文景虎·河渾	朴良佐	남평문씨·진양하씨
	文弘道·曺應仁·姜翼文·文勵		진양강씨·창녕조씨
	鄭仁濬·文弘遠·鄭湛·鄭潔		하양허씨·분성배씨
	文劼·文勀·姜大遂·鄭浣		
	鄭仁徽·鄭滰·韓會·許膺善		청주한씨
	周國新		상주주씨
星州	朴子羽·朴東立·朴斯立·朴中立	金宇顒·鄭逑	순천박씨·전주이씨
	朴翻·李承·李天埴	朴光後	경산이씨
高靈	朴廷璠·金應成·朴光先·朴宗胄	朴廷琬·李起春·金沔	고령박씨·고창오씨
	朴宗胤·吳汝櫶·吳汝橃·吳益煥		
	朴元甲·朴昌先		
草溪	全雨·李大期·全霽	全致遠	완산전씨·전의이씨
居昌	文緯·尹景男·愼汝栗·尹英男	全八顧·全八及	남평문씨·파평윤씨
	卞希璜·卞淸·卞渾·愼守		밀양변씨·거창신씨
	李義植·全汝慄·全封·愼定		
安義	鄭蘊·林眞怤	鄭惟明·成彭年	초계정씨·은진임씨
咸陽	朴汝樑·鄭慶雲·朴선·姜繗	盧士豫·盧士訓	밀양·나주박씨·진양
	姜應璜·朴文영·盧士尙·鄭淳	盧士誨·梁喜	정씨·강씨·풍천노씨
山淸	金景謹	吳健·吳僴	상산김씨
晉州	朴敏·鄭暄·河憕	崔永慶·河沆·李瀞	태안박씨·연일정씨
三嘉	李屹·宋遠器·尹鐸·尹銑		벽진이씨·파평윤씨
	朴思齊·許燉·朴燁		죽산박씨·김해허씨
靈山	裵大維·李道孜·辛邦楫·辛礎		분성배씨·벽진이씨
	李厚慶·李道由·李道純		영산신씨
玄風	朴惺·郭趪	곽율·郭再祐	밀양박씨·현풍곽씨

〈모계와 관련한 인물 및 의병 활동과 관련한 인물〉

姜克修(繗)	尹汝逑(尹景男)
姜克新	尹鎭紀
姜熒	李季容(弘宇)
姜裕奉伯丈	李大新
姜允化	李東勳
强而	李明之(道純)
姜翼文	离伯

强之	李서
姜台化	李善吉
建明(이의식)	李善述(承)
景達	李善裕
景實(박선)	李善胤
郭守(곽율)	李善胤書
郭養靜(곽준)	李粹然
權景止(권양)	李守而
權九振(起大)	李汝善
金慶祐	李汝實(惟誠)
金大鳴	李汝唯(魯)
金德宏	李汝涵(瀞)
金得南(應久)	李玉山(起春)
金得秋(時可)	李應奎
金錫昻	李應期
金松菴(김면)	李宜潤
金時見	李義禛
金應成(仲時, 玉谷)	李宜澄
金而信(金景謹)	李仁岐
金子修	李任重(大期)
金定虜	李子實
金弘彦	李仲容(弘量)
羅勿堅	李至之(道攷)
盧戒後	李至之大人(李碩慶)
盧毅夫	李集
盧而復(勝)	李天培(景發)
大德	李天封(叔發)
德丘	李渾然(洋)
德隆	李和彦(希雍)
德濟大人	李孝叔
文可晦(文昱)	李屹
文君變(景虎)	子擧書
文士英	子誠
文汝中(文弘道)	子貞
文子復(文劼)	張安世丈
文子復伯丈	章應河
文子善(勵)	張浚
朴君信(廷璠)	全景追

朴大菴(惺)	全景弼
朴叔彬(而章)	全夢龍
朴仲思(齊賢)	全寅仲
朴纘叔	鄭公叔
裵君吉(亨遠)	鄭光天
裵君晦(明遠)	鄭來菴
裵大倫(綸)	鄭訥
裵大復	鄭大成
裵大行	鄭德淵
裵子張(大維)	鄭德凝書
卞汝潤	鄭師哲(林下)
卞子潤	鄭善叔
卞渾(明叔, 卞朔州)	鄭承魯
卞希琮	丁岩壽
士孝	鄭履謙(守益)
徐惠仲	鄭直甫
宋遠器(學懋)	貞晦
愼宏	趙幹甫
辛明濟	曹善伯
愼宣(子平)	曹次矴
愼審	周善叔
愼汝栗	仲修
辛汝濟(邦楫)	天元
愼元益丈	崔景運
愼定(靜彦)	崔君達
辛支叟(礎)	崔德鵬(文中 改明瑞, 壬戌生)
愼之彦	崔守愚堂
愼弘彦	崔潤澤
岳君	表海宗
安德甫	河夢介
安善繼	河性源
梁克實	河性源書
魚雲起	河元龍(應圖)
魚澤普	河衛國(美夫)
汝實	河沆
汝潤	寒岡
汝中	寒岡書
吳繼天	

吳翼承(長)	
柳汝見(仲龍)	
兪欽哉	
尹起男	
尹大衡	

인명	횟수	생몰년	비고
박숙빈	9	1547~1622	朴而章
전경추	9	1542~1613	全八及
李潤	8		李應仁子
안선계	8		
변여윤	8		
이선술	8	1552~1598	李承
양극실	7		
박경실	7	?~1597	朴선
박군신	7	1550~1611	朴廷璠
이건명	6		李義植
강지	6		
이명지	6	1566~1649	李道由
全汝栗	6	1561~1595	景弼子
화언	5		
정직보	5		
김홍언	5		
김이신	5	1559~1597	金景謹
김송암	5	1541~1593	金沔
주사빈	4		周國新
권경지	4		權濱
신지수	4		
유흠재	4		
辛汝濟	4		
최명서	4		
최군달	4		
裵大綸子誠	4	1569~1605	
문여중	4	1553~1603	文弘道
송학무	4	1548~1617	宋遠器
전경필	48	1540~1612	全八顧
변희종	3		

표해종	3		
배대행	3		
김득남	3		
愼弘彦	3		
오계천	3		
자정	3		
姜翼文	3	1568~1648	
이임중	3	1551~1628	李大期
곽양정	3	1551~1597	郭䞭
박대암	3	1549~1606	朴惺
최수우당	3	1529~1590	崔永慶
한강선생	32	1543~1620	鄭逑
이수이	31		李大一?
윤대형	2		
강극수	2		
박찬숙	2		
덕룡	2		
김득추	2		
이선유	2		
이중용	2		
이서	2		
나물건	2		
이숙발	2	1567~1634	李天封
오익승	2	1565~1617	吳長
李屹	2	1557~1627	
이여실	2	1557~1609	李惟諴
문자선	2	1553~1605	文勵
정덕연	2	1551~1625	鄭仁濬
문자복	2	1550~1593	文劼
이여유	2	1544~1598	李魯
하원룡	2	1540~1610	河應圖
배자장	21	1563~1632	裵大維
이육	1		
최경운	1		
이인기	1		
이자실	1		
전몽룡	1		
이선길	1		

이동훈	1		
어택보	1		
이대신	1		
愼宏	1		
曺次矴	1		
중수	1		
강윤화	1		
李亨	1		
정임하	1		
辛明濟	1		
愼宣	1		
전인중	1		
정승로	1		
강이	1		
장응하	1		
하위국	1		
마대일	1		
이응규	1		
자거	1		
강태화	1		
주선숙	1		
배대복	1		
이징	1		
김경우	1		
장응린	1		
이로(군직)	1		
이양	1		
정회	1		
김시현	1		
어운기	1		
김자수	1		
변혼	1		
하몽개	1		
尹起男	1		
愼元益	1		
노계후	1		
愼定	1		
사효	1		

정공숙	1		
이응기	1		
愼宗紀	1		
노의부	1		
정눌	1		
서혜중	1		
정선숙	1		
덕구	1		
정이겸	1		
손승의	1		
정자회	1		
이효숙	1		
이백	1		
조간보	1		
문가회	1		
이동기	1		
文士英	1	1568~?	
김중시	1	1566~1614	金應成
유여현	1	1558~1635	柳仲龍
이경발	1	1558~1604	李天培
배군길	1	1552~?	裵亨遠
배군회	1	1542~1593	裵明遠
이여함	1	1541~1613	李瀞
이옥산	1	1541~1597	李起春
정내암	1	1536~1623	鄭仁弘
박중사	1	1536~1618	朴齊仁
金大鳴	1	1536~1603	
이선윤	19	1558~1630	李厚慶
이지지	17	1559~1642	李道孜
愼之彦	15		
盧勝	15	1572~1607	
愼審	14		
安德甫	12		
문군변	11	1556~1619	文景虎
하성원	11	1548~1620	河渾
윤여술	10	1556~?	尹景男
조선백	10	1556~1624	曹應仁

韓國儒學史上 南冥學派의 位相(1)
- 癸亥政變을 前後한 時期의 精神史的 誤認을 中心으로 -

Ⅰ. 머리말

유학사나 유학사상사를 서술하면서, 다른 학파와 변별될 만한 사상 체계를 가지고 있는 어느 한 학파를 그 서술에서 제외했다면, 이에 대한 면밀한 검토가 이루어져야 마땅하다고 본다. 한국유학사 가운데 조선시대 중기 이후의 유학사를 서술할 경우에는 당파나 학파를 중심으로 서술하지 않을 수 없는 실정이며, 특히 한국유학사상사를 서술할 경우에는 더욱이 학파를 중심으로 서술하지 않을 수 없다. 왜냐하면 사상의 흐름은 학파 형성의 핵심인 師友를 중심으로 계승·발전되는 속성을 갖고 있기 때문이다.

한국유학사에서 거론될 만한 학파로는 고려말기에서 조선전기에 이르는 영남학파, 영남학파에서 분립된 퇴계학파와 남명학파, 영남학파에 대한 화담학파와 기호학파, 기호남인을 중심으로 하는 실학파 등으로 크게 대별 할 수 있다. 이들 학파들이 유학사상사에서는 물론 정치사에서도 일정한 역할을 남겼음은 다시 말할 필요도 없다.

그런데 기존의 유학사나 유학사상사에서 남명학파에 대한 서술태도는 이해할 수 없을 정도로 소략하거나 무관심하다. 이는 유학사나 유학사상사의 실상에 어긋나는 것이므로 문제 삼지 않을 수 없다. 이 문제가 지금까지 심각하게 제기되지 않았던 것은 남명학파에 대한 연구가 깊이 있게 진행되지 않았던 것이 가장 큰 이유였던 것으로 보인다. 이제 남명학파의 실상에 대한 논문도 나왔으므로,[147] 이 문제에 대한 논의가 본격적으로 제기되어야 마땅할 것으로 생각된다.

Ⅱ. 韓國儒學史에서의 北人에 대한 敍述 態度

한국유학사는 한국유학사상사가 그 핵심일 수밖에 없으며, 유학사상사의 서술은 그 학파를 형성하는 핵심 인물들의 사상을 중심으로 서술될 수밖에 없다. 그런데 지금까지 나온 유학사 또는 유학사상사 가운데 대표적이라 할 수 있는, 裵宗鎬의 『韓國儒學史』(1974), 李丙燾의 『韓國儒學史』(1987), 崔英成의 『韓國儒學思想史』(1995)에는, 북인의 주축이었던 화담학파와 남명학파에 대해서는 거의 다루어져 있지 않거나 매우 부분적으로 다루어져 있다.

우선 裵宗鎬의 『韓國儒學史』를 살펴본다. 이 책은 조선시대 유학사 가운데서 이기론 부분만 다룬 것이다. 정치, 경제, 제도, 예의 등에 대해서는 일체 언급이 없고, 오직 성리학적 이론 탐구의 흐름을 주제별로 정리하고 있어서, '朝鮮時代 理氣心性論 硏究史'의 성격을 띠고 있다.

그래서 저자는 이 책에서 이해의 전제로 程朱의 性理學을 개괄한 뒤 花潭의 氣論과 晦齋의 太極論을 소개함으로써, 한국 성리학이 장차 主氣와 主理로 分派할 터전을 만든 것으로 이해시킨 뒤, 退溪와 栗谷에 의하여 각각 主理와 主氣의 傾向 아래 성리학적 이론이 전개되었다는 내용을, 四

....

147 李相弼, 「南冥學派의 形成과 展開」, 高麗大學校 博士學位論文, 1998.

端七情論이나 人心道心說, 湖洛論爭 등의 주제를 중심으로 서술하고 있다.

이 책은 퇴계와 율곡 및 그 추종자들에 대한 연구로서는 그 대립상까지 잘 드러나 있다고 하겠다. 그러나 주리파로 구분한 인물들 가운데 李葛庵, 李星湖, 李寒洲, 李華西, 奇蘆沙 등에 대해서는 논쟁을 현상적으로 이해하는 것도 중요하지만, 학파의 연원을 추적하면서 그 학설의 차이점을 언급해야 이들 학설 사이의 변별성이 뚜렷이 드러날 수 있을 것이다.

그 다음으로 李丙燾의 『韓國儒學史』를 살펴본다. 이 책은 시기적으로는 삼국시대로부터 조선 말기 까지를 다루고 있고, 政治·制度·禮儀·學術 등 유학 전반을 그 내용으로 다루고 있으므로, 명실상부한 한국유학사라 할 만하다. 그리고 조선시대의 경우 과도기의 유학, 도학정치론의 대두, 화담과 회재의 성리학, 퇴계·율곡과 동시대의 성리학, 학파분렬기의 성리학, 예학의 성립과 당쟁의 심화, 자주적 사상의 태동, 양명학의 전래와 이해, 호락논쟁, 실학사상의 대두와 그 영향, 歐洲文化의 傳來와 葛藤, 조선 말 성리학의 전개 등 12개의 장으로 구성되어 있다. 조선시대 유학사의 다양한 면모가 전반적으로 포괄되었다고 할 수 있으며, 또한 학파분류도 어느 정도 포괄되었다고 할 만하다.

그러나 다음과 같은 몇 가지는 문제점으로 지적될 만하다.

첫째, 도학정치론이 대두된 배경은 설명이 어느 정도 되었으나 기묘사화로 도학정치가 좌절되었다고만 마무리함으로써 그 발전적 계승에 대해서는 일체 언급이 없다.

둘째, 성리학 이론 연구사적인 측면에서는 화담과 회재 및 퇴계와 율곡 등의 성리학 이론을 검토하는 것이 매우 적절한 것이지만, 선조와 광해군 대의 정치현실을 설명하기 위해서는 서인과 남인의 학문 이외에 북인 핵심 인물들의 사상 연원과 그들의 학문을 논하지 않을 수 없는데, 이 부분에 대해서는 일체 언급이 없다.

셋째, 예론이나 자주적 사상, 양명학 등에 대해서도 그 일어난 현상뿐만 아니라 그 연원을 16세기 초반의 학문 분위기 및 이에서 발원한 학파의 학문 성향과 관련시켜 이해해야 유기적일 텐데, 이에 대한 언급이 없다.

넷째 실학사상이 대두된 것을 평지돌출처럼 서술한 것이다.[148]

다섯째, 조선말 성리학의 전개에서 定齋 柳致明, 凝窩 李源祚, 寒洲 李震相, 西山 金興洛 등 영남의 인물들에 대해 일체 언급이 없다.

끝으로 崔英成의 『韓國儒學思想史』를 살펴본다. 이 책은 古代·高麗, 朝鮮前期, 朝鮮後期(上), 朝鮮後期(下) 등으로 나뉘어 모두 4권의 거질로 이루어져 있는바, 지금까지 나온 유학사 내지 유학사상사 가운데 가장 자세한 것이다. 그러나 여기에도 화담학파와 남명학파에 대해서는 자세하게 언급되어 있지 않다. 화담은 주기론의 先河라는 점에서 언급되었고, 「퇴계·율곡 전후의 名儒」라는 小題目에 南冥과 德溪, 守愚堂, 東岡 등은 약 30여 명의 당대 인물과 함께 나열되어 짤막하게 다루어져 있을 뿐이다. 그리고 제 7장 임진왜란과 의리사상에서는 남명학파에 대한 언급이 극히 부분적이고 소제목에서조차 남명학파가 표출되지 않았다.

또 한 가지 지적할 만한 것이 있다. 조선전기 부분의 마지막 장이 임진왜란과 의리사상이고, 조선 후기 첫장이 17세기 중엽 이후 정계 및 학계의 동향으로 시작되는데, 그렇다면 선조 말기 임진왜란 이후 민심을 수습하는 것에서부터 광해군 시대 정계 및 학계의 동향과 계해정변의 원인 등에 대한 서술은 모두 누락된 셈이다. 단순히 보더라도 유학사의 한 부분이 완전히 빠졌다는 점에서 심각한 문제점이 있음은 물론, 특히 임진왜란 이후 선조 말기에서 광해군 시대까지는 흔히 조선전기와 조선 후기의 경계선상에 있는 것으로 이해되고 있기 때문에, 이 시기에 대한 올바른 이

---

148 實學派를 主導한 畿湖南人 가운데 北人의 後裔들이 많다는 점이 연구의 중요한 端初가 될 것으로 보인다.

해는 매우 중요한 의미를 지니고 있다.

III. 癸亥政變의 合理化와 南冥學派의 意義 縮小化

앞에서 든 세 저서에 나타난 문제점을 종합하여 지금도 그렇게 서술될 수밖에 없는 원인을 찾는다면, 그것은 바로 대다수 고금의 학자들이 자의든 타의든 간에 '계해정변의 합리화'에 작용하였기 때문이라고 생각된다. 그리고 계해정변을 합리화하는 과정에서 자연스럽게 남명학파의 유학사적 의의도 축소되었던 것이다.

1. 계해정변의 합리화

계해정변이란 학계의 기존 용어로 말하면 인조반정이다. 反正이란 撥亂反正 즉 撥亂世反諸正[149]에서 나온 말로 亂世를 平定하여 正道의 세상으로 돌아간다는 의미이다. 그러기에 비록 상황이 아무리 어지럽다 하더라도 임금 될 사람이 반정을 일으키는 행위를 할 수는 없다. 인조 당시에는 이를 반정으로 기록하고 인조의 피를 받아 임금을 대대로 계승한 조선 말기까지 이를 정당한 것처럼 사용해 왔으나, 이는 계해년에 일어난 정변[군사쿠데타]이라는 의미에서 계해정변이라 함이 타당하다. 다음은 계해정변 당시의 상황을 기록하고 있는 인조실록 첫 부분이다.

....

149 『春秋公羊傳』 哀公 14年, "撥亂世 反諸正 莫近諸春秋."
　　『史記』, 「太史公自序」, "撥亂世反之正."
　　『漢書』, 「高帝紀」, "撥亂世 反之正" 註釋 '反 還也 還之於正道.'

上이 의병을 일으켜 王大妃를 받들어 복위시킨 다음 대비의 명으로 慶運宮에서 즉위하였다. 光海君을 폐위시켜 江華로 내쫓고 李爾瞻 등을 처형한 다음 전국에 대사령을 내렸다. …… 처음 광해가 東宮에 있을 때 宣廟께서 바꾸려는 의지를 두었었는데, 결국 광해가 왕위를 계승하게 되자 永昌大君을 몹시 시기하고 母后를 원수처럼 보아 그 시기와 의심이 날로 쌓였다. 적신 이이첨과 鄭仁弘 등이 또 그의 악행을 종용하여 臨海君과 영창대군을 島에 안치하여 죽이고 延興府院君 金悌男을 멸족하는 등 여러 차례 大獄을 일으켜 무고한 사람들을 살륙하였다. 上의 막내아우인 綾昌君 李佺도 무고를 입고 죽으니, 원종대왕이 화병으로 돌아갔다. 대비를 西宮에 유폐하고 대비의 존호를 삭제하는 등 그 화를 다 헤아릴 수 없다. 선왕조의 구신들로서 이의를 두는 자는 모두 추방하여 당시 어진 선비가 죄에 걸리지 않으면 초야로 숨어버림으로써 사람들이 모두 불안해하였다. 또 토목 공사를 크게 일으켜 해마다 쉴 새가 없었고, 간신배가 조정에 가득 차고 후궁이 정사를 어지럽히어 크고 작은 벼슬아치의 임명이 모두 뇌물로 거래되었으며, 법도가 없이 가혹하게 거두어들임으로써 백성들이 水火 속에 든 것 같았다. 上이 윤리와 기강이 이미 무너져 종묘사직이 망해가는 것을 보고 개연히 난을 제거하고 反正할 뜻을 두었다.[150]

흔히 알려져 있는 것처럼 첫째 '殺弟廢母'가 정변의 직접적 원인임이 분명히 드러나 있고, 둘째 선왕조의 구신들로서 이의를 두는 자는 모두 정치 일선에서 몰아냄으로써 사람들을 불안케 하였다는 것과, 셋째 토목 공사를 일으키고 뇌물이 횡행하며 세금을 너무 거두어 백성들이 水火에 빠져 있다는 것 등이 가장 큰 이유이다.

윤리와 기강이 무너져 종묘사직이 망해가는 것을 차마 볼 수 없어서 인조가 직접 창의하였다는 기록과 관련시켜 보면, 계해정변 주동자들이

....
150 『仁祖實錄』 元年 3月 13日 癸卯.

명목상의 이유로 가장 중요하게 내세운 것이 '살제폐모'임이 분명하다. 그러나 이 '살제폐모'라는 용어는 근본적인 것을 숨긴 채 지엽적인 것만 교묘하게 드러낸 표현이다. 광해군 대에 일어났던 살제폐모는 패륜아적 행위가 아니라 왕으로서 왕위를 지키기 위한 행위에서 결과된 것이었다. 태종은 임금이 되기 전에 이복 아우는 물론 동복형도 죽였고, 세조는 조카이며 임금이던 단종을 몰아내어 임금이 된 후 죽이기까지 하였다. 왕위와 관련되어 있으면 숙질 사이는 물론 형제 사이도 그 목숨이 보장되지 않는 것이 왕권유지의 특성임을 감안한다면 '殺弟廢母'가 정변의 정당한 명목이 될 수 없음은 자명하다.

그런데도 불구하고 '살제폐모'라는 용어를 가장 중요한 정변의 명분으로 들고 나오는 근본적인 논리는, 정변을 한 서인 측의 처지에서 보니 애초에 임금이 될 수 없는 광해군이 임금으로 등극했기 때문에 자연스럽게 정변으로 이어질 수밖에 없다는 것이다. 인용문의 '처음 光海가 東宮에 있을 때 宣廟께서 바꾸려는 의사를 두었었는데, 결국 광해가 왕위를 계승하게 되자 永昌大君을 몹시 시기하고 모후를 원수처럼 보아 그 시기와 의심이 날로 쌓였다'는 표현에서 정변의 주체세력이 '광해군은 원래 임금이 되지 않았어야 할 사람'으로 인식하고 있었음을 알 수 있다. 그러나 『선조실록』에 보이는, 광해군이 세자로 책봉될 당시의 상황을 보면 사정이 그렇지 않았음이 드러난다.

> 上이 宣政殿에 나와 徵兵體察使 李元翼과 崔興源을 引見하였다. 右副承旨 申磏, 注書 趙存世, 假注書 金義元, 奉敎 李光庭, 檢閱 金善餘 등이 入侍하였다.… <중략>… 申磏이, "사람들이 위구심을 갖고 있으니 세자를 책봉하지 않고는 이를 진정시킬 수 없습니다. 일찍 大計를 정하시어 사직의 먼 장래를 도모하소서."라고 아뢰니, 上이 그 말을 옳게 여겼다.…<중략>… 上이 약간 미소를 띠면서, "光海君이 총명하고 학

문을 좋아하여 그를 세워 세자로 삼고 싶은데 경들의 뜻에는 어떠한가?" 하였다. 대신 이하 모두 일시에 일어나 절하면서 아뢰기를, "종사와 백성들의 복입니다." 하였다.[151]

인용문에서는 난리 중 인심을 진정하기 위해서는 建儲가 시급한 상황에서 광해군이 세자로 결정되었음을 잘 보여주면서도, 절차의 측면에서나 선조의 의중이라는 측면에서나 광해군에 대한 의구심은 전혀 보이지 않는다. 오히려 다음에 보이는 『선조수정실록』[152]에서는 임금으로서의 자질이라는 점에서 長子 臨海君에게는 문제가 심각하기 때문에, 中外 백성들이 복속하는 次子 光海君이 세자로 책봉되었다는 뜻을 분명히 하고 있다.

上이 西幸할 계책을 결정하자 대신이 入對하여 세자를 세워 백성들의 마음을 유지시키기를 청하였다. 上이, "中宮의 춘추가 많지 않기에 일부러 세자를 일찍 정하지 않았다. 그러나 지금 국가의 형세가 이와 같으니 여러 사람의 의논을 따르는 것이 마땅하다. 光海君 某는 총명하고 孝敬하니 봉하여 세자로 삼을 만하다." 하니, 대신들이 절하며 "종묘와 사직의 복입니다."라고 하례하였다. 이날 광해군이 大內에 들어가 명을 받고 처음으로 宮僚를 배치하였으며 백관이 陳賀하였으나 책봉하는 예절은 미처 갖추지 못했다.

上의 長子인 臨海君 珒은 성질이 거칠고 게을러 학문을 하지 않았

----

151 『朝鮮王朝實錄』宣祖 25年 4月 28日(丁巳)條, "上御宣政殿 引見徵兵體察使李元翼崔興源 右副承旨申磼 注書趙存世 假注書金義元 奉教李光庭 檢閱金善餘入侍 …… 申磼啓曰 人心危懼 非建儲 無以鎭服 請早定大計 爲社稷長遠之圖 上可其言 …… 上微哂曰 光海君聰明好學 予欲立而爲國本 於卿等意如何 大臣以下 一時起拜曰 宗社生民之福也."

152 이미 두루 알려져 있는 것 있는 것처럼 광해군 시대에 편찬된 『선조실록』이 북인 중심의 편파적 시각이 많다고 하여 계해정변 후에 다시 편찬된 것이 바로 이 『선조수정실록』이므로, 이 기록이 북인의 시각이 아님은 분명하다고 하겠다.

고, 종들을 놓아 폐단을 일으킴이 더욱 심하였다. 그러나 광해군은 행동을 조심하고 학문을 부지런히 하여 中外 백성들의 마음이 복속하였으므로 상이 가려서 세운 것이다.[153]

이처럼 광해군이 세자로 책봉된 것은 그가 선조의 嫡長子이기 때문이 아니라, 임진왜란이라는 국가적 위기를 맞이하여 建儲를 하지 않을 수 없는 상황이 된 데서 연유한 것은 틀림없다. 그러나 위에서 인용된 『선조수정실록』의 기록을 통해서 광해군이 당시의 여러 왕자들 가운데 가장 훌륭한 인물이었음은 부정할 수 없는 사실로 보인다. 적장자가 없을 경우 衆子가운데서 현명한 자를 가려서 종통을 세우는 것이 종법이라는 점에서, 建儲 당시에는 광해군이 세자로서 가장 적합한 인물이었음을 알 수 있다.

다음은 선조 28년(1595) 선조의 명의로, 明에 왕세자 책봉을 주청한 奏文의 일부이다.

　　"신이 불행하여 嫡子로서 후사를 담당할 사람이 없고, 庶子 중에 장자는 臨海君 李珒이고 차자는 光海君 李琿입니다. 대개 이 두 아들은 같은 어미에게서 났는데 어미는 죽었으므로, 신이 진실로 취하고 버림에 있어 다른 뜻이 없습니다. 다만, 신이 비록 어둡고 어리석으나, 아비로서 마땅히 아들을 알아야 할 것이고, 또 두 아들이 모두 이미 성장하였으니 신이 어찌 부탁을 감당할 것인지의 여부를 미리 살피지 않았겠습니까.

- - - - - - - - - - - - - - - - - -

153 『宣祖修正實錄』26卷 6張右(宣祖 25年 4月) : "上決策西幸 大臣入對 諸建儲嗣 以係人心 上曰 中宮春秋未暮 故不早定儲矣 今國勢如此 當依僉議 光海君某 聰明孝敬 可封爲世子 大臣拜賀曰 宗社之福也 是日光海入大內受命 初置宮僚 百官陳賀 而未及備冊禮焉 〇 上長子臨海君珒 荒怠不學 縱奴作弊尤甚 光海飭行服學 中外屬心 故上擇立之 李山海時爲首相 議不出己 而猶自謂有定策功 交亂之兆 漸於是矣.

李珒은 성질이 범상하므로 신이 師傅를 가려 經訓을 가르쳐서 기질이 변화되기를 바랐으나, 장성한 뒤에도 신의 경계를 따르지 아니하고 바깥 유혹에 홀리어 뭇 사람의 미움을 사고 있으니, 군주로서 백성을 다스릴 부탁을 결코 감당하기 어렵습니다. 지난 萬曆 20년에 小邦이 갑자기 왜구의 화를 입어 나라가 崩潰되었으므로 신이 아들들을 객지로 나누어 보내 사방에서 사람들을 불러 모아 恢復을 도모하였는데, 이진은 함경도에 가서 잘 安集하지 못하였고 마침내 賊中에 빠졌습니다.

　李琿은 일찍부터 학문을 좋아하고 총명하여 단정하고 온후하며 또 능히 어지럽고 화려함을 물리치고 간약하고 검소하게 자신을 기릅니다. 이에 신이 신의 아들로서는 이 아들이 어질고 후사의 부탁도 일찍부터 위촉한 바가 있었으나 아직까지 감히 그 일을 서두르지 못하였습니다. 왜적을 피하던 날 평양이 함락당하여 일이 어찌해 볼 수 없게 되어서는, 신이 부모의 나라에 나아가 호소하려고 스스로 의주로 갔습니다. 그런데 의주가 바로 賊路의 요충이었으므로 신이 李琿에게 속히 떠나가라고 권하였더니, 李琿이 울며 말하기를 '오늘날의 일은 오직 동남쪽으로 나아가서 일국의 기맥을 통하게 한 뒤에야 일의 성취를 기대할 수 있습니다. 江界는 땅이 끝나는 곳이니 들어가면 반드시 망합니다.' 하였습니다. 그리고는 안개와 이슬을 무릅쓰고 가시나무를 헤치고서 평양·황해를 나가 동쪽으로 江原道 伊川縣에 이르렀는데, 지나가는 곳마다 격문을 전달하여 불러 모아서 大義로써 타이르니, 숲속으로 도망하여 숨었던 백성들이 소문을 듣고 모여들어 열흘 사이에 대중 수만을 얻었습니다. 드디어 북쪽으로 함경도를 엿보고 남쪽으로 경기도와 통하며 또 황해도의 여러 길을 막아서 평양의 적이 뒤를 돌아 곧 서쪽으로 향하지 못하게 하였습니다.

　이에 충청·전라·경상도의 백성이 비로소 臣 父子의 목숨이 아직도 보존되어 있는 것을 알고 모두 의리를 위해 분발할 것을 생각하여 앞다투어 일어나서 왜적을 죽였습니다. 李琿이 또 신이 서방에 있어 聲勢가 서로 멀리 떨어졌다 하여 평안도 成川府에 돌아와 주재하여 陰

臣 李鎰 등을 뽑아 보내어 신이 보낸 諸將을 협조하여 順安 等處의 적이 공격할 길을 막아 끊고 중국 군사가 이르기를 기다렸습니다. 중국 군사가 이른 뒤에는 肅川·永柔·龍岡 사이를 분주히 다니며 馬草와 軍糧을 감독 운반하여 군사들을 구제하였습니다. 무릇 주재하고 지나가는 지방은 적의 소굴과 모두 60~90리의 거리에 불과하였으니, 이는 참으로 萬死一生의 계책에서 나온 것입니다. 적이 격파당한 뒤에 종묘 사직의 신주를 도로 받들어 모시고 신을 定州에서 맞아왔으니 이것은 중국 제장이 직접 본 바입니다. 이때를 당하여 신이 한쪽 모퉁이에 붙어 있으면서 믿고 희망이 있게 된 것은 다만 李琿이 있었기 때문일 뿐입니다.

監撫의 위임이 하루가 급할 때 李珏은 이미 적에게 함락되어 살았는지 죽었는지 알 수 없었으나 李琿은 공로가 이미 드러났으니, 主器의 중함을 장자에서 부탁하겠습니까, 어진 사람에게 부탁하겠습니까. 신이 이에 이르러 또한 常經을 굳이 지키지 못하고 李琿도 사양할 말이 없게 되었습니다. 李珏이 賊中에서 돌아온 뒤에는 놀람과 근심으로 병이 생겨 더욱 인사를 살피지 못하였으나, 李琿이 형제 사이에 오히려 우애와 공경을 날로 돈독히 하였음은 온 나라 사람이 함께 환하게 아는 바입니다. 經略 臣 宋應昌도 李琿에게 인심이 돌아가고 후사를 부탁함이 있음을 보고는 그를 위해 題請하여 전라·경상도의 군무를 경리하도록 하였습니다. 그런데 李琿이 곧 전라도 전주 등처에 가서 상처받은 자를 무마하고 흩어진 자를 불러 모으며, 이어 군사를 징집하고 장수를 선발하여 양식을 저축하니 전라·경상의 백성이 사랑하고 추대하지 않는 사람이 없어 모두 名號를 일찍 정하기를 원하였습니다. 그러므로 신이 후사를 세우는 한 가지 일에는 다시 의심을 두지 않았던 것입니다.……

신이 그지없는 은혜를 받아 보답할 길이 없으므로 항상 임금을 섬김에 있어 속이지 아니하여야 어리석은 마음을 조금이나마 바칠 수 있다고 여겼는데, 어찌 조금이라도 사실을 숨겨 신의 불충한 죄를 더하겠습니까. 혹시라도 臣의 父子나 李琿 兄弟 사이에 조금이라도 의심할 만한 것이 있으면 이것은 후일 신의 일가의 무궁한 화가 될 것인데, 신이 어찌 감히 삼가지 아니하고 큰일을 그르치겠습니까. 소방은 변란을 겪은 뒤로 인심이 위구하여 동요되기가 쉬우며, 신은 또 병을 타고나서 허약하였는데, 환란을 만난 뒤로 질병이 더욱 더해져서 항상 조석도 보전할 수 없는 염려가 있으니, 어느 날 갑자기 세자를 일찍 정하지 않은 후회가 있을까 매우 두렵습니다. 바라건대 황상께서는 간절한 정을 굽어 살펴 지극한 소원을 이루어 주시어 신의 위태로운 국세가 다시 편안하고 흩어진 인심이 다시 합하게 해 주소서. 그러면 신이 비록 아침 이슬처럼 갑자기 죽더라도 지하에서 눈을 감을 수 있겠습니다. 두 번 글을 올렸으나 윤허를 입지 못하여 下情이 더욱 절박합니다. 성은을 내려 특별히 윤허해 주시기를 간절히 비오니, 세자를 어서 봉하여 소방의 危疑함을 안정시켜 주소서."154

물론 이 주문은 글의 성격상 광해군을 실정 이상으로 미화시킬 소지가 있기는 하지만, 선조의 광해군에 대한 깊은 신임155이 잘 드러나 있다. 그러나 이처럼 조선 조정에서의 여러 차례 奏請에도 불구하고 明에서는 좀처럼 광해군을 세자로 인정하지 않으려고 하였다. 광해군의 형 임해군이 살아 있는데다, 왜란 때의 작은 공적으로 장자 자리를 뺏을 수 없다는 것이 그 이유의 핵심이었다.156 명나라가 세자 책봉을 주저하는 가운데서

· · · · · · · · · · · · · · · · · · · ·

154 『朝鮮王朝實錄』宣祖 28年 12月 26日(甲子): 원문 인용 생략.

155 또 다른 한 사례로, 遠接使로 다녀온 柳根이 '光海君이 嫡統을 빼앗으려 한다'는 중국 사신의 말을 전한 데 대해어, 宣祖가 "이는 奸臣이 邪說을 날조하여 남의 귀를 의혹시킨 것이다.(『朝鮮王朝實錄』宣祖 39年 8月 壬寅)" 한 데서도 선조의 광해군에 대한 신임을 미루어 짐작할 수 있다.

156 『朝鮮王朝實錄』宣祖 36年 5月 16日(辛未), "看得世亂先功 雖一時制變之微權 而立嫡以長 乃古今不易之定理 彼國猝有禍變 豈容袖手旁觀 卽有微功 亦皆臣子分所宜爲者 遠欲援此奪嫡 旣失天地之經 恐階亂亡之禍 長子雖經淪陷 情尤可悶 今固在也 將置何地 卽次子擧國愛戴 眞否未確 似難遽徇其請."

1606년에 영창대군이 태어났고, 이후 선조가 영창대군을 사랑했던 것과 관련시켜, 계해정변의 주동 세력이 정변의 의의를 천명한 글의 서두에 '광해가 東宮에 있을 때 宣廟께서 바꾸려는 의사를 두었다'는 것으로 표현하였던 것이다.

宣祖가 晩得의 嫡子 永昌大君을 사랑한 것을 두고 세자를 바꾸려 하였다는 것으로 이해한 것은, 광해군 시대에 줄곧 정계에서 밀려남으로써 광해조의 정치에 불만을 품은 세력들의 생각에 불과하였다. 月沙 李廷龜 (1564~1635)가 지은 선조의 행장 말미에, 선조가 세자인 광해군의 손을 잡고 직접 쓴 遺敎를 건네주었다는 표현157이 저간의 사정을 밝혀 주는 단서가 되기 때문이다. 다음은 선조의 유교이다.

"내가 부덕한 몸으로 오랫동안 큰 基業을 맡아 오면서, 온갖 험난한 일을 두루 겪어 항상 환란을 걱정하는 조심스런 마음을 지녀 왔다. 이제 末命으로 부탁하는 것은 大漸의 조짐이 가까워졌기 때문이다. 생각건대 너는 仁孝한 자품을 타고 나서 나의 臣民들의 기대를 한 몸에 모으고 있다. 이는 실로 국가의 慶事이니 내가 다시 무슨 걱정할 것이 있겠는가. 本朝를 섬김에 있어서는 너의 정성을 다하여 주야로 게을리 하지 않기를 바라며, 同氣를 사랑함에 있어서는 내가 살아 있을 때처럼 하여 시종 혹시라도 간격이 없게 하라. 외적의 침입에 대처할 방도를 더욱 공고하게 하고 事大하는 예절을 다시 극진히 하라. 이는 종묘사직을 위한 원대한 계책이니 어찌 父子 사이의 깊은 정 때문에만 하는 말이겠는가.……158

---

157 李廷龜,「昭敬大王行狀」,『月沙集』第50卷 17張左, "臨終 手書遺敎 執世子手而 授之 仍命權署國事."

158 『光海君日記』卽位年 2月 2日(己未), "予以凉德 久忝丕基 備嘗險艱 恒存疢疾 肆 末命之是托 屬大漸之惟幾 念爾仁孝之資 繫我臣民之望 國實有慶 予復何憂 事本 朝竭爾誠 庶匪懈於夙夜 愛同氣如予在 罔或間於始終 益鞏攘外之圖 更盡事大之禮

선조의 유교는 事大와 攘外를 철저히 도모하고 동기를 사랑하라는 것으로 요약된다. 세 살의 대군이 앞으로 맞이할 운명을 미리 짐작한 듯이 유교에서 동기를 사랑하라는 말을 넣었으나, 결국 광해군은 이를 실천하지 못했고 또 그로 인해 축출당했다. 광해군은 1592년부터 세자의 자리에 있었으나 형이 있다는 이유로 끝까지 明으로부터 세자책봉을 받지 못하였고, 게다가 1606년에는 인목왕후의 몸에서 적자인 영창대군이 태어남으로 인해 세자의 자리는 불안할 대로 불안하였다. 이런 상황에서 광해군이 왕위에 즉위는 하였지만 그 자리가 불안할 수밖에 없었으며, 그러므로 임해군 옥사나 영창대군 옥사가 일어난 것은 필연적이라 할 수 있다.

더구나 광해군이 선조의 유교를 받고 즉위하는 날 인목왕후는 이른바 七臣에게 내리는 유교를 전하였던바 실록의 내용은 다음과 같다.

> 內殿이 遺敎 1封을 내렸는데, 외면에 쓰기를 '柳(永慶)·韓(應寅)·朴(東亮)·徐(渻)·申(欽)·許(筬)·韓(浚謙) 諸公에게 유교한다.'고 하였다. 유교의 내용은, "부덕한 내가 왕위에 있으면서 臣民들에게 죄를 졌으므로 깊은 골짝과 연못에 떨어지는 것 같은 조심스러운 마음이었는데, 이제 갑자기 重病을 얻었다. 壽命의 長短은 운명이 정해져 있는 것이어서, 낮이 가면 밤이 오는 것처럼 감히 어길 수 없는 것으로 聖賢도 이를 면하지 못하였으니, 다시 말할 것이 뭐 있겠는가. 단지 大君이 어린데 미처 장성하는 것을 보지 못하게 되었으니, 이 때문에 격정스러운 것이다. 내가 불행하게 된 뒤에는 사람의 마음을 헤아리기 어려운 것이니, 만일 邪說이 있게 되면, 원컨대 제공들이 애호하고 扶持하기 바란다. 감히 이를 부탁한다." 하였다. 살피건대 유영경·한응인·박동량·서성·신흠·허성·한준겸 등은 모두 王子·駙馬의 姻屬들이었기 때문에 이 유교가 있었던 것인데, 이 일곱 신하의 禍는 실상 이

斯爲宗社之遠計 豈但父子之深情."

로부터 시작된 것이다.[159]

　선조가 왕위를 이어받을 광해군에게 동기를 사랑하라고 부탁한 다음, 다시 사사로이 왕실과 인척 관계에 있는 칠신에게 이런 유교를 내린 것은 참으로 이상스럽다. 영창대군은 임금인 광해군의 아우이므로 반역 이외의 일로는 결코 아무도 위태롭게 할 수 없는 지위에 있는데, 사설이 있을 경우 애호부지하기를 바란다는 말은 무엇을 뜻하는 것인가? 이 기록은 날조된 것이 아니라면 선조가 정신이 온전하지 않을 때 쓴 것으로밖에 판단되지 않는다. 왜냐하면 왕자로서 왕권에 도전하지 않을 경우 그 왕자를 위태롭게 할 사람은 아무도 없다는 것이 너무나도 자명함과 아울러, 이처럼 신하에게 애호부지하기를 부탁했다면, 광해군과 영창대군 가운데 하나는 온전할 수 없다는 것이 또한 자명하기 때문이다. 선조가 어찌 정상적인 정신으로 이러한 부탁을 할 수 있겠는가? 영창대군 옥사 및 이와 관련되어 일어난 폐비정청 등은 사실 여기서 기인된 것이므로, 이 '살제폐모'는 정변의 이유로서는 합당하지 않는 것이다. 그럼에도 불구하고 '살제폐모'가 윤리에 근본을 둔 유교입국의 나라에서 교묘히 민심을 돌릴 수 있는 정변의 이유로 작용할 수도 있었던 것이 사실이다.[160]

　정변의 이유 가운데 '선왕조의 구신들로서 이의를 두는 자는 모두 정

---

159 『光海君日記』 卽位年 2月 2日(己未), "內殿降遺敎一封 外面書曰 遺敎于柳(永慶) 韓(應寅)朴(東亮)徐(渻)申(欽)許(筬)韓(浚謙) 諸公 其敎曰 不穀忝位 負罪臣民 若隕淵谷 今忽得重病 大脩短有數 死生有命 晝夜之不能違 聖賢之所不免 夫復何言 但大君幼稚 未及見其成長 以此耿耿耳 我不幸後 人心難測 萬有邪說 願諸公愛護扶持 敢以此托之 按柳永慶韓應寅朴東亮徐渻申欽許筬韓浚謙等 皆王子駙馬姻屬 有此遺敎 七臣之禍 實自此始."

160 그렇다 하더라도 신하들이 인목대비에 대하여 폐모를 요청하는 여러 차례의 정청에도 불구하고 광해군이 끝까지 보류함으로써 인목대비가 폐비되지 않고 서궁에 幽閉되어 있는 상태이니, '폐모'라는 용어는 적절치 않다.

치일선에서 몰아냄으로써 사람들을 불안케 하였다'는 것도 설득력 있는 것이라고는 하기 어렵다. 다만 역모를 이용해서 자신의 입지를 계속해서 굳히려는 북인이 남인과 서인을 요직에서 밀어내고 북인만이 요직을 오래도록 차지함으로써, 서인과 남인들로 하여금 정치적으로 영구히 매장되는 듯한 절망감을 느끼게 하였으며, 이것이 정변의 실질적 이유였다고 보는 것이 타당할 것이다. 그런데 이러한 이유는 정변의 명분은 될 수 없고, 이 이유라면 그들의 이른바 정변은 북인 일당의 정권을 무력으로 탈취한, 요즈음 용어로 말한다면 군사쿠데타, 즉 계해정변으로 명명되어야 할 것이다.

정변의 이유 가운데 '토목공사를 일으키고 뇌물이 횡행하며 세금을 너무 거두어 백성들이 水火에 빠져 있다'는 것도 석연치 않다. 토목공사는 정릉동 행궁에 있으면서 왕궁을 짓는 일인데, 왜란이 끝난 지 15년이 지나서야 이루어진 이 일을 두고 정변의 명분으로 삼기에는 누가 보아도 석연치 않다. 광해군은 오히려 정치적 수완을 발휘하여 선조의 유교에 나오는 事大와 攘外를 성공적으로 수행하였으며, 정치·외교적 능력의 측면에서 삼전도에서 항복한 인조보다는 훨씬 앞섰다고 볼 수 있다.[161]

정변 후 즉시 88세의 고령인 정인홍을 처형한 것은 물론 일시에 수백 명의 사람을 처벌한 것에서도 정변으로서의 당당함보다는 쿠데타로서의 초조함이 배어 있다. 8세 이하의 어린이와 80세 이상의 노인은 비록 죄가 있더라도 형벌을 가할 수 없다[162]는 일반적 원칙에 비추어 보면 더욱 그

---

161 다음 논문은 광해군의 업적에 대한 하나의 연구라 하겠다.
  李旺茂, 「광해군대 火器都監에 대한 연구」, 『民族文化』 제21집, 民族文化推進會, 1998.

162 『禮記』, 「曲禮 上」, "悼與耄 雖有罪 不加刑焉"(鄭蘊, 「癸亥辭疏」, 『桐溪集』 卷39張, "記曰 悼與耄 雖有罪 不加刑焉 仁弘之罪 雖在罔赦 而至於施之極刑 緣坐籍沒之律 與爾瞻續男輩一體施行 則非但有違於古經 毋乃或傷於聖上新服之初 務從

러하다. 그러므로 내암 정인홍에 대한 처형은, 내암 일개인은 물론 수백 명이 넘는 來庵의 門徒를 포함하는 남명학파 전체의 와해를 목적으로 하는 것이었다. 그리고 그것은 그 이후 몇몇 인물들의 남명학파에 대한 부정적 시각으로 이어져 남명학파를 더욱 위축되게 하였던 것이다.

더구나 내암은 역모 주동자를 엄하게 다스리기만 하면 철모르는 아이에 불과한 영창대군은 걱정거리가 아니므로 죽일 필요가 없으며, 君臣子母의 名義는 폐할 수 없는 것이라 하였으므로,[163] 실제폐모와 내암을 관련시키는 것은 사실과 어긋난다. 요컨대 내암을 필두로 하여 처벌을 받은 내암의 문도들과 여기에 위축된 남명학파 구성원들은 극히 일부분을 제외하고는 계해정변 주동자들의 정변에 대한 합리화의 희생양이 되었다고 할 수 있다.[164]

2. 各種文獻에 보이는 南冥學派에 대한 否定的 視角

남명학파가 유학사에서 주목을 받지 못하고 있는 것은, 계해정변 이후 조선시대 내내 서인과 남인에 의해 계해정변이 합리화되면서, 남명학파에 대하여도 부정적 시각으로 표현되고 이해되어 왔기 때문이다. 그 사례를 몇 가지만 보면 다음과 같다.

가) 영남의 경우 퇴계와 남명의 문인들은 상당히 다르다. 퇴계의

寬典之盛德乎.")
163 李相弼, 「南冥學派의 形成과 展開」, 高麗大學校 博士學位論文, 1998, 82~83쪽 參照.
164 光海君은 寒暄堂·一蠹·靜菴·晦齋·退溪 등 五賢을 文廟에 從祀케 하고 南冥의 문묘 종사는 허락지 않았다. 이러한 사실을 통해 광해군이 남명의 문인인 정인홍을 主見도 없이 총애한 것은 아니라는 것을 알 수 있다.

문하에는 西厓·鶴峯·栢潭이 가장 유명한데 벼슬길에 출입하느라 다시는 강학을 하지 못했다. 吳德溪는 학문과 행실이 가장 뛰어났으며, 퇴계·남명 양선생의 문인이지만 일찍이 죽어 전하는 것이 없다. 趙月川은 한가롭게 물러나 있으면서 오래도록 살았으나 선비들의 마음이 붙질 않아 제자 또한 없다. 남명의 고제에는 寒岡과 東岡이 최고이지만 聲價가 모두 鄭仁弘에게 미치지 못하였다. 양강은 퇴계도 겸하여 존숭했으므로 인홍과는 조금 달랐다. 인홍의 악은 誅戮을 가다리지 않더라도 날로 드러났으며, 그 문도가 모두 죄를 받았다. 이로 인해 영남의 하도에는 학자가 없었다. 오직 한강만이 완전한 인물이고 旅軒이 그의 高弟였는데, 여헌이 죽자 그의 학문을 傳述할 사람이 없었으니, 영남의 학문은 또한 여기에서 그치고 말았다.165

나) 문과에 합격한 자도 학자라는 명망이 없으면 淸顯職에 오를 수 없었다. 이때부터 집집마다 학자가 있게 되었다. 그러나 오래지 않아 동서로 분렬되어 스승을 배반하고 벗을 파니 비방하는 말이 사방에서 일어나 온전한 사람이 대체로 적었다. 그리고 鄭汝立과 鄭仁弘이 그들 가운데서 나와 千古에 더러운 이름을 남겼다. 그 원인을 따져 보면 겉을 꾸미고 욕심을 따르는 사람이 많아서 이 지경에 이른 것이다. 정성스런 사람과 거짓된 사람의 차이가 하늘과 땅처럼 같지 않음이 대체로 이와 같다.166

....

165 李植, 『澤堂集』別集 第15卷, 「示兒代筆」(『韓國文集叢刊』88卷 523쪽), "嶺南則退溪南冥門脈頗異 退溪門下 西厓鶴峯栢潭最有名 而仕宦出入 不復講學 吳德溪健 學行最高 遊於兩先生門 早卒無傳 趙月川閑退老壽 而士心不附 亦無弟子 南冥高弟 寒岡東岡爲最 而聲價皆不及鄭仁弘 兩岡兼宗退溪 故稍貳於仁弘 仁弘之惡 不待其誅戮而日彰 其門徒皆陷於檮杌 由是嶺之下道 亦無學者 唯寒岡爲完人 旅軒爲高弟 旅軒歿 而亦無徒弟傳述者 嶺南之學 亦止於是."

166 李植, 『澤堂集』別集 第15卷, 「示兒代筆」(『韓國文集叢刊』88卷 523쪽), "其登文科者 非有學者之名 則不得爲第一淸顯 自是爲學者 殆家家有之 然不久而東西分裂 背師賣友 訛謗四起 完人蓋少 而汝立仁弘 出於其中 遺臭千古 原其故 則飾外徇欲者多 以至於此 誠僞之分 天壤不侔 蓋如此."

영남학파, 그 중에서도 남명학파를 특히 부정적으로 본 인물이 바로 서인의 문장가 澤堂 李植(1584~1647)이다.[167] 그는 인용문 가)에서 영남학파 가운데 퇴계의 문인도 벼슬한다고 문인을 기르지 못했고, 남명의 문인 가운데 寒岡과 東岡이 훌륭했지만 그 聲價가 來庵에 미치지 못했는데, 내암이 그 문도들과 함께 천하에 나쁜 짓을 저질렀으니 보잘것없다는 것이다.

다만 덕계가 양현 문하에서 학행이 가장 뛰어났으나 일찍 죽어 전하는 것이 없고, 영남에 오직 한강이 完人인데 그 문하에 旅軒이 있었으나, 여헌 이후에는 인물이 끊어졌다고 하였다. 한강을 완인이라 한 것은 그가 黨人으로서의 태도를 가지지 않았기 때문인데, 완인이라고만 하고 학문에 대해서는 언급하지 않았다. 게다가 그런 한강도 내암의 성가에는 미치지 못하는데 그 내암이 천하에 악인이니, 따라서 남명도 그런 점에서 보잘것없다는 뜻이다. 더구나 인용문 나)에서 택당은 정여립과 정인홍을 나란히 언급하면서, 이들을 背師賣友하고 속은 채우지 않고, 겉만 장식하는 인물로 묘사하고 있다.

반역행위를 하다가 체포되기 직전에 자결한 정여립과, 임진왜란 때 포의로 기병하여 영남우도 지역을 보전케 하고 선조 말엽에 목숨을 건 상소문으로 하여 광해군 즉위 이후 山林으로 존경을 받다가 정변이 일어나자 살제폐모의 원흉이라는 없는 죄를 덮어쓰고 죽은 내암 정인홍을 똑같이 보는 이런 시각이야말로 어불성설이라 할 수밖에 없을 정도의 貶言이다.[168] 게다가 南冥과 來庵의 관계는 荀卿과 李斯의 관계 이상이라는 다음

---

167 澤堂 李植(1584~1647)의 고조부는 容齋 李荇(1478~1534)이며 을사사화 때 악명을 떨쳤던 李芑(1476~1552)가 이행의 형이다. 栗谷 李珥(1536~1584)는 이기와 이행의 재종손이다. 東岳 李安訥(1571~1637)은 이행의 曾孫으로서 이기의 증손으로 出系하였다. 택당 집안은 勳舊派 系列이며 詞章이 그의 家學이었다. 택당의 아들 畏齋 李端夏(1625~1689)는 尤庵의 문인으로 左相에 이르렀고 손자 睡谷 李畬(1645~1718)는 역시 우암의 문인으로 領相에 이르렀다.

과 같은 言說을 하기에 이른다.

남명에 대해서 퇴계는 그 論議의 氣習을 보고 나중에 폐단이 없지 않으리라 판단하고 부득이 몇 마디 지적하는 말을 남겼다. 이른바 '尚氣好異', '難要以中道' 등의 말은 道가 시행되지 않아 현자가 지나쳐서 혹 딴 길로 흘러가 버릴까 걱정한 것일 따름이다. 남명 문인 가운데 한강과 동강은 퇴계에게 배웠으므로 이 말에 혐의를 두지 않았으나 오직 정인홍만이 성격이 굳세고 이기기를 좋아하여 퇴계에 대해 유감의 감정을 쌓고 있었다. 그러다가 그가 광해군의 총애를 받아 위세가 전국을 떨치게 되자 감히 회재와 퇴계의 잘못에 대해 상소하여 同道의 행교에서 종사치 못하게 한 지 10년이 넘었다. 필경 인홍의 죄악이 하늘에 닿아 팔십 노구로 저자에서 처형당하였다. 그가 거리낌 없이 펼쳤던 논의는 회재와 퇴계에게는 累가 되지 못하였지만, 남명의 학문이 한 바퀴 구르자 인홍이 되어 임금을 미혹케 하고 나라를 잃어 버리게 하여 그 독이 지금까지도 흐르고 있다. 그러니 그는 荀卿의 문하에서 李斯가 나온 것과 같은 정도일 뿐만이 아니다.[169]

퇴계의 남명에 대한 평가에 대해 가장 먼저 강력하게 직접 항의한 이는 동강의 형 開巖 金宇宏(1524~1590)이었고, 개암이나 내암의 이러한 표

---

168 그렇더라도 물론 내암이 문묘에 이미 종사된 회재와 퇴계를 비난한 행위조차 미화될 수도 없으며, 광해군 정권이 북인 특히 대북 일색이었던 것에는 내암의 영향이 적지 않았음도 인정해야 할 것이다.

169 李植, 『澤堂集』別集 第15卷, 「示兒代筆」(『韓國文集叢刊』88卷 527쪽), "至於南冥 退溪見其論議氣習 不無後弊 不得已而略容點化之語 所謂尚奇好異 難要以中道 等語 蓋恐道之不行 賢者過之 或流於他岐耳 南冥門人寒岡, 東岡 皆從退溪問學 不以爲嫌 獨鄭仁弘 剛厲好勝 積憾於退溪 及其假寵昏朝 威權震一國 則致疏論兩賢之非 泥其同道鄉校從祀者 十餘年 畢竟仁弘罪惡滔天 八十之年 伏刑都市 其忌克之論 不足爲兩賢之累 而南冥之學 一轉而爲仁弘迷君喪邦 流毒至今 不啻如荀卿之於李斯."

현은 남명학과의 학자들이 갖는 공통된 생각이었으며, 퇴계의 문하에도 출입한 한강 같은 이는 아무런 말도 할 수 없는 처지일 뿐이었던 것이다. 그런데도 불구하고 내암의 회재·퇴계에 대한 비판을 두고 '迷君喪邦'이란 실정에 지나친 말을 덧씌우고 다시 南冥을 荀卿에, 來庵을 李斯에 비유하기까지 한 것이다. 그리하여 나중에 農巖 金昌協(1651~1708)도 다음과 같은 표현을 하기에 이른다.

南冥과 一齋, 聽松, 大谷은 한때 같이 성대한 이름을 갖고 있었다. 남명은 더욱 師道로 自任하여 門徒의 성대함이 퇴계와 거의 영남의 절반을 나누었다. 그러나 남명은 실로 학문을 알지 못하며, 단지 처사 가운데 기절이 있는 사람일 따름이다. 그 언론과 풍채는 사람을 聳動시키는 측면이 있지만 병폐도 적지 않았다. 그 문하생들은 대체로 모두 기개를 숭상하고 기이한 것을 좋아하는 바, 심하면 정인홍이 되고 심하지 않으면 최영경이 되나니, 순경의 문하에서 이사 같은 자가 나오는 것이 까닭이 없는 것은 아니다.[170]

이러한 논의는 이후 정론이 되어, 그 뒤 노론의 핵심 인물이었던 晉庵 李天輔(1698~1761)는 영조 앞에서도 이와 꼭 같은 말을 아뢰면서 경상우도 인물에 대한 등용에 신중을 기해야 된다고 경계하기까지 하였다.[171] 그리하여 조선 후기까지 남명학과에 대하여 사상이나 학문 등은 언급할 가

---

170 金昌協, 「雜識」內篇二, 『農巖集』 32卷 32~33張, "南冥一齋聽松大谷 一時同有盛名 南冥尤以師道自任 門徒之盛 幾與退溪分嶺南之半 然南冥實不知學 只是處士之有氣節者耳 其言論風采 雖有聳動人處 弊病亦不少 游其門者 大抵皆尙氣好異 甚則爲鄭仁弘 不甚則爲崔永慶 荀卿之門出李斯 未爲無所自也."

171 『朝鮮王朝實錄』 英祖 16年(庚申) 12月 辛丑, "上御召對 檢討官李天輔 因文義言曹植學問門路不純正 故其門下出鄭仁弘 如荀卿之有李斯 而植居右道 故右道之人專尙氣 李滉居左道 故戊申之亂 人無犯者 至于今 多有文學行誼者 宜收用 上可之."

치도 없으며 그저 기절을 숭상하는 일군의 인물들이라는 정도로 치부되어 왔다. 이에 대하여 조선 말기의 학자 深齋 曺兢燮(1873~1933)은 다음과 같이 변명하였다.

'남명은 실로 학문을 알지 못한다.'는 표현은 또한 크게 경솔하다. 남명의 학문은 精微와 中庸의 측면에서는 비록 퇴계에게 미치지 못하지만 廣大와 高明의 측면에서는 우리나라 선비들 가운데 견줄 사람이 드물 것이다. 氣節이나 風采는 바로 학문의 餘事이니 어찌 이것으로 남명의 학문을 한 마디로 표현하겠는가? 郷愿으로 南冥을 논의함은 邪愿로 程伊川을 논의하는 것과 꼭 같다. 守愚堂으로 티끌을 잡는 것에 이르러서는 끝내 한쪽의 편견일 뿐이다. …… 지금 李斯와 견주어 동일시하니 거리낌 없는 자의 효시라 이를 만하다.172

深齋는 이처럼 농암의 남명에 대한 시각에 비판적 변명을 가하였지만, 당대에 남명을 누구보다 존경하는 이였음에도 불구하고 학통을 퇴계 계열에게서 받아서인지, 남명과 퇴계에 대하여 전대의 星湖 李瀷(1681~1763)만큼 대등하게 보지는 않고 있다. 그리고 남명학파에 대하여도 수우당을 변명하는 정도에서 그치고, 내암에 대해서는 300년 가까운 세월 동안 너무나 일방적으로 詆斥당해 왔기 때문인지 변명할 염을 내지 못한 듯하다. 이 점에 대해서는 『동유학안』을 내어 남명학파를 인정하고 있는 晦峰 河謙鎭(1870~1946)도 어쩔 수 없었든지, 그도 『동유학안』에서 내암과 그의 문도들을 항목으로 설정하지 않았다. 이러한 점도 앞으로는 새로운

---

172 曺兢燮,「讀金農巖雜識三淵答魚有鳳書論南冥事」,『深齋集』15卷 1~3張, "謂冥翁實不知學則亦太輕率矣 冥翁之學 於精微中庸 雖不及退溪 而其廣大高明則吾東諸儒鮮有可比者 至於氣節風采 乃其餘事 安得以此蔽之 以郷愿而議冥翁 正如以邪和叔議伊川 至以守愚而爲疵則終是一邊之偏見 …… 今以李斯比而同之 可謂作無忌憚者之嚆矢矣."

시각의 연구가 절실한 부분이다.

IV. 맺음말

남명학파의 위상이라는 측면에서 한국유학사 내지 한국유학사상사의 서술 태도를 점검해 본 결과 다음과 같은 몇 가지 문제점이 있었다.

첫째, 선조와 광해군대의 정치현실을 설명하기 위해서는 서인과 남인의 학문 이외에 북인 핵심 인물들의 사상 연원과 그들의 학문을 논하지 않을 수 없는데, 이 부분에 대한 언급이 대체로 극히 부족하다.

둘째, 예론이나 자주적 사상, 양명학 등에 대해서도 그 일어난 형상뿐만 아니라 그 연원을 16세기 초반의 학문 분위기 및 이에서 발원한 학파의 학문 성향과 관련시켜 이해해야 유기적일 텐데, 이에 대한 논급이 매우 부족하다.

셋째, 선조 말기 임진왜란 이후 민심을 수습하는 것에서부터 광해군 시대 정계 및 학계의 동향과 계해정변의 원인 등에 대한 서술은 거의 누락되어 있다.

넷째, 실학사상의 대두 배경에 대한 논의가 극히 부족하다.

이러한 문제들은, 선조 말엽과 광해군대에 주로 활동하다가 계해정변이 일어난 이후 정치적으로 완전히 몰락하고 만 북인 집단에 대한 연구의 부족에서 기인된 것이다. 북인은 화담학파와 남명학파가 그 주축인 바, 이 시대의 이해를 위해서는 이들 학파의 동향과 사상에 대한 이해가 필수적이다.

그럼에도 불구하고 이들의 사상에 대한 연구가 체계적으로 이루어지지 않고 있는 것은 연구 인력의 부족도 문제이지만, 북인에 대한 시각이 지나치게 편파적인 데에 문제의 심각성이 있다. 북인에 대한 편파적인 시각의 출발은 계해정변을 합리화하지 않을 수 없었던 데에서 이루어졌다. 광해군 시대에 산림 정승으로 정신적 지주 역할을 하였던 내암 정인홍과 그 문인 집단은 계해정변의 합리화 과정에서 가장 큰 타격을 입었다. 정치적 타격을 입은 것과 그 사상의 유래 및 그 이후의 흐름을 이해하는 것은 별도의 것으로, 여기에 대해서는 마땅히 깊이 있는 연구가 있어야 한다.

본고에서 필자는 이러한 전제로부터, 정권을 탈취한 군사쿠데타를 반정이란 이름으로 호도하면서 남명학파의 전반적 위상을 실제 이상으로 폄하하게 되는 원인과 그 실상을 추적해 보았다. 이제 이를 바탕으로 남명학파가 과연 어떤 사상을 가지고 어떻게 정치적 상황에 대처했으며, 정치적 몰락을 겪은 이후 남명학파의 학문적 존재 양상은 어떠한가 하는 점을 살핌으로써 남명학파의 위상을 점검해 보는 일이 남았다. 후속 논문은 이 주제로 집필될 것이다.

18世紀 江右地域 南冥學派의 分布와 動向

Ⅰ. 머리말

星湖 李瀷(1681~1763)은 일찍이 그의 저서『星湖僿說』에서 退溪와 南冥을 우리 文明史에서의 극치로 이해하고, 다음과 같이 언급하였다.

단군시대는 아직 문명이 개척되지 못하였고, 천여 년을 지나 기자가 조선에 봉해지면서 비로소 암흑이 걷혀졌다. 그래도 한강 이남까지는 미치지 못하다가, 9백여 년이 지난 삼한시대에 경계가 개척되어 삼국의 영토가 정해졌다. 여기서 천여 년이 지나 우리 왕조가 일어나서 人文이 비로소 드러났다. 중세 이후로 退溪가 소백산 밑에서 태어났고, 南冥이 두류산 동쪽에서 태어났다. 이곳은 모두 경상도의 땅으로, 上道에서는 仁을 숭상하고 下道에서는 義를 주장함으로써, 儒者로서의 敎化와 氣槪나 節義가 마치 바다가 넓은 듯 산이 높은 듯하였다. 우리 문화는 여기서 그 절정에 달하였다.[173]

退溪 李滉(1501~1570)과 南冥 曺植(1501~1572)은 성호의 말대로 성도

---

173 李瀷,『星湖僿說』第1卷, 天地門, 東方人文, "檀君之世 鴻濛未判 歷千有餘年 至箕子東封 天荒始破 不及於漢水以南 歷九百餘年 至三韓 地紀盡闢 爲三國之幅員 歷千有餘年 聖朝建極 人文始闢 中世以後退溪生於小白之下 南冥生於頭流之東 皆嶺南之地 上道尙仁 下道主義 儒化氣節 如海闊山高 於是乎文明之極矣."

와 하도에서 각각 인과 의를 주창하여 한 시대의 학문 분위기를 주도했을 뿐만 아니라, 그 문인들도 성대하여 실로 우리 학문사에서 각각 하나의 커다란 학파를 형성하였던 것이다. 그리하여 이른바 宣祖의 치세를 '穆陵盛世'라 일컫게 한 기린아들이 기실은 이 양 학파의 인물이 그 대부분이라 할 만하였다.

宣祖[재위: 1567~1608]를 지나 光海君[재위: 1608~1623]이 즉위한 이후 남명학파가 그 정권의 핵심으로 활동하다가, 1623년 仁祖[재위: 1623~1649]에 의해 反正을 당하고부터 남명학파는 急轉直下 衰頹의 길을 걷게 되었다. 그런 일이 있은 뒤 다시 100여 년이 지난 1728년에 戊申亂이 일어났고, 이 뒤로는 남명학파가 더욱더 흩어짐으로써 가히 潰散되었다고 이를 만하였다. 그 뒤 다시 100년 가까운 세월이 지나고서야 文風이 크게 진작되어 강우 지역에 학자들이 봇물 터지듯이 쏟아져 나왔으며, 이들은 거개 기호남인 및 안동 지역의 퇴계학파 계열과 노론 계열의 학문을 전수받았다. 그리하여 남명학파는 일견 사라진 듯하다. 그러나 학자들이 면면히 이어져 나오기만 한다면 찬란했던 문명이 그냥 없어질 수는 없는 법인지, 남명의 학문이 각기 다른 학문 계열을 이은 이 지역 출신의 학자들을 통하여 다시 드러나고 있었으니, 이는 남명학파가 지하수처럼 잠재되어 흘러내려 오면서 그 맥을 이어오고 있었다는 증거로 볼 수 있다.

그러면 이제 경상우도를 그 지역적 기반으로 하고 있던 남명학파가 17세기 후반 이후 18세기에 이르는 동안 어떻게 해서 여타 지역에 비해 크게 침체하게 되었으며, 그 침체된 상태에서의 학자들의 분포 상황과 동향은 어떠하며, 문풍이 다시 일어나는 연유는 무엇인가 하는 점을 더듬어 보고자 한다.

II. 南冥學派의 沈滯 : 癸亥政變과 戊申亂

남명은 우리 文明史의 極致라 이를 정도로 높은 정신 경계를 이루었다. 그리고 그의 명성에 어울리게 많은 문인들이 그의 정신을 본받으려 노력하였다. 그래서 학파를 형성하기에 이르렀다. 선조와 광해군 시대에 朝野에서 두루 명성을 떨쳤던 그의 門人들과 私淑人들이 한결같이 그를 깊이 경모하고 있는 데서 이를 확인할 수 있다.

주지하고 있듯이 남명의 문인 가운데 남명 사후에 남명을 推重崇敬하는 데 가장 앞장섰던 인물이 來庵 鄭仁弘(1536~1623)이었다. 추숭은 文廟從祀에 이르러야 그 극점에 도달했다 할 만한데, 내암은 남명을 추숭하는 과정에서 퇴계의 남명에 대한 언급이 가장 큰 걸림돌이라고 생각하여 퇴계를 비판하기에 이르렀다. 이것이 남명학파 침체의 단초라 할 수 있다.

남명학파 침체의 또 다른 원인은, 守愚堂 崔永慶이 己丑獄事 때 국문을 받은 뒤 옥사한 것과 관련하여, 내암 중심의 북인이 서인의 영수였던 牛溪 成渾과 松江 鄭澈 및 남인의 영수였던 西厓 柳成龍과 크게 틈이 벌어진 데에 있었다.

이럼에도 불구하고 내암이 광해군으로부터 산림 정승으로서의 대우를 받지 못한 일개 유생에 불과했다거나 그의 문인 집단이 그야말로 보잘것 없을 정도였다면, 내암이 계해정변 이후 처형당하지도 않았을 뿐만 아니라 남명학파 또한 그렇게까지 쇠퇴하지는 않았을 것이다.

남명학파가 계해정변 때 무너진 것은 이처럼 남인과 서인 양 학맥의 鼻祖에 해당하는 인물을 정면으로 심각하게 비판한 내암 정인홍이, 광해군 시절 산림 정승으로서 많은 문인 집단을 형성하고 있었기 때문에, 내암을 위시한 그의 문인 집단을 와해시키지 않을 경우 앞으로 정변 주도자들에게 심각한 위협이 될 수도 있다는 위기의식에서 나온 것으로밖에 볼 수 없다. 그렇지 않다면 廢母殺弟를 실제 주장한 적이 없음에도 불구하고 광해군 비정의 원흉이라 지목하여 88세의 노인을, 정변의 성스러운 일을 성취하자마자 목을 쳐서 처형하지는 않았을 것이기 때문이다.

이처럼 계해정변 이후 서인과 남인은 그들 모두에게 심각한 걸림돌이었던 내암 정인홍을 즉시 처형함과 동시에, 내암과 관련되는 사람으로 광해군 비정에 참여했던 인물들을 대거 숙청함으로써 북인이 다시는 일어설 수 없도록 하였다. 그리하여 결국 남명학파의 구심점 역할을 하였던 내암이 처형당한 이후로, 내암의 문인들이나 그 문인들의 후손은 각종 문헌에 될 수 있는 한 자신이나 자신들의 조상이 내암과는 무관하였던 것으로 표현하게 되었다. 유학이 정권과 무관할 수 없는 학문이기에 이러한 일들은 냉정하게 진행되었고, 비록 내암과의 관계를 안다 하더라도 특별히 서로의 관계가 험악하지 않는 한 서로가 공개적으로 그 사실을 드러내려 하지 않고 덮어두려 하였던 것이다. 그리고는 남인 쪽으로 기울어진 사람들은 퇴계학파와 호의적인 관계를 맺고, 노론 쪽으로 기울어진 사람들은 율곡학파와 호의적인 관계를 맺게 되면서, 남명학파는 政治的 敗退에서 비롯하여 學問的 衰頹의 길을 걷게 되었던 것이다.

강우 지역 북인 후손들의 남인화·노론화 이후에도 실제 강우 지역의 계해정변 이후의 문과 급제자는 그 이전에 비하여 급격하게 줄어들었다. 다음의 표에서 이를 확인할 수 있다.

<표 1> 계해정변 전후의 경상도 각 지역 문과 급제자수

우도 지역	광해 이전	인조 이후	좌도 지역	광해 이전	인조 이후
거창	6	5	경주	13	6
고령	9	3	군위	2	0
고성	4	1	대구	10	16
김산	1	0	동래	1	0

김해	15	0	문경	1	1
남해	2	0	밀양	24	4
단성	17	2	상주	32	38
사천	1	0	순흥	1	3
산음	2	0	안동	65	43
삼가	6	2	양산	0	1
선산	34	9	영덕	2	0
성주	32	29	영양	0	2
안음	7	2	영천	19	4
지례	0	1	영해	3	16
진주	39	8	예천	14	36
창원	5	0	용궁	13	13
초계	4	1	영주	35	44
칠원	4	1	의성	10	12
함안	8	0	예안	21	6
함양	12	4	창녕	4	4
합천	17	4	청도	9	0
			청송	3	0
			풍기	14	9
			현풍	5	6
합 계	225	72	합 계	301	264

앞의 표174에서 뚜렷이 드러나듯이 우도 지역에서의 과거 합격자 숫자가 좌도에 비하여 계해정변 이후에 급격히 줄어들었음을 알 수 있다. 이는 물론 단순히 비교할 것은 아니다. 왜냐하면, 광해 이전과 인조 이후가 정확히 조선시대의 중간이 아닐 뿐만 아니라, 지역에 따라서는 우도에서도 그 전후가 서로 비슷한 곳이 있고 좌도에서도 인조 이후에 현격히 줄어든 곳이 있기 때문이다. 그러나 이는 극히 일부에 지나지 않고, 전반적으로 본다면 누구나 우도 지역에서 계해정변 이후에 문과 합격자가 급격

---

174 이 표는 인터넷사이트 '한국학의 관문'(koreaa2z)에 공개된 『조선문과방목』의 거주지별 색인을 참조하여 지명의 오류를 고쳐서 정리한 것이다. 좌도의 일부 지역은 생략하였다.

히 줄어들었음을 인정하지 않을 수 없는 것이다. 여기서 비교하지는 않았지만 경상우도 지역을 제외한 다른 지역은 좌도 지역의 경우와 대동소이하다. 그렇다면 이는 계해정변 이후 경상우도 지역을 차별했다는 객관적인 증거로 볼 수 있다. 물론 실제로 실력 있는 학자가 배출되지 않았기 때문에 그렇지 않느냐고 반문할 수도 있다. 그러나 광해 이전과 비교하여 그렇게 급격히 실력 있는 학자가 줄어들었음을, 그 지역에 그 당시에 태어난 사람의 자질로만 돌린다는 것은 너무나 무책임하다 하지 않을 수 없다. 그렇다고 하여 과거시험에서 실력 있는 사람을 일부러 떨어뜨려서 그렇게 되었다고는 볼 수 없을 것이다. 그렇다면 일시적 停擧는 물론, 과거에 합격한다 하더라도 중앙 정부에서 따돌림을 당한다든지 淸要職에 보임되지 않는다든지 등의 여러 이유로 해서,[175] 이 지역 학자들로 하여금 문과 시험에 의미를 두지 못하게 한 것이 그 가장 큰 원인이었다고 볼 수밖에 없을 것이다.

少論인 李麟佐와 연대하여 戊申亂을 일으켰던 鄭希亮(?~1728)과 曺聖佐(?~1728) 등은 각각 安陰과 陜川에 살았던, 來庵의 문인 桐溪 鄭蘊(1569~1641)과 陶村 曺應仁(1556~1624)의 후손이다. 이들은 안음과 합천을 중심으로 거병하여 안음·거창·합천·함양을 점령하여 한때 기세를 올렸으나 결국 조정에서 파견된 토벌군에 의해 잡혀서 처형되었다. 겉으로 드러난 이들의 이와 같은 반국가적 행위를 보면서 이들이 이처럼 과격한 행동을 할 수밖에 없었던 이유가 무엇이었는가 하는 점을 생각해 볼 필요가 있다. 여러 가지 해석이 가능하겠지만 계해정변 이후 약 100년 동안

----

175 『朝鮮王朝實錄』英祖 5年 1月 21日(丙寅)에 영조가, "아! 本道는 곧 人材의 고장인데, 조정에서 오랫동안 調用하지 않았기 때문에 여러 해 동안 침굴(沈屈)된 것이다.[噫本道乃人材之所 而因朝廷之久不調用 多年沈屈矣]"라고 한 표현 또한 경상도, 그 가운데서도 특히 우도 지역에 대한 조정에서의 핍박의 한 증거라할 수 있을 것이다.

강우 지역의 유생들이 잃었던 설자리를 되찾으려는 처절한 절규로 보는 것이 바람직할 것이다.176 물론 이 거사가 실패로 돌아감으로써 이 지역의 인사들이 출사 문제에서 그 전보다 더욱 심각한 압박을 받았음은 재론의 필요가 없을 정도이다.

무신란이 일어나기 전에 정희량은 안동 지역의 유생들에게 사전 동의을 얻어둔 상황이었으나 정작 일이 일어나게 되자 그곳의 유생들은 불참하였고, 그래서 안동 지역의 유생들은 그 이후에도 출사에 불이익을 당하지 않았던 것이다. 물론 안동 지역에서도 선조 이전처럼 고관대작이 많이 나왔던 것은 아니지만, 이것은 북인이란 정파가 완전히 없어진 강우 지역 남명학파의 경우와는 근본적으로 다른 상황이었던 것이다.

더구나 무신란이 완전히 토벌된 뒤 집권 노론 일파는 이 지역에 대하여 50년 동안 정거177를 시키는 한편, 이 지역 남인에 대한 강압적 노론화를 추진하였다. 노론화의 성과가 미미하자 星州에는 「星山紀功碑」, 大邱에는 「平嶺南碑」, 陝川에는 「戊申平難事蹟碑」 등을 세워 영남 지역이 叛逆鄕이었음을 크게 드러냄으로써 이 지역 출신들의 조정에의 진출의지를 사전에 봉쇄하였던 것이다.

이제까지 간략히 살펴본 것처럼 약 200년 동안 강우 지역 학자들은 출사의 길이 막힌 상황에서 학문적 침체의 길을 걷지 않을 수 없었던 것인데, 그렇다면 구체적으로 당시에 활동했던 학자들의 분포는 어떠하며

----

176 李佑成은 戊申亂을 '中央權力層에 대한 地方土豪들의 연합투쟁의 한 표현'으로 규정하였으며, 계해정변 이후 출사한 사람이 적은 것에 대하여는 '자진해서 응시를 거부한 측면보다는 당국으로부터 영원한 斥絶을 받았기 때문'으로 보았다. (『慶尙南道誌』) 그리고 李在喆은 「18세기 경상우도 사림과 정희량난」(『대구사학』 31집, 1986)에서 무신란의 발발 원인을 경상우도 사림이 분열되어 남인이 향리에서조차 핍박을 받았기 때문인 것으로 보았다.

177 『慶尙南道誌』, 「鄭希亮의 起兵과 平嶺南碑」 參照.

그 동향은 어떠했든지 다음 장에서 살펴보고자 한다.

III. 18世紀 江右地域 南冥學派의 分布와 動向

1623년에 계해정변이 일어났지만, 계해정변 이전에 이미 남명학파로 활동하던 학자들은 17세기 말엽까지 정변 이후의 남명학파를 영도하고 유지해 왔다. 이 시기의 대표적인 인물은 謙齋 河弘度(1593~1666)라고 할 수 있다. 겸재는 世稱 '南冥後一人'이라 일컬어지던 인물로, 계해정변 이후의 남명학파를 남인으로 소속케 하면서, 남명의 정신을 잇고 남명을 추숭하는 일을 주도하였다. 그러나 계해정변 이후 남명학파의 구심점 역할을 하던 謙齋가 죽은 뒤로는 강우 지역에서 남명학파의 구심점 역할을 맡을 만한 비중 있는 학자가 배출되지 않았다. 그러다 보니 이런 상황에서 배출된 학자들은 자연히 右道 전체를 통괄하지 못하고 師生 關係가 고을 단위 정도로 국한되어 나타났다. 가끔씩 더 큰 학문을 이루기 위하여 남인 계열의 학자들은 퇴계학맥을 이은 안동 쪽의 학자를 찾아 배움을 청하고, 노론 계열의 학자들은 율곡학맥을 이은 기호지역의 학자를 찾아 배움을 청하기도 하였다.

이와 같은 상황을 地域別·生年別로 구분하여 살펴보면 대략 다음과 같다.

1. 南冥學派의 地域別 分布

아직도 조사가 미진한 부분이 많지만 발표자가 우선 이제까지 조사한 자료를 바탕으로 지역별·생년별로 정리해 보았다. 대상은 문집을 남긴 사람에 한하였다. 진주의 경우 다른 지역에 비해 인원이 월등히 많으므로 특별히 남인과 노론으로 구분하였다.

가. 진주 지역(南人)

진주 지역은 남명이 만년을 보내며 수많은 제자를 길러낸 곳이어서 남명의 유풍이 가장 강하게 그리고 오래도록 지속되어 오는 곳이다. 陶丘 李濟臣·守愚堂 崔永慶·永慕亭 河晉寶·喚醒齋 河洛·覺齋 河沆 등을 위시하여 茅村 李瀞·寧無成 河應圖·白巖 金大鳴·潮溪 柳宗智·浮査 成汝信·撫松 孫天祐·栢谷 陳克敬 등 남명 문하의 쟁쟁한 인물들이 모두 이 지역 출신이다. 이들의 후손이나 이 후손들과 혈연관계에 있는 사람들이 주로 남명학파로 활동하였다.

이 시기 진주·단성 지역에서 남인의 경우 하나의 학맥이 형성되는데, 이는 覺齋 河沆·松亭 河受一·謙齋 河弘度의 계열을 이은 知命堂 河世應과 珠潭 金聖運의 출현에 의해 가능해졌다. 知命堂의 아들 台窩 河必淸이 그의 학문을 잇고, 南溪 李甲龍이 台窩의 門人으로서 南皐 李志容·豫庵 河友賢·容窩 河晉賢을 그 문인으로 두었고, 南皐의 학문을 月浦 李佑贇이 이어서 조선 후기에 이른다.

玉宗의 晉陽河氏는 謙齋 河弘度와 雪牕 河澈 이후로 이 시기에는 養正齋 河德望·寒溪 河大明·愧窩 河大觀 및 菊軒 河達聖 등이, 水谷의 晉陽河氏는 覺齋 河沆·松亭 河受一 이후로 이 시기에는 知命堂 河世應·台窩 河必淸 부자와 豫庵 河友賢·容窩 河晉賢 형제가, 丹牧의 晉陽河氏 丹池公派는 忍齋 河潤寬·竹窩 河一浩·菊潭 河鎭伯·樂翁 河泰範 등이, 奈洞의 泰安朴氏는 凌虛 朴敏 이후로 이 시기에는 西溪 朴泰茂·漁隱 朴挺新·訥庵 朴旨瑞 등이 각각 家學을 이으면서 南冥學派의 要員으로 활동하였다.

다음은 이 시기 이 지역에서 활동한 남인 계열의 주요 인물을 연대순으로 정리한 것이다.

姓名	生沒年代	字	號	本貫	居住	備考	文集
李世泰	1663~1713	大來	清樹	載寧	清源	葛庵門人 清樹遺稿	安陵三稿
河德望	1664~1743	瞻卿	養正齋 光影亭	晉陽	安溪	雪窓澈子	有遺集
河世應	1671~1727	汝濟	知命堂	晉陽	士谷	松亭玄孫 與息山癌道義交	知命堂集
金聖運	1673~1730	大集	珠潭	蔚山	仁川	三緘齋子 從遊息山	珠潭集
河潤寬	1677~1754	澤厚	忍齋	晉陽	丹牧	晚香堂子 忍齋遺集	池上世濟錄
朴泰茂	1677~1756	春卿	西溪	泰安	奈洞	密庵門人 凌虛曾孫	西溪集
李世垕	1681~1754	載叔	清溪	載寧	清源	葛庵門人 清溪遺稿	安陵三稿
河應會	1696~1747	聖際	處士	晉陽	丹牧	忍齋子 處士公遺稿	池上世濟錄
河大觀	1698~1776	寬夫	愧窩	晉陽	安溪	謙齋曾孫	愧窩集
河必淸	1701~1758	千期	台窩	晉陽	九台	知命堂子 與金霽山交	台窩集
朴挺新	1705~1769	英休 彥休	漁隱	泰安	奈洞	凌虛玄孫 西溪子 進士	有遺稿
河一浩	1717~1796	履甫	竹窩	晉陽	丹牧	應會子 竹窩遺集	池上世濟錄
河復浩	1726~1805	亨甫	丹砂	晉陽	丹牧	丹池5代孫	丹砂遺稿
趙輝晉	1729~1796	文然	東窩	咸安	召南	河一浩門人 與樊巖從遊	東窩遺集
姜式儁	1734~1800	美仲	素隱	晉陽	雪梅	訥庵撰狀誌	素隱集
河鎭伯	1741~1807	子樞	菊潭	晉陽	丹邱	竹窩子 菊潭遺集	池上世濟錄
成東一	1753~1823	乃純	共衾堂	昌寧	水谷	浮查後孫	共衾堂實紀
朴旨瑞	1754~1819	國禎	訥庵	泰安	奈洞	凌虛6代孫	訥庵集
曺龍玩	1763~1832	伯玉	德巖	昌寧	大浦	南冥7世孫	德巖集
河友賢	1768~1799	康仲	豫菴	晉陽	狸谷	石溪后 達中玄孫	豫菴集
河泰範	1770~1814	泰卿	樂翁	晉陽	池上	菊潭子 樂翁遺稿	池上世濟錄

| 金冕運 | 1775~1839 | 天贊 | 梧淵 | 義城 | 鴨峴 | 重齋從高祖 | 梧淵集 |
| 河晉賢 | 1776~1846 | 師仲 | 容窩 | 晉陽 | 水谷 | 李南溪門人 | 容窩集 |

나. 진주 지역(老論)

진주 지역의 노론은 海州鄭氏와 淸州韓氏 및 단목의 晉陽河氏 滄洲公派가 그 대표적인 가문이라 이를 만하다. 특히 해주정씨의 경우 이 시기를 포함하여 조선 말기에 이르도록 13대 동안 한 대도 빠짐없이 문집이 간행될 정도로 끊임없이 학자가 배출되었으며, 진양하씨 창주공파에서도 대를 이어 학자들이 배출되었다. 이들은 대체로 가학으로 학문을 전수하다가 기호지역의 노론 계열을 대표하는 학자를 師事하기도 하였다.

다음은 이 시기 이 지역의 노론 계열의 주요 인물을 연대순으로 정리한 것이다.

〈표 3〉 18세기 진주 지역 노론 학자

姓名	生沒年代	字	號	本貫	居住	備考	文集
鄭 楫	1645~1728	季通	四無齋	海州	佳谷	農圃曾孫 李端夏門人	四無齋集
鄭相說	1665~1747	夢弼	萍軒	海州	北川	農圃後改尙說	萍軒遺稿
河應運	1676~1736	汝登	習靜齋	晉陽	丹牧	浲孫 潤宇子	習靜齋集
鄭相虎	1680~1752	善甫	東野	海州	佳谷	四無齋子	東野集
鄭 栻	1683~1746	敬甫	明庵	海州	玉峰	露頂軒鄭構門人	明庵集
韓箕錫	1684~1741	東賚	柳塢	淸州	丁樹	釣隱曾孫 居平居	柳塢集
鄭相點	1693~1767	仲與	不憂軒	海州	龍宮	農圃後構子	不憂軒集
鄭經臣	1703~1777	魯望	草堂	海州	佳谷	東野子	草堂遺稿
河鎭兌	1737~1800	燦彦	杏亭	晉陽	丹牧	應運孫 載岳子	杏亭集
鄭行毅	1737~1787	述祖	琴湖	海州	佳谷	草堂子	琴湖遺稿
鄭志善	1758~1816	士剛	病窩	海州	佳谷	琴湖子	病窩遺稿
河益範	1767~1813	叙中	士農軒	晉陽	丹牧	鎭兌子 宋煥箕門人	士農窩集

다. 산청·단성 지역

산청에는 남명의 문인 德溪 吳健과 그 從弟 守吾堂 吳僴 및 아들 思湖 吳長, 사호의 사위 鏡湖 姜大延이 있어서 성황을 이루었다. 그 이후 경호의 아들 竹峰 姜徽鼎과 죽봉의 아들들이 가학으로 학맥을 이었다.

단성지역은 남명의 벗 安分堂 權逵와 淸香堂 李源이 살던 곳이며, 남명의 문인 竹閣 李光友·桐谷 李晁·源塘 權文任·日新堂 李天慶 등이 살던 곳이다. 이 지역의 학자들은 대체로 이들의 후손이거나 이들과 혈연관계가 있는데, 성주이씨와 안동권씨가 각각 남인과 노론으로 나누어지지만 이시기 이 지역은 대체로 남인 학자들의 주도하에 있었다고 할 수 있다.[178] 다음은 이 시기 이 지역의 주요 인물들을 정리한 것이다.

〈표 4〉 18세기 산청·단성 지역 주요 학자

姓名	生沒年代	字	號	本貫	居住	備考	文集
姜履基	1663~172?	敬綏	友松亭	晉陽	山淸	竹峰子	湖上趾美錄
姜孝基	1665~1729	敬直	克復齋	晉陽	山淸	竹峯子	湖上趾美錄
姜命基	1674~1744	敬章	亦樂亭	晉陽	山淸	竹峰子 與金霽山從遊	湖上趾美錄
權重道	1680~1722	汝行	退庵	安東	丹丘	葛庵門人	退庵集
金 墩	1702~1770	伯厚	默齋	商山	法勿	小山碩孫 性齋撰碣	默齋集
權 煒	1708~1786	象仲	霜溪	安東	丹城	東山克亮5代孫	霜溪集
朴來吾	1713~1785	復初	尼溪	密陽	丹城	圭浩高祖 成涉稱嶺南三高士	尼溪集
權必稱	1721~1784	子平	梧潭	安東	丹溪	東溪5代孫 歷拜大山渼湖	梧潭集
金壽五	1721~1795	君一	南厓	義城	丹城	法溪東岡6世孫 大山門人	南厓遺集

----

178 19세기에 들어가면 이 지역에서도 노론학자들이 대거 배출되어 남인 학자들과 대등하게 활동하게 된다. 그 대표적인 학자가 厚山 李道復·松山 權載奎 같은 이들이다.

權 侃	1723	大叟	南窓	安東	丹城	江樓里	南窓集
李恒茂	1732~1799	久叟	濟菴	陜川	培養	大山門人 錫龜子	濟菴集
李甲龍	1734~1799	于鱗	南溪	星州	沙月	河台窩門人 及第者九人	南溪集
李秉烈	1749~1808	士敬	龍岡	星州	丹城	族叔南溪門人	龍岡集
柳汶龍	1753~1821	文見	槐泉	晉州	丹城	居道川與李南皐從遊	槐泉集
李志容	1753~1831	子玉	南皐	星州	丹城	賀生玄孫 從姪南溪門人	南皐集
姜學濬	1760~1821	聖翼	寒溪	晉陽	沙月	壬子文科 南溪門人	寒溪集

라. 기타 지역

居昌·安陰·咸陽 지역은 남명의 문인인 介庵 姜翼·灆溪 林希茂·鋪淵 愼文彬·梅村 鄭復顯·嶧陽 鄭惟明·原泉 全八顧가 배출되었고, 茅谿 文緯· 白川 姜應璜·孤臺 鄭慶雲·感樹齋 朴汝樑·桐溪 鄭蘊·澄湖 尹景男·漁適 柳 仲龍 등이 來庵 鄭仁弘의 문인이어서, 임진왜란 때 이웃의 陜川·草溪·三 嘉와 함께 창의의 중심지로서 남명학파의 淵藪였던 곳이다. 그러나 18세 기에 접어들면 강우의 다른 지역과 마찬가지로 갑자기 학자들이 감소하 여, 立齋 鄭宗魯(1738~1816)의 문인이었던 弦窩 尹東野가 그 대표적 인물 이라 할 수 있을 정도이다.

합천·초계·삼가 지역 역시 남명의 문인인 玉洞 文益成·來庵 鄭仁弘· 月汀 裵明遠·濯溪 全致遠 등이 배출되었고, 내암의 문인인 陶村 曺應仁· 嶧陽 文景虎·汀谷 裵亨遠·蘆坡 李屹·雪壑 李大期·雪溪 文勵·無悶堂 朴絪 등이 있었던 곳이었으나, 역시 이 시기에 접어들면 삼가의 松風齋 宋之 栻·臥龍亭 許鎬·三洲 申顥仁과 합천의 訥叟 朴龍田 등이 그 대표적 인물 이라 할 수 있다.

그리고 의령·함안·김해 등지도 남명 당대 또는 그 문인들의 시대까지 만 해도 남명학파의 핵심 지역이라 할 만한 곳이었다. 그러나 역시 계해정변이 있었던 17세기를 거쳐 무신란이 있었던 18세기에 들어오면 두드러진 학자가 거의 배출되지 않았다. 典庵 姜鼎煥·宜庵 安德文·竹村 權思學 등이 이 시기 의령의 대표적 학자였으며, 酊翁 曺九齡·四友堂 曹爾樞 등은 이 시기 金海 지역의 대표적인 학자였으며, 唫谷 盧文弼은 이 시기 昌原 지역의 대표적 학자였다.

다음은 진주·산청·단성 지역을 제외한 이 시기의 주요 인물들을 정리한 것이다.

<표 5> 18세기 진주·산청·단성 지역을 제외한 지역의 주요 학자

姓名	生沒年代	字	號	本貫	居住	備考	文集
尹東野	1757~1827	聖郊	弦窩	坡平	箭項	崔百弗庵鄭立齋門人	弦窩集
朴龍田	1765~1836	能五	訥叟	高靈	陜川	无悶堂6代孫	訥叟遺稿
宋之栻	1636~1718	敬修	松風齋	恩津	大幷	與葛庵從遊	松風齋集
許鎬	1654~1714	京遠	臥龍亭	金海	三嘉	滄洲燉孫 葛庵門人	臥龍亭遺集
申顥仁	1762~1832	士吉	三洲	平山	三嘉	性潭宋煥箕門人 又號二如堂	三洲集
姜鼎煥	1741~1816	季昇	典庵	晉山	宜寧	渼湖金元行門人	典庵遺稿
安德文	1747~1811	章仲	宜庵	耽津	宜寧	起宗后	宜庵集
權思學	1758~1832	敬能	竹村	安東	宜寧	霜嵒後孫 宋性潭門人	竹村集
盧文弼		渭翁	唫谷	光州	金海	漢陽子	光州盧氏世稿
曺九齡	1657~1719	仁叟	酊翁	南平	金海	玽七代孫葛庵門人	酊翁集
曹爾樞	1661~1707	元卿	四友堂	南平	金海	酊翁再從叔	四友堂集
白鳳來	1717~1799	來伯	九龍齋	水原	固城	許侃門人	九龍齋集

2. 南冥學派의 動向

가. 老論化와 南冥學派의 萎縮

노론화는 조선시대의 전체 국면에서 볼 때 西人이 완전 집권한 뒤 老

論과 少論으로 나뉘면서 少論이 南人과 제휴하게 되자, 노론 세력이 영남 지역에서의 남인을 교란할 목적으로 이루어진 것이라 볼 수 있다. 그러기에 그 설득 방법이 입신양명을 보장하는 것[179]이라는 데 대하여 별다른 이론을 제기하기는 어렵다. 좌도의 경우는 그 사정이 구체적으로 어떠한지 자세히 모르나 우도의 경우는 노론화를 이처럼 단순하게 보기 어려운 측면이 있다.

우도 지역의 경우 17세기 중엽 이후 노론화가 이루어지는데, 노론화가 이루어진 후에도 출사하여 입신양명한 집안보다 벼슬길에 나가지 않았거나 나가지 못한 집안이 더욱 많은 것에 대해서 그 원인을 다시 생각해 보아야 할 필요가 있기 때문이다. 남인이든 노론이든 대체로 문과에 급제하여야 벼슬길에 나갈 수 있었고, 영남 지역 출신의 경우 남인이든 노론이든 요직에는 거의 오르지 못했던 점에서는 별다른 차별이 없다. 이러한 사실은 노론화가 꼭 출세를 위하여 이루어진 것만은 아니라는 뜻이다. 이 문제는 아직 단정할 수는 없지만, 노론화는 그 조상의 내암과의 관련 여부가 주요 변수로 작용하고 있는 것으로 보인다.[180]

노론화가 이루어지는 배경과는 상관없이 일단 노론화가 이루어진 뒤의 상황을 보면, 남명학파가 매우 심각하게 위축되었음을 알 수 있다. 남명의 文廟從祀 운동과 남명집을 釐正하여 출간하는 작업 등을 남인이 주도할 경우 자연히 노론은 참여할 수 없는 형편이 된다. 이 시기 이 지역의

---

179 이우성이 앞에서 인용한 바 있는 『경상남도지』에서 "노론 정권이 남인의 고장인 영남을 노론화시켜서 자기들에게 대립되는 세력이 발생치 않도록 하려고 하였다."라 표현한 것 등이 대체로 이러한 입장에 선 논리이다.

180 이 문제는 이 자리에서 상론할 수 없을 정도로 문중에 따라 그 이유가 다양하므로, 따로 이것만을 논제로 삼아 다룰 필요가 있다. 이러한 논문이 나온다면 이 지역의 정신사와 남명학파의 동향을 이해하는 데 크게 이바지할 수 있으리라고 판단된다.

노론 학자들의 문집에 남명과 관련되는 글이 거의 보이지 않는 것에서 這間의 이러한 상황을 분명히 볼 수 있다.

노론 학자들의 문집은 우암 송시열 이후 노론 학맥을 잇는 주요 학자들을 찾아가 그들의 문인이 되어 그곳의 학자들과 교제를 하고, 이 지역에 있는 같은 처지의 학자들과 교류하는 내용이 그 대부분이다. 물론 노론 학자들의 문집에도 남명의 유적지를 지나면서 남긴 시나 유람록 등에서 南冥을 尊慕하는 내용이 분명히 보이기는 한다. 이는 결국 남명의 추숭을 주도하는 남인에 비해 매우 소극적이라고 할 수밖에 없는 것이다. 이것이 결국 노론화가 이루어질수록 남명학파로서는 더욱 위축될 수밖에 없었던 중요한 이유였다.[181] 예컨대, 17세기 초반까지 진주 및 그 인근 지역에 거주하면서 덕천서원 운영의 주도적인 위치에 있었던 滄洲 河忄登(1563~1624)의 후손들과 霜嵓 權濤(1578~1642)·默翁 權濬(1569~1633)의 후손들 및 桐谷 李晃(1530~1580)의 후손들의 노론화로 말미암아 남명학파가 엄청나게 위축되었던 점이 그 하나의 사례라 할 수 있다.

나. 南人의 退溪學派化

이 지역 학자들의 노론화가 남명학파의 위축을 초래한 것은 물론, 이 지역 남인 학자들이 퇴계학파화한 것도 남명학파의 본질을 퇴색케 했다는 측면에서 본다면 엄청난 변화라 할 수 있다. 퇴계학파화의 경우는 노론화와 비교될 수는 없겠지만, 남명 학문의 핵심이라할 '敬義' 사상을 제외한 '詩荒戒'의 정신과 '이론 탐구에 대한 경계' 등이 완전히 퇴색하게 되었다는 점에서 본질적인 위축이 있었다고 하지 않을 수 없다.[182]

---

181 19세기에 접어들면 노론 학자들이 대거 등장하면서 이들이 남명 추숭 문제에 있어서 상당히 적극성을 띠는데, 이는 노론 세력의 성장을 의미하는 것으로 판단된다.

남명을 추숭하는 문제에 있어서도 애초에 퇴계와 대등한 위치를 점하고 있었다는 점을 선양하려는 관점이 아니고, 퇴계보다 낮은 단계에 있는 남명을 퇴계와 어깨를 맞추게 하려는 관점임이 여러 곳에서 드러난다. 의령의 학자 宜庵 安德文(1747~1811)이 남긴 『三山院記』라는 編著가 그 단적인 하나의 예가 될 수 있을 것이다.

> 남쪽 고을의 인사들이 자랑스러워하면서 존모하는 것은 오직 宣城의 陶山과 月城의 玉山과 晉城의 德山이다. 이 산들이 남쪽 지역에서 우뚝하여 우리나라 전체에서 특별히 일컬어지는 것은 대체로 退溪·晦齋·南冥 세 선생께서 태어나서는 이곳에서 학문에 침잠하셨고 돌아가서는 이곳에서 향사를 받으시기 때문이다. 그러니 저 세 산의 높음은 이 세 어진 이의 높음으로 말미암아 높아진 것이 아니겠는가?[183]

三山에 玉山이 들어가지 않으면 모르려니와, 들어간다면 퇴계가 매우 존경하기도 했던 회재를 퇴계 뒤에 나열하는 것은 바람직스러운 서술방법이 아닌 듯하다. 이러한 태도는 그만큼 자신도 모르게 퇴계학파에 대하여 자세를 낮추는 모습이라 하지 않을 수 없다.

그러나 남인의 퇴계학파화는 남명학파의 본질이 퇴색하게 되는 측면이 있는가 하면, 퇴계학파와 남명학파가 남인과 북인으로 대립하다가 남인으

---

182 이 시기 이 지역 학자들의 문집에 성리학의 이론과 관계되는 글이 많이 보이지는 않으나, 문집의 절반 이상이 시로 되어 있는 점 등은, 이전의 남명학과 문집에서는 보기 드문 현상이라 할 수 있다. 그러나 19세기에 들어서면 奇蘆沙와 李寒洲 이후로 田艮齋의 성리학 이론에 이르기까지 모두 전파되어, 이 지역 학자들이 이에 대해 본격적으로 연구하고 논쟁하게 된다.

183 安德文, 『三山院記』, 「三山院序」, "南州人士 矜式而尊慕 惟宣城之陶山 月城之玉山 晉城之德山 最著於南土 特稱於東國者 蓋以退溪晦齋南冥三先生 生而遊詠於斯 沒而尸祝於斯也 彼三山之高 非由三賢之高而高哉."

로 통합되면서, 두 학파 사이에 어느 정도 존재하고 있었던 앙금도 풀고 영남 지역의 학문을 결집하는 역할도 하였다는 긍정적인 측면이 있다.

이 역할을 주로 담당했던 인물이 知命堂 河世應(1671~1727)과 珠潭 金聖運(1673~1730)·西溪 朴泰茂(1677~1756)·台窩 河必淸(1701~1758) 등이다. 지명당과 주담은 상주에 살던 息山 李萬敷(1664~1732)와 매우 친밀하여 식산이 이곳을 자주 방문하게 되었으며, 결국은 식산이 덕천서원의 원장을 맡게까지 하면서 서로의 교분을 쌓음으로써 퇴계학파와 한 걸음 가까이 가게 되었다. 그 뒤로 서계 박태무는 蒼雪 權斗經(1654~1725)과의 교제를 바탕으로 光陽에 유배된 葛庵 李玄逸(1627~1704)을 자주 찾았던 그 아들 密庵 李栽(1657~1730)의 문인이 되어서 퇴계학파의 정맥을 접하게 된다. 그 뒤로 태와 하필청은 역시 광양에 유배되어 온 霽山 金聖鐸(1684~1747)과 친밀하게 지내며 『謙齋集』의 서문을 그에게서 받았는데, 제산의 이 서문은 星湖 李瀷과 마찬가지로 퇴계학파 쪽에서 남명의 존재를 퇴계와 동일하게 인식하는 것[184]이어서 더욱 주목된다고 할 수 있다.

이 뒤로 19세기를 거쳐 오늘에 이르도록 영남학파에 뿌리를 둔 남명학파와 퇴계학파는 여러 모로 '一而二, 二而一'인 관계가 지속되어 오게 된 것이다.

다. 南冥 推崇 : 文廟從祀 疏請과 南冥集 釐正 出刊

남명을 추숭하는 사업은 南冥 沒後로부터 끊임없이 이어져 조선 말기

---

184 ① 李瀷, 『星湖全書』 50卷, 「謙齋河先生文集序」, "聖朝受命 興動有道 世出傑鉅 儒賢 至弘治辛酉 斯文不墜 蔚發於一區 有若退溪李先生 降生於大小白之下 亦 越南冥曺先生 降生於頭流之東 自有邦未始有焉 此天意也."

② 金聖鐸, 『霽山集』 13卷, 「河謙齋先生文集序」, "我東儒學之盛 至本朝明宣之際 極矣 而退陶南冥兩先生 幷生一時 爲儒林宗主 如天之有南北斗 地之有岱華焉."

에까지 이르고, 현재까지도 진행되고 있는 일이다. 이는 남명이 우리나라의 정신사에서 어떠한 비중을 차지하는지 웅변적으로 설명하는 것이기도 하다. 추숭 사업도 구심점이 있어야 잘 이루어지는데, 이 시기에는 다른 시기에 비하여 우도 전체를 통괄할 만한 확실한 구심점 역할을 할 사람이 배출되지 않아, 추숭 사업이 크게 활발하지는 못하였다.

남명의 문묘종사를 요청하는 상소는 광해군 7년 1615년 이후로 여러 경로를 통하여 35차에 걸쳐 이루어졌지만 모두 실패하였다. 18세기에 들어서는 영조 6년 1730년과 정조 14년 1790년에 올린 상소가 이 시기에 이루어진 대표적인 상소라 할 수 있다. 1790년에 올린 상소는 남명의 후손 德巖 曺龍玩(1763~1832)과 남명의 문인 대소헌 조종도의 후손 東窩 趙輝晉(1729~1796)이 주도한 것이다. 여기에는 내암 정인홍을 심각하게 배척하는 내용이 들어 있다.

賊臣 仁弘이 어려서부터 글재주가 뛰어나다는 盛大한 명망이 있었습니다. 그가 先正의 문하에서 배우기를 청하였습니다. 그러자 선정이 다른 사람에게 다음과 같이 말했습니다. "이 사람은 재주와 기세로 자만하니 다른 날 어진 이와 유능한 사람을 해치는 일이 이 사람으로부터 말미암지 않는다고는 할 수 없으리라. 그러나 찾아오는 사람을 거절할 수 없는 의리 때문에 여기에 말려들게 되었다." 선정의 선견지명과 악을 미워하는 마음이 이와 같았습니다.[185]

이러한 내용은 내암 정인홍 한 사람을 희생하여서라도 남명 및 남명학파와 강우 선제를 살려야한다는 절박한 심정이 우도 지역에 팽배해 있었

---

185 韓國精神文化研究院, 『古文書集成』 25卷 367쪽, "臣仁弘 以妙年有文藝盛名 請學於門 先正告人曰 此人挾才乘氣 異日賊賢害能 未必不由此人 而以來者不去之義 姑且羈縻之 其先見之明 嫉惡之風 又如是也."

음을 단적으로 보여 주는 것이 아닌가 한다. 인용된 이 기록에 대해서, "인홍에 관한 이 이야기는 싣는 것이 옳다는 사람도 있고 실어서는 안 된다는 사람도 있었다. 그래서 비록 써 두기는 하였으나, 마땅히 여러 사람의 의논을 기다려야 할 것이다.[此仁弘之說 或可或不可入 故雖爲書之 當待衆議]"라는 주석이 달려 있다. 이 주석에서 실어서는 안 된다는 의견을 가진 사람도 있는 것으로 보아, 이 이야기는 사실이 아니라는 의미로 해석된다. 만약 이러한 이야기가 사실이라면, 실어서는 안 된다는 주장을 당시로서는 할 수 없었을 것이기 때문이다. 이처럼 남명을 추숭하면서 내암 정인홍을 남명과 분리하려는 이 지역 인사들의 움직임은, 집권 노론의 강우 지역 제압책과 그 맥을 같이 하며, '荀卿의 문하에서 李斯가 나온 것과 같다'는 農巖 金昌協(1651~1708)의 언설[186]과도 결과적으로는 부합되는 것이었다.

1790년의 문묘종사 疏請은 자금 문제로 중지되었고, 1796년 정조의 親製 賜祭文이 내려온 뒤인 1797년에 다시 문묘종사 소청 운동을 전개하였다. 이때는 訥庵 朴旨瑞(1754~1819)와 宜庵 安德文(1747~1811)이 이 일을 주도하였다. 문묘종사 소청 운동은 매번 실패하였지만 남명의 학문과 정신을 기리면서 남명학파를 결집하는 역할을 하였다는 점에서 중요한 의의가 있었다. 그래서 19세기에 들어서도 문묘종사 소청 운동은 계속되던 것이다.

남명학파를 결집하는 데 또 중요한 역할을 한 것은 『남명집』을 중간하는 작업이다. 잘 알려져 있다시피 『남명집』은 너무 여러 차례 간행되면

. . . .

186 金昌協, 『聾巖集』 32卷, 雜識 內篇2, "南冥實不知學 只是處士之有氣節者耳 其言論風采 雖有聳動人處 弊病亦不少 遊其門者 大抵皆尙氣好異 甚則爲鄭仁弘 不甚則爲崔永慶 荀卿之門出李斯 未爲無所自也." 1740년 12월 5일, 李天輔가 자신의 이야기처럼 임금에게 아뢴 말도 이와 같다.

서 내용이 바뀌었으므로, 『남명집』의 진실이 과연 어느 판본에 가장 온존해 있느냐가 문제되기도 할 정도이다. 그런데 17세기까지는 대체로 내용의 증보 또는 수정으로 인한 중간이었지만, 18세기에 들어서의 『남명집』 간행은 문집에다가 『學記類編』・『山海師友淵源錄』・「賜祭文」 등을 통합함으로써 문집의 외형을 확장하는 데 중점이 두어진 것이었다.

辛巳丁亥版은 1701년과 1707년 사이에 걸쳐 이루어진 것으로, 『南冥先生文集』과 『南冥先生別集』을 8책으로 통합한 것이다. '문집'에는 남명 자신의 시문집과 학기유편 및 선조의 사제문을 포함한 부록 문자가 5권 분량으로 들어 있고, '별집'에는 산해사우연원록이 3권 분량으로 들어 있다. 이 당시 문집 간행을 주도한 이는 구체적으로 누군지 알려져 있지 않으나, 1700년을 전후하여 진주 지역에서 남명학파를 영도하던 이는 옥종에 살았던 겸재의 조카 雪牕 河澈(1635~1704)과 養正齋 河德望(1664~1743) 부자 및 知命堂 河世應(1671~1727)・珠潭 金聖運(1673~1730)・忍齋 河潤寬(1677~1754)・西溪 朴泰茂(1677~1756) 등이니, 대체로 이들에 의하여 이전과는 완전히 면모를 일신한 이 문집이 이루어진 것으로 보인다.

그 뒤 별집 내용 교정을 주목적으로 도회를 열어 1764년(甲申)에 교정본을 간행하였는데, 이 당시 문집 간행을 주도한 이는 丹城 法勿에 살았던 默齋 金墩(1702~1770)과 晉州 奈洞에 살았던 漁隱 朴挺新(1705~1769) 및 겸재의 증손 愧窩 河大觀(1698~1776)이었다. 이 갑신본은 어은의 아버지 서계 박태무가 일찍이 양정재 하덕망과 교정을 논의하였던 것인데, 이 때에 이르러 어은이 서계와 양정재의 뜻을 이어서 묵재・괴와와 함께 교정하고 간행한 것이다.[187]

또한 1796년에 정조의 친제 사제문이 내린 뒤로 앞에서 언급했던 것처럼

---

187 金侖壽, 「南冥集의 冊板과 印本의 系統」, 『南冥學硏究』 第2輯 227쪽 및 金侖壽, 「南冥集 版本 硏究上의 爭點」, 『南冥學硏究』 第6輯 39쪽 參照.

한편으로는 문묘종사 소청 운동을 전개하면서 다른 한편으로는 정조의 친제 사제문을 문집에 추가하여 간행하였던 것이다.[188] 이 당시 덕천서원 운영을 주도하였던 이는 東窩 趙輝晉(1729~1796)·南溪 李甲龍(1734~1799)·菊潭 河鎭伯(1741~1807)과 南皐 李志容(1753~1831)·訥庵 朴旨瑞(1754 ~1819) 및 德巖 曹龍玩(1763~1832) 등이었다.

남명학파를 주도해 나갈 만한 큰 학자가 약 200년 동안 배출되지 않아, 강우 지역이 전반적으로 학문이 침체하였던 것은 이미 언급하였다. 그러나 비록 그 규모가 작다 하더라도 각 지역의 서원과 서당 등을 중심으로 하여 끊임없는 강학활동을 하여 왔던 것 또한 사실이다. 이러한 강학활동을 통하여 자연스럽게 남명 학문의 핵심에 대한 논의도 이어져 왔으리라는 것 또한 짐작하기 어려운 일은 아니다. 18세기 초반에 김해의 신산서원에서 酊翁 曺九齡과 四友堂 曺爾樞 등이 강학하였던 것[189]이 하나의 예가 될 것이다.

IV. 南冥學派의 復興 : 正祖의 賜祭文

앞에서도 이미 언급했듯이 계해정변 이후 가라앉아 있던 강우의 분위기에 영조 초기 1728년에 무신란이 일어나자 다시 한번 찬물을 끼얹은 격이 되었고, 영조 당시의 대신들이 우도 지역에는 남명에 의하여 숭상된 氣節의 餘弊가 있다고 영조에게[190] 끊임없이 각인시킴으로써 남명학파는

---

188 金侖壽는 前揭論文에서 이 시기를 대체로 1798년에서 1799년으로 보고 있다.
189 曺九齡, 『酊翁集』 附錄 年譜 34歲條 : 春入新山書院 與多士講習討論
190 『조선왕조실록』 영조 13년 7월 1일 좌의정 金在魯가 임금에게 아뢴 말, 영조 16년 12월 5일 검토관 李天輔가 임금에게 아뢴 말, 영조 28년 8월 20일 嶺伯에

더욱 침체에 빠지게 되었다. 그런 가운데서 이 지역 士林에서는 내암 정인홍을 도려내면서라도 남명을 살려야 한다는 생각 때문에, 한편으로는 끝임없이 남명을 문묘에 종사시켜달라는 소청 운동을 전개하면서, 한편으로는 이미 100년 가까이 학문적으로 우위에 서 있던 퇴계학파와 율곡학파 쪽으로 학맥을 대었던 것이다.

그런 가운데 정조가 즉위하면서 기호 남인이 어느 정도 발언권을 얻게 되었고, 정조도 남명을 위시한 영남의 선현들에게 직접 제문을 지어 내리는데, 이로 말미암아 강우 지역은 문풍이 크게 일어나게 되었다. 1796년 8월 13일[191] 정조가 예조정랑을 덕천서원으로 보내어 南冥에게 賜祭하면서, "文貞公 曺植은 規模와 氣象이 懦弱한 사람을 奮起하게 하고 頑惡한 사람을 淸廉케 할 만하였고, 능히 심오한 경지에까지 나아갔으며 지킨 바도 탁월하였다."[192]고 傳敎하였다.

강우 지역의 경우 정조의 이 한 마디 말은 그야말로 '一言而興邦'이라할 정도로 커다란 의미가 있었다. 당시 덕천서원을 대표할 만한 인물은 '南道主人'이라 일컬어졌던[193] 東窩 趙輝晉(1729~1796)이었다. 그는 일찍이 기호남인을 대표하면서 1785년부터 1796년 사제문이 있을 당시까지줄곧 덕천서원 원장을 역임하고 있던 樊巖 蔡濟恭(1720~1799)과 친분이두터웠고, 1790년에는 남명에 대한 문묘종사 소청 운동을 주도하기도 하였던 인물이다. 그런 그이기에 이웃 고을 의령에서 사제문 행사에 참여하

· · · · · · · · · · · · · · · · · · · ·

서 돌아온 이조판서 趙載浩가 임금에게 아뢴 내용이 모두 한결같이 이러한 맥락에서 나온 말이다.

191 『남명집』 부록에 의하면 실제 제사를 지낸 날은 9월 25일이었다.

192 『朝鮮王朝實錄』, 正祖 20年 8月 13日(乙酉), "(賜祭又文莊公鄭經世文貞公曺植 敎曰 …) 文貞公曺植 規模氣象 可使懦夫立而頑夫廉 克造奧處 所守卓爾."

193 柳台佐, 「墓碣銘」, 『東窩集』 附錄, "遠近無不悅服 賢不肖擧皆歸心 風流人豪 南道主人之稱 果有以也."

기 위해 찾아온 宜庵 安德文(1747~1811)을 위해 病軀를 이끌고 함께 그 행사에 참여하였던 것이다.

동와가 그 해 겨울에 죽자 그를 이어 19세기 초반부터는 南皐 李志容(1753~1831)이 자연스럽게 덕천서원을 대표하여 남명을 추숭하는 일을 주도하였다. 남고는 정조의 사제문이 근세에 보기 드문 영광이므로 이를 돌에 새겨 이 지역 인사들로 하여금 자긍심을 가지게 하였다. 정조가 남명에게 친제한 사제문을 덕천서원에 묘정비로 세우는 일은, 선조가 수우당에게 내린 사제문을 건립하는 일과 겹치면서 位次 문제 때문에 약간의 갈등이 있었지만, 이런 일들이 강우 지역의 문풍을 부흥케 하는 역할을 하였다.

벼슬길을 틔워주고 임금이 특별한 관심을 가져주는 것은 그 지역의 사림에게 긍지를 심어 주어 벼슬길에 나오게 하려는 것이다. 이는 위기지학이라기보다는 위인지학에 가까운 것이다. 그러나 위인지학을 하는 사람이 많은 가운데서 진실한 위기지학으로 방향을 돌려 위대한 인물이 나타나는 것은 自古以來로 늘 그러하였던 것이다. 이러한 이유에서 특히 정조가 이 지역의 문풍을 부흥시키는 데 결정적인 역할을 하였다고 할 만한 것이다.

V. 맺음말

남명은 우리 文明史의 極致라 이를 정도로 높은 정신 경계를 이루었으며, 그의 명성에 어울리게 수많은 문인들과 사숙인들이 그의 정신을 본받으려 노력하였다. 그래서 학파가 형성되기에 이르렀고, 선조와 광해군 시대에 이르기까지 남명학파가 朝野에서 두루 명성을 떨쳤던 것이다. 그러나 남명의 고족으로서 광해군 시대를 정신적으로 영도하였던 내암 정인홍이 계해정변으로 인해 처형되면서 그의 문인 집단이 대거 궤산하게 되었고, 이로 인해 잃어버린 남명학파의 구심점을 겸재 하홍도가 대신하였던 것이다.

1728년에 이르러 정희량에 의해 이른바 무신란이 일어나는데, 이는 계해정변 이후 약 100년 동안 강우 지역의 유생들이 잃었던 설자리를 되찾으려는 처절한 절규의 하나로 봄직하다. 더구나 무신란이 완전히 토벌된 뒤 집권 노론 일파는 이 지역에 대하여 50년 동안 정거를 시키는 한편, 이 지역 남인에 대하여는 강압적으로 노론화를 추진하였다. 노론화의 배경에는 소론과 제휴한 남인을 교란하려는 의도가 있었으므로, 남인은 자연스럽게 퇴계학파화하여 우도가 좌도와 한덩어리로 어울리게 되었다.

그래서 18세기는 한편으로는 노론화가 이루어지고 한편으로는 퇴계학파화하면서, 큰 벼슬을 얻은 이도 큰 학문을 이룬 이도 나오지 않은 상태에서, 남명을 추숭하는 일과 남명집을 중간하는 일만큼은 꾸준히 추진되어 온 것으로 볼 수 있다. 그러다가 18세기 말엽 1796년 정조가 친히 남명에게 제문을 지어 내려주고 남명 후손에게 벼슬을 내렸다. 이것이 하나의 중요한 기폭제 역할을 함으로써 19세기에 들어 이 지역에 문풍이 크게 일어나게 되었던 것이다.

朝鮮末期 南冥學派의 南冥學 繼承 樣相

Ⅰ. 緒言

주지하다시피 南冥 曺植(1501~1572) 몰후 癸亥政變(1623) 이전까지 약 50년 동안은 남명학파가 역사의 전면에서 가장 활발하게 움직였던 시기라 할 수 있거니와, 계해정변으로 인해 남명학파를 이끌던 來庵 鄭仁弘(1536~1623)이 적신으로 몰려 처형된 뒤로부터 남명학파는 급격히 쇠퇴의 길을 걷게 되었다.

정치적으로 北人이었던 남명학파가 계해정변 이후 『南冥集』에 실린 정인홍의 흔적을 없애는 과정에서 적극적인 부류와 소극적인 부류가 대립하면서 南人과 西人으로 분열하게 되었다. 이후 적어도 표면적으로는 南人은 退溪學派化하고 西人은 栗谷學派化하였다.

그러나 진주를 중심으로 하는 江右 지역의 인물 가운데 南人化 또는 西人化한 두드러진 몇몇 사람들을 제외하면, 그 나머지 대부분의 사람들은 대체로 남명학파의 학문정신을 나름대로 계승해 왔던 것 또한 부인할 수 없는 사실이다. 그리고 이러한 지역적 분위기는 남인화 또는 서인화한 인물의 경우도 남명학파의 학문정신을 근본적으로 배제한 채 퇴계학파 또는 율곡학파의 학문을 수용하는 데까지 이르지는 않았던 것이다.

영조 4년(1728)에 일어난 戊申事態 때 강우 지역에서 桐溪 鄭蘊의 현손 鄭希亮과 陶村 曺應仁의 5대손 曺聖佐가 세력을 규합하여 安義·居昌·

陝川·三嘉를 한 때 점령했던 일이 일어났다. 이 일로 인해 강우 지역은 반역향이라는 인식이 심화되었으며, 이 지역의 선비들도 그 기상이 저하되고 남명학파로서의 학문정신에 대한 자긍심에도 상처를 입었다.

그러다가 正祖가 만년에 자신이 직접 남명의 사당에 제문을 지어 賜祭하였는데, 이로부터 경상우도 지역에 사기가 고조되기 시작하여 19세기에 이르면 학자들이 우후죽순처럼 일어나 16~17세기의 학문적 영화를 다시 보는 듯하였다.

그런데 이 시기에는 주지하고 있는 것처럼 경상우도 지역에서도 정치적으로나 학문적으로 북인을 자처하는 인물은 없고, 모두 남인 학맥이거나 노론 학맥에 속함으로써 표면적으로는 남명학의 계승 여부를 확인하기가 용이하지 않다. 그러므로 남명학의 특징이라 할 수 있는 몇몇 요소가 작품 속에 어떻게 용해되어 나타나는지 검토해 봄으로써 그 계승 양상을 어느 정도 확인할 수 있을 것이다. 그래서 본고는 남명학의 특징이 주로 19세기 경상우도 지역의 인물에게 어떻게 나타나는지 점검하여, 학문적으로 이미 남인화되고 노론화된 경상우도 지역에 남명학의 계승 양상이 어떠한지를 구명하고자 집필된 것이다.

II. 南冥學의 特徵

남명학파로서 남명학을 어떻게 계승하였는지 구명하기 위해서는 남명 학문의 특징을 구체화하지 않을 수 없다. 남명 학문의 특징을 정리하면 그것은 대체로 다음 네 가지로 요약된다.[194]

....

194 李相弼, 『南冥學派의 形成과 展開』, 와우출판사, 2005. 129~133쪽 참조.

첫째, 남명 학문의 가장 큰 특징으로, 그가 산천재에서 죽음을 맞기 직전 문인들에게 강조한 것이기도 한, '敬義'를 학문의 구극으로 내세운 다는 점이다.

> 晚年에 특히 '敬義'라는 두 글자를 提示하여, 窓門과 壁 사이에 크게 써 두셨다. 그리고는 일찍이, "우리 집에 이 두 글자가 있는 것은 마치 하늘에 해와 달이 있는 것과 같아서, 萬古토록 바뀔 수 없는 것이다. 聖賢의 千言萬語가 결과적으로는 모두 이 두 글자를 벗어나지 않는다."라고 하셨다.[195]

남명이 내세운 이 '敬義'는 인간으로서의 최고의 경지에 도달하기 위해 필요한 가장 핵심적인 두 글자로서, 수양의 요체다. '敬'은 인물이나 사물을 만나기 이전에 자신의 마음을 다스리는 것이고, '義'는 인물이나 사물을 만나고 난 뒤의 대처 기준임과 동시에 행동 원리인 것이다.

둘째, 남명이 평소 문인들에게 강조했던 내용으로 '詩荒戒'[196]를 들 수 있다. 시황계는 고도의 수사법과 정치한 구조를 필요로 하는 문학 작품 ~ 시가 대표적이다 ~ 의 창출에 지나친 정력을 낭비하는 것이 爲己之學에 도움이 되지 않는다는 가르침이다. 이것이 초기 남명학파에게는 문집의 분량이 적은 것으로 나타났다.

寒岡 鄭逑가 성주 훈도로 부임한 德溪 吳健에게 배울 적에, 邵雍의 「淸夜吟」을 밤에 외고 있었다. 덕계가 이를 보고 「星學贈學子」라는 시를 읊

---

195 鄭仁弘, 「南冥曺先生行狀」, 『來庵集』 12卷 33張(『韓國文集叢刊』 43卷 448쪽), "最後特提敬義字 大書窓壁間 嘗曰 吾家有此兩箇字 如天之有日月 洞萬古而不易 聖賢千言萬語 要其歸 都不出二字外也."

196 鄭仁弘, 「南冥先生詩集序」, 『來庵集』 12卷 1張(『韓國文集叢刊』 43卷 433쪽), "常持詩荒戒 以爲詩人意致虛曠 大爲學者之病 故旣不喜述作."

었다.197 물론 이 시의 의미는 시 자체에 매달리지 말고, 시 속에 담긴 뜻을 깊이 사색하여 깨닫는 것이 중요하다는 것을 말하려 한 것이다. 덕계는 한강이 시 짓는 재미에 빠져 爲己之學에 소홀할까 걱정이 되었기 때문에 이 말을 한 것이었다. 그러나 시가 학문에 방해가 된다고 수십년간 시를 짓지 않았다는 남명 자신의 고백198과 관련시켜 생각해 보면, 덕계가 남명의 이 훈계를 이미 한강에게 누차 언급한 것으로 생각된다. 남명 제문에서 한강이 이미 15, 6세 때부터 그의 풍모를 흠모했다199는 기록이 이를 뒷받침한다.

남명의 여타 문인들 기록에 이러한 사실이 모두 남아 전하지는 않는다. 그러나 덕계와 한강 사이의 이러한 일로 미루어 보고, 또 남명 문인의 문집을 통해서 이를 확인해 보면, 시 짓기를 좋아하지 않았던 것은 남명 문인 전반에 걸친 일반적인 현상으로 판단된다.

남명의 시가 모두 200題 안팎인데, 그의 주요 문인들의 시도 다 200題를 넘지 않는다. 이것은 남명의 '詩荒戒'의 영향이 문인들에게 바로 나타난 결과라고 생각된다. 재전 문인에게도 이러한 경향이 그대로 이어진다. 예컨대 재전 문인인 雪壑 李大期, 松亭 河受一, 茅谿 文緯, 嶧陽 文景虎, 感樹齋 朴汝樑, 思湖 吳長, 桐溪 鄭蘊, 寒沙 姜大遂, 謙齋 河弘度 등의 문집에서도 시문의 전체 분량이 많지 않음은 물론, 그 가운데서도 시의 분량

---

197 吳健, 「星學贈學子」, 『德溪集』 1卷 11張(『韓國文集叢刊』 38卷 82쪽), "堯夫非是愛吟詩 只愛虛明灑落時 莫把遺詩空玩月 好將淸意靜中思 (題目註釋) 學子 卽鄭寒岡也 寒岡夜誦淸夜吟 先生以詩贈之.(邵雍의 淸夜吟: 月到天心處 風來水面時 一般淸意味 料得少人知)."

198 曹植, 「答成聽松書」, 『南冥集』 2卷 13張(『韓國文集叢刊』 31卷 487쪽), "嘗以哦詩 非但玩物喪志之尤物 於植每增無限驕傲之罪 用是廢閣諷詠 近出數十載."

199 鄭逑, 「祭南冥先生文」, 『寒岡集』 11卷 21張(『韓國文集叢刊』 53卷 82쪽), "蓋自十五六歲時 始得聞先生之風 而知欽慕之."

은 특히 적다.[200]

셋째, 理氣心性論 등 이론적 탐구와 유관한 글이 거의 없다는 점이다. 德溪, 來庵, 東岡, 寒岡, 浮査는 부록을 제외한 문집의 분량이 각각 6권, 13권, 17권, 27권, 6권인데, 이 가운데 性理說과 직접 관련된 글은 단 한 편도 없다.

넷째, 엄정한 출처관을 가지고 있으며 현실비판 정신이 강하다. 그리고 그런 만큼 현실의 어려운 상황에 민감하게 반응한다. 예컨대 긍정적인 측면에서는 壬辰倭亂 때의 창의를 들 수 있고, 부정적인 측면에서는 己丑獄事(1589), 癸丑獄事(1613) 등을 겪으면서 반대당과의 격심한 갈등이 일어난 것 등을 들 수 있다.

요컨대 남명 문인들에게 공통적으로 보이는 특징적인 면모가 이처럼 두드러지게 나타나는 것은 남명의 문인들에 의해 하나의 학파, 즉 남명학파가 형성되었다는 의미로 해석된다. 이제 이렇게 형성된 남명학파가 계해정변 이후 급격하게 쇠퇴기를 맞이한 것은 주지의 사실이다. 그렇다면 조선 말기에 이르기까지 남명학이 계승되고 있었던가? 계승되었다면 그 양상은 어떠한가? 필자는 적어도 진주를 중심으로 하는 경상우도 지역에서는 남명학이 현재까지도 꾸준히 계승되고 있음을 확신하고 있으며, 그래서 남명학의 특징이 조선 말기 경상우도 학자 들에게 어떤 양상으로 나타나는지를 살펴보고자 한다. 이번 연구의 대상은 대체로 晩醒 朴致馥(1824~1894), 端磎 金麟燮(1827~1903), 后山 許愈(1833~1904), 老柏軒 鄭載圭(1843~1911), 勿川 金鎭祜(1845~1908), 俛宇 郭鍾錫(1846~1919), 晦峰 河謙鎭(1870~1946) 등이다.

....

200 그러나 唯獨 河受一의 『松亭集』은 南冥學派 人物로서는 特異하게 詩의 分量이 많다.

Ⅲ. 敬義 思想의 尊崇

남명이 만년에 거주하던 山天齋가 임진왜란 때 불에 탄 뒤 중건되지
못하다가 1818년에 비로소 옛 자리에 중건되었다. 이때南皐 李志容
(1753~1831)은 「山天齋齋案序」에서 "우리가 여기서 수백 년 동안 살면서
집집마다 孝悌하고 사람마다 忠信하며 詩書禮樂의 글을 외면서 태평하게
오늘날에 이른 것은 모두 선생께서 내려주신 것이다. 그러니 우리가 선생
을 존모하고 선생을 애열함에 있어서 마땅히 무슨 일이든지 하지 못할 일
이 없어야 할 것이다."[201] 하여 남명의 정신이 지역사회에 끼친 영향이 지
대하였음을 언급하고 남명을 존모애열할 것을 역설하였다.

南皐는 남명이 직접 강학하던 산천재가 200년 넘도록 복원되지 못한
것을 오래도록 안타까워하던 지역적 분위기가 있었음을 분명히 언급하고
있어서[202], 강우 지역의 학자들에게 퇴계학파의 영향이 이미 뿌리 깊이 내
린 뒤에도, 이와는 별도로 남명의 정신을 이으려는 강한 의지가 맥맥히
흐르고 있음을 느끼게 한다.

....

201 李志容, 「山天齋齋案序」, 『南皐集』 3卷 14張, "吾輩食玆土數百年 家孝弟人忠信
誦詩書禮樂 太平以至于今日者 秋毫皆先生賜也 然則吾輩所以尊慕先生愛悅先生
者 宜無所不至."

202 李志容, 「山天齋齋案序」 『南皐集』 3卷 15張, "夫先生之堂舍 不爲不多 而聖教所
以獨及於是齋者 特以是齋之與他逈別 則後學尊仰之誠 益復與學校而無間矣 宜其
糾護奉衛 百世以俟 而不幸煨燼於龍蛇 邱墟於滄桑 至于今 行人過客 指點其遺址
其聖賢遺像 則方島夷搶攘也 移奉于德院 雖幸得免於兵燹 而久處塵壁 極其難安
此吾鄉先父老 所以益復齎咨 有以思復乎是齋 而因循未遑者也 豈事之成毀屈伸 卽
莫不有時與命存焉歟."

1. 精神 修養과 氣象 涵養

晚醒 朴致馥은 한강 문인이었던 匡西 朴震英의 후손으로, 咸安에서 태어나 남명의 고향 三嘉에서 일생을 거의 보냈으므로 남명에 대한 생각이 각별한 인물이었다. 그가 지은 「少微星」[203]이라는 시에 이 점이 잘 드러나 있다. 소미성은 처사를 상징하는 별이다. 남명이 몰할 적에 소미성이 떨어졌다는 이야기가 전해짐으로 인하여 소미성은 남명을 상징적으로 표현하는 말로 쓰인다. 그 소미성을 제목으로 하면서 남명의 학문이 敬義를 위주로 한다는 주석을 달고, 이와 함께 그 敬義의 학문이 '巖巖'하다고 표현한 것이다. 그리고 하늘이 울어도 울지 않는 두류산의 기상을 남명이 닮으려고 한 점을 염두에 두고 晚醒은 두류산처럼 하늘이 울어도 꿈적도 하지 않는다고 남명을 표현하고 있는 것이다.

만성 박치복은 定齋 柳致明의 문인인 동시에 性齋 許傳의 문인이기도 하다. 당대에 정재는 영남남인 학맥의 宗匠이었고 성재는 기호남인 학맥의 종장이었다. 성재 허전은 岳麓 許筬의 후손인데, 악록이 남명의 문인으로 알려져 있을 뿐만 아니라 악록과 그 아우 교산 허균이 모두 북인이었다. 성재는 남명을 두고, "공간적으로 하늘과 땅을 다 하고 시간적으로 만세의 세월이 흐르더라도, 우뚝하게 버티고 서서 자신의 뜻을 홀로 실천한 사람은 동방에 오직 선생 한 분뿐이다."[204]고 격찬한 바 있다.

만성도 성재의 이러한 생각을 이어 산천재에서 시를[205] 남겼다. 이 시

---

203 朴致馥,「少微星」,『晚醒集』3卷 18張, "先生起南服 豪氣振扶桑 巖巖敬義學 頭流山不鳴(先生之學 以敬義爲主)."

204 許傳,「山天齋講會詩軸序」,『許傳全集』2卷 386쪽, "窮天地亘萬世 卓然特立 而獨行己志者 東方惟先生一人耳."

205 朴致馥,「丁丑八月 與李上舍汝雷震相·金持平聖夫 作頭流行 共宿山天齋」,『晚醒集』1卷 26張, "忍見頹垣留劫後 恭瞻遺像揭綃中 吾家日月臨頭上 莫恨昏衢路不通."

에서 '우리 집의 일월'은 바로 '敬義'를 뜻하는 말이다. 남명이 산천재에서 우리 집의 일월과 같다고 하면서 창벽 사이에 써 두면서까지 강조하였던 '敬義' 사상이 지금도 전해오고 있어 路脈이 분명하다고 함으로써, 남명의 사상이 강우 지역 남명연원 학자들의 정신적 지표가 되고 있음을 드러내고 있다.

만성은 남명이, 적극적으로 나아가 벼슬한 대표적 인물인 이윤의 뜻을 가지고 있으면서, 물러나 은거한 대표적 인물인 안자의 학문을 하였으며, 정자와 주자의 학통을 이은 것으로 평가하였다.[206] 그래서 "완악한 사람과 나약한 사람이 그 기풍을 듣게 하였고 '敬義'로써 학문의 문을 여는 열쇠로 삼게 하였다."[207]고 남명의 학문이 지닌 사회교육적 의의를 천명하였다. 그리고 결국에는 남명의 학문이 태산보다 높고 바다보다 넓다고 극찬하였던 것이다.[208] 만성이 보여준 이러한 제반 행동을 통해서, 그리고 그가 지은 시들을 통해서, 그가 남명의 경의 사상을 매우 의미 있게 생각하여 계승하고 있다는 것은 규지할 수 있다.

俛宇 郭鍾錫은 스승인 寒洲 李震相의 主理說을 이어서 역시 주리설을 펼쳤던 학자이다. 남명의 학문에 대해서는 퇴계나 퇴계 계열 학자들의 학문 내용에 비해 상대적으로 관심도가 매우 얕은 편이다. 그러나 그가 丹城에서 태어났고 강우 지역을 기반으로 살았기 때문에 남명에 관한 관심이 내부적 또는 잠재적으로 있었던 것이 분명하다. 예컨대 다음의 편지글에서도 이런 점을 충분히 살필 수 있다.

---

206 朴致馥, 「雷龍亭釋菜常享文」, 『晚醒集』 13卷 19張, "伊顔志學 洛婺統緒."
207 朴致馥, 「南冥曺先生雷龍亭釋菜告由文」, 『晚醒集』 13卷 19張, "頑懦開風 敬義啓鑰."
208 朴致馥, 「山海亭重建記」, 『晚醒集』 12卷 24張, "余謂先生之道 泰山不足高也 瀛海不足大也."

우리 江右 지역은 우리 老先生이 倡道한 이래 보는 자는 感化가 되고 듣는 자는 發奮하여, 지금에 이르도록 집안마다 그 가르침을 服膺하고 사람마다 그 뜻을 崇尙함으로써, 滔滔한 흐름에 말려들지 않게 되었으니, 이는 모두 선생이 當日 우리에게 남겨 주신 學問과 思想 덕분입니다. …… 해마다 한두 번 山天齋에서 모여 敬義 두 글자의 뜻을 講義하고 學記類編의 뜻을 講究하며, 先哲의 遺像을 펼쳐 절하고 退溪와의 깊은 우정을 생각해 보며, 잠간 보는 사이에 만에 하나 비슷한 것을 얻어서, 선생의 道로 하여금 땅에 떨어지지 않게 한다면 또한 遺憾이 없을 것입니다.[209]

이 글은 면우가 남명 후손 曺鎔에게 보낸 편지인데, 산천재에서 일년에 한두 차례 모여서 남명의 학문을 강구하고 그 정신을 이어받도록 하자는 내용이다. 강우 지역은 남명이 있어서 커다란 덕화를 남겼으므로 지금도 그 영향이 확인된다는 의미의 이 발언은, 강우라는 지역에서 남명의 존재가 어떠한가를 잘 보여주는 표현이다.

또한 면우는 남명의 墓誌銘에서 다음과 같이 경의 사상으로 표상되는 남명을 그렸다.

선생께서 일찍이, "우리 집에 '敬'과 '義'가 있는 것은 하늘에 해와 달이 있는 것과 같아서, 萬古토록 바뀔 수 없다." 하셨다. 아아, 선생께서 살아계실 적에는 곧 당일 모습을 갖춘 敬義 그 자체이셨고, 선생께서 돌아가신 후에도 그 마음이 泯滅되지 않았으니, (민멸되지 않은 것은) 곧 萬古토록 바뀔 수 없는 敬義인 것이다. 그러니 선생은 바로

---

209 郭鍾錫, 「與曺仲昭」, 『俛宇集』壹 389쪽, "吾江右 自吾老先生倡道之後 見之者感化 聞之者奮興 以至于今 家服其敎 人尙其志 粗免爲滔滔之歸者 莫非先生當日賜也 …… 歲一再會于山天齋 講敬義二字之旨 究類編學記之義 展拜先哲之遺眞 想像陶山之密契 瞻忽之間 有以得其萬一之髣髴者 而俾先生之道 庶幾不墜於地 則亦可以無憾矣."

日月이시다. 일월을 어찌 그림으로 그려서 傳授할 수 있겠는가?[210]

남명의 경의 사상이 하늘의 일월처럼 만고토록 민멸되지 않고 전수되어 오고 있음을 언급한 뒤, 묘지명에서 남명을 형상화하면서 겉모습은 그려낼 수 있겠지만 정신까지 그려내는 일이 쉽지 않음을 토로한 것이다. 여기 이 짧은 글에서 우리는 면우가 남명의 정신세계를 정확히 파악하고 있음과, 자신도 이를 계승하려는 의식이 있었음을 알 수 있다.

2. 學的 探究

后山 許愈는 來庵 鄭仁弘과 寒岡 鄭逑를 사사했던 滄洲 許燉의 후손이다. 후산은 寒洲 李震相의 문인으로 자신이 비록 퇴계의 학맥이라 하더라도 내면에 남명에 대한 존모의 생각이 매우 깊었던 인물이다. 후산이 남명 학문의 핵심이라 할 수 있는「神明舍圖」와「神明舍銘」에 대하여「神明舍圖銘或問」이란 글을 통해서 주석을 낱낱이 달아 면밀히 분석한 것은, 단순한 학문적 관심의 차원을 넘어 내면적으로 남명을 깊이 계승하려는 의지의 발로라 해석된다. 다음의 글에서 이 점을 살펴볼 수 있다.

> 선생의 이 그림은 本集에 실려 있으나 세상의 學者 가운데 이를 능히 해석하는 이가 드물다. 심하게는 혹 이에 대해 헐뜯는 경우도 있다. 내가 妄佞되이 나의 뜻으로 或問을 만든 것은, 작으나마 그 端緖를 드러내려는 것이고, 감히 見得한 것이 있어서 眞理를 말할 수 있다는 뜻에서 한 일은 아니다. 萬若 뜻을 같이하는 이가 있다면 나의 僭濫한

210 郭鍾錫,「南冥曺先生墓誌銘」,『俛宇集』四 191쪽, "先生嘗曰 吾家之有敬義 如天之有日月 亘萬古 不可易 嗚呼先生之存 卽當日有象之敬義也 先生之沒 其心猶不泯 卽萬古不可易之敬義也 先生卽日月也 日月可繪而傳耶."

점은 理解해 주고, 잘못된 것은 고쳐 주어서, 선생의 心學이 세상에 크게 밝혀지면 어찌 斯文의 多幸이 아니겠는가?[211]

이 글의 앞부분 두 줄은 남명의 학문을 잘 모르면서 남명을 老莊이라 헐뜯는 자들이 있었음을 말한 것이다. 그리고 그 뒤에서 후산은 자신에게 꿰뚫어 보는 눈이 있기 때문이 아니라, 남명의 학문적 처지를 변호하여 남명사상을 후학들에게 알리려는 마음에서 이러한 작업을 하였다고 말하고 있다. 여하튼 「神明舍圖」와 「神明舍銘」에 대하여 모두 5,000자가 넘는 분량의 글로 세밀하게 분석한 것은, 남명에 대한 존모와 남명사상에 대한 계승 의지에서 나왔음은 물론이다.

老栢軒 鄭載圭는 三嘉 陸洞 출신으로, 남명의 姊夫 鄭雲과 妹夫 鄭白氷과는 同宗이다. 그래서 동향의 선현인 남명에 관해 더욱 관심을 가질 수 있었다. 노백헌은 앞에서 언급한 后山 許愈와 매우 긴밀하게 교제하면서 「神明舍銘」 및 「神明舍圖」에 대해 서로 의견을 교환하였으며, 향내의 유생들이 남명사상을 계승하려는 의지가 부족한 것에 대하여 다음과 같이 언급하고 있다.

저는 항상 오늘날 학자는 마땅히 남명을 으뜸가는 스승으로 삼아야 한다고 말합니다. 그러면 많은 사람들이 눈을 반짝이면서 듣습니다. 그렇게 말하는 데는 대체로 이유가 있습니다. 배우지 않으면 그만이거니와, 배우면서도 忠信과 마음을 수양하는 실상에는 어둡고 길이 예전 사람이 하던 겉모습만 따르고 있으며, 마음 안에서 汗馬의 공을

211 許愈, 「神明舍圖銘或問」, 『后山集』 12卷 12~13張, "先生此圖 載在本集 而世之學者 鮮能言之 甚者 或加訛議焉 愈妄以己意 設爲或問 蓋微發其端 非敢謂見得到說得眞也 如有同志者 恕其僭而訂其誤 因而發撝之張皇之 使先生之心學 大明於世 則豈非斯文之幸哉."

거두어야 함을 잊고, 입가에 침을 튀겨 가며 이야기하는 것을 숭상하고 있기 때문입니다. 또 자질이 순근함에 가까운 자들도 거의 모두가 눈썹을 내리깔고 눈을 지그시 감아서 閨門의 법도를 실천하고, 밥해 먹던 솥도 깨부수고 타고 온 배와 노도 불지르는 大勇氣를 진작하지 못하고 있습니다. 이와 같이 하면서도 성공을 바라는 것은 제가 들은 바가 아닙니다. 요즈음 학자들은 대체로 병이 고황에 들어서, 다른 사람을 논하면서 자신을 돌이켜 스스로 돌아보지는 않고, 다만 앉은 곳에서 이러한 병통을 고치려 하니, 이것이 남명을 스승으로 본받는 것이겠습니까? 이것이 남명을 스승으로 본받는 것이겠습니까?

그러니 이 풀이(許愈의 「神明舍圖銘或問」을 말함: 필자주)가 오늘날 이루어진 것은 어찌 斯文에 유관한 것이 아니겠으며 後生의 큰 행복이 아니겠습니까? 남명선생의 입장에서 말한다면 후세의 子雲을 만났다고 하지 않을 수 없습니다.[212]

이 글은 후산이 자신의 「神明舍圖銘或問」을 노백헌에게 보내 의견을 물은 데 대하여 노백헌이 답한 편지글이다. 노백헌은 여기서 학자들에게 남명을 본받아야 함을 역설하고 남명이 공부하던 厮殺的 자세로 공부할 것을 주장하면서, 그렇지 않으면 남명을 스승으로 본받는 것이 아니라고 단정하고 있다.

<hr>

212 鄭載圭,「答許后山」,『老栢軒集』5卷 12~14張, "愚常言今之學者 當宗師南冥 人多聽塋然 其意則蓋有以也 不學則已 學而昧忠信內修之實 而長依樣畵筍之習 忘心地汗馬之功 而尙口角天花之墜 又資近淳謹者 率皆低眉闔眼 做得闔門撿押 而不能破釜焚楫 鼓作大勇 若是而望其有成 非余攸聞 今之學者 大抵病入膏肓 未論它人 反身自顧 只是坐在裏許 欲醫此病 其惟師法南冥歟 其惟師法南冥歟."

IV. 嚴正한 出處觀과 現實批判 精神

1. 出處觀

端磎 金麟燮의 문집인 『端磎集』목록 끝 부분에 단계의 아들 金壽老의 다음과 같은 발문이 있다.

18세에 '天君之誓'를 지으시고는 뜻을 돈독하게 가지고 힘써 행하셨다. …… 일찍이, "선비가 이 세상에 살아가는 데에는 두 가지 道 즉, '出'·'處' 뿐이다. 出仕하면 무언가 해냄이 있어야 하고 隱處하면 지키는 것이 있어야 하나니, 선왕의 도를 지키다가 지하에서 선왕을 만나 뵈면 그것으로 족하다."라고 말씀하셨다. 이 때문에 문을 닫고 사람을 물리쳐 세상일에 상관하지 않으셨지만, 忠君愛國의 마음은 일찍이 시골에 묻혀 사는 사람 같지 않으셨다. …… 성품이 著述을 좋아하지 않으셨다. 부득이 남의 집 글을 써 주어야 할 적에는 반드시 사실에 입각해서 쓰고 잘 보이려고 하지 않으셨다. …… "性과 天道는 공자께서도 드물게 말씀하신 것인데, 오늘날은 입만 열면 '理'니, '氣'니, '主理之學'이니 한다. 그러나 그 실제는 바람이나 그림자를 잡는 것과 같아 잡아낼 수가 없음은 물론, 처음 글 배우는 젊은이로 하여금 志向할 곳을 迷惑하게 하니 매우 두려워할 만하다." 하셨다.[213]

---

213 金麟燮, 『端磎集』(釜山大 韓國文化研究所 刊本) 50쪽 「端磎集目錄跋」(金壽老 所述), "十八作天君之誓 以勵志而篤行焉 …… 嘗曰 士生於世 有二道 出與處而已 出則有爲 處則有守 守先王之道 以見先王於地下 足矣 是以杜門却掃 與世不相干涉 而忠君愛國之心 則未嘗以山野自居 …… 性不喜著述 不得已副人家文字 則必從實書之 不爲求媚 …… 誠不肖曰 東人文集 爲弊滋甚 近日則可謂家家爲之 汝等切勿效也 …… 又曰 性與天道 夫子之所罕言 而今日開口 曰理曰氣曰主理之學 而其實如捕風捉影 無所摸捉 使新學小生 迷於所向 甚可畏也."

이 글에 의하면 단계는 첫째, 出處를 분명히 하되 隱處하여서도 忠君愛國의 마음을 갖고 있었다. 둘째, 저술을 좋아하지 않았지만 부득이한 경우 사실에 입각해서 썼다. 셋째, 理氣說 등 이론에의 편향을 매우 부정적으로 보았다. 이 세 가지는 남명이 평소에 가졌던 정신자세 그대로이다.

이는 단계가 평소에 남명의 사상을 계승하려는 의지가 강하였기 때문에 가능했던 것으로 보인다. 그가 쓴 「南冥先生文集跋」에서도 이러한 의지를 엿볼 수 있다.

出處의 嚴正함과 先見之明은 당연히 우리 동방에서 첫째라 하겠다. 胸襟이 灑落함은 가을 달이 하늘을 지남에 먼지 한 점 일지 않는 것과 같으며, 氣象이 尊儼함은 태산에서 아래를 내려다봄에 만물이 모두 나직하게 있는 것 같아서, 위로는 君父와 公卿·搢紳·士大夫로부터 아래로는 閭巷의 匹夫와 깊은 산골짝의 愚夫愚婦들에 이르기까지 모두 선생이 계심을 알았다. …… 망령스레 贊을 지어 보았다.

만 길 절벽처럼 우뚝한 氣象,	壁立萬仞
그 氣風 百世토록 떨치리.	風振百代
'敬義'의 공부가 깊으셔서,	敬義工深
밖을 반듯하게 하고 안을 곧게 하셨네.	方外直內
人倫을 실천하심은 학문의 바름이요,	人倫之正
王道를 주장하심은 중용에 알맞도다.	王道之中
『學記』를 편집한 것이 있어,	學記有編
영원히 길을 열어 주시네.214	開示無窮

214 金麟燮,「改刊南冥先生文集跋」,『端磎集』440~441쪽, "出處之正 先見之明 當爲吾東方第一人 胸襟灑落 如秋月行天 一塵不動 氣象尊儼 如東垈視下 萬品俱低 上自君父公卿搢紳士大夫 下至閭巷匹庶 深山窮谷愚夫愚婦 皆知有先生 …… 妄爲之贊曰 壁立萬仞 風振百代 敬義工深 直內方外 人倫之正 王道之中 學記有編 開示無窮."

단계가 출처와 선견지명의 측면에서 남명이 역대 최고의 인물이라는 점과, 흉금의 쇄락함과 기상의 존엄함으로 해서 상하존비간에 남명을 모르는 사람이 없었다고 찬양한 것은, 자신이 남명의 사상에 경도되어 있으면서 그 사상을 계승하려는 의지가 강했다는 증좌이다. 「찬」에서 壁立萬仞의 기상과 경의 사상을 특히 내세운 점도 찬양의 의미와 함께 계승의 의지로 받아들여진다.

단계가 산천재에서 지은 시 가운데, "전례 없이 후학의 느꺼움을 이기지 못하게 하시거늘, 지금 누가 선생의 풍모를 계승할꼬?"[215]라는 구절이 있는데, 이는 바로 단계 자신이 남명의 사상을 계승하겠다는 의지에 다름 아닐 것이다. 단계는 또 「山天齋置田贍學記」에서도 남명의 出處大節과 盛德氣象을 언급했으며,[216] 白雲洞 계곡이 남명의 杖屨之所인 점을 들어 수계를 하고 기문을 남겼는데, 단계는 여기서도, "지금은 풍속이 너무 허물어져 있으므로, 모름지기 壁立千仞의 기상을 가지고서 머리가 쪼개지고 사지가 분해되더라도 시속에 따라 변하지 않은 뒤에야 길인이 될 수 있을 것입니다."[217]라 한 남명의 언급을 떠올리고 있다. 이러한 기록은 단계 자신이야말로 남명사상의 계승을 역사적 책무로 깊이 자각한 데서 나온 것이라고 할 수 있을 것이다.

후산은 노백헌 정재규와 함께 당시 삼가 지역의 학계를 주도하며 남명을 위한 사업을 공동으로 추진하였다. 그는 노백헌과 함께 삼가에 雷龍亭

215 金麟燮, 「謁南冥先生祠退山天齋有感」, 『端磎集』 91쪽, "曠古不勝後學感 至今誰繼先生風."
216 金麟燮, 「山天齋置田贍學記」, 『端磎集』 400쪽, "先生之大節出處 盛德氣像 壁立萬仞 風振百代 遊於斯者 愀然如接乎目 優然若在乎耳."
217 金麟燮, 「白雲洞修楔記」, 『端磎集』 418쪽, "先生之言曰 如今時俗汚毁已甚 要須壁立千仞 頭分支解 不爲時俗所移 然後方可做成吉人. 인용된 '선생의 말'은 남명이 金孝元에게 답한 편지 「答仁伯書」에 보인다.

을 중건한 뒤 상량문을 지었고 노백헌은 시를 지었던 바, 지금도 이 두 글이 뇌룡정에 나란히 걸려 있다. 후산은 이 上樑文[218]에서 남명 학문의 영향력과 남명 학문의 형성 과정을 차례로 언급한 뒤, 남명 학문의 중추인 경의 사상, 출처관, 기상 등을 차례로 거론하였다. 이 글에서 우리는 후산이 남명에게 깊은 관심을 가지고 남명의 사상을 추향하려 했음을 다시 한번 확인할 수 있다.

노백헌은 「偶記」[219]라는 글에서 남명을 지극하게 존모하는 모습을 볼 수 있다. 자신이 생장한 삼가에서 남명이 태어나 백세의 스승이 된 것을 긍지로 생각하고, 남명의 정신을 본받아야 하는 이유를 명확히 제시하고 있다. 또한 남명사상의 핵심이 경의 사상과 출처관임을 분명히 하고 있다.

2. 現實批判 精神

남명의 현실비판은 신하의 잘못에 대한 비판이기보다는 왕의 失政을 곧바로 비판하는 형태이기 때문에 보는 사람으로 하여금 더욱 모골이 송연해지게 하는 면이 있다. 이는 목숨을 걸고 도의 실현을 왕에게 정면으로 요구하기 때문이다. 남명 문인이나 사숙인들 가운데 남명의 이러한 현실비판 정신을 체득하여 왕에게 정면으로 요구한 이로는 來庵 鄭仁弘과

....

218 許愈, 「雷龍亭上樑文」, 『后山集』 15卷 9~10張, "頑廉而懦立 儒林尊百世之師 淵默而尸居 亭扁聳四方之觀 階礎仍舊 簾宇重新 恭惟南冥先生 實是東方間氣 揖諸生於山寺 割戀左柳之文 拜先師於屛風 刻意程朱之學 敬義吾家之日月 破昏爲醒 出處君子之中庸 隨時以措 氣像則泰山壁立 識趣則瑞鳳高翔."

219 鄭載圭, 「偶記」, 『老栢軒集』 32卷 16~21張, "吾嶠南倡學 自暄蠹兩先生 而不幸遭士禍之酷 自是士懲斬伐 以學爲諱 幾乎無傳焉 有南冥先生者 作志伊學顔 敬義之工 出處之節 卓然爲百世之師 而江右爲文獻之邦 高山景行 通國所同 講業觀風 宜在江右 則江右之士 所以尊慕先生之德 發明先生之道者 尤有別焉."

桐溪 鄭蘊이 대표적 인물이고, 그 이외에는 꼽기 어렵다.

端磎 金麟燮이 문과에 급제하여 사헌부 장령을 역임하기까지 하였으나, 조정의 政事와 人事가 순리가 아님을 알고 물러나 있다가 三政의 문란이 극도에 달하자 향리인 丹城에서 아버지 金㷍과 함께 '丹城民亂'을 주도하였다. 이는 비판보다 더욱 적극적인 자세다.

俛宇 郭鍾錫도 만년에 고종이 간절히 만나기를 원하여 직함을 띤 채 만나기는 하였으나 行公을 해 본 적은 없었다. 고종은 면우의 학식과 인품으로 보아 행여 망해가는 나라를 붙들어줄 수 있는 특별한 대책이라도 제시해 줄 수 있을까 하여, 1905년 乙巳勒約을 전후하여 몇 차례나 면우를 불렀다. 면우는 왜놈의 이른바 '保護'를 굳게 거절해야 함과 아울러 매국의 적신을 斬首하고 열국의 公法에 호소하기를 요청하였다. 이처럼 면우의 경우는 현실비판 정신이 정당한 절차에 의한 비판이기는 하였으나 남명처럼 나라를 책임진 왕에 대한 직접적인 비판에까지는 이르지 못했던 것이다.

현실비판이란 비판할 수 있는 상황이 주어지지 않으면 이루어질 수 없는 것이다. 그러므로 晩醒 朴致馥이나, 后山 許愈, 老柏軒 鄭載圭, 勿川 金鎭祜 같이 추천으로라도 벼슬길에 불려 나가지 않은 이에게서는 현실비판 정신이 드러나기는 어렵다 할 수 있는 것이다.

V. 詩荒戒와 性理說 批判

1. 詩의 比重이 높아짐

19세기 이전까지는 강우 지역에 문집을 많이 남긴 학자도 많지 않았고, 따라서 남명이나 그 문인들이 남겼던 것 이상으로 시를 많이 남긴 학자도 없었다. 그러다가 19세기에 접어들어 定齋 柳致明의 문인과 性齋 許傳의 문인 및 蘆沙 奇正鎭의 문인이 많이 배출되면서 문집의 분량도 많아지고 이에 따라 시의 분량도 많아지게 되었다.

만성 박치복의 문집 『晩醒集』은 모두 16권으로 되어 있는데, 그 가운데 3권이 시로 되어 있으며, 일반시 341제와 악부시 28제 등 모두 369제의 시가 있다. 단계 김인섭의 문집 『端磎集』은 모두 30권으로 되어 있는데, 그 가운데 6권이 시로 되어 있으며, 모두 1,175제의 시가 있다.

그리고 후산 허유의 문집 『后山集』은 모두 27권인데 그 가운데 3권이 시로 되어 있으며, 모두 508제의 시가 수록되어 있다. 물천 김진호의 문집 『勿川集』은 모두 16권인데, 그 가운데 시가 2권이며 모두 465제의 시가 실려 있다.

면우 곽종석의 문집 『俛宇集』은 모두 180권인데, 그 가운데 9권이 시로 되어 있으며, 모두 733수의 시가 실려 있다. 『면우집』의 118권 분량이 편지글인데, 대부분 그 내용은 학문에 관한 토론이다. 회봉 하겸진의 문집 『晦峰集』은 모두 50권인데, 그 가운데 8권 790제가 시로 되어 있다.

요컨대 경상우도 지역도 이 시기에 오면 남명이 남긴 詩荒戒의 영향은 거의 보이지 않는다. 특히 두드러진 학자들 사이에서는 시를 짓는 것이 일상화되었던 것으로 보인다. 그렇다 하더라도 문집 전체의 분량에 비하면 시가 차지하는 분량이 그렇게 많다고 할 수 없음 또한 사실이다.

2. 性理學說이 많아짐

19세기에 접어들면 경상우도 학자들에게도 性說 관련 저술이 생기기 시작하여 후산과 면우에게 이르면 오히려 성리설을 주도하는 위치에

섰다고 할 수 있을 정도로 왕성하고도 정밀한 학설을 전개하였다. 이러한 상황을 개략하면 다음과 같다.

만성 박치복의 문집 『晩醒集』에는 성리설에 관한 글이 1편도 없으며, 단계 김인섭의 문집 『端磎集』 30권 가운데는 理氣心性에 관한 설이 「心 說」·「理氣先後說辨」·「心卽理說辨」 등 3편이 있을 뿐이다. 다음은 후산이 물천에게 준 편지글이다.

> 보내주신 편지에서, '배우는 자들이 실심으로 실천하지 않고 理氣 두 글자를 가지고 남이 자신을 알아주고 칭송해 주기를 바라고 있다' 는 말은 그런 듯도 하나 역시 그렇지는 않다고 생각됩니다. 설사 어 떤 사람이 理氣를 이야기한다 하더라도 비방과 논의의 대상이 되기에 충분한 실정이니 그 누가 그를 알아주며 그 누가 그를 칭송하겠습니 까? 우리로 하여금 이러한 사실을 분명히 깨닫게 한다면 사문에 대해 기대할 만합니다. …… 長德이나 老宿한 학자를 만날 때마다 그들은 모두 손으로 물 뿌리고 비질하는 절도도 모른다며 젊은이들을 꺾어 누르니, 모르겠습니다만 이러한 이야기를 하지 않는 사람들이라야 물 뿌리고 비질하는 일을 잘 할 수 있고, 이러한 이야기를 하는 사람들 은 물 뿌리고 비질하는 일을 모르겠습니까?[220]

후산은 여기서 물천의 편지 내용을 부분적으로 인용하고 있으나, 현재 의 『勿川集』에는 이 편지가 수습되어 있지는 않다. 그러나 이 글만으로도 당시 강우의 일반적 학문 분위기를 느낄 수 있다. 理氣說은 남이 자신을 알아주기를 바라는 자들이나 명예를 얻으려는 자들이 한다는 의식이 깔

---

220 許愈, 『后山集』 5卷 13張, 「答金致受」(庚子), "示諭學者不能實心做行 把理氣二字 只要求知要譽 此似然 而亦恐未然 設有人好說了理氣 適足爲人所謗議 其誰知之 其 誰譽之 使吾輩苟見得此分明 其於斯文庶幾焉 …… 每見長德老宿 皆以手不知灑掃 之節 折倒了少輩 未知不說此者 方能爲灑掃之役 而獨說此者 便不知灑掃耶."

려 있고, 1900년 당시까지도 진주 인근에서는 長德이나 老宿한 학자들이
젊은이에게 灑掃應對도 잘 하지 못하면서 무슨 理氣說이냐면서, 이기설에
관심 있는 젊은이의 의지를 꺾었음을 알 수 있다.

그러나 寒洲 李震相의 主理說이 경상우도 지역에 널리 파급되면서 후
산 허유가 먼저 이에 적극적으로 관심을 가지기 시작하였고, 후배인 면우
곽종석이 그를 이어 한주 문하에 드나들면서 寒洲의 主理說을 확신하는
여러 저술을 발표하기에 이르렀다.

면우의 경우, 앞에서 언급한 것처럼 문집 118권이 편지글인데, 이 안
에는 사서삼경의 의미에 대한 답변도 들어 있거니와 성리설에 관한 문인
들의 질문에 답한 내용도 많은 분량을 차지하고 있다. 그리고 따로 3권의
잡저에 들어 있는 65편의 성리설 관련 저술은 그가 얼마나 성리설에 깊은
관심을 가졌던가 하는 점을 대변해 준다. 이 가운데 들어 있는 「理訣」
上·中·下와 「理訣續」 上·下 등은 조선 시대 理氣心性에 관한 학설의 결정
판이라 이를 만하다.

VI. 結語

이제까지의 논의를 요약해 보면 대략 다음과 같은 결론을 얻을 수 있다.

우선, 조선 말기에 이르기까지 경상우도 지역에서는 그들이 비록 영남
남인 定齋 柳致明의 문인이거나 기호남인 性齋 許傳의 문인이거나 호남노
론 蘆沙 奇正鎭의 문인이거나 간에 南冥의 敬義 사상에 대한 계승의 의지
가 확고함을 알 수 있다. 특히 퇴계를 경모하면서 寒洲의 주리설을 적극
적으로 받아들인 后山 許愈가, 남명의 「神明舍圖」와 「神明舍銘」에 대한
정밀한 주해를 하면서 경상우도의 당대 선후배 학자들에게 자문을 구하

여 완성시켰던 점은 남명사상의 근저를 확고히 하려는 의식의 소산이라 할 만하다.

出處觀의 측면에서도 남명의 영향이 당시까지 깊이 남아 있었음이 확인되었다. 앞에서 살펴본 일곱 학자들은 당대 최고의 학자들이었음에도 과거로 발신한 사람은 端磎 金麟燮 뿐이다. 그런데 그 단계가 조정에서 물러난 뒤 수령들의 횡포가 극에 달한 것을 보고 그 아버지와 함께 민란을 주도한 것은, 남명의 출처관과 현실비판의 정신이 변모된 양상으로 후대에 드러난 것이라 할 수 있다.

남명이 남긴 詩荒戒의 영향은 조선 말기에 이르면 상당히 퇴색해지고, 성리학 이론에 관한 탐구를 배격하였던 남명의 정신도 많이 허물어졌다.

그러나 남명의 경의 사상과 출처관 등은 조선 말기까지도 확고하고, 실천을 중시하는 학풍 또한 깊이 젖어 있어서 성리설에 대한 학설 전개를 못마땅해 하는 분위기가 1900년 무렵에도 광범위하게 상존였음을 알 수 있다. 이것이 겉으로 드러난 학맥상으로는 南冥學派가 와해되어 사라진 듯하여도 실상 엄연히 존재하고 있다는 분명한 증거인 것이다.

이제, 이 일곱 명의 당대 대표적인 경상우도 학자들은 定齋 柳致明, 性齋 許傳, 蘆沙 奇正鎭의 학맥을 이었으므로 退溪學派 또는 栗谷學派的 성향이 강하면서도, 이제까지의 논의에서 확인된 것처럼 南冥學派的 성향이 짙게 학문의 근저에 자리 잡고 있는 것은 무슨 이유일까 하는 점을 생각하며 마무리하고자 한다.

필자는 이를 두 가지 측면에서 이해하고 있다. 하나는 남명의 학문적 역량이다. 성호가 이미 『星湖僿說』에서 우리나라 역사상 가장 높은 두 봉우리로 退溪와 南冥을 언급한 것에서 알 수 있듯이, 남명의 학문이 이루어낸 정신 경계가 워낙 높으므로 계해정변이나 무신사태 등의 정치적 타격에 의해 완전히 침몰되지 않았던 것이다.

다른 하나는 혈연적 유대성이다. 경상우도 지역의 학자들은 그 조상을 더듬어 찾아 올라가면 대부분 남명의 문인이거나 그 사숙인이다. 晚醒 朴致馥은 寒岡 鄭逑의 문인 匡西 朴震英의 후손이며, 端磎 金麟燮은 覺齋 河沆의 門人 大暇齋 金景謹의 방손이고, 后山 許愈는 來庵 鄭仁弘의 문인 滄洲 許燉의 후손이며, 老柏軒 鄭載圭는 남명의 姊夫 鄭雲과 妹夫 鄭白氷의 방손이고, 俛宇 郭鍾錫은 그 조부 郭守翊이 南皐 李志容의 姪壻며 謙齋 문인 鄭有祜의 외후손이고, 晦峰 河謙鎭은 覺齋 河沆의 문인 松亭 河受一의 후손이다.

남명과 그 문인 및 사숙인들이 이른바 남명학파를 형성한 이후의 혈연관계를 좀더 면밀히 검토해 보면 이들의 직계와 방계가 모두 남명학파 주요 구성원으로 중첩적 혼인관계를 유지해 왔음을 알 수 있다. 이러한 환경으로 인해 어릴 적부터 남명학파의 학문과 그 구성원에 대한 이야기를 끊임없이 들어왔을 터이므로, 이들에게 남명학파적 특징이 완연히 살아 있음은 조금도 이상하지 않고 오히려 당연한 귀결이라고 볼 수 있는 것이다. 따라서 이들의 전통은 오늘날에도 어떤 형태로든 끊임없이 이어져 올 수밖에 없는 것이다.

참고문헌

郭鍾錫, 『俛宇集』

金麟燮, 『端磎集』

朴致馥, 『晚醒集』

吳健, 『德溪集』

李相弼, 『南冥學派의 形成과 展開』, 臥牛出版社, 2005.

李志容, 『南皐集』

鄭逑, 『寒岡集』

鄭仁弘, 『來庵集』

鄭載圭, 『老柏軒集』

曺植, 『南冥集』

許愈, 『后山集』

許傳, 『性齋集』

河世應 宗家 所藏 『辨誣』의 內容과 그 意義
- 鄭仁弘의 李滉 批判을 중심으로 -

Ⅰ. 머리말

기호지역에서 鄭逑(1543~1620)의 門人 許穆(1595~1682)의 학문을 사숙하여 실학파의 선구자로 알려진 李瀷(1681~1763)은, 그의 『星湖僿說』에서 李滉(1501~1570)과 曺植(1501~1572)을 並稱하면서 다음과 같이 언급하고 있다.

> 중세 이후에 退溪가 小白山 아래에서 태어났고, 南冥이 頭流山 동쪽에서 태어났다. 이곳은 모두 영남 지역이다. 上道는 仁을 숭상하고 下道는 義를 위주로 한다. 儒化와 氣節이 바다가 넓은 듯하고 산이 높은 듯하다. 여기서 우리 文明이 절정에 이르렀다.[221]

이 글은 非慶尙道人으로서 경상도 인물인 이황과 조식을 우리 문명사의 최고봉으로 인식하고 있다는 점에서 매우 주목되는 글이다. 인용문에서 상도가 仁을 숭상한다 함은 이황을 두고 하는 말이며, 하도가 義를 위

---

221 李瀷, 『星湖僿說』 1卷, 「天地門」 ‘東方人文’, “中世以後 退溪生於小白之下 南冥生於頭流之東 皆嶺南之地 上道尙仁 下道主義 儒化氣節 如海闊山高 於是乎文明之極矣.”

주로 한다 함은 조식을 두고 하는 말임은 문맥상 누구도 부정하기 어려울 것이다. 仁과 義는 孔孟 이래 儒家를 상징하는 단어라는 점에서, 이익이 이 글에서 말하려는 것은 곧 유가를 대표하는 인물인 이황과 조식이 나옴으로 해서, 이 시기에 우리 문명이 절정에 다다른 것으로 인식하고 있다는 것이다. 그런데 이 두 인물이 이처럼 우리 역사에서 유가를 대표할 만한 인물이라면, 어찌 하여 이황은 문묘에 종사되고 조식은 문묘에 종사되지 못한 것인가?

이황이 일찍이 조식을 두고 '於吾學 義理未透, 老莊爲崇',[222] '尙奇好異 難要以中道',[223] '老莊書中 亦所未見',[224] '傲物輕世', '高亢之士'[225] 등의 언급을 한 적이 있다. 이는 대체로 조식이 유자가 아니라고 하지는 못하더라도, 노장 쪽으로 기울어진 인물이어서 본받을 만하지 않다는 뜻으로 받아들여진 표현이다.

鄭仁弘(1536~1623)은 이를 못마땅하게 여기다가 1600년 5월에『퇴계집』이 간행되어 이러한 글들이 문자화되기에 이르자, 1604년 8월에는『남명집』을 간행하면서 이에 대한 반박의 성격이 담긴 글을 싣고, 1611년 3월에는 右贊成의 벼슬을 사직하면서 이미 1610년 9월에 文廟從祀가 결정된 이언적과 이황이 문묘종사에 합당하지 않은 인물이라고 貶斥하였다.

한편 1603년 金宇顒의 죽음에 鄭逑가 만사를 지어 '退陶正脈, 山海高

----

222 李滉,『退溪集』卷19,「答黃仲擧」(戊午), "其所論曹楗仲之爲人 亦正中其實矣 其於 義理未透 此等人多是老莊爲崇 用工於吾學 例不深邃 何怪其未透耶 要當取所長耳."
223 李滉,『退溪集』卷43,「書曹南冥遊頭流錄後」(庚申), "或以其尙奇好異 難要以中 道爲疑者."
224 李滉,『退溪集』卷20,「答黃仲擧」(辛酉), "雞伏堂銘 深荷錄示 但其說曠蕩玄邈 雖 於老莊書中 亦所未見 旣未嘗學 焉敢議及 其人固非尋常 而其學又難學也."
225 李滉,『退溪集』卷7「乞退箚子」(己巳), "以臣觀之 曹植高抗之士 本不欲屈首風塵 中 李恒 從事學問之人 非偏以不仕爲高 二人心跡 亦不同也 是以在先王朝 雖皆嘗 應命而至 植則纔入對 卽遄去還山 恒受命出守 數年而後歸 其不同如此."

風'이란 표현을 하였는데, 이를 두고 정인홍이 반박하는 글을 지었다고 하였다. 근래에 金昌淑(1879~1962)의 『心山遺稿』에도 이 글을 읽어 보았다는 표현은 보이나 이 글이 어떤 내용인지 세상에 공개되지 않고 있었다.

한국학술진흥재단의 지원으로 2002년 가을부터 晋州牧 지역에 대한 고문서 조사를 진행하던 중, 2003년 2월 22일과 23일에 걸쳐 晋州市 水谷面 士谷 마을에 있는 河世應(1671~1727)의 종가에 소장된 고문서를 조사하게 되었다. 그 11대 주손 河元墝(당시 56세)의 증언에 의하면, 자신의 집안에 전해오는 고문서는 12대를 내려오면서 남에게 일찍이 공개된 적이 없던 것이라 하였다. 여러 종류의 고문서와 책이 워낙 많아 3개 조사팀이 모두 집중 투입되어 이틀 동안 조사하였다.

다른 곳에서 보지 못하였던 여러 가지 자료가 발견되었는데, 2월 23일에 발견된 『辨誣』라는 책자도 그 가운데 하나다. 필자가 이를 처음 발견하였을 때는 평범한 많은 '辨誣'들 가운데 하나일 것이라고 보았다. 장책이 워낙 허름하였기 때문이다. 글씨도 여러 사람이 필사한 것이고 썩 홀륭하게 쓴 것 같지도 않았다. 그러나 몇 장을 넘겨보다가 깜짝 놀랐다. '高亢學問辨', '正脈高風辨' 등의 글이 들어있었기 때문이다. 이 책자는 정인홍이 조식을 변명한 것은 물론, 정인홍의 벗이나 제자들이 정인홍을 변명한 글들로 이루어져 있었다.

2003년에 간행된 『慶南文化研究』에 이 사실을 발표하였으나, 필자가 게을러 이를 제대로 밝혀 세상에 알리는 논문을 집필하지는 못했다. 2005년 2월 한국국학진흥원에서 간행된 『한국유학사상대계2』에서 吳二煥이 이를 사상 먼저 학술논문을 통해 그 의의를 서술하였고, 동아일보의 허진석 기자가 「정인홍, 정맥고풍변」이란 제목으로 2012년 2월 9일자 동아일보에 전면으로 실음으로써 일반에게 널리 알려지게 되었다. 이에 약간의 자극을 받아 2012년 겨울 全丙哲이 『南冥學報』11호에 「『辨誣』에 담긴

鄭仁弘의 南冥學 辨護와 그 의미」를 실었고, 李相弼이 2013년 봄에 「南冥學派의 展開過程에서 來庵 鄭仁弘에 대한 認識 再考」란 논문을 『東洋漢文學研究』 36집에 실어 '변무'의 존재를 중심으로 논의를 전개한 바 있다.

그러나 오이환의 글은 논지 전개 과정에서 한 절로 '변무의 출현'이란 글을 삽입하여 그 존재를 알리면서 자신의 논지를 보강하는 의미로 사용하였고, 전병철은 『변무』를 통해 정인홍의 남명학 변호와 그 의미를 깊이 있게 분석하였다. 특히 전병철은 정인홍의 이황 비판에 초점을 맞추어 상세히 다루고 있으나, 이는 이상필의 상기 논문과 마찬가지로 『변무』 전체를 다루지 않고 앞부분을 중심으로 다룸으로써, 전체에 대해서 자세히 드러내지는 못하였다.

이번 연구에서는 『변무』를 전체적으로 다루어 분석하면서, 정인홍의 이황 비판의 의도와, 정인홍의 벗이나 제자들이 정인홍을 옹호한 의도를 찾아내고, 『변무』가 지니고 있는 의의를 유학사의 흐름과 관련해서 논의하려고 한다.

II. 『辨誣』의 내용

1. 書誌事項과 內容早見

가. 書誌事項

표제가 '辨誣'로 되어 있고, 가로 19cm 세로 28cm 크기의 한지 58장에 필사되어 있으며, 한 장은 양면으로 되어 있고 한 면에는 대략 10행 25자 내외의 글자가 필사되어 있다. 글씨는 대체로 해서라고 할 수 있으나 가끔 약자가 보이며, 한 사람이 다 쓴 것으로는 보이지 않는다. 글씨 자체가 특별히 유려하다고는 할 수 없으며 대체로 소박하다고 할 만하다.

책을 제대로 매지는 않고 세 군데만 종이끈을 끼워서 임시로 묶어 둔 형태로 장책되어 있다. 위쪽 일부분은 손상을 입었지만 글씨를 알아보는 데는 큰 어려움이 없을 정도다. 테두리나 괘선도 없고 판심 모양도 없어서 張數가 표시되어 있지 않은 형태다.

필사 연대를 추측할 수 있는 것으로는 책의 마지막 장 뒷표지에 '壬申十月二十七日'이라는 표기와 '壬申至月二十五日'이라는 표기가 있기는 하다. 이는 필사의 시작 시기와 마무리시기를 기록해 둔 것인지도 모른다. 그러나 이것만으로는 필사시기를 비정하기가 쉽지 않다. 이 책자가 河世應(1671~1727)의 시대에 만들어졌다면 이 임신년은 1692년이 될 것이고, 그 아들 河必淸(1701~1758)의 시대에 만들어졌다면 이 임신년은 1752년이 된다. 하세응의 시대라면 그의 22세 때가 되고, 하필청의 시대라면 그의 52세 때가 된다. 하세응의 경우 덕천서원 원장으로 추대되어 진주로 찾아온 李萬敷(1664~1732)와의 토론에서 남명의 학문 자세를 옹호하며 굽힘없이 자신의 견해를 주장하고 있다는 점에서, 이러한 정신이 그 아들 하필청에게 적지 않은 영향으로 작용하였을 것으로 생각된다.

하필청에게는 李甲龍(1734~1799)이라는 드러난 문인이 있었을 뿐만 아니라, 하씨의 집성촌인 士谷 마을 뒤쪽에 있던 그 조상 河受一의 杖屨之所인 落水嵒에 '台窩遺躅'이란 글씨가 새겨져 있고 그 아래에 그 문인들로 보이는 여러 사람들의 이름이 새겨진 것을 보면, 남명학과 학사들의 학문이 크게 드러나지 않는 시기인 1700년대 후반에 이르기까지도 진주를 중심으로 남명학파는 상당한 결속력을 가지고 있었던 것이 아닌가 짐작이 된다. 물론 이 임신년은 1812년이나 1872년이 될 수도 있으나, 후기로 갈수록 이러한 필사를 가능케 하는 원 자료를 만나기 어렵다는 것을 생각하면, 필사시기를 가능한 위로 잡는 것이 좀 더 온당해 보이기도 한다.

상기 연월일시 이외에도 마지막 장 뒷표지에는 ‘老莊辨 單卷’이란 글씨와 ‘筆法無異王羲之’란 글씨도 있다. ‘老莊辨’은 ‘老莊辨’의 뜻으로 쓴 것으로 보이지만, ‘筆法無異王羲之’는 필사한 글씨를 두고 말하는 것 같지는 않고, 필사한 사람의 소망인 듯하다. 마지막 장의 이 ‘老莊辨’이란 표기는 표제의 ‘辨誣’가 남명의 노장적 성격을 변명한 것이라고 생각하였기 때문에 따로 붙여본 제목이 아닌가 한다.

나. 河世應 家系 槪觀

河世應은 河受一(1553~1612)의 현손이다. 하수일은 조식의 문인 河沆 (1538~1590)의 종질이면서 그 문인이기도 하다. 하수일이 남긴 일기 가운데, 1608년 선조가 승하하게 되자 귀양 가던 정인홍이 광해군의 주선으로 풀려났다가 벼슬을 사양하고 돌아가는 과정에서, 여러 사람들이 정인홍을 만나는 모습을 묘사한 것이 있다. 이를 통해서도 그가 정인홍의 문인이었음이 짐작되거니와 그 부인이 정인홍의 핵심 문인 尹銑(1559~1639)의 누이라는 점에서도 짐작할 수 있다. 하수일은 임진왜란 기간 중에 妹夫 李惟諴(1557~1609)이 榮川郡守로 있었기에, 안동 일대로 피난하면서 이황의 유적을 돌아보고 남명학파로서의 자존심을 드러낸 시[226]를 지음으로써 널리 알려진 인물이기도 하였다.

계해정변 이후 17세기 중반기에 남명학파를 영도하였던 河弘度(1593 ~1666)는 바로 하수일의 문인이다. 하홍도는 남명학파의 存立 문제를 고민하다가, 이 지역 인물들이 정인홍에 대한 존모 의식을 버리고 賊臣으로

---

226 河受一, 『松亭歲課』 卷4, 「小白山」, “小白山高勢自雄 多雲多雨又多風 南州六十淸靈氣 並與天王薄太空 小白居人高小白 天王遊子大天王 一言亦有中間蔽 直把輿圖仔細量.”

처형한 조정의 조치를 수용하지 않을 수 없다는 쪽으로 정리를 하였다. 대부분 이에 동조하였다고 보지만 이에 동조하지 않았던 인물도 적지 않았던 것으로 보인다. 하세응은 하홍도 사후에 태어났지만, 하세응의 경우 그 고조부 하수일의 정신을 간직할 생각을 하였던 것으로 보인다. 그래서 하수일의 종가에서는 보이지 않던『松亭歲課』와『松亭日記』등도 하세응의 종가에 보존되어 있었고, 결정적으로 이 '변무'라는 책자도 이 집안에 전해져 오게 된 것이 아닌가 여겨진다.

17세기 중반에 하홍도에 의해 남명학파가 남인화할 무렵에, 정인홍을 적신으로 인정치 않으려는 일군의 사람들은 남인화에 적극적이지 않거나 심지어는 오히려 서인화에 적극적인 경우까지 있었다. 하세응을 포함한 하수일 후손들은 대체로 서인화했다고는 할 수 없지만, 대대로 서인 학맥의 학자들과 교분도 깊고 혼맥에 있어서도 서인들과 이루어진 경우가 적지 않게 확인된다.

다. 內容早見

이 책에는 이황이 조식의 학문에 대하여 비판적으로 표현한 것에 대하여 정인홍이 변론한 것과, 정인홍의 변론에 대한 비판을 정인홍의 문인들이 변명하는 내용, 그리고 이와 관련된 상소에 대하여 선조와 광해군이 내린 비답을 정리한 것 등 세 가지 종류가 실려 있다. 이를 책자에 실려 있는 순서대로 간략하게 정리한 것이 다음의 표다.

	제목	작자	분량	시기	내용 요약
①	辨誣草略	鄭仁弘	9면	1605前	李滉이 편지에서 曹植을 비판한 데 대한 반론
②	高亢學問辨	鄭仁弘	2면	1605前	李滉이 曹植을 '高亢'으로 指斥한 데 대한 반론
③	跋文解	鄭仁弘	3면	1605頃	『南冥集』跋에서 李滉을 비판한 데 대한 변명

④	答人問	鄭仁弘	3.5면	1606頃	老莊, 高亢, 高風, 正脈 등에 대한 鄭仁弘의 견해
⑤	正脈高風辨	鄭仁弘	7면	1606秋	鄭逑의 金字顒 輓詩 所云 正脈高風에 대한 변론
⑥	與崔季昇書	鄭仁弘	3면	1607	曺植에 대해 李滉의 視覺을 견지한 崔晛을 설득
⑦	來庵辭職箚	鄭仁弘	8.5면	1611	鄭仁弘의 1611년 箚子. 晦齋 退溪의 文廟 從祀 반대
⑧	答權叔正書	鄭仁弘	1면	1611後	權用中에게 보낸 편지. 1611년 이후 동조해 줌에 감사
⑨	辨疑		5면		鄭夢周의 出處에 대한 曺植의 견해 옹호
⑩	權石洲鞸所記	權鞸	0.5면		이언적과 이황을 비판하고 조식을 인정한 것
⑪	上鄭同知書	李瀞	1.5면	1611後	李瀞이 鄭逑에게 보낸 편지
⑫	答書	鄭逑	1면	1611後	⑪ 편지에 대한 鄭逑의 답서
⑬	與安陰校長書	李瀞	3면	1611後	林薰의 曺植 輓詞 改訂與否에 대한 문의
⑭	朴乾甲等疏	朴乾甲	3면	1611.4	鄭仁弘의 이름을 靑衿錄에서 削除한 데 대한 抗疏
⑮	右道儒生疏	成鑄	7면	1611.8	鄭仁弘 辭職 箚子로 인한 貶毁에 대한 변명
⑯	鄭慶雲等疏	鄭慶雲	4면	1611後	위와 같음
⑰	李宗郁疏	李宗郁	6면	1611.6	위와 같음
⑱	李瀞疏	李瀞	4면	1611.7	위와 같음
⑲	鄭暄獨疏	鄭暄	5.5면	1611後	위와 같음
⑳	批答抄	朴汝樑	14면		五賢從祀, 鄭仁弘箚子 등과 관련된 여러 上疏의 批答
㉑	擬上疏	成鑄	17면	1611後	정인홍 발언 옹호

이 표의 ①부터 ⑬까지의 글은 대체로 이황이 조식의 학문에 대하여 비판적으로 표현한 것에 대하여 정인홍이 변론한 것이라 할 수 있고, ⑭부터 ㉑까지의 글 가운데 ⑳의 글을 제외하면, 이들은 대체로 정인홍의 변론에 대한 비판을 정인홍의 문인들이 변명하거나 옹호하는 내용이라 할 수 있고, ⑳의 글은 이와 관련된 상소에 대하여 宣祖와 光海君이 내린 批答을 정리한 것이다.

이 책의 내용을 이처럼 표로써 간략히 보이고, 이 글들의 구체적인 내용과 그 의의에 대해서는 아래에서 좀더 자세히 논의하도록 하겠다. 다만

⑳비답의 경우는 『변무』의 편찬 의도를 어느 정도 설명해 주는 것이라 할 수 있으나, 여기서 상론할 필요는 없으리라 생각되어 논의에서 제외하고자 한다.

2. 曺植의 被誣에 대한 鄭仁弘의 辨論

가. 李滉의 曺植 비판 내용과 그 의미

정인홍이 문제를 삼고 변론하려고 한, 조식에 대한 이황의 비판과 직접적으로 관련된 글은 辨誣草略과 高亢學問辨 두 편이다.

辨誣草略에서는 이황이 조식을 언급한 것 가운데 다음 세 가지 측면에 대해 문제를 삼고 있다. 첫째로는 李滉이 黃俊良에게 보낸 편지에서 曺植에 대해, "그대가 편지에서 曺南冥의 爲人에 대하여 논한 것은 바로 그 사람의 실상을 맞추었습니다. 그리고 義理를 깊이 깨닫지 못했다고 한 것에 대해서는 이렇게 생각합니다. 이러한 사람들은 老莊이 그 학문의 빌미가 되는 경우가 많으므로, 우리 유학에 대해서 공부를 한 것이 으레 깊지 못합니다. 그러니 어찌 그가 의리를 깊이 깨닫지 못한 것을 괴이하게 여기겠습니까?"[227]라고 언급한 것을 문제로 삼았다. 둘째로는 李滉이 金宇宏에게 답한 편지에서, "내가 남명에 대해서 그리워하는 마음이 매우 깊으니 어찌 감히 함부로 詆斥하였겠습니까? 다만 침이 마르도록 칭찬만 할 수 없기 때문에, 下帷의 평가와 醇正하지 못하다는 논의가 있게 된 것입니다."[228]라는 언급인데, 이는 김우굉이 이황에게 편지를 보내 조식을 폄

---

227 『辨誣』,「辨誣草略」, "所論曹南冥爲人 正中其人之實矣 其於義理未透 此等人多是 老莊爲祟 用工於吾學 例不深邃 何怪其未透也 要當取所長耳." 이 글은 『退溪集』 卷19 '答黃仲擧 戊午'를 인용한 것으로, 한두 글자의 출입이 있으나, 文意에는 별 차이가 없다.

하한 데 대해 항의하자 이황이 답변한 것이라고 한다.229 셋째로는 이황이 조식을 '傲物輕世之人'이라 했다는 것이다.230

高亢學問辨에서는 정인홍이 이황의 편지글에 있다는 다음의 글 즉, "曹某는 高亢한 선비다. 한번 나아가 왕명에 숙배하고 문득 바로 산으로 돌아갔다. 李恒은 학문하는 사람이다. 수년 동안 관직 생활을 하고 돌아갔다."231는 말을 문제로 삼았다. 그러나 이는 편지글에 있는 것이 아니고, 이황이 1569년 관직에서 물러나기를 요청하는 차자를 올리면서 언급한 것이다. 문의는 대동소이하다.232

요약하면, 이황이 황준량에게 조식을 두고 '우리 유학에 대해서는 의리를 깊이 깨닫지 못했으며[義理未透]', '노장에 관한 문자가 그 학문의 빌미가 된다.'[老莊爲祟]고 말했으며, 이것이 결국 이황이 벼슬을 사퇴하

· · · · · · · · · · · · · · · · · · ·

228 『辨誣』, 「辨誣草略」, "吾於南冥 慕用之深 豈敢肆意詆斥 但不能遽稱譽 故有下帷之評 未淳之論耳." 이 글이 『退溪集』에는 '答黃仲擧'에 보인다. 한두 글자의 출입이 있으나, 文意에는 별 차이가 없다.

229 그러나 김우굉의 항의성 편지도 전하지 않을 뿐만 아니라, 이 글이 『퇴계집』에는 김우굉에게 답한 편지에 들어 있지 않고 황준량에게 답한 편지에 들어 있다. 황준량이 이황에게 항의성 편지를 보냈다고 보기는 어려우므로, 『퇴계집』 편집상에 무언가 오류가 있는 듯하다.

230 『辨誣』, 「辨誣草略」, "嘗聞退溪謂先生 傲物輕世之人." 이 글은 앞뒤 문맥으로 보면 退溪集 卷7 「乞退箚子 己巳」를 인용한 듯하나, 여기에는 '傲物輕世'라는 구절이 보이지는 않는다. 오히려 『남명집』, 「書圭菴所贈大學冊衣下」에서 조식이 자신을 두고, "余初受氣甚薄 又無師友之規 唯以傲物爲高 非但於人有所傲 於世亦有所傲."라고 한 표현이 보인다.

231 『辨誣』, 「辨誣草略」, "曹○高亢之士 一出拜命 遽卽還山 李恒 學問之人 從仕數年而歸."

232 李滉, 『退溪集』 卷7, 『「乞退箚子 己巳二月二十五日」, "以臣觀之 曹植高抗之士 本不欲屈首風塵中 李恆 從事學問之人 非偏以不仕爲高 二人心跡 亦不同也 是以在先王朝 雖皆嘗應命而至 植則纔入對 卽遯去還山 恆受命出守 數年而後歸 其不同如此."

며 선조에게 조식을 '고항지사'로 표현하게 되었고, 김우굉에게는 '下帷의 평과 醇正치 못하다는 논의'를 할 수 밖에 없는 까닭이었고, 또한 '傲物輕 世'의 인물로 인식되게 한 것이었다.

나. 鄭仁弘 辨論의 핵심과 그 의의

정인홍은 상기 두 편의 글에서 문제를 제기하고 바로 그 점에 대해 집중적으로 비판을 가하였는데, 그 초점은 이황이 조식을 이단으로 평가 한 데 대한 비판이다. 정인홍이 「변무초략」에서 "우리 유학에 대해서 깊 이 깨닫지 못했다는 말은 황준량 편지글의 내용인데, 이 퇴계가 거기에 附和하여 그 실상을 바로 맞추었다고 하고, 인하여 저척하여 이단으로 여 겼다."[233]는 말을 한 까닭이 바로 여기에 있었다.

이 문제와 관련해 정인홍은 "선생이 평일 배우기를 요청하는 사람이 있으면, 반드시 '『小學』과 『大學』, 『근사록』 등의 책이 바로 學者의 路脈 이며 階梯다. 그리고 그 傳註가 분명하여 마치 손바닥을 보이는 듯하니, 문장의 뜻을 이해하는 자라면 스스로 마땅히 그 뜻을 알아낼 것이다. 그러 니 구구하게 억지로 자세히 설명하기를 기다릴 것이 없다.'고 하셨다."[234] 라고 하여, 조식이 實踐躬行과 格物致知 및 修己治人의 학문을 했음을 밝 히고 있다.

그리고, "선생이 일찍이 퇴계에게 보낸 편지에서 '학자가 下學에 힘쓰 지 않으면서 妄佞되게 上達에 뜻을 두며, 灑掃하는 일을 익히지 않고 즐겨 天理를 담론하는 것을 병통으로 여기셨으니', 이는 퇴계도 보아서 아는

---

233 『辨誣』, 「辨誣草略」, "蓋未透之說 是黃書中語 李退溪和之以爲正中其實 因詆之 爲異端."

234 『辨誣』, 「辨誣草略」, "有請學者 必曰小大學近思錄等書 是學者路脉階梯 而傳註 分明 如示諸掌 解文義者 當看破 不待區區講說也."

바일 것이다."235라고 하여, 이황은 조식이 儒者인 것을 분명히 알고 있으면서도 이단으로 몰아갔다고 비판하고 있다. 정인홍이 변론한 거의 2,000자 정도나 되는 많은 내용의 글이 결국, 下學을 중시하고 出處에 분명한 曹植을 老莊이라 하여 異端으로 몰아부친 것은 퇴계의 잘못이라는 것이다.

세상에서 '晦退辨斥疏'로 널리 알려진 것이 바로 ⑦의 '來庵辭職箚'다. 여기서 정인홍은 不全進不全退한 李滉이 문묘에 종사되는 것이 정당하지 못하다는 논리를 펼치는데, 이는 조식이 실로 유자로서 하학을 중시하고 출처의 도리에 맞게 행동했으니, 金宏弼·鄭汝昌·趙光祖의 계통을 이은 인물은 바로 조식이라는 의미가 깔려 있다.236

⑧의 答權叔正書와 ⑨의 辨疑와 ⑩의 權石洲韠所記는 정인홍이 이황을 비판한 것은 아니나, '答權叔正書'는 서울에 거주하는 權用中(1536~?)이 1611년 사직차자 사건 이후에도 자신의 견해를 지지해 줌에 고마워하면서 계속해서 정론을 부지해 줄 것을 당부하는 서찰이고, '辨疑'는 정몽주의 출처 문제에 대해 정인홍이 조식으로부터 들은 내용을 정인홍 문인들이 정리하여 출처를 엄격히 함이 유자의 본분이라는 것을 드러낸 것이며, '權石洲韠所記'는 권필 또한 이언적과 이황은 부족하게 보고 조식을 남달리 높게 보고 있다는 점에서 여기에 기록해 둔 것이다. 그러니, ⑧과 ⑩은 자신과 같은 견해를 가진 사람이 곳곳에 있음을 증명하는 의미가 있고, ⑨는 진정한 유자라면 출처가 이처럼 분명해야 한다는 뜻으로 여기 기록해 둔 것이다.

. . . .

235 『辨誣』, 「辨誣草略」, "先生 嘗抵退溪書 以學者不務下學而妄意上達 不習灑掃 而喜談天理 爲病 此退溪之所相見所嘗知也."

236 尹晶, 「鄭仁弘의 程朱學 이해 : 晦退辨斥을 중심으로」, 『남명학연구』 24집, 2007. 57~64쪽.

3. 鄭逑의 언급에 대한 鄭仁弘의 分辨

가. 문제로 삼은 鄭逑의 언급 내용

鄭仁弘과 鄭逑는 태어난 곳이 서로 30리 정도밖에 떨어져 있지 않기도 하거니와, 함께 조식의 문인이었기 때문에 매우 가까운 사이로 지냈다. 1579년 9월 가야산을 유람하고 정구가 남긴 「遊伽倻山錄」에는 가야산을 등산하는 즐거움 이외에 영천군수에서 돌아온 정인홍을 만날 수 있다는 말로 시작하여, 유람 중간에 편지로 초청하는 등의 일로 보아 서로의 관계가 돈독하였음을 알 수 있다. 특히 조식이 임종할 무렵에 정인홍, 김우옹, 정구 등은 보름 이상 함께 있으면서 侍病하였으므로 누구보다 이들의 관계는 돈독하였음을 알 수 있다.

그러나 정인홍이 이황의 조식 비판에 대하여 불만을 품고 이를 글로 드러내려 하면서 정구와 갈등이 일어난 것으로 보인다. 그 출발점은 대체로 정인홍이 『남명집』의 편찬을 주도할 적에, 정구가 吳健과 鄭琢에게 보낸 조식의 편지를 문집에 싣지 말기를 요청하였다가 거절당하면서부터가 아닌가 한다. 정구는 이황과 조식의 문하에 함께 출입하였기 때문에 정인홍과는 사정이 다른 데서 오는 필연의 결과였던 것이다.

정구의 언급에 대해 정인홍이 문제 삼은 것도 역시 이와 무관하지 않다. 정인홍은 이황이 조식을 비판한 것에 대해 못마땅하게 여겨 辨斥하려고 하는데, 정구는 이황을 辨斥하는 것이 조식에게 도움이 되지 않는다는 생각에서 정인홍의 이황 변척을 반대하였던 것이니, 위의 ③·④·⑤·⑥ 등의 글에서 이를 확인해 볼 수 있다.

③의 글 「跋文解」는, 鄭仁弘이 『南冥集』 跋文에서 李滉을 비판한 것에 대해, 鄭逑가 "先師께서 과연 현명하시다면 후세에 저절로 마땅히 알아줄 것이니, 꼭 분명히 가릴 필요가 없다."[237]라고 한 말에 대해 반박하며 해

명하는 형식의 글이다.

④의 글 「答人問」은, 어떤 사람이 정구가, "퇴계가 비록 남명 선생을 일러 老莊이라 하였지만 어찌 문득 노장이 될 리가 있겠습니까? 나는 꼭 변명할 필요가 없다고 생각합니다."라고 한 말을 어떻게 생각하느냐는 질문에 정인홍이 답하는 형식으로 쓴 글이다.

⑤의 글 「正脈高風辨」은, 김우옹의 장례에 참석하고 돌아온 어떤 사람이, "정구가 김우옹 만사에서 退陶는 正脈이라 하고 山海는 高風이라 표현했는데 그 말이 합당한가?"라는 질문을 받고, 이에 답하는 형식으로 쓴 글이다.

⑥의 글 「與崔季昇書」238는 정인홍이 崔晛(1563~1640)에게 보낸 편지다. 崔晛이 '남명 선생이 저술한 문자는 분명히 老莊에서 온 것'이라 하고, 정인홍에 대해서는 '이를 변명하여 덮고자 하나 되겠는가?'라고 했다는 말을 길에서 들었다며,239 이것이 사실인가를 물은 뒤 정인홍이 조식의 학문에 대해 分辨한 글이다. 노장이나 불교의 문자를 사용한 것을 두고 노장이라 지목하는 것이 바람직하지 않다며, 程頤·張載·楊時·李侗·朱熹 등에 이르기까지 惺惺法, 廝殺, 截斷 등의 불교 용어나 兵家의 문자를 사용하였다고 말한다. 문자로 사람을 판단할 것이 아니라, 행실로 사람을 판단해야 한다고 설득한 것이다.

---

237 『辨誣』, 「跋文解」, "先師果賢 後世自當知之 不須分疏也."
238 이 글은 정구와 직접적 관련이 없다. 그러나 『변무』라는 책자 전체의 구성으로 보면 여기서 함께 다루어야 할 것이라 판단하여 함께 언급한다.
239 『辨誣』, 「與崔持平季昇書」, "因道路間 左右以南冥先生所著文字 分明從老莊來 謂无狀雖欲辨明掩蓋 得乎 未知左右 果有是言否."

나. 鄭仁弘의 分辨

정인홍은 「跋文解」에서, 이황을 비판하면서까지 조식의 학문에 대해 변명할 필요가 없다는 정구의 견해에 대해, 단연코 그건 그렇지 않다며 다음과 같이 말하고 있다.

그러나 나의 생각으로는 그렇지 않다고 여긴다. 스승과 제자 사이는 의리가 또한 중대하다. (스승이) 남의 誹謗이나 貶毀를 입어서 그 眞相이 損傷되고 그 眞實이 喪失되었다면, 마음이 저절로 편안하지 않아 그 是非를 밝히는 한 마디 말을 하지 않을 수 없다. 이는 사람의 마음을 가진 자라면 그만둘 수 없는 것이다. 이것은 자신이 좋아하는 사람에게 아첨하는 것이 아니라, 바로 옳고 그름을 밝히려는 인간 본연의 마음인 것이다.[240]

정인홍은, 비판을 한 사람과 당한 사람이 자신과 아무 관련이 없는 사이라면 후세에서 알아주기를 기다려도 무방하다고 생각했을지도 모른다. 그러나 스승과 제사 사이는 의리가 중대하기 때문에, 스승이 비방이나 폄훼를 입었을 경우 제자는 저절로 마음이 편안하지 않으므로 제자가 된 자로서 시비를 밝히는 말을 하지 않을 수 없다는 것이다.

정인홍은 위 인용문을 이어서 스승이 비방이나 폄훼를 입었을 경우에 대처했던 여러 인물들을 다음과 같이 예로 들면서 그 정당성을 주장하고 있다.

叔孫州仇가 孔子를 貶毀하자 子貢이 공자를 위하여 변명하였고,[241]

．．．．．．．．．．．．．．．．．．．．

240 『辨誣』, 「跋文解」, "然吾意以爲不然 師生則義亦大矣 見人之非毀 損其眞 失其實 則方寸自不安 不免有一言 以明其是非 有人心者 所不能已 非阿其所好 乃是非之 本心也."

당시 사람이 龜山을 비방하자 胡安國 선생이 귀산을 위해 변명하였
고,242 司馬光이 孟子를 의심하고243 鄭厚·李覯 두 사람이 맹자를 詆斥
하자244 余允文과 朱子가 통렬히 辨釋하여 마지않았다.245 이 두어 현
자는 어찌해서 禁하여 한 마디 말도 하지 말게 하여 가만히 앉아서
후세 사람들이 스스로 알기를 기다리게 하지 않고, 반드시 貶斥 받은
분을 위해 변명을 하였던가?246

정인홍은 이 글의 말미에서 조식을 공자나 맹자와 견주고 자신을 자공
이나 주자에 견주었다고 탓할지도 모르나, 師生의 分義가 있다면 당연히
이렇게 해야 한다는 뜻으로 말한 것일 뿐이라고 하였다. 정인홍이 결국
이 글에서 말하려고 한 것은, 스승인 조식이야말로 실천궁행하고 출처에
분명하여 공맹의 정통을 이은 인물인데, 이황이 조식을 노장으로 인식하
게 만들었으니 이를 변명하지 않을 수 없었다는 것이다.
다음으로 정인홍이 「答人問」에서 분변하려고 했던 것은, 조식의 학문
이 老莊이 아닐 뿐만 아니라 조식의 학문이야말로 儒學의 正統이라는 것
이다.

....

241 『論語』 19卷, 「子張」, "叔孫武叔毁仲尼 子貢曰 無以爲也 仲尼不可毁也 他人之賢
者 丘陵也 猶可踰也 仲尼 日月也 無得而踰焉 人雖欲自絶 其何傷於日月乎 多見
其不知量也."
242 胡安國(1074~1138)이 「龜山先生墓誌銘」에서 당시 간사한 자의 讒言과 詆斥에
대해 변명해 준 것을 말한다.
243 司馬光의 「疑孟」 11條를 가리킨다.
244 鄭厚의 「藝圃折衷」 10條와 李覯의 「常語」 17條를 가리킨다.
245 余允文의 「尊孟辨」 및 朱熹의 『晦庵集』, 「雜著」 '讀虞隱之尊孟辨'에 보인다.
246 『辨誣』, 「跋文解」, "叔孫毁夫子 子貢爲之解 時人謗龜山 胡先生爲之辨 馬公疑孟
子 鄭李二人詆孟子 余隱之朱子 痛辨而不置 此數賢者 何不禁無一言 坐待後世之
自知 而必爲之辨乎."

내가 평소에 鄭이 道學으로 선생을 許與치 않으려 하고 퇴계를 진정한 학자로 생각하는 것을 일찍부터 알고 있습니다. 그의 생각이 진실로 이와 같습니다. 나는 감히 알지 못하겠습니다. 저 이른바 학문이란 것이 과연 까마득히 아득하고 형체와 자취도 없어서 볼 수도 없고 본받을 수도 없으며 마음과 몸이 실행하는 일과 무관한 데서 구하는 것인 줄을. 선생은 의복 입고 지내는 것과 움직이거나 고요히 지내는 것과 말하거나 묵묵히 있는 것 등과 같은 일상생활 사이에서, 操存하고 涵養하는 공부가 일찍이 잠시라도 중단된 적이 없으셨습니다. 好惡나 取捨, 行藏, 出處 등에 이르기까지 또한 일찍이 잠시도 놓아 내려둔 적이 없으셨습니다. 敬義와 直方의 공부는, 바라보기만 해도 그 수양한 정도를 알 수 있습니다. 이것이 과연 이단과 관련이 있는 것입니까?[247]

여기서 정인홍은 이황이 추구했던 성리학적 이론 추구가 유학의 본령이라고 보기는 어렵지 않느냐는 견해를 먼저 드러낸 뒤, 조식이 일상생활에서 下學과 出處行藏에 철저했던 진정한 도학자임을 역설하고 있다.

鄭은 선생의 인정을 받았다고 이를 만함에도 그의 말이 이와 같으니, 세상 사람이야 의혹이 없을 수 있겠는가? 퇴계는 나아감과 물러남을 선생과 같이 하지 않아서 마치 秦越처럼 길을 달리하였습니다. 그러니 이단으로 배척함이 어찌 괴이하겠습니까? 嚴子陵이 必是 지나치게 고상한 선비는 아니지만 알지 못하는 사람은 고상하다고 인식하니, 후세 사람들이 선생을 보는 것이 또한 어찌 자릉을 보는 것과 다르겠습니까? 하물며 선생이 평생 종사한 敬義의 학문과 直方의 공부는 사릉이 공부했던 것은 아님에도, 오히려 그 실상을 완전히 매몰시

---

247 『辨誣』, 「答人問」, "余平時曾見 鄭不欲以道學許先生 認退溪爲眞學者 其意見固如此矣 吾不敢知夫所謂學者 果是玄冥渺茫无形无迹不可見不可象 求之心身行事之外者乎 先生於日用衣服動靜語默之間 操存涵養之功 未嘗須臾間斷 至於好惡趨舍行藏出處之際 亦未嘗雲時放下 敬義直方之功 望之 可知其所養 此果涉於異端乎."

켜 혹 高亢으로 지목하기도 하고 혹 老莊으로 배척하기도 함에 있어
서야 더 말할 것이 있겠습니까?[248]

조식의 知遇를 입은 정구가 이런 생각을 가지니 다른 사람이 그런 생
각을 가지는 것은 이상할 것이 없다고 하면서, 또한 조식은 이황과 유학
자로서의 길을 진나라와 월나라처럼 달리 했으니 이단으로 배척함이 이
상할 것도 없다고 한다. 여기서 정인홍이 말하고자 하는 뜻이 어느 정도
드러난다. 조식이 노장이 아닐 뿐만 아니라, 유자로서의 정통성이란 측면
에서 문장과 이론 쪽에 치중했던 이황보다도 하학과 출처에 철저했던 조
식이 우위에 있음을 언급한 것이다. 이황을 비판한 것과 함께 이러한 생
각은 대체로 후세의 학자들에게 용납을 받지 못하게 되지만, 정인홍의 이
러한 상황 인식은 매우 확신에 차 있는 것이다.

⑤의 글「正脈高風辨」에서 분명히 밝히려는 것이 바로 이 점이다. 조
식은 고풍에 불과하고 이황이야말로 정맥이라고 정구는 생각하지만, 자신
은 그렇게 생각하지 않는다는 것이다.

그의 뜻은 아마도, 퇴계는 도리를 강설하여 많은 저술을 하였으며
온전히 나아가지도 않았고 온전히 물러나지도 않음이 中에 가까우나,
선생은 남과 더불어 강론하는 일이 적고 또한 글 짓는 일을 숭상하지
않은 채『주역』의 艮卦처럼 머무를 때 머물러 길이 꿋꿋했던 것을 高
로 의심하였기 때문일 것이다. 그러나 크게 그렇지 않다.[249]

....

248 『辨誣』,「答人問」, "鄭可謂見知 而其言如此 世人之能无惑乎 退溪於先生 趣舍之
不同 如秦越之異路 異端之斥 何怪焉 嚴子陵未必是過高之士 不知者尙認爲高 後
之視先生 亦豈異於視子陵乎 況先生平生敬義之學 直方之功 非子陵所功 而顧乃全
沒其實 或以高目之 或以老莊斥之."
249 『辨誣』,「正脈高風辨」, "其意以爲退溪講說道理 多有著述 不全進不全退 近於中
先生少與人講論 又不尙文字 艮止而永貞 疑於高故也 然大不然."

여기서 정인홍은 정구가, 도리를 강설하고, 많은 저술을 하며, 온전히 나아가지도 않고 온전히 물러나지도 않은[不全進不全退] 이황을 중도에 가깝다고 생각했다며, 이황과 정구를 아울러 비판하고 있다. 그러면서 '정맥'에 대해 다음과 같이 정의를 하며, 이황은 여기에 해당되기 어렵다는 논리를 전개하고 있다.

무릇 소위 正脈이란, 안으로는 은미한 마음과 밖으로는 드러난 사업이나 행동에 이르기까지, 고요할 적에는 한 곳에 집중하고 움직일 적에는 바르며, 寂然한 가운데 본체가 늘 존재해 있어서 먹고 숨 쉬는 사이에도 도에 어긋남이 없으며, 대응하고 접대하는 즈음에도 天理가 유행하여 털끝만큼의 私慾이 없어야 하며, 그 논설이 모두 스스로의 것이 아님이 없고 한 마디 말도 虛僞가 없어야 하며, 우러러 하늘에 부끄럽지 아니하고 굽어 사람에게 부끄럽지 않으며, 귀신에게 質正해 보아도 의심스러움이 없고 天地와 더불어 서로 비슷하여 어긋남이 없을 정도가 되어야, 바야흐로 聖賢의 正脈에 참여할 수 있다. 모르겠지만 퇴계가 과연 능히 이러한 경지에까지 깊이 나아갔는가? 만약 혹실 끝만큼이라도 이르지 못함이 있음에도 문득 正脈이란 단어를 그에게 귀속시킨다면, 이는 자기가 좋아하는 사람에게 아부하는 것이 아니라면 곧 터무니없는 곳에 사람을 비견한 것이다.[250]

정맥에 해당하는 조건 가운데 털끝만큼의 사욕과 한 마디의 허위도 없어야 한다는 것을 제시한 뒤, 정인홍은 이황을 다음과 같은 두 가지 점에

---

250 『辨誣』, 「正脈高風辨」, "夫所謂正脈者 內而一心之微 外而事爲之著 靜專而動直 寂然之中 本體常存 无食息之違 間應接之際 天理流行 无毫髮之私欲 其所論說 无 非自家物事 而無一言之虛僞 仰不愧俯不怍 質諸鬼神而无疑 與天地相似而不違 然 後方可與於聖賢之正脈也 未知退溪果能深造乎此地位否乎 如或有絲毫未至者 遽 以正脈歸之 非阿其所好 卽儗人不倫者也."

서 정맥에 귀속시키기 어렵다고 한다. 그러면서 이황을 정맥이라 일컬은 정구를 두고, 자기가 좋아하는 사람에게 아부하는 것이 아니라면 곧 터무니없는 곳에 사람을 비견한 것이라고 하였다.

옛사람이 이르지 않았던가. 욕심이 극진한 곳에서 사람을 논한다고. 시험 삼아 그 극진한 곳을 논해보건대, 일찍이 그 문인이 기록한 바를 보니, 지난 병오년(1546)과 정미년(1547) 사이에 奸兇이 나라 일을 멋대로 하면서 名流를 魚肉처럼 난도질하고 왕자를 몰아넣어 죽일 적에, 퇴계가 바야흐로 옥당에 있으면서 그들과 의견을 달리 하지 않고 鳳城君을 죽이기를 요청하는 箚子를 올렸다고 한다. 또 들으니 집에 있으면서 관기를 사랑하여 짝으로 삼고는 그로 하여금 종신토록 음식을 주관케 하였다고 한다. 程子의 문하에서 이를 상고해 보면, 忠義의 측면에서는 東平에게 부끄럽고, 흠이 있는 행동으로는 恭叔과 같다.[251]

정인홍이 제시한 두 가지 점 가운데 봉성군을 죽이기를 요청하는 차자를 올렸느냐 아무런 상관이 없느냐 하는 것은 매우 민감한 사안이다. 이황은 명종 2년 8월 홍문관 부응교에 제수되었는데, 봉성군 사사요청은 같은 해 9월에 양사를 중심으로 제기되었다. 그리고 윤9월에 이황은 응교로서 '割恩正法'을 명분으로 봉성군 賜死를 요청한 연명 상차에 참여하였다. 이어 10월에는 봉성군의 復爵과 禮葬에 반대하는 차자에도 연명하였다. 이황이 참여한 이 두 차례의 연명에는 양재역 벽서 사건의 주역인 정언각도 부제학으로서 참여하고 있었다.[252]

....

251 『辨誣』, 「正脈高風辨」, "古人不云乎 論人欲盡 試論其盡處 則嘗見其門人所記 往在丙午丁未年間 奸兇當國 魚肉名流 陷殺王子 退溪方在玉堂 不爲異同 上請殺鳳城君箚子 又聞在家愛官娼爲偶 使之終身主饋 考諸程子之門 忠義愧於東平 疵行同於恭叔."

252 尹晶, 「鄭仁弘의 程朱學 이해: 晦退辨斥을 중심으로」, 『남명학연구』 24집, 2007,

그리고 나머지 한 가지 점, 즉 관기를 사랑하여 짝으로 삼고 종신토록 음식 수발을 들게 했다는 것 또한 정자 문하의 周行己의 행실과 같다고 비판하면서, 이러고도 어찌 정맥이라 할 수 있겠는가라는 논리를 전개하고 있다.

「정맥고풍변」의 마지막 부분에 이르러서는, 자신의 이 분변은 이황과 조식의 문제에서 그치는 것이 아니라, 후세 사람을 오도할 수 있기에 어쩔 수 없이 문제 제기를 한다고 하였다.[253] 이는 결국 유학의 정통성을, 이언적·이황과 같은 높은 지식을 가지고도 현실 대처에 문제점이 있는 인물보다는, 조식 같이 하학을 중시하며 출처에 엄정한 인물이 가질 수밖에 없다는 논리를 제시한 것이라 할 수 있다.

⑪의 글 「上鄭同知書」는, 덕천서원 원장인 李瀞(1541~1613)이 정구에게, 정인홍이 1611년 사직차자에서 이언적과 이황을 변척했을 적에 星州의 年少 자제들을 安東의 疏會로 몰려가게 한 것은 지나치지 않느냐는 내용이다. 그리고 ⑫의 글인 그 답서는 정구가 자신은 이런 상황에서 아무런 이야기도 할 수 없는 처지여서 아무런 말도 하지 않았노라는 글이다.

安陰鄕校 校長에게 주는 편지글인 ⑬은 李瀞이 林薰(1500~1584)의 고을인 안음향교 책임자에게 보낸 것으로, 임훈이 조식의 죽음을 슬퍼하여 보낸 만시 "挽回世道吾君事 非是山林謾索居 若把古人論次第 桐江千載問何如"는 직접 갈 수 없는 형편이어서 전달하게 되었는데, 그 과정에서 李瀞이 '桐江'을 '伊川'으로 고쳤다고 의심을 받은 듯하다. 이에 대해 이정은 고친 사람은 당사자인 임훈이고, 이 만시를 전달한 柳寅龍이 桐江과 伊川

<hr>

59쪽.

253 『辨誣』,「正脈高風辨」, "後學之讀書不詳 心眼未開者 聞見眩於外 心志撓於內 左顚右倒 醉漢相似 曰正脈 則只着爲正脈 曰高風 則只着爲高風 不復論世 而輕爲辭說 非特小了前賢 適足以誤其身 非特誤其身 兼亦誤後世 認文學爲正脈 誣中庸爲高風 其爲學者趍向路脈之害 不翅毫釐之差而已也."

의 輕重을 이해하지 못하고 자신에게 부탁하여 桐江으로 고치라 하였지만, 글을 고치는 것이 조식에게 무슨 상관이겠느냐며 자신이 고치지 않았다는 것이다. 이 시는 현재 『葛川集』 권1의 「挽曺南冥」이란 제하에 실려 있다. 이 글을 『변무』에 실어둔 것은, 임훈 또한 조식을 嚴光에 견줄까 程頤에 견줄까 고민하다가 결국 程頤에 견주었다는 의미다.

요컨대 ⑪·⑫·⑬의 글은 정인홍만 조식에 대해 그렇게 생각을 한 것이 아니라, 조식의 벗이었던 임훈이나 조식의 문인이었던 이정 등도 정인홍과 비슷한 생각을 가지고 있었음을 드러내려는 의도에서 실어둔 것으로 보인다.

4. 鄭仁弘의 被誣에 대한 그 門人들의 辨明

정인홍이 동문인 崔永慶(1529~1590)을 위해 성혼을 비판한 것으로 인해 서인의 적이 되고, 다시 스승인 조식의 학문을 변정하기 위해 이황을 비판함으로 인해 서인과 남인의 적이 되었다. 이로 인해 광해군의 절대적 지지를 받고도 광해군 시기 내내 識者들의 비판 대상이 되었고, 광해군 정권이 무너질 적에 殺弟廢母의 元兇이라는 陋名을 쓰고 賊臣으로 처형되기에 이르렀다.

『변무』에 실린 ⑭朴乾甲等疏, ⑮右道儒生疏, ⑯鄭慶雲等疏, ⑰李宗郁疏, ⑱李瀞疏, ⑲鄭喧獨疏, ㉑擬上疏 등은 바로 이런 비판의 대상이 된 정인홍의 처지를 변호하는 글들이다. 이 가운데 ⑭朴乾甲等疏는 『광해군일기』 1611년 4월 30일 조에 실려 있고, ⑮右道儒生疏는 '慶尙道進士成鑄等上疏'로 1611년 8월 4일 조에 실려 있으며, ⑰李宗郁疏는 1611년 6월 19일 조에 실려 있다. ⑱李瀞疏의 경우는 상소문이 실록에 실려 있지는 않으나 1611년 7월 10일 조에 광해군의 비답은 실려 있다. 그 밖에 ⑯鄭慶

雲等疏와 ⑲鄭暄獨疏 등은 실록에 실려 있지 않고, ㉑擬上疏는 이름대로 상소하려던 것이었을 뿐 실제로 상소한 것은 아니다.

⑭朴乾甲等疏에서는, 정인홍의 사직차자 이후 정인홍을 비판하는 상소가 연이어 올라오게 된 것을 두고, "바람처럼 휩쓸리는 소리와 기세를 부리는 습관이 온 세상 사람들이 다 그러하여, 특별히 우뚝 서서 홀로 소신껏 행동하여 미혹되지 않는 사람이 있으면, 반드시 다급하게 공격하려고 하는 것은 무슨 까닭이겠습니까?"[254]라고 하여, 정인홍을 '特立獨行'하면서 조금도 미혹됨이 없는 사람으로 묘사하는 등, 대체로 사직차자의 언론이 정당하다고 주장하고 있다.

⑮右道儒生疏에서도 또한, "인홍의 마음은 천하의 공평한 마음이요, 인홍의 논의는 만세의 정론입니다."[255]라고 하였으며, ⑯鄭慶雲等疏에서도 "아아, 군자로서 군자를 논하였으니, 진실로 도를 해치는 데에 이르지는 않을 것입니다. 정인홍의 논의는 頂門의 一針이 아닌 것이 없습니다. 이 때문에 주자가 천 년 뒤에 문왕의 덕을 논평하였고, 맹자가 백세 뒤에 伯夷와 柳下惠의 단점을 이야기했던 것입니다."[256]라고 하였다. ⑰「李宗郁疏」역시 이와 비슷한 논조의 글로 정인홍을 옹호하고 정인홍의 晦退辨斥을 지지하는 발언을 하고 있다.[257]

⑱李瀞疏에서 李瀞은 정인홍을 다음과 같이 평가하고 있다.

254 『辨誣』, 「三嘉生員朴乾甲等疏」, "風聲氣習 舉世同然 而特立獨行 一人不惑 則必欲急攻者 何事也"

255 『辨誣』, 「右道儒生疏」, "仁弘之心 天下之公心也 仁弘之論 萬歲之正論也."

256 『辨誣』, 「咸陽幼學鄭慶雲等疏」, "嗚呼以君子而論君子 固不至於害道 某之所論 无非頂門上一針矣 是以朱子論文王之德於千載之下 孟子言夷惠之短於百世之下."

257 『辨誣』, 「宜寧幼學李宗郁疏」, "非仁弘 不得發此言 非二賢 不能使仁弘有此言 仁弘亦大賢也 生不甚先後 聞見詳熟 以賢論賢 固無害於彼此."

정인홍은 강직하고 소신 있는 사람입니다. 세상 사람들과 어울리지도 못하고 시속을 따르지도 못한 채 산림에서 자신을 수양하고 있을 뿐입니다. 그의 독실한 실천력과 투철한 식견은 고인에게 부끄럽지 않습니다. 사직 차자 가운데서 진술한 것이 어찌 아무런 허물이 없는 곳에서 허물을 찾는 것이겠으며, 교묘하게 남을 무함하는 곳으로 삼은 것이겠습니까? 단지 스승의 被誣를 아파하여 그 학문이 中正하다는 것을 밝혔을 뿐입니다. 그런데 그 변명하는 말 사이에 양현의 허물에 두루 미침을 면치 못한 것은, 진실로 군주에게 아뢰는 말은 감히 바른 것을 말하지 않을 수 없기 때문이며, 거짓으로 꾸며대거나 부족한 곳을 보충해주는 것은 그의 본래의 뜻이 아니기 때문일 뿐이었습니다.[258]

李瀞은 이처럼 정인홍의 爲人을 剛直하고 소신 있는 사람이라고 한 뒤, 정인홍이 사직 차자에서 말한 것은 조식의 학문이 中正하다는 것을 밝히려고 한 것이었고, 말이 이언적과 이황의 허물에까지 미친 것은 임금 앞에서 바른 말을 하지 않을 수 없었기 때문이라고 변명하고 있다. 그리고 "많은 사람의 말이라 하여 공론이라 생각하지 마시고 도와주는 사람이 적다고 해서 사악한 논의라 생각하지 마시어, 잘잘못이 스스로 구별되게 하십시오."[259]라는 말로 마무리하여, 정인홍의 견해가 정당하다는 것을 확고하게 자신하고 있다.

⑲鄭暄獨疏에서는 사람들이 정인홍을 두고 이언적과 이황을 誣毀했다고 하는 말에 대해 다음과 같이 말하고 있다.

....

258 『辨誣』, 「李瀞疏」, "某剛立之人也 不能諧世隨俗 修養林下 其踐履之篤實 見識之透徹 无愧古人 箚中所陳 豈是求過於无過之中 巧爲誣人之地者也 只爲痛所師之被誣 明其所學之中正 而回護補綴 非素志故耳."
259 『辨誣』, 「李瀞疏」, "勿以人衆爲公論 寡助爲邪議 而使妍媸自別."

신이 정인홍의 차자 속에 있는 말을 가만히 보니, 그가 이언적과 이황을 비평함에 하나는 出處와 行事의 실수를 밝힌 것이고, 하나는 克己와 自修의 허물을 밝힌 것입니다. 지금 세상의 말하는 자들은 그가 이언적과 이황을 존중하는 자라면 이를 誣毀라 하고, 그가 정인홍을 존중하는 자라면 이를 무훼가 아니라고 합니다. 무릇 무훼라고 하는 것은 사실 아닌 말을 얽어서 사람을 죄의 구렁텅이로 몰아넣는 것을 말합니다. 만약 가령 이언적과 이황에게 출처와 행사의 잘못이 없고 克己와 自修에 허물이 없다면 정인홍은 진실로 誣毀했다는 꾸짖음을 면하지 못하겠지만, 만약 이언적과 이황에게 그런 실수와 그런 허물이 있다면 정인홍의 말이 어찌 무훼에 해당되겠습니까?[260]

鄭暄(1588~1647)은 정인홍의 회퇴 비판이 분명히 근거 있는 말이라고 자신하고 이처럼 논의를 전개하고 있는 것이다. 이 상소문은 실록에 실려 있지 않으나, 이 책자에는 비답까지 실려 있는 것으로 보아 분명히 올려진 것으로 보인다.

이『변무』의 마지막에 실려 있는「擬上疏」는, ⑮右道儒生疏 즉『광해군일기』1611년 8월 4일 조에 실려 있는 '慶尙道進士成鑄等上疏'의 내용이 미흡하다고 생각하여 이를 보완하여 상소하려고 작성해 둔 것이다. 정인홍을 공박하는 쪽의 쟁점에 대해 이를 옹호하는 입장에서 좀더 세세하게 시비를 가리려고 한다는 점에서 앞의 상소문과 구별이 된다.

이처럼 정인홍의 피무에 대해 정인홍의 제자와 벗이 올린 변명의 상소문은 대체로, 정인홍이 이언적이나 이황을 비판한 것은 그 스승을 변호하

---

260 『辨誣』,「幼學鄭暄獨疏」, "臣竊見鄭某箚中之辭 其評李彦迪李滉也 一以明出處行事之失 一以明克己自修之累矣 今世之言者 其尊彦迪滉者 則以爲誣毀 其尊某者 則以爲非誣毀 夫誣毀者 構虛陷人之謂也 若使彦迪滉 出處行事之无其失 克己自修之无其累 則某固不免誣毀之誚矣 若使彦迪滉 出處行事 有其失 克己自修 有其累 則某之言 安在其誣毀也."

기 위한 제자로서의 도리를 다한 것에 불과하다는 점, 정인홍이 사실이 아닌 말을 한 것이 아니라는 점, 군자로서 군자를 논할 수 있다는 점 등 세 가지로 정리할 수 있다.

⑳의 「批答抄」에는 선조말년에 五賢文廟從祀 요청 상소에 대한 선조의 비답이 처음에 실려 있는데, 이는 선조도 이언적과 이황에 대해서는 처신에 문제가 있다고 생각했었다는 증거로 필사해 둔 것으로 보인다. 그 밖에는 1611년 정인홍이 사직 차자를 올린 뒤, 이에 반발하거나 옹호하는 상소에 대해 광해군이 내린 비답과 비망기를 필사해 둔 것으로, 모두 15건에 해당하는 것이다. 이 또한 광해군의 정인홍에 대한 인식이 尊重과 公正에 있음을 보여주려는 것이다.

III. 『辨誣』의 意義

李滉은 1570년에 죽고 그의 문집은 30년이 지난 뒤인 1600년에 간행 되었는데, 그 동안 학계와 정계에서의 이황에 대한 尊崇은 갈수록 확고부 동하게 되었다. 그것은 대체로 그 자신의 평소 언행과 학문적 성과에 기 인하는 것이지만, 그 문인들의 역량과 활동에 의해서도 상당 부분 영향을 받지 않을 수 없다는 것도 부정하기 어려운 사실이다. 이런 점에서 보면 曺植 역시 1572년에 죽은 뒤 약 30년이 지난 1600년대 초기까지 학계와 정계에서 존숭 받은 측면이 이황의 그것에 비해 결코 뒤졌다고 보기는 어 렵다.

그러나 문묘종사 요청의 문제에 이르면 이언적과 이황은 언제나 포함 되고 조식은 제외되었으니, 이는 이황이 조식을 노장으로 지목하여 세상 사람들에게 조식은 이단에 빠진 인물이라는 인식을 가지게 했기 때문이었다. 이 때문에 정인홍은 여러 차례 변명하려는 생각을 했다.[261] 그리하여 나온 것이 1611년의 '辭職箚子'다. 이는 임금 앞에서 변명한 것이고, 그 이전에 이미 몇 차례의 변명이 있었으니, 그것은 앞에서 이미 언급한 ①辨誣草略 ②高亢學問辨 ③跋文解 ④答人問 ⑤正脈高風辨 ⑥與崔季昇書 등이 있다.

이 가운데 ①과 ②는 1605년에 있었던 ③跋文解 이전에 이미 이루어진 것이고, ④와 ⑤는 1605년과 1606년 사이에 서술된 것이며, ⑥은 崔晛의 답장에 의하면 1607년에 작성된 것이다. 이 글들에서 지적된 것은 이황이 조식을 '於吾學 義理未透 老莊爲祟', '尙奇好異 難要以中道' '高亢之士' 등으로 표현한 것이고, 이것이 바로 세상 사람들로 하여금 조식이 이단에 빠진 인물로 인식하게 하는, 이른바 '誣毀'라는 것이다.

이황이 조식을 두고 '於吾學 義理未透 老莊爲祟'라고 한 것은 1558년 황준량에게 보낸 편지에서 언급한 것이고, '尙奇好異 難要以中道'라고 한 것은 조식의 「유두류록」을 읽은 뒤의 느낌을 1560년에 쓴 것이고, '老莊書中 亦所未見'이라고 한 것은 1561년 황준량에게 보낸 편지에서 언급한 것이고, '高亢之士'라고 한 것은 1569년의 「乞退箚子」에서 표현한 것이다.

그런데 이황과 조식은 이보다 먼저 서로 편지를 주고받은 적이 있었으니, 그 때가 1553년이었다. 이때 이황이 먼저 조식에게 편지를 보내고, 이에 대해 조식이 답변하고, 다시 이에 대해 이황이 답함으로써 일단락되었다. 이황이 이때 조식에게 편지를 먼저 보낸 것은 조식에게 출사를 하지 않는 이유를 물으면서, 한편으로는 출사하기를 권하기 위함이었다.

....

261 『光海君日記』3年(1611年) 3月 26日條, "臣嘗見故贊成李滉誣毀曺植 一則曰 傲物輕世 一則曰 高亢之士 難要以中道 一則曰 老莊爲祟 目成運以淸隱 認爲偏小一節之人 臣心嘗憤鬱 思一辨明 許多年矣."

나는 생각건대, 벼슬을 하지 않는 것은 義가 아니니 君臣의 큰 윤리를 어찌 폐하겠습니까. …… 나를 알아주지 못해서라고 한다면 깊이 숨어 있는 사람 가운데서 뛰어난 이를 뽑은 것이니, 알아주지 않는다고는 말할 수 없을 것입니다. 시기가 아니라고 한다면 임금이 성스러워 현명한 사람 구하기를 갈망하시니, 시기가 아니라고 말할 수도 없을 것입니다. 그대는 문을 굳게 닫고 단정히 앉아 몸을 닦고 뜻을 기른 시일이 오래되었으니, 얻은 바가 크고 쌓은 바가 두터워서 이것을 세상에 베풀면 장차 가는 곳마다 이롭지 않을 데가 없을 것인데, 또 어찌 내가 그 일에 아직 자신이 없다며 漆雕開가 벼슬을 원하지 않는 것처럼 한단 말입니까? 이 점이 내가 그대의 처신에 석연한 이해가 가지 않는 이유입니다.[262]

이 인용문의 첫 구절에서 이황이 언급한 것은 儒者로서 '君臣有義'를 폐할 수 있느냐는 것이다. 그러면서 유자로서 출사하지 못하는 두 가지 경우가 있지만, 지금은 그런 상황도 아닌데 어찌 출사하지 않느냐고 묻고 있다. 즉, 임금이 자신을 알아주기도 하고 '임금이 성스러워 현명한 사람 구하기를 갈망하시니', 이 상황에서 벼슬하지 않으려는 것은 납득이 되지 않는다는 것이다.

그러나 '임금이 성스러워 현명한 사람을 갈망한다'는 말은 당시를 살아가는 유자로서 대놓고 부정할 수 없는 말이어서, 조식은 이에 대한 답변을 하기가 매우 어려운 상황이었다. 이에 대한 답변을 제대로 하지 않으면, 그것이 儒者로서의 退處가 아니라 군신유의를 업신여기는 老莊의 삶과 같아지기에 조식의 답변이 더욱 조심스러울 수밖에 없는 것이다.

....

262 李滉, 『退溪集』 卷10, 「與曹楗仲植癸丑」, "滉私竊以爲不仕無義 君臣大倫 烏可廢也 …… 以爲人不知也 則拔尤於幽隱 不可謂不知 以爲時不可也 則主聖而渴賢 不可謂非時 杜門端居 修身養志之日久 則其得之之鉅 而積之之厚 施之於世 將無往而不利 又安有吾斯之未信如漆雕開之不願仕乎 此滉所以不能豁然於吾子之所爲也."

이에 조식은 다음과 같이 답변하였다.

植과 같이 어리석은 사람이 어찌 자신을 아끼는 것이 있겠습니까? 단지 헛된 이름을 얻음으로써 한 세상을 크게 속여 聖上께까지 잘못 알려지게 된 것입니다. 남의 물건을 훔치는 것도 도둑이라 하는데, 하물며 하늘의 물건을 훔치는 데 있어서이겠습니까? …… 다만 생각건대, 공은 犀角을 태우는 듯한 명철함이 있지만, 植은 동이를 이고 있는 듯한 탄식이 있습니다. 그런데 오히려 아름다운 문장이 있는 곳에서 가르침을 받을 길이 없군요. 게다가 눈병까지 있어 앞이 흐릿하여 사물을 제대로 보지 못한 지가 여러 해 되었습니다. 明公께서 撥雲散으로 눈을 밝게 열어주시지 않겠습니까?263

이황이 앞 편지에서 제시한 두 가지 출사하지 못하는 상황 중 첫 번째의 것은 알아주지 못한다는 것이었는데, 이에 대해 조식은 자신의 경우는 헛된 이름을 얻어 '盜名欺世'한 것이라고 하였고, '임금이 성스러워 현명한 사람을 갈망한다'는 것에 대해서는 '撥雲散'을 좀 구해달라는 말을 함으로써, 벼슬할 만한 시대가 아니잖느냐는 견해를 피력한 것이다. 이황은 조식의 이 편지에 대해 답장을 하여 자신도 '當歸'를 구하고 있지만 아직 얻지 못하고 있는 상황인데, 어느 겨를에 그대를 위해 발운산을 구해 줄 수 있겠느냐264며, 벼슬할 만한 때가 아니라는 조식의 말에 긍정하였다. 조식이 유자의 출처라는 입장에서 질문한 것이기에, 이황의 이러한 긍정은 조식의 퇴처를 유자의 퇴처로 인정한 것이라고 볼 수밖에 없다.

....

263 曺植, 『南冥集』 卷2, 「答退溪書」, "只以構取虛名 厚誣一世 以誤聖明 盜人之物 猶謂之盜 況盜天之物乎 第念 公有燃犀之明 而植有戴盆之嘆 猶無路承敎於懿文之地 更有眸病 眯不能視物者有年 明公寧有撥雲散以開眼耶."
264 李滉, 『退溪集』 卷10, 「答曹楗仲」, "示索撥雲散 敢不欲勉 但僕自索當歸而不能得 何能爲公謀撥雲耶."

그 뒤 1555년에 조식은 丹城縣監을 사양하며 상소문을 올렸는데, 여기서 文定王后를 '寡婦'라 표현하고 明宗을 '孤嗣'라 표현하면서까지 격렬하게 시사를 비판하였다. 이를 두고 이황은 다음과 같이 말하였다고 그 제자들이 증언하고 있다.

　　　선생이 남명의 상소문을 보고 사람들에게 다음과 같이 말하였다. "무릇 상소문은 진실로 직언을 피하지 않음을 귀하게 여긴다. 그러나 반드시 부드럽게 에둘러 표현하여, 뜻은 곧고 말은 유순하며 과격하거나 불공한 병통이 없어야 한다. 그런 뒤에야 아래로는 臣子로서의 禮義를 잃지 않고, 위로는 君上의 뜻을 거스르지 않게 된다. 남명의 상소문은 진실로 오늘날에는 얻기 어려운 것이다. 그러나 언어가 過當하여 訕訐에 가깝다. 임금이 보고 성내는 것이 마땅하다."[265]

　　이 글은 조식이 상소문을 세련되게 작성치 못하였다고 비평한 것인데, 마땅한 것을 지나갔으며[過當] 들추어내어서 헐뜯는 것[訕訐]에 가깝다고 하였다. 이와 관련하여 다음과 같이 비평하기도 하였다.

　　　曹南冥이 丹城縣監에 제수되자 사퇴하고 나아가지 않으면서 글을 올려 時事를 말하였는데, 대왕대비를 "깊은 궁궐 속의 한 과부에 지나지 않는다."라고 하였다. 임금이 大怒하여 정원에 전교하여, "조식 상소문의 표현을 보니 공손치 못한 곳이 많다. 크게 죄를 주고자 하였으나 그를 '隱士'라고 하므로 불문에 부친다."라고 하였다. 搢紳이 모두 그가 죄를 얻지 않은 것을 다행으로 생각하였다. 선생이 일찍이 사람들에게 다음과 같이 말하였다. "남명이 비록 理學으로 自負하고

....

265 『退陶先生言行通錄』 卷5, 「記先生論人物」, "先生見南冥疏 語人曰 凡章疏 固貴於直言不避 然須要委曲婉轉 使意直而語婉 無過激不恭之病 然後下不失臣子之禮 上不拂君上之意 南冥之疏 固今世所難得 然言語過當 近於訕訐 宜人主見而怒也."

있지만 단지 奇士일 뿐이다. 그 의론과 식견이 매양 新奇함을 고상한 것으로 생각하고, 세상을 놀라게 하는 논의를 하기에 힘쓰니, 이 어찌 참으로 도리를 아는 자이겠는가?"[266]

이황은 조식이 스스로는 성리학자라고 자부하고 있지만 '기이한 것을 추구하는 선비[奇士]'일 뿐이라고 하기에 이른 것이다. 이황은 조식의 이른바 「을묘사직소」에 대해서, 신기함을 고상한 것으로 삼고 세상을 놀라게 한 논의에 불과하다고 폄하한 것이다.

그렇다고 하더라도 이처럼 현실을 과당할 정도로 심각하게 비판하고 있는 상소문을 두고 현실 정치에 관심을 두지 않으려는 老莊의 기운이 있다고 보기는 어렵다. 그러니 이 시기까지의 이황은 조식을 노장으로 보기보다는 '奇士'로 보면서 성리학자로는 인정하지 않으려는 측면이 있었다는 것을 알 수 있다.

그러다가 1558년에 이르러 황준량에게 답하는 편지에서 '於吾學 義理未透 老莊爲崇'라 하여 조식의 학문에서 노장 문자가 빌미가 될 것이라는 표현을 하기에 이르렀고, 이어서 1560년 「書曹南冥遊頭流錄後」에서는 이제까지의 견해를 합친 듯한 '尙奇好異 難要以中道'라는 표현을 하게 된 것이다. 또 1561년에는 황준량에게 답하는 편지에서 '老莊書中 亦所未見'이라 하여 노장보다 더 노장 쪽으로 빠진 인물로 보았고, 1569년에 '高亢之士'라는 표현을 하여 아무리 출사하기를 요청해도 결코 출사하지 않을 인물로 그렸다. 『退陶先生言行通錄』卷2 「記先生衛道之嚴」 條에서는 "남명이 莊子의 학문을 倡導하고 있다.[南冥倡南華之學]"라고까지 하였다.

....

266 『退陶先生言行通錄』권5, 「記先生論人物」, "曹南冥除丹城縣監 辭不赴 上書言時事 至謂大王大妃不過深宮之一寡婦 上大怒 傳于政院曰 觀植疏辭 多有不恭 將欲深罪 名之曰隱士 故姑置不問 搢紳皆以不得罪 爲幸 先生嘗語人曰 南冥雖以理學自負 然直是奇士 其議論識見 每以新奇爲高 務爲驚世之論 是豈眞知道理者哉."

그렇다면 이황이 왜 이렇게까지 조식의 학문을 비판 내지는 폄훼하려고 하였을까 하는 의문이 든다. 참으로 이황이 조식을 노장으로 생각한 것일까 하는 의문이 든다. 이황이 죽는 1570년까지 조식이 행동한 것을 제대로 들었다면 그것을 두고 노장을 추구하는 사람의 행동으로는 보기 어려웠을 것이다. 더구나 서로 주고받은 편지에서 노장으로 추궁하려다가 유자의 퇴처로 인정할 수밖에 없었지 않았던가!

필자는 대체로 이를 이황의 '崇正學'의 의지에서 나온 것으로 파악하고 있다. 그 당시까지 영남 지역에서는 上道와 下道의 구별이 별로 없었고, 훌륭한 인물이 있으면 서로 찾아가 도의로 사귀었던 것이니, 이는 김종직 문하에 모여든 영남의 각 지역에 분포하는 수많은 학자들을 보아도 알 수 있다. 이황의 문인인 琴蘭秀(1530~1604)의『惺齋日記』에서 그가 丹城·三嘉 지역의 많은 유생들과 친밀하게 어울리는 것에서도 확인이 된다. 그리고 금난수가 丹城·三嘉 지역으로 1560년 11월에 출발하여 1561년 4월에 돌아가기까지 유람한 이유 가운데 하나가, 曺植의 爲人에 대해서 이미 오래 전부터 들어왔기에 한번 가서 만나보기 위함이었다고 하였으니,[267] 이 무렵까지만 하더라도 上下道의 구별도 없었고 훌륭한 인물이면 찾아가 만나서 그 학문을 받아들이려는 자세가 있었던 것으로 보인다. 吳健(1521~1574)·鄭琢(1526~1605)·鄭逑(1543~1620) 등 조식과 이황의 양문에 출입한 학자들이 상당히 있었던 것도 이를 증명하는 것이 아닌가 한다.

조식은 이황에 대해서 지나친 성리학적 이론 탐구를 경계한 정도였지

---

267 琴蘭秀,『惺齋日記』, 庚申(1560) 11月, "余自少聞頭流之雄秀 伽倻之奇絶 而見前人之遊錄 與登憶之詩 而又聞曺南冥之爲人 常思一遊南中 登伽倻 陟頭流 見南冥 以廣心目 而道路阻遠 汩沒塵中 回首南天 而不可得者 十有餘年矣 …… 辛酉 四月 十八日 與李訓導金生員用貞及權明叔鄭肯甫 歸謁南冥 坐于雷龍堂舍 各持酒 酒酣 南冥先唱歌 勸坐中皆歌 不用古歌 而使皆自作 言語峻絶 傍若無人 果如前所聞也 有超越之氣 而少渾然之意."

만, 이황은 조식에 대해 이제까지의 언급처럼 莊周의 학문을 창도하는 인물로 심각하게 비판함으로 해서, 이황의 문인으로서 조식의 문하에 급문하는 경우가 없어지게 된 것이다. 그리고 이황과 조식의 사후로도 조식의 학문에 대한 의심의 말이 널리 퍼지게 되었다. 게다가 1600년에 『퇴계집』이 간행되자 조식의 학문이 노장이라는 그 편지와 차자가 세상에 공적으로 알려지게 되었으니, 조식의 고제인 정인홍으로서는 어떻게든 이에 대처해 보려고 하였던 것이다. 그것이 「변무초략」과 「고향학문변」 및 『남명집』 발문과 「발문해」이며, 이는 모두 조식의 학문의 실상을 밝히면서 이황을 직접 비판하는 내용이다. 다음으로 나온 것이 「정맥고풍변」 등 정구의 인식을 비판한 것으로, 이는 이황의 학문을 정맥으로 보는 정구를 비판하면서 아울러 조식의 학문이 가진 '中'을 드러내는 내용이다. 마지막에 나온 것이 「사직차자」로, 이는 이에 앞서 나온 여러 가지 변명과 비판을 종합한 것이라 할 수 있다.

비판이란 좋지 않은 쪽에 관하여 언급하는 것이 일반적이어서, 이황이 조식을 비판하는 것에서도 嘲侮로 볼 수 있는 표현이 있고, 정인홍이 이황을 비판하는 곳에서도 嘲侮라 할 수 있는 부분이 있다. 또한 정인홍의 「사직차자」 이후 정인홍에 대한 비판 내지 공격에서는 嘲侮의 수위가 도를 넘었다고 할 수 있다. 이황의 '崇正學'의 의지에서 출발한 조식에 대한 비판이, 조식의 문인 정인홍으로 하여금 변무의 뜻으로 비판을 하게 하였고, 이것이 다시 이황의 지지자들에 의한 대대적인 비판에까지 이르게 되었으며, 이로 인해 정인홍은 정치적으로 학문적으로 거의 재기 불능의 상태에 이르게 되었다. 비판은 비판을 낳는다고 하지만, 비판이 실상을 정확히 말한 것에 불과하다면 다른 비판이 나오기 어려울 것이다. 이황의 조식 비판은 유자가 아닌 노장의 학문을 창도한다는 쪽으로 나감으로 해서 정인홍 등의 반발을 사게 된 것이고, 정인홍의 처지에서는 이를 변명하고 비판하면서 유학의 정통이 이황이 아니라 조식이었다는 쪽으로까지 논리를 전개하기에 이른 것이다.

IV. 맺음말

이제까지 진주 水谷面 士谷 마을의 河世應 宗家 所藏 『辨誣』의 내용과 그 의의에 대해 논의를 하였다. 『변무』는 이제까지의 논의에서 대략 드러났듯이, 曹植의 학문이 儒學이 아니고 老莊이라는 李滉의 비판적 견해에 대해 鄭仁弘이 分辨한 것과, 정인홍이 이 분변 과정에서 이황을 무함했다고 하는 이황 지지자들의 견해에 대하여 정인홍의 지지자들이 반박하는 여러 글들로 이루어져 있다. 곧 정인홍은, 下學을 특히 강조하고 出處에 엄격하였던 조식을 이황이 노장으로 무함했다고 하며, 오히려 이황이 出處와 克己에 문제가 있으므로 문묘종사에 합당치 못하다고 비판하였다. 이에 대해 이황의 지지자들이 정인홍을 두고 선현을 무함하였다고 비판하자, 정인홍의 지지자들은 정인홍이 先師의 무함을 분변한 것에 불과하다며 이를 옹호한 것이다.

조식은 이황에 비해 현실에 대한 관심이 더욱 많았고, 그래서 더욱 현실 비판적이었으며, 출사를 하지 않은 것도 출처를 엄격히 하는 것이 유자의 가장 분명한 자세라는 생각에서 나온 것이었으므로 조식이 노장의 학문을 唱導했다는 것은 사실이 아니다. '不全進不全退하며 理氣心性論을 전개하는 것이 正學인가'라는 정인홍의 주장을 무함이라고만 할 것이 아니라, 당시로부터 변화되어 조선 말기에까지 이르는 학술사의 흐름을 생각해 볼 때, 그의 주장은 앞으로 좀 더 깊이 고찰되어야 할 필요가 있지 않을까 한다.

조선조의 성립과 함께 억불숭유 정책이 펼쳐지는데, 유학은 삼국시대 이래 불교, 선교와 함께 이미 우리나라에 깊이 뿌리박혀 있던 것으로, 고려 중엽 이래 주자학이 받아들여지면서 佛敎와 仙敎를 모두 배척하고 朱子學만을 숭상하는 쪽으로 발전하기 시작하였다. 조식의 儒學은 佛敎와 老莊도 일정 부분 인정하면서 유학적 삶을 추구하는 방식으로 학문을 전개하였다. 그러나 이황은 程朱 이래의 理氣論과 心性論을 합쳐 理氣互發說로 정리함으로써 주자학의 嫡子的 신분을 확보하였다.

조식의 학문은 이기설과 같은 이론의 경우는 정주의 학설로 충분하다고 보고 그들의 학문 내용을 정확히 이해하여 현실에서 고도의 정신 경계에 이르면서 이를 실천하는 것이 학자의 자세라고 생각하였다. 그래서 四端과 七情이 어떻게 구분되는가에 대한 이해보다는 현실을 어떻게 보고 어떻게 대처할 것인가 하는 것을 더욱 중요하게 생각하였던 것이다.

이황의 조식 비판은 이황의 노수신 비판 등과 관련되는 것으로 조선 중기 이후에 이루어지는 학문적 독재화의 先河라 할 수 있고, 정인홍이 계해정변으로 처형되는 것은 정치와 맞물리면서 이러한 학문적 독재화가 거의 이루어졌다는 의미를 갖는다. 이황 사후 조선이 망하기까지 일방적으로 朱熹만 尊信하는 학문이 이어졌고, 그 사이에 陽明學이나 實學, 北學 등이 일부 학자 사이에서 반짝이기는 하였지만 정계나 학계의 주류가 되지는 못하였다.

만약 이들의 학문이 정계와 학계의 주류 가운데 하나로서 기능하였다면 조선의 멸망 상황이 역사 현실과는 달랐을지도 모른다. 오늘날의 사회에서도 아는 것을 실천하는 下學에 대한 관심이 거의 없고, 그 중요성의 이해를 통한 다양한 활동도 적극적으로 추진되지 못하고 있다는 점이 심각한 문제라는 것을 생각하면, 下學에 대한 관심과 處身 문제가 오늘의 현실에서도 매우 유의미하다고 할 것이다.

曹植, 『南冥集』

李瀷, 『星湖僿說』

李滉, 『退溪集』

『退陶先生言行通錄』

河受一, 『松亭歲課』

『光海君日記』

『宣祖實錄』

『辨誣』

尹晶, 「鄭仁弘의 程朱學 이해 : 晦退辨斥을 중심으로」, 『남명학연구』 24집, 2007.

德川書院을 이끈 江右의 家門들
- 창건주체와 운영자를 중심으로 -

Ⅰ. 머리말

덕천서원은 南冥 曺植(1501~1572)을 향사하는 서원이다. 덕천서원은 그의 나이 61세 때부터 임종할 때까지 10여 년에 걸쳐 가장 활발하게 문인들과 강학활동을 벌였던 山天齋 인근에 위치해 있다. 산천재는 주지하다시피 頭流山 天王峰이 가장 엄전하게 보이는 곳에 남명 스스로 터를 잡아 만년을 보낸 곳이다. 문인 寧無成 河應圖가 자신의 田莊을 서원 터로 제공하여서 처음 德山書院으로 창건을 보게 되었다. 이 서원의 창설은 남명의 감화를 받은 여러 문인들의 스승을 존모하는 마음과 이를 인정하는 사회적 분위기 속에서 경상도 관찰사와 진주 목사가 적극적으로 도와서 이루어진 것이었다.

그러나 서원은 설립되는 것만으로 끝나는 것이 아니기에 지속적으로 강학활동이 이루어지도록 하기 위해서는 학파 내에서 절대적인 신임을 얻고 있는 원상과 원임이 있어서 제대로 운영하여야만, 제향된 인물이 추구했던 학문 정신을 체득할 수 있고, 나아가 사회적으로 교화의 역할을 충실히 수행할 수 있는 것이다. 그러므로 누가 이 서원의 운영을 주도하였던가 하는 문제는 서원을 이해하는 데 있어서 간과할 수 없는 매우 중요한 문제의 하나다.

덕천서원은 남명의 만년 강학지에 설립된 것이어서 남명 문인들이 대거 참여하여 설립이 이루어졌고, 따라서 초기에 서원 운영을 담당했던 이들은 '범남명학파적'이었다고 할 수 있을 것이다. 그러나 이러한 상황은 남명학파가 주도하던 북인 세력이 계해정변으로 인하여 정치적으로 패퇴함으로써 급변할 수밖에 없었다. 그리고 그 이후에는 북인이 한 번도 재기하지 못한 채 남인과 서인으로 재편되어 오늘날에 이르게 됨으로써 남명학의 진면목이 제대로 계승·발전되었다고 할 수 있는지조차도 명확하게 말하기 어렵다.

그러므로 이러한 정치사회적 환경 속에서 덕천서원을 운영해 왔던 인물들과 그 가문을 찾아내고 분류하고 분석하여, 그들의 지역적 분포는 어떠하며 그들 가문에 속한 인물들의 사우연원은 대체로 어떠한가를 살펴보는 것은 덕천서원을 근본적으로 이해하는데 있어서 간과할 수 없는 중요한 측면이다. 본고는 이러한 측면의 고찰을 시도코자 한다.

II. 덕천서원의 창건 주체

덕천서원은 남명이 1572년 2월에 山天齋에서 임종하고부터 그 문인들에 의해 창건이 예고된 것이었다. 이는 창건과 관련된 滄洲 河憕(1563~1624)의 다음 기록에서 유추해 볼 수 있다.

> 隆慶 임신년(1572) 봄에 남명 선생이 돌아가심에 여름 4월에 산천재 뒷산 언덕에 장례하였다. 崔 守愚堂과 河 覺齋가 寧無成 河應圖, 撫松 孫天佑, 潮溪 柳宗智와 함께 처음으로 사당을 세우자는 논의를 내었다. 을해년(1575) 겨울에 목사 具忭과 함께 적당한 땅을 물색하다가 드디어 九曲峰 아래 薩川 가에 터를 결정하였다. 대체로 山天齋와는

서로 바라볼 수 있는 곳이다. 이곳은 이보다 앞서 寧無成이 조그마한 띠집을 엮어두고서 때때로 선생을 모시고 소요하던 곳이다. 이때에 이르러 그 집을 철거하고 이곳에 서원 터를 잡은 것이다. 이때가 바로 병자년 봄이다. 이에 수우당 등의 여러 분이 그 일을 주간하였으니, 供饋를 담당한 이는 孫承善이며 都料匠은 승려 智寬이며, 고을 아전 姜世堅은 장부를 관장하였다. 목사 具忭과 감사 尹根壽가 함께 조력하여, 일 년도 안 되어서 祠宇와 講堂 및 東西齋가 완성되었다. 그 다음해에 꾸며서 단청하는 일까지 끝났다.[268]

이 글에 의하면 창건 논의를 일으킨 인물은 모두 인근에 살던 남명 문인으로 守愚堂 崔永慶(1529~1590), 覺齋 河沆(1538~1590), 寧無成 河應圖(1540~1610), 撫松 孫天佑(1533~1594), 潮溪 柳宗智(1546~1589) 등이었으며, 당시 진주목사 具忭과 경상도 관찰사 尹根壽의 도움을 받아 창건이 되었다는 것이다. 그리고 그 시기는 1575년 겨울에 논의가 시작되어 1576년에 완성되었으며, 孫承善이 供饋를 담당하였고, 승려 智冠이 단청을 담당하였고, 아전 姜世堅이 장부를 관장하였다고 하는 등, 창주 하징은 서원 창건에 관하여 비교적 자세하게 기록해 두고 있음을 알 수 있다.

물론 1576년 무렵의 하징은 14세 정도의 동자에 불과했지만 이러한 사실이 하징에 의해 기록된 것은 당시에 보고 들은 사람이 많이 남아 있었기 때문에 가능하였던 것이다. 그런데 수우당 등 이 다섯 명의 남명 문인은 당시 모두 진주에 거주하고 있던 인물들이다. 이들이 남명 문인 전

---

268 河憕, 『滄洲集』 1卷, 「德川書院重建記」, "隆慶壬申春 南冥先生歿 夏四月 葬于山天齋後原 崔守愚堂河覺齋 與河無成應圖孫撫松天佑柳潮溪宗智 始倡立祠之議 乙亥冬 與牧使具忭 相地之宜 遂定址于九曲峰下薩川之上 蓋與山天齋相望地也 先是無成結數椽茅舍于此 時時杖屨徜徉 至是乃撤其舍而卜之 時乃丙子春也 於是 守愚諸賢幹其事 主供饋孫承善也 都料匠僧智寬也 州吏姜世堅掌簿籍 而具牧使與尹監司根壽 幷助力焉 未一年 祠宇暨堂齋成 粤明年 粧修丹艧訖."

체의 대표성을 띄고 있다고는 할 수 없을지라도 남명 문인들 가운데 진주 인근 학자들의 학문적 열의를 선도하는 처지에 있었고, 그러했기에 이들이 덕천서원을 창건하는 데 주도적 역할을 하였다고 보아야 할 것이다.

그런데 1592년부터 1597년 사이에 왜구가 일으킨 전쟁으로 인해 서원이 불탔고, 1602년에 서원의 중건이 이루어져서 1609년에 사액이 되었는데, 이 사이에 일을 추진했던 인물들에 대한 기록만 상기 河憕 소찬 「덕천서원중건기」에서 뽑아 정리하면 다음과 같다.

임진년(1592)에 兵火가 갑자기 일어나 강당과 재실 및 정자가 모두 잿더미가 되었고, 오직 祠宇와 廚舍만 병화를 면하였다. 그러나 결국 정유년의 병란에 이마저도 불에 탔다.

신축년(1601)에 牧使 尹說이 고을 선비들의 요청에 따라 협조하여 중수를 도모하였다. 이에 원임 청주목사 이정과 원장 진극경 및 내가 교대로 일을 주관하여 임인년(1602)에 사우가 비로소 완성되었고 廚舍도 이어서 이루어졌다. 당시의 유사는 鄭大淳과 孫均이었다. 선생의 위판이 암혈 사이에 감추어져서 다행히 보전은 되었지만 글씨가 흐려지고 깨끗하지 못하였다. 그래서 새로운 위판으로 改題하여 계묘년(1603) 가을에 위패를 봉안하고 수우당으로 선생을 배향토록 하였다. 祭器 또한 서원의 노복 世庚이란 자가 잘 보관한 데 힘을 입어서 온전할 수 있었다. 관찰사 柳永詢과 병사 金太虛가 와서 사우에 배알한 뒤 미곡 20석과 조곡 50석을 내고 산 주변 1리의 땅을 이식을 취하는 곳으로 삼아 서원의 필요 경비에 충당토록 하였다.

기유년(1609)에 강당을 짓고 동재와 부엌 및 창고를 이어서 지었다. 유사는 河公孝와 趙㻞이었다.

난리 이후에 祠宇가 초라하게 지어져서 기둥도 낮고 위치도 낮아서 제도에 어울리지 않았다. 이를 신해년(1611)에 고쳐서 새로 지었다. 옛터를 확장하고 들보와 기둥을 壯大하게 하여 커서 탁 트이도록 하였다. 董役 유사는 柳慶一이었다. 예전의 재목으로 醉醒亭을 옮겨지었다. 이에 앞서서 醉醒門 밖의 송림 가에 한 간의 초가 정자를 창건하여 洗心亭이라는 옛 이름으로 편액을 달았다. 이는 서원의 유사 柳宗日이 선생의 橡亭의 옛 모습을 본받아 지은 것이다.[269]

이 글에 의하면 임진왜란 때 서원이 병화를 입어서 1602년에 茅村 李瀞과 栢谷 陳克敬 및 滄洲 河憕이 주도하여 祠宇와 廚舍가 복원되었는데, 당시 유사는 鄭大淳과 孫均이었다. 1609년에 동재와 부엌이 이루어졌는데 이때의 유사는 河公孝와 趙㻩이었다. 그리고 1611년에 터를 돋우고 사우를 새로 지었는데 이때의 동역 유사는 柳慶一이었다. 서원의 유사 柳宗日이 南冥의 橡亭 모양을 본받아 洗心亭을 지었다.

그리고 이 서원에 관심을 가지고 시문을 남긴 이와 그 작품을 「덕천서원지」에서 녹취해 두고 있다. 思湖 吳長이 서원의 중수 상량문을 지었고, 河受一·河憕·朴絪·趙任道·河弘度·姜大遂·河溍·申益愰·趙希逸등은 서원과 관련한 시를 남겨 남명에 대한 존모의 정을 드러내었다.

이처럼 1576년의 서원 창건과 1602년과 1611년 사이의 중건 때 관여하였던 서원 인근의 인물들을 정리하면 다음과 같다.

---

269 河憕, 『滄洲集』 1卷, 「德川書院重建記」, "壬辰兵燹遽起 講堂齋亭盡爲灰燼 惟祠宇廚舍得免 而竟火於丁酉之變 歲辛丑牧使 尹說 因本州士子之請 協謀重修 於是李淸州瀞陳院長克敬暨余 更迭勾管 而壬寅祠宇始完 神廚繼就 其時有司鄭大淳孫均也 先生位版藏於岩穴間 幸而獲保 漫漶不潔 故改用新板 癸卯秋奉安 配以守愚先生 祭器亦賴院僕世庚者 善藏而得完焉 柳巡察與兵使金太虛 來謁祠宇 因出米二十碩租五十碩 環山中一里爲取息之地 以備院中之需 己酉營講堂 而東齋廚庫繼之 有司則河公孝趙㻩也 祠宇草創於亂後 棟卑級夷 不稱其制 辛亥乃易以新之 增其舊址 壯其樑梲 使之宏敞焉 董役有司柳慶一也 以舊材移搆醉醒亭 先此創一間草亭於醉醒門外松林之畔 仍扁以洗心舊號 乃院有司柳宗日象先生橡亭遺制爲也."

성명	생몰년	거주	역할	비고
崔永慶	1529~1590	晉州 道洞	創建主導	남명문인
河沆	1538~1590	晉州 水谷	創建主導	남명문인
河應圖	1540~1610	晉州 德山	創建主導	남명문인
孫天佑	1533~1594	晉州 水谷	創建主導	남명문인
柳宗智	1546~1589	晉州 水谷	創建主導	남명문인
孫承善	? ~ ?	晉州 德山	創建時 供饋	倡義 天佑三從叔
李瀞	1541~1613	晉州 水谷	重建主導	남명문인
陳克敬	1546~1617	晉州 栢谷	重建主導	남명문인
河憕	1563~1624	晉州 丹牧	重建主導	鄭仁弘문인
鄭大淳	? ~ ?	晉州 玉宗	重建有司	圃隱后 鄭夢周7代孫 熙叔玉峰
孫均	? ~ ?	晉州 水谷	重建有司	密陽人 天佑10寸
河公孝	1559~1637	晉州 台洞	重建有司	晉陽人 司直公派
趙璥	1569~1652	晉州 鳳岡	重建有司	林川人 之瑞后
柳慶一	? ~ ?	丹城 丁台	重建有司	晉州人
柳宗日	? ~ ?	晉州 水谷	重建有司	文化人 宗智弟
河受一	1553~1612	晉州 水谷	詩	晉陽人 河沆문인
吳長	1565~1617	山淸 智里	上樑文	咸陽人 鄭仁弘문인
河溍	1597~1658	晉州 台洞	詩	晉陽人 成汝信문인

III. 덕천서원을 이끌어 간 가문들

서원을 창건한 이후로 서원을 운영하는 일도 대체로 서원의 창건을 주
도한 인물들에 의해 이루어지는 것이 일반적이다. 서원의 운영을 주도하
는 인물을 원장 또는 원임이라 하는데, 역대로 원장과 원임을 역임한 인
물들의 명단을 기록해 둔 것이 院任錄이다. 덕천서원에는 이 원임록이 창
건 이후 빠짐없이 이어서 기록되어 전해지는 것은 존재하지 않는다.

한국학중앙연구원의 전신인 한국정신문화연구원에서 1995년에 간행
한 『고문서집성』 25권에는 덕천서원에 관한 여러 자료들이 수록되어 있
다. 덕천서원의 원임록도 여기에 들어 있다. 1769년을 기점으로 그 이전
의 것을 '院任錄上'이라 하였고 그 이후는 '院任錄下'라고 하였는데, 1769

년 이전의 기록은 창건 무렵의 기록부터 시작되지만 여러 해를 건너 띄어 드문드문 기록되어 있다. 1769년 이후의 기록은 해마다 거의 모두 기록되어서 1866년에까지 이르고, 다시 1935년 이후의 기록이 간헐적으로 기록되어서 1986년까지 기록되어 있다.

그리고 이 모두가 한 사람의 글씨로 이루어져 있다. 그렇지만 이 기록의 신빙성에 의문을 제기하기는 어려울 것으로 생각된다. 지금 남아 전하는 원본이 없지만 1986년 당시에는 적어도 남아 전하는 기록이 있어서 이를 한꺼번에 정리해 둔 것으로 보이기 때문이다. 왜냐하면 1769년에 쓴 權必昇의 서문과 趙輝晉의 발문이 원임록의 첫머리에 실려 있을 뿐만 아니라, 그 이후의 기록이 해마다 빠짐없이 자세히 기록되어 있기 때문이다.

다음은 권필승의 서문이다.

기축년 초봄에 나와 조휘진이 외람되이 원임의 반렬에 끼이게 되어 공경히 선생의 서원 사당에 배알하였다. 물러나 서원 안에 있는 옛기록을 열람하니, 선배들의 손때가 온전한 것이 마치 새로 써 놓은 듯하여, 연대를 기록한 것과 사건을 기술한 것을 뚜렷이 고찰할 수 있었다. 그런데 다만 그 가운데 원임록 한 권은 갑신년(1764) 즈음에 잃어버렸다고 한다. 이에 조휘진이 나를 돌아보면서 말하였다. "어찌 예전 院任錄을 修錄하여 후생들이 받들어 열람할 수 있는 자료로 삼지 않겠습니까?" 그래서 여러 선비들과 함께 이 일을 도모하였더니 모두들, "그대의 뜻이 아름답지 않은 것은 아니로되, 연호나 월일의 기록이 오래 되어 증거가 없는 것에 대해서는 어찌 하겠는가?"라고 하였다. 그래서 내가 喟然히 말하였다. "그렇다면 지금 옛 기록을 다시 修錄할 수는 없겠습니다. 지금부터 새 원임록을 작성하여서 후세 사람들이 오늘을 보면서 오늘날 예전을 보는 것처럼 되지 않게 함이 옳지 않겠습니까?" 이에 책을 만들어 정밀하게 필사하여 院錄을 넣어 두는 궤짝 속에 보관하였다. 그리고 또한 四聖賢의 屛風貼은 선생께서 친히 스스로 모사하셔서 마음과 눈길을 두었던 것이다. 그러니 후학들의 이에 대한 尊慕와 愛重이 어떠하였던가? 그런데 먼지투성이 벽장 속에 廢置하여 심지어 좀벌레의 침식을 당하기까지 하였으니, 어찌 개연히 쓰다듬으며 안타까워하지 않을 수 있겠는가? 이에 소목장을 불러 감실을 짜도록 하여 서원의 벽에 설치한 뒤, 원록을 넣어두는 궤짝과 사성현병풍첩을 공경히 보관하였다. 그리고 열어보고 닫아 잠그는 즈음에 유건을 단정히 하고 손을 씻도록 하여, 징성스럽고 공경하는 마음을 다하게 하니, 선생께서 남기신 뜻을 거의 저버리지 않게 되었고, 후학들이 선생을 존모하는 의리에도 또한 작은 도움이 없지 않을 것이다. …… 기축년(1769) 2월 상순에 후학 권필승이 삼가 서문을 기록한다.[270]

이 기록에 의하면 1764년 무렵에 원임록을 분실했다는 것이고, 1769년에 권필승과 조휘진이 원임이 되어 이때부터 다시 서원의 임원을 기록할 수 있는 책을 비치하였고, 아울러 四聖賢屛風帖을 모셔두는 龕室도 새로 만들어 잘 보관하였다는 것이다.

고문서집성에 수록된 이 원임록은 '上·下'로 나누어져 있는데, '上'은 1576년부터 1745년까지 수록되어 있고, '下'는 1769년 이후의 기록으로 되어 있다. 권필승의 이 서문대로라면 이 원임록의 '하' 부분만 있어야 할

---

270 『古文書集成』 25, 19쪽. "己丑之孟陬 余與趙生輝晉忝在任列 祇謁于先生院祠 退而考閱院中舊錄 先輩手澤完然如新 記年書事 歷歷可考 而第其中院任錄一卷 見失於甲申年間云 於是趙生輝晉顧謂余曰 盍用記修舊錄 以爲後生奉覽之資乎 仍與謀諸縫腋 咸曰子之意 非不嘉矣 其如年號月日之浸久而無徵何 余喟然曰 然則舊錄今不可復修 肇自今始修新錄 毋使後之視今 猶今之視昔 不亦可乎 於是作冊精寫 藏諸院錄櫃中 而且四聖賢屛貼 先生所親自模本而存思心目者也 後學之尊慕愛重 爲如何也 而廢置塵壁 甚至於蠹魚之蝕 豈不慨然撫惜乎 於是命召工匠 作龕 付于院壁 祇藏院錄櫃及四聖賢屛貼 而其於開視緘鎖之際 整巾盥手 齋誠致敬 則庶幾不負先生遺意 而於後學尊慕之義 亦不無少補矣 …… 己丑仲春上澣後學權必昇謹序."

터인데, 어찌 '상' 부분이 남아 전하게 되었는지 알기 어렵다.

같은 곳에 있는 조휘진의 발문은 다음과 같다.

> 서원 안에는 예전에 원임록이 있었다. 곧 원근의 선부형들이 각기 원장과 유사가 되었을 때의 성명과 연조가 기록된 것이다. 한번 책을 펼쳐보면 집집의 선대 자취가 책 속에 뚜렷이 있었으니, 그 우러르며 존중함이 어떠하였던가? 갑신년 즈음에 이 원임안이 불행하게도 분실되었다. 통탄스럽고 애석한 마음을 어찌 이루 말할 수 있겠는가?
> 못난 이 사람이 외람되이 원임의 말단에 있게 되었는데, 같이 원임을 맡은 이는 權必昇이다. 서로 더불어 원임록이 없어진 것에 대해 혀를 차며 탄식하였다. 그리고 任案 책자 하나를 다시 만들었다. 그런데 세대가 오래 된 것은 아니지만 어떤 분이 어느 해에 무슨 자리에 있었는지를 낱낱이 상세히 다 기억해 낼 수는 없다. 그러므로 다시 舊案을 修錄하지 않고 지금부터 새로 써서 앞으로의 증거가 되게 한다. 그렇지만 예전 기록에 대해 마음 아파하고 안타까워하는 감정을 마음속에서 풀지는 못하였다. 권필승이, 예전 기록이 없어져서 후세 사람들이 의지하여 볼 것이 없음에 대해 탄식하면서, 이에 몇 줄의 글을 써서 선부형의 원임록이 예전에는 있었지만 지금은 없다는 사실을 서술하였다. …… 기축년(1769) 2월 상순에 후학 조휘진이 삼가 발문을 기록한다.[271]

여기서도 조휘진의 기록처럼 1769년 이전의 것을 새로 작성하여 원임

---

271 『古文書集成』25, 20쪽, "院中 古有院任錄 乃遠近先父兄之各爲院長有司之諱字 及年條所錄也 一開卷 而家家先蹟 宛然如在卷中 其爲瞻仰之尊重何如哉 甲申年間 此案不幸見失 痛惜何勝言哉 不佞忝在任末 同任權必昇也 相與嘖嘖而歎任案之 無徵 更造任案一冊子 而無代久遠 某員之爲某年某任 不能一一詳悉 故不復修舊案 而自今始書 可作日後之案 其爲痛惜舊錄之情 不釋于中也 權生必昇 嘅其古蹟之無 存 後視之無憑 玆成數行文 以叙先父兄之院任錄 古有而今無 …… 己丑仲春上澣 後學趙輝晉謹跋."

록 '상'으로 한다는 기록이 없다. 그런데 앞에서 언급한 것처럼 이 사실을 정리해둔 글씨가 처음부터 1986년까지 모두 한 사람의 글씨체로 되어 있다. 이는 1986년에 새로 필사했음을 의미하는 것이다. 그렇다면 1986년 이전에 누군가에 의해 1769년 이전의 '원임록상'에 해당하는 기록을 정리해 둔 것이 있었음을 알 수 있다. 지금 남아 전하는 기록을 보건대, 알 수 있는 자료만을 대상으로 최소한이나마 후세에 알리기 위한 고심의 흔적이 보인다.

이 원임록은 해당 인물의 이름과 생년 및 자만 기록되어 있다. 생년과 자는 기록되지 않은 경우도 있다. 이 가운데 크게 알려진 인물을 중심으로 족보를 통해 그 가계를 조사하여 정리해 보았다. 그러나 아직 찾지 못한 인물이 많다. 이런 상황에서 대강 통계를 내어 본 결과는 다음과 같다.

성씨	인원수	성씨	인원수	성씨	인원수	성씨	인원수
姜氏	5	都氏	2	孫氏	3	陳氏	1
郭氏	5	梁氏	2	尹氏	4	崔氏	3
具氏	1	柳氏	18	李氏	59	沈氏	8
權氏	48	文氏	1	鄭氏	15	河氏	41
金氏	21	朴氏	18	趙氏	9	許氏	7
南氏	2	成氏	7	曹氏	6	합계	286

이 통계는 강우 지역 인물에 한정하였다. 원장의 경우 가끔 진주목사나 경상도 관찰사 또는 중앙의 판서나 정승 등이 등재된 사례가 25건 기록되어 있으나, 이는 실질적으로 서원을 주도해 나가는 역할을 수행한 인물이라 하기 어려우므로 제외하였다. 이들 25인을 제외하면 대체적으로 강우 지역 인물들이고 이들은 모두 남명학파라고도 할 수 있다.

이 원임록에 등재된 인물이 위 표의 결과처럼 모두 286인이다. 그러나 아직 남명학파 내에서의 관련성 여부를 기록에서 확인하지 못한 인물이 143인이나 된다. 이 가운데서 확인된 인물이 5명 이상 되는 성씨만 다시 정리한 것이 다음의 표다.

성씨별	관향별	소가문별	인원수
權씨(24)	安東(24)	克亮 후손	6
		濤 후손	12
		潘 후손	2
		逵 후손	4
金씨(10)	商山(8)	貞用 후손	8
	蔚山(1)	大鳴 후손	1
	義城(1)	宇顒 후손	1
柳씨(10)	文化(2)	宗智 후손	2
	晉州(8)	藩 후손	8
朴씨(10)	密陽(3)	寅亮 후손	3
	潘南(1)	文楗 후손	1
	順天(1)	而章 후손	1
	泰安(5)	敏 후손	5
成씨(6)	昌寧(6)	汝信 후손	6
李씨(29)	星州(13)	賀生 후손	7
		曇·晁 후손	6
	載寧(1)	瀞 후손	1
	全義(1)	大期 후손	1
	陜川(14)	光友·光孝 후손	6
		天慶 후손	8
鄭씨(8)	迎日(4)	暄 후손	4
	海州(4)	文孚 후손	4
趙씨(9)	林川(1)	之瑞 후손	1
	咸安(8)	宗道 후손	8
河씨(37)	晉陽(10) (司直公派)	弘度·弘達 후손	4
		公孝 후손	5
		應圖 후손	1
	晉陽(27) (侍郎公派)	受一 후손	12
		魏寶 후손	15

여기 제시된 아홉 성씨는 위 표와 관련시켜 그 숫자의 결과만으로도
덕천서원을 운영하였던 핵심 집단이라는 것을 단적으로 보여준다고 할

만하다. 이제 각 성씨별로 이들 원임들과 관련된 가문 내의 학자들과 그 문집 출판 여부를 알아보면서 남명학파로 활동한 상황을 대략 살펴보고자 한다.

1. 安東權氏

원임록에 등재된 안동권씨 가운데 확인된 인물만 정리한 것이 다음 표다.

시기	직책	성명	생몰년도	자호	선조	비고
1628	원장	權濤	1575~1644	東溪	運	鄭逑문인
1671	원장	權克有	1608~1674	愚川	運	濤子
1689	원장	權斗望	1620~1692	明庵	運	濤孫
1700	원임	權汝亨	1649~ ?	春長	運	濤曾孫 河橝女壻
1707	원장	權繼亨	1655~1711	道村	運	字汝宣 斗望子 葛庵門人
1721	원임	權大一	1676~ ?	貫卿	運	克亮曾孫
1730	원임	權大復	1679~ ?	來卿	運	繼亨子 號磻溪 女壻趙輝晉
1731	원임	權大銓	1684~1748	君平	運	濤玄孫
1737	원임	權重萬	1686~1755	仁卿	逑	號守中堂 文彦5代孫
1738	원장	權大勳	1673~1744	度卿	運	居丹城 克亮曾孫
1769	원임	權必昇	1723~1794	翠隱	運	字景仲 濤5代孫 妻父玉山張趾文
1775	원장	權煒	1708~1786	霜溪	運	字象仲 克亮5代孫 居丹溪
1805	원장	權正九	1760~1816	省齋	運	字顯夫 煒子 生員
1815	원임	權褧	1769~1819	景章	運	號滄浪 鄭宗魯門人 濤6代孫
1820	원임	權正永	1775~1833	士明	運	濤7代孫
1822	원임	權顯明	1778~?	見之	逑	文任8代孫 佶孫
1823	원임	**權燦**	1762~1845	尙煒	運	號巖齋 濤6代孫
1825	원임	**權熵**	1778~1846	時允	運	1830원임 濤6代孫
1836	원임	權德明	? ~ ?	潤之	逑	文任8代孫 個孫
1839	원임	權正執	1785~1856	允中	運	號特立齋 濤7代孫
1848	원임	權在成	1800~1873	亨之	運	號小窩 濤8代孫
1862	원임	權翼民	1811~1870	允祜	運	號菊塘 濤9代孫
1863	원임	權極樞	1808~ ?	寬若	逑	重道曾孫
1865	원임	權柄成	1816~1877	德弼	運	號逸軒 濤8代孫

원임록 가운데서 확인된 인물은 제시한 것처럼 모두 24인이다. 그리고 이들은 남명의 아버지 曹彦亨(1469~1526)이 묘갈을 지어준 權金錫(1447~1485)의 두 아들 權時準과 權時得의 후손들이다. 權運은 권시준의 아들이고, 權逵는 권시득의 아들이다. 권운의 둘째아들 權世春의 맏집 손자가 東山 權克亮(1584~1631)이고 둘째아들이 權濤(1575~1644)다. 권운의 넷째 아들 權世仁의 아들이 權濬(1578~1642)이다.

權逵는 남명과 각별한 벗이었고 그 아들과 손자가 남명 문하에 출입한 이가 많았으며, 권도와 권준은 남명 문인 寒岡 鄭逑를 사사했으므로 이들 가문의 인물들은 남명에 대해 특별한 관심을 가질 수밖에 없었던 것이다. 특히 권극량은 대소헌 조종도의 외손으로서 한강의 문인 장현광과 이윤우로부터 수학하여 남명학파로서 독실한 처사의 삶을 살았던 인물이다.

권준의 아들 권극유는 덕천서원의 원장을 역임하면서 남명학파의 구심점 역할을 하였으나, 조선 말기에 이르기까지 줄곧 남인들이 덕천서원의 운영을 주도하였기 때문에, 조선 중후기에 서인화한 권극유의 후손들은 그 동안 비록 수많은 학자들을 배출하였지만 덕천서원의 운영에는 참여하기 어려웠던 것으로 보인다. 그러나 권규의 후손들과 권도 및 권극량의 후손들은 정파의 측면에서 대체적으로 남인을 계속 유지해 왔으므로 덕천서원의 운영에 적극적으로 관여할 수 있었다. 이 들 두 가문의 후손들 가운데 문집을 남긴 주요 인물을 적시하면 다음과 같다.

姓名	生沒年代	字	號	文集	備考
權 逵	1496~1548	子由	安分堂	安分堂實紀	南冥從遊
權文顯	1524~1575	明叔	竹亭	竹亭實紀	南冥門人
權文任	1528~1580	興叔	源塘	花山世紀	南冥門人
權 濟	1548~1612	致遠	源堂	花山世紀	南冥門人
權 深	1548~1614	士長	晴川	花山世紀	源塘門人
權 濚	1569~1633	達甫	默翁	聯芳輯錄	牛溪門人

權克行	1572~?	士中	池亭	池亭集	晴川深子
權 濤	1575~1644	靜甫	東溪	東溪集	寒旅門人
權 濬	1578~1642	道甫	霜嵒	聯芳輯錄	寒岡門人
權克亮	1584~1631	士任	東山	東山集	寒旅門人
權克有	1608~1674	叔正	愚川	愚川集	霜嵒濬子
權重道	1680~1722	汝行	退庵	退庵集	葛庵門人
權 煒	1708~1786	象仲	霜溪	霜溪集	東山來孫
權必稱	1721~1784	子平	梧潭	梧潭集	東溪來孫
權 侁	1723~?	大叟	南窓	南窓集	霜巖後
權憲貞	1818~1876	學老	遜窩	遜窩遺稿	源塘后
權相迪	1822~1900	聿元	海閭	海閭集	性齋門人
權在奎	1835~1893	南擧	直菴	直菴集	性齋門人
權憲璣	1835~1893	汝舜	石帆	石帆遺稿	晚醒從遊
權相彬	1853~1889	周若	川后	川后集	濤后
權相纘	1857~1905	慶七	于石	于石遺稿	四未門人
權載奎	1870~1952	君五	松山	而堂集	老栢門人
權道溶	1877~1963	浩仲	秋帆	秋帆文苑	愚川後
權泰珽	1879~1929	應善	惺齋	惺齋遺稿	于石子
權龍鉉	1899~1987	文見	秋淵	秋淵集	艮齋門人
權昌鉉	1900~1976	晦卿	心齋	心齋集	松山子

이상 모두 26인 가운데 7인이 상암 권준과 그 후손들인 바, 18세기 이후 서원의 원임에 천거되지 않은 것은, 이들이 서인 학맥을 따라 추향을 달리 하므로 해서 서원에 출입을 하지 않았기 때문인 것으로 보인다.

2. 商山金氏

원임록에 등재된 인물 가운데 상산김씨만 정리한 것이 다음의 표다.272

....

272 상산김씨로서 미확인된 인물들도 다수 있어서 앞으로 조사에 따라 추가될 수 있다.

시기	직책	성명	생몰연대	자호	선조	비고
1707	원임	金尙德	1666~1723	德殷	應斗	小山碩子
1737	원임	金尙精	1679~1763	精甫	應奎	景訥曾孫 應奎孫
1804	원임	金龍漢	1756~1828	子雲	應斗	號惕若軒 景訥6代孫 宕玄孫
1813	원임	金奎漢	1756~1822	子三	應斗	1814원임 號南塘 景訥6代孫 宕玄孫
1824	원임	金樂漢	1775~1843	應七	應斗	塾孫 改名斗漢 景訥6代孫 宕玄孫
1833	원임	金在漢	1778~1842	士良	應斗	景訥6代孫 宕玄孫
1853	원임	金履鎭	1806~1884	安卿	應斗	號梅窩 景訥7代孫 龍漢姪基堯祖
1862	원임	金履杓	1812~1881	士衡	應斗	號尙友堂 斗漢子 定齋門人

상산김씨는 조선 초기에 단성 법물에 정착한 이후 三足齋 金浚의 세 아들 金景訥·金景訒·金景謹이 남명학파로서 창의에 동참하였고, 김경눌의 아들 金復文이 1623년의 덕천서원 원생록에 보이고, 김경인의 아들 맏아들 養存齋 金應奎(1581~1648)는 남명 문인 源堂 權濟의 女壻로서 남명을 사숙했던 인물이며, 둘째아들 傅巖 金應斗(1585~1631)는 1615년에 올린 남명 종향 상소에 서명하는 등 남명을 존모하는 일에 적극적으로 참여했던 인물이다.

덕천서원의 원임으로 활동한 인물들은 모두 김응규와 김응두의 후손들이다. 여기 원임록에는 등재되지 않았지만 小山 金碩의 손자 默齋 金墼(1702~1770)은, 1764년에 있었던 『남명집』 간행 때 漁隱 朴挺新(1705~1769)과 함께 「산해사우연원록」을 수정하여 간행하는 일을 주도하였던 인물이기도 하다.

이들 상산김씨 가문은 조선 말기로 갈수록 학자들을 많이 배출하였다. 특히 단계 김인섭과 물천 김진호가 앞뒤로 굴기하여 상산김씨 가문은 물론 강우 지역에 학자들이 쏟아져 나오는데 중요한 역할을 하였다. 이들 가문에서 문집을 남긴 인물 가운데 주요한 이를 적시하면 대체로 다음 표와 같다.

姓名	生沒年代	字	號	文集	備考
金景謹	1559~1597	而信	大瑕齋	大瑕齋實紀	覺齋門人
金 湛	1560~1626	久源	汲古齋	汲古齋集	光範孫
金 碩	1627~1680	季昌	小山	小山集	應斗子
金 墩	1702~1770	伯厚	默齋	默齋集	碩孫
金麟燮	1827~1903	聖夫	端磎	端磎集	定齋性齋門人
金基周	1844~1882	聖規	梅下	梅下集	性齋寒洲門人
金鎮祜	1845~1908	致受	勿川	勿川集	性齋寒洲門人
金基堯	1854~1933	君弼	小塘	小塘集	端磎門人
金壽老	1859~1936	景陽	重溪	重溪集	麟燮子
金基鎔	1869~1947	敬模	幾軒	幾軒集	端磎勿川俛宇門人
金大洵	1872~1907	養直	餘齋	餘齋遺稿	俛宇門人
金在植	1873~1940	仲衍	勿溪	修齋集	勿川后山俛宇門人
金永蓍	1875~1952	瑞九	平谷	平谷集	晩醒勿川門人
金鎮文	1881~1957	致行	弘庵	弘庵集	勿川俛宇門人
金昇柱	1885~1961	永逡	晦川	晦川遺輯	勿川門人
金相峻	1894~1971	聖欽	南坡	南坡遺稿	勿川門人

위의 표에 대강 드러나듯이 이 가문의 인물들 또한 정재와 성재 및 한주의 문인에서 출발하여 면우와 물천 문인들이 18세기와 19세기를 이어서 쏟아져 나왔고, 근래에 이르기까지 이 지역의 학문을 선도하는 위치에 있었다.

3. 晉州柳氏

진주류씨 가운데 柳慶一은 1611년 덕천서원의 사우를 확장하여 새로 지을 때 董役有司였다. 그는 단성에 살았던 李曇(1524~1600)의 외손이다. 이담은 남명 문인으로 임진왜란 때 옥포만호로서 전공을 세워 선무원종 공신에 오른 인물이다. 류경일은 1609년 이후 1629년의 덕천서원 청금록에 등재된 인물이다. 그의 생몰연대가 미상이지만 덕천서원 청금록에 권도(1575~1644) 바로 앞에 등재된 것으로 보아 대체로 1575년 무렵에 태어난 것으로 보이며, 그 아들 류재신 또한 1629년의 덕천서원 청금록에 이름이 등재되어 있다. 이 가문에서 덕천서원 원임을 역임한 인물을 찾아 정리한 것이 다음의 표다.

시기	직책	성명	생몰연대	자호	선조	비고
1611	원임	柳慶一	? ~ ?	祥仲	蒔	希藩玄孫
1790	원임	柳象經	1735~	穉文	蒔	字泰三
1807	원임	柳孝民	1750~1815	美仲	蒔	默齋 潛高祖
1811	원임	柳正鐸	1752~1829	直哉	蒔	號木軒五經先生
1820	원임	柳宜漢	1761~1840	啓若	蒔	號東川 生員 鄭宗魯문인 光斗玄孫
1821	원임	柳宜華	1779~1853	乃明	蒔	生員 鄭宗魯문인 號南窩 光斗玄孫
1849	원임	柳在賢	1805~ ?	贊文	蒔	
1858	원임	柳圭賢	1806~ ?	文郁	蒔	

위 표에 보이는 류경일은 柳蒔의 후손이고 그 이외는 모두 柳蒔의 후손이다. 류유와 류시는 형제간인데, 류유의 후손은 대체로 丹城 汀台를 중심으로 그 인근에 거주하고 있으며 류시의 후손은 진주의 水谷과 晉城 등지에 살았다. 이들 가문은 汀台에 집단 거주하고 있던 가문에서 학자들이 많이 배출되었고, 이들이 대체로 덕천서원의 운영에도 깊이 관여하였음을 알 수 있다.

이들 가문에서 문집을 남긴 이들 가운데 주요 인물을 들면 다음과 같다.

姓　名	生沒年代	字	號	文集	備考
柳汶龍	1753~1821	文見	槐泉	槐泉集	李恒茂門人
柳宜漢	1761~1840	啓若	東川	東川集	鄭宗魯門人
柳宜華	1779~1853	乃明	南窩	南窩稿	鄭宗魯門人
柳宜貞	1794~1861	元用	思窩	思窩集	文科執義
柳遠重	1861~1943	希興	西岡	西岡集	鄭載圭門人
柳　潛	1880~1951	晦夫	澤齋	澤齋集	俔宇門人

4. 泰安朴氏

태안박씨는 능허 박민의 후손들을 가리킨다. 凌虛 朴敏(1566~1630)은 정인홍과 정구의 문인으로 부사 성여신과 친밀하게 지내면서 선조만년과 광해군 시기에 남명학파를 이끌었던 인물이다. 원임록에 보이는 인물을 정리하면 다음과 같다.

시기	직책	성명	생몰연대	자호	선조	비고
1806	원임	朴旨說	1759~1832	用汝	敏	敏6代孫 挺新孫
1816	원임	朴天健	1754~1819	訥菴	敏	字國楨 改名旨瑞 敏6代孫 挺新子
1819	원임	朴大淳	1769~1843	文伯	敏	居奈洞 敏7代孫 天健再從姪
1820	원임	朴基淳	1775~1836	文甫	敏	字升賢號愧窩 敏7代孫 配寒岡8代孫
1863	원임	朴榮八	1811~1878	元擧	敏	旨瑞孫 配韓夢參8世孫

덕천서원 원생록에 보이는 박경광이 박민의 아들이고, 여서인 成鐸과 成好正은 정인홍의 문인으로 남명학파 가계라 할 수 있다. 박경광의 손자 西溪 朴泰茂(1677~1756)에 이르러 진주 인근의 학계를 주도하는 위치에 서게 되었다. 박태무의 외조 具邁堂 河達永은 진주 단목 사람으로 丹池 河悏의 아들이고, 外舅 河檣는 진주 수곡에 거주하던 사람으로 송정 하수 일의 증손이다. 박태무의 외가와 모두 덕천서원을 주도해 나가는 집안이 고, 자신은 밀암 이재의 문인으로서 성호 이익과도 교유하는 등 남명학파 의 외연을 확장하는 데 일조를 하였다고 할 수 있다. 박태무의 둘째아들 어은 朴挺新은, 상산김씨 가문의 墨齋 金㙍과 함께 1764년에 산해사우연 원록을 교정하여 출판하는 일을 주도하기도 하였다.

이 가문에서 문집을 남긴 이들 가운데 주요한 인물을 적시하면 다음과 같다.

姓名	生沒年代	字	號	師承關係	文集
朴 敏	1566~1630	行遠	凌虛	寒岡門人	凌虛集
朴泰茂	1677~1756	春卿	西溪	密庵門人	西溪集
朴受紋	1726~1769	仲文	石浦	挺新子	石浦遺稿
朴旨瑞	1754~1819	國禎	訥庵	凌虛仍孫	訥庵遺事

이 가문은 경제적으로도 여유가 있어서 18세기 중엽에 일어난 종천서원 원변 때에 안계의 하씨 가문을 크게 도왔을 뿐만 아니라 어려운 사람들을 적극적으로 도와주었다는 이야기가 전해 오고 있다.

5. 昌寧成氏

창녕성씨는 남명 문인 부사 성여신의 후손들이다. 이 가문에서 배출된 원임은 모두 6인인데 그 명단은 다음과 같다.

시기	직책	성명	생몰연대	자호	선조	비고
1777	원임	成大圭	1722~1782	錫玄	汝信	治永曾孫 鏵玄孫 汝信5代孫
1800	원임	成東佐	1755~ ?	士堅	汝信	東一弟 鋧5代孫
1808	원임	成師說	1759~1815	士楫	汝信	號慕菴 大有孫 鏞6代孫 汝信7代孫
1816	원임	成東臣	1764~1832	弼彦	汝信	大圭子 鏵5代孫
1853	원임	成翰周	1804~1858	楨老	汝信	號琴湖 東一孫 鋧7代孫
1862	원임	成鳳周	1813~1887	錫老	汝信	東一孫 鋧7代孫

부사 성여신은 내암 정인홍과 매우 친밀하게 지냈으며 그 아들들이 정인홍의 문인이었으며, 특히 장남 成鑮(1571~1618)은 蘆坡 李屹의 女婿로서 내암을 위한 변명 상소가 실록에 남아 전할 만큼 사제간의 관계가 두터웠기에, 계해정변 이후에 그 후손들이 남인으로 활동하기 어려운 측면이 있었다. 원임을 역임한 이들은 부사 성여신의 2남 成鏞(1576~1628)과 4남 成錞(1590~1659)과 5남 惺惺齋 成鋧(1595~1665)의 후손들이다.

진주 인근에 거주하는 부사 후손으로서 문집을 남긴 이들은 대체로 다음과 같이 정리된다.

姓名	生沒年代	字	號	師承關係	文集
成汝信	1546~1632	公實	浮查	南冥龜巖	浮查集
成鎛	1571~1618	而善	梅竹軒	來庵門人	梅竹軒實記
成錞	1590~1659	而振	川齋	朴敏女壻	川齋集
成東一	1753~1823	乃純	共衾堂	汝信后	共衾堂實紀
成煥孚	1870~1947	仁述	正谷	汝信后	正谷遺集
成煥赫	1908~1966	士瞻	于亭	晦峰門人	于亭集
成在祺	1912~1979	伯景	定軒	秋帆重齋	定軒遺集

이들은 주로 진주시의 금산면, 수곡면, 대곡면 등지에 거주하면서 대대로 家格을 유지하여 진주 선비 사회를 주도하는 위치에 있었다.

6. 星州李氏

덕천서원 원임록에 등재된 성주이씨는 모두 李濟의 후손이다. 이제는 농서군공 이장경의 아들 이조년의 후손이다. 그는 이성계의 女壻로 이성계를 추대하여 조선 개국공신이 되었으나, 태조 이방원에 의한 제1차 왕자의 난에 정도전과 함께 피살되었던 인물이다. 그 후손들이 진주 인근으로 내려와 살다가 寒泉 李蠹(1524~1600)과 桐谷 李晁(1530~1580)는 남명 문인이 되었고, 李賀生(1553~1619)은 오건과 최영경이 문인이 되었다. 이조의 아들 이유함(1557~1609)·이유눌(1562~1625)·이유열(1569~1626) 삼형제가 모두 남명학파로 활동하였으며, 덕천서원 원생록에 보이는 李慤, 李城, 李垠, 李育 등이 모두 이 가문 인물들이다.

덕천서원 원임록에 등재된 인물 중 성주이씨로 밝혀진 사람은 다음과 같다.

시기	직책	성명	생몰연대	자호	선조	비고
1727	원임	李胤紀	1663~1750	而孝	賀生	賀生孫 甲龍祖
1731	원임	李如珠	1678~1763	白五	晃	號江湖 惟訥玄孫
1739	원임	李胤迪	1690~1753	熙叔	賀生	居南沙 賀生孫 父志容
1812	원임	李憲烈	1762~1837	幼文	晃	居丹城 如珠孫 惟訥6代孫
1815	원임	李敏烈	1769~1841	乃文	賀生	居南沙 胤紀曾孫甲龍子
1815	원임	李佑根	1758~1826	晦甫	晃	居丹城 號錦溪 惟誠7代孫
1816	원임	李存烈	1775~1846	穉久	賀生	居南沙 胤紀曾孫 敏烈從弟
1818	원장	李志容	1753~1831	南皐	賀生	正言 居南沙
1821	원임	李邦烈	1765~1829	士光	曇	號默窩 曇7代孫 居新安中村 有遺稿
1827	원임	李廷烈	1777~1842	可文	賀生	居南沙 胤紀曾孫
1836	원임	李佑九	1789~1842	錫汝	晃	惟訥7代孫 憲烈子
1845	원임	李佑孟	1794~1867	亨遠	賀生	號石亭 邦烈姪 東川柳宜漢門人
1858	원임	李佑浩	1803~1862	伯英	賀生	胤迪玄孫

이 표에 의하면 이 가문에서는 1700년대 전반기부터 1800년대 후반에 이르기까지 줄곧 덕천서원의 운영에 직접적으로 관여하여 주도해 나갔음을 알 수 있다. 이들 가운데 이하생의 후손이 8인이고 이조의 후손이 4인, 이담의 후손이 1인이다. 이하생의 후손 가운데 南溪 李甲龍(1734~1799) 南皐 李志容(1753~1831)이 知命堂 河世應(1671~1727)과 台窩 河必淸 (1701~1758)의 학문을 이어 남명학파의 학맥을 조선 후기까지 이어지게 하는 매우 중요한 역할을 하였는데, 이하생 후손 가운데 유독 원임이 많은 것은 대체로 이들의 崛起와 그 궤를 같이 하고 있음을 짐작할 수 있다.

남고 이지용은 문과에 급제하여 정언에까지 이른 인물로 1818년에 덕천서원의 원장을 지낸 인물이다. 그는 이 지역의 인물로서 경원장을 대신할 수 있는 역량을 인정받았기에 원장으로 추대된 것으로 보이는 바, 그가 남긴 「산천재임안서」에 보이는 다음의 글은 그가 가진 남명학파에 대한 애정을 단적으로 확인할 수 있게 한다.

우리가 여기서 수백 년 동안 살면서 집집마다 孝悌하고 사람마다 忠信하며 詩書禮樂의 글을 외면서 태평하게 오늘날에 이른 것은 모두 先生께서 내려주신 것이다. 그러니 우리가 선생을 尊慕하고 선생을 愛悅함에 있어서 마땅히 무슨 일이든지 하지 못할 일이 없어야 할 것이다.[273]

남명의 정신이 지역사회에 끼친 영향이 지대하였음을 언급하고, 그 영향을 입은 이 지역에 사는 사람으로서 남명을 尊慕愛悅하여 마지않을 것을 역설한 것이다.

이 가문에서 배출된 인물 중 문집을 남긴 이를 들면 대체로 다음과 같다.

姓名	生沒年代	字	號	師承關係	文集
李 晁	1530~1580	景升	桐谷	南冥門人	桐谷實紀
李惟諴	1557~1609	汝實	梧月堂	覺齋門人	三梧實紀
李惟訥	1562~1625	汝敏	梧岡	梧月堂弟	三梧實紀
李惟說	1569~1626	汝賚	梧齋	梧岡弟	三梧實紀
李甲龍	1734~1799	于鱗	南溪	台窩門人	南溪集
李秉烈	1749~1808	士敬	龍岡	南溪門人	龍岡集
李志容	1753~1831	子玉	南皐	南溪門人	南皐集
李佑贇	1792~1855	禹爾	月浦	南皐門人	月浦集
李道默	1843~1916	致維	南川	性齋門人	南川集
李道樞	1847~1921	擎維	月淵	性齋門人	月淵集
李宅煥	1854~1924	亨洛	晦山	勉菴門人	晦山集
李鎬根	1859~1902	晦周	某堂	性齋門人	某堂集
李道復	1862~1938	陽來	厚山	淵齋門人	厚山集

---

273 李志容, 『南皐集』3卷 14張, 「山天齋齋任案序」, "吾輩食玆土數百年 家孝弟人忠信 誦詩書禮樂 太平以至于今日者 秋毫皆先生賜也 然則吾輩所以尊慕先生愛悅先生者 宜無所不至."

이들 인물 중 南川 李道默과 그 아우 月淵 李道樞는『南冥集』중간 사업에 적극적으로 활동한 인물이다.[274] 그리고 성주이씨 가문에서도 서인 계열은 남명사상의 계승이란 측면에서는 역시 남인 계열보다는 소극적이었으니, 이는 덕천서원의 운영에 개입할 여지가 없었기 때문이라 할 것이다.

7. 陜川李氏

남명의 문인 가운데 竹閣 李光友(1529~1619)와 日新堂 李天慶(1538~1610)이 丹城의 培養과 靑峴에 살았으며, 그 후손들이 근래에 이르도록 집성촌을 이루고 살아왔다. 덕천서원의 원임록에 등재된 합천이씨는 대체로 이들의 후손들이다. 다음의 표에서 이를 확인할 수 있다.

시기	직책	성명	생몰연대	자호	선조	비고
1774	원임	李啓茂	1720~1790	乃沃	光孝	號庚窩 居培養 光孝6代孫
1787	원임	李元福	1736~1809	國休	天慶	1791원임 號松柏軒 居靑峴 天慶7代孫
1795	원임	李必茂	1743~1801	期之	光友	居丹城光友6代孫
1798	원임	李宜璿	1747~1815	士瞻	天慶	號東窩 小山門人 天慶7代孫
1803	원임	李基中	1750~1813	子華	光孝	居丹城 光孝7代孫
1806	원임	李守儆	1764~1809	約之	天慶	天慶8代孫 號亦樂堂 元福子
1807	원장	李元福	1736~1809	國休	天慶	號松柏軒 天慶7代孫 1787·1791원임
1809	원임	李基漢	1752~1822	道一	光友	居培養 號默軒 光友7代孫
1820	원임	李基性	1770~1844	士仰	光孝	光孝7代孫 基中從弟
1826	원임	李緯儆	1781~1857	仲文	天慶	號道山 天慶8代孫
1838	원임	李觀榮	1794~1846	觀吉	天慶	號四觀齋 天慶9代孫
1844	원임	李丁儆	1795~1850	汝元	天慶	天慶8代孫
1847	원임	李桂幹	1797~?	養秀	光友	光友7代孫
1855	원임	李邦儆	1798~1865	聖弼	天慶	號道淵 天慶8代孫 遺稿11卷

---

274 金侖壽,「南冥集의 冊板과 印本의 系統」,『南冥學硏究』2집, 237쪽 참조.

이천경의 후손이 8인이고, 이광우의 후손이 3인, 이광효의 후손이 3인이다. 17세기 후반부터 약 100여 년 동안은 이 가문에서 덕천서원의 운영에 어떻게 관여하였는지 알기 어렵지만 그 이후 약 100년 가까이 동안은 매우 적극적으로 서원의 운영에 동참하였음을 이 표를 통해 충분히 짐작할 수 있다.

합천이씨 가운데 문집을 남긴 인물들을 적시하면 대체로 다음과 같다.

姓名	生沒年代	字	號	師承關係	文集
李　源	1501~1568	君浩	淸香堂	南冥從遊	淸香堂集
李光友	1529~1619	和甫	竹閣	源姪	竹閣集
李天慶	1538~1610	祥甫	日新堂	南冥門人	日新堂集
李　瑛	1585~1635	而晦	紫圃	天慶子	紫圃實紀
李恒茂	1732~1799	久叟	濟庵	大山門人	濟庵集
李邦僩	1798~1865	聖弼	道淵	東窩門人	道淵述言
李錫永	1851~1909	允源	山樵	端溪門人	山樵集
李尙鎬	1864~1919	周應	愚山	端磎門人	愚山遺稿
李炳憲	1870~1940	善章	眞庵	俛宇門人	眞庵集

이 표에서 보는 바와 같이 문집을 남긴 인물이 1600년대 초반 이후 1700년대 중반에 이르기까지 거의 보이지 않는데, 이러한 현상이 덕천서원의 원임이 그 사이에 많이 나오지 않는 것과 일정한 연관이 있어 보인다.

8. 咸安趙氏

덕천서원의 원임록에 등재된 함안조씨는 모두 남명 문인 대소헌 조종도의 후손들이다. 조종도(1537~1597)는 함안에서 출생하여 임진왜란 당시의 삼장사로도 유명할 뿐만 아니라 황석산성에서 왜적에게 대항하다 순절함으로써 이름을 크게 얻은 인물이다. 그 후손들이 대체로 진주의 검南에 살았었는데, 원임록에 등재된 인물은 모두 이 마을 출신이다.

이를 정리한 것이 다음 표다.

시기	직책	성명	생몰연대	자호	선조	비고
1769	원임	趙輝晉	1729~1796	東窩	宗道	字文然 竹窩門人 宗道7代孫
1805	원임	趙思愚	1752~1815	直夫	宗道	宗道8代孫 輝晉子
1806	원장	趙得愚	1740~1820	立中	宗道	1797원임 宗道8代孫
1812	원임	趙熙榮	1762~1851	乃兼	宗道	宗道9代孫 得愚從姪
1818	원임	趙熙載	1770~1835	公叔	宗道	宗道9代孫 得愚姪
1836	원임	趙進孝	1785~1848	善源	宗道	宗道10代孫 熙榮子 鎬來曾祖
1842	원임	趙處愚	1777~ ?	而敬	宗道	宗道8代孫
1852	원임	趙挺孝	1805~1880	允一	宗道	宗道10代孫 思愚孫

앞에서 동와 조휘진이 1769년에 권필승과 함께 덕천서원의 원임이 되면서 원임안을 정비하였다고 말한 적이 있는데, 그 이전에는 이 가문에서 덕천서원의 원임이 전혀 배출되지 않은 것은 그 연유를 알기 어렵지만, 그 이후로는 거의 100년에 걸쳐 계속 서원 운영에 주도적으로 참여하였음을 알 수 있다.

이 가문에서 문집을 남긴 이를 적시하면 다음과 같다.

姓名	生沒年代	字	號	師承關係	文集
趙宗道	1537~1597	伯由	大笑軒	南冥門人	大笑軒集
趙徵天	1609~1660	樂甫	道峰	澗松門人	道峰集
趙輝晉	1729~1796	文然	東窩	竹窩門人	東窩集
趙鎬來	1854~1920	泰兢	霞峰	性齋門人	霞峰集

9. 晉陽河氏

진주 인근에 거주하는 진양하씨는 크게 두 갈래로 나눌 수 있다. 하나는 河珍을 시조로 하는 司直公派요, 다른 하나는 河拱辰을 시조로 하는 侍郞公派다. 시랑공파는 다시 水谷, 月橫, 丹牧, 雲門 등을 주된 거주 지역으로 삼고 있는 네 파로 나누어 볼 수 있다. 사직공파는 대체로 안계와 태동 신풍에 거주하였으니, 안계에 거주하는 진양하씨는 대체로 河弘度와 河弘達의 후손들이며, 태동에 거주하는 진양하씨는 河溍의 후손들이다. 수곡에 거주하는 진양하씨 시랑공파는 대체로 河受一의 후손들이고, 단목에 거주하는 진양하씨는 대체로 河魏寶의 후손들이며, 월횡에 거주하는 진양하씨는 河敬復의 후손들이고, 운문에 거주하는 진양하씨는 河潤의 후손들이다.

덕천서원 원임록에 등재된 하씨를 분석해 본 결과 사직공파가 10인, 수곡의 시랑공파가 12인, 단목의 시랑공파가 15인으로 드러났다.

가. 晉陽河氏 司直公派

河弘度·河弘達 형제는 竹閣 李光友의 외손이다. 그리고 河弘度는 覺齋 河沆의 문인 河受一을 사사하였는데, 이광우와 하항은 모두 남명 문인이다. 그러므로 하홍도는 계해정변 이후에 남명학파가 맞은 위기상황을 남인화하는 쪽으로 가닥을 잡아 수습함으로써 조선 말기까지 덕천서원 원생들이 남인의 처지에서 활동하게 된 것이다.

시기	직책	성명	생몰연도	자호	선조	비고
1609	원임	河公孝	1559~1637	台村	潔	重建時有司
1663	원장	河弘度	1593~1666	謙齋	潔	河受一문인 李光友외손
1650	원장	河溍	1597~1658	台溪	公孝	成汝信문인 河公孝子
1724	원임	河德長	1672~1736	汝常	弘度	弘度孫 子是大觀
1733	원임	河德浩	1676~1750	汝浩	弘度	居安溪 德長弟
1770	원임	河達聖	1734~1791	淸彦	弘達	居安溪 澈玄孫 菊軒 應魯高祖
1776	원장	河惠玄	1708~1779	君升	公孝	居省台 號杏堂 公孝玄孫
1790	원임	河達聖	1734~1791	淸彦	弘達	居安溪 澈玄孫 號菊軒 宗川院變收拾
1840	원임	河範運	1792~1858	義汝	竹塢	1841원임 字熙汝 溍6代孫
1861	원임	河聖龜	1808~1873	運五	應圖	號南坡 居法勿 應圖9代孫

이 표에 보이는 하공효와 하진은 부자간이다. 하홍달 형제와 같이 선
초의 河潔 후손들이다. 하공효는 임진왜란 이후 덕천서원을 중건할 적에
유사였고, 그 아들 태계 하진은 남명 문인 부사 성여신의 문인이었다. 하
진의 6대손 하범운은 강고 유심춘과 광뢰 이야순의 문인이 되어 퇴계의
학문과 남명의 학문을 아우르려는 노력을 하였던 바, 옥산과 도산·덕산의
삼산서원 주변의 구곡에 대하여 시를 지어 여러 사람들에게 화운케 함으
로써 이언적·이황·조식의 학문과 인품을 고루 존모하려는 태도를 보였다.

그리고 1861년에 원임을 맡은 河聖龜는 남명 문인 영무성 하응도의 후
손이다. 하응도는 자신의 전장을 서원 터로 제공한 인물로 알려져 있다.

이 집안 가운데 문집을 남긴 인물들을 적시하면 다음과 같다.

姓名	生沒年代	字	號	師承關係	文集
河弘度	1593~1666	重遠	謙齋	松亭門人	謙齋集
河弘達	1603~1651	致遠	樂窩	謙齋弟	樂窩稿
河澈	1635~1704	伯應	雪牕	樂窩子	雪牕實紀
河德望	1664~1743	瞻卿	養正齋	雪窓子	有遺集
河大觀	1698~1776	寬夫	愧窩	謙齋曾孫	愧窩集
河範運	1792~1848	熙汝	竹塢	江皐門人	竹塢集
河兼洛	1825~1904	禹碩	思軒	月浦門人	思軒集
河應魯	1848~1916	學夫	尼谷	性齋門人	尼谷集
河龍濟	1854~1919	殷巨	約軒	滫後	約軒集
河禹善	1894~1975	子導	澹軒	俛宇門人	澹軒集

1790년에 덕천서원의 원임을 역임한 국헌 하달성은 하홍달의 후손으
로 종천서원이 원변을 만났을 때 전력을 기울여 정상으로 돌렸던 인물이
다. 하응로는 그의 현손이고 하우선은 하응로의 손자다. 하우선은 1957년
에 원임으로 있으면서 덕천사우연원록을 편찬하기 시작하여 1960년에 완
성하였다.

나. 丹牧의 晉陽河氏 侍郞公派

진주의 단목에 거주하는 진양하씨는 河崙 從祖父의 후손으로 목사 河禹治의 맏아들 河淑의 자손들이 대대로 거주해 오고 있는 곳이다. 이들은 고려 말에 수곡의 진양하씨들과 분파되었으며, 하숙의 아들은 하위보·하진보·하국보 등 3형제가 있어 이들이 모두 남명의 문인이어서 이 후손들은 대대로 남명학파의 핵심적인 위치에서 활동하였다. 하위보는 11남을 두었고 하진보와 하국보는 아들이 없어서 하성과 하징등 하위보의 아들이 가계를 이었으므로 이들은 모두 하위보의 후손이라 해도 과언이 아니다.

덕천서원 원임록에 등재된 이 가문의 인물을 정리한 것이 다음의 표다.

시기	직책	성명	생몰연도	자호	선조	비고
1614	원장	河憕	1563~1624	滄洲	國寶	鄭仁弘문인
1726	원장	河泂	1649~1731	景海	悏	悏孫
1730	원임	河潤屋	?~?	澤民	惺	1731원임 居丹牧 晉寶玄孫
1735	원임	河潤遠	1694~1758	澤裕	悏	居丹牧 悏曾孫
1739	원임	河圖錫	1690~?	聖受	憬	智尙玄孫 憬5代孫
1770	원임	河一浩	1717~1796	竹窩	悏	字履甫 竹窩遺集 居丹牧 悏5代孫
1784	원임	河源浩	1729~1805	長叔	恒	居丹牧 號月塢
1791	원임	河應德	1742~1804	聖一	悏	1795원임 居丹牧 泂孫
1802	원임	河禹浩	1748~1815	守甫	悏	悏5代孫 達天玄孫
1804	원장	河鎭伯	1741~1807	菊潭	悏	悏6代孫 進士
1811	원임	河鎭曄	1774~1819	子安	悏	1812원임 達漢5代孫
1812	원임	河治浩	1752~1838	治甫	悏	1813원임 達漢玄孫
1822	원임	河大範	1779~1845	德卿	恒	號拙軒 仁尙6代孫
1856	원임	河慶祚	1799~1866	洛瑞	恒	號慕拙窩 仁尙7代孫 大範子
1859	원임	河鎭櫓	1810~1887	子弼	悏	居丹牧 達漢5代孫

모두 15인인데 河恒의 후손이 3인이고 河悏의 후손이 9인이다. 이는 대체로 이들의 후손이 많이 번창했음을 뜻하는 것이겠으나, 초기 덕천서원의 원장을 역임하였고 「덕천서원중건기」라는 매우 귀중한 자료를 남긴

河燈의 후손들이 보이지 않는 것은, 계해정변 이후 덕천서원에서 일어난 남명집 훼판 사건 이후로 하징의 후손들이 서인화하였기 때문이다.

이 가문 인물들 가운데 문집을 남긴 사람을 정리해 보면 대체로 다음 과 같다.

姓名	生沒年代	字	號	師承關係	文集
河 憕	1563~1624	子平	滄洲	魏寶子	滄洲集
河 惺	1571~1640	子敬	竹軒	晉寶系子	竹軒集
河 忭	1581~?	子賀	丹洲	魏寶子	丹洲實紀
河 悏	1583~1625	子幾	丹池	魏寶子	丹池集
河達永	1611~1664	混源	具邇堂	丹池子	具邇堂遺集
河 洺	1630~1687	次濟	生員	滄洲孫	生員公實紀
河 灝	1643~1689	汝海	晚香堂	具邇堂子	晚香堂遺集
河應運	1676~1736	汝登	習靜齋	洺孫	習靜齋集
河潤寬	1677~1754	澤厚	忍齋	晚香堂子	忍齋遺集
河應會	1696~1747	聖際	處士	忍齋子	處士公遺稿
河一浩	1717~1796	履甫	竹窩	應會子	竹窩遺集
河復浩	1726~1805	亨甫	丹砂	丹池來孫	丹砂遺稿
河鎭兌	1737~1800	燦彦	杏亭	應運孫	杏亭集
河鎭伯	1741~1807	子樞	菊潭	竹窩子	菊潭遺集
河益範	1767~1813	叙中	士農窩	性潭門人	士農窩集
河泰範	1770~1814	泰卿	樂翁	菊潭子	樂翁遺稿
河鎭達	1778~1835	英瑞	櫟軒	滄洲仍孫	櫟軒集
河致龍	1806~1884	珠瑞	晚松	樂翁子	晚松遺集
河錫源	1825~1858	禹圭	處士	晚松系子	處士公遺稿
河啓浟	1846~1907	海朝	月湖	拓庵門人	月湖遺集
河祐植	1875~1943	聖洛	澹山	艮齋門人澹山集	
河貞根	1889~1973	重浩	默齋	啓浟子	默齋集

하협의 후손들은 문집의 분량에 있어서는 다소의 차이가 있겠지만 하 협 이하 11대의 직계 인물이 남긴 유고를 묵재 하정근이 『지상세제록』이 라는 이름으로 담아 세상에 공간함으로써 가문의 명성을 크게 얻게 되었 다. 창주 하징과 그 후손 하우식에 이르기까지 7대 문집이 간행된 것 또한

눈여겨 볼 만하다. 앞에서 언급한 것처럼 이들은 서인화하였기 때문에 남인이 주도하는 덕천서원의 운영에 참여할 기회가 없었다.

다. 水谷의 晉陽河氏 侍郎公派

진주 수곡의 진양하씨는 河崙의 叔父 후손들이다. 남명 문인 환성재 하락과 각재 하항의 후손 및 하항의 종질이면서 문인인 송정 하수일의 후손들이다. 덕천서원 원임록에 등재된 이 가문의 인물을 정리한 것이 다음의 표다.[275]

시기	직책	성명	생몰연도	자호	선조	비고
1592	원장	河沆	1538~1590	覺齋	允丘	남명문인
1721	원임	河世龜	1675~1738	文叔	受一	受一玄孫
1739	원임	河世溥	1682~?	汝天	受一	受一玄孫 子景淸曾孫禹泰
1788	원임	河正中	1737~1793	汝直	受一	1790원임 居水谷 自渾玄孫
1797	원임	河以泰	1751~1830	五箴	受一	居水谷 號涵淸軒 世熙曾孫
1807	원임	河禹泰	1757~1809	而見	沆	璿6代孫 世溥曾孫
1823	원임	河致中	1758~?	乃允	受一	居水谷 號舍淵 自灝玄孫
1831	원임	河彦哲	1773~1834	寶卿	受一	居水谷 楸5代孫 致中從姪
1836	원임	河鳳運	1790~1843	致瑞	受一	世熙5代孫 友賢子
1841	원임	河濟賢	1784~?	景安	受一	居水谷 正中孫
1849	원임	河正賢	1792~1851	熙仲	受一	以泰子 曾孫謙鎭
1866	원임	河載厚	1809~1872	光彦	受一	居水谷 號南坡 鳳運子

하수일의 후손은 수곡의 사곡을 중심으로 그 인근 지역에 산거하고 있는 바, 그 현손 하세희의 후손과 하세응의 후손이 가장 번창하여 이들의 후손이 덕천서원의 원임을 많이 역임하였다.

이 가문에서 문집을 남긴 인물을 정리한 것이 다음의 표다.

....

275 이 표에서 하항이 원장 직을 수행한 시기가 1592년으로 기록되어 전하는데, 그는 1590년에 별세하였으므로 이는 분명한 오기다. 그럼에도 불구하고 계속 전해 온 것이므로 마음대로 수정하지 않은 것이다.

姓名	生沒年代	字	號	師承關係	文集
河 洛	1530~1592	道源	喚醒齋	南冥門人	喚醒齋集
河 沆	1538~1590	浩源	覺齋	南冥門人	覺齋集
河受一	1553~1612	太易	松亭	覺齋門人	松亭集
河天一	1558~1597	太初	守肯齋	覺齋門人	守肯齋遺集
河璿	1583~1652	士潤	松臺	鏡輝子	松臺集
河世熙	1647~1686	皥如	石溪	謙齋門人	石溪遺稿
河世應	1671~1727	汝濟	知命堂	松亭玄孫	知命堂集
河必淸	1701~1758	千期	台窩	知命堂子	台窩集
河友賢	1768~1799	康仲	豫菴	石溪后	豫菴集
河晉賢	1776~1846	師仲	容窩	南溪門人	容窩集
河景賢	1779~1833	孺仲	顧軒	以泰子	顧齋集
河鳳運	1790~1843	致瑞	竹軒	石溪來孫	竹軒遺稿
河夾運	1823~1906	漢瑞	未惺	以泰孫	未惺遺稿
河載文	1830~1894	義允	東寮	月村門人	東寮遺稿
河憲鎭	1859~1921	孟汝	克齋	月村門人	克齋遺集
河謙鎭	1870~1946	叔亨	晦峰	俛宇門人	晦峰集
河泳奎	1871~1926	景實	士溪	俛宇門人	士溪遺稿
河泳台	1875~1936	汝海	寬寮	俛宇門人	寬寮集

하수일의 현손 知命堂 河世應(1671~1727)은 1721년부터 1724년 사이에 息山 李萬敷(1664~1732)가 덕천서원 원장으로 부임하여 진주에 왔을때, 김대명의 후손 珠潭 金聖運(1673~1730)과 함께 모여 대화를 나누었던바, 이만부는 남명학파가 지식 추구를 철저히 하지 않은 점에 대해 결점으로 지적했다. 이에 대해 하세응은 지식이 중요하지 않은 것은 아니지만 지식을 추구하여 알았으면 실천하는 것이 다급한데, 여기에 지식을 추구하는 것만큼 힘을 기울이는 사람이 드물다고 반박하였다.

하세응의 종택에서 『변무』가 발견된 것은 우연이 아니라 할 수 있다. 정인홍이 정변을 당하여 처형을 당한 지 400년이 가깝도록 정인홍의 글을 보관한 것은 쉬운 일이 아니다. 하세응의 정신이 그 후손에게 계속 전해왔기에 가능한 것이 아닌가 한다.

IV. 德川院生錄과 院任錄의 관계

덕천원생록은 1609년 이후 1671년까지 여섯 차례 작성되었다. 작성 당시의 재록 인물 숫자와 그 이전과의 증감 刀割 또는 墨削 상황을 정리한 것이 다음의 표다.

작성시기	재록인원	증감	도할	묵삭
1609년 7월 12일	188		4	
1623년 5월	191	- 3	1	
1629년 11월	173	- 18		2
1634년 4월 15일	212	+ 39		
1642년 2월 17일	240	+ 28		
1650년 9월 6일	242	+ 2		
1657년 3월	114	- 128		
1671년 12월	125	+ 11		

덕천서원의 원생록이 작성되는 원칙은 알려진 바가 없다. 지금 전하는 것으로 보면 1609년 이후로 작성 간격이 14년, 6년, 5년, 8년, 8년, 7년, 14년으로 되어 있다. 이로 보아 일정한 원칙이 있었던 것이 아니고, 院中의 합의에 따라 수시로 이루어진 것으로 보인다.

그런데 위의 표를 보면 1609년에서 1650년 사이에 큰 변화가 없이 약간 불어나다가 1657년 이후 인원이 반감되었고, 그 이후로는 다시 작성되지 않았음을 알 수 있다. 이는 1651년에 일어난 『남명집』 훼판 사건과 연관이 있다고 보아야 할 것이다. 훼판 이후 훼판을 주동한 사람에 대한 처벌을 주장한 편과 정인홍의 이름을 삭제하는 것이 마땅하다는 편이 갈라져서, 대체로 처벌을 주장한 편이 서인화하여 서원 출입을 하지 못하게 되고, 그 나머지는 남인화하여 이들이 덕천서원의 운영을 주도해 나가게 되었다. 그러다 보니 원생 수가 반감하게 되었던 것이다. 물론 지역적으로

1609과 1623년 등 초기 원생록에는 진주에서 멀리 떨어진 거창, 성주, 고령, 영산, 김해 등지의 인물도 실려 있었으나, 나중에는 이 후손들이 입록하지 않아서 줄어들었다고 볼 수도 있다. 그러나 인구의 자연 증가 추세로 보면 몇 사람의 후손이 입록되지 않아 절반으로 줄어들었다고 보기는 어려울 것이다. 그렇더라도 이는 원생록 인물을 하나하나 확인하여 분석하고 난 뒤에야 확실하게 내릴 수 있는 결론이다.

다만 이를 원임록과 관련시켜 볼 필요가 있다. 초기에는 원장의 칭호는 있었지만 원임의 칭호는 보이지 않는다. 원생들의 추대로 원장이 되면, 원장은 院中의 뜻에 따라 서원을 운영하는 책임을 지는 형태였고, 일이 있을 때마다 그에 적합한 '有司'를 임명하여 일을 처리하였던 것으로 보인다. 특히 1609년의 원생록 말미에 '典穀有司 孫得全'이란 기록을 보아서는 실질적인 일을 맡는 유사가 상존하였음을 알 수 있다.

물론 현전하는 원임록에 1601년의 鄭大淳·孫均과 1609년의 河公孝·趙瑊과 1611년의 柳宗日·柳慶一 등 7인에 대하여 '院任'이라 기록했지만, 河憕의 기록에 따르면 이들을 '有司'라고 일컬었음을 알 수 있다. 그 이후로 '원임'이란 단어가 처음 보이는 것은 1700년의 權汝亨과 金聖咸 이후부터다. 즉, 1654년부터 한몽삼, 조정립, 최홍서, 하홍도, 권극유, 권두망 등 남명학파내의 명망 있던 인물들이 1689년까지 원장의 임무를 맡았으나, 학파 내에서 원장의 임무를 맡을 만한 인물을 찾지 못하자 '원임'이란 이름으로 두 사람을 추대하여 그들로 하여금 의논하여 원장의 임무까지 할 수 있도록 한 것이 아닌가 한다.

그 뒤로 향원장이 없지는 않았지만 대체로 지역의 수령이나 관찰사 또는 중앙의 정승이나 판서를 추대하여 원장을 추대한 것에서 저간의 상황을 짐작할 수 있다. 즉, 경원장을 추대해 두어서 서원의 명예나 전체의 실익과 관련되는 큰일이 있을 경우 이들에게 일정한 역할을 하도록 하고, 서원 내부의 일은 원임이 알아서 처리하는 방식을 취한 것이 아닌가 한다.

　그렇다면 그 이후의 향원장과 원임의 격은 그래도 구별이 없지는 않겠으나, 크게 보아서는 서원의 운영을 주도해 나가는 인물이 바로 원임이라 해도 무리는 아닐 것이다. 院生錄이 없어진 것 또한 이와 무관하지는 않을 것으로 보인다. 어떤 명단을 적어서 보관해 두려는 데에는 함께 자신의 이름이 올라가 있을 적에 긍지를 느낄 정도의 名士가 있어야 의미가 있는데, 그런 인물이 부재하기에 원생록 작성의 필요성이 느껴지지 않았기 때문이 아닌가 한다.

V. 맺음말

　이제까지 덕천서원을 이끌어간 인물들과 그 가문에 대해 언급해 보았다. 이를 대체로 다음과 같이 정리할 수 있을 것이다.

　계해정변 이후 남명학파를 주도하던 가문으로 단성 지역에는 안동권씨, 성주이씨, 합천이씨, 진주류씨, 상산김씨 등이 있었고, 진주 지역으로는 안계·명석 및 수곡·단목에 거주하는 진양하씨 사직공파와 시랑공파, 나동의 태안박씨, 소남의 함안조씨 등이 있었다. 물론 이들 가문 이외에도 여러 십여 가문이 있지만 원임에 선임된 숫자의 측면에서 보면 이들 가문이 덕천서원의 운영을 주도했다고 해도 과언이 아닐 것이다. 이들은 거의 대부분 덕천서원의 창건 및 초기 중건에 관여하였던 인물의 후손들이거나, 초기 원생록에 이름이 올라 있던 인물들의 후손들이다.

　남명학파는 계해정변 이후 30여 년이 지난 즈음 남명집 훼판 사건을 기점으로 해서 서인화와 남인화가 이루어지는데 서원의 운영은 남인이 주도하였다. 따라서 이들 가문은 모두 남인 가문에 속한다. 그러므로 사우의 연원 또한 남인 계통을 따라서, 갈암·밀암·대산·정재·한주 등과 성호·순암·번암·성재 등을 종유한 인물들이 서원 운영을 주도하였다고 이를 만하다.

원임록에 분명히 있을 터인데도 아직 찾아내지 못하였거나 논급하지 못한 가문의 인물들로는 산청 正谷의 姜翼文 후손, 단성 南沙의 郭有道(1577~1650) 후손, 진주 班城의 金大鳴 후손, 진주 杻洞의 南應箕 후손, 산청의 都敬孝 후손, 진주 大坪의 梁世鴻 후손, 진주 水谷의 柳宗智 후손, 진주 鳴石의 柳暢 후손, 산청 生草의 朴文楧 후손, 단성 進台의 朴寅亮 후손, 단계의 朴而章 후손, 단성 일대의 孫均·孫天佑·孫承善 후손, 단성의 沈廷亮 후손, 진주 반성의 尹承慶 후손, 진주 水谷과 麻津·淸源의 李瀞·李重栩·李重光 후손, 단성 지역의 鄭文孚 후손, 옥종의 鄭暄 후손, 진주 鳳岡의 趙璡 후손, 남명 후손, 진극경 후손, 崔滐 후손, 許燉 후손 등이 있다.

이들을 포함하여 덕천서원을 운영해 왔던 원임과 원장의 가문이야말로 남명의 학맥을 계승하여 왔을 뿐만 아니라 남명의 정신을 이 지역 사람들로 하여금 자신도 모르게 끊임없이 계승토록 하는데 절대적 역할을 하였다고 말할 수 있다.

조선 말기에 덕천서원이 훼철되었다가 일제시기에 다시 복원되면서 원임의 제도 또한 계속되어 지금에 이르고 있는데, 현대에 이르러 예전처럼 당색을 찾아서도 안 될 것이고, 반상을 가려서도 안 될 것이고, 적서를 입 밖에 내어서도 안 될 것이다. 덕천서원을 운영해 왔던 명문 집안을 언급하는 것은 이런 점에서 매우 조심스럽지 않을 수 없으나, 과거를 알고 현재를 보아서 미래를 개척해야 한다는 측면에서 이해할 필요가 있다.

1. 원전자료

吳長, 『思湖集』.
李志容, 『南皐集』.
鄭逑, 『寒岡集』.
鄭仁弘, 『來庵集』
曺植, 『南冥集』.
河憕, 『滄洲集』.
韓國精神文化研究院, 『古文書集成』 25.
『文化柳氏族譜』
『商山金氏族譜』
『星州李氏族譜』
『安東權氏族譜』
『晉陽河氏族譜』
『晉州柳氏族譜』
『咸安趙氏族譜』
『陜川李氏族譜』

2. 연구논저

姜東郁(2011), 「성재 허전의 강우 지역 문인 고찰」, 『남명학연구』 31집, 남명학연구소.
金侖壽(1992), 「南冥集의 冊板과 印本의 系統」, 『南冥學硏究』 2집.
박동일(2014), 「19세기 남명학파의 동향 일고찰」, 『남명학연구』 44집.
尹浩鎭(2012), 「남명의 생애와 발자취에 대한 연구의 회고와 전망」, 『남명학연구』 35집, 남명학연구소.
李相弼(2001), 「18세기 강우 지역 남명학파의 분포와 동향」, 『남명학연구』 11집, 남명학연구소.
李相弼(2005), 『南冥學派의 形成과 展開』, 와우출판사.
李相弼(2006), 「조선 말기 남명학파의 남명학 계승 양상」, 『남명학연구』 22집, 남명학연구소.

泰安朴氏 門中과 南冥學 繼承樣相

Ⅰ. 머리말

남명학파에 대한 연구가 시작된 지 이제 20여 년의 세월이 흘러 남명과 그 문인들에 대한 연구는 이제 상당한 진전을 보았다고 할 만하다. 이에 견주어 볼 때 남명학파 전반에 대한 연구는 아직도 寥星함을 면할 수 없는 형편이다.

남명학파에 대한 온전한 연구는, 중요한 의미를 지니는 어느 한 시기를 중심으로 강우지역 전반을 포괄적으로 점검해 들어가는 공시적 연구를 차곡차곡 축적함으로써 이루어 낼 수 있을 것이다. 이렇게 한편으로는 공시적 연구를 축적하면서 또 다른 한편으로 남명학파를 형성하고 있는 각 개별 가문에 대한 통시적 연구가 이루어진다면 남명학파의 전개 과정이 더욱 분명해질 것이다.

학문 연구를 하면서 개별 인물을 가문과 관련시킬 때 여러 가지 문제점이 드러날 수 있다. 이 가운데서 가장 크게 문제가 될 수 있는 것을 두 가지 측면에서 생각해 볼 수 있을 것이다. 개별 가문의 입장에서 보면 해당 지역에서의 가문의 입지를 손상시키는 연구 결과가 나오지나 않을까 조바심할 수 있다. 학계의 입장에서 보면 학술 발표회에 해당 가문 구성원들이 대거 참여함으로 해서, 역사적 인물에 대한 정당한 평가보다는 일방적으로 특정 가문의 인물을 顯彰하는 방향으로 연구가 진행되지나 않을까 염려할 수 있다. 이러한 걱정 때문에 '家門'이라는 용어를 앞세워 연구를 진행하는 것은 거의 금기로 여겨왔던 것이 這間의 학계 사정이었다.

그러나 어느 한 특별한 지역을 중심으로 학파가 형성되고 전개되어 온 것이 우리나라의 실정이므로, 이런 걱정을 너무 의식한다면 바람직한 연구를 제대로 진행하기 어려울 것이다. 연구자는 자기 주관을 분명히 한 채 연구에 임하고, 가문의 구성원은 역사적 사실에 대하여 학문적으로 접근할 마음을 가지고 발표회에 임해야 할 것이다.

泰安朴氏 家門만 그러한 것은 아니겠지만, 가계적 환경과 학문적 영향 관계의 공통성을 통해서 南冥學派로서의 여건을 확인하는 것이 남명학파 가문으로서의 위치를 이해하는 데 우선적인 일일 것이다. 그런 다음에 이를 바탕으로 그 학문 내용에 南冥學과의 관련성이 어느 정도인지를 확인하고, 한편으로 남명의 推崇 사업에 얼마나 관심이 있었던가 하는 점을 확인함으로써, 남명학파 일원으로서의 관심도의 깊이는 물론 남명학파 전개 과정의 한 단면을 이해할 수 있을 것이다.

II. 南冥學派로서의 여건

1. 家系的 여건

泰安朴氏는 신라 시조 朴赫居世의 후예로 전해지며, 고려 중기에 朴元義가 泰安君에 봉해지고부터 관향을 泰安으로 쓰게 되었다고 한다. 대대로 개성에 살다가 박원의의 7대손인 朴蕡 때에 고려 유신으로서의 절개를 지키기 위해 충청도 靑山縣에 은거하게 되었는데, 그 아들 朴尙德이 晉州鄭氏와 혼인하면서부터 진주에 뿌리를 내리게 되었다.[276]

박상덕의 손자 湖隱 朴氳은 중종 4년(1509)에 효행으로 알려져 旌閭가 내렸으며, 그 증손자 凌虛 朴敏(1566~1630)은 학문과 행실로 師友간에 이름이 널리 알려짐으로써 태안박씨의 중흥조가 되었다. 능허 박민은 남명 문인 守愚堂 崔永慶(1529~1590)과 來庵 鄭仁弘(1536~1623) 및 寒岡 鄭逑(1543~1620)의 문인으로서, 당시 진주 지역의 남명 문인 및 再傳 문인들과 폭넓은 교류를 하면서 학문과 행실로 크게 주목받는 인물이 되었던 것이다.

능허의 어머니 晉陽鄭氏는 三憂堂 文益漸의 妻父 鄭天益의 후손이며, 능허의 子婦 載寧李氏는 남명 문인 茅村 李瀞(1541~1613)의 아우 葛村 李潚(1550~1615)의 딸이다. 갈촌의 맏사위는, 능허와 친분이 두터웠던 蘆坡 李屹(1557~1627)의 문인 滄洲 許燉(1586~1632)이니, 許滄洲와 능허의 아들 朴慶光은 동서 간이다. 능허의 맏사위 成錞(1590~1659)은 남명의 문인 浮查 成汝信(1546~1632)의 아들이다. 능허와 再從男妹가 된 成瀚永은 부사의 맏손자이니, 바로 내암 정인홍의 문인 進士 成鑄(1571~1618)의 아들이다. 능허의 둘째 사위 彊齋 成好正(1589~1639)은 능허 자신의 문인기도 하며 내암의 문인이기도 하다. 셋째 사위 河震龍(1605~1659)은 남명 姊夫 李公亮(1500~1565)의 女壻 雙負軒 河天瑞의 손자이다.

능허의 명성을 이은 이는 그 증손 西溪 朴泰茂(1677~1756)라 할 수 있다. 서계의 어머니 晉陽河氏는 진주 丹牧 거주 丹池 河悏(1583~1625)의 손녀이다. 서계의 妻 晉陽河氏는 진주 士谷 거주 松亭 河受一(1553~1612)의 玄孫女로, 남명 학통의 핵심 계승자 가운데 한 사람인 知命堂 河世應(1671~1727)과는 再從男妹가 된다.

이처럼 朴尙德 이후 그 증손자 凌虛 朴敏과 또 그 증손자 西溪 朴泰茂에 이르는 동안 태안박씨는, 그 혼맥으로 보아 남명학파를 주도하는 진주

. . . .

276 朴旨瑞, 『泰安朴氏無忝錄』 1卷, 「世系」 參照.

지역의 드러난 가문과 고루 혼인함으로써 남명학파 가문이 될 수밖에 없는 가계적 환경이 이루어진 것이다. 아래 가계도는 이상의 논의를 단적으로 확인할 수 있는 것이다.[277]

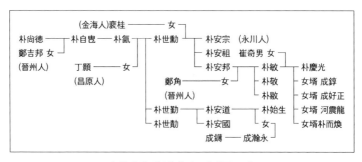

〈태안박씨(일부)의 가계도 I 〉

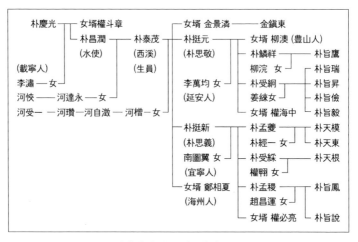

〈태안박씨(일부)의 가계도 II 〉

. . . .

277 이 정도로도 태안박씨의 가계가 남명학파와 긴밀히 관련되어 있음을 확인할 수 있으므로, 서계 이후 눌암에 이르기까지의 가계에 대한 세밀한 혼맥 분석은 생략한다.

2. 學問的 여건

이제까지 南冥學派로서의 家系的 여건에 대해 간략히 살펴보았다. 이제 이러한 가계적 여건과 관련하여 어떠한 인물들과 사우관계를 유지하였는지 살펴봄으로써 남명학파 가계로서의 학문적 여건 내지는 그 배경을 알아보고자 한다.

우선 능허의 師友를 표로 제시하면 대강 다음과 같다. 이 표는 『凌虛集』 4권 附錄에 실린 「師友錄」을 근거로 대표적인 인물만 제시한 것이다.

성 명	생몰연대	자	호	관향	거주	비 고
鄭 逑	1543~1620	道可	寒岡	西原	星州	德溪退溪南冥門人 寒岡集
金宇顒	1540~1603	肅夫	東岡	義城	星州	南冥門人 東岡集
朴齊仁	1536~1618	仲思	篁嵒	慶州	咸安	南冥門人 篁嵒集
李光友	1529~1619	和甫	竹閣	陜川	丹城	南冥門人 竹閣集
李 晁	1530~1580	景升	桐谷	星州	丹城	南冥門人 桐谷實紀
吳 㒬	1546~1589	毅叔	守吾堂	咸陽	山清	南冥門人 守吾堂實紀
金大鳴	1536~1603	聲遠	白巖	蔚山	白也	南冥門人 白巖逸稿
河 沆	1538~1590	浩源	覺齋	晉陽	水谷	南冥門人 覺齋集
李天慶	1538~1610	祥甫	日新堂	陜川	丹城	南冥門人 日新堂集
河應圖	1540~1610	元龍	寧無成	晉陽	新豊	南冥門人 寧無成逸稿
河天澍	1540~?	解叔	新溪	晉陽	新豊	南冥門人
成汝信	1546~1632	公實	浮查	昌寧	金山	南冥龜巖門人 浮查集
申 檣	1546~?	養仲	伊溪	高靈	晉州	守愚堂門人
陳克敬	1546~1617	景直	栢谷	驪陽	栢谷	南冥門人 栢谷實記
柳宗智	1546~1589	明仲	潮溪	文化	水谷	南冥門人 潮溪實紀
朴 惺	1549~1606	德凝	大庵	密陽	玄風	洛川來庵門人 擧義 大庵集
李 瀞	1541~1613	汝涵	茅村	載寧	元塘	南冥門人 擧義 茅村集
李大期	1551~1628	任重	雪壑	全義	草溪	來庵守愚門人 擧義 雪壑集
郭再祐	1552~1617	季綏	忘憂堂	玄風	宜寧	南冥門人 忘憂堂集
孫天祐	1533~1594	君弼	撫松	密陽	水谷	南冥門人
河受一	1553~1612	太易	松亭	晉陽	水谷	覺齋門人 松亭集
李鯤變	1551~?	子擧		泗川	泗川	楨孫 1570進士
李 屹	1557~1627	山立	蘆坡	碧珍	三嘉	來庵門人 蘆坡集

李惟誠	1557~1609	汝實	梧月堂	星州	丹城	守愚堂覺齋門人 三梧實紀
河 憕	1563~1624	子平	滄洲	晉陽	丹牧	來庵門人 滄洲集
吳 長	1565~1617	翼承	思湖	咸陽	山陰	來庵寒岡門人 擧義 思湖集
鄭 蘊	1569~1641	輝遠	桐溪	草溪	安義	來庵寒岡門人 桐溪集
趙 璇	1569~1652	瑩然	鳳岡	林川	晉州	之瑞曾孫 鳳岡集
權 濤	1575~1644	淨甫	東溪	安東	丹溪	寒岡旅軒門人 東溪集
朴 絪	1583~1640	伯和	无悶堂	高靈	冶爐	來庵門人 无悶堂集
河 悏	1583~1625	子幾	丹池	晉陽	丹牧	魏寶子 丹池集
趙任道	1585~1664	德勇	澗松	咸安	咸安	旅軒門人 澗松堂集
許 燉	1586~1632	德輝	滄洲	金海	三嘉	蘆坡門人李瀟女壻
鄭 暄	1588~1647	彥昇	學圃	延日	大坪	來庵門人 學圃集
韓夢參	1589~1662	子變	釣隱	淸州	丁樹	篁巖旅軒門人 釣隱集
姜大遂	1591~1658	學顔	寒沙	晉陽	陝川	來庵寒岡旅軒門人 寒沙集
河弘度	1593~1666	重遠	謙齋	晉陽	玉宗	松亭門人 謙齋集
許 穆	1595~1682	熙和	眉叟	陽川	漣川	寒岡門人 記言
河 溍	1597~1658	晉伯	台溪	晉陽	晉州	浮査門人 台溪集
鄭 頠	1599~1657	子儀	秋潭	延日	晉州	從謙齋遊 秋潭遺集
成 鍈	1590~1659	而振	川齋	昌寧	龜洞	汝信子 川齋集
鄭必達	1611~1693	可行	八松	晉州	居昌	凌虛桐溪門人 八松集

　이 표는 후손에 의해 작성된 것이어서 완벽한 객관성을 보장받기 어려운 점이 있기는 하나, 문집 내용을 확인해 보거나 교제한 상대방의 문집을 통해서 교제 사실 자체는 대체로 인정할 만하다. 그렇다면 능허는 남명 문인 가운데 명망 있는 이들을 거의 모두 師門 내지는 長德으로 섬겼으며, 남명의 재전 문인들 가운데 명망 있는 이들과 거의 모두 교제하였음을 알 수 있다. 특히 교제한 인물들은 대체로 내암과 한강의 문인이 주류를 이루고 있는데, 그의 시「雙溪唱酬」와 이에 동참한 인물들을 통해 보아도 그렇다고 할 수 있다.

　능허의 증손 西溪 朴泰茂의 경우 師友錄은 전하지 않는다. 그의 문집에 보이는「從遊諸賢贊」과 서신 및 시문을 주고받은 이들 가운데 대표적인 인물만을 摘示하면 다음과 같다.

성 명	생몰연대	자	호	관향	거주	비 고
宋之栻	1636~1718	敬修	松風齋	恩津	大并	從葛庵遊 松風齋集
權斗寅	1643~1719	春卿	荷塘	安東	奉化	冲齋玄孫 進士
文東道	1646~1699	聖源	敬菴	南平	陜川	有文集
權斗經	1654~1725	天章	蒼雪	安東	奉化	冲齋玄孫 文科
李 栽	1657~1730	幼材	密庵	載寧	安東	玄逸子 密庵集
李萬敷	1664~1732	仲舒	息山	延安	尙州	德川院長 息山集
鄭萬陽	1664~1730	景醇	塤叟	烏川	永川	葛庵門人 塤簴文集
河德望	1664~1743	瞻卿	養正齋	晉陽	安溪	澈子 有遺集
申命耉	1666~1742	國叟	南溪	平山	若木	南溪集
河世應	1671~1727	汝濟	知命堂	晉陽	士谷	從息山遊 知命堂集
李光庭	1674~1756	天祥	訥隱	原州	安東	訥隱集
河潤寬	1677~1754	澤厚	忍齋	晉陽	丹牧	灝子 忍齋遺集
權相一	1679~1760	台仲	淸臺	安東	尙州	深子 文科
權重道	1680~1722	汝行	退庵	安東	丹丘	葛庵門人 退庵集
李 瀷	1681~1763	自新	星湖	驪州	安山	尙毅曾孫 星湖全書
金聖鐸	1684~1747	振伯	霽山	義城	川前	葛庵門人 霽山集
河大明	1691~1761	晉叔	寒溪	晉陽	安溪	德望子
河必淸	1701~1758	千期	台窩	晉陽	九台	世應子 台窩集

西溪 朴泰茂(1677~1756)가 살던 시대는 凌虛 朴敏(1566~1630)이 살던 시대와 대략 100년 정도의 세월이 흐른 뒤이다. 이 표를 통해 볼 때에 시대에 따른 변화 또한 크다고 할 수 있다. 우선 능허의 경우에는 안동 근처의 인물과 교제한 경우가 거의 없었는데, 서계의 경우에는 密庵 李栽와 荷塘 權斗寅 등과의 관계를 볼 적에 안동 근처의 명망 있는 인물들에게 敎示를 받는 처지에 있음을 알 수 있다. 그리하여 息山 李萬敷·塤叟 鄭萬陽·霽山 金聖鐸 등 안동권에 거주하는 葛庵과 密庵의 從遊人 또는 門人들과 깊이 있는 교제를 하게 되었음도 알 수 있다. 그리고 기호 남인인 星湖 李瀷과도 깊이 있는 교제를 하였다.

또 한 가지 주목할 만한 차이는 이 지역에 西人化가 상당히 진행됨으로 해서278 문중의 대부분이 서인화한 海州鄭氏와 淸州韓氏 등과의 교제가 거의 확인되지 않는다는 점이다. 이 두 가문에서도 문집을 남긴 동시대의 학자들이 있었지만, 서계는 이들과 서신 왕래를 거의 하지 않았다. 남인이 남명학파를 주도해 나가는 이 시기에 적어도 이 지역의 남명학파 가문 가운데 일부분은 남명에 대해 무관심해졌으리라는 것을 짐작할 수 있다.

서계의 증손 訥庵 朴旨瑞(1754~1819)의 경우에는 그의 문집 『訥庵集』 7권 「遺事」에 '從遊諸賢遺事'라는 제목의 자신이 서술한 기록이 있다. 여기에 나오는 인물은 모두 130명인데, 대표적인 인물을 들면 다음과 같다.

京畿江原地域	順庵 安鼎福(1712~1791), 樊巖 蔡濟恭(1720~1799), 海左 丁範祖(1723~1801), 惠寰 李用休(1708~1782), 餘窩 睦萬中(1727~?), 無號庵 尹弼秉(1730~1810)
江左地域	東庵 柳長源(1724~1796), 后山 李宗洙(1722~1797), 川沙 金宗德(1724~1797), 立齋 鄭宗魯(1738~1816), 龜窩 金㙉(1739~1816), 素庵 金鎭東(1727~1800), 臨汝齋 柳汸奎(1730~ 1806), 雨皐 金道行(1728~1812), 梧竹 趙宜陽(1719~1807), 晦屛 申體仁(1731~1812), 酉陽 權思浩(1733~?)
江右地域	尼溪 朴來吾(1713~1785), 梧潭 權必稱(1721~1784), 竹窩 河一浩(1717~1796), 仙巖 趙輝晉(1729~1796), 素隱 姜式儁(1734~1800), 南溪 李甲龍(1734~1799), 菊潭 河鎭伯(1741~ 1807), 芝厓 鄭煒(1740~1811)

위의 표에는 대체로 訥庵의 師門 내지는 선배가 되는 학자들만 열거되어 있다. 이 표에서 나타나는 것처럼 눌암은 順庵 安鼎福의 문인이 되어 樊巖 蔡濟恭 등 기호 지방의 남인들과 매우 친밀하게 교제하며, 한편으로는 東巖 柳長源과 川沙 金宗德 등 안동을 중심으로 하는 江左 地域의 학자들과 매우 친밀하게 교제하였음을 알 수 있다. 강좌지역의 인물들은 서계

278 서인화는 1728년 무신란 이후 집중적으로 이루어졌다. 그러나 그 이전에도 가문에 따라 여러 가지 사정으로 인하여 서인화가 이루어졌는데, 몇몇 가문에 대한 縱的인 연구가 진행되고 나면 이에 대한 해명이 거의 이루어질 수 있으리라 기대된다.

이후 대대로 태안박씨와 世誼가 있는 가계의 인물을 중심으로 하여 더욱 교제 범위를 넓혀간 것임을 알 수 있다.

또한 서계 이후로 남인 학맥을 계속 유지함으로써 종유 인사들 가운데 남인 이외의 인물은 보이지 않는다. 같은 강우지역이라도 남인 이외의 인물들과는 깊이 있는 교류를 하지 않았음을 확인할 수 있다.

눌암의 경우는 기호 지역 및 안동 지역의 뛰어난 학자들을 師事함으로써 강우지역에서 명망을 얻어 이 지역 사람을 영도할 수 있었던 바, 이러한 사실은 이 표만으로도 그 대강을 짐작할 수 있게 한다.

III. 南冥學 繼承樣相

1. 學問 特性의 측면

凌虛 朴敏의 문집은, 그 증손 西溪 朴泰茂의 표현에 의하면 능허 歿後에 즉시 수습되어 數卷의 책이 이루어졌으나, 10여 년 뒤에 불이 나서 대부분 없어졌으므로 그 분량이 원래의 시문에 비해 열에 한둘도 되지 않는다고 한다.279 그러나 서계의 이 표현은 다분히 상투적 표현으로 보인다. 왜냐하면 지금 문집에 전하는 89題의 시 가운데 대략 78題 정도가 自意에 의해 자신의 정감을 표출한 것이고, 挽詩나 次韻贈答詩는 11題밖에 되지 않기 때문이다. 상식적으로 볼 때 불에 탔을 경우 만시나 차운증답시를 복원하기가 더 쉬울 터인데, 상대적으로 이러한 시가 훨씬 적다는 점에서

---

279 朴泰茂, 『西溪集』 6卷, 「題先祖凌虛先生遺集後」, "先生易簀之二年辛未 門人弟子 編纂遺集 又敍述其年譜行錄師友錄諸篇 作爲數卷冊 而藏于家 粤十年庚辰 鬱攸之變 全秩歸於煨燼 其後家藏之隨得隨錄 零瑣湊合者 十不能一二存 而直泰山之毫芒耳."

서계의 표현을 의심할 수 있다. 그리고 수권의 책이 이루어져 열에 한둘만 남았다면 지금처럼 4권의 책이 남은 것을 설명하기 어렵다는 점에서도 서계의 표현이 다분히 상투적이라고 보는 것이다. 사실 능허의 문집에는 당시의 사정으로 보아서는 의도적으로 없애야 할 것이 많이 있었기 때문에 서계가 이렇게 표현한 것이 아닌가 짐작된다.

여하튼 4권의 『凌虛集』 가운데 부록 2권을 제외한 나머지 2권의 詩文 가운데 詩가 89題라면 그 분량이 실로 적은 편이지만, 남명학파의 일반적 경우에 비하면 시의 분량이 그렇게 적다고도 할 수는 없다.[280] 그리고 상대적으로 만사나 차운증답시가 적은 편이다. 이는 대체로 내암 정인홍과 조금이라도 관련이 있는 작품일 경우 모두 제외시킨 결과라고 보는 것이 온당할 것이다. 당시 남명 문인 가운데 가장 聲望이 있었던 내암을 한번 보고 나와서 '素性小人'이니[281] '非吉人也'니[282] 하는 표현을 남들에게 했다는 것은 상식적으로 누구도 납득하기 어려운 것이기에, 『능허집』을 볼 경우 특히 이 점을 염두에 두지 않을 수 없을 것이다.

결국 『능허집』에는 남명학의 핵심이 될 만한 것 가운데 내암과 일정한 연관이 있을 경우, 이 부분을 문집에서 제외했다고 보아야 할 것이다. 그러다 보니 남명학파적 특성이 상당히 약화된 채 나타날 수밖에 없었던 것이 아닌가 판단된다.

그러나 그의 평소 언행이 문인들에 의해 기록된 언행록에 잘 묘사되어 있으므로 이를 통해 약간의 추론은 할 수 있으니 다음이 그 하나의 예가 될 것이다. 南冥이 孔子·周濂溪·程明道·朱子 등 네 성현의 모습을 손수 그려 粧帖하여 늘 几案 곁에 두고 항상 스승을 모시듯 하였으며,[283] 寒岡

....

280 寒岡의 문집이 27권인데, 시가 78題밖에 되지 않음을 보아서도 알 수 있다.
281 『凌虛集』 3卷, 「年譜」 37歲條.
282 『凌虛集』 4卷, 「凌虛行狀」.

도 어릴 적부터 孔子의 遺像을 직접 그려두고 받들어 모셨듯이,[284] 능허도 "일찍이 孔子의 遺像을 손수 그려서 북쪽 벽에 걸어두고, 매일 새벽 사당에 참배를 마치고 난 뒤 향을 피우고 재배하였다."[285]라고 한다. 寒岡은 매월 한 차례 講會를 베푸는 의식을 '月朝約會儀'라 하여 정해 두었는데, 여기에서도 매 행사 때마다 孔子의 遺像을 북쪽 벽에 내걸어 모든 참가자가 재배를 한 뒤에 행사를 시작하게 되어 있다. 이는 성현이 내 곁에 있음을 좀 더 실감나게 느끼도록 하는 일종의 종교 의식과도 같은 것이다.

그리고 浮査 成汝信이 일찍이 "남명 선생을 사숙한 여러 사람 가운데 '순수하고 깊이 沈潛한 사람' 또는 '영민하고 비범하여 그 기상을 떨친 사람'으로는 오직 行遠[朴敏]이 그러하다."[286] 하였다. 부사의 이 말을 凌虛가 先聖의 遺像을 늘 곁에 두고 拜禮했던 것과 함께 생각해 보면, 남명의 정신을 본받으려는 그의 자세가 매우 철저하였음을 보여주는 하나의 예라 할 만하다.[287]

능허의 「行錄」에, "그의 학문은 …… 활쏘기·말 타기·글씨 쓰기·수

283 ① 成運, 『大谷集』 下卷, 「南冥先生墓碣」, "畫古聖賢遺像 張在座隅 目存而心思 肅然起敬 如在函丈間耳受面命之誨."

② 鄭仁弘, 『來庵集』 12卷, 「南冥曺先生行狀」, "畫先聖賢遺像 時展几案 肅容以對."

③ 金宇顒, 『東岡集』 17卷, 「南冥先生行狀」, "又有短屏 畫先聖先師遺像 常置几案上 每對之 肅然如侍坐而後先焉."

284 李天封, 『白川集』 1卷, 「寒岡先生敍述」, "手自摹寫孔子畫像 挾於冊子 動輒奉持 尊敬而愛禮之."

285 『凌虛集』 3卷, 「言行總錄」(成好正), "先生嘗手摹孔聖遺像 揭之北壁 每日晨興 參廟畢 炷香 行再拜禮."

286 『凌虛集』 3卷, 「遺事」(鄭必達), "成浮査嘗語人曰 南冥先生私淑諸人中 若其沈潛 純熟 而又能英邁發越者 惟行遠爲然."

287 이와 관련하여, 사실 여부는 且置하더라도 다음의 일화는 그의 성격이 얼마나 단순·강직하였던가 하는 일면을 보여주는 것이다. "及其締結李爾瞻也 先生尤憤疾之 嘗拔劍斫案曰 彼兩人者 首領當如此案."(『凌虛集』 3卷, 「年譜」 41歲條)

학·음률·천문·지리·의약·卜筮·兵陣·鎭戍 등과 같은 것을 모두 두루 통달하였다."[288] 한 것처럼 학문의 범위가 매우 넓은 반면, 성리학적 이론 탐구와 관련된 글이 전혀 없다는 점에서, 그의 학문 태도는 남명학파의 일반적 특징을 잘 보여준다고 할 만하다.[289]

西溪 朴泰茂(1677~1756)의 문집『西溪集』은 모두 8권 8책이다. 1권 및 2권 일부가 詩인데, 모두 279題이다. 남명의 문인들에 비해서 상대적으로 많은 편이다. 시 또한 느긋한 여유를 보여주는 내용이 대부분이고, 격렬하다거나 치열한 수신의 모습을 보여주는 내용은 별로 보이지 않는다. 특히 「敬次退陶先生山居四時吟」·「敬次退陶先生陶山十八詠」·「敬次退陶先生閒居十三詠」 같은 시는 서계가 퇴계를 얼마나 尊慕하였던가를 단적으로 보여주는 것이라 할 만하다.[290] 반면 남명 시에 차운한 시는 한 편도 보이지 않는다.

그러나 서계는 자신의 아버지 水使 朴昌潤의 「言行錄」과 「親訓」·「遺訓」 등의 글을 문집에 남겼는데, 이를 통해 남명학의 계승과 관련되는 약간의 단서를 포착할 수 있다.

> ① 오륙 세 때 이미 局量이 있으셨고 일에 임하여 작은 절도에 구애받지 않으셨다. 일찍이 短刀를 차고 다니면서, "앞으로 뜻을 얻으면 이것으로 소인의 머리를 모두 베어버리겠다." 하였다.(「水使公言行錄」)

----

288 朴旨瑞,『泰安朴氏無忝錄』1卷, 世德「凌虛行錄」·「凌虛行狀」·「凌虛墓碣銘」·「凌虛墓誌銘」 參照.
289 남명학파의 일반적 특징에 대해서는, 李相弼의『南冥學派의 形成과 展開』(서울, 와우출판사, 2003년) 120~124쪽 참조.
290 이외에도 퇴계의 시에 차운하여 공경함을 드러낸 시가 4편 더 있다. 또한 「遊淸涼山小白山記行」이란 제목의 시 42수도 모두 퇴계학파의 일원으로서 스스로 깊이 참여하려는 노력으로 보인다.

② 이때에 부군이 首相에게 나아가 일을 아뢰다가 의논이 맞지 않아 심하게 다투었다. 이때 수상이 만만하게 여기는 말을 하였다. 부군이 문득 고함을 지르며 冠帽를 던지고 나갔다.(「水使公言行錄」)

③ 한 동료가 성품이 거칠어 평소의 행실이 법도에 많이 어긋났다. 부군이 낯빛을 바로 하고, "『시경』에 이르지 않았습니까? '쥐를 보아도 체모가 있는데, 사람으로서 예의가 없을손가?' 하였으니, 사람이 되어서 쥐만 못해서야 되겠습니까?" 하였다.(「水使公言行錄」)

④ 항상 말씀하시기를, "재물은 천지간의 공적인 물건이니, 남들과 함께 하는 것이 옳다. 어찌 탐내고 아껴서 일개인의 사적인 물건으로 생각하리요?" 하셨다.(「水使公言行錄」)

⑤ 내가 다섯 살 때 마침 短刀를 얻어서 차고 다녔다. 어머니께서 경계하시어, "이것은 어른들의 장식물이지 아이가 찰 것이 아니다. 하물며 어릴 때 물건을 가지고 노는 데에 빠지면 혹시라도 '玩物喪志'하게 될까 두렵다. 너는 그 칼을 풀도록 하여라." 하셨다.(「親訓」)

⑥ 내가 마침 糚刀를 얻어서 차고 다녔다. 아버지께서 경계하시어, "내가 전에 이런 일을 여러 차례 경계하였는데도 네가 잊었느냐?" 하시며, 즉시 풀도록 명하셨다.(「親訓」)

위 인용문의 ①·⑤·⑥은 평소에 칼을 차고 다니는 것과 관련되는 내용이다. 어릴 적에 아이들이 칼을 차고 다니는 것은 어른들이 늘상 칼을 차고 다니거나 아니면 적어도 무슨 유행 같은 것이 있어야 가능한 일이다. 앞의 주석 12)에서 능허가 책상을 칼로 두 동강내었다는 기록과 관련시켜 보면, 이 지방의 점잖은 선비들 가운데 칼을 차고 다니거나 방 한쪽에 칼을 걸어두는 사람들이 상당히 있었을 것으로 추측된다. 칼은 남명이 자신의 敬義劍에, '內明者敬·外斷者義'라고 새겨 둔 것과 무관하지는 않을 것으로 보이며, 이는 不義와 결코 타협하지 않으려는 각오의 상징물로 볼 수 있을 것이다.

인용문 ②·③은 그 자체로는 원래 朴昌潤의 개인 성격과 관련되는 것이므로 굳이 남명학파와 연관시킬 것이 없을 듯하다. 그러나 모욕을 삭이지 않고 직설적으로 맞받아치거나 옳지 않은 짓에 대해 그냥 두고 보지 못하는 태도는 '義'를 늘 염두에 두고 있는 남명학파의 특징과 무관하지 않다고 보는 것이 온당할 듯하다. 재물을 가볍게 여기는 듯한 인용문 ④의 사고방식도 '의'를 중시하는 태도의 연장선에 있음은 재론이 필요 없으리라고 본다.

「遺訓」은 서계가 자신의 자손들에게 남기는 훈계이다. 이 글은 자신이 쓴 발문에 의하면, 빛나는 선조의 전통을 후손들이 잘 이어받을 수 있도록 하기 위하여 쓴 것이라고 한다. 편집의 전반적인 체재는『소학』을 본받았으며, 事父母(48則)·處兄弟(12則)·睦宗族(28則)·奉祭祀(20則)·敬長老(26則)·交朋友(18則)·接賓客(16則)·教子弟(16則) 및 通論(37則) 등 9篇 221則으로 구성되어 있다.

서계의 글은 「遺訓」이 단적으로 보여주는 것처럼 정밀하고 자상하여 퇴계의 글 쓰는 법을 보는 듯하다. 그러나『서계집』에는 성리학의 이론과 관련된 글이 거의 없고, 이 글처럼 현실에서 바로 실천하는 것을 내용으로 하는 것이 대부분이라는 점에서 남명학파적 성격을 찾을 수 있는 것이다. 자신의 두 아들 이름을 '思敬'과 '思義'로 지었던 것[291]은 서계가 바로 남명의 敬義思想에 얼마나 깊이 傾倒되었는지를 분명히 보여주는 것이라

---

291 서계의 두 아들 朴挺元(1699~1771)과 朴挺新(1705~1769)의 초명이 朴思敬과 朴思義이고, 이들의 자가 각각 元直과 季方이다.(朴旨瑞,『泰安朴氏無忝錄』1卷,「世系」) 자가 있는 것으로 보아 어릴 적부터 관례를 한 이후까지 썼던 것으로 판단된다.

고 할 수 있다. 또한 서계가 南冥과 謙齋를 두고 이 고을에 이 두 선생이 있는 것은 마치 하늘에 해와 달이 있는 것과 같다는 말을 자주 하였다는 기록292으로 보아서도 남명학에의 경도 정도를 짐작할 수 있는 것이다.

이 점은 다음에 보이는 그의 「劍銘」293이라는 시에서도 확인할 수 있다.

안으로 마음을 밝히는 것은 敬이요,	內明者敬
밖으로 일을 결단하는 것은 義이다.	外斷者義
훌륭하도다, 南冥이시여!	猗歟南冥
이를 먼저 얻으셨으니.	先獲於此
毁損하지도 말고 損傷하지도 말라!	勿毁勿傷
藝慢하지도 말고 바뀌지도 말라!	勿褻勿渝
장차 나는 쓰리라!	將我用之
義理와 利益의 갈림길에서.	於義利關頭

서계의 증손자 訥庵 朴旨瑞(1754~1819)는 『訥庵集』이라는 8권 4책의 문집을 남겼다. 눌암의 경우 스승과 벗들이 좌도를 넘어 기호지역에까지 확대되었다는 것은 앞에서 이미 언급하였다. 『눌암집』은 1권이 詩인데 모두 89題이다. 이 가운데 挽詩가 36題이고, 次韻贈答詩가 34題이니, 자발적인 욕구에 의한 정감을 표출한 시는 19題밖에 되지 않는다. 시의 분량 면에서나 시의 내용 면에서나 남명학파의 일반적 특징을 여실히 보여주고 있다. 『눌암집』은 시 이외에는 거의 대부분이 書簡文·記事文·狀碣文으로 되어 있다. 대체로 현대적 의미에서 문학적 소양을 충분히 발휘할 수 있

---

292 ① 朴泰茂, 『西溪集』 2卷 29張, 「答趙默齋」, "是以不佞 常尊信二先生 以爲吾鄕
之二先生 如天之有日月." ② 朴泰茂, 『西溪集』 8卷 8張, 「年譜」, "操文謁南冥
謙齋兩先生墓 先生於兩先生 甚尊信之 每曰 吾鄕之有此兩先生 如天之有日月也."
293 朴泰茂, 『西溪集』 5卷 48張.

는 내용의 글은 거의 없다고 해도 과언이 아니다.

그의 문집에는 문학적 취향이 두드러진 吟風弄月式 시문은 아예 보이지 않는다. 다음은 그의 「自輓」이란 시의 일부분이다.

> 부지런히 자신의 직분을 닦으려 하였고,　克勤修己職
> 감히 天翁의 뜻을 저버리지 못 하였네.　罔敢負天翁
> 그런 뒤에 비로소 한 점 부끄러움 없이,　而後方無愧
> 훌쩍 대자연 속으로 돌아가 버렸네.　飄然太化中

수많은 사람과 사우 관계를 맺으며 자신이 추구하였던 것은 결국 인간다운 삶을 살기 위한 노력에 다름이 아니었고, 그러다 보니 결코 하늘의 뜻을 거역하지 못하였다는 것이다. 하늘의 뜻에 따른 삶이 바로 한 점 부끄러움이 없는 삶이어서, 미련도 후회도 없이 훌쩍 대자연 속으로 되돌아간다는 것이다. 풍류적인 삶보다는 자신에게 주어진 직분을 추구하다가 갔다는 뜻이다.[294]

강우지역의 정신적 지주였던 南冥을 文廟에 從祀토록 하는 것이 江右士林의 지속적 숙원이었기에, 자신의 학문적 역량을 인정받은 만큼 이 일을 적극적으로 주도했던 것이다. 그리고 선현의 문집에 序跋文을 쓰고 교정하는 일이라든지, 선현의 자취가 있는 곳에 글을 쓰는 일을 그 자신이 담당하였다. 이런 일들이 모두 자신의 직분에 따른 행위였지만, 그럼으로써 자연스럽게 당대 진주 지역 남명학파를 주도하는 위치에 서게 되었던 것이다.

....

294 김준형, 『1862년 진주농민항쟁』, 서울:지식산업사, 22쪽, "병영의 환곡 문제로 진주 주민들의 불만이 있었을 때, 눌암이 거주민의 뜻을 대표하여 비변사에 호소했다가, 도리어 병영에 끌려가 형벌을 받아 거의 죽을 지경에 이르기도 하였다."

2. 南冥 推崇의 측면

강우지역 남명학파들이 진행했던 南冥 推崇 사업이란, 대체로『南冥集』을 다시 간행하거나『山海師友淵源錄』과 같은 남명 관련 문헌을 간행하는 일과 남명을 문묘에 종사시켜 달라는 上疏 운동을 전개하는 일 등 크게 두 가지로 대별된다.

『남명집』은 여러 차례 간행되었는데, 초기에는 빠진 시문을 추가하기 위함이었다. 계해정변이 일어난 후 남명학파의 세력이 약화되자 남명의 학문 내용이 순수하지 못하다는 점과, 賊臣으로 몰려 죽은 來庵 관련 문자를 삭제하여야 한다는 점이『南冥集』을 다시 간행하는 명분이었다. 즉 尊衛와 時諱로 인한 釐正의 목적으로 여러 차례의 간행이 이루어졌던 것이다. 1671년에 1차 釐正本이 나오고 1700년에 2차 釐正本이 나왔는데, 이때의 釐正은 주로 來庵 관련 문자를 삭제하는 일이었다. 이 시기에 西溪 朴泰茂(1677~1756)는 아직 젊은 시절이어서 간행에 직접 간여할 수는 없었다. 그러나 이 일이 있은 뒤에도『남명집』이정에 관한 논의는 줄곧 있었으니, 서계의 다음 글로 이를 알 수 있다.

> …… '德溪와 藥圃에게 주는 편지[與德溪藥圃書]'와 龜巖 집안 墓碣文은 이미 선배가 去就를 서로 바꾸어야 한다는 논의가 있었지만, 특히 仁弘이 굳이 고집하였기 때문에 문득 공론을 따르지 않고 급하게 인쇄되었던 것입니다. 士林이 지금에 이르기까지도 머뭇거리며 고치기를 도모하지 못하고 있으니 어찌 크게 한심하지 않겠습니까?
> 師友錄은 곧 无悶堂 등 여러 사람이 찬술한 것이나, 모을 적에 선현의 휘자가 잘못되어 바뀐 것과 선생의 頭流山 유람 연도가 잘못된 것을 자세하게 살피지 못한 측면이 있습니다. 또한 龜巖 선생의 이름이 師友 사이에 기록되어 있는 것은 심히 옳지 못합니다. 이러한 것이 모

두 후인들이 못마땅해 하는 것입니다.

　그리고 退陶 선생이 지은 遊山錄 발문이 『남명집』 유산록 아래에 실려 있지 않습니다. 이것은 당일 인홍이 한 일입니다. 저 인홍이 일생 마음을 쓴 것이 오직 퇴도를 모해하려는 것이니, 인홍의 처지로서는 그 발문이 실리지 않아야 하는 것이겠습니다. 그러나 오늘날 사림의 처지로 말한다면 이런 좋은 문자를 무단히 버려둔다면 안타깝지 않겠습니까?295

　이 글은 西溪가 養正齋 河德望(1664~1743)에게 보낸 편지이다. 이 논의는 그 뒤에도 모두 수용되지는 않았지만, 적어도 이 두 인물이 당시 『남명집』의 釐正을 이 정도로 논의할 만한 처지에 있었음을 보여준다.

　그러다가 1764년에 이르러 다시 『남명집』이 간행되는데, 이때는 서계의 둘째아들 漁隱 朴挺新(1705~1769)이 丹城 法勿의 默齋 金墪(1702~1770)과 함께 이 일을 주도하였다. "기묘년에 도내의 여러 군자들이 모두 모여서, 나와 박정신에게 함께 일을 주관하도록 결정하였다."296라는 묵재 김돈의 표현으로 보아, 묵재와 어은이 당대 강우지역 남명학파의 리더로서의 역할을 한 것으로 판단된다.

　남명을 문묘에 종사케 해 달라는 상소 운동은 1614년부터 조선후기까지 30여 차례 있었다. 태안박씨 문중으로서는 訥庵 朴旨瑞가 제술한 상소문이 두 편 남아 있음에서 이 지역 남명학파로서의 위상을 짐작할 수 있다.

　눌암은 이 이외에도 진주 사림을 영도하는 위치에서 鶴峯 金誠一을 제향하는 慶林書院을 세웠으며, 謙齋의 講學處인 慕寒齋가 허물어지자 西陽 權思浩와 함께 重建을 倡論하였으며, 東岡의 續綱目을 인쇄할 때 교정을

．．．．．．．．．．．．．．．．．．．．
295 朴泰茂, 『西溪集』 2卷 66張, 「與河養正齋」.(원문생략)
296 『南冥集』, 亞細亞文化社, 1997, p.289~290, "歲己卯 道內僉君子齊議 敦定不佞與 朴君挺新 共忝冒幹事."

담당했으며, 覺齋 河沆·松亭 河受一·浮査 成汝信·滄洲 許燉의 문집을 교정하여 간행케 하였다.

南冥 推崇을 위해 항상 준비하고 있는 사람들이 이른바 德川書院의 院任이라 할 수 있는데, 院任錄이 완비되어 전하지 않아 그 자세한 사실을 다 알 수는 없지만, 1800년대 무렵의 원임록을 보면 병인년(1806)에는 漁隱 朴挺新의 손자 朴旨說이, 병자년(1816)에는 朴天健[朴旨瑞]이, 계해년(1863)에는 박지서의 손자 朴榮八이 각각 원임을 맡았던 기록이 전한다.[297]

IV. 맺음말

이제까지의 논의 과정에서 어느 정도 드러났듯이, 태안박씨는 진주에 정착한 지 400년 정도 동안, 凌虛 朴敏 이후에 西溪 朴泰茂·漁隱 朴挺新·訥庵 朴旨瑞 등 두드러진 인물들을 배출하였다. 그러나 이 강우지역이 癸亥政變과 戊申亂을 겪은 데다, 이와 관련하여 남명의 학문 자체에 대한 일부 서인 세력의 비판이 있어서, 남명학이 충실히 계승되기는 어려운 상황에 놓였던 것이 사실이다.

태안박씨도 이러한 사회 분위기를 외면할 수는 없었던 것이므로, 凌虛의 來庵 師事에 대한 왜곡성 언급이 문집에 실리게 되었던 것이며, 西溪가 密庵 李栽의 문인이 되어 퇴계학파의 학통을 깊이 접하게 되었던 것이며, 눌암은 더욱 그 범위를 넓혀 기호 지방 남인 계열의 대표적 학자인 順庵 安鼎福을 사사하면서 안동 지방의 川沙 金宗德과 立齋 鄭宗魯 등을 사사하여 '南州第一人'[298]이란 칭송을 듣기까지 하였던 것이다.

....

297 韓國精神文化研究院, 『古文書集成』 25권, pp.29~38, 「德川書院誌」 參照.
298 朴旨瑞, 『訥庵集』 8卷 附錄, 「家狀」(朴士淳錄), "(柳江皐尋春曰 文行全備) 鄭蒿

그러므로 전반적으로는 서계 이후에 태안박씨는 학문적인 면에서 그 계통이 퇴계학파의 범주에 들었다고 볼 수밖에 없다. 그럼에도 불구하고 남명학파의 범주에서 이 문중 인물을 논의한 것은, 이 강우지역의 역사적 특수성과 관련이 있다. 강우지역의 인물들은 그 조상이 대체로 남명의 문인이거나 再傳門人으로서, 이미 혈연적으로 남명의 私淑人이 될 수밖에 없기 때문에 學問이나 黨色의 측면에서 퇴계학파와 깊은 관련을 맺었다 하더라도 남명학파적 성향은 여전히 마음 밑바닥에 自在하기 때문이다. 이는 이 門中만의 현상이 아니므로 앞으로 꾸준히 연구하면 강우지역 남명학파의 모습이 더욱 분명히 드러나게 될 것이다.

庵墣曰 南州第一人

참고문헌

1. 원전자료

朴　敏, 『凌虛集』
朴泰茂, 『西溪集』
朴旨瑞, 『訥庵集』
朴旨瑞, 『泰安朴氏無忝錄』
曹植, 『南冥集』
成運, 『大谷集』
鄭仁弘, 『來庵集』
金宇顒, 『東岡集』
鄭逑, 『寒岡集』
李天封, 『白川集』
『泰安朴氏族譜』
『晉陽河氏族譜』
韓國精神文化研究院, 『古文書集成』 25卷.

2. 논저

김준형, 『1862년 진주농민항쟁』, 서울:지식산업사, 2002.
李相弼, 『南冥學派의 形成과 展開』, 서울:와우출판사, 2003.

海州鄭氏 家門의 晉州 定着과 學問 性向
- 南冥學派와의 관련을 중심으로 -

I. 머리말

진주의 해주정씨는 17세기 이후 진주 지역의 대표적 가문 가운데 하나로 일컬어져 왔다. 이 논문에서 말하는 晉州의 海州鄭氏는 農圃 鄭文孚(1565~1624)의 후손 및 농포의 아우 鄭文益(1568~1639)의 후손을 말한다. 농포의 두 아들 鄭大榮(1586~1658)과 鄭大隆(1599~1661) 및 농포의 아우 정문익 등 三叔姪이 어떻게 해서 진주에 정착하여 진주 지역의 대표적 가문이 되었으며, 남명학파의 본거지라 할 수 있는 진주 지역에서 이들이 가진 학문의 성향은 어떠한가 하는 점에 대해서 살펴보려 한다.

II. 海州鄭氏 家門의 晉州 定着 過程

어느 지역에 어느 인물이 들어와 대족을 이루며 살게 되는 데는 여러 가시 이유가 있겠지만, 그 시실을 소상하게 설명해 둔 기록은 발견하기 어렵다. 그러므로 지금으로서는 추적을 해 보는 도리밖에 없는데, 추적하는데 가장 필수적인 것이 족보라 할 수 있다.

족보의 경우 관직의 제수는 사실과 같지 않은 경우가 있어서 믿고 쓰기 어렵지만, 혼인관계는 그 상대 쪽에서 확인해 보면 사실 확인이 가능한 것이기에, 이 혼인관계를 중심으로 유추해 보면 진주에 정착하게 된 실질적 배경을 어느 정도 판단할 근거가 생길 것이다.

농포의 七代祖 栢亭 鄭易(?~1425)은 1383년에 李芳遠과 동방으로 급제하여 개국원종공신이 되어 벼슬이 左贊成에 이르렀으며, 卒時에 세종으로부터 제문을 하사받고 貞度公이라는 시호를 받았던 인물이다. 정역의 아내는 判宗正寺事 權嗣宗의 딸인데, 권사종은 여말의 정승 權漢功의 손자다. 정역의 아들 鄭忠碩(1406~1473)은 음직으로 牧使에 이르렀으며, 그 아내는 圃隱 鄭夢周의 손녀. 정역의 손자 鄭忱(1424~1485)과 鄭忻은 각각 단종조와 세조조에 문과에 급제하여 호조참의와 사헌부 집의에 이르렀다. 太宗의 둘째아들 孝寧大君은 鄭易의 맏사위며, 陽村 權近의 아들 호조판서 權蹲은 鄭易의 三女婿며, 예조판서를 역임한 三灘 李承召는 정역의 孫女婿다.

농포의 從曾祖 虛庵 鄭希良(1469~1502)은 佔畢齋 金宗直의 門人으로 1498년 무오사화에 걸려들어 義州·金海로 유배되었다가 1501년 母親喪으로 풀려나 廬墓를 살던 중, 갑자년(1504)에는 사화가 더욱 참혹할 것이라며 1502년 단오날 祖江에 몸을 던져 사라진 인물로 유명하다. 농포의 증조 鄭希儉(1472~1544)은 무오년(1498) 進士에 入格하였으나, 형의 일로 충격을 받아 벼슬을 단념한 채 형을 대신하여 宗祀를 받들었다. 정희검의 부인은 申承濬의 長女 平山申氏로 남명의 절친한 벗 松溪 申季誠의 고모다. 그러니 그 아들 鄭彦慤과 松溪 申季誠은 서로 內外從 兄弟가 되는 것이다. 또한 신승준의 次女는 尹之任의 아내가 되었으니, 明宗 妃 文定王后 尹氏 및 그 아우 尹元老·尹元衡은 정언각의 姨從이다.

농포의 조부 鄭彦慤(1498~1556)은 1533년 문과에 급제하여 벼슬이 戶曹判書에 이르렀다. 그 부인은 高靈申氏로, 중종 때 淸白吏에 錄選된 申公

濟의 딸이다. 신공제는 申末舟의 손자로, 申叔舟의 손자인 三魁堂 申從濩,
二樂亭 申用漑, 企齋 申光漢 등과는 再從 兄弟가 된다.

농포의 부친 鄭愼(1538~1604)은 1564년 문과에 급제하여 벼슬이 대사
간에 이르렀다. 그 부인은 江陵金氏로 訓鍊都正 李珣의 외손녀다. 이순은
浩亭 河崙의 女壻 李承幹의 玄孫이다.

농포 또한 1585년 사마시에서 생원·진사에 입격한 뒤 1588년 문과에
급제함으로써 일찍부터 시문으로 크게 알려졌던 인물이다. 부인 高靈申氏
는 三魁堂 申從濩의 현손녀요, 成宗의 駙馬 高原尉 申沆의 曾孫女다.

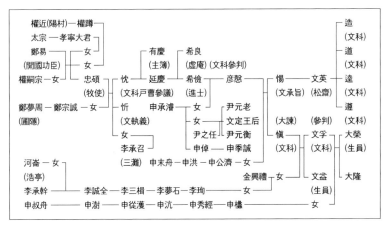

〈農圃 家系圖〉

農圃의 七代祖 鄭易으로부터 농포에 이르기까지 직계 8代 가운데 5代
가 文科에 급제하여 仕宦하였고, 2代는 蔭職으로 사환하였고, 진사에 입격
한 농포의 증조부만 사환하지 않았다. 그리고 농포의 從曾祖 虛庵 鄭希良
이 점필재의 문인으로 알려져 있을 뿐 농포의 上代에는 士林으로 분류될
만한 인물은 없다. 상호 혼인을 맺은 집안으로는 王室을 비롯하여 陽村

權近으로 대표되는 安東權氏, 圃隱 鄭夢周로 대표되는 延日鄭氏, 三灘 李承召로 대표되는 陽城李氏, 同知 申自修로 대표되는 平山申氏, 保閑齋 申叔舟로 대표되는 高靈申氏, 浩亭 河崙의 外後孫으로서의 江陵金氏 등인바, 이들은 대체로 조선 초기부터의 勳臣 가문이다. 이처럼 해주정씨 농포 가문은 조선 초기 鄭易 이후 명종대의 鄭彦慤에 이르기까지 대체로 훈신 계열의 가계라 이를 만하다. 특히 尹元衡과 姨從 사이인 정언각의 경우는 良才驛壁書事件을 일으킨 장본인으로 알려져 사림으로부터 배척을 받았던 점을 생각해 보면 더욱 그러하다.

이런 가계의 인물이 어떻게 자손에게 서울에서 멀리 떨어진 진주로 내려가 살도록 하였을까? 다음은 해주정씨 족보에 보이는 入晉州의 배경 설명 부분이다.

두 아들이 선생의 遺命에 의하여 상복을 입은 채 남쪽 진주로 내려갔다. 그것은 선생이 昌原府使로 있을 적에 진주를 둘러보고 그 풍토의 순박하고 아름다움을 사랑하여, 다시는 벼슬하지 말고 진주에 터전을 잡고 살 궁리를 하라는 유명이 있었기 때문이었다.299

이 기록에 의하면 농포의 두 아들이 아버지의 유명에 따라 무작정 풍토가 순박한 진주로 거주지를 옮긴 것으로 보인다. 그러나 『鳳谷遺稿』 附錄 所載, 鄭有禎 所撰 鄭大榮의 「墓誌」에 보이는 기록은 이보다 좀 더 자세하다.

(가) 무오년(1618) 北兵이 遼東을 함락하자 이때부터 더욱 時事가

299 鄭文孚, 『農圃集』, 「年譜」, 天啓 5年 乙丑年 條, "'二子依先生遺命 衰経南下晉州 蓋先生莅昌原時 歷覽晉州 愛其風土之淳美 遺命不復仕進 俾爲奠居之計.'"

위태로울 줄 알았다. 산이나 바닷가로 들어가려는 계획을 하
지 않을 수 없었으나 마땅한 곳을 얻을 수 없었다. 마침 府尹
公이 昌原府使에 제수되었다. 창원은 영남의 바닷가 고을로 북
쪽 병란의 근심과는 멀리 떨어져 있으므로 避兵할 곳을 잡을
만하였다. 부군이 평소의 바람을 이룰 수 있음을 기뻐하여 드
디어 남쪽으로 내려갈 결심을 하였다. ……

(나) 昌原에 도착해 보니 晉陽이 창원과 가까우면서도 산으로는 頭
流山의 빼어남이 있었다. 게다가 先代의 田莊이 여기에 자못
있었으므로, 즉시 진주로 가서 옛 물건들을 거두어 집을 짓고
살았다. 그리고 두류산 속에 곡식을 비축하여 피병의 대책을
마련하였다.

(다) 계해년(1623) 政變이 일어나자 당시에 등용되었던 사람들은
대부분 誅戮되거나 流配되었다. 그러나 府尹公은 혼탁한 시대
에 몸을 더럽히지 않았기 때문에 드디어 뽑히어 관직300에 나
아가게 되었다. …… 갑자년(1624)에 부윤공이 재앙을 당하였
다. 부군이 하늘을 향해 울부짖으며 땅에 넘어져 기절했다가
다시 깨어났다. 이미 장례를 치른 뒤에 유명에 따라 母夫人을
모시고 진주로 돌아갔다.301

위의 기록 (가)에 의하면 청 태조 누루하치가 일어나 우리 변방을 침략
해오기 시작하는 1618년 무렵부터 피병할 장소를 물색하였던 것이고, 마

. . . .
300 鄭文孚, 『農圃集』 권2 「遺事」에는 농포가 이 해 4월 全州府尹에 除授되어 7월
에 母夫人의 상을 당했다고 되어 있다.
301 鄭大榮, 『鳳谷遺稿』 附錄, 「先考府君墓誌」(鄭有禎 所撰), "歲戊午 北兵陷遼 自此
益知時事之將危 投山入海 無不謀焉 而莫得其便 會府尹公除昌原 昌爲嶺海之邑
而遠於北患 仍可卜避兵之地 府君喜逐素願 決意南下 …… 既至昌 則晉陽近於昌
而山有頭流之勝 先業亦頗在焉 卽就晉 收舊物而家焉 蓄穀於頭流山中 爲避兵計
及癸亥改玉 當時登庸者 誅竄殆盡 而府公 以濁時不汚 遂被獎拔 …… 甲子府尹
公被禍 府君號天仆地 絶而復甦 既葬 以遺命 奉大夫人歸晉."

침 농포가 창원부사에 제수되자 남쪽 창원으로 내려가 일찌감치 피병을 하였다는 것이다. 기록 (나)는 창원과 가까운 진주에 지리산이라는 피병하기에 좋은 산이 있는데다가 선대의 전장이 진주에 상당히 있었으므로, 진주로 가서 살면서 지리산에 식량을 비축하여 실질적 피병 준비를 하였다는 것이다. 기록 (다)는 정변 이후 서울로 올라갔다가 농포가 억울하게 죽은 뒤 유명에 따라 다시 진주로 내려오게 되었다는 것이다.

해주정씨의 진주 정착과 관련하여 족보의 기록과 정대영 묘지의 기록을 종합해 보면 대략 다음과 같은 결론이 나온다. 처음에는 북쪽 변방을 침입해 들어오는 청나라 군사로부터 피난하기 위하여, 서울에서 멀리 떨어진 산이나 바닷가로 임시 거처를 마련할 계획을 하였다. 마침 농포가 창원부사에 제수되었으므로 창원으로 미리 피병을 하였다. 그런데 진주가 창원과 가깝고 선대의 전장이 있는데다 지리산이라는 거대한 산이 있어 피병하기에 좋으므로 진주에 집을 짓고 살았다. 계해정변이 있은 후 상경하였다가 농포가 창원에 있을 적에 지은 詠史詩로 인해 역모 사건에 연루되어 죽게 되었고, 그 때 遺命을 내려 다시 진주로 내려가게 하였다. 이후로 다시는 서울로 살림집을 옮기지 않고 진주에 눌러 살아 진주 사람이 되었다.

그런데 대대로 서울에 살았던 해주정씨가 어떻게 진주에 선대의 전장이 상당히 있었던가 하는 의문이 들게 된다. 지금 분재기가 남아 있지 않아 확인할 수 없기는 하지만 짐작할 수 있는 근거는 어느 정도 있다. 앞에서 든 가계도에서 보았듯이 해주정씨 가문과 혼인을 맺은 가문들의 주된 거처가 대체로 근기 지역이지만 그 가운데 영남 지역인 경우도 있다. 바로 호정 하륜의 가문과 보한재 신숙주 가문이 이에 해당한다.

호정 하륜은 조선 초기 태종의 절대적인 신임을 받아 진주 지역의 토지와 노비를 많이 하사받았다. 그 일부분인 중안리 일대의 토지와 노비를 호정이 鄕廳에 내어놓음으로써 진주의 향청 유사들이 호강한 습속을 가지기까지 하였던 것이다.302 호정의 사위 李承幹의 후예들이 진주 인근에 자리를 잡은 것도 호정의 경제적 기반 위에서 가능한 것이었다. 이승간의 후예들은 지금도 진주 인근에 많이 살고 있지만 그 대표적인 인물이 南冥의 姉夫였던 李公亮과 그 아들 李俊民과 그 손자들이라고 할 것이다. 농포의 어머니 강릉김씨의 외조부 李珣이 이승간의 현손이라는 점에서 진주 지역에 외가로부터 分袊으로 받은 농포의 재산이 산재해 있었던 것으로 판단이 된다.303 17세기 초반까지만 하더라도 男女均分相續이 정확하게 이루어지고 있었기 때문에 이러한 추론이 가능한 것이다.

이 점은 高靈申氏와의 혼인에서도 마찬가지로 적용된다. 농포의 祖母는 申末舟의 손자 申公濟의 딸이며, 농포의 夫人은 申叔舟의 曾孫인 申沆의 증손녀. 신숙주가 공신으로 적지 않은 재산이 있었겠지만 거기에다 그 증손인 申沆은 成宗의 駙馬로 高原尉에 봉해진 인물이므로 당시의 관례에 따라 고령 인근에 상당한 재산을 받았을 것으로 보인다. 당시의 재산가들은 주로 어느 곳에 자신의 전답이 많이 있느냐에 따라 거주지를 결정하지만, 자신의 거주지 외에도 전국에 전답이 산재해 있었던 것이 사실이다. 그러므로 농포가 이 두 집안의 진주 지역 전답만 물려받았다 하더라도 진주 지역에서 당당하게 살아갈 수 있었을 것으로 추측된다.304

----

302 『晉陽誌』(1730年刊) 叢談條, "太宗朝 以河浩亭崙 有大勳勞 寵眷深重 御筆特賜中安一里 屬于鄕所 以本州乃浩亭之鄕故也 鄕所別貯敎旨于紅櫃中 鎭之金鎖 萬曆戊寅年間 牧使李濟臣 謂本州豪習由於鄕所 前縣監柳誠 別監生員李慶春 或扶曳之 或捶擊之 極可困辱 并焚其敎旨所藏之櫃 奪中安里之屬鄕所者 中安里之不屬於鄕所 自此始矣."

303 全義李氏 族譜에 李珣의 묘소가 晉州 南面 龍達谷에 있다고 하였다.

304 鄭大榮의 墓碣銘에서는 "卜居于晉州飛鳳山中."이라 하였고, 鄭有禎의 墓碣銘에서는 "決意南下晉陽之鳳谷."이라 하였고, 鄭欸의 碑陰記에는 "挈家南下 仍居于晉州中安里."라 하였다. 鄭相虎 所撰 鄭相吉 祭文에서는 "道洞卽吾王大父自京下

III. 학문 성향
- 남명학파적 성격과의 관련을 중심으로 -

1. 노론화

앞에서 보았듯이 해주정씨는 鄭易으로부터 鄭愼에 이르기까지 7代 동안 혼신 가문의 전형이라 할 수 있을 정도의 簪纓世族이었다. 지역적으로나 혈연적으로 남명학파와는 별로 맺어질 연분이 없었다. 다만 孤竹齋 鄭彦慤이 松溪 申季誠과 內外從間이었으므로 그 아들 鄭愼과 손자인 農圃 鄭文孚가 일찍부터 南冥의 聲名을 익히 들었을 것으로 짐작할 뿐이다.

농포는 일찍부터 文名이 있어 1585년 생원·진사에 모두 入格한 뒤 1588년 문과에 급제하였다. 武略도 뛰어나 임진왜란 때 北評事로 있으면서 鞠景仁 등 北賊 일당과 倭賊을 대파한 공로로 1597년에는 吉州 牧使가 되고 宣武原從一等功臣에 책록되었다. 광해 2년(1610)에는 聖節使로 명나라를 다녀오고, 1611년 8월에 南原 府使, 10월에 길주 목사에 제수되었다. 1616년에 分總管을 거쳐 1617년 4월에는 兵曹 參判에 임명되었다. 1617년 11월부터는 行護軍으로 있으면서 1618년 정월에 있던 廢母庭請에 참여하였으며, 1618년 7월에 昌原 府使에 제수되었다.[305] 1623년 2월에 政變

來時初卜之地也.”라 하였다. 이로 보면 진주의 해주정씨가 처음 진주로 와서는 道洞에 터를 잡았다가 나중에 鳳谷洞, 中安洞 쪽으로 옮겨 살았을 것으로 짐작된다.

305 亞細亞文化社,『邑誌』慶尙道② 750쪽, 昌原大都護府 府使先生案의 鄭文孚 條에 “문과에 급제하였으며 서울 사람이다. 무오년(1618) 9월에 부임하여 신유년(1621) 2월에 체직되었다. 광해조에 배척을 받아 외직에 보임된 것이다. 다스림과 교화가 크게 드러났다.[文居京 戊午九月赴任 辛酉二月遞 光海朝被斥出補 治化大著焉].”라는 기록이 보인다.

이 있었는데, 이해 4월에 全州 府尹에 제수되었다가 7월에 母夫人의 상을 당하였다. 1624년 1월 李适의 亂 때 인조가 起復을 명하였으나 腫氣로 인해 기복하지 못했다가 11월에 일어난 朴來章 등이 일으킨 逆謀事件에 연루되어 正刑을 당하였다. 그러나 나중에 伸冤되고 忠毅公이라는 시호가 내려졌다.

『農圃集』의 글로만 보면 남명학파 인물들과 교제한 흔적은 별로 보이지 않는다. 다만 「年譜」에 鄭蘊·李潤雨 등과 길주 목사 시절 교제하였다는 기록이 보이고, 1619년 창원 부사로 있을 적에 성주로 寒岡 鄭逑를 찾아갔으며 한강 졸후에 그에 대한 만사를 썼다는 기록이 보인다. 이러한 기록들은 농포가 한강의 문인임을 드러내려는 것으로 보인다. 그러나 농포가 광해군 때 병조 참판에 임명된 적이 있고 폐모 정청에 참여하였으며 창원 부사를 역임하였으니, 당파로는 大北에 가깝다고 해야 할 것이다. 대북에 가까우면서 정온과 친하다면 來庵 鄭仁弘과 무관하였다고 하기는 어려울 것이다.306 농포가 만년에 벼슬길에 있으면서 내암이나 한강 등과 만났고, 진주 지역이 避兵할 만한 곳이라고 생각했던 것은 남명학파의 학문

....

306 『農圃集』 附錄의 「年譜」 庚申年(1620) 條에는 "정인홍의 편지를 물리쳤다.[逐斥 鄭仁弘書]." 하고 그 주석에, "당시 정인홍과 같은 마을 사람이 경내에서 海堤 를 막으려고 하였다. 선생이 '이런 일은 한갓 민폐만 끼친다.' 하여 그 일을 시작하지 못하게 하였다. 그러자 그 사람이 정인홍의 편지를 얻어서 부탁하였다. 선생이 그 사람에게 장형을 가하여 쫓아 버렸다. 인홍이 이 소식을 듣고 크게 원한을 품었다.[時有仁弘同里人 欲防海堤於境內 先生曰 此等事徒貽民弊 禁其始役 其人得仁弘書 以囑之 先生杖其人而逐之 仁弘聞而大嗛之]."라는 기록이 보인다. 그러나 이것은 계해정변 이후 내암과의 관련성을 부인하기 위하여 끌어온 이야기로 보인다. 내암이 서인과 남인에게 공히 배척받은 것은 퇴계와 회재 및 우계와 송강 등을 심각하게 비판한 것이 그 주된 원인이다. 그러나 남명학파 내에서는 존모의 대상이었던 것이 사실이다. 정변 전에 미리 내암과 결별했다고 하는 學圃 鄭暄조차도 내암을 변호하기 위해 단독으로 상소문을 올린 것이 최근에 발견된 바 있다.

정신에 대한 일정한 믿음이 있었기 때문으로 보인다.

농포가 당파의 측면에서 大北으로 분류된다 하더라도 그의 從姪인 鄭造가 대북으로서 활동한 것과는 그 차원이 달랐으리라는 것은 새삼 말할 필요가 없을 것이다. 그렇지만 이괄의 난 때 기복하지 못하고 박내장의 역옥에 몰린 것은 당파와 무관하지 않을지도 모른다. 그러고 보면 죽음에 임하여, 훈신 가문으로 대대로 벼슬해 오면서 늘상 자리다툼에 연연해야 하는 신세보다는, 남명학파가 추구하는 士林으로서의 당당한 삶이 그리웠을지도 모르는 일이다. 게다가 진주에 먹고 지낼 만한 田莊이 있었다면, 아우와 아들들에게 늘 당당한 삶을 살 수 있는 진주 땅으로 내려가기를 진정 바랐던 것이 아닐까 생각된다.

농포의 아우 鄭文益과 두 아들 鄭大榮·鄭大隆은 진주로 내려온 이후 진주의 대표적 인물인 謙齋 河弘度와 매우 친밀한 관계를 유지하였다. 이는 정대영의 아들 鄭有祐가 겸재의 문인이 되었던 것과, 鄭大榮이 謙齋 河弘度와 그 아우 樂窩 河弘達에 대한 만사를 쓴 것 등에서도 충분히 짐작할 수 있다.[307]

해주정씨가 진주에 정착한 초기에 겸재를 비롯한 남인 계열 인사들과 친밀히 지내려 했던 것은 이들의 혼인 관계를 추적해 보아도 짐작할 수 있다.

농포의 조카 鄭大亨(1606~1670)은 金雲翼의 딸 울산김씨와 혼인하였는데, 김운익은 바로 南冥의 문인 白巖 金大鳴의 아들이다. 정대영의 맏아들 鄭有禎(1611~1674)은 尹應錫의 딸 파평윤씨와 혼인하였는데, 윤응석은 桐溪 鄭蘊의 妻父 尹劼의 아들이다. 그러니 정유정은 동계의 妻姪壻가 된다.

정대영의 둘째아들 鄭有祥(1614~1685)은 鄭維垣의 딸 영일정씨와 혼

307 河弘度, 『謙齋集』別集, 「師友門徒錄」 및 附錄 參照.

인하였는데, 정유원은 來庵의 문인 龍潭 朴而章의 맏사위다. 東湖 李箊가 용담의 둘째사위이고 그 사위가 영의정으로 남인의 영수였던 許積이다. 정대영의 셋째아들 鄭有祐(1615~1664)는 李如漢의 딸 재령이씨와 혼인하였는데, 이여한은 내암의 문인 戇菴 姜翼文의 사위다.

이 당시까지는 대체로 남명 문인 또는 재전 문인의 가문과 혼사가 주로 이루어지고 있으며, 겸재를 중심으로 하는 남명 재전 문인들과 친분 관계를 유지하고 있음을 알 수 있다. 그런데 농포의 曾孫 代에 이르러 서인 학맥을 찾아 執贄하는 인물이 나타나게 된다. 정유정의 셋째아들 四無齋 鄭楫(1645~1728)이 畏齋 李端夏(1625~1689)의 문인이 되었으며, 사무재의 아들 鄭相吉(1677~1708) 및 從孫 鄭良臣(1691~1746)이 遂庵 權尙夏(1641~1721)의 문인이 되었다. 17세기 말엽에서 18세기 초기에 이르는 동안 해주정씨 가문에서 서인 학맥을 찾아 집지한 데는 농포에 대한 현창이 중요한 원인이었던 것으로 보인다.

澤堂 李植(1584~1647)과 浦渚 趙翼(1579~1655)이 농포가 억울하게 죽었음을 목도하였고, 택당과 그 아들 외재 이단하는 마침 모두 북평사를 역임한 적이 있어서 임진왜란 때 농포가 관북에서 활약했던 전공을 익히 알고 있었기 때문에, 1665년에 포저의 아들인 趙復陽과 택당의 아들인 李端夏가 당시의 영상인 許積과 함께 농포를 伸冤하고 褒贈토록 하였던 것이다.[308] 진주의 해주정씨들이 이 일로 해서 서인 학맥을 찾아 집지하였지만 이 지역의 남인들과 사이가 그렇게 나빴던 것으로는 보이지 않는다. 왜냐하면 진주의 해주정씨들은, 남인의 영수인 미수 허목과 절친한, 이 지역 학계를 이끌고 가던 겸재 하홍도로부터, 來晉한 초기에 많은 知遇를 입었기 때문이다.[309]

· · · · · · · · · · · · · · · · · · · ·

308 『조선왕조실록』 현종 6년(1665) 12월 27일조 참조.
309 각주 9) 참조.

그런데 1717년부터 1722년 사이에 남인과 소론이 연합하여 영남 지역의 노론을 축출하려 한 일이 있었고, 1759년부터 1787년 사이에 걸쳐 전개된 宗川書院 禍變이 있으므로 해서 진주 지역의 남인과 노론도 매우 적대적 관계에 놓이게 되었다. 다음은 종천서원 화변이 일어나기 전에 農圃의 玄孫 東野 鄭相虎(1680~1752)가 쓴 글이다.

우리나라의 논의는 朝廷이나 鄕曲을 막론하고 그 폐단이 이미 심하다. 그런데 유독 晉州만은 그렇지 않았다. 30년 전까지만 해도 피차의 구분이 없었다. 우리 집안 같은 경우는 남쪽으로 내려온 이후 끝내 鄕間의 일에 干與하지 않았기 때문에 더욱 指目받은 일이 없었던 것이다. 그런데 세상이 이미 말세여서 습속이 점점 하락함에, 소박함을 없애고 混淆함을 숭상하며 자기 당의 숫자 많음을 믿어 숫자 적은 남의 당을 능멸하게 되었다. 丁酉年 이래로 남인들이 틈을 만들어 구속하고 핍박하는 일이 있게 되었다. 지난 신축년에 역적 金一鏡 등이 誣陷하여 殺害함에 노론은 거의 다 없어졌고 남인은 이에 附和하였다. 안으로는 성균관으로부터 밖으로는 향교와 서원에 이르기까지 또한 쓸어버린 듯 老論이란 이름을 가진 것은 하나도 없었다. 성균관 유생 金範甲이 三南 지역에 통문을 내려 시골의 노론을 색출하여 벌주게 하였는데, 이렇게 되자 시골에 있던 남인과 소론이 쏠리듯이 추종하여, 지난날 자신에게 혐의가 있었던 자에 대해서는 이를 핑계로 욕을 보이되 어떤 경우에는 削籍하기도 하고 어떤 경우에는 停擧하기도 하였다. …… 晉州의 老論은 본디 南人과 서로 값을 일이 없었으니 아무런 틈을 만들 일이 없었던 것이다. 그런데 당시에 德標의 凶疏 疏廳이 安東에 설치되어, 위로는 閔妃를 침범하고 아래로는 名賢을 욕보이는 내용임에도 이를 '討逆疏'라 이름을 붙였다. 그리고는 이 상소문을 老論家에도 돌렸는데 老論이 서명을 하지 않자 "상소에 참여하지 않으니 그 마음을 알 만하다." 하면서 역적으로 지목하였다. 그리고는 드디어 削籍하기도 하고 停擧하기도 하였다. 사촌·육촌·사돈·매부도 생각지 않고, 스스로 공정함을 지니고 있다면서 돌아보거나 꺼려하는 바가 없었다. 儒罰을 시행한 사람은 河世龜 등 19人이다. 停擧를 당한 사람은 모두 20人인데, 우리 집안 사람이 절반이다. 형제와 숙질이 하나도 누락되지 않아 그 욕됨이 참혹하다. 橫逆의 일이 일어나면 진실로 마땅히 '순하게 받아들여야' 하겠지만, 혈기가 있는 자라면 그만둘 수 없는 측면이 있었다. 그래서 金一鏡 등이 誅罰・放逐당하던 무렵 진주에 尤庵을 文廟에 從享하자는 疏廳을 설치하여, 그 때의 19인을 벌주는 등 鄕曲을 어지럽힌 무리들로 하여금 그런 일을 못하게 한 지 지금 10여 년이 지났다.[310]

인용문에서 말한 정유년은 1717년이고, 신축년은 1721년이다. 소론인 김일경이 金昌集을 비롯한 노론 四大臣을 몰아내어 1722년 5월과 8월 및 11월에 賜死되도록 하는 辛壬士禍를 주도하였는데, 이 일로 인해 김일경 등은 영조 원년인 1725년에 바로 逆臣으로 처형당하였다. 신임사화 때 노론가에도 이른바 '토역소'를 돌려 서명을 하게 하고, 이 서명을 하지 않은 20인을 河世龜 등 19인이 停擧시켰다고 하는 위의 인용문의 언급은, 진주의 경우는 바로 이 무렵에 남인과 노론의 갈등이 가장 극심하게 표면화하였음을 증언하는 것이다.

....

310 鄭相虎,「晉鄕論議所由激」,『東野遺稿』2卷, "我國論議 無論朝廷鄕曲 其痼已甚 獨晉不然 在三十年前 則猶無彼此之分 至如吾家落南之後 終不干鄕間事 故尤無指目之事矣 世道已末 俗習漸下 去朴尙淸 恃衆凌寡 自丁酉以來 午人輩有起釁拘迫之擧 頃在辛丑 逆鏡等誣殺 老論殆盡 南人和附 內而館學 外而校院 亦蕩然無一個名老 館儒金範甲 通文三南 使搜罰鄕老 於是在鄕南少 靡然從之 前日有嫌於己者 莫不憑辱 或削籍 或停擧 …… 晉之老論 素無與南相較 則無以起釁 時德標凶疏 方設安東 上侵閔妃 下辱名賢 名之曰 討逆疏 以其疏帖 幷輪於老論家 而老論無授名之事 則曰 不參疏事 其心可知 目之以逆 遂削名停擧 不計四寸六寸査頓妹夫 自謂持公 無所顧忌 行罰者 乃河世龜等十九人也 被停者 凡二十人 而吾家居半 兄弟叔姪 無一見漏 其辱慘矣 橫逆之來 固當順受 而血氣之所在 有不能已者 乃於鏡黨誅放之餘 設尤庵從享疏於晉州 因罰其時十九人 使亂鄕之輩 不得接跡 于今十餘年矣."

동야 정상호의 위의 언급처럼 신임사화 무렵에 진주 지역 노론이 남인에게 핍박을 받은 후, 영조 즉위 후 김일경이 처형되는 것과 때를 맞추어 우암과 동춘당을 문묘에 종사시킬 것을 상소하였던 바, 이때 아마도 그 전에 당했던 것과 마찬가지 방법으로 남인을 핍박한 것으로 보인다.[311]

종천서원 화변은 이 사건과 사실상 연계되어 있었던 것이다. 이 사건 이후 관계가 급격히 나빠진 남인과 노론은 『晉陽誌』를 續撰하면서 더욱 사이가 벌어지게 되었다. 農圃의 六代孫 鄭祖毅가 『晉陽誌』 人物條에 자신의 조부 萍軒 鄭相說(1665~1747)을 실어주기를 요청하였으나, 이 일을 주관하던 謙齋의 曾孫 愧窩 河大觀(1698~1776)이 이를 거절하였던 것이다. 이는 필시 농포의 玄孫 鄭相說・鄭相虎・鄭相點 등이 주동이 되어 우암과 동춘당을 문묘에 종사케 하자는 상소를 하면서 남인을 핍박한 데 따른 보복이었을 것이다. 이를 참지 못한 정상열의 손자 정조의는 주변 친척의 반대에도 불구하고[312] 종천서원 화변을 일으켰던 것이다. 이 사건은 결과적으로 정조의 측의 패배로 끝났지만, 이로 인해 진주 지역의 노론과 남인은 더욱 사이가 벌어졌던 것이다. 서로 정치적 이해관계를 크게 다툴 처지도 아니면서 조선 후기에 이르기까지 이들이 쉽게 화합할 수 없었던 것은 이처럼 각기 자신들의 조상의 자존심과 관련 있는 일들이 얽혀 있기 때문이었던 것이다.

요컨대 농포의 증손 이후 해주정씨 가문이 서인 학맥으로 많이[313] 기울어졌던 것은 대체적으로 다음과 같은 이유라 할 수 있을 것이다. 첫째

....

311 鄭相虎, 「請同春尤庵兩先生從祀疏」(乙巳八月), 『東野集』 2卷.
312 예를 들면, 같은 노론이면서 당시 종천서원 원장이었던 그의 재종숙 鄭舜臣(1710~1794)이 극력 나무라며 말린 기록이 있다.(『宗川禍變錄』 己亥四月條)
313 農圃의 맏집 네 손자 가운데 둘째인 鄭有祥 및 셋째인 鄭有祐의 후손은 대체로 南人이며, 첫째인 鄭有禎과 넷째인 鄭有祺의 후손 및 둘째집 鄭大隆의 후손 및 농포의 아우 龍岡 鄭文益의 후손은 대체로 老論이라고 한다.

는 겸재 이후에 겸재를 대신하여 이 지역의 강단을 이끌 만한 큰 학자가 나오지 않았기 때문일 것이다. 둘째는 농포의 신원과 시호를 받는 일에 서인의 적극적인 협조가 있었으므로 서인과 급속히 가까와졌던 것이다. 셋째는 농포 가문이 진주에 卜居하기 이전까지 近畿지역의 명문과 혼인관계를 맺어왔으므로 서인 학맥에 쉽게 적응할 수 있었을 것이다.

2. 학문의 성향, 남명학파와의 관계

진주 지역의 해주정씨 가운데 족보에 문집을 남겼다고 한 인물을 조사해 보니 모두 58명에 이른다. 이 가운데는 아마도 간행되지 않은 원고 상태로 보존되어 내려오는 것이 상당히 많으리라고 생각된다. 이는, 농포 이후 13대에 이르도록 한 대도 거르지 않고 문집이 나온 四無齋 鄭楫 후손의 경우를 보아서 짐작한 것이다. 이 집안의 경우 13대의 문집 가운데『農圃集』·『鳳谷鳳岡兩世稿』·『四無齋詩集』·『雙洲集』이외에 8代의 문집은 아직 간행되지 않은 초고의 상태로 보존되어 오고 있다. 그렇다면 족보에 문집 또는 유고가 있다고 기록된 것이 모두 간행된 것은 아님을 알 수 있다. 다음은 문집을 남겼다는 인물을 小門派別로 구분하여 정리한 것이다.

가. 農圃 父子 및 그 長孫 鄭有禎의 후예

성명	생몰년	자	호	비고	문집
鄭文孚	1565~1624	子虛	農圃	寒岡門人壬亂倡義忠毅公	農圃集
鄭大榮	1586~1658	汝慶	鳳谷	文孚子生員	鳳谷遺稿
鄭有禎	1611~1674	亨伯	鳳岡	大榮子	鳳岡遺稿
鄭相說	1665~1747	夢弼	萍軒	有禎孫進士	萍軒遺稿
鄭相元	1678~1754	舜卿	寒溪	有禎孫	有遺稿
鄭光毅	1734~1765	士述	自知齋	有禎玄孫	有遺稿
鄭克毅	1745~1817	士則	梅窩	相元孫	有遺集

鄭在毅	1760~1814	孝源	默窩	克毅弟		有遺集
鄭綏善	1786~1850	敬初	書泉	在毅子		有遺集
鄭匡民	1809~1841	子信	漢淮	有禎后		有遺集

나. 鄭有禎 3자 鄭梐의 후예

성명	생몰년	자	호	비고	문집
鄭梐	1645~1728	季通	四無齋	有禎子畏齋李端夏門人	四無齋詩集
鄭相虎	1680~1752	善甫	東野	梐子	東野集
鄭經臣	1703~1777	魯望	草堂	相虎子	草堂遺稿
鄭行毅	1737~1787	述祖	琴湖	經臣子	琴湖遺稿
鄭亨毅	1747~1823	士長	松村	相虎孫	有遺集
鄭志善	1758~1816	士剛	病窩	行毅子	病窩遺稿
鄭宅和	1784~1846	孝述	晚翠軒	亨毅子武科府使	有遺集
鄭匡學	1791~1866	時可	西湖	志善子	西湖遺稿
鄭匡衡	1795~1859	平彥	竹塢	行毅孫思善子	竹塢遺稿
鄭泰元	1824~1880	舜文	雙洲	改名世教匡學子梅山門人	雙洲集
鄭大元	1825~1870	伯剛	晚圃	宅和孫武科	有詩集
鄭哲教	1842~1883	致周	石窩	梐后	有遺集
鄭春教	1847~1927	致道	屛山	梐后	有遺集
鄭闇教	1850~1933	致學	竹醒齋	哲教弟勉菴門人	竹醒集
鄭達錫	1845~1886	伯春	湖隱	泰元子	湖隱詩稿
鄭兢錫	1870~1901	聖述	克庵	哲教子	有遺集
鄭淵錫	1879~1948	子顏	敬堂	闇教子	有遺集
鄭濟國	1867~1945	國明	柳溪	達錫子	柳溪遺稿
鄭盛根	1895~1963	而秀	稼軒	濟國子	稼軒遺稿

다. 鄭大榮 2·3子 鄭有祥·鄭有祐의 후예

성명	생몰년	자	호	비고	문집
鄭楗	1642~1710	子開	鳴鶴亭	有祐子	有遺集
鄭樟	1651~1708	匡卿	一樹軒	楗弟	一樹軒集
鄭時毅	1733~1816	士元	琴窩	有祥玄孫	有遺集
鄭奎毅	1741~1796	景叔	秋圃	時毅弟	有遺集
鄭馨善	1788~1848	汝蘭	腴庵	樟玄孫立齋門人	有遺集
鄭光圖	1838~1891	致見	靑皐	樟后	有遺集4卷

| 鄭顯教 | 1830~1886 | 公擧 | 澗翠 | 樵后進士 | | 有遺集 |

라. 鄭大榮 4子 鄭有祺의 후예

성명	생몰년	자	호	비고	문집
鄭光毅	1729~1783	遠卿	默齋	有祺玄孫生員	有遺稿
鄭承毅	1738~1822	仲烈	主靜齋	有祺玄孫渼湖金元行門人	有遺稿4卷
鄭乃毅	1739~1805	士相	盤谷	有祺玄孫	有遺集
鄭采毅	1747~1814	勉卿	龍湖	有祺玄孫進士	有遺稿
鄭時善	1767~1835	子中	耕齋	承毅子文科司諫	有遺集2卷
鄭文善	1778~1841	子會	龍湖	時善弟進士	有遺集2卷
鄭匡普	1797~1848	士臣	晚梧齋	承毅孫	有遺稿
鄭奎元	1818~1877	國喬	芝窩	改名漢敎光毅曾孫梅山門人	芝窩集
鄭玄錫	1856~1936	致成	弦山	承毅玄孫	有詩稿

마. 鄭大榮의 아우 鄭大隆의 후예

성명	생몰년	자	호	비고	문집
鄭構	1664~1732	肯世	露頂軒	有禋系子	有遺集
鄭相點	1693~1767	仲興	不憂軒	構子	不憂軒集
鄭鑽毅	1753~1815	學汝	可山	相點孫	有遺稿2卷
鄭光龍	1807~1883	大見	石桐	相點后進士	有遺集1卷
鄭琪泓	1897~1970	達永	石泉	光龍玄孫艮齋門人	有遺稿1卷

바. 龍岡 鄭文益의 후예

성명	생몰년	자	호	비고	문집
鄭有禧	1633~1701	景綏	玉峰	文益孫	有遺稿
鄭栻	1683~1746	敬甫	明庵	有禧子從遊陶庵大明處士	明庵集
鄭斗臣	1747~1809	明遠	瞥睡	栻孫	有遺稿
鄭殷善	1805~1867	處仁	愚拙齋	有禧后	有遺集
鄭光奕	1808~1884	德見	雙佳亭	有禧后	有遺集
鄭光淑	1843~1920	周顯	慕庵	殷善子	有遺集
鄭貞敎	1848~1924	仁元	安窩	光奕子	有遺稿
鄭珪錫	1876~1954	聖七	誠齋	有禧后從艾山松山遊	誠齋集

해주정씨 가운데 농포와 그 아우 용강의 후손들만 하더라도 이처럼 문집 또는 유집을 남겼다는 인물이 많으나 그 글이 대부분 미간행 초고본인 것으로 판단된다. 이 많은 미간행 초고본을 모두 확인하기는 매우 어려운 일이다. 따라서 우선 간행된 문집과 손에 넣기 쉬운 몇몇 종류의 문집을 중심으로 논의를 전개하는 수밖에 없다. 앞에서 보았듯이 진주라는 남명학파의 본거지에서 남명학파의 정신을 이어받으려는 핵심 인물들은, 색목의 측면에서 보면 대대로 남인이었음은 주지의 사실이다. 진주 지역의 해주정씨는 남인보다 노론이 월등히 많지만, 될 수 있는 한 객관적으로 이를 비교하여 진주 지역 해주정씨들과 남명학파와의 관계를 대강이나마 밝혀보려 한다.

앞에서도 언급했다시피 진주 지역의 해주정씨는 來晉 당시에 겸재 하홍도를 크게 의지하였다. 이는 겸재가 당시 남명학파를 영도하고 있었으므로 필연적이라 할 만하였다. 그래서 겸재는 문인 鄭有禛(1615~1664)에게 움직이지 못할 정도로 아픈 자신을 꼭 찾아주기를 부탁하는 편지를 보내기도 하였으며 자신보다 일찍 죽자 그에 대해 만사를 지어 슬퍼하기도 하였다.[314] 그리고 겸재가 별세하자 鄭有禎(1611~1674)과 鄭有祥(1614~1685) 또한 만사를 지었는데, 특히 정유정이 지은 만사는 그 뜻이 남다르다 할 만하다.

善을 좋아하여 가난하면서도 道를 즐겼고,	好善貧而樂
평소에도 塑像처럼 흔들림 없이 앉았었네.	居閑坐似泥
몸소 실행하였기에 참으로 篤實하였고,	躬行元篤實
마음이 바르기에 능히 修身齊家하였네.	心正克修齊
頭流山 아래에 학이 떠나가고,	鶴去頭流下
洛水 서쪽에 거북이 없어졌네.	龜亡洛水西

....

314 河弘度, 「與鄭吉叔」, 『謙齋集』 5권 및 「悼鄭吉叔」 같은 책 1권.

마음의 정수를 어디서 찾을꼬?　　　　　　　精神何處把
밝은 달이 둥실 安溪에 떠있네.315　　　　　　明月在安溪

　　수련과 함련·경련에서는 평소 겸재의 학문하는 자세와 독실한 실천
및 학과 거북 같은 존재임을 언급한 뒤, 이를 종합적으로 평결하여 미련
에서는 밝은 달로 상징된 明月珠가 안계에 있다고 하였다. 南冥의 門人
覺齋 河沆이, 堯舜 이래의 道統이 南冥에게 있음을 말하면서 明月珠를 언
급한 적이 있다.316 명월주가 안계에 있다는 말은 남명의 도통이 겸재에게
이어졌음을 상징적으로 표현한 말이다. 이는 개인의 사사로운 말이 아닐
것이나, 이를 통해 落南 당시 해주정씨 가문이 겸재에게 매우 깊이 의지
하고 있었음을 짐작할 수 있다. 그리고 이는 정유정으로 대표되는 해주정
씨 가문이 남명학파의 일원으로 자리매김이 될 수 있는 표현이라고도 할
것이다.
　　그러나 바로 이 무렵에 앞에서 언급한 것처럼, 농포의 伸寃 및 褒贈과
관련하여 이에 적극적이었던 畏齋 李端夏(1625~1689)의 문하에 鄭有禎은
자신의 아들 鄭楫을 入門시켰다. 그리고 鄭楫은 자신의 아들 鄭相吉(1677~
1708)과 從孫 鄭良臣(1691~1746)을 遂庵 權尙夏(1641~1721)의 문하에 執贄케
함으로써, 서인 학맥과 접맥하게 되어 이후 노론 가문이 되었던 것이다.
1713년에 農圃에게 忠毅公이란 시호가 내린 것도 이러한 움직임과 무관하지는
않았을 것이다. 이 일이 있고 나서 20년 뒤에 소론과 남인이 연합하여 노론을
탄압한 것과 관련하여, 1725년에는 鄭相說·鄭相虎·鄭相點 등이 同春堂 宋浚吉
과 尤庵 宋時烈을 文廟에 從祀케 하자는 상소에 동참함으로써 진주 지역에서
확고한 노론으로 자리 잡게 되었다.

315 鄭有禎,「謙齋河先生挽」,『鳳岡遺稿』1권.
316 河沆,「南冥曹先生銘」,『覺齋集』卷中 7張(『韓國文集叢刊』48권 513쪽).

그리하여 조선 말기에 이르기까지 문집을 남긴 이들이 적지 않지만 노론 계열의 학맥과 연계되어 있을 뿐 남명학파와의 관련성은 문집의 문자로만 보면 거의 확인되지 않는다. 雙洲 鄭泰元(1824~1880)의 시 「次山天齋板上韻」에 보이는 "齋閣이 山天의 의미를 따서 지어짐에, 맑은 기풍 넉넉히 百世의 스승이 되네.[齋閣山天義取之 淸風百世尙餘師]"라는 구절이 남명에 대한 일말의 관심이 아닌가 한다.

이밖에 鄭匡衡(1795~1859)의 『竹塢集』에 「明逸處士靈臺記」라는 글이 있다. 이 글은 제목만으로 보면 남명의 「神明舍圖銘」과 어떻게든 관련이 있을 법하다. 그러나 文面을 통해서는 남명이나 남명학파와 관련이 있는 언급은 전혀 찾아볼 수 없다. 『죽오집』에 보이는 시 가운데 예컨대, 「過德川洗心亭韻」·「過入德門」·「德川口號」 등 남명에 관한 언급이 있을 만한 부분을 검토해 보아도, 남명을 언급하거나 남명학파에 대한 소견이 언급되어 있지 않다. 단순한 서경시이거나 남명과는 무관한 자신의 심경을 읊은 시일 따름이다.

미간행 초고본을 좀더 면밀히 검토하여 확인해 보면 또 다른 상황을 볼 수 있을지도 모른다. 그러나 지금은 이 정도 검토한 것으로 마무리할 수밖에 없다. 19세기 말엽에 이르기까지 노론은 진주 지역에서 남명학파와 관련하여 주도적인 활동을 할 수 있는 처지가 아니었다. 그러므로 문집에 남명이나 남명학파와 관련되는 기록이 거의 보이지 않는다. 남명의 유적지를 지나면서도 대체로 어쩌면 의도적이라 할 수 있을 만큼 남명이나 남명학파에 대하여 냉담함을 보여주고 있다. 이는 남명이나 남명학파에 대한 냉담함이라기보다는 색목과 관련된 냉담함이라고 생각된다. 그것은 20세기 초에 들어 덕산의 남명 묘소 아래 우암이 지은 남명 신도비문을 세우게 되자 노론 인물들이 비상한 관심을 기울이게 되는 것에서도 충분히 짐작할 수 있는 것이다.

IV. 맺음말

진주의 해주정씨는 농포의 아우와 두 아들로부터 비롯되었다. 이들이 처음 진주로 온 것은 피병이 그 주된 요인이었는데, 그렇다 하더라도 전대의 혼인관계로 인해 상속받았던 전장이 있었기에 가능한 것이었음도 또한 분명한 사실이었던 것이다. 계해정변 이후에는 다시 서울 생활을 하려고 했었던 것 또한 확인되는 바였다. 그러나 농포가 이괄의 난 이후 창원 부사 시절에 지은 詠史詩로 인해 역모로 처형당하고, 유언에 의해 그 아우와 아들들이 진주에 정착하게 되었다는 부분은 좀더 생각하게 하는 점이 없지 않다.

광해군 시대 창원 부사 시절의 詠史詩로 인해 정변 이후 인조 시대에 역모로 처형당할 수 있겠는가 하는 점이다. 지금으로서는 자료가 부족하여 증빙하기 곤란하지만, 이는 당시의 집권층이 농포가 광해군 시절 북인으로서 내암 정인홍과의 관련이 적지 않았다고 보았기에 이루어진 것으로 생각된다. 물론 농포로서는 이러한 정치적 상황과 관련하여 환멸을 느끼고 자손들에게 정치적 은둔을 유언한 것이 아닌가 판단되는 것이다.

해주정씨가 진주에 정착한 초기에는 남명학파를 영도하는 위치에 있던 겸재 하홍도의 지우를 입어 남인으로 입지를 굳히는 듯하였으나, 1665년을 전후하여 농포의 신원에 앞장섰던 澤堂 李植의 아들 畏齋 李端夏에게 집지하는 인물이 나타나면서 서서히 노론화한 것이다. 그러나 노론으로서 확고하게 자리를 잡은 것은 경종 때 남인으로부터 심각한 핍박을 받은 뒤 영조가 즉위한 이후 이에 대한 보복성 핍박을 남인에게 가함으로부터였다.

이 일이 일어난 지 20여 년 후에 일어난 宗川書院 禍變의 주동자가 이 가문에서 나옴으로써 남명학파를 주도하던 남인과의 관계가 극히 악화되었고, 근기 지역의 노론 학자들로부터 학업을 전수함으로써 이 지역의 남명학파에 대해서는 상대적으로 관심이 멀어진 것으로 보인다.

이처럼 진주의 해주정씨는 극히 일부를 제외하고는 남인과의 관계도 대체로 나빴다고 할 수 있고, 남명학파에 대한 관심의 정도 또한 보잘것없다고 할 수 있지만, 문집이나 유고 등을 남겼다는 이가 58인이나 있다는 것은 학문에 대한 관심만큼은 여타 가문에 뒤지지 않으려 하였던 결과로 보인다. 남명학파라는 범위를 벗어나서 생각해 보면, 이와 같은 사실로 인해 해주정씨가 진주를 중심으로 하는 서부 경남 지역의 학문 발전에는 매우 중요한 역할을 했다고 할 수 있을 것이다.

1. 원전 자료

『首陽世稿』

『安東權氏族譜』

『迎日鄭氏族譜』

『邑誌』慶尙道②, 亞細亞文化社.

『全義李氏族譜』

『朝鮮王朝實錄』

『宗川禍變錄』

『晉陽誌』

『海州鄭氏派譜』(七刊)

寶庫社,『韓國系行譜』

鄭經臣,『草堂遺稿』

鄭匡學,『西湖遺稿』

鄭匡衡,『竹塢遺稿』

鄭珪錫,『誠齋集』

鄭奎元,『芝窩集』

鄭達錫,『湖隱詩稿』

鄭大榮·鄭有禎,『鳳谷鳳岡兩世稿』

鄭文孚,『農圃集』

鄭相說,『萍軒集』

鄭相虎,『東野遺稿』

鄭盛根,『稼軒遺稿』

鄭濟國,『柳溪遺稿』

鄭楫,『四無齋詩集』

鄭志善,『病窩遺稿』

鄭泰元,『雙洲集』

鄭行毅,『東湖遺稿』

河沆,『覺齋集』

2. 논저

李相弼, 『南冥學派의 形成과 展開』, 臥牛出版社, 2003.

晉陽河氏 丹池家의 家系와 學問淵源

Ⅰ. 머리말

진주 인근에 거주하는 진양하씨는 서로 계촌할 수 없는 3개 계파로 대별된
다. 河拱辰을 시조로 하는 侍郞公派와, 河珍을 시조로 하는 司直公派와, 하공신
의 후예로 累世 失傳되다가 河安麟을 中祖로 하는 雲門派가 그것이다. 운문파
는 진주 운문에 세거해 왔으며 雲水堂 河潤(1452~1500)이 대표적인 인물이다.
진주 지역의 사직공파는 세종조의 영의정 敬齋 河演(1376~1453)의 방손으로,
玉宗 일대에 세거해 온 謙齋 河弘度(1593~1666)와 樂窩 河弘達(1603~1651)의
후손 및 觀旨里와 南沙里에 세거해 온 台溪 河溍(1597~1658)의 후손들이
그 대표적이라 할 수 있다. 진주 지역의 시랑공파는 태종조의 영의정 浩亭
河崙(1347~1416)의 방손으로, 水谷 일대에 세거해 온 喚醒齋 河洛(1530~159
2)·覺齋 河沆(1538~1590)·松亭 河受一(1553~1612)의 후손 및 玉宗 일대에
세거해 온 襄靖公 河敬復(1377~1438)의 후손과 丹牧 일대에 세거해 온 河魏寶
(1527~1591)의 후손이 그 대표적이라 할 수 있다.

여기서 언급할 丹池家는 바로 河魏寶의 막내아들 丹池 河悏(1583~1625)의
가문이다. 하협 이후 12대의 시문 모두가 『池上世齊錄』으로 간행되었다.
이러한 文翰의 전통이 어떤 학문연원에 의해 형성된 것인지에 대해 가계와
함께 알아보고자 한다.

II. 晉陽河氏 丹池家의 家系

진양하씨 시랑공파에서 단지가의 위치를 알아보기 위해 우선 시조로부터 하협의 아버지 대까지와 그 이후를 구분하고, 그 이후를 다시 양분하여 서술하고자 한다. 단지가의 모든 구성원들의 가계를 정리하면 지나치게 복잡하므로, 여기서는 胄孫 중심으로 정리한다.

1. 河拱辰에서 河魏寶까지의 가계

시조 河拱辰에서부터 하위보의 아버지 河淑까지는 16대가 된다. 그러나 하공신에서부터 8대인 河湜까지는 분파가 이루어지지 않으므로, 하식 이후의 분파 상황을 살펴보고자 한다. 하식은 河崙의 증조로, 하륜의 조부 河特源과 아버지 河允潾까지 삼대가 하륜으로 인해 공신으로 추증되었다. 하륜은 증손 河厚가 無子함으로써 嫡後孫이 끊어졌다.

수곡에 세거해 온 河洛·河沆·河受一의 후손들은 하윤린의 아우 河允丘의 후손이다. 하윤구의 5대손이 黃澗縣監을 지낸 河瀅이다. 하형의 아들 생원 河希瑞와 생원 河麟瑞는 남명 조식과 친분이 두터웠으며, 하인서의 아들 하락과 하항은 남명의 문인이고, 하희서의 손자 하수일은 從叔 河沆과 守愚堂 崔永慶을 사사하여 그 학문을 謙齋 河弘度에게 전수한 인물이다.

丹牧과 月橫의 진양하씨는 하륜의 종조부 河巨源의 후손이다. 하거원의 증손 河淳敬이 세종 때 문과에 급제하고 그 아들 河起龍 또한 문과에 급제함으로써 이 가문은 사대부로서의 확고한 家格을 이루게 되었다. 그리고 하순경은 시조이래 세거했던 中安里 일대에서 代如村으로 이주했고, 하기룡은 거기서 다시 강 건너에 있는 丹牧으로 이주하였던 것이다.

하기룡의 아들 河鮪는 忠武衛 副司果를 역임하였고, 손자 河禹治는 安

州牧使를 역임하였다. 하우치는 진주 출신으로 대사간을 역임한 灌圃 魚 得江의 딸을 아들 하숙의 부인으로 맞게 하여 河魏寶·河晉寶·河國寶 등 세 손자를 얻었다. 하위보와 하국보는 생원에 입격하였고, 하진보는 문과 에 급제하여 관직이 司諫院 司諫에 이르렀다. 특히 하위보와 하진보는 남 명의 문인이었고, 하진보는 역시 남명의 문인 鄭仁弘의 아들 鄭沆을 사위 로 맞음으로써, 남명학파의 중요 가문으로 이름을 얻게 되었다.

월횡의 진양하씨는 하거원의 셋째집 증손 河敬復의 후손으로, 그는 무 과에 급제하여 左贊成에 오르고 襄靖이란 시호를 받았으므로 襄靖公派라 일컬어진다.

이상의 언급을 정리하면 다음 <가계도 1>과 같다.

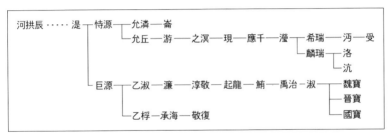

〈가계도 1〉 河拱辰~河魏寶

2. 河魏寶에서 河鎭伯까지의 家系

河魏寶(1527~1591)는 전취부인인 李綸의 딸 泗川李氏와의 사이에 7남 2녀를 두었고, 후취부인인 姜佑의 딸 진주강씨와의 사이에 다시 4남을 두 었다. 이씨 소생 아들은 河恒·河忱·河恪·河惕·河憕·河憬·河惺이고 딸은 朴天禛과 尹茂에게 출가하였다. 강씨 소생 아들은 河恂·河愃·河忭·河悏이 다. 하위보의 막내아들 하협의 호가 단지이므로, 하협을 정점으로 하는 이 가계를 丹池公派라 한다. 생원·진사에 입격하여 德川書院의 원장을 역임했던 尹承慶이 바로 하협의 姊夫 尹茂의 아들이다.

丹池 河悏(1583~1625)은 1606년에 진사에 입격하였으며 鄭承勳의 딸 진주정씨에게 장가들어 河達永·河達天·河達漢 등 세 아들과 趙徵聖·尹載·尹戴에게 출가한 세 딸을 얻었다. 사위 조징성은 남명 문인 大笑軒 趙宗道의 손자이고, 사위 윤재와 윤대는 각각 來庵 鄭仁弘의 문인 秋潭 尹銑과 龜山 尹鐸의 손자이다.

具邁堂 河達永(1611~1664)은 전취부인이 許宗茂의 딸 김해허씨이고, 후취부인이 趙英沂의 딸 함안조씨이다. 장인인 허종무는 내암 문인 吳汝檍의 사위이고 조영기는 同宗 河沔의 처부 趙庭堅의 증손으로, 牛溪 成渾의 아들 成文濬의 妻姪이다. 하달영의 아들은 晚香堂 河灝이며, 두 딸은 각각 李菀과 朴昌潤에게 출가하였다. 사위 이완은 재령이씨이며, 사위 박창윤은 태안박씨로 凌虛 朴敏의 손자이다. 密庵 문인 西溪 朴泰茂가 바로 박창윤의 아들이다.

晚香堂 河灝(1643~1689)은 진주 玉宗에 살던 李如泌의 딸 재령이씨에게 장가들어 딸 셋만 낳고, 從弟 河泗의 맏아들 河潤寬으로 立後하였다. 딸 셋은 각각 朴世貞·權壽岡·鄭相虎에게 출가하였다. 사위 박세정은 고령 桃津의 고령박씨로 내암 문인 鶴巖 朴廷璠의 현손이고 南皐 朴應衡의 손자이다. 사위 정상호는 진주 貴谷의 해주정씨로 農圃 鄭文孚의 현손이고 四無齋 鄭榑의 아들이다.

忍齋 河潤寬(1677~1754)은 龍岡 河達漢의 손자이고 河泗의 아들이다. 하달한(1624~1677)은 梅軒 宋致遠의 딸 은진송씨에게 장가들어 하형을 낳았고, 하형(1649~1731)은 韓時憲의 딸 청주한씨에게 장가들어 하윤관을 낳았다. 하달한의 장인 송치원은 남명의 妻父 宋璘의 從孫子로 沙溪 金長生의 문인이며, 하형의 장인 한시헌은 釣隱 韓夢參의 아들이다. 하윤관은

李仁濟의 딸 전의이씨에게 장가들어 河應會·河應命·河應兪 등 세 아들과 朴經百·姜興運에게 각각 출가한 두 딸을 두었다. 하윤관의 장인 이인제는 李之馨이 손자이며, 이지형은 임란 때 창의한 李宗澤의 아들이고 秋潭 尹鈗의 사위이다. 사위 강흥운의 아들 姜必儁은 진주 雪梅谷 사람으로 1797년 남명에 대한 문묘 종사 상소를 주도하였던 인물이다.

河應會(1696~1747)는 남원에 거주하던 생원 盧世錡의 딸 풍천노씨에게 장가들어 5남2녀를 낳았다. 아들은 河一浩·河必浩·河益浩·河出浩·河學浩이고 딸은 각각 朴弼吾와 趙圭鎭에게 출가하였다. 장인 노세기는 남명을 종유했던 玉溪 盧禛의 5대손으로, 한강 女壻 盧勝의 증손이다. 사위 박필오와 조규진의 관향은 각각 밀양과 함안이다.

竹窩 河一浩(1717~1796)는 진주 召南에 살던 趙昌運의 딸 함안조씨에게 장가들어 4남2녀를 얻었다. 아들은 河鎭伯·河鎭卓·河鎭億·河鎭中이고 딸은 각각 權必極과 裵東運에게 출가하였다. 장인 조창운은 남명 문인 大笑軒 趙宗道의 6대손이다. 사위 권필극은 한강 문인 東溪 權濤의 5대손이다.

이상의 언급을 정리하면 다음 <가계도 2>와 같다.

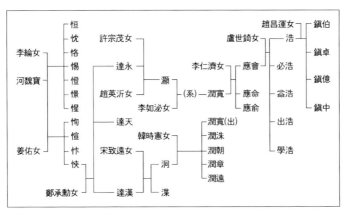

〈가계도 2〉 河魏寶~河鎭伯

3. 河鎭伯에서 河萬觀까지의 가계

菊潭 河鎭伯(1741~1807)은 전취부인이 尹炘의 딸 파평윤씨이고, 후취부인이 呂弘國의 딸 성주여씨이다. 아들은 河泰範·河鼎範이고, 딸은 각각 尹楘·權哲夏·李석·具錫默에게 출가하였다. 장인 윤식은 승지 尹圭의 후손이고, 여홍국은 임란 때 창의하였던 鑑湖 呂大老의 후손이다. 사위 尹楘는 내암 문인 潛湖 尹景男의 후손이다. 윤경남은 임란 때 창의하였으며, 그 후손은 거창 箭項에 세거해 오고 있다.

樂翁 河泰範(1770~1814)은 전취부인이 許泌의 딸 김해허씨이고, 후취부인이 金繼儒의 딸 광산김씨이다. 아들은 河致龍이며 딸은 허집에게 출가하였다. 장인 김계유는 後彫堂 金富弼의 8대손으로 안동 烏川 사람이다. 허집은 蘆坡 李屹의 문인 滄洲 許燉의 8대손으로 三嘉 吾道 사람이다.

晩松 河致龍(1806~1883)은 성주 枝村에 살던 鄭墩의 딸 청주정씨가 초취부인이고, 곽숙의 딸 현풍곽씨가 후취부인이다. 이 사이에 자녀가 없어서 종형 河慶漢의 아들 河錫源으로 立後하였다. 정돈은 한강 정구의 7대손이고, 곽숙은 망우당 곽재우의 후손이다.

河慶漢(1799~1843)은 하태범의 아우인 恨是堂 河鼎範(1777~1855)의 맏아들이다. 하정범이 고성 鶴洞에 사는 崔祥龍의 딸 전주최씨에게 장가들어 하경한을 낳았고, 하경한은 玉宗에 사는 鄭煥璧의 딸 연일정씨에게 장가들어 河錫源을 낳았다. 하정범의 장인 최상룡은 임진왜란 때 창의하였던 崔均의 6대손이며, 하경한의 장인 정환벽은 圃隱 鄭夢周의 후손이다.

河錫源(1825~1858)은 鄭師吉의 딸 진양정씨에게 장가들어 河啓澔·河啓疇 등 두 아들과 趙鏽滈·朴海恒에게 출가한 두 딸을 두었다. 박해항은 龍潭 朴而章의 후손으로 단성의 丹溪에 살았다.

月湖 河啓澔(1846~1907)는 李建杓의 딸 전주이씨에게 장가들어 河煥

植·河章植 등 두 아들을 두었고, 金鎭基의 딸 의성김씨에게 장가들어 河在
根·河貞根 등 두 아들과 尹鐸洙에게 출가한 딸을 두었다. 장인 이건표는
全城府院君 李準의 후손이고, 김진기는 東岡 金宇顒의 후손으로 진주 鴨峴
에 살았다. 사위 윤탁수는 潛湖 尹景男의 후손으로 거창 전항에 살았다.

河煥植(1863~1886)은 安周燮의 딸 순흥안씨에게 장가들었으나 無子로
일찍 세상을 떠났기에 막내아우 하정근의 맏아들 河萬觀이 繼後하게 되었
다. 默齋 河貞根(1889~1973)은 李壽赫의 딸 재령이씨에게 장가들어 河萬
觀·河萬轍·河萬凡·河萬召 등 네 아들을 두었다. 하정근의 장인 이수혁은
진주 麻津에 살았으며 道窩 李德潤의 6대손이다.

이상의 언급을 정리하면 다음 <가계도 3>과 같다.

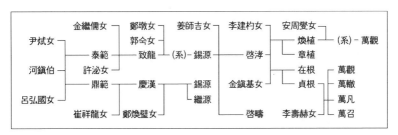

〈가계도 3〉 河鎭伯~河萬觀

Ⅲ. 晉陽河氏 丹池家의 學問淵源

이제까지 단지가의 가계를 살펴보았다. 가계 연구는 결국 혼맥을 확인
하는 작업이고, 조선시대 사대부가의 혼맥은 학문연원과도 결코 무관하지
않다. 그러므로 이제까지의 가계 탐색을 기반으로 단지가의 학문 연원을
더듬어보고자 한다.

1. 南冥 淵源

진양하씨 단지가는 조선 초기부터 사대부 집안으로 명성을 이어왔으므로, 문과에 급제한 河淳敬과 河起龍 및 안주목사를 역임한 河禹治 등은 객관적으로 보더라도 文翰이 넉넉하였을 것으로 짐작된다. 그러나 후세에 글이 남아전하지 않으므로 그 학문적 역량을 언급하기 어렵다.

이 가문에서 학문적 역량을 드러내어 세상에 크게 알려진 것은 河魏寶 (1527~1591)와 河晉寶(1530~1585) 형제가 남명 조식의 문인이 되고부터라고 할 수 있다. 남명 문인 가운데 당시 가장 명망이 높았던 來庵 鄭仁弘 (1536~1623)이 하진보의 딸을 며느리로 받아들였음은 이들이 학문적 역량을 서로 인정하였을 뿐만 아니라 氣味 또한 서로 통하였다고 볼 수 있다.

하위보의 아들 창주 하징이 1614년 이후 덕천서원 원장으로 있으면서 남명학파를 주도하였던 점과 하위보의 아들 8형제와 손자 河仁尙·河智尙이 모두 定運原從功臣에 책록되어 있는 것을 보면 이 가문이 내암과 매우 독실한 관계였음을 알 수 있다. 특히 그 가운데 단지 하협은 정운원종공신에 1등으로 책록되어 있다. 이러한 점들은 이 가문이 당시 남명학파의 핵심 가문이었음을 단적으로 보여주는 것이다.

계해정변은 서인과 남인을 배제한 북인 일당만의 독자적 정권운영에 대한 쿠데타였다. 그러므로 특히 서인들은 정변 이후에 북인에 대한 말살정책을 끊임없이 진행하였던 것이다. 그런데 북인의 핵심 세력이 남명학파였으므로, 정변의 주체인 서인들은 남명학파의 정신적 지주인 남명의 학문 자체에 대한 비판을 시도하였던 것이며, 그 일환으로『남명집』에 실린 여러 가지 문제를 제기하게 되었던 것이다. 계해정변 이후 30여 년의 세월이 흐른 뒤, 단지 하협의 아들 河達漢(1624~1677)이 창주 하징의 손자 河洺(1630~1687)과 함께 來庵 鄭仁弘과 관련된 문자를『南冥集』에서 함부로 삭제한 것에 대해 반발하다가 결국 서인의 영수였던 尤庵 宋時烈과 同春堂 宋浚吉을 찾았던 것도 남명학파의 존립 자체에 대한 심각한 고민의 결과라 할 것이다.

앞에서 언급한『남명집』毁板 사건은 결국 집권 서인 세력이 광해군 때 북인의 핵심이었던 남명학파의 잔여세력을 더욱 무력화하기 위한 계책에 말려든 自中之亂이라 할 수 있다. 이 사건으로 인해 남명학파가 비로소 퇴계학파 쪽을 지지하여 南人化한 세력과, 북인의 정서를 유지하려다가 실패하고 남인과 대치하여 西人化한 세력으로 나뉘게 된다.

남인화를 택한 사람들은 남명학파 내에서 정인홍의 위치를 모르는 바는 아니나, 남명학파의 명맥을 유지·발전하기 위해서는 정인홍과의 관련 부분을 완전히 도려내지 않을 수 없다는 생각이었다. 반면 서인화한 사람들은 남명학파 내에서의 정인홍의 위치를 지속시키는 것이 남명학파의 본령을 유지하는 것이라고 판단하였던 것이다.

물론 이후 더 이상 정인홍을 남명학파가 안고 있을 수 없다는 판단을 하게 되지만, 이때는 이미 한 쪽이 서인화의 길을 택하고 난 뒤였다. 그러니 남인화도 서인화도 북인의 후예들로서는 어쩔 수 없는 선택이라 할 수 있다. 그러나 남인화한 세력이 대부분이었고, 남명학파의 유지·발전 또한 남인화된 남명학파의 몫이었다고 할 수 있다.

진양하씨 단지가의 경우 단지 하협의 윗대인 하위보·하진보 대에는 남명의 문인으로 초기 남명학파 형성에 기여하였고, 하항이나 하징 등 하협의 형들은 내암 정인홍이나 한강 정구 등 남명의 문인들과 함께 남명학파를 군건히 하는 데 중요한 역할을 수행하였다. 그리고 하달한과 하명은 계해정변 이후에 무너져 가는 남명학파를 유지하기 위하여 필사적인 노력을 하였다고 판단할 수 있는 것이다.

이후 하명의 후예는 계속 서인의 길을 걸었고, 하달한의 경우는 그 아들 하형이 1726년에 덕천서원의 원장이 되었던 점을 감안한다면 다시 남인으로 돌아왔음을 알 수 있다. 이는 정인홍을 이왕 안을 수 없다면 남명학파를 유지·발전시키기 위하여 남인의 길을 택하지 않을 수 없다는 현실을 직시하였기 때문으로 보인다.

丹池家 胄孫의 문집이 默齋 河貞根에 의해 『池上世濟錄』으로 간행되었는데, 단지 하협 이하 12대 동안의 시문이 8책으로 엮어져 있다. 이 가운데 국담 하진백의 문집이 한 책 반의 분량으로 가장 많고, 단지 하협과 죽와 하일호의 문집은 한 책 분량이며, 이외 9인의 문집은 대체로 반 책 정도의 분량으로 되어 있다. 그러나 이 또한 부록문자를 포함하는 것이어서 본인의 시문만 본다면 더욱 그 분량이 적다.

丹池 河悏은 시 14편과 제문 1편이 남아 전하고, 具邇堂 河達永은 시 7편 행장 2편 제문 6편이 남아 전하고, 晚香堂 河灦은 시 5편 제문 3편이 남아 전하고, 忍齋 河潤寬은 시 91편 제문 5편이 남아 전하고, 處士 河應會는 시 21편이 남아 전한다. 竹窩 河一浩는 시 121편 발 1편 행장 8편이 남아 전하고, 菊潭 河鎭伯은 시 51편 書 3편 序 4편 잡저 6편 제문 4편 애사 1편 행장 3편이 남아 전한다. 樂翁 河泰範은 부 1편 시 3편 제문 2편이 남아 전하고, 晚松 河致龍은 시 14편 書 8편 論 1편 행장 2편 제문 4편이 남아 전하고, 處士 河錫源은 시 26편이 남아 전한다. 月湖 河啓㳩는 시 51편 書 23편 기·발·행장 각 1편 제문 5편 애사 2편이 남아 전하고, 處士 河煥植은 시 1편 잡저 1편 제문 2편이 남아 전한다. 默齋 河貞根은 『묵재집』에 시 361편 書 65편 記 3편 序 6편 9편 잡저 10편 애사 1편 고유문 9편 축문 6편 제문 13편 비문 6편 묘표 6편 묘지명·묘갈명 각 1편 행장 11편 유사 4편 및 부록 문자가 간행되어 전한다.

문집의 분량을 학문적 역량과 동일시하는 경향이 일반적이라고는 하나, 남명학파의 경우는 문집의 분량이 적은 것이 그 특징이라 할 정도로 저술에 힘을 기울이지 않는 전통이 있었음을 염두에 두지 않을 수 없다. 남명학파가 생활 속에서 이루어지는 간찰이나 만사와 기문 이외에 정감에 호소하는 시문이 적은 것은, 실천에 역량을 집결하는 남명의 학문 정신을 계승하려는 것으로 이해해야 할 것이다.

이는 단지 하협에 대한 제문에서도 드러난다.

"눈과 달 같은 정신, 높고 든든한 지조.[雪月精神 高堅志操]"(鄭承勳)

"희고 깨끗하며 따스하고 단아하였다.[皎潔溫雅]"(鄭昌詩)

"일찍이 부화하고 경박함을 벗어나 자연스레 단아하고 장중하였다. 이치를 분석함이 분명하고 일을 만나서는 의심함이 없었다.[早脫浮躁 自然端重 析理分明 當事無疑]"(韓夢參)

"부드러우면서도 군세며 곧으면서도 따스하며 간결하면서도 청렴함은 공의 덕이요, 어버이께 효도하며 형에게 공경하며 벗에게 미더움은 공의 행실이요, 행동에 민첩하고 의리에 분명하되 공부의 과정을 잡되게 하지 않음은 공의 학문이다.[柔而剛 直而溫 簡而廉 公之德也 孝於親 悌於兄 信於友 公之行也 敏於行 明於義 而不雜乎工程者 公之學也]"(許宗茂)

"재주와 식견이 고명하며, 타고난 자질이 순수하고 아름다우며, 집에서 시례의 교육을 전수하며, 대대로 돈독하게 의리를 실천했네.[才識高明 資稟粹美 家傳詩禮 世敦行義]"(許洪材)

"성품과 행실이 군세고 깨끗하며 지조와 도량이 깊고 맑음은 공이 하늘로부터 타고났기에 그러한 것이요, 장중하고 공손하게 자신을 규율하고 효성과 우애에 아무도 딴말이 없음은 공이 가정에서부터 본받았기에 그러한 것이다. 어진 이를 보면 그와 같기를 생각하고, 뜨거운 물을 만지듯 악을 미워하였다.[性行剛潔 志度淵澄 公之得於天者然也 莊敬律己 孝友無間 公之刑於家者然也 見賢思齊 疾惡如探]"(曹晉明)

"자질이 아름답고 식견이 높으며, 지조가 고결하고 행실이 단아하였다. 닭 무리 속의 한 마리 鶴이요, 잡초 덤불 속의 한 포기 蘭이다.

그대가 간 뒤로 세상 인심이 더욱 야박해졌다. [姿美識高 志潔行端 群鷄獨鶴 衆卉孤蘭 自君之逝 世益澆薄]"(許燉)

제문에서의 이러한 표현은 흔히 고인에 대한 예의로 치부하는 수도 있다. 그러나 서로 약속하여 지은 제문이 아닐진대 이처럼 서로 비슷한 느낌의 구절들이 나온 것은 '記實'로 보아야 할 것이다. 특히 평소의 실천적 측면을 강조한 언급이 많은 것에서, 하협이 평소에 남명학파적 성격을 가지고 살아왔음을 잘 보여주고 있다.

제문을 쓴 이와 평소에 교제했던 이를 살펴보면 이들은 대체로 내암 정인홍과 한강 정구의 문인들이고, 이들은 남명의 가르침을 가장 충실히 실천하고 있었던 인물들이다. 단지 하협에게 제문을 남긴 허종무는 하협의 아들 하달영의 妻父이다. 또한 그는 남명 문인 竹牖 吳澐의 아들 吳汝橶의 둘째사위이다. 오여은의 맏사위는 내암 정인홍의 손자 鄭棱이다. 오여은은 내암 문인 鶴巖 朴廷璠의 姪壻이기도 하다. 이러한 사실은 단지 하협이 남명학파의 핵심 구성원이었으며 학문 내용 또한 이를 대변할 만한 것이라는 점 또한 알게 해 준다.

具邇堂 河達永(1611~1664)의 경우도 앞에서 보인 것처럼 남은 글이 몇 편 되지 않는다. 다만 梧溪 曺挺立(1583~1660)에 대한 만사에서 "도를 즐김은 오직 산해 선생을 따라 찾았네. [樂道惟從山海求]"라고 한 것이나, 釣隱 韓夢參(1589~1662)에 대한 만사에서 "남명 학문에 뜻을 두어 도가 이에 높아졌다. [志業南冥道是隆]"라 한 것에서 계해정변 이후에도 꾸준히 남명학을 추구하려는 이들이 있었고, 단지가의 인물들도 여기에 동참하고 있었음을 짐작하게 한다.

謙齋 河弘度(1593~1666)는 구이당 하달영에 대한 만사에서 "만년에 남명 사우록을 함께 편찬하려 했더니, 하루 저녁 바람이 어찌 빼어난 나무

를 꺾어버리는가![暮年擬共修師緒 一夕風何摧秀林]"라 하였고, 察訪 權克經은 만사에서 "산해 선생 추모하는 선친의 뜻 이어받아, 연원록을 이정하여 후학들을 깨우쳤네.[追欽山海承先志 釐正淵源覺後蒙]"라 하였다. 이런 표현은 하달영 또한 아버지 하협을 이어 남명학파로서의 역할을 분명히 했음을 알게 해 준다. 이밖에 하달영에게 만사나 제문을 남긴 趙徵天·宋挺廉·李壽檍·河海寬·宋致遠·安時進·權克履·尹承慶 등도 남명학파로서 남명학에 대한 자부심과 긍지를 가지고 있었음을 엿볼 수 있다.

晚香堂 河灝(1643~1689)이 숙부 龍岡 河達漢(1624~1677)에 대한 제문에서, "저를 가르쳐 주시고 저를 성립케 하셨으니 이는 모두 숙부님의 덕입니다. 슬픈 일에나 기쁜 일에 서로 의지하며 출입한 지 10년이었습니다.[學我立我皆叔父賜 悲懽十載出入相依]"며 회고하였고, 겸재 하홍도의 조카 雪牕 河澈(1635~1704)은 하현에 대한 만사에서, "지난 해 궁벽한 우리 집을 찾아와 밤새도록 속마음을 털어놓았었지요.[去歲枉窮僻 通宵傾肺脾]"라 하였다.

이 기록에 의하면 하달한이 죽기 전까지 10년 동안 하현과 유림을 같이 출입했다는 것이고, 하현 이후 주로 남인 계열의 인물들과 교제하는 것으로 보아, 하달한의 경우는 하명과 달리 회덕으로 서인의 영수를 찾아간 지 15년 정도 지난 1667년 무렵부터 復南하였다는 사실을 증언한 것으로 판단된다. 특히 『남명집』 훼판 사건으로 인해 관계가 매끄럽지 못했던 겸재 하홍도가 1666년에 타계하였다는 점을 염두에 두면, 그의 조카인 설창 하철과 하달한의 조카 하현이 서로 밤을 새면서까지 속마음을 털어놓을 수 있을 정도로 가까와졌음은 이러한 사실을 더욱 뒷받침해 주는 것이라 할 수 있다.

하현의 만사위 朴世楨은 고령의 도진에 살았던 인물로 鶴巖 朴廷璠의 현손이고 南皐 朴應衡의 손자다. 박정번은 조카 朴光先 및 從孫 朴宗胄와

朴宗胤이 모두 내암 정인홍의 문인이어서, 이 가계에는 북인의 잔영이 깊이 남아 있다. 하헌의 막내사위 東野 鄭相虎(1680~1752)는 農圃 鄭文孚의 현손이고 四無齋 鄭楫의 아들이다. 정집이 畏齋 李端夏의 문인이 됨으로써 이 가계는 이후 줄곧 노론학맥을 잇게 되었다. 이처럼 단지가는 북인의 후예로서 남인화하였으나, 북인의 후예로 노론화한 가문과도 일정한 관계를 유지하였던 것이다.

忍齋 河潤寬(1677~1754)은 용강 하달한의 손자요 河泂의 아들로서, 從叔 河灦의 뒤를 이은 인물이다. 생부 하형(1649~1731)은 1726년에 덕천서원의 원장을 역임하였던 인물이다. 인재 하윤관 또한 남명학파 내에서의 이러한 전통을 이어 설창 하철의 아들 양정재 하덕망(1664~1743)과 겸재 하홍도의 증손 괴와 하대관(1698~1776), 송정 하수일의 현손 지명당 하세응(1671~1727)과 그 아들 태와 하필청(1701~1758) 및 법물의 진사로서 덕천서원의 일을 주도하였던 묵재 김돈(1702~1770) 등과도 두루 교제하였다.

특히 인재 하윤관이 지명당 하세응에 대한 만사에서, "陶邱臺에서의 맑은 대화 은근하였고, 낙수암에서의 좋은 유람 기이하였지요.[陶邱清話穩 落水好遊奇]"라 회고한 적이 있고, 지명당 하세응의 아들 태와 하필청이 인재 하윤관에 대한 만사에서, "우리 가문의 원로요 사림의 스승. 금옥 같은 문장에 난설 같은 자질.[吾門蓍蔡士林師 金玉其章蘭雪姿]"이라 칭송하였다. 인재 하윤관은 설창 하철에 대한 만사에서, "팔십 년 세월은 장수했다 할 만하고, 공 같은 풍덕은 세상에 다시없네.[八十光陰非不壽 如公豊德世難雙]"라 하였고, 설창의 종질 괴와 하대관이 인재 하윤관에 대한 만사에서, "선공과 우리 조부 동갑이셨고, 아버님은 공보다 몇 살 더하셨지요.[先公吾祖昔同庚 先子於公較數齡]"라 하여 대를 이어가며 世誼를 다졌음을 언급하고 있다.

진주 인근에 거주하는 남명학파의 구성원으로서 자타가 인정할 만한 역할은, 덕천서원의 원장이나 원임이라 할 수 있다. 진양하씨 단지가에서는 앞에서 언급한 바 있는 하형이 원장에 추대되었고, 하윤관의 증손 진사 국담 하진백(1741~1807)이 1804년 원장에 추대되었다. 이 가계에 속하는 인물로 원임을 역임했던 이는, 하일호(1717~1796)·하우호(1748~1815)·하치호(1752~1838)·하진엽(1774~1819) 등이 있다.

이 가운데 하일호는 하윤관의 손자로, 구이당 하달영 이래 4대에 이르는 문적을 정리한 인물인데, 하달영과 하달한 및 하현·하윤관·하응회의 행적을 기술한 것이 바로 그것이다. 문내의 일 뿐만 아니라 大笑軒 趙宗道의 후손 東窩 趙輝晉(1729~1796), 台窩 河必淸의 문인 南溪 李甲龍(1734~1799) 등과 같이 1728년 이래 침체된 남명학파의 분위기를 쇄신하는 데 일정한 역할을 한 것으로 보인다. 그의 아들 국담 하진백도 1790년 진사에 입격한 뒤 1804년에는 덕천서원의 원장으로 활동함으로써, 19세기에 들어 남명학파가 크게 발전하는 기초를 다졌다고 할 수 있다.

2. 退溪 淵源 및 기타

진양하씨 단지가는 앞에서 언급된 것처럼 남명학파의 핵심 구성원이라 할 수 있다. 그런데 조선 후기로 오면서 조금씩 퇴계학파적 요소가 첨가되기 시작한다. 즉 죽와 하일호가 대구에 살던 百弗庵 崔興遠(1705~1786)과 교제하고, 국담 하진백이 기호 남인 茶山 丁若鏞(1762~1836)과 교제하면서, 학문의 연원 또한 그 범위를 넓히게 되는 것이다. 南人化가 필연적으로 退溪學派化와 軌를 같이한다는 점을 염두에 두면 이는 자연스러운 변화이고 발전인 것이다. 이러한 기류를 이어서 국담 하진백의 아들 樂翁 河泰範(1770~1814)이 安東 鳥川에 살던 後彫堂 金富弼의 후손 金繼儒의 딸과 혼인한 것이 퇴계 연원으로의 발전에 중요한 계기가 되었던 것으로 보인다.

그리하여 낙옹 하태범의 아들 晩松 河致龍(1806~1883)은 星州 枝村에 살던 한강 정구의 7대손 鄭墩의 딸과 혼인하게 되고, 만송의 손자 月湖 河啓涍(1846~1907)는 定齋 柳致明의 문인으로 安東 龜尾에 살던 拓菴 金道和(1825~1912)의 문인이 되었던 것이다. 월호는 물론 경상우도 지역의 뛰어난 학자 后山 許愈(1833~1904)·晩求 李種杞(1837~1902)·俛宇 郭鍾錫(1846~1919) 등과도 친밀한 교제를 하였음은 말할 필요도 없다.

이처럼 단지가의 학문 연원이 퇴계 연원과 관계를 맺는 것은, 19세기 들면서 강우 지역에 한편으로는 영남 남인 定齋 柳致明의 영향을 받은 학자들이 많이 일어나고 한편으로는 기호 남인 性齋 許傳의 영향을 받은 학자들이 많이 일어나는 것과 깊은 관련이 있다. 19세기 중반 이후로 노론 계열에는 月皐 趙性家나 老栢軒 鄭載圭 같은 蘆沙 奇正鎭의 문인들이 대거 등장하는 것과 시기를 같이하여 남인 계열에는 이 두 계열의 문인들이 강우 지역에서 우후죽순처럼 일어났던 것이다. 江左 지역에는 性齋 許傳의 門徒가 많이 일어나지 않은 것에 비하면, 江右 지역에는 성재의 터전으로 인식될 정도로 많은 문인들이 일어났다. 그럼에도 단지가의 경우 월호 하계효가 성재의 문도가 되지 않고 척암의 문도가 되었던 것은 낙옹 하태범의 안동 지역으로의 혼인이 중요한 원인이었던 것으로 보인다.

진양하씨 단지가에서 근래에 가전하던 문적을 총정리한 인물이 바로 월호 하계효의 막내아들 默齋 河貞根(1889~1973)인데, 그는 삼종숙 我丹 河啓輝(1874~1943)로부터 학문을 익혔다. 아단은 膠宇 尹胄夏(1846~1906)의 문인이고 교우 윤주하는 性齋 許傳·寒洲 李震相·四未軒 張福樞의 문인이다. 그러니 묵재 하정근은 영남 남인과 기호 남인의 학문적 분위기를 兼得하였다고 할 수 있다.

IV. 맺음말

진양하씨 단지가는 남명 문인인 하위보를 거쳐 남명의 재전 문인 단지 하협을 정점으로 하는 가문이다. 광해군 시절 남명학파의 전성기에는 북인의 핵심이었으나, 계해정변 이후에는 북인적 요소를 떨쳐내느라 懷德의 兩宋을 찾기도 하였다. 그러나 결국 復南하여 남명학파의 발전과 부흥을 위해 대를 이어 헌신적인 노력을 기울였다.

혼인에 의한 계보를 통해서도 이러한 점을 파악할 수 있는데, 북인 학맥과의 혼인이 매우 지속적으로 이어지고 있으며, 남인 학맥과의 婚處 또한 진주라는 지역적 범위를 넘어 합천·거창·성주·김천·대구·안동 등에 이르기까지 광범위하였다.

조선시대의 경우 혼인과 학맥은 늘 깊은 관련이 있었는데, 이는 진양하씨 단지가의 경우도 예외는 아니었던 것임을 다시 확인할 수 있었다.

〈丹牧 晉陽河氏 丹池公派 有關 人物〉

河魏寶	1527~1591	美哉		晉寶兄晉平君	
河晉寶	1530~1585	善哉	永慕亭	鄭沈妻父	
河 恒	1546~?	子常	松岡	魏寶子	
河 橙	1563~1624	子平	滄洲	恒弟享臨川院	滄洲集
河 憕	1571~1640	子敬	竹軒	晉寶系子守愚門人	竹軒集
河 忭	1581~?	子賀	丹洲	被虜於倭21年而還	丹洲實紀
河 悏	1583~1625	子幾	丹池	魏寶子	丹池集
河達永	1611~1664	混源	具逸堂	悏子配許宗茂趙英沂女	具逸堂遺集
河達漢	1624~1677	通源	龍岡	悏子孝友出天	龍岡集
河 洺	1630~1687	次濟	生員	憕孫尤菴同春門人	生員公實紀
河 瀄	1643~1689	汝海	晚香堂	達永子配李如泌女	晚香堂遺集
河 潤	1649~1731	景海		達漢子潤寬父配韓時憲文聖欽女	
河潤寬	1677~1754	澤厚	忍齋	瀄系子泂子配李仁濟女	忍齋遺集
河應會	1696~1747	聖際		潤寬子配盧世錡女	處士公遺稿
河一浩	1717~1796	履甫	竹窩	應會子配咸安趙昌運女權思浩撰狀	竹窩遺集

河復浩	1726~1805	亨甫	丹砂	悏5代孫	丹砂遺稿
河鎭伯	1741~1807	子樞	菊潭	一浩子配尹烒呂弘國女柳厚祚撰碣銘	菊潭遺集
河泰範	1770~1814	泰卿	樂翁	鎭伯子配金海許泌光山金繼儒女	樂翁遺稿
河鼎範	1777~1855	鼎卿	恨是堂	鎭伯子配全州崔祥龍女	
河鎭達	1778~1835	英瑞	櫟軒	憕后孫河杏亭門人	櫟軒集
河慶漢	1799~1843	興瑞		鼎範子配迎日鄭煥璧女	
河致龍	1806~1884	珠瑞	晚松	泰範子配淸州鄭墩玄風郭㝎女	晚松遺集
河錫源	1825~1858	禹圭	處士	致龍系子慶漢子配晉陽姜師吉女	有遺稿
河啓澩	1846~1907	海朝	月湖	錫源子初名啓瀅1901改名顧軒拓庵門人	月湖遺集
河啓澩	1846~1907	海朝	月湖	錫源子配全州李建杓義城金鎭基女	月湖遺集
河煥植	1863~1886	文現		啓澩子配順興安周燮女	處士公遺稿
河章植	1873~?	文休		啓澩次子配文化柳震台女	

晉陽河氏 判尹公派의 家系와 學問 傳統

Ⅰ. 서론

진주 지역에서의 진양하씨는 그 본관지답게 여말선초 이래로 성대한 문파를 형성하여 왔다. 진양하씨는 전국적으로 서로 계보가 닿지 않는 세 계통이 있으니, 하나는 侍郞公派요 하나는 司直公派요 또 다른 하나는 主簿公派다.

시랑공파는 고려 현종 때 거란으로 사신 가서 순절한 河拱辰의 후예들을 가리키고, 사직공파는 고려 문종 때 司直을 역임한 河珍의 후예를 가리키며, 주부공파는 고려 때의 主簿 河成의 후예를 가리킨다. 각 계파의 조선 초기 대표적 인물을 든다면 시랑공파는 태종 때 영의정을 역임한 浩亭 河崙(1347~1416)이라 할 수 있고, 사직공파는 세종 때 영의정을 역임한 敬齋 河演(1376~1453)이라 할 수 있으며, 주부공파는 사육신의 한 사람인 丹溪 河緯地(1412~1456)라 할 수 있다.

여기서 논급하고자 하는 판윤공파는 그 선계가 시랑공에 닿아 있다. 시랑공파는 다시 크게 세 계파로 나뉘는데 호정 하륜의 계열과 호정의 숙부 宗簿令 河允丘의 계열과 호정의 종조부 典客令 河巨源의 계열이 그것이다. 판윤은 바로 하윤구의 아들 河游로, 그는 문과에 급제하여 관직이 漢城判尹에 이르렀다. 판윤의 후손은 주로 진주 수곡을 중심으로 진주권 전역에 광범위하게 분포하고 있다.

여기서는 이 가계의 주요 인물을 중심으로 하는 계보와 그들이 지닌 학문의 특징 및 지역사에서 차지하는 비중 등을 밝히게 될 것이다. 주지하고 있듯이 진주 권역에서의 진양하씨는 조선시대 이래 워낙 그 족세가 번창하여 따로 구분하여 다루지 않으면 혼란스러울 정도이므로, 이 연구가 제대로 진행된다면 남명학파의 동향을 이해하는 데 약간의 도움이 될 것이다.

II. 판윤공파의 가계

1. 判尹 河游까지의 계보

진양하씨 시랑공파의 족보는 호정 하륜의 아버지 河允潾의 신도비에서 언급된 계보가 그 단초가 되었다. 신도비에는 하공신의 아들을 卓回로 하여 挺才, 南秀, 卲, 富深, 湜, 恃源, 윤린으로 그 계보가 적시되어 있다. 그런데 고려사 하공신 열전에 그 아들이 則忠이라 되어 있으므로, 지금의 족보에서는 탁회를 칙충의 아들로 하여 계보를 정리한 것으로 보인다. 그러나 신도비문을 쓴 春亭 卞季良의 문집 『춘정집』 소재 하윤린 신도비문에는 그 증조 부심 이하만 언급되어 있고, 그 이상의 계보는 실려 있지 않다.

이것은 춘정에 의해 비문이 완성된 후에 호정이 시조 이래의 계보를 추가 기록케 하였기 때문인 것으로 판단된다. 이 신도비가 건립된 때는 영락 14년(1416) 3월이고, 신도비의 후면에 자손록 및 하윤린의 조부 이래의 계보를 밝히는 글을 朴熙中에게 추가로 기록하게 한 때가 그 해 9월이고, 하륜이 죽은 때는 그 해 11월 6일이기 때문에 이런 추론이 가능한 것이다.

그런데 이 계보를 고려사에 나오는 하공신 후손에 관한 기록과 관련시커 보면 약간의 문제가 있다. 그것은 고려사와 하윤린의 신도비문에 공히 하공신은 현종(재위: 1009~1031) 때의 인물이라 하였고, 하윤린의 신도비문에는 하탁회가 고종(재위: 1213~1259) 때의 인물이라 하였으니, 현종 때 할아버지가 벼슬하고 그 손자가 200년 뒤의 고종 때 벼슬한다는 것은 아무래도 불가능하다는 것이다. 또 고려사에는 예종(재위: 1105~1122) 때 하공신의 현손인 河澷이 벼슬한 것으로 기록되어 있다. 그리하여 근래의 판윤공파 족보에는 이를 반영하여 '河拱辰-河則忠-失諱-失諱-河澷-河卓回'로 새로운 계보를 설정하였다.

이렇게 되면 하공신 이후 하준까지가 거의 100년이어서 4대가 들어가는 것이 자연스러우나, 하탁회를 하준의 아들로 보는 것은 최소한 100년 안에 2대가 들어가는 것이니 아무래도 무리로 보인다. 그리고 무엇보다도 고려사에 의하면 하공신의 아들이 하칙충이란 사실은 분명하지만, 하칙충의 증손이 하준이란 명확한 증거도 없고, 하탁회가 하준의 아들이란 어떠한 증거도 없다.

그래서 『고려사』및 진양부원군 하윤린의 신도비문을 참조하여 하유(河游)까지의 계보를 그려보면 다음과 같다.

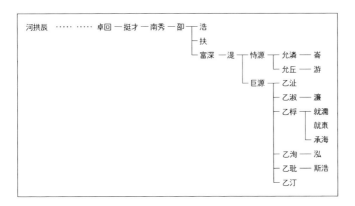

2. 河游 이후 松亭 河受一(1553~1612) 대까지의 계보

한성 판윤 하유는 河之混·河之沌·河之冥·河之滓 등 아들 넷을 두었는데, 하지혼은 무후이고 하지돈의 아들에는 河榮·河淳이 있고, 하지명의 아들에는 河現·河備·河著가 있고, 하지행의 아들에는 河熙·河粹가 있다.

하지돈의 후손들은 수곡 인근에 거주하는 후손 및 함양 서평과 창원 내곡과 진천 행정으로 이거한 후손들이 있다. 하지행의 후손은 몇 대 뒤에 무후가 되었다. 결국 하유 이후 진주 수곡을 중심으로 계속 번창했던 집안은 하지명의 계열이라 할 것이다.

하지명의 세 아들 가운데 맏집인 하현의 후손이 가장 번창하였으니, 그 증손 河希瑞(?~1570)와 河麟瑞(?~?)가 모두 생원에 입격하였으며, 南冥 曹植(1501~1572)과도 친분이 두터웠다. 그리하여 그 아들과 손자가 남명의 문인 및 재전 문인이 되어 남명학파를 영도하였고, 이후 조선 후기까지 진주 지역을 중심으로 남명학파를 영도해 나가는 위치에 있게 되었다.

남명의 벗이었던 하인서의 두 아들 喚醒齋 河洛(1530~1592)과 覺齋 河沆(1538~1590)은 남명의 문인이었다. 특히 하항은 하희서의 손자 즉 자신의 종질 松亭 河受一(1553~1612)에게 남명학을 전수시킴으로써 조선 후기에 이르도록 이 지역에 남명학파의 학맥이 이어지게 하였던 인물이다.

하지명의 둘째 아들 하비의 후손들은 밀양에 거주해 왔는데, 그 손자 遯齋 河沖(1466~1525)은 점필재 김종직의 문인이었으며, 돈재의 아들 藥圃 河宗嶷과 손자 河鮪 등 3대가 모두 사마시에 입격했다.

이들 가운데 하락·하항·하수일·하천일·하선 등은 문집을 남겼으며, 하락과 하항은 남명 조식의 문인이고 하수일과 하천일은 하항의 문인이다. 남명의 학맥 가운데 寒岡 鄭逑와 東岡 金宇顒의 문인들은 대체로 비교적 이른 시기에 퇴계학파화하고, 來庵 鄭仁弘의 문인들은 계해정변 이후 서인과 남인으로 편입되었으나, 각재의 계통은 남명의 학문을 조선 후기까지 이어 왔다고 이를 만하다.

하지명에서 하수일 대까지의 계보를 작성해 보면 대략 다음과 같다.

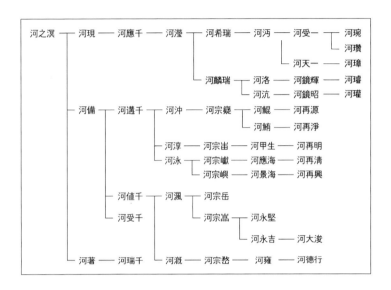

3. 河受一 이후 근대까지 계보 내의 주요 학자

송정 하수일은 앞에서 언급한 것처럼 자신의 당숙 각재 하항으로부터 남명의 학문을 전수받아 謙齋 河弘度(1593~1666)에게 전수해 줌으로써, 그 뒤에 河世應(1671~1727)·河必淸(1701~1758)·李甲龍(1734~1799)·李志容(1753~1831)·李佑贇(1792~1855) 등으로 이어지는 남명학맥의 가장 뚜렷한 한 줄기를 형성케 한 학자다.

그러므로 이 가계는 기본적으로 남명학파다. 조선 후기에 이르면 영남 남인과 기호 남인 및 서인 기호학파의 학맥이 경상우도에 세 갈래로 뿌리

내리는 과정에서 이 가계 또한 대체로 영남 남인의 계열이 되기는 하지만, 겉으로 드러난 사승 관계에 따라 퇴계학파로 분류되기에는 남명학파적 요소가 매우 강하다.

문집을 남긴 인물, 덕천서원의 원장이나 원임을 역임한 인물 등을 중심으로 가계를 정리하면 대체로 다음과 같다.

가. 河琬 계열

송정 하수일의 맏집이다. 그 현손 石溪 河世熙(1647~1686)는 효자로 정려를 받았으며, 河以泰·河正賢·河鳳運·河載厚 등은 덕천서원 원임을 역임했고, 河世熙·河友賢·河晉賢·河景賢·河啓賢·河鳳運·河夾運·河謙鎭·河永奎·河永允·河永箕 등은 문집을 남겼다.

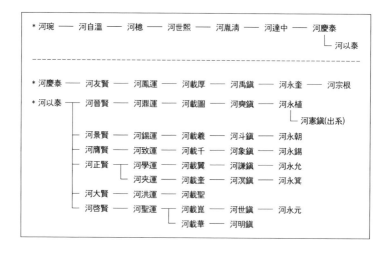

나. 河瓚 계열

송정 하수일의 둘째집이다. 河自渾은 겸재 하홍도의 문인이었고, 河世

龜·河正中·河致中·河彦哲·河濟賢 등은 덕천서원 원임을 역임했으며, 河世應·河必淸·河載文·河憲鎭 등은 문집을 남겼다.

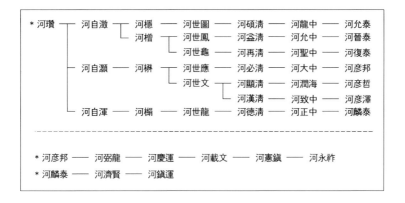

다. 河瓛 계열

송정 하수일의 셋째 아들로서 각재 하항의 계열을 이은 집이다. 河世溥와 하우태(河禹泰)가 덕천서원의 원임을 역임하였다.

```
* 河瓛 ── 河自濂 ── 河楫 ── 河世溥 ── 河景淸 ── 河義中 ── 河禹泰
```

이상에서 개괄적으로 살펴본 것만으로도 남명학파가 형성된 이후 이 가계의 인물들이 남명학파의 일원으로서 열성적으로 활동한 정황이 뚜렷이 드러난다. 약 12대에 걸쳐 덕천서원의 원장을 포함하여 원임을 역임한 이가 모두 12인이나 된다는 점이 이를 대변한다고 할 수 있을 것이다.

III. 주요 학자와 그 학문의 특징

1. 문집을 남긴 인물들

이 가계에 속한 인물 가운데 문집을 남긴 이들은 모두 22인이다. 미처 조사되지 못한 문집도 있을 터이니 실제로는 이보다 많을 것이다. 이들의 존재는 환성재 하락과 각재 하항 등 남명의 문인들로부터 시작하여 조선 후기 회봉 하겸진에 이르기까지 남명학파의 한 줄기를 면면히 이어왔음을 여실히 보여주고 있다.[317]

다음 표는 이를 정리한 것이다.

文集名	姓名	生沒年	師友 및 系派	備考
喚醒齋集	河洛	1530~1592	南冥門人	壬亂殉節
覺齋集	河沆	1538~1590	南冥門人	德川院長
松亭集	河受一	1553~1612	覺齋·守愚堂 門人	享大覺院
守肯齋集	河天一	1558~1597	覺齋門人 受一弟	
松臺集	河瑠	1583~165?	洛孫	
石溪遺稿	河世熙	1647~1686	謙齋門人 受一玄孫	
知命堂集	河世應	1671~1727	息山從遊 受一玄孫	
台窩集	河必淸	1701~1758	世應子	門下有南溪
涵淸軒實記	河以泰	1751~1830	南皐從遊 世熙曾孫	德川院任
豫菴集	河友賢	1768~1799	世熙玄孫	
容窩集	河晉賢	1776~1846	南溪門人 以泰子	
顧齋集	河景賢	1779~1833	立齋門人 以泰子	

....

317 이들 가운데 32세에 요절하면서 5권 2책의 문집을 남겼던 예암 하우현 같은 이는 함와 하이태가 이 집안에서 차지했던 비중 이상의 사회적 역할과 학문적 성취를 기대할 만하였던 인물이었다. 특히 「追訂柳潛可中庸性命圖」와 「改定中庸命性圖」·「中庸全圖」·「未發在中圖」·「지경(持敬)」 및 「易疑義」 등의 작품은, 그의 학문이 유학의 본령에 이미 깊이 도달했음을 보여주는 것이라 할 만하다.

竹軒遺稿	河鳳運	1790~1843	友賢子	德川院任
默窩遺稿	河啓賢	1804~1869	以泰子	
未惺遺稿	河夾運	1823~1906	以泰孫	
東寮遺稿	河載文	1830~1894	月村門人 必淸5代孫	
克齋集	河憲鎭	1859~1921	載文子	
晦峰集	河謙鎭	1870~1946	俛宇門人 以泰玄孫	東儒學案
士溪遺稿	河永奎	1871~1926	俛宇門人 鳳運曾孫	
寬寮集	河永台	1875~1936	俛宇門人	
聽栢堂集	河永允	1902~1961	謙鎭子	
六華遺抄	河永箕	1905~1974	晦峰門人 夾運曾孫	

2. 학문의 특징

가. 南冥學 傳授

환성재 하락과 각재 하항 형제는 함께 남명 조식의 문하에서 수학하였다. 환성재는 왕자사부로 있으면서 율곡 이이, 우계 성혼 등과 친밀히 지냈으며, 임진왜란을 당하여 상주에서 아들 河鏡輝와 함께 순절하였다.

각재는 남명으로부터 '雪中寒梅'라는 칭송을 듣고, 동문 수우당 최영경으로부터는 '沙上白鷺'라는 칭송을 들을 정도로 고상한 인품을 지녔던 인물이다. 그는 남명 사후 남명에 대하여 남긴 글 「南冥曺先生銘」에서 남명이 이룩한 학문의 의미를 다음과 같이 묘사하고 있다.

道 있는 이가 頭流山에서 돌아가시니,   道死頭流
보이는 것은 까마귀 아닌 게 없구나!   莫黑匪烏
의문을 풀려 해도 큰 거북이 없으니,   稽疑無龜
슬프다, 萬事가 그만이로구나!   萬事鳴呼
때 아닌 때에 태어나시니,   生際不辰
물고기 눈을 眞珠라 하네!   魚目爲珠
나의 黃矢를 묶어두니,   束我黃矢

세 여우 아직 죽지 않았네.	未血三狐
막대 하나로 古道를 걸어가니	一筇古道
따르는 이 없어 외롭네.	踽踽無徒
손 안의 明月珠는,	手中明月
堯舜으로부터 전해진 것.	傳自唐虞
明月珠는 헛되이 빛나고,	明月空輝
行人은 요행만 바라네.	行人守株
箕星의 垣郭에 피가 솟으니,	血迸箕垣
부끄럽게도 자색이 주색을 어지럽힘이네.	愧我亂朱
邯鄲의 거리에서 匍匐하니,	匍匐邯鄲
붕새의 의도를 도모하지 못하네.	鵬圖靡圖
대롱으로 북두성을 보니,	管中窺斗
어찌 하늘거리를 엿보랴!	寧覷天衢
다만 내 눈의 한계일 뿐,	但限吾目
맑고 욕심 없는 선비셨네!	永言淸癯

　이 명은 11자의 운자가 사용되었으며 모두 22구로 되어 있는데, 11운
모두 평성 '虞' 운에 속하는 운자들이다. 제1운과 제2운의 4구는 남명의
죽음이 갖는 의미를 드러내었다. 남명이 죽음으로 인해서 이제는 세상이
모두 까마귀 같은 존재만 남았다는 것이다. 『시경』, 「北風」에 나오는 '莫
黑非鳥'를 그대로 인용하고 있는데, 주자는 이 시의 주석을 통해 '보이는
것이 까마귀 아닌 것이 없다는 것으로 나라가 장차 위태로울 것임을 알
수 있다.'고 밝히고 있다. 처사로서 국정에 무관심한 듯하면서 끊임없이
관심을 가졌던 남명이란 존재의 있음과 없음에 대한 차이를 명징하게 드
러내고 있는 것이다.

　제3운의 표현은 벼슬할 만한 때에 태어나지 못해 眞贋이 뒤바뀌어 인
식되고 있음을 언급한 것이다. 제4운의 '三狐'와 '黃矢'는 『주역』, 「解卦」

의 구이효 효사에 보이는 문자다. 주역에서는 '황시를 얻어 전렵을 통해 삼호를 잡으니 길하다'는 뜻으로 쓰였으니, 여기서의 의미는 황시를 묶어 두었기 때문에 삼호를 잡지 못했다는 것이다. 여우는 상서롭지 못한 인물에 대한 상징이고, 황시는 여우를 잡을 수 있는 中正한 법도를 의미한다. 그러므로 이 구절은 남명이 벼슬할 만한 군주를 만나지 못해 왕도를 시행할 만한 법도를 펼치지 못했다는 의미에 다름 아니다.

제5운의 古道는 王道며, 따라서 이 구절은 '묵묵히 왕도를 추구하려 해도 동조하는 사람이 없다'는 것을 안타깝게 여기고 있는 표현이다. 제6운의 '요순으로부터 전해진 손 안의 明月珠'란 요순 이래 孔·孟·程·朱로 맥맥히 전해져 온 유학의 도통을 의미한다. 각재는 이 글에서 그 유학의 도통을 남명이 이었음을 언급하고 있다.

제7운에서 명월주가 공허하게 빛나고 있다 함은 남명의 학문 정신을 제대로 따르려는 사람이 없음을 언급한 것이고, 행인이 요행을 바라고 있다 함은 학자들이 도통의 핵심을 실천 하려고는 하지 않고 이름만 얻으려 함을 넌지시 지적한 말이다. 공허하게 빛나고 있다는 표현과 실천에는 힘쓰지 않고 요행만 바란다는 표현은 당시의 실상을 여실히 드러낸 말이라 할 것이다.

제8운 이하 끝까지는 남명 같은 인물이 나왔음에도 불구하고, 사이비에 해당하는 학자들이나, 대체를 파악하지 못하고 세부적인 곳에 빠져 허덕이는 사람들이나, 식견이 얕아 아무래도 대체를 모르는 사람들이 많음을 탄식하고 있는 것이다.

결국 이 글은 남명의 학문과 그 성취를 도통의 수수와 관련시키면서, 마땅히 제대로 이을 사람이 나와야 이상적인 사회가 될 수 있음에도 불구하고, 현실은 그렇지 못하다는 것을 절실한 마음으로 드러내었다고 할 수 있다.

『星湖僿說』,「河松亭」조에 이와 관련한 다음 기록이 전한다.

　　송정 하수일의 자는 태역이니, 각재 하항의 조카이다. 각재는 남명
의 문인인데 송정이 그에게 수학하였던 것이다. 그 뒤에 겸재 하홍도
가 또 송정에게 배우게 되어 일찍이 水谷精舍에서 모시고 잔 적이 있
었다. 닭이 울자 송정은 제자들을 깨워 일으키며 말하기를, "닭이 울
면 일어나서 부지런히 善을 행하는 자는 舜의 무리라 하였는데, 옛날
에 남명 선생이 깊이 그 의미를 체득하였고, 우리 각재는 남명에게 親
炙하여 그 도를 들었다. 그래서 알지 못했을 적에는 어쩔 수 없었겠지
만 알고서는 일찍이 利를 가까이한 적이 없었다. 그러므로 일찍이 말
하기를, '손 가운데 밝은 달은 당우로부터 전해진 것.[手中明月 傳自唐
虞]'이라 하였다. 나 같이 불초한 자가 그 학문에 濡染하고 私淑하여
종신토록 잊지 못하는데, 너희들은 내 문하에서 나왔으니 비록 중책
을 맡지 못한다 할지라도 또한 깊이 如螢의 힘을 이루어야 할 것이며,
불의에 빠져서 네 所生을 욕되게 하지는 말아야 한다."
　　하였다. 뒤에 겸재가 그 설을 다음과 같이 부연하였다.

때 아닌 때에 태어나니, 물고기 눈을 진주라 하네. 生際不辰 魚目爲珠
막대 하나로 고도를 걸어가니, 따르는 이 없어 외롭네.
　　　　　　　　　　　　　　　　　　一筇古道 踽踽無徒
손 안의 명월주는, 당우로부터 전해진 것. 　　手中明月 傳自唐虞
명월주는 헛되이 빛나고, 행인은 요행만 바라네. 　明月空輝 行人守株

　　이는 대개 紫가 朱를 어지럽히는 것을 미워한 것이다.

　　아마도 성호는 이 글의 출처를 명확히 알지 못하고 들은 이야기를 기
록해 둔 것 같다. 그래서 각재의 「남명조선생명」의 글의 일부를 겸재의
글로 알고 기록해 둔 것이다. 그러나 이 글 또한 남명을 이어 각재와 송정

을 거쳐 겸재에 이르는 하나의 학맥을 염두에 두고 쓴 것임에는 틀림이 없고, '수중명월 전자당우'라는 표현 또한 남명 학문의 핵심을 한 마디로 평가한 말로 인정하였던 것이라는 점에는 이의가 없을 것이다.

각재의 학문을 이은 송정 하수일은 정유재란 때 榮州·安東 지역으로 피난을 다니면서, 한편으로는 퇴계와 그 문인들의 학문을 접하고 한편으로는 그들의 유적지를 두루 방문하면서 남다른 감회를 가질 수 있었다. 「小白山」이란 제목의 다음 시는 그 가운데 하나다.

소백산 높이 솟아 형세 절로 웅장하니,　　小白山高勢自雄
구름 많아 비 많고 바람도 많네.　　　　　多雲多雨又多風
남쪽 예순 고을의 맑고 신령한 기운,　　　南州六十淸靈氣
모두 천왕봉과 함께 하늘에 닿았네.　　　　竝與天王薄太空

소백산에 사는 이 소백산보다 높고,　　　小白居人高小白
천왕봉에 노는 이 천왕봉보다 크네.　　　天王遊子大天王
한 마디 말이 그 사이를 가렸으나,　　　　一言亦有中間蔽
곧바로 지도 보며 신중히 생각할 일!　　　直把輿圖仔細量

소백산과 천왕봉이 각각 퇴계와 남명을 상징한다는 것에 대해서는 설명이 필요 없다. 구름과 비, 바람이 많다는 것은 소백산의 형세가 그만큼 웅장하다는 뜻이고, 이는 퇴계의 학문이 성대하여 훌륭한 능력을 가진 제자들을 많이 길렀음을 뜻한다. 경상도 60여 고을의 맑고 신령한 기운이 천왕봉과 함께 하늘에 닿았다는 말은 남명이 경상도의 정기를 타고 태어나 천왕봉처럼 하늘에 닿을 수 있는 기상을 지니게 되었다는 뜻이다. 결국 이 시에서 송정이 주장하고자 하는 것은, 퇴계는 소백산 같이 우뚝하여 문하에 능력 있는 제자가 많고, 남명은 경상도의 정기를 타고 태어나

두류산 천왕봉처럼 하늘에 닿을 듯한 높은 기상을 지녔다는 것이다. 그러므로 이 시를 퇴계와 남명의 우열을 논한 것으로 이해하는 것은 지나치다 할 것이다.

특히 둘째 수에서 소백산보다 대단한 퇴계와 천왕봉보다 큰 남명 사이에 언론의 가림으로 인하여 추종자들끼리 원만하지 못한 문제점이 있으나 지도를 놓고 자세히 보며 생각해 보면 두 분의 대단한 점을 서로 인정할 만할 것이라 한 점을 보면 더욱 그러하다.

이 시는 1597년 창작될 당시에는 특별한 異議가 있었다는 언급이 보이지 않으나, 계해정변 이후에는 퇴계를 비판하고 남명을 존숭하려는 뜻이 담긴 시로 이해되기도 하였다.318 혹시 소백산과 천왕봉의 높이를 두고 비교하여 남명이 더 대단하다는 의미를 가지고 있다 한다면, 이는 지나치게 높이를 계량화한 현대인의 사고에서만 나올 수 있는 것으로 고인의 생각을 제대로 짚은 것이라 할 수 없다. 다만 구름과 비와 바람은 다른 산에도 많으니 이것을 '鸚鵡·沙礦'의 말에 비견하였다고 한다면 약간은 近理하다 할 것이다. 그러나 이 또한 둘째 수와 관련해 보면 인정하기 어렵다 할 것이다.

송정의 학문이 安溪에 살던 사직공파의 謙齋 河弘度(1593~1666)에게 전수되었고, 그 조카 雪牕 河澈(1635~1704)과 북천에 살던 三緘齋) 金命兼(1635~1689)을 거쳐, 삼함재의 아들 珠潭 金聖運(1673~1730)과 수곡의 송정 현손 知命堂 河世應(1671~1727)에게 이어졌다.

---

318 韓國精神文化研究院,『古文書集成』48卷 277쪽,「乙巳被誣遺蹟」, "爲尹承慶伸解通文 壬辰十二月十一日發文 且鸚鵡沙礦等語 自渾謂與其祖詩語 同一脈絡 故初不刪去 而乃曰 ――改刊 以復其舊 尤極無謂."
韓國精神文化研究院,『古文書集成』48卷 281쪽,「乙巳被誣遺蹟」, "爲尹承慶伸解通文 生員李之馩發文 : 自渾常以謂多雲多雨之句 與鸚鵡沙礦 同一脈絡 而可以幷明於今與後 無疑矣."

지명당 하세응은 무신(1728) 사태가 일어나기 전까지 살았던 인물이다. 무신 사태는 桐溪 鄭蘊의 현손 鄭希亮과 陶村 曺應仁의 5대손 曺聖佐 등이 주동하여, 중앙 정계의 소론과 손을 잡고 집권 노론 세력을 전복시키기 위하여 무력으로 들고 일어나, 한 때 안음·거창·합천·삼가 등지를 점령함으로써 집권 노론 세력의 간담을 서늘케 한 사건이다.

경상우도 지역에서 이 무신사태가 일어나기 전까지는 노론 세력이 있긴 하였으나 남인 세력에 비할 바는 아니었다. 그러나 이 사건 이후 이 지역 남인들이 집권층의 강력한 제제를 받음으로 하여 노론 세력이 차츰 성장하기 시작하였다.

그리하여 영조 후반기에는 안계의 宗川書院에서 院變이 일어나 이 지역 남인과 노론이 극렬하게 대립하기에 이르렀다. 이 원변은 10여년 세월의 공방전 끝에 결국 남인 측인 겸재 후손들이 방어에 성공한 것이긴 하나, 이 지역에 노론 측의 세력이 그만큼 성장하였다는 의미이기도 하다.

이러한 역사적 상황 속에서 살다간 지명당은, 息山 李萬敷(1664~1732)와 南溪 申命耈(1666~1742) 등 좌도의 남인 학자들과 학문적 친분을 쌓으면서, 가학으로 전해 내려온 각재와 송정 이래의 남명학 전통을 고스란히 이어받아 아들 台窩 河必淸(1701~1758)에게 전수하였다. 남명학의 전통은 송정을 사사했던 겸재 하홍도의 문인들이 주변에 선배로서 남아 있어, 지명당이 직접 귀로 듣고 눈으로 볼 수 있었기 때문에 가능한 것이기도 하였다.

지명당은 특히 송정의 학문에 대한 자긍심을 가지고 『송정집』 간행을 집요하게 추진하였다. 이는 義契라는 이름의 송정 후손 계회를 조직하여 한편으로는 친목 도모와 아울러 주변의 빈핍한 사람을 구제하되, 궁극적으로는 『송정집』을 간행하려 했다[319]는 것에서 알 수 있다. 이처럼 『송정집』 간행에 대한 적극적 태도 역시 남명학의 전수에서 차지하는 송정의 역할에 대한 자신감에서 나온 것이라 할 것이다.

지명당의 아들 태와 하필청은 인근 단성의 南沙에 거주하던 南溪 李甲龍(1734~1799)이라는 문인을 두었고, 남계는 南皐 李志容(1753~1831)을 문인으로 두고, 남고는 다시 月浦 李佑贇(1792~1855)을 문인으로 둠으로써, 남명학의 전통을 진주 단성에서 조선 후기까지 끊어지지 않고 이어지게 하는 데 중요한 고리 역할을 하였다.

그리고 1700년대 후기에 이르면 송정의 만집 후손 가운데 涵窩 河以泰(1751~1830)가 남계 이갑룡 및 남고 이지용과 종유하면서 그 자질들이 학문적으로 크게 번창하게 되었으니, 그 조카 豫菴 河友賢(1768~1799) 및 그 아들 容窩 河晉賢(1776~1846)·顧齋 河景賢(1779~1833)·默窩 河啓賢(1804~1869)이 바로 그들이다. 이 가운데 용와는 남계 이갑룡의 문인이며, 고재는 立齋 鄭宗魯(1738~1816)의 문인이 되었다.

그 다음 대에는 이들을 이어 竹軒 河鳳運(1790~1843)·未惺 河夾運(1823~1906)이 나왔고, 이후로 연이어 東寮 河載文(1830~1894)·克齋 河憲鎭(1859~1921) 및 晦峰 河謙鎭(1870~1946)이 배출되었다. 동료는 양정공 하경복의 후손 月村 河達弘(1809~1877)의 문인이고 극재는 俛宇 郭鍾錫(1846~1919)을 종유하였으며 회봉은 면우를 사사하여 그의 학문을 계승한 인물이다.

회봉은 『東儒學案』을 저술하여 우리나라 성리학의 계보를 학문 내용 중심으로 서술하였으며, 『東詩話』를 저술하여 우리나라 漢詩史의 대미를 장식하였다. 특히 그가 남긴 『회봉집』에는 퇴계학과 남명학이 혼재하는 것을 볼 수 있는데, 이는 자신이 처한 독특한 시대적 상황으로 인한 것이었다.

· · · · · · · · · · · · · · · · · · · ·

319 河世應, 『知命堂雜稿』(手稿本) 義契 節目, "一 契穀若賙數年 則貧家亦可免窮 又 聚數年利息 以爲開刊松亭集事."

회봉의 다음 글이 그가 겉으로는 퇴계학맥 전승자이면서 내면적으로
는 남명학의 계승자임을 느끼게 한다.

조선시대의 유학은 명종과 선조 무렵에 가장 성대하였다. 퇴계와
남명 두 선생이 영남에서 동시에 우뚝하였다. 퇴계는 좌도 예안의 陶
山에 거처하였고 남명은 우도의 진주 德山에 거처하면서, 울연히 백
세토록 숭앙받을 道學의 宗師가 되었다. 두 선생을 천품의 측면에서
보면 퇴계는 渾厚天成하고 남명은 高明剛大하며, 출처의 측면에서 보
면 퇴계는 일찍이 벼슬길에 올라 지위가 貳相에 이르렀고, 남명은 은
거하며 뜻을 고상히 하여 여러 차례의 징소에도 사환하지 않았다. 학
문의 측면에서 보면 퇴계는 정밀하게 연구하고 힘써 공부하여 天人性
命의 오묘한 이치를 남김없이 드러내었으며, 남명은 자신에게 돌이켜
실천함으로써 敬義夾持의 공부법을 스스로 완성하였다.

이 때문에 그 기상과 규모가 서로 조금 다르지 않을 수 없다. 그러
므로 후세의 논의하는 자들이 왕왕 그 본말을 탐구하지 않은 채 간혹
망령되게 우열을 정하려고 시끄럽게 논의하여 마지않기도 한다. 그러
나 이는 퇴계가 현달한 것이 자신의 뜻이 아니었으며, 남명이 벼슬하
지 않고 고상하게 지낸 것이 세상을 완전히 잊은 것이 아니라는 사실
을 전혀 모르기 때문에 하는 말이다. 퇴계는 도학을 밝히는 데 급급
하였고, 남명은 시대를 구원하기에 독실하였으니, 그 마음가짐이 서
로 같고 그 추구하는 도리가 서로 한결같았던 것이다. 이 때문에 두
선생의 문하에 출입하여 지결을 전수받은 당시의 현자들에 대해 지금
도 모두 칭송하고 있는 것이다. 아아, 성대하도다![320]

---

320 河謙鎭, 『東儒學案』 中編10 「德山學案」, "國朝儒學 最盛於明宣之際 而退溪南冥
二先生 幷峙于嶺中 退溪居嶺左禮安之陶山 南冥居嶺右晉州之德山 蔚然爲百世道
學之宗師 二先生以天品 則退溪精硏力索 天人性命之理 無有餘蘊 南冥反躬實踐
敬義夾持之功 自有成法 此其爲氣像規模 不能無少異 故後之論者 往往不究其本末
或妄加軒輊 紛然置議之不已 然殊不知退溪之通顯 非求進 而南冥之尙志 非果忘也
退溪急於明道 南冥篤於救時 其爲心同 而爲道一也 是以當時賢者 出入二先生之門

회봉이 이처럼 퇴계와 남명에 대한 균형 잡힌 감각을 가진 채 우리나라 전체의 학안을 조망할 수 있었던 것은, 각재와 송정 이래 전해진 가학의 영향이 있었기 때문에 가능한 것이라 하지 않을 수 없는 것이다.

나. 退溪學 包容

진양하씨 판윤공파에서 퇴계학에 대해 관심을 본격적으로 가지기 시작한 것은 지명당 하세응의 시기부터 아닌가 한다. 이는 그가 息山 李萬敷와 南溪 申命耉 등 좌도 지역의 학자들과 가까이 지내면서 퇴계학에 대한 포용의 가능성이 열리기 시작한 것으로 판단되기 때문이다.

남계 신명구는 仁同에 거주하던 선비로 1716년 이래 10여 년을 德山에 우거하게 되었는데, 이 시기에 남계는 진주 선비들과 친밀하게 교제하게 되었다. 지명당 하세응을 비롯하여 養正齋 河德望과 寒溪 河大明 부자, 愧窩 河大寬, 珠潭 金聖運, 退庵 權重道, 昌舍 孫命來 등이 남계와 교제했던 진주의 대표적 선비라 할 수 있다.

퇴암 권중도가 갈암의 문하에 들어간 것도 진주 선비들과 남계와의 교제가 이룬 교감의 한 결과일 수도 있으며, 1721년 이후 남계와 교제가 친밀하던 상주 선비 식산 이만부가 6년 동안 덕천서원 원장으로 있었던 것이라든지, 1735년에 남계 자신이 덕천서원 원장이 된 것 또한 진주 선비와 좌도 퇴계 학맥과의 연결이라는 의미가 있다.

다음 글은 지명당과 식산과의 관계의 일단을 짐작할 수 있게 한다.

> 지난 해 겨울 내가 상주에 이르러 息山 丈을 그 문하에서 뵈올 수 있었다. 가르침을 받기를 끝마치지 않아서 금방 헤어지게 되었다. 그

······················

以傳授旨議者 至今皆可稱焉 嗚呼盛矣."

러면서 방장산을 한번 유람하자는 약속을 남겼다. 올해 봄에 식산 장이 상주로부터 금릉으로 거처를 옮겼다. 금릉과 방장산은 길이 좀더 가까우므로 가을에는 반드시 지난 약속을 이룰 수 있기를 기대하였다. 10월 정묘일에 와서 덕천에 이르렀다. …… 덕천서원에서부터 대각서원과 종천서원을 거쳐 弊居를 지나가게 되었다.321

이 글을 쓴 해가 1721년이니 지명당이 상주로 식산을 만나러 간 것은 1720년 그의 나이 50세 때의 일이다. 그리고 1721년에 방장산 유람을 약속받아 진주로 오게 하였고, 그 걸음에 진주에서는 그를 덕천서원 원장으로 추대하였던 것이다.322 이 글을 쓴 때가 신축 11월로 기록되어 있음으로 보아 식산은 약 한 달 가까이 진주에 머무르다 금릉 우거로 돌아간 것으로 보인다.

지명당이 이처럼 특히 식산·남계와 친밀하였으므로, 지명당 부자의 뒤를 이어 涵窩 河以泰가 이 집안을 주도하면서, 그 맏아들 용와 하진현으로 하여금 남사리에 거주하던 남계 이갑룡의 문인이 되게 하는 한편, 둘째아들 고재 하경현으로 하여금 상주에 살던 立齋 鄭宗魯의 문인이 되게 한 것으로 보인다. 그리고 조선 말기에는 회봉 하겸진이 이 집안에서 나와 퇴계학을 포용하여 좌도의 퇴계학파와 우도의 남명학파를 아우르는 학문을 구축하려 하였던 것이다.

회봉이 퇴계학맥에 닿아 있는 면우 곽종석을 사사한 것은 19세기 중반 이후 경상우도 지역의 일반적 경향이다. 18세기 말엽 正祖의 남명에 대한

321 河世應, 『雜稿』, 「奉別李息山歸金陵序」, "去歲冬 余到商山 獲拜息山丈於門下 承誨未卒 遽辭歸 而以方丈一遊 留後約 今年春 息山丈自商山 移金陵 金陵之去方丈 道里稍近 意待秋來 必遂前約 十月丁卯 息山丈來到德川 …… 仍自德川書院 將向 大覺宗川兩書院 便道過弊居."

322 韓國精神文化研究院, 『古文書集成』25권 22쪽 「德川書院誌」에 辛丑 十月 二十五日에 院長으로서 謁廟한 사실이 기록되어 있다.

賜祭文으로 인해 우도 지역에 학문이 흥기할 바탕이 마련되었으나, 이미 위축된 지 오래 된 문풍이 갑자기 자체적으로 일어나기는 힘들었던 것이다. 그래서 남인의 경우는 좌도의 定齋 柳致明이나 기호의 性齋 許傳을 사사하게 되었고, 서인의 경우는 梅山 洪直弼이나 蘆沙 奇正鎭 등을 사사하여 학문을 크게 이룰 수 있는 계기를 마련하였던 것이다.

회봉도 그 스승 后山 許愈와 俛宇 郭鍾錫이 寒洲 李震相의 문인이었고, 한주가 정재 유치명을 사사하여 '祖雲憲陶' 즉 '朱子를 祖述하고 陶山을 憲章한다'는 기치를 내걸었으므로, 회봉의 학문 연원은 겉으로 보아 퇴계학맥이라 하지 않을 수 없다. 그래서 그의 문집에는 남명학의 수용이 두드러지게 보이면서도 퇴계학을 포용했다고 판단되는 여러 가지 글들이 보이는 것이다.

> 栗谷과 鄭松江이 『예기』, 「玉藻」의 '九容'을 논하면서, 송강은 이를 理라고 하였으나 율곡은 이를 氣라고 하여, 오래도록 해결되지 않았다. 金沙溪가 「경서변의」 가운데서 기록한 것은 여기서 그칠 뿐 그 상세함은 들을 수 없다. …… 내가 감히 이 문제를 결론지어, "九容은 理다. 그러므로 松江의 견해가 옳다."라고 생각한다. 무릇 이른바 理란 특별히 다른 것이 아니라 '所以然'에 불과하며 '하지 않을 수 없는 것'이다. 그리고 저 '所當然'과는 바꿀 수 없는 것이다. 소당연은 무엇인가? 요즈음 우리말의 이른바 '道理'란 뜻으로, 모든 일이 도리에 맞는 것을 말한다. 소이연은 무엇인가? 이처럼 도리에 맞는 모든 일이 그렇게 되는 까닭이다. …… 맹자께서는 "親親은 仁이고 敬長은 義다." 하셨으니, 친친과 경장은 사람으로서는 마땅히 해야 할 일이다. 맹자께서 (이처럼) 바로 '인의'라고 말씀하셨으니, 인의가 바로 理가 아니겠는가? 이러한 예로 보면, 구용이 마땅히 해야 할 바 즉 소당연이며, 소당연이 바로 理란 것은 변설하지 않아도 분명할 것이다.[323]

九容은 유자의 평소 행동 지침이라 할 수 있는 것으로 실천하는 것이 중요하지, 이것이 理인지 氣인지를 변별하는 것은 남명학파의 입장에서는 그렇게 중요하지 않은 문제라 할 수 있다. 그러므로 회봉이 이에 대하여 이처럼 자세히 변별하고 있는 것은 퇴계학파의 학문 정신을 수용한 결과라고 이해할 수 있는 것이다. 이 점은 그의 잡저에 보이는 수많은 변설과 「心爲字母說」·「國性論」 등의 글들에서도 충분히 확인되므로 더 이상의 예거는 생략한다.

IV. 결론

진주에서의 진양하씨는 진주의 대표적 名家로 진주를 중심으로 하는 우도의 주인 노릇을 했던 가문이다. 그 가운데서도 수곡에 살던 판윤공파는 安溪·觀旨·丹牧 등지의 진양하씨와 함께 가장 유력한 가문이라 할 수 있다. 이들을 특히 남명학파와 관련시켜 생각해 본다면, 앞에서 언급했던 것처럼 학파의 흥망성쇠와 무관하게 언제나 변함없이 남명학의 전통을 맥맥히 전수해왔던 가문이었다고 할 수 있다.

그리고 400여 년에 걸쳐 문집을 남긴 이가 한 가문에서 22명이나 된다는 것도 후손으로서 긍지를 가질 만하다. 그래서 남명학에 대한 전통의

---

323 河謙鎭, 「九容理氣辨」, 『晦峰集』 24卷 9張, "栗谷與鄭松江論玉藻九容 松江以爲理 而栗谷以爲氣 良久未決 金沙溪經書辨疑中所記 止此而已 其詳蓋不可得以開也 …… 吾敢折之 以爲九容理也 松江是也 夫所謂理者 無它焉 不過曰所以然 而不容已 與夫所當然 而不可易者也 如今方言所謂道理是也 凡事之合當如是者也 所以然者何也 就合當如是之中 而求其所以如是之故也 …… 孟子曰 親親 仁也 敬長 義也 親親敬長 人事之當然者也 孟子 直謂之仁義 仁義非所謂理者乎 以此例之 則九容之爲所當然 而所當然之爲理 不待辨說而明矣."

수수에 대해 남달리 생각할 필요가 있다고 생각한다. 남명은 조선 후기에 성호가 이미 언급했듯이 우리나라 정신사에서 역대로 가장 높은 봉우리를 이루었던 인물이므로, 앞으로도 그 학문 정신을 더욱 발전적으로 계승하여 우리나라는 물론 나아가 세계 문화사를 빛낼 수 있는 인물이 나오기를 기대하는 것이다. 그리고 진양하씨 판윤공파에서 학자들이 이처럼 많이 배출되었던 전통을 이어받아, 세계 문화사를 빛낼 수 있는 인물이 바로 나라는 생각을 가진다면 비로소 가문사에서 향토사로, 향토사에서 민족의 정신사로, 민족사에서 세계 문화사로 발돋움할 수 있을 것이다.

|본문 내용의 원출처|

순번	논문	원출처
1장-1	南冥의 「民巖賦」에 대하여	『漢文學論集』 第八輯(1990.11) 檀國漢文學會
1장-2	16세기 儒學思想의 展開와 南冥의 學問	『南冥學研究』 第3輯(1993.11) 경상대학교 남명학연구소
1장-3	南冥 敬義思想의 形成背景과 그 特色	『南冥學研究』 제7집(1998.03) 경상대학교 남명학연구소
1장-4	南冥의 理氣心性論	『南冥學研究』 第14輯(2002.12) 경상대학교 남명학연구소
1장-5	南冥 曺植 遺蹟 小考(Ⅰ)	『大東漢文學』 제29집(2008.12) 대동한문학회
1장-6	『南冥集』 初刊年代 辨正	『南冥學研究』 第30輯(2010.12) 경상대학교 남명학연구소
1장-7	『南冥集』 丙午(1606)本의 발견과 그 의의	『南冥學研究』 第53輯(2017.03) 경상대학교 남명학연구소
1장-8	南冥 學問의 變轉時期와 「書圭菴所贈大學冊衣下」 小考	『南冥學研究』 第63輯(2019.06) 경상대학교 남명학연구소
1장-9	『南冥集』 解題	『南冥學關聯文集解題(Ⅰ)』(2006.07) 경상대학교 남명학연구소
2장-1	南冥學派의 南冥思想 繼承樣相	『南冥學研究』 第9輯(2000.02) 경상대학교 남명학연구소
2장-2	壬亂時 在朝 南冥 門人의 活動	『南冥學研究』 제2집(1992.12) 경상대학교 남명학연구소
2장-3	壬亂 倡義人脈 小考	『慶南文化研究』 第17(1995.12) 경상대학교 경남문화연구소
2장-4	韓國儒學史上 南冥學派의 位相(1)	『南冥學研究』 第8輯(1999.03) 경상대학교 남명학연구소
2장-5	18世紀 江右地域 南冥學派의 分布와 動向	『南冥學研究』 第11輯(2001.01) 경상대학교 남명학연구소
2장-6	朝鮮末期 南冥學派의 南冥學 繼承 樣相	『南冥學研究』 第22輯(2006.12) 경상대학교 남명학연구소
2장-7	河世應 宗家 所藏 『辨誣』의 內容과 그 意義	『嶺南學』 第26輯(2014.12) 경북대학교 영남문화연구원
2장-8	德川書院을 이끈 江右의 家門들	『南冥學研究』 第55輯(2017.09) 경상대학교 남명학연구소
2장-9	泰安朴氏 門中과 南冥學 繼承樣相	『南冥學研究』 제15집(2003.06) 경상대학교 남명학연구소
2장-10	海州鄭氏 家門의 晉州 定着과 學問 性向	『南冥學研究』 第17輯(2004.06) 경상대학교 남명학연구소
2장-11	晉陽河氏 丹池家의 家系와 學問淵源	『선비가의 학문과 지조』, 한국학중앙연구원, 2005.
2장-12	晉陽河氏 判尹公派의 家系와 學問 傳統	『선비가의 遺香』, 한국학중앙연구원, 2007.

벽재 논문집 1

남명의 학문과 남명학파

초판 인쇄 | 2020년 4월 13일
초판 발행 | 2020년 4월 23일

지 은 이 이상필
발 행 인 한정희
발 행 처 경인문화사
편   집 유지혜 김지선 박지현 한주연
마 케 팅 전병관 하재일 유인순
출판번호 406-1973-000003호
주   소 경기도 파주시 회동길 445-1 경인빌딩 B동 4층
전   화 031-955-9300 팩 스 031-955-9310
홈페이지 www.kyunginp.co.kr
이 메 일 kyungin@kyunginp.co.kr

ISBN 978-89-499-4885-0 94910
     978-89-499-4884-3 (세트)

값 48,000원